Forschungen und Beiträge zur Denkmalpflege im Land Brandenburg

Band 20

Wassertürme im Land Brandenburg

als Repräsentanten historischer Behälterformen

Sabine von Wangenheim

Wernersche Verlagsgesellschaft

Forschungen und Beiträge
zur Denkmalpflege im Land Brandenburg
Band 20

Herausgeber:
Brandenburgisches Landesamt für Denkmalpflege
und Archäologisches Landesmuseum,
Prof. Dr. Thomas Drachenberg

Brandenburgisches Landesamt für Denkmalpflege
und Archäologisches Landesmuseum
Wünsdorfer Platz 4 5
15806 Zossen, Ortsteil Wünsdorf

Abbildungen auf dem Umschlag (alle Aufnahmen v. Wangenheim)

• vorne rechts: Skulptur „Die Wasserschöpferin" von Ludwig Wilhelm Wichmann, Bad Liebenwerda
• vorne links: Wasserturm Wiesenburg
• hinten: Wasserturm Zernsdorf

2023
Wernersche Verlagsgesellschaft und
Brandenburgisches Landesamt für Denkmalpflege
und Archäologisches Landesmuseum
Alle Rechte vorbehalten

Gesamtherstellung: Wernersche Verlagsgesellschaft mbH, Worms
Printed in the European Union
ISBN 978-3-88462-417-3

Inhaltsverzeichnis

Grußwort

Zahlreiche Wassertürme in Stadt und Land prägen die Brandenburgische Landschaft. Sie sind Bestandteile von Bahn- und Werksanlagen oder auch Krankenhauskomplexen. Sie gehören einerseits zur städtischen Infrastruktur, andererseits sind sie prägende Bauwerke des ländlichen Raums. Die meisten wirken bis heute als markante Orientierungspunkte, auf deren Gestaltung oft großer Wert gelegt wurde, was gerade früher zu einer reichen und oftmals repräsentativen, an das Stadtbild angepassten Architektur geführt hat – nicht ohne Grund, denn Wassertürme sind eigentlich technische Gebäude, deren Anblick für die Betrachter vor 150 Jahren noch ungewohnt war.

Die Aufgabe von Wassertürmen war grundsätzlich immer dieselbe: die Speicherung von Trink- oder Brauchwasser in einem großen Behälter und die Weiterleitung des Wassers in Betriebsanlagen oder in die Wasserversorgung. Die technische Funktionsweise hingegen wurde stetig optimiert und führte zur Entwicklung unterschiedlicher Behältertypen, zu deren bekanntesten und international verbreiteten der Intze-, der Barkhausen- und der Klönnebehälter gehören.

In der zweiten Hälfte des 20. Jahrhunderts wurden in Deutschland immer weniger Wassertürme gebaut, da ihr Bau unrentabel wurde und auch die hygienischen Anforderungen an die Trinkwasserqualität strenger wurden. Die noch bestehenden Wassertürme sind daher zum größten Teil funktionslos geworden und oft leider dem Verfall preisgegeben. Nicht wenige wurden inzwischen abgerissen.

Glücklicherweise hat sich der Blick auf die architektonisch reizvollen Gebäude gewandelt und ist ihr Kauf attraktiv geworden. Zugleich entstehen dadurch nicht nur für die Denkmalpflege neue Herausforderungen, denn die Umnutzung zu Wohnungen, Büros oder Ateliers bedeutet in der Regel, dass die historische Technik ausgebaut wird und allein das äußere Erscheinungsbild heute noch erlebbar ist.

Dr. Sabine von Wangenheim betrachtet weit über 200 Wassertürme im Land Brandenburg aus verschiedenen Blickwinkeln, indem sie deren Geschichte und technische Funktionsweise darstellt und den Erhaltungszustand der technischen Anlagen untersucht. Seit ihrer 2018 erschienenen Dissertation, die dieser Publikation zugrunde liegt, sind sechs weitere Wassertürme in die Denkmalliste eingetragen und zwei abgerissen worden, und natürlicherweise wird sich der Denkmalstatus der hier vorgestellten Türme weiter verändern - den zuständigen Kolleg:innen im Haus ist schon das vorliegende Manuskript bereits ein wichtiges Arbeitsinstrument geworden.

Herzlich gedankt sei den Kolleginnen und Kollegen in den Referaten Inventarisation und Technische Denkmalpflege / Industriedenkmalpflege im Landesdenkmalamt für die kritische Durchsicht des Katalogteils und Dr. Christine Onnen für die Betreuung des Publikationsvorhabens.

Ich danke auch der Wernerschen Verlagsgesellschaft, einer langjährigen Partnerin in unserer wissenschaftlichen Publikationstätigkeit, und besonders Herrn Dr. Dietrich für sein Engagement bei der verlagsseitigen Betreuung und dem Austausch mit der Autorin und unserem Haus.

Besonders danke ich der Autorin Dr. Sabine von Wangenheim für ihren wertvollen Forschungsbeitrag zur Technikgeschichte Brandenburgs und ihre Mitarbeit bei der Drucklegung des Werkes.

Wir wünschen dieser Publikation viel Erfolg und sind sicher, dass sie Fachleuten und allen interessierten Leserinnen und Lesern neue Erkenntnisse, Anknüpfungspunkte und Anregungen bieten wird.

Prof. Dr. Thomas Drachenberg
Landeskonservator

Vorwort

Wassertürme faszinieren mich. Erbaut im 19. und 20. Jahrhundert haben die meisten Türme durch die technische Entwicklung ihre Funktion verloren.

Warum war mir die Dokumentation der Brandenburger Wassertürme wichtig? Davon ausgehend, dass in Zukunft Wassertürme weiter verfallen, durch Umnutzung ihr Innenleben verlieren und auf Grund ihres Funktionsverlustes abgerissen werden, ist es notwendig so viele wie nur möglich zu dokumentieren. Nicht nur die Türme, die in der Denkmalliste des Landes Brandenburg erfasst sind - sondern auch die unscheinbaren, weniger bedeutenden Repräsentanten der industriellen Revolution auf dem Gebiet der Wasserversorgung. Die vollständige Dokumentation der Wassertürme, Wasserstationen und Gebäude mit Wasserbehältern umfasst zwei Katalogbände. Für diese Veröffentlichung wurden aus den Katalogbänden nur die Datenblätter neu zusammengestellt.

Ich möchte allen danken, die mich in der zurückliegenden Zeit unterstützt haben. Alle namentlich zu benennen würde den Rahmen eines Vorworts sprengen. Es waren in Brandenburg Mitarbeiter in den Stadtwerken, Wasser- und Abwasserverbänden, Kommunen und kommunalen Einrichtungen, Vereinen, Institutionen des Landes und des Bundes, bei der Deutschen Bahn, Krankenhäusern, privaten Eigentümern, Firmen und in den Archiven. Danke. Auch über Brandenburg hinaus fand ich Unterstützung, beispielsweise seien genannt: das Archiv der Stadt Crailsheim, das Museum für Verkehr und Technik in Berlin, die WAG Schwerin und die Stahlwerke Bochum GmbH.

Ohne familiären Beistand wäre es nicht gegangen. Dank: an meinen Partner für die Hilfe bei den Aufmaßen vor Ort und für den ständigen fachlichen Austausch und an meinen Sohn, der mir besonders bei allen Problemen, die das Fachgebiet EDV betrafen, geholfen hat.

Ein besonderer Dank gilt meinen beiden Betreuern: Herrn Prof. Dr.-Ing. Cramer und Herrn Prof. Dr. phil. Kahlow.

Nach der Veröffentlichung meiner Dissertation 2018 habe ich sieben neue Brandenburger Repräsentanten in den Katalog aufgenommen. Sie stehen in Damsdorf, Greiffenberg, Fürstenwalde (Palmnicken), Perleberg, Pritzwalk, Schenkendorf und Schlieben. Der überkommene Stahlfachwerkturm in Wildau musste aus der Liste gestrichen werden. Zudem wurden nach meiner Kenntnis zwischenzeitlich der städtische Hydroglobus in Langengrassau, der Bahnwasserturm in Tantow und die Wasserstation in Passow abgerissen.

Zum Schluss auch noch vielen Dank an den Verlag.

I. Einleitung: Wasser – die Faszination eines unbändigen, kraftvollen und mitreißenden Elements

Ein Tag ohne keimfreies, farbloses, klares, kühles, geruchloses und wohlschmeckendes[1] Wasser – keine angenehme Vorstellung. Hier und heute in Europa ist es kein Luxus, sondern eine Selbstverständlichkeit, dass Wasser aus den Zapfstellen sprudelt. Die Wasserversorgung der Bevölkerung als eine der existenziellen Dienstleistungen in der Gesellschaft gehört zur Daseinsfürsorge der öffentlichen Hand![2]

Menschen haben schon immer in der Nähe von Flüssen und Seen gesiedelt, denn Wasser war und ist eine Grundvoraussetzung für Leben. In Rinnen, Kanälen und Röhren wurde Wasser transportiert, Brunnen wurden gegraben, Felder bewässert und mit einfachen Geräten Wasser geschöpft und gehoben. Zisternen dienten zur Speicherung von Wasser für die regenarmen Monate. An Wasserläufen wurden Mühlen und Hämmer von Wasserrädern angetrieben.

Ein altes Sprichwort lautet: Jemandem das Wasser abzugraben bedeutet, ihm seine Lebensgrundlage entziehen. Versiegte das Wasser, gingen vermutlich selbst mächtige Königreiche, wie das Reich der Khmer in Kambodscha unter.[3]

Schon seit Menschengedenken war die Ressource Wasser – das blaue Gold – oft der Grund für kriegerische Auseinandersetzungen. Wasser ist Leben. Wasser zu besitzen und zu bändigen, bedeutet zu überleben. Die jahrhundertelange Nutzung von Wasser ist eng mit der technischen Entwicklung verbunden. Als sich die industrielle Revolution, ausgehend von England in Form von Dampf und Eisen, über ganz Europa im 19. Jahrhundert ausbreitete, mussten Unmengen von Rohstoffen transportiert und verarbeitet werden – dafür wurde sehr viel Wasser benötigt.

Im selben Jahrhundert, nach der flächendeckenden Errichtung von Wassertürmen für die Eisenbahn, begannen die Verwaltungen in deutschen Städten, Wasserversorgung- und Wasserentsorgungsanlagen zu planen und zu bauen. Die technischen Voraussetzungen waren gegeben, der Bedarf an Wasser stieg ständig und die schlechten hygienischen Verhältnisse zwangen die Städte und Gemeinden zum Handeln. Im Flachland war es technisch

Abb. 1 Dettifoss, 45 m hoch und 100 m breit, 400 m³ Wasser/s, Island 2015

unabdingbar Wassertürme im Zusammenhang mit zentralen Wasserversorgungen zu errichten. Sie dienten als Reservoir, sorgten für Druckausgleich im Versorgungsnetz und schützten die häufig noch hölzernen Rohrleitungen vor Druckstößen. Die Auswirkungen der industriellen Revolution auf die Herstellung, Verarbeitung und Anwendung von Eisen, Beton und Eisenbeton hatten nicht nur Einfluss auf den Architekturstil der Wassertürme, sondern auch auf die technische Entwicklung der Wasserbehälter. Joseph Monier baute bereits 1868 bis 1870 einen 25 m³ großen Behälter aus Eisenbeton[4] und 1883 wurde durch Professor Intze der Stützbodenbehälter entwickelt. Material, Form, Kubatur und Herstellung der Behälter veränderten sich – die technische Entwicklung ist an den historischen Behälterformen ablesbar.

Im Land Brandenburg sind über 200 Wassertürme und Gebäude errichtet worden, in denen Behälter für die Wasserversorgung stehen. Wassertürme, die durch ihre Silhouette schon von weitem sichtbar aus Dorf- und Stadtlandschaften ragen. Ehemalige Wasserstationen und Wassertürme, die auf verlassenen, stillgelegten Bahnanlagen und Bahnhöfen stehen, erinnern an die Zeit, als noch Dampflokomotiven auf den Schienen fuhren. Wasserbehälter stehen auch in Gebäuden unterschiedlicher Nutzungen und mitunter ist an der baulichen Hülle nicht auf den ersten Blick erkennbar, dass sich im Innern ein Behäl-

1   DIN 2000.
2   „Wasser ist wieder in Berliner Hand", mit Vertrag vom 03.12.2013 sind die Berliner Wasserbetriebe wieder rekommunalisiert, Berliner Zeitung Nr. 283 vom 04.12.2013.
3   http://www.spiegel.de/wissenschaft/natur/khmer-imperium-klima-schwankungen-koennten-angkors-untergang-besiegelt-haben-a-686369. html, 10.12.2013; Khmer hatten kein Wasser mehr, Königreich ging durch Trockenheit unter, Berliner Zeitung vom 05.01.2012.
4   Huberti, 1964, S. 70.

ter für die Speicherung von Wasser befindet.[5] Deshalb ist zu vermuten, dass hinter so mancher Fassade von alten Fabrikanlagen und Brauereien, zumindest zur Errichtungszeit, Wasserreservoire standen.

Die Übersichtskarten des III. Kapitels zeigen, neben der geografischen Lage der Bauwerke, den Grad der Erfassung der einzelnen Wassertürme unterteilt in Kategorien[6] und den Eintrag in die Denkmalliste[7], die Nutzung, Architektur, Bauweise und die Bauart des Behälters, sofern bekannt.

Alle erfassen Türme und Bauten mit ihren Wasserbehältern sind im Katalog der Brandenburger Wassertürme von der Uckermark bis Elbe/Elster nach ihrem Bearbeitungsstand in drei Kategorien[8] unterteilt, abgebildet und beschrieben. Ursprünglich sollten alle Wassertürme mit ihren Wasserreservoiren untersucht werden, um herauszuarbeiten welche Behälterarten und wie viele es im Land Brandenburg noch gibt. In welchen Wassertürmen sind die Behälter bereits ausgebaut? Die Bewahrung des technischen Bauwerks sollte nicht nur auf die bauliche Hülle beschränkt bleiben, sondern auch die überkommenen Reservoire einbeziehen. Die technische Entwicklung der Wasserbehälter ist eine Möglichkeit, die industrielle Entwicklung auch nachfolgenden Generationen aufzuzeigen. Eine umfassende Bauaufnahme der Wassertürme mit ihren Wasserbehältern bezogen auf Bauart, Auflager und andere technische Details war nicht leistbar. Dafür gibt es mehrere Gründe: In Brandenburger Archiven der Städte und Gemeinden gibt es häufig wenige, keine oder nur Fragmente von Bauunterlagen. Früher sorgten die Türme für die Druckerhöhung im Leitungsnetz, seitdem leistungsfähige Pumpen entwickelt wurden und diese Aufgabe übernahmen, sind Wassertürme im Allgemeinen nicht mehr in Betrieb. Viele sind dem Verfall ausgesetzt. Einige Wassertürme sind in einem derart baulich desolaten Zustand, dass es nicht mehr möglich war, diese zu besichtigen.

Seit Anfang der 90er Jahre, nach der Wende, wurden einige Wassertürme in Brandenburg abgerissen. Eigentümer, wie die Deutsche Bahn, Länder und Kommunen, versuchten ihre, nur Kosten verursachenden, Wassertürme zu veräußern. Diese Türme wurden und werden durch neue Nutzungen umgebaut. Umnutzungen bedingen aber häufig den Ausbau des technischen Innenlebens einschließlich des Wasserbehälters.[9]

In touristischen Reiseführern und Büchern über technische Bauten und Denkmäler wurden Brandenburger Wassertürme aufgeführt und zum Teil beschrieben. Einzelne Türme sind in Ingenieurabschlussarbeiten näher untersucht worden. Grundlegend fehlt eine Zusammenstellung der Wassertürme, um die Entwicklung vom

schmiedeeisernen Behälter zum Eisenbetonbehälter[10], sowie vom Flachboden bis zum Kugelbehälter in Brandenburg darzustellen. Die Entwicklung der Wasserversorgung wird im II. Kapitel beschrieben und im IV. Kapitel repräsentativ an Beispielen[11] in Brandenburg erläutert.[12] Nicht alle Sonderformen bei Wasserreservoiren sind im Kapitel II aufgeführt. Es sind nur die wichtigsten und die im Land Brandenburg vorkommenden Bauarten beschrieben.

1828 hatte die damalige Provinz Brandenburg eine Ausdehnung von ca. 39.000 km² mit etwa 1,5 Millionen Einwohnern und 138 Städten.[13] Ein flächig gut ausgebautes Straßensystem gab es nicht. Erst mit dem Bau des Eisenbahnnetzes wurden auch im Agrarland Brandenburg Voraussetzungen für die Industrialisierung geschaffen. Neben Städten, wie Berlin, Potsdam und Frankfurt (Oder) als Sitz der Regierungsbezirke, wandelten sich vor 1900 nur wenige ehemals Ackerbürgerstädte zu Industriestandorten, wie beispielsweise Wittenberge, Rathenow, Forst, Cottbus, Guben und Senftenberg. Brandenburgische Wasserbehälter wurden von verschiedenen Bauherren geplant und errichtet. Zuerst von den privaten Eisenbahngesellschaften oder der Königlich Preußischen Staatseisenbahn[14]. Später am Ende des 19. Jahrhunderts – meist erst Anfang des 20. Jahrhunderts – beschlossen Stadt- und Gemeindeverwaltungen den Bau von Wasserleitungen. Bei der Errichtung von industriellen und gewerblichen Bauten, Krankenheilanstalten und militärischen Einrichtungen wurden Wassertürme häufig von Anfang an mit eingeplant. Bei den Wasserstationen und Wassertürmen für die Eisenbahn in Cottbus, Falkenberg/Elster, Frankfurt (Oder), Guben, Jamlitz, Jüterbog, Kremmen, Küstrin-Kietz, Müllrose, Spremberg, Wittenberge und Zossen kommen fast alle der genannten Behälterformen vor. Am Beispiel des Wasserwerkes Forst mit dem dazugehörigen Wasserturm und den Türmen von Bernau, Biesenthal, Dahme/Mark, Eichwalde, Hohen Neuendorf, Langengrassau, Neuruppin, Niemegk, Perleberg, Strausberg, Treuenbrietzen, Wiesenburg und Wittenberge werden die städtischen Wasserversorgungsanlagen erläutert. Bei einigen der genannten Wassertürmen zeigt sich, dass die Behälterform in Zusammenspiel mit statischer Konstruktion und Architektur eine Synthese zwischen Form und Funktion durchaus zulässt. Behälter für die Wasserversorgung der industriellen und gewerblichen Produktion befinden sich u.a. in den Türmen von Finow, Kirchmöser, Wittenberge und Zernsdorf. Auch

---

5 Vermutlich gibt es noch weitere „unentdeckte" Bauten mit Wasserbehältern.

6 Erklärung siehe Kapitel III, Erläuterungen zu den Karten

7 Denkmalliste des Landes Brandenburg mit Stand 31.12.2015.

8 Erklärung siehe Kapitel III, Erläuterungen zu den Karten

9 Siehe auch Wieckhorst, 1996.

10 Bei Herstellung von Wasserbehältern vor 1920 werden die Begriffe Stampfbeton und Eisenbeton, und nach 1920 wird dagegen Stahl und Stahlbeton, verwendet.

11 Hierbei werden nur die überkommenen Wassertürme, zur Zeit der jeweiligen Bauaufnahme, benannt. Abgerissene Bauwerke werden nur teilweise, am Rande erwähnt.

12 Zahlendreher, Kopier- und Übertragungsfehler sind in der Fülle der Daten sind nicht auszuschließen, ich bitte dies zu entschuldigen.

13 Hahn, 2009, S. 80.

14 Ab 1920 Deutsche Reichsbahn.

auf dem Land, im ehemaligen Berliner Stadtgut Hobrechtsfelde, wurden Behälter in das Speichergebäude für Getreide eingebaut und in Rühstädt wurde ein Wasserturm für die Gutsanlage und den Landschaftsgarten errichtet. Sogar Industrieschornsteine bekamen durch den Anbau von Wasserbehältern eine zusätzliche Funktion. Viele Schornsteine dieser „Art" gibt es nicht mehr. Stellvertretend wird der Fabrikschornstein mit Wasserbehälter vom heutigen Betonwerk Milmersdorf in Götschendorf vorgestellt. Die Wassertürme von Beelitz-Heilstätten, Eberswalde und Friedrichsthal zeugen von der Bauaufgabe: Der Errichtung von Provinzial-Irren-, Pflege- und Lungenheilanstalten im 19. und 20. Jahrhundert. Zeitzeugen einer militärischen Vergangenheit sind der Wasserturm auf dem Gelände der Heeresversuchsanstalt Kummersdorf und ein überkommenes Gebäude in Sperenberg

mit zwei Behältern aus der preußischen Militärzeit. In der Zeit des Nationalsozialismus wurde der städtische Wasserturm in Schwarzheide von französischen Kriegsgefangen errichtet. Ein Turm mit einer Vergangenheit, die sich in der Architektursprache widerspiegelt und Bilder assoziiert von der unmenschlichen Behandlung Kriegsgefangener in den Arbeitslagern des Dritten Reiches.

Die im Einzelnen vorgestellten Wassertürme als Repräsentanten der historischen Behälterformen sollen beispielhaft aufzeigen, welchen Einfluss die technische Entwicklung auf die Wasserversorgung im 19. und 20. Jahrhundert hatte – ablesbar am Wasserreservoir. Demzufolge stellt nicht nur die bauliche Hülle den Erhaltungswert dar, sondern auch die eingebaute Technik, insbesondere der Wasserbehälter als Zeitzeuge der industriellen Entwicklung.

II. Wasserversorgung: heben, transportieren, speichern

II.1 Vom Brunnen bis zur Wasserkunst

Im achten Buch der Baukunst von Marcus Vitruvius Pollio ist nachzulesen: „ … von der Methode, wie Wasser zu entdecken sey, … von dessen besonderen Eigenschaften nach der verschiedenen Beschaffenheit der Orte, und auf welche Weise es zu leiten und zu probieren sey; denn wir bedürfen desselben höchst nöthig sowohl zum Leben als zum Vergnügen und täglichen Gebrauche."[15]

II.1.1 Hochkulturen

In den Hochkulturen der Antike, an den fruchtbaren Flusslandschaften waren die Menschen nicht nur kriegerischen Überfällen anderer Völker ausgesetzt, sondern auch klimatischen Veränderungen. Niederschläge blieben aus, Quellen versiegten, Flüsse führten immer weniger Wasser bis sie versandeten und Brunnen fielen trocken.

Ohne Wasser war kein Leben möglich, die Menschen waren gezwungen, sich neue Lebensräume zu erschließen oder Technologien zu entwickeln, die ein Überleben selbst in Wüstenregionen, mit jahreszeitlich begrenzten Niederschlägen, möglich machten.

Wo und wie sollte Wasser gestaut, gefördert, dann aufbereitet, gespeichert und transportiert werden? In der 5000 Jahre alten Stadt Uruk (Irak) wurden bereits durch die Sumerer Kanäle gebaut, um das Wasser vom Euphrat in die

Stadt hineinzuleiten und zu verteilen. Archäologen haben nachgewiesen, dass Hochkulturen wie die Induskultur (Ausbreitung: heutiges Pakistan, Teile Indiens und Afghanistans) nicht nur Wasser gehoben und auf die Felder geleitet haben, sondern bereits zwischen dem 3. und 2. Jahrtausend v. Chr. Wasser zu beherrschen vermochten. Sie bauten große Dammanlagen, die bis zu 270 m lang und 60 m hoch waren.[16] In der Stadt Mohenjo Daro konnten die Bewohner ihr Wasser – neben den eigenen Brunnen – auch von einem zentral angelegten Brunnen holen. Es gab bereits ein öffentliches Bad und eine städtische Kanalisation.[17]

Abb. 2 Kleine Staumauern am Wadi Musa, Petra, Jordanien 2022

15 Vitruvius Pollio, 1995, Bd.2, S. 139.
16 Franke, 2011, S. 35 f.
17 Kohlhammer, 2014, S. 21.

**Oben, von links
nach rechts:**

Abb. 3 Siq (Schlucht) mit
Wasserleitungen, Petra,
Jordanien 2022

Abb. 4 Heiligtümer mit
davorliegender Wasser-
leitung, Petra, Jordanien
2022

Abb. 5 Detail Wasser-
leitung, Abdrücke der
Tonrohre, Petra, Jordanien
2022

Antike Stauanlagen und die damit verbundenen verschiedenen Bewässerungssysteme wurden durch jahrelange
wissenschaftliche Forschungen in Jemen untersucht. Mit
aufgeschichteten Mauern aus vulkanischen Feldsteinen
wurde Wasser kanalisiert und Kanäle in Felsen gehauen,
um die Felder zu bewässern.[18] Über ebenso hergestellte
Kanäle und kleine Aquädukte vermochten auch die Nabatäer nicht nur Quellwasser in ihre Stadt Petra (Jordanien)
zu leiten, sondern sie integrierten auch anfallendes Oberflächenwasser in ihr Wasserversorgungssystem. Aus den
Bergen kommendes Sturzwasser wurde kanalisiert und mit
Hilfe von kleinen Staumauern gezielt zur Wasserleitung
geführt. Viele Zisternen[19] speicherten das ankommende
Wasser – so war Leben in Zeiten langer Trockenheit möglich. Wasser hatte darüber hinaus bei den Nabatäern auch
eine kultische, heilige Bedeutung. Bei der Hubta-Wasserleitung sind in den Felsen Nischen mit Inschriften und in
Stein gehauenen Bildnissen zu finden.[20]

Die Hochkulturen der Antike waren durch ihre struk-
turierte, gesellschaftliche Ordnung in der Lage, bis ins
Detail durchdachte Wasserversorgungsanlagen zu entwickeln und zu bauen. Eine grundlegende Voraussetzung
für den Ackerbau, die Viehzucht und einen florierenden
Handel mit anderen Völkern.

II.1.2 Europa

Im europäischen Raum entstanden ab 2000 v. Chr. kleine
Siedlungen. Jäger und Sammler wurden zu Bauern. In
der Gegend um Trier sind bei Grabungen Quellfassungen
gefunden worden. Für die, aus der vorrömischen Zeit um
1969 v. Chr. stammende, runde Einfassung sind ausgehöhlte Baumstämme aus Eiche und Linde verwendet worden. Die rechteckige um 1553 v. Chr. errichtete Quellfassung besteht aus Eichenholz.

Um Wasser zu heben wurden neben Eimerketten,
Zieh- und Schöpfbrunnen[21] mindestens seit dem 1. Jahrhundert v. Chr. Schöpfräder verwendet.[22] Die Schöpfräder im syrischen Hama heben seit ca. 2000 Jahren das
Wasser des Flusses Orontes in Kanäle, Rinnen oder Aquädukte um Höhendifferenzen zu überbrücken.[23] Wasserrä-

18 Gerlach, 2011, S. 41 f.
19 Zisternen gab es nachweislich bereits vor 3.000 v. Chr., Evenari, 1970,
    S. 175.
20 Gunsam, 1970, S. 319 ff.
21 Selbst Brunnenhäuser hat es bereits im 6. Jahrhundert v. Chr. gegeben,
    vgl. Schneider, 2012, S. 90.
22 Cech, 2010, S. 97.
23 Bauzeitung, 1988, S. 246.

Abb. 6 (links) Runde
Quellfassung

Abb. 7 (rechts) Rechteckige Quellfassung

der können Wasser bis in eine Höhe von ¾ ihres Durchmessers heben.[24]

Über geringe Höhenunterschiede wurde bereits in der Antike Wasser über ein Gewinde von sogenannten Wasserschrauben[25] gehoben.[26] Erwähnt hat sie auch Vitruv. Er hat die ihm bekannten technischen Hilfsmittel für die Nutzung der Wasserkraft detailliert beschrieben.

Bereits um 250 v. Chr. konstruierte der Grieche Ktesibios eine Kolbenpumpe.[27] Die Römer bauten nachweislich hölzerne und bronzene Druckkolbenpumpen mit ein oder zwei Zylindern, um aus der Tiefe Wasser zu fördern.[28] Auch zum Auspumpen von Wasser aus Schiffsrümpfen wurden solche Pumpen eingesetzt.[29]

Vitruv beschreibt, wie das Wasser über Wasserleitungen zur Stadt gelangte und dessen Verteilung innerhalb der Stadt. In Griechenland wurde seit der archaischen Zeit von Quellfassungen über Freispiegelleitungen[30] das Wasser aus der Umgebung in die Stadt geleitet. Diese zumeist aus Tonrohren bestehenden Leitungen[31] wurden unterirdisch verlegt. Zur Vermeidung von Umgehungsleitungen bei Tälern und anderen Hindernissen war es unumgänglich, Druckleitungen[32] aus Blei[33]-, Ton- oder Steinrohren einzusetzen und auch Aquädukte zu errichten. In der Stadt angekommen, floss das Wasser in ein Wasserschloss (lateinisch: Castellum).[34]

24 Cech, 2010, S. 103.
25 In der Mitte des 19. Jahrhunderts wurden diese Schöpfmaschinen – auch Wasserschnecken oder Archimedische Schnecken genannt – für die Wasserförderung aus Baugruben verwendet, Hagen, 1870, S. 289.
26 Cech, 2010, S. 100 ff.
27 http://www.deutsches-museum.de/sammlungen/maschinen/kraftmaschinen/wasserkraft/kolbenpumpe, 12.11.2015.
28 Frontinus-Gesellschaft e.V., 1989, S. 211 ff.
29 Cech, 2010, S. 106 ff.
30 Freispiegel: Wasser fließt ohne Druck im Gefälle, auch Gravitationsleitung genannt.
31 Ursprünglich wurden die Tonleitungen geschützt in Tunneln verlegt, vgl. Eupalinostunnel auf Samos, Moser, 2009, S. 13.
32 Druckleitung: Drucklinie liegt über dem Rohrscheitel, Grohnert, 1927, S. 119.
33 Erstaunlich ist, dass bereits bei Vitruv geschrieben steht, dass Wasser besser in tönernen als in bleiernen, der Gesundheit abträglichen, Rohrleitungen zu transportieren sei, Vitruvius Pollio, 1995, S. 140 ff.
34 Fahlbusch, 1987, S. 141 ff.

Abb. 8 Brunnen mit Eimerkette, Tobosa, Spanien 2013

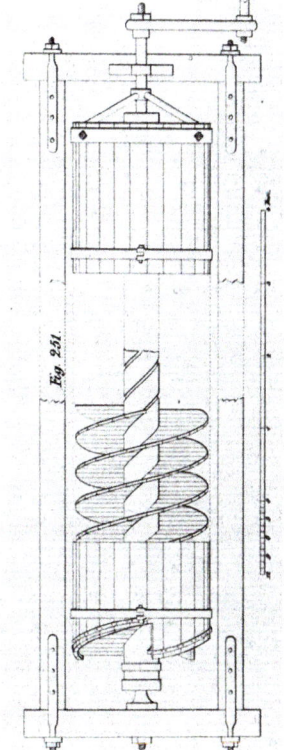

Abb. 9 (links) Archimedische Schnecke

Abb. 10 (Mitte und rechts) Pergamon, römisch, 262 n. Chr., Andesit und Ton

Abb. 11 (links) Tonleitungen, Ephesos, Türkei 2013

Abb. 12 (rechts) Römisches Aquädukt, Segovia, Spanien 2013

Abb. 13 (unten) Detail, Acueducto de Amaniel, Madrid, Spanien 2012

So auch auf der Akropolis von Pergamon (Türkei). Anfänglich wurde in den hellenistischen Häusern das von den Dächern in Tonrohren abgeleitete Regenwasser in 50–70 m³ fassende Zisternen gespeichert. Wie bei Vitruv beschrieben: „… so muß man in Cisternen aus Signinischen Werke – opus Signinum[35] – von Dächern und anderen erhabenen Orten das Regenwasser auffangen." [36]

Später, mit der zunehmenden Bebauung des Burgberges von Pergamon, konnte nur über eine Wasserleitung ausreichend Wasser zur Verfügung gestellt werden. Diese Madradag-Leitung bestand bis zur Talsenke aus drei Tonrohr-Leitungssträngen. Ab der tieferliegenden Teilstrecke und den Berg hinauf wurde eine Druckleitung aus Blei-

rohren nachgewiesen. Auf dem Burgberg endete die Leitung in einem Gebäude: ein Wasserturm[37] oder Castellum. Nach Radt wurde in römischer Zeit das überschüssige Wasser des vermutlichen Wasserturms für die Vorführung von Wasserspielen in ein Wasserreservoir geleitet.

Aquädukte wurden auch in nachrömischer Zeit errichtet: Im Mittelalter und in der Neuzeit, bis Pumpen die vorhandenen Höhenunterschiede ausgleichen konnten. In Spoleto hat sich ein Aquädukt aus dem Mittelalter erhalten (Gesamtbreite 3,8 m, davon Wasserrinne 1,4 m).

Für die städtische Wasserversorgung wurde im 18. Jh. ein barockes Aquädukt in Lissabon errichtet.

Der Wasserverbrauch zu römischer Zeit war hoch, neben den Thermen gab es private Bäder mit Wasserbecken und darüber befindlichen Wasserreservoiren.

Für die hellenistische Madradag-Leitung wurden keine Aquädukte errichtet, aber für die zu römischer Zeit gebaute Madradag-Kanalleitung. Vor dem Burgberg stehen noch die Reste des einst größten, dreigeschossigen Aquädukts der Römer.[38]

Auf diesen Aquädukten mussten bei längeren Druckleitungsstrecken, wenn entsprechende topographische Bedingungen vorlagen, turmartige Erhöhungen errichtet werden. Auf diesen Türmen befanden sich kleine Wasserbehälter. Sie dienten zur Entlüftung der Leitungen und zur Druckregulierung.[39] Solche Türme zur Regulierung des Wasserdrucks sind auch aus Pompeji bekannt. Die italienische Stadt erhielt seit dem 1. Jahrhundert v. Chr. Frischwasser über einen unter-

35 Wasserfester Mörtel, Herstellung bei Vitruv beschrieben, Vitruvius Pollio, 1995, S. 179.

36 Vitruvius Pollio, 1995, S. 179.

37 Die Existenz eines Wasserturms wird von Fahlbusch angezweifelt, Fahlbusch, 2011, S. 285.

38 Radt, 2011, S. 142, 147 ff.

39 Fahlbusch, 1987, S. 153 f.

irdisch verlaufenden Kanal, einem Abzweig der Serino-Leitung.[40] An der höchsten Stelle von Pompeji endete der Kanal, das Wasser wurde über ein Castellum verteilt und floss in die verschiedenen Stadtteile zu den 6 m hohen Verteilertürmen (siehe Abb. 19).

Auf diesen Türmen befanden sich kleine Wasserbehälter aus Blei, die nicht nur das Wasser an verschiedene Abnehmer verteilten, sondern auch für den Druckaufbau in den Wasserleitungen aus Blei sorgten. Diese Türme sind ebenso als Vorläufer der Wassertürme – zumindest in Hinblick auf die druckerzeugende Funktion[41] – zu betrachten.[42] Das Leitungsnetz in Pompeji versorgte die öffentlichen Brunnen und Thermen mit Wasser. Auch private und gewerbliche Häuser wurden, vorausgesetzt, sie konnten die Abgaben bezahlen, an die Wasserversorgung angeschlossen.[43]

Wasser aus römischen Leitungen floss ununterbrochen. Aus den Laufbrunnen konnte das Wasser direkt über abgedeckte Rinnen im Straßenprofil in die Kanalisation geleitet werden. Öffentliche Brunnen am Ende von Wasserleitungen, die zusätzlich als Wasserspeicher dienen (lateinisch: Nymphaeum) konnten geringe Verbrauchsschwankungen ausgleichen.[44]

Zisternen zur Speicherung des Wassers wurden in Pompeji nicht nur im Atrium und Peristyl römischer Wohnhäuser nachgewiesen, unter einem Häuserblock mit Läden befand sich eine ca. 30 m lange, durch Kammern unterteilte Zisterne – erbaut gegen Ende des 2. Jahrhunderts v. Chr.[45]

Neben der Speicherung von Regenwasser in Zisternen, wurde Wasser auch aus Quellen über Aquädukte zu Reservoiren geleitet. Nicht weit von Neapel entfernt, im Golf von Pozzuoli, befindet sich ein Wasserreservoir aus der Zeit des Augustus: Piscina Mirabile. Das beeindruckende Bauwerk mit einer Ausdehnung von 70 m × 25,5 m und einem Fassungsvermögen von 12.600 m³[46] – erinnert in seiner monumentalen Wirkung an eine fünfschiffige Hallenkirche – erbaut für die Versorgung der kaiserlichen Flotte.[47] Die Wände sind aus Opus reticulatum[48] verputzt mit Opus signinum.[49]

Abb. 14 Mittelalterliches Aquädukt, Spoleto, Italien 2014

Abb. 15 Aquädukt „Águas Livres", erbaut 1732–48, Lissabon, Portugal 2010

Die im 5. und 6. Jahrhundert in Konstantinopel, dem heutigen Istanbul, erbauten Zisternen byzantinischer Baukunst sind – im Gegensatz zu römischen Behältern – fast ohne Ausnahme Säulenzisternen. Mit Bauformen wie korinthischen Kapitellen und byzantinischen Kappengewölben gleichen sie noch mehr als die Zisterne Piscina Mirabile Kirchenbauten und werden deshalb auch Kirchenzisternen genannt. Häufig befinden sich diese Was-

40 Dickmann, 2005, S. 29.
41 Vgl. Abb. 67: Wasserwerk Rothenburgsort, Druckturm von 1846, W. Lindley.
42 Fahlbusch, 1987, S. 205.
43 d'Ambrosio, Guzzo, 2012, S. 98; Keinem ist es erlaubt ohne kaiserliche Genehmigung Wasser aus den Leitungen und Wasserbehältern zu ziehen, es gab sogenannte Wächter für die Wasserbehälter, Frontinus-Gesellschaft, 1989, S. 53 ff.
44 Garbrecht, 1979, S. 26.
45 Dickmann, 2005, S. 29.
46 Garbrecht, 1979, S. 18.
47 d'Ambrosio, Guzzo, 2012, S. 98.
48 Opus reticulatum, römisches, netzartiges Mauerwerk.
49 Opus signinum, wasserdichter Mörtel, Informationstafel am Eingang der Piscina Mirabile, Mai 2012.

Abb. 16 (links) Castellum, Pompeji, Italien 2012

Abb. 17 (rechts) Laufbrunnen, Herculaneum, Italien 2012

serreservoire unter Kirchen bzw. Moscheen.[50] Europäische Beispiele im Kreuzganghof: Die mittelalterliche Zisterne der Kathedrale von Lissabon (Portugal, siehe Abb. 22) und die Zisterne aus dem 15. Jh. (Größe: 25 m × 25 m, 8 m tief) im Mutterkloster der Franziskaner in Assisi (Italien).

Trier, die vermutlich älteste Römerstadt auf deutschem Gebiet, wurde über eine heute noch in großen Teilen erhaltene römische Trinkwasserleitung[51] versorgt. Die Leitung verläuft parallel zum bogenförmigen Verlauf der Ruwer. Der wasserführende Kanal wurde größtenteils aus unregelmäßigen Kalksteinen mit Lagen aus Ziegeln und einem gemauerten Gewölbe mit einer lichten Breite von 72 cm bis 78 cm errichtet. Die Leistungsfähigkeit des Kanals lag bei einer Wassermenge von mindestens

25.450 m³/Tag.[52] Die in der Stadt verlegten Leitungen bestanden aus Holz und Blei. Bei Grabungen gefundene Bleirohre haben an beiden Enden Flansche, mit denen sie an die Holzröhren angenagelt wurden. Auch Kastenrinnen aus römischer Zeit mit Bleimanschetten über den Verbindungsstößen konnten an Hand von Funden rekonstruiert werden. Außerdem fanden die Archäologen Absperrhähne mit Bleirohranschlüssen.[53]

Im Land Brandenburg – ein Landstrich, von den Römern nie erobert – lebten verschiedene germanische und slawische Stämme.[54] Aus der Epoche der heidnisch, germanischen Religion von 1.500–500 v. Chr. ist überliefert, dass die Germanen zum Wasser einen besonderen Bezug hatten. Laut ihrer Mythologie befanden sich

Abb. 18 (links) Bleirohre, Pompeji, Italien 2012

Abb. 19 (rechts) Verteilerturm, Pompeji, Italien 2012

Abb. 20 (oben, links)
Nymphaeum Serapeion,
Villa Adriana, Tivoli, Italien
2015

Abb. 21 (oben, rechts)
Piscina Mirabile, Zisterne,
Golf von Pozzuoli, Italien
2012

Abb. 22 (Mitte, links)
Mittelalterliche Zisterne,
Se Catedral de Lisboa,
Lissabon, Portugal 2010

Abb. 23 (Mitte, rechts)
Bronzener Wasserhahn,
Pergamon

unter der Wurzel der Weltesche Yggdrasill drei Quellen. Die erste Quelle ist der Brunnen Mimirs: Er ist der Brunnen der Weisheit. Die beiden anderen Quellen sind der Urdsbrunnen, auch Schicksalsbrunnen genannt und der Hvergelmir, der Ursprung aller Flüsse.[55] Quellen wurden bei den Germanen als kultische Orte verehrt. An diesen Orten fanden religiöse Waschungen statt. Ein Ritual, das sich bis heute bei den Weltreligionen erhalten hat (Abb. 25 u. 26).

Die Menschen siedelten in Brandenburg, in einer von Eiszeiten geformten Wald- und Seenlandschaft. An Quellen, Seen und Flüssen, wie der Elbe, Havel und Spree ent-

50   Forchheimer, Strzygowski, 1893, S. 195, 261 ff.
51   Bei der Eifelleitung zur Versorgung der Stadt Köln, auch von Römern erbaut, wurden unterschiedliche Baustoffe verwendet und verschiedene Abmessungen gewählt. Zudem mussten auch Geländeeinschnitte mit Aquädukten überwunden werden. Ein Teil des Aquädukts ist bei Mechernich Vussem rekonstruiert worden, Grewe, 1986, S. 77.
52   Neyses, 1975, S. 78 ff.
53   Hellenkemper, 1986, S. 196 ff.
54   1157 gilt als Gründungsjahr Brandenburgs. Mit der Nordmark als Lehnen nannte sich der Askanier Albrecht „der Bär" Markgraf von Brandenburg, Naumann, 2007, S. 22.
55   Simek, 1984, S. 199, 267, 426 f.

Abb. 24 Byzantinische Zisterne, 100.000 m³, 532 n. Chr., Kaiser Justinian, Istanbul, Türkei 2014

Abb. 25 (links) Jüdisches Bad, Speyer, Rheinland-Pfalz 2007

Abb. 26 (rechts) Detail, Jüdisches Bad, Speyer, Rheinland-Pfalz 2007

standen erst Niederlassungen, später Dörfer und Städte. Innerhalb ihrer Niederlassungen, unweit von ihren Grubenhäusern befanden sich hölzerne Brunnen. Die germanische Siedlung von Klein Köris wird auf 100–500 n. Chr. datiert. Der befundgetreue Nachbau eines Kastenbrunnens aus Eichenbohlen (Abmaße: 60 cm × 1,2 m) ist ein Beispiel für die insgesamt 20 nachgewiesenen Brunnen. Fünf von diesen ausgegrabenen Brunnen waren aus horizontal verlegten Eichenbohlen hergestellt, bei den anderen Brunnen waren die Hölzer vertikal angeordnet oder es handelte sich um ausgehöhlte Baumstämme, sogenannte Klotzbeuten. Diese wurden ursprünglich als Bienenstock benutzt und in Nachnutzung auch als Einfassung für Brunnen.[56]

Korbgeflechtbrunnen aus dem 1. Jahrhundert n.Chr. wurden bei Grabungsarbeiten in der Siedlung Berlin-Biesdorf gefunden.[57] Über besondere Brunnenfunde aus Eichenholz (1977 in Berlin-Marzahn) hat die Arbeitsstelle für Bodendenkmalpflege beim Märkischen Museum Berlin berichtet: Ein frühslawischer Kastenbrunnen aus Brettern mit genuteten Eckpfosten (6. bis 8. Jahrhundert) und ein darunter befindlicher spätgermanischer Brunnen in Blockbautechnik (5. Jahrhundert).[58]

Wasser kann aus Brunnen verschiedenartig gehoben werden. Die Brunnen in Klein Köris waren Ziehbrunnen. Mit einem Gefäß, Kübel oder Eimer an einem Seil befestigt – mit oder ohne Querbalken über dem Brunnenrand – wurde das Wasser mit menschlicher Kraft gefördert. Ebenso musste beim Ziehbrunnen[59] mit einem schräg aufgerichteten Balken, der auf einem gegabelten Stützbalken aufliegt, das Wasser über kleine Distanzen nach oben „gehebelt" werden. Ziehbrunnen kamen häufig im ländlichen Raum vor. Nur bei den artesischen Brunnen[60] werden keine Hebevorrichtungen benötigt, weil diese Brunnen in einer Senke unterhalb des Grundwasserspiegels liegen und der dabei entstehende Druck ausreicht.

Tief abgeteufte Brunnen gab es bereits im Mittelalter. Der im 14. Jahrhundert erstmals erwähnte, aber vermutlich viel ältere Tiefe Brunnen der Kaiserburg in Nürnberg ist rund 50 m tief und stündlich konnten ca. 200 Liter

56 Informationstafel Freilichtmuseum Klein Köris.
57 Schirmer, 2002, S. 84.
58 Seyer, 1979, S. 122 f., 139.
59 In der Literatur auch Schöpfbrunnen genannt, vgl. Rautenberg, 1965.
60 Ihr Vorkommen ist abhängig von den topographischen Gegebenheiten.

Abb. 27 (links) Brunnen aus Eichenbohlen, germanische Siedlung Klein Köris, Landkreis Dahme-Spreewald 2012

Abb. 28 (rechts) Ziehbrunnen in Laaske, Landkreis Prignitz 2011

Wasser mit Eimern geschöpft werden.[61] Auf Burgen wurde auch Wasser in Zisternen gesammelt oder aus Quellen über Röhrenleitungen herangeführt. In kriegerischen Zeiten war es allerdings von strategischer Bedeutung, über eine von außen unabhängige Wasserversorgung zu verfügen.

Zum Ende des 12. Jahrhunderts kamen die ersten Zisterzienser nach Brandenburg. Klosteranlagen entstanden, wie Kloster Dobrilugk, Kloster Zinna und Kloster Lehnin. Die Mönche brachten ihr Wissen über die Kunst, Kultur, Architektur, Medizin, den Ackerbau, die Fischzucht bis hin zum Weinanbau und die Kunst des Bierbrauens mit. Die Standortwahl eines Klosters war unter anderem von der Anbindung an vorhandene Gewässer abhängig. Wasserleitungen und Kanäle – der erhaltene Plan von Christchurch in Canterbury macht dies deutlich – wurden von Anfang an mit eingeplant und ausgeführt. Die älteste urkundliche Erwähnung über wassertechnische Anlagen von Klöstern in Mitteleuropa stammt aus dem 8. Jahrhundert: der Wasserkanal des Königsklosters Fulda.[62]

Romanische Wasserleitungen aus Blei und aus Holz sind bereits in verschiedenen Klosteranlagen nachgewiesen worden. Im Kloster St. Peter und Paul (Hirsau) konnte eine Bleileitung auf 1092 datiert werden, und für die Versorgung des Benediktinerklosters auf dem Petersberg im thüringischen Erfurt gab es eine Wasserleitung aus Bleirohren von 1136. Das Wasser wurde von der drei Kilometer entfernten Quelle „Peterborn" herangeführt.[63]

„66. Kapitel der Benediktsregel: Wenn möglich, ist das Kloster so anzulegen, dass alles Notwendige, nämlich Wasser, Mühle, Garten und die verschiedenen Berufe, innerhalb des Klosters ausgeübt werden können…"[64]

Neben den wirtschaftlichen Gesichtspunkten war Wasser aus dem Leben eines Mönches nicht wegzudenken. Es wurde benötigt für rituelle Waschungen, die Rasur, die sonntägliche Weihe und für Schreibarbeiten der Mönche im Skriptorium. Für diese Zwecke wurde das Wasser aus dem Laufbrunnen im Kreuzgang, Kreuzganghof oder Brunnenhaus (lateinisch: Lavatorium) entnommen. Das Lavatorium befand sich meist gegenüber dem Refektorium an einer Seite des Kreuzganges und ragte in

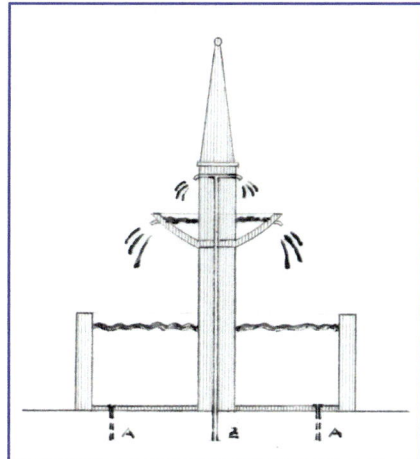

den Kreuzganghof hinein. An die Wasserversorgung waren neben dem Lavatorium des Kreuzganges weitere Brunnenhäuser und unter anderem die Küche, die Wäscherei, die Brauerei, das Haus des Abtes und die Krankenstation (Infirmarie) angeschlossen.

Um den Druck in den Wasserleitungen zu erhöhen, wurde im Kloster Christchurch – wie aus dem Plan des Prior Wibert (1151–1167) zu ersehen ist – im oberen Geschoss des Lavatoriums ein Brunnen eingebaut.[65] Dieser Brunnen war vermutlich ein Schalenbrunnen.[66]

Schalenbrunnen können aus mehreren, übereinander gestellten Schalen bestehen. Die unterste, größte Schale kann, bei entsprechender Größe, wie ein Reservoir eine bestimmte Menge Wasser aufnehmen und sorgt für den notwendigen Druck im Leitungsnetz. So wie der ebenerdig stehende Laufbrunnen der Abtei Maubuisson in Frankreich. Dieser Brunnen erfüllt auf Grund des Fassungsvermögens seiner unteren Schale von 6 m³ diese Funktion.[68] Brunnenhäuser dieses Bautyps sind Vorläufer der ersten überlieferten Wasserkünste, die ein bis zwei Jahrhunderte später auch in verschiedenen größeren Städten Deutschlands errichtet wurden.

II.1.3 Deutschland und Brandenburg

In den Städten und Dörfern Brandenburgs wurde noch lange Zeit das Wasser aus Brunnen geschöpft. Archäologische Befunde mittelalterlicher Brunnen belegen, dass es nicht nur den gemeinsamen Brunnen im Dorf, sondern auch auf Höfen private Brunnen, meist hölzerne Kastenbrunnen, gab.[69] In Ringsleben, heute Fürstenberg/Havel, wurden bei Notbergungen mehrere Brunnen aus dem 13. bzw. 14. Jahrhundert entdeckt. Der im tieferen Erdreich befindliche Teil des kreisrunden Brunnens war aus Holz und die obere Brunneneinfassung aus Feldsteinen.[70]

Menschen haben, wie bereits erwähnt, seit jeher versucht Wasser zu kanalisieren, Teiche anzulegen und durch wasserbautechnische Einrichtungen, wie Stauschützen[71], Wasser anzustauen, um in regenarmen Jahreszeiten

Abb. 29 (links) Prinzipskizze Brunnen[67], 2015

Abb. 30 (rechts) Ehemaliges Brunnenhaus Kloster Hirsau, Baden-Württemberg 2010

61 Ausstellung im Brunnenhaus der Kaiserburg Nürnberg 2019. In den Quellen variiert die Tiefe des Brunnens, vgl. Fränkisches Freilandmuseum, 1989, S. 6.
62 Kosch, 1991, S. 91.
63 Bauzeitung, 1987, S. 147.
64 Hauschild, 2007, S. 21.
65 Grewe, 1991 a, S. 231 ff.
66 Vgl. Rautenberg, 1965, S. 270.
67 Die obere Schale diente der sakralen Verwendung. In der unteren Schale erfolgte die Handwaschung, Legler, 2005, S. 140.
68 Benoit, Wabont, 1991, S. 217 f.
69 Frey, 2002, S. 156 f.
70 Vogt, 1979, S. 71, 89.
71 Mit einem Stauschütz werden die Durchflussöffnungen in Kanälen, Wehren und Schleusen verschlossen oder geöffnet.

Abb. 31 Feldsteinbrunnen, Altlandsberg, Landkreis Märkisch Oderland 2011

genug Wasser für das Vieh zur Verfügung zu haben. Wasser wurde auch „abgezweigt" um Mühlen, wie bei Vitruv beschrieben durch Wasserkraft mit Hilfe einer Welle und einem Zahnrad, anzutreiben.[72]

Im wasserreichen Brandenburg, nach dem 10. Jahrhundert, die Nockenwelle wurde gerade „wiederentdeckt"[73], wurden mit den Filialgründungen der Zisterzienserklöster und den Gründungen von Ortschaften neben Windmühlen, die Getreide mahlten oder Öl pressten, auch Wassermühlen[74] errichtet. Sie standen an Flüssen, künstlich angelegten Flussgräben und angestauten Mühlenteichen. Am Wasser der Dahme standen Wassermühlen, die im 14. Jahrhundert urkundlich erwähnt wurden: Die wahrscheinlich älteste Wassermühle an der Dahme befanden sich in Prieros, datiert auf 1321, und in Neue Mühle. Diese wurde 1375 im Landbuch Kaiser Karl IV. erwähnt.[75] In Potsdam, wo sich in der Nähe des heutigen Hauptbahnhofes der Mühlendamm befand, standen bis 1682 mehrere Mühlen an der Nuthe. Eine Mühle zum Mahlen, zum Walken für die Tuchherstellung, sowie eine Schleif- und Schneidemühle.[76]

Durch die Kraft des Wassers wurden neben Getreide, Walk-, Papier- und Lohmühlen[77], auch Säge-, Poch- und Hammerwerke angetrieben. Wasser floss entweder von oben über die damals hölzernen Wasserräder – ein sogenanntes oberschlächtiges Rad – oder unterhalb des Rades drückte das Wasser gegen die Schaufeln und setzte so das Rad in Bewegung, dann handelte es sich um ein unterschlächtiges Wasserrad. Sogar seltene Kombinationen zwischen Wind- und Wassermühlen hat es gegeben, wie beispielsweise die überkommene Hüvener Mühle, die im Landkreis Emsland steht.

Bei entsprechenden topographischen Voraussetzungen konnte über Quellwasserleitungen das Wasser direkt in die Ortschaften geleitet werden. Diese Gefälleleitungen versorgten öffentliche Laufbrunnen, sowie gewerbliche und private Abnehmer mit Wasser. Hölzerne Wasserleitungen aus dem 13. Jahrhundert sind in Pritzwalk (Landkreis Prignitz) bei Grabungen nachgewiesen worden. Aus Eichen, Erlen und Buchen wurden Hölzer in Längen von 4 m bis 6 m zugerichtet.[80] Die in Form einer Kastenrinne ausgehöhlten Balken wurden oberseitig mit Holzbohlen[81]

Abb. 32 (oben) Magdalenenbrunnen, Templin, Landkreis Uckermark 2011

Abb. 33 (links) Eisenhammer Dorfchemnitz, erste Erwähnung 1365, Dorfchemnitz, Sachsen 2013

Abb. 34 (rechts) Oberschlächtiges Wasserrad[78], Eisenhammer Dorfchemnitz, Sachsen 2013

14

abgedeckt. Das keilförmig behauene Ende eines Leitungsabschnittes wurde in den nächsten Abschnitt ohne eine Verwendung von Muffen geschoben.[82]

In der Lutherstadt Wittenberg sind zwei der mittelalterlichen Röhrenwasserfahrten aus dem 16. Jahrhundert erhalten. Die ältere Leitung, das sogenannte Alte Jungfern-

72 Vitruvius Pollio, 1995, S. 263 ff.; Es gab nachweislich um 100 n.Chr. in Südfrankreich bereits Wassermühlen, Schneider, 2012, S. 36 f.

73 Die Nockenwelle war bereits bei den Römern bekannt, Erfindungen: Die Nockenwelle Zeit online, http://www.zeit.de/zeit-geschichte/2010/01Erfindungen/Seite 5 vom 12.11.2015.

74 In Brandenburg erstmals urkundlich im 12. Jahrhundert erwähnt, Rüdinger, 2006, S. 2.

75 Schötzel, 1989, S. 199, Haase, 2008, S. 136.

76 Rüdinger, 2006, S. 3.

77 In der Lohmühle wird Eichenrinde zerkleinert.

78 Antrieb des Blasebalgs für den Schmelzofen erfolgte auch über das Wasserrad, vgl. Antrieb mehrerer Gebläse durch ein Wasserrad, Johannsen, 1925, S. 35.

79 Die Elstermühle ist eine Wassermühle mit einem unterschlächtigen Wasserrad.

80 Vgl. Röhren aus Kiefern, Erlen und Lerchen in Stücklängen von 12 bis 18 Fuß, das entspricht 3,8 bis 5,6 m, Hagen, 1869, S. 261.

81 Vgl. baugleiche, bebeilte Wasserleitung von Lübeck, Ende 13. Jahrhundert, Grewe, 1991 b, S. 36, Abb. 27.

82 Pytlik, Megel, 2011, S. 117 ff.

83 Im Erzgebirge wurden in den Bergdörfern auch Röhrenleitungen verlegt und die größeren Höfe hatten Brunnen, die an die Röhrenleitung angeschlossen waren. Durch diese Brunnen – häufig als sogenanntes Wasserhaus ausgeführt – lief ständig Wasser. Bei kleineren Anwesen standen Wassertröge vor den Häusern.

84 Stadtwerke Lutherstadt Wittenberg GmbH, S. 1 ff.

85 Auch als Wasserfahrt bezeichnet.

röhrwasser, lieferte an 22 Portionen (Anzahl der Abnehmer) ca. 2 bis 2,5 Liter Quellwasser pro Minute.[84] Höchstwahrscheinlich sind fast immer sogenannte Röhren aus Baumstämmen – das Baumaterial wuchs vor der Haustür – als Wasserleitungen verlegt worden. Im Kern des Baumstammes wurde mit Hilfe von Schneckenbohrern axial ein Loch gebohrt. Bei der Verlegung der Röhren erfolgte die Verbindung auch mit vom Schmied gefertigten Büchsen (Eisenringe), die in das Hirnholz geschlagen wurden.

Im 18. Jahrhundert wurden in Süddeutschland Bohrmaschinen für das Ausbohren der Holzstämme verwendet. Im erzgebirgischen Friedebach stellt heute noch die 1864 errichtete, maschinell betriebene „Röhrenbohrerei Wenzel" Röhren her (siehe Abb. 39 u. 40). Bohrmaschinen wurden über ein unterschlächtiges Wasserrad angetrieben. Die Röhren wurden aus jungem Fichtenholz gefertigt (Baumalter ca. 20 bis 25 Jahre). Früher variierten die Röhrenlängen je nach Gegend sehr stark. Erst zum Ende des 18. Jahrhundert einigte man sich auf eine Länge von ca. 3,5 m. Von Hand konnten pro Tag nur 2 bis 3 Röhren hergestellt werden. Durch den Einsatz von Bohrmaschinen erhöhte sich die Tagesleistung auf 10 Stück. Das Wasser aus der Röhrenleitung wurde über Wasserverteiler in die einzelnen Haushalte geleitet. Die Größe des Zuflusses regulierte die ankommende Wassermenge – entsprechend des vereinbarten Entgelts. Eventuelle Schäden an der Röhrentour[85] konnten durch Spundlöcher im Abstand von 50 m bis 75 m lokalisiert werden.

Seit 1540 gab es im oberen Teil der Ortschaft Hohenbucko im Landkreis Elber-Elster Laufbrunnen, die mit

Abb. 35 (links) Wind- und Wassermühle Hüven, Niedersachsen 2003

Abb. 36 (rechts) Elstermühle Plessa[79], Landkreis Elbe-Elster 2011

Abb. 37 (links) Röhren[83], Freilichtmuseum Seiffen, Sachsen 2011

Abb. 38 (rechts) Eisenringe, Freilichtmuseum Seiffen, Sachsen 2011

Abb. 39 (links) Röhrenbohrwerk Hans-Jürgen Wenzel, Friedebach, Sachsen 2013

Abb. 40 (rechts) Wasserkunst, nachgebaut von Hans-Jürgen Wenzel, Friedebach, Sachsen 2013

Abb. 41 (links) Wasserleitung, Holz mit Eisenring, Altlandsberg, Landkreis Märkisch Oderland 2009

Abb. 42 (rechts) Wasserleitung, Holz mit Zapfen, Waldsieversdorf, Landkreis Märkisch Oderland 2011

Quellwasser über eine Röhrenleitung gespeist wurden. Die Bewohner im unteren Teil der Ortschaft mussten weiterhin Wasser aus Brunnen schöpfen.[86]

In Ortrand im Landkreis Oberspreewald-Lausitz sind bei Grabungen zwei hölzerne Röhrenleitungen gefunden worden. Bei der älteren Leitung waren die Holzrohre noch mit hölzernen Muffen verbunden. Die Verbindung der Rohre der jüngeren Anlage erfolgte bereits mit Muffen aus Schmiedeeisen.[87]

Gotthilf Hagen beschrieb in seinem Handbuch der Wasserbaukunst verschiedene Verbindungsmöglichkeiten von Holzröhren. Um eine Verbesserung der Dichtigkeit der konisch verlaufenden Verbindungen von Röhren zu erreichen, wurde ein eiserner Ring über den Stoß getrieben und der Zapfen mit geteerter Leinenwand umwickelt, wenn Ölkitt wegen hoher Holzfeuchte nicht verwendet werden konnte. Als beste Verbindung galt bereits in der Mitte des 19. Jahrhunderts die Verbindung mit Muffen aus Eisen. Bei dieser Verbindungsart waren Abdichtungen mit Hanf oder Leinwand, sowie eiserne Ringe über dem Röhrenstoß unnötig.[88]

In Städten, wo es nicht möglich war ohne Hebetechnik Wasserleitungen zu befüllen, wurden mit dem Ausklang des 13. Jahrhunderts Wasserkünste[89] geplant und gebaut. Mit Schöpfrädern – wie zu Zeiten der Antike – wurde das Wasser aus Gewässern angehoben und über Holzleitungen an die Endabnehmer verteilt.

Städtische Wasserkünste sind beispielsweise überliefert aus: Lübeck vor 1294; Ulm vor 1340; Breslau vor 1380[91]; Bremen 1393–94[92]; Bautzen Alte Wasserkunst 1495;

Leipzig 1500[93]; Paderborn 1506; Hamburg 1531[94]; Berlin 1572[95].[96]

Mit der Errichtung einer der ältesten Wasserkünste in Deutschland wurde 1412 in der von den Römern gegründeten Stadt Augsburg begonnen. Die Stadt ist von Flüssen umgeben. Viele ober- und unterirdische Kanäle verlaufen durch den mittelalterlichen Stadtkern. Wasserräder, Pumpen, sogar archimedische Schrauben wurden eingesetzt, um das Wasser in die hohen Türme zu befördern, wo es in kleine Behälter – erst aus Holz später aus Eisen – floss. So wurde der nötige Druck aufgebaut, um die Laufbrunnen zu versorgen. Zusätzlich verhinderten diese kleinen Behälter, dass sich die Druckstöße der Pumpen auf die Wasserleitungen aus Föhrenholz übertrugen und so die Röhren oder Deicheln[97] zerstörten. Die überkommenen drei Wassertürme am Roten Tor belieferten von 1416–1879 die Stadt mit fließendem Wasser und allein der Kastenturm stellte die Wasserversorgung der drei wunderschönen, um 1600 errichteten Laufbrunnen sicher.[98]

Die „Wismarer Wasserkunst" ist ein bekanntes Beispiel für den norddeutschen Raum. Aber die überkommene Brunnenanlage selbst ist keine Wasserkunst im eigentlichen Sinne. Der 1602 gemauerte Brunnen hatte den hölzernen Brunnen von 1570 auf dem Marktplatz ersetzt. Über eine Röhrenleitung wurde der Brunnen mit Wasser aus den Mettelsdorfer Quellen versorgt. Erst mit dem Jahr 1682 – ein Wehrturm der Stadtmauer wurde in die Wasserversorgungsanlage integriert[100] – hatte Wismar tatsächlich eine Wasserkunst. In diesem Turm wurde das Wasser aus dem angestauten Mühlenteich in den Behälter vermutlich mit Hilfe von Kolbenpumpen[101] gehoben. Die Pumpen selbst wurden wiederum durch ein Wasserrad angetrieben, wie bei der alten Wasserkunst in Bautzen. Aus den Quellen des Stadtarchivs ist überliefert, dass

Abb. 43 Alte Wasserkunst von 1558[90], Bautzen, Sachsen 2011

Abb. 44 Die dritte Wasserkunst von Leipzig: Schwarze Wasserkunst, Mitte 16. Jh.

86   Schmidt, 2012, S. 163 ff.

87   Beginn der Verlegung wurde in schriftlichen Quellen auf 1566 datiert, Ihde, 2002, S. 162 ff.

88   Hagen, 1869, S. 263 f.; siehe auch: Zwillingsleitungen von Sanssouci aus der Zeit um 1841, S. 32 f.

89   Im Unterschied zu späteren Wassertürmen dienten Wasserkünste nur der Druckerhöhung, nicht der Wasserspeicherung.

90   Die ursprüngliche, aus Holz gebaute Wasserkunst von 1495 fiel einem Brand zum Opfer.

91   Grahn, 1898, S. 89.

92   Bishop, 2013, S. 207.

93   Föhl, Hamm, 1985, S. 126.

94   Reese, 1909, S. 688.

95   Bärthel, 1997, S. 19.

96   Grewe, 1991 b, S. 61 ff.

97   Deichsel ist die süddeutsche Bezeichnung für Holzrohre.

98   Kluger, 2013, S. 60 ff., 75, 91 ff.

99   Der große und der kleine WT wurden mehrfach überformt, Ursprungsbau des großen WT´s von 1416 und des kleinen WT´s von 1470.

100   Vgl. Wehrturm als Wasserturm – Wasserkunst Naumburg Saale um 1459, Hoffmann, 2000, S. 125.

101   Vgl. Zeichnung der Neuen Wasserkunst in Hamburg am Oberdamm von 1773, hier wurden die Kolbenpumpen über ein Wasserrad angetrieben, Meng, 1993, S. 29.

Abb. 45 Zirbelnuss-Kanal von 1848, Augsburg, Bayern 2013

bei niedrigem Wasserstand ein Pferdegöpelwerk das Wasserrad ersetzte.[102]

Neben Menschen[103], Pferden und Hunden[104] wurden in Deutschland auch Ochsen für den Antrieb von Wasserkünsten eingesetzt. Martin Löhner[105], ein Brunnen- und Röhrenbaumeister aus Nürnberg, errichtete 1702 im mittelfränkischen Schillingsfürst ein Ochsentretscheibenpumpwerk: Der Ochse bewegte die unter ihm befindliche Tretscheibe, die wiederum über ein hölzernes Getriebe, verbunden mit einer Welle, das Pumpwerk – bestehend aus einer Kurbelwelle mit drei Kolbenpumpen – antrieb (Abb. 49 und 50). So konnte das aus dem artesischen Brunnen geförderte Wasser über Röhrenleitungen aus Föhrenholz in das 1,5 km entfernte Schloss der Fürsten zu Hohenlohe-Schillingsfürst geleitet werden. Später, um 1729, wurde am Brunnenhaus ein Wasserturm mit einem hölzernen Behälter errichtet.[106]

Auch im Brunnenhaus der Augustusburg in Sachsen kann heute noch das, von einem Ochsen angetriebene, Göpelwerk besichtigt werden. Angeleitet durch den Bergmeister Martin Planer wurde ein 170 m tiefer Brunnen abgeteuft, um die Wasserversorgung auf der Burg zu sichern.[107]

Wegweisend für die städtischen Wasserkünste in Deutschland war die Entwicklung der Hebetechnik im Bergbau. Der im sächsischen Glauchau geborene Georg Agricola beschrieb in seinem 1556 in lateinischer Sprache erschienenen zwölfteiligen Buch über das Berg- und Hüttenwesen, die Becherwerke oder Kannenkünste mit denen Wasser und Gestein gehoben werden konnte. Er benennt verschiedene Schachtaufsätze. Mit einfachen Holzkonstruktionen[108], wie ein quer über dem Schacht liegender Rundbaum, um den ein Seil gewickelt war, wurde das Wasser und Gestein aus geringen Tiefen mit Eimern, Kübeln aus Holz, Ledersäcken und Bulgen[109] gefördert. Die größeren Maschinen mit stehenden Wellen und Kammrädern konnten – betrieben noch mit menschlicher Muskelkraft – aus ca. 50 m Tiefe Wasser fördern. Pferdegöpelwerke[110] hoben das Wasser aus ca. 70 m Tiefe. Neben diesen Künsten wurden auch Wasserkünste beschrieben, bei denen dicht aneinander gehängte Kannen aus Eisen- oder Kupferblech das Wasser transportierten.

Wasserräder wurden angetrieben durch Wasser aus Flussläufen oder Kunstgräben, wie bei der überkommenden Altväterbrücke in der näheren Umgebung von Freiberg in Sachsen. Die um 1500 errichtete Steinbogenbrücke wurde im 17. Jahrhundert mit einem heute nicht mehr vorhandenen, rund 188 m langen, 12 bogigen Aquädukt überbaut, um die Kunsträder der Silbererzgrube „St. Anna samt Altväter" mit dem Wasser des Münzbaches anzutreiben.[111]

Im sechsten Buch hat Georg Agricola auch sieben verschiedene Pumpen beschrieben. Neben den einfach gestellten Pumpen, u.a. Schwengel- und Hubpumpen, hoben dreifach gestellte Pumpen, angetrieben von zwei Männern, die einen Rundbaum drehen, Wasser aus ca. 7 m Tiefe.

War auf Grund der örtlichen Gegebenheiten ein Flusslauf in der Nähe, konnte der Antrieb mit Wasserkraft erfolgen. Anstelle des Rundbaums wurde ein Wasserrad mit Welle installiert, um die Pumpen anzutreiben (Förderhöhe: ca. 30 m). Als Wasserhebemaschinen für größere Wassermassen dienten die Heinzenkünste, auch Taschen- oder Paternosterkünste genannt. Mit Hilfe von Wasserrädern wird eine Welle bewegt, an der ein genutetes Rad mit einer daraufliegenden, umlaufenden langen Kette befestigt ist. Die in Rohren geführte Kette mit aneinandergereihten, aus Pferdehaar mit Leder umhüllten Ballen holte das Wasser aus bis zu ca. 70 m tiefen Schächten. Eine Förderung mit entsprechender

Abb. 46 Großer und kleiner Wasserturm[99], Augsburg, Bayern 2013

102 Berndt, 1992, S. 5 ff.
103 Siehe Ruckdeschel, 2000, S. 254 ff.
104 Siehe Burgbrunnenanlage der Wachsburg bei Arnstadt, Wagenbreth, Wächtler, 1983, S. 232.
105 Ersterwähnungen von städtischen Röhrenbaumeistern: Basel 1291, Freiburg i. Br. 1333, Hoffmann, 2000, S. 110.
106 Röhrer-Ertl, 2011, S. 2 ff., 13.
107 Wagenbreth, Wächtler, 1983, S. 39.
108 Vgl. mit dörflichen Ziehbrunnen.
109 Bulgen sind Säcke aus Fellen.
110 Pferdegöpel wurden bei Agricola Roßkünste genannt.
111 Informationstafel an der Altväterbrücke.

Kontinuität aus dieser Tiefe konnte nur mit Wasserrädern erreicht werden.

Bereits zu dieser Zeit wurde im Bergbau der Wasserstand gemessen. Eine simple Methode: Ein Brett, befestigt an einer Schnur, schwamm auf dem Wasser. Am anderen Ende hing ein Stein, der durch seine Auf- und Abwärtsbewegung den Wasserstand anzeigte.[112]

Die größte aller damaligen Maschinen war die Bulgenkunst. Hier wurden in Kombination mit einem Wasserbehälter (Grundfläche rund 20 m²) zwei oberschlächtige Wasserräder angetrieben. Bis zu fünf Menschen waren notwendig, um diese Wasserkunst zu bedienen.[113] Interessant ist hierbei, dass ein hölzerner Flachbodenbehälter Bestandteil der Wasserkunst war.

Brunnenmeister, Stadtgießer, Konstrukteure und Ingenieure aus Süddeutschland waren zur Zeit Agricolas durch ihr technisches Wissen und dem hohen Entwicklungsstand ihrer Pumpwerke weit über die Grenzen Deutschlands bekannt. Im Maximilianmuseum (Augsburg) ist ein Funktionsmodell aus der Mitte des 18. Jahrhunderts erhalten. Dieses Model vom Stadtbrunnenmeister Walter verdeutlicht die damalige Entwicklung der Antriebstechnik, indem die Schwingbäume durch Kurbelwellen ersetzt wurden.[114]

112 Vgl. mechanische Wasserstandsanzeiger der Wassertürme, wie bei den WT der Eisenbahn, funktionieren nach demselben Prinzip.
113 Agricola-Gesellschaft, 1953, S.124 ff.
114 Siehe Brandenburger Wassertürme als Repräsentanten historischer Wassertürme, Dissertation Berlin 2018, Abb. 50: Modell eines Pumpwerks von Caspar Walter, Augsburg vor 1754 (Maximilianmuseum, Bayern 2013).
115 Kluger, 2013, S. 75 f., 106 f.
116 Journal, 1870, Nr. 5, S. 279.
117 1889 ist die Mühle abgebrannt, Märkische Bote vom 27.10.2012.
118 In der Ausgabe von 1883 fasste das Reservoir nur 3,25 m³, Grahn, 1883, S. 29; Grahn, 1898, S. 61 f.
119 http://www.gwaz-guben.de/verband_geschichte01.htm, 30.12.2012.
120 Boeck, 1939, S. 8.

Die zweite Wasserkunst von Augsburg mit dem Unteren St.-Jacobs-Wasserturm und dem Unteren Brunnenturm als ein weiteres Beispiel aus dem 19. Jahrhundert: In den Unteren Brunnenturm, einem ehemaligen Wehrturm, wurde 1538 die sogenannte „Machina Augustana", ein Hebewerk aus mehreren übereinander angeordneten archimedischen Schnecken, installiert, um Wasser in den Turm zu fördern. Diese technische Anlage wurde 1821 durch eine sogenannte Wassermaschine, erfunden vom Münchener Ingenieur Georg von Reichenbach, ersetzt (siehe Abb. 54).[115]

Über Wasserkünste in brandenburgischen Städten ist nicht viel überliefert. In Guben gab es eine alte Wasserkunst: Ein Wasserrad mit Pumpwerk (siehe Abb. 55).[116] Die sogenannte alte Mühle[117] versorgte den Stadtkern mit Wasser aus der Neiße. Etwa 50 m³ Wasser pro Stunde musste der Müller per Vertrag von 1834 in das schmiedeeiserne, 33 m³ fassende Reservoir pumpen. Um 1860 verteilten dann gusseiserne Rohrleitungen das Wasser an öffentliche Brunnen, darunter fünf Lauf- und acht Ventilbrunnen, sowie 95 Brunnen auf privaten und gewerblich genutzten Grundstücken.[118] Das Reservoir stand in dem Turm des ehemaligen Klosters der Zisterzienserinnen.[119]

Neben den Wasserkünsten für städtische und gewerbliche Wasserversorgungsanlagen wurden auch Wasserspiele für die Gärten des Adels errichtet. Im 17. Jahrhundert entstand die kurfürstliche Gartenanlage des Potsdamer Stadtschlosses. Das Wasserreservoir – untergebracht in einem Turm des Schlosses – versorgte die Springbrunnen und Kaskaden seit 1679.[120]

Bei archäologischen Ausgrabungen wurden bei der Grünen Treppe, an der ehemaligen Gartenseite des Stadtschlosses, hölzerne und gusseiserne Rohrleitungen (siehe Abb. 56), sowie Abzweigleitungen aus Blei gefunden. Ausgegrabene, rinnenförmige Abdeckplatten und ein Wassertrog aus Naturstein legen die Vermutung nahe, dass zu

Abb. 47 (links) Wasserkunst Wismar, Brunnen von 1602, Wismar, Mecklenburg-Vorpommern 2012

Abb. 48 (rechts) Wasserkunst Wismar, Wehrturm, 2. Hälfte 15. Jh., Wismar, Mecklenburg-Vorpommern 2012

Abb. 49 (links) Wasserturm mit Nebengebäude (Ochsentretwerk), Schillingsfürst, Bayern 2013

Abb. 50a+b (rechts) Detail Ochsentretwerk Tretscheibe, Ansicht von unten, Schillingsfürst, Bayern,, 2013

Beginn des 18. Jahrhunderts das Wasser über die Treppenwangen kaskadenartig floss.[121]

In der Mitte des 18. Jahrhunderts wollte Friedrich der Große eine Gartenwasserkunst in Sanssouci für die Versorgung von Wasserspielen, Kanälen und einer über zehn Meter hohen Fontäne errichten lassen. Die verschiedenen Versuche eine Wasserkunst für die vom König geplanten Anlagen mit Holländer Windmühlen, einem Göpelwerk und einem Hochreservoir auf dem damaligen Höneberge zu bauen, schlugen fehl. 1780 wurde das Vorhaben zunächst aufgegeben (Abb. 57 u. 60). Erst 1835, unter Friedrich Wilhelm IV., wurde für die Gartenanlagen von Schloss Charlottenhof eine Wasserkunst in Betrieb genommen – geplant von Ministerial-Direktor Beuth und vom Maschinenbauer Egells ausgeführt. Im Maschinenhaus befanden sich ein Dampfkessel und Balancier-Pumpwerk. Der kleine Wasserbehälter stand im Turm des Gärtnerhauses. König Friedrich Wilhelm IV. war es auch, der 1840 befahl, eine Wasserkunst für die Wasserversorgung der Gartenanlagen, Springbrunnen und Ziergewässer von Sanssouci zu errichten. Der Hofbauinspektor Persius war verantwortlich für die Planung und den Bau der Anlage. Er entwarf im orientalischen Baustil das Maschinenhaus als arabische Moschee und übertrug den technischen Ausbau dem Maschinenbauer August Borsig.

Der gelernte Zimmerer August Borsig fing mit 21 Jahren als Zeichner in der „Neuen Berliner Eisengießerei" an. Die Eisengießerei wurde 1821 durch Franz Anton Egells[122] gegründet. In der Fabrik wurden auch Dampfmaschinen gefertigt, so konnte Borsig von Grund auf den Maschinenbau in der Praxis erlernen und gründete 1837

eine Fabrik in der Chausseestraße 1. Er baute Lokomotiven, eiserne Brücken, Dächer für Bahngebäude, Kirchenkuppeln und Pumpwerke.[123]

Mit dieser von Borsig 1841 fertiggestellten Dampfpumpenförderanlage wurde auch das, bereits unter Friedrich dem Großen gebaute, Hochreservoir nach grundlegender Sanierung genutzt. 1842 gingen die Wasserkünste von Sanssouci ein Jahrhundert später als ursprünglich

121 Gussleitungen von 1710, vermutlich in Zehdenick hergestellt, mündliche Informationen der Stadtarchäologin von Potsdam, Frau Christl, Führung Mai 2017.

122 http://www.deutsche-biographie.de/pnd140100741.html, 24.10.2015.

123 Jahnke, 1900, S. 72 ff.

Abb. 51 (links) Pferdegöpel Rudolphschacht, in Betrieb von 1839–1877, Lauta Ortsteil von Marienberg, Sachsen 2013

Abb. 52 (rechts) *„Dieses ist eine andere arth einer Maschine, mit welcher man gleichfals das Wasser aus einem tieffen Ort/in eine ziemliche Höhe/mit der gewalt eines Flußes oder Canals/hienauff zu steigen machen kann".*[127]

geplant – in Betrieb. Tagsüber wurden die Fontänen aus dem Hochreservoir gespeist und in der Nacht wurde das Reservoir wieder mit Wasser gefüllt. [124] Über die Hälfte der gusseisernen Rohre liefern noch immer, wenn auch mit Verlusten, das Wasser vom Maschinenhaus zum Hochbehälter. 2010 wurden Mittel für die Sanierung der Leitung in situ bereitgestellt.[125]

Was in Preußen so schwerlich gelang wurde in München, im Schloss Nymphenburg, bereits 1803 beim Umbau der barocken Wasserkünste durch den Ingenieur Joseph Freiherr von Baader technisch umgesetzt. Die Turmbauten aus Holz mit ihren Wasserbehältern wurden abgerissen, hölzerne Rohrleitungen durch gusseiserne Rohre ersetzt und das Grüne Brunnenhaus von 1720 umgebaut. Die Ingenieurkunst von Baader ermöglichte, das gusseiserne Pumpenanlagen geplant und errichtet wurden, die nicht nur die im Schlosspark liegende Badenburg von 1721, sondern auch eine große Fontäne im Gartenparterre mit Wasser versorgten. Im linken Seitenflügel des Schlosses, im Johannisbrunnenhaus, liefern die gusseisernen Pumpenanlagen von 1835 noch immer das Wasser für die Fontäne vor dem Schloss.[126]

Der versierte Ingenieur von Baader erhöhte den Druck für die Fontänen, indem er einen Windkessel[128] verwendete. Die Luft wurde im Kessel durch das zugeführte Wasser verdichtet und damit der Druck in der Wasserleitung erhöht. Ein Wasserturm war nicht mehr erforderlich. Mit einem nur durch Wasserkraft angetrieben, hydraulischen Widder konnte Wasser auf ein höheres Niveau angehoben

Abb. 53 Altväterbrücke, Freiberg, Sachsen 2016

124 Artelt, 1893, S. 1 ff.
125 Märkische Allgemeine Zeitung vom 20.12.2010.
126 Bayerische Verwaltung der staatlichen Schlösser, Gärten und Seen, 2014, S. 118, 127, 150.
127 Ramelli, 1620, S. 53.
128 Siehe Brandenburger Wassertürme als Repräsentanten historischer Wassertürme, Dissertation Berlin 2018, Abb. 58: Windkessel von 1803, Joseph von Baader (Nymphenburg, Bayern 2015).

Abb. 54 (links) Wassermaschine des Georg v.
Reichenbach[129], Augsburg

Abb. 55 (rechts) Wasserkunst Guben, ehemaliges
Kloster der Zisterziense-
rinnen, Modell des 1937
abgerissenen Klostertors

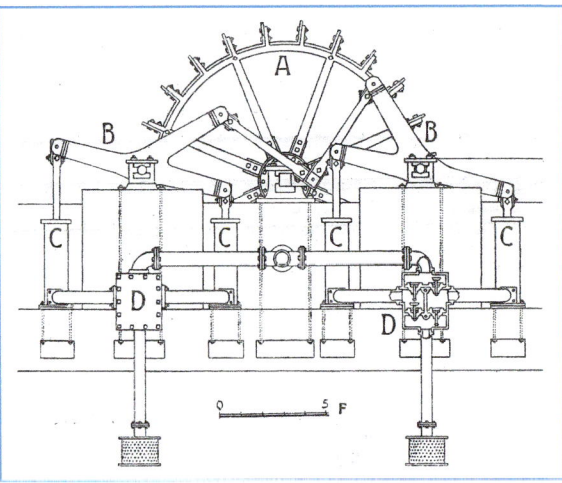

werden. Eine einfache aber wirkungsvolle Konstruktion:
Ein wartungsarmer Windkessel mit Stoß- und Steigven-
til – erfunden von Joseph Michel[130] Montgolfier am Ende
des 18. Jahrhunderts.[131]

Wasser spielte neben der Verwendung in der Garten-
kunst auch bei der Entstehung von Kur- und Badeor-
ten eine wichtige Rolle. Das brandenburgische Bad Freienwalde mit seinen Heilquellen war bereits am Ende des
17. Jahrhunderts ein beliebtes Reiseziel für den Adel und
später auch für das sich entwickelnde, finanzkräftige Bür-
gertum. Im 19. und 20. Jahrhundert etablierten sich Bad
Saarow, Bad Belzig, Bad Liebenwerda und Bad Wilsnack
als Kurorte.

Hingegen wurden in den vielen ländlichen Orten
Brandenburgs weder Wasserleitungen verlegt, noch
Wasserkünste zur Versorgung der Bevölkerung errichtet. Die Menschen holten sich ihr Wasser weiterhin aus
öffentlichen Brunnenanlagen oder aus dem eigenen
Hofbrunnen. Unweit des Hofbrunnens befanden sich
zumeist die Abortanlagen.[132] Abwässer aus dem Haus-
halt, Fäkalien von Mensch und Tier gelangten nicht selten durch Versickerung in den Wasserkreislauf. Beson-

ders in den Städten lebten die unteren Schichten der
Bevölkerung zusammengepfercht und unter hygienisch
unhaltbaren Zuständen – ideale Brutstätten für Krankheitserreger. In den größeren Ortschaften war die stetige
und flächendeckende Versorgung mit Wasser ein stän-
diges Problem. Reparaturen an den Röhrenleitungen,
versiegende Brunnen, schwankende Wasserspiegel und
langanhaltende Trockenzeiten führten nicht selten zu
Wasserknappheit und der Mangel an Wasser trieb den
Wasserpreis in die Höhe.

Abb. 56 (links) Gussleitungen von 1710, Grüne
Treppe, ehemaliges Stadt-
schloss Potsdam, 2017

Abb. 57 (rechts) Was-
serkunst Sanssouci, Vier-
Mühlen-Wasserwerk

129 Das Deutsche Museum in München widmete den ersten Band über die Geschichte der Naturwissenschaften und Technik Georg von Reichenbach. Von seinen Reisen aus England und dem „Studium" der Dampfmaschine von Watt inspiriert, erfand und entwickelte Reichenbach verschiedene technische Instrumente und Geräte, u.a. die sogenannte Reichenbach´sche Wassersäulenmaschine, die er ständig weiterentwickelte. Die erste Wassersäulenmaschine von 1807 überwand bereits eine Druckhöhe von 360 Fuß (~ 105 m), von Dyck, 1912, S. 58 ff.

130 http://de.wikipedia.org/wiki/Montgolfier, 12.11.2015.

131 http://www.schloss-nymphenburg.de/deutsch/park/ny_baader.pdf, 12.11.2015.

132 Im 17. Jh. sollte der Abstand zwischen dem Abort auf dem Hof und dem Brunnen des Nachbarn mindestens „20 Werkschuhe" betragen, Gut, 1867, S. 102.

133 http://de.wikipedia.org/wiki/Karl_Joseph_Eberth, 19.02.2013.

Viele Städte und Dörfer hatten sich an Gewässern gegründet, somit bot sich die Nutzung von Flusswasser geradezu an. Allerdings verursachte die Verwendung von ungeeignetem Wasser aus Flüssen und Kanälen oder verunreinigtem Wasser aus Brunnen im 19. Jahrhundert Choleraepidemien. In Berlin wütete 1866 die Cholera und in Hamburg 1892 – mit verheerenden, tödlichen Folgen, vor allem bei der armen Bevölkerung. Selbst wenn Trinkwasser aus öffentlichen Brunnen zur Verfügung stand, die Wohn- und Lebensbedingungen in Hinblick auf die soziale Hygiene waren weiterhin denkbar schlecht. Zum Teil aus Unwissenheit, denn die Bakterien, die über das Trinkwasser übertragen werden können, waren noch unbekannt. Robert Koch und Karl Joseph Eberth[133] entdeckten 1880 den Typhuserreger „Salmonella". Wenige Jahre später, hat Koch den Choleraerreger „Vibrio cholerae" nach-

Abb. 58 (links) Zwillingsleitung von 1841, Innendurchmesser 260 mm, Potsdam 2017

Abb. 59 (rechts) Kurbelwelle, Pumpwerk, Potsdam 2012

Abb. 60 (links) Hochreservoir auf dem Höneberge

Abb. 61 (rechts) Widder, Wasserturm Nord, Halle, Sachsen-Anhalt 2011

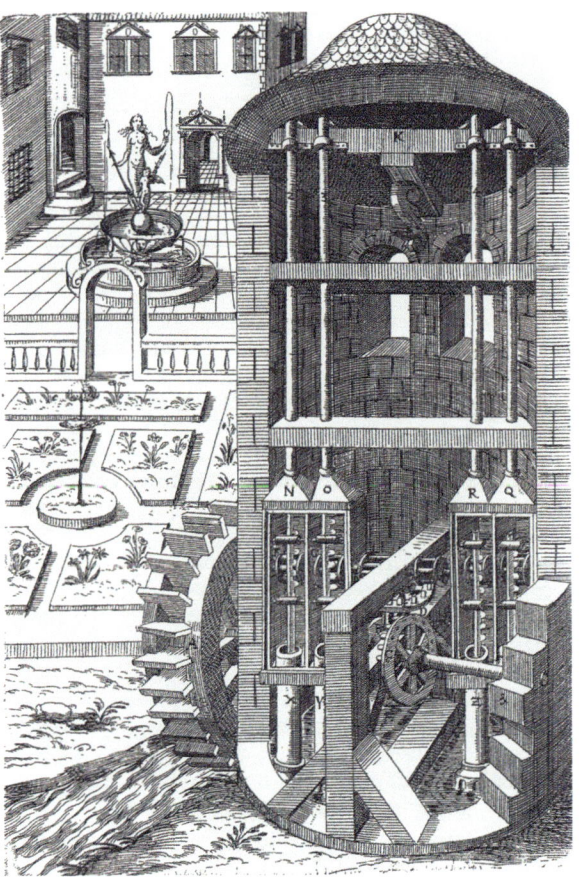

fungsanstalt wurde von Ministerien, Behörden, Gemeinden und Privatpersonen genutzt, um sich bei der Planung und beim Betrieb von Wasserversorgungsanlagen, sowie bei der Erstellung von Gutachten oder der Analyse von Wasserproben beraten zu lassen.[140] Um 1900 erließen mehrere Länder Wassergesetze. Ein preußisches Wassergesetz trat erst 1914 in Kraft.[141]

II.2 Wassertürme als Zeitzeugen der industriellen Revolution

II.2.1 Wasserspeicherung – Bestandteil der Wasserversorgungsanlage

Die industrielle Revolution von England ausgehend, begann in Deutschland erst im 19. Jahrhundert, mit einer gesellschaftlichen Entwicklung, die sich langsam von feudalen Strukturen löste. Erkennbar an der Vorherrschaft des Adels in den 1823 gegründeten Provinzialständen. So wurde auch das Land in Brandenburg im Sinne des Adels und der Großgrundbesitzer territorial neu aufgeteilt – nur die Städte Berlin, Frankfurt (Oder) und Potsdam blieben autark. 1828 lebten in 138 brandenburgischen Städten, um die 3.000 brandenburgischen Dörfern und Flecken 40 Menschen auf einen km².[143]

Mit der Gründung des Deutschen Zollvereins in den 30er Jahren des 19. Jahrhunderts wurden die Weichen in Preußen für den Übergang zur industriellen Produktion gestellt. Der Lebensrhythmus in den Städten wurde vom Stampfen der Maschinen bestimmt, die von der Dampfkraft angetrieben wurden. Die Löhne waren niedrig und Kinderarbeit an der Tagesordnung. Marx und Engels stellen soziale Fragen in den Mittelpunkt ihrer gesellschaftlichen Analysen. 1848 lehnen sich die Menschen gegen die herrschenden Missstände auf. Deutschlands erste Nationalversammlung findet statt, aber die Revolution scheitert in ganz Europa.

Kohle, Stahl, Dampf – die Grundpfeiler der industriellen Revolution formen die Gesellschaft des 19. Jahrhun-

Abb. 62 Gartenwasserkunst

Abb. 63 Kurfürstenquelle, Bad Freienwalde, Landkreis Märkisch-Oderland 2011

gewiesen. Weitere Krankheitserreger im Trinkwasser, wie den Verursacher der Ruhr, die Bakterie „Shigella" wurden entdeckt.[134] Auch in damaligen Fachzeitschriften wurde auf den Zusammenhang hingewiesen, dass an Hofbrunnen und öffentlichen Brunnen nicht nur Wasser geschöpft, sondern auch Reinigungsarbeiten durchgeführt werden und es dadurch zu Verunreinigungen kommt.[135] Erst mit der epidemiologischen Erforschung von Cholera, Typhus und Ruhr erkannten die Hygieniker, wie Robert Koch und Max von Pettenkofer und der Mediziner Rudolf Virchow, die Ursachen und Zusammenhänge und setzten sich vehement dafür ein, dass Wasserversorgungs- und auch Abwasserentsorgungsanlagen gebaut werden. Unabdingbar für die Vermeidung von Volksseuchen.[136] Pettenkofer schrieb 1889 in einem Artikel über Trinkwasser und Typhus im Journal für Gasbeleuchtung und Wasserversorgung[137]: „Ich gehe in der Frage der Wasserversorgung noch viel weiter als alle Trinkwassertheoretiker, die den Stoff ja nur gelegentlich als ein Mittel gegen Typhus und Cholera betrachten. Ich verlange es als Universalmittel, um überhaupt gesund zu bleiben, geradeso wie reine Luft."[138]

In der Mitte des 19. Jahrhunderts verlangte man vom Trinkwasser folgende Eigenschaften „…, dass es frisch, klar, geruchlos und von nur sehr schwachen Geschmacke sei, namentlich das letzterer nicht unangenehm, fade, salzig oder süßlich sei; das es genug Luft und nicht zu viele Stoffe enthalte,…"[139]

Der Preußische Staat gründete am 01.04.1902 eine „Staatsanstalt für die Zwecke der Wasserversorgung und Abwässerbeseitigung". Diese staatliche Versuchs- und Prü-

134 Mutschmann, Stimmelmayr, 2002, S. 151.
135 Journal, 1889, S. 15 ff., 42 ff.
136 Kunstamt Kreuzberg, 1987, S. 1 ff., Meng, 1993, S. 135 ff.
137 Das Journal für Gasbeleuchtung und Wasserversorgung entwickelte sich aus der bereits 1858 zum ersten Mal erschienen Fachzeitschrift für Gasbeleuchtung und verwandte Beleuchtungsarten.
138 von Pettenkofer, 1889, S. 246.
139 von Chiolich-Löwensberg, 1865, S. 137.
140 Grahn, 1902, S. 842 ff.
141 DVGW, 2009, S. 64.
142 http://de.wikipedia.org/wiki/Pontcysyllte-Aquädukt, 26.07.2016.
143 Hahn, 2009, S. 77 ff.

derts. Die Herstellung von Eisen[144] und die Erfindung der Dampfmaschine in England waren Voraussetzungen für den Transport der Rohstoffe durch die Eisenbahn. Die handwerkliche Fabrikation wandelte sich zur industriellen Massenproduktion. Um die Zeit der Reichsgründung, 1871, war aus dem Agrarland ein industrialisierter Nationalstaat geworden.

Mit der Industrialisierung musste der ständig wachsende Bedarf an Wasser gedeckt werden. Für die Wasserversorgung der Bevölkerung war die Errichtung von Wasserwerken notwendig, um eine Verbesserung der hygienischen Bedingungen zu erreichen, und gleichzeitig die Brandbekämpfung in den Städten zu verbessern. Die Wasserversorgung in deutschen Städten war mittelalterlich im Gegensatz zu anderen europäischen Städten: London, Paris, Lissabon. In der Hauptstadt Portugals wurde in Anlehnung an die römische Baukunst im 18. Jahrhundert das Aquädukt „Águas Livers" gebaut. Das dazu gehörige, 1752 geplante Wasserreservoir „Mãe d'Água" wurde 1834 fertiggestellt. Das Reservoir kann 5.500 m³ Wasser speichern.

In der Mitte des 19. Jahrhundert, mit dem „Ingenieur-Bericht, Die Anlage der Oeffentlichen Wasser-Kunst für die Stadt Hamburg betreffend. London, den 6. Februar 1844" erarbeitet von den englischen Ingenieuren Chadwick Mylne und William Lindley, wurde erstmalig in Deutschland eine kommunale Wasserversorgungsanlage geplant und bereits damals – wegweisend – die späteren Erweiterungen der Anlage mit einkalkuliert.[145] Mit dem Wasserwerk wurde auch ein Wasserreservoir für die Bereitstellung von Löschwasser geplant, aber nie gebaut. Der Baugrund war nicht geeignet. Stattdessen wurde ein Druckrohrturm errichtet, der die beiden Cornwall-

144 Siehe Kapitel II.2.2.1.
145 Meng, 1993, S. 56.
146 Moeck-Schlömer, 2008, S. 41 ff.

Dampfmaschinen vor möglichen Druckverminderungen schützten sollte.[146]

William Lindley (1808–1900) in London geboren, erhielt eine fundierte Ausbildung bei dem britischen Kanalbau-Ingenieur Francis Giles. Ein Auftrag von Giles für eine erste Untersuchung zum Streckenverlauf der Eisenbahn Lübeck–Büchen führte ihn nach Deutschland. Lindley hatte verwandtschaftliche Beziehungen zum Hamburger Geschäftsmann Ruperti. Nach dem großen Brand 1842 in Hamburg wurde Lindley Berater in der technischen Kommission unter der Leitung des Erbauers des Hamburger Bahnhofs Alexis de Chateauneuf. Die von William Lindley geleiteten Projekte umfassen u.a. Pla-

Abb. 64 Pontocysyllte-Aquädukt aus Gusseisen von 1805[142], Wales, Großbritannien 2004

Abb. 65 (links) Mãe d'Água, Lissabon, Portugal 2010

Abb. 66 (rechts) Wasserrinne, Águas Livres, Lissabon, Portugal 2010

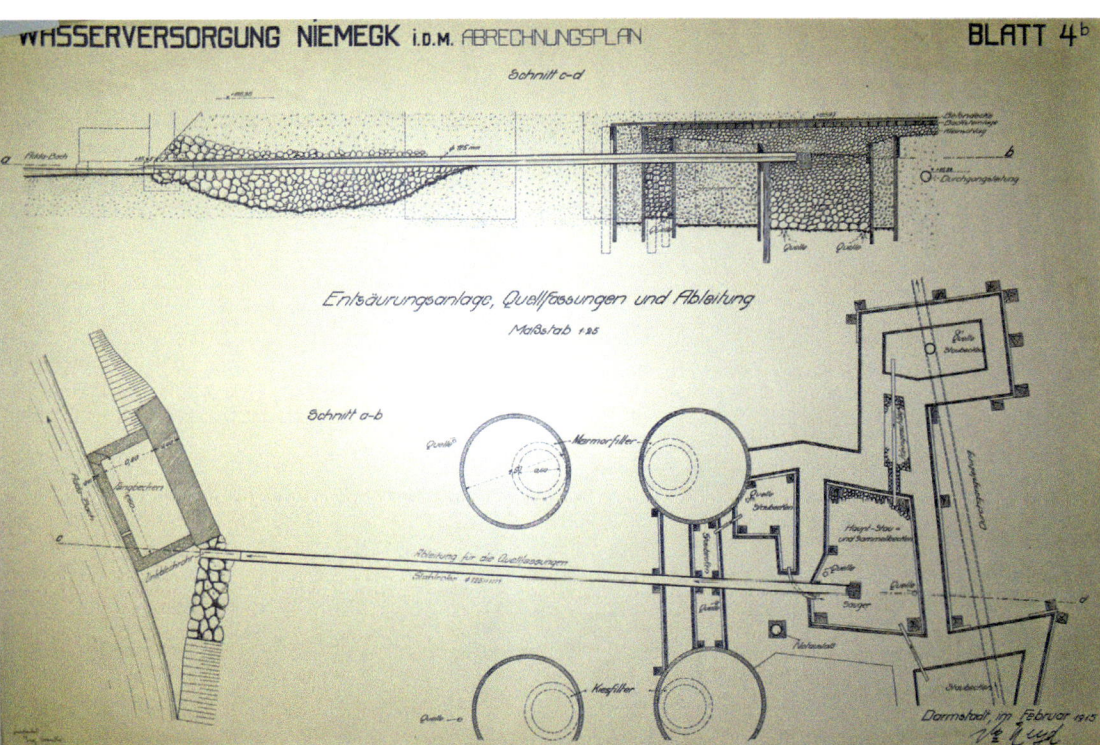

Abb. 67 (links) Wasserwerk Rothenburgsort, Druckturm von 1846, Hamburg 2011

Abb. 68 (rechts) Quellfassung Niemegk

nungen für den Eisenbahnbau, Planung und Ausführung der Stadtwasserkunst von 1841 bis 1852 und der Gesamtplanung ihrer Erweiterung von 1848 bis 1860, Planung und Errichtung der Hamburger Wasch- und Badeanstalt von 1850 bis 1855, sowie der Gasanstalt von 1845 bis 1851. Er war darüber hinaus auch als Stadtplaner und Gutachter tätig. William Lindley verließ Hamburg 1860.[147]

Die Ausbildung von Ingenieuren an staatlichen Schulen in Frankreich und privaten Einrichtungen in England begann in der Mitte des 18. Jahrhunderts. Erst mit Gründung der Bauakademie 1799 wurden im damaligen Königreich Preußen Baubeamte auf vergleichbarem Niveau ausgebildet. Der Ingenieurwissenschaft fehlten noch die mathematischen Grundlagen. Insbesondere Bestandteile der Strömungslehre, wie die Rohrhydraulik und Hydrostatik, mir ihrem Einfluss auf die Bemessung von Rohrleitungen und Wasserbehältern konnten, in der Zeit als Lindley die erste deutsche Wasserversorgungsanlage baute, nur modellhaft und noch nicht wissenschaftlich erfasst werden.[148]

Der geheime Oberbaurat August Leopold[149] Crelle beschrieb im Journal für die Baukunst 1842 über die Bewegung von Wasser in Röhren kombiniert mit kleinen Wasserbehältern für den Druckausgleich: „... überall wo eine Röhre ihre Richtung ändern soll, sie gerade aus in einen kleinen Behälter von 1 bis 2 F. im Durchmesser und 2 bis 3 F. hoch einmünden und aus dem Behälter dann die fortgesetzte Röhre in der veränderten Richtung wieder ausmünden lässt, nur mit dem Unterschiede, daß man den Behälter keineswegs ganz mit Wasser sich füllen lässt, sondern nur zum Theil, und so, daß oben Luft bleibt und nun der Behälter den Dienst eines Luftkessels

thut. ...Auch würden solche Behälter, wenn auch nur von geringer Größe, an den Gipfelpunkten der Röhren nützlich sein, wo die Röhren zur Abführung der Luft aus der Wasserleitung nöthig sind;...“[150]

Mit der technischen Entwicklung in Deutschland wuchsen die Städte. Neue und größere Fabriken entstanden. Rohstoffe und erzeugte Produkte mussten transportiert werden. Der häusliche, gewerbliche und öffentliche[151] Wasserbedarf stieg enorm an. Allerdings war die Wasserabnahme über den Tag hinweg nicht kontinuierlich. Eine Ausgewogenheit zwischen Dargebot und Verbrauch von Wasser war nicht gegeben. Für die Zeit des höchsten Wasserverbrauchs mussten Reserven bereitgestellt werden. Verbrauchsschwankungen machten eine Speicherung von Wasser unabdinglich. Wasser gewonnen aus Quellen, Flüssen, Seen und als Grundwasser aus tiefen Erdschichten (Brunnen) oder als Regenwasser aufgefangen, wurde über gemauerte oder in Fels gehauene Kanäle, Röhrenleitungen aus Holz, Ton, Stein, Zement, Blei und Gusseisen transportiert, um dann in Wasserreservoiren[152], wie Zisternen, Stauseen, Sammelteichen und Wasserbehältern gespeichert zu werden. Im 19. Jahrhundert wurden „... unter „Reservoire“ in der Wasserbautechnik zahlreiche zur Aufspeicherung von Wasser dienende Anlagen verstanden, im engeren Sinne jedoch nur die meist in Thalschluchten durch Dämme oder Mauern künstlich angestauten, sie-

---

147 Kinzinger, 2008, S. 298 ff.

148 Bönig, Engels, 2008, S. 70 ff.

149 http://de.wikipedia.org/wiki/Crelle, 10.03.2013.

150 Crelle, 1842, S. 377 f.

151 Öffentlicher Wasserbedarf: Wasser für Brunnenanlagen, Badeanstalten, Straßenreinigung, Löschwasser.

152 Réservoir kommt aus dem französischen und bedeutet Sammelbecken.

Abb. 69 (links) Zentraler Schacht im 1. Riesler von 1891–92, 128 m², Wasserwerk Teufelssee[160], Berlin 2014

Abb. 70 (rechts) Durchlüftungskammern, 1. Riesler, Wasserwerk Teufelssee, Berlin 2014

henden Gewässer…, welche man Staudämme oder Thalsperren nennt,…"[153] Die ersten Talsperren wurden in Deutschland allerdings erst um 1900 gebaut.[154]

Mitunter waren auch Kombinationen von verschiedenen Wasserfassungen notwendig, wenn neben der jeweiligen Qualität die Quantität des Wassers nicht gegeben war, um eine ausreichende Wasserversorgung zu gewährleisten.[155] Für die Planung einer Wasserversorgungsanlage sind ausschlaggebend das Versorgungsgebiet, die Bevölkerung mit voraussichtlichen Wachstumszahlen, der Versorgungsdruck und der Wasserverbrauch. Eine Versorgungs-

Abb. 71 Mechanische Entsäuerungsanlage

153 Schlichting, 1883, S. 57.
154 In Brandenburg wurde 1965 die Talsperre Spremberg gebaut, um den Spreewald vor Überflutungen zu schützen.
155 Lueger, 1895, S. 543, 550.
156 Wasseraufbereitung im 19. Jahrhundert – entsprechend der technischen Möglichkeiten.
157 Grohnert, 1927, S. 22.
158 Sonne, 1883, S. 352.
159 Müller, 1920, S. 260 ff.
160 Über dem mittig liegenden Schacht fließt das Wasser in die Durchlüftungskammern: Erst durch gelochte Wellbleche und dann über die, zwei Meter hoch gestapelten, Mauerziegel. Dadurch kann das Wasser mit Sauerstoff angereichert werden und das Eisen flockt aus, Informationstafel Wasserwerk Teufelssee.
161 Erforderliche Druckhöhe an allen Entnahmestellen, siehe Baur, 1985, S. 48.
162 Beispielsweise für Frankfurt (Oder) betrug mit der Errichtung des Wasserwerkes 1874 die Druckhöhe 20 m, Deutsche Bauzeitung, 1876, S. 224.

anlage besteht aus: Wassergewinnung, Wasserhebung, Zuleitung, Verteilungsnetz, Wasserreinigung, Wasseraufbereitung[156] und Wasserreservoir.[157] Bei Fassungen aus Flüssen, Seen und Oberflächenwasser war auf Grund der häufig schlechten Qualität des Wassers eine Wasserreinigung unabweislich. Durch das Anlegen tiefer Stauweiher konnte eine erste Klärung und Selbstreinigung erreicht werden. Zum Ende des 19. Jahrhunderts kam, neben der mechanischen Reinigung durch Rechen und Siebe[158], Sand- und Kiesfilter, die Reinigung durch chemische Prozesse hinzu.[159]

Um 1900 wurde mit der Ermittlung der Druckhöhen für die Hauswasserversorgung, die Hydranten und für das ansässige Gewerbe der sogenannte bürgerliche Versorgungsdruck[161] für deutsche Städte[162] errechnet. Die

Abb. 72 (unten) Städtischer, schmiedeeiserner Hochbehälter von 1893, angeschüttet, Karlsruhe

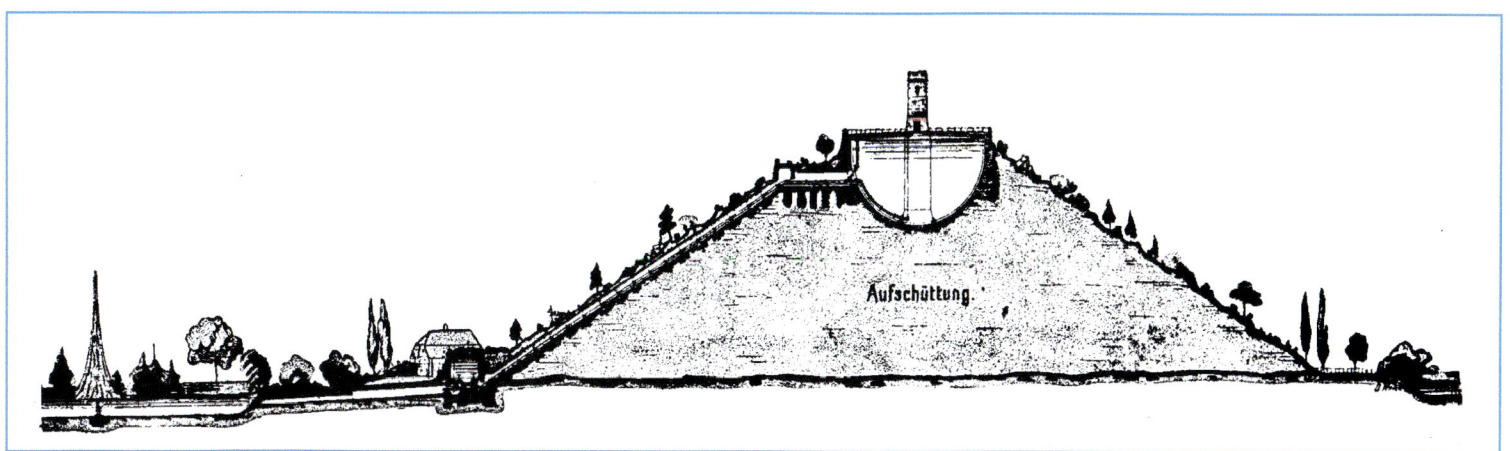

Abb. 73 Hochbehälter Marienberg, Brandenburg, 1.500 m³ Inhalt, Plan von Oktober 1928

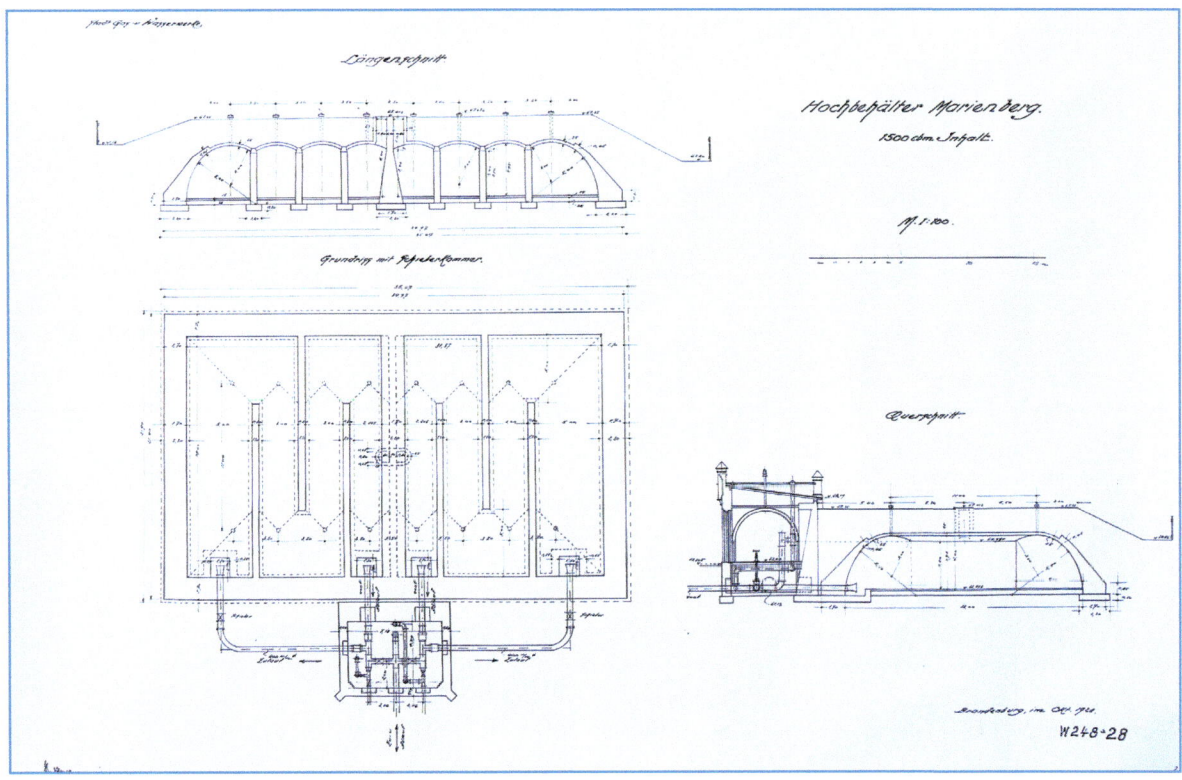

Industrie konnte das notwendige Wasser für die Produktion zumeist nicht über städtische Wasserversorgungsanlagen beziehen, denn die industriellen Anlagen benötigten um diese Zeit bereits einen Druck von 50 und mehr Atmosphären. Mit den Industrieanlagen entstanden demzufolge Wassertürme.[163]

Wasserbehälter als Wasserspeicher regulieren Verbrauchsschwankungen, Volumenströme im Netz, bevorraten Löschwasser, können betriebliche Störungen ausgleichen und darüber hinaus sorgen sie für den notwendigen Druck im Versorgungsnetz.[164] Bereits in der Anleitung zum Wasserbau von 1865 wurde auf den Vorteil der Wasserreservoire verwiesen: „…; denn die Komsumtion des Wassers ist veränderlich, während die Versorgung constant ist. …, so dass man selbst bei der Benützung von Dampfmaschinen gezwungen ist, Reservoirs anzulegen, um nicht das Wasser zu verlieren, welches in gewissen Momenten die Bedürfnisse der Konsumtion übersteigt."[165]

Wasserreservoirs[166] werden nachfolgend unterschieden nach ihrem vertikalen und horizontalen Standort im Versorgungsgebiet. Sie wurden als Verteiler und Druckerzeuger vor, im und hinter dem Röhrennetz errichtet. Jeder Standort hat sowohl Vor- als auch Nachteile.[167] Die vor dem Netz und nach der Wassergewinnungsanlage stehenden Behälter werden Durchlaufbehälter genannt. Pumpen fördern die gesamte, erforderliche Wassermenge bei gleichbleibender Förderhöhe über den Behälter ins Versorgungsgebiet. Dadurch erneuert sich fortwährend das Wasser im Reservoir. Nach Merkl der günstigste Standort aus technischer und wirtschaftlicher Sicht.[168]

163 Lueger, 1895, S. 827.
164 Ausnahme siehe Erklärung Tiefbehälter.
165 von Chiolich-Löwensberg, 1865, S. 128.
166 Die unterschiedlichen Behälterformen werden im Kapitel II.2.2.2 beschrieben und im Kapitel IV. exemplarisch aufgezeigt.
167 Siehe entsprechende Fachliteratur, auch Hampe, 1982, S. 9 f.

Abb. 74 (links) Hochbehälter auf dem Marienberg, Brandenburg an der Havel 2010

Abb. 75 (rechts) Standrohrturm Grünewalde, Lauchhammer, Landkreis Oberspreewald-Lausitz 2009

Steht der Wasserbehälter dagegen hinter dem Netz oder an einer Nebenleitung, handelt es sich um einen sogenannten Gegenbehälter. Das Versorgungsgebiet erhält Wasser entweder nur durch den Gegenbehälter und zur Nachtzeit füllen die Pumpen das Wasserreservoir wieder, oder die Pumpen und der Behälter versorgen gleichzeitig das Rohrnetz mit Wasser. In diesem Fall muss für eine gleichbleibende Qualität des Trinkwassers immer für den notwendigen Wasseraustausch im Behälter gesorgt werden.[169] Im Schwerpunkt des Verteilernetzes stehende Reservoirs können als Durchlauf- oder Gegenbehälter dienen. Dieser Standort ist prädestiniert für Wassertürme.[170] Die Druckverluste zum Verbraucher sind minimal, dass wirkt sich wiederum auf die erforderliche Druckhöhe[171] und die Kosten des Bauwerks aus. Je höher der Wasser-

168   Merkl, 2005, S. 43.
169   Hampe, 1982, S. 10.
170   Vgl. Merkl, 2005, S. 43.
171   Lueger, 1895, S. 739.

Abb. 76 (oben links) Wasserturm aus Holz, Bolschewa, Russland Ende der 30er Jahre des 20. Jh.

Abb. 77 (oben Mitte) Wasserturm eingerüstet, Behälter 1.000 m³ Fassungsvermögen

Abb. 78 (oben rechts) Sogenannter Absorptionsturm[172], Groitzsch, Sachsen 2015

Abb. 79 u. 80 (rechts) Auszug Schnitt und Ansicht, Entwurf zur Erweiterung der Wasserstation auf dem Bahnhof Swinemünde

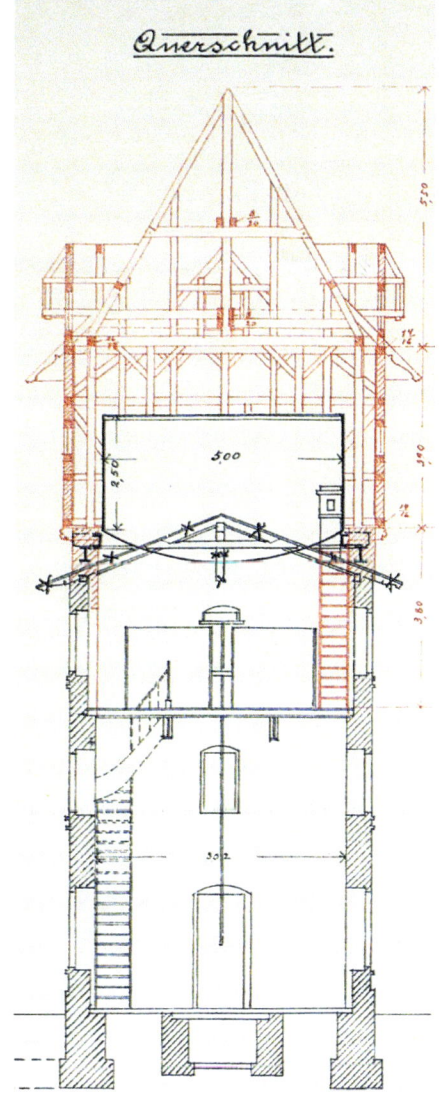 

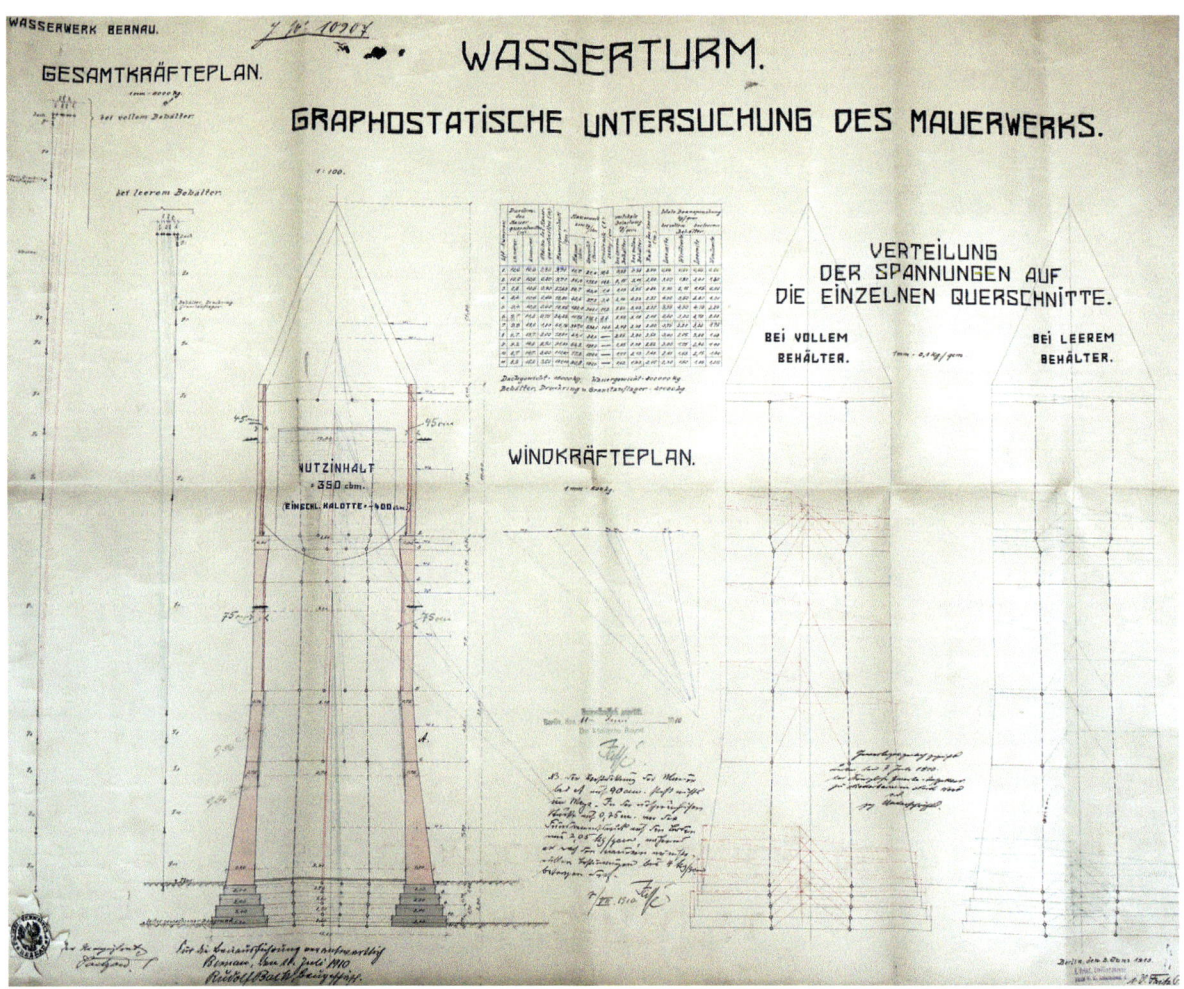

Abb. 81 Graphostatische Untersuchung des Mauerwerks, Wasserturm Bernau, Landkreis Barnim

spiegel über der höchsten Entnahmestelle liegt, je höher ist der Druck im Netz.[173] Stand ein Wasserturm so zentral im Verteilernetz, dass das Wasser über mehrere Wasserleitungen in das Netz eingespeist werden konnte, wurde er als sogenanntes Verteilungsreservoir bezeichnet.[174] Nach Mutschmann und Stimmelmayr werden Wassertürme meist als Gegenbehälter so nah wie möglich am Versorgungsschwerpunkt eingesetzt.[175]

Bereits im 19. Jahrhundert gab es unterschiedliche Röhrensysteme. Man unterscheidet zwischen dem verästelten System – von der Hauptleitung gingen einzelne Nebenleitungen ab – und dem Ringsystem[176], bei dem die verästelten Enden der Nebenleitungen miteinander verbunden oder zum Hauptstrang zurückgeführt wurden.[177]

Otto Lueger unterteilte um 1900[178] Reservoire in drei Arten: große Zuleitungskanäle, Reservoire im bzw. auf dem Erdreich und Reservoire auf Subkonstruktionen.[179]

Heute werden Reservoire entsprechend ihrer Höhenlage als Hoch- oder Tiefbehälter bezeichnet. Sie können mit Erdreich vollständig, teilweise überdeckt sein oder auch auf der Geländeoberfläche stehen. Bei Tiefbehältern liegt der Wasserspiegel unter dem des Versorgungsgebiets. Tiefbehälter haben im Allgemeinen keine druckregulierende Funktion, sie können aber mit Druckerhöhungsanlagen kombiniert werden. Das Wasser aus den Hochbehältern fließt mit freiem Gefälle in das Versor-

gungsgebiet.[180] Auf die Tief- und Hochbehälter in Brandenburg soll hier nicht weiter eingegangen werden, nur beispielhaft genannt: Die Hochbehälter der Stadt Eberswalde, auf dem Marienberg in Brandenburg an der Havel und auf dem Pfingstberg in Potsdam (Abb. 73 u. 74).

Standrohr-[181] und Wassertürme sind Sonderformen der Wasserreservoire. Bei Standrohrtürmen ist der Behälterboden der konstruktive Abschluss des Fundaments und liegt unter oder in Höhe der Geländeoberfläche. In Brandenburg gibt es nur wenige Standrohrtürme. Nach Pürschel werden sie nur bei kleinen Versorgungsanlagen

172   Wasserturm aus Eisenfachwerk von 1903–1904, Entwurf: Ingenieur Curt Dachsel aus Dresden, Ausführung: Fa. August Klönne, Behälter mit 300 m³ Fassungsvermögen (Quelle: Kulturdenkmale im Freistaat Sachsen – Denkmaldokument).

173   10 m Wassersäule entsprechen einem Druck von 1 bar (1 kg Wasser auf 1 cm² Fläche = hydrostatischer Druck).

174   Lincke, 1883, S. 260.

175   Mutschmann, Stimmelmayr, 2002, S. 431.

176   Auch Zirkulationssystem genannt, siehe Grahn, 1927, S. 176; Lincke, 1883, S. 234.

177   von Chiolich-Löwensberg, 1865, S. 131 f.

178   Noch 1865 wurden nur zwei Arten von Reservoiren unterschieden, solche mit Wasserspiegel über und unter Terrain, von Chiolich-Löwensberg, 1865, S. 128.

179   Lueger, 1895, S. 712.

180   Baur, 1989, S. 83, 86 f.

181   Auch Wassersilo genannt, Baur, 1989, S. 87.

30

eingesetzt.[182] Wassertiefen bis 26 m sind bei Standrohrbehältern möglich.[183] Ist dagegen der Wasserbehälter im Turm über dem Erdreich auf einer Unterkonstruktion aufgelagert – spricht man von einem Wasserturm.[184]

Bei Otto Lueger wurden Wassertürme darüber hinaus nach der Subkonstruktion unterschieden. Wassertürme wurden aus Holz, Mauerwerk, Naturstein, Eisenbeton und Eisenfachwerk errichtet, wobei Letztere als sogenannte Absorptionstürme[185] bezeichnet wurden.[186] An eine weitere Subkonstruktion – dem Schornstein – wurden ebenfalls Wasserbehälter angebaut.[187] [188]

Die Errichtung und der bauliche Unterhalt von Wassertürmen war und ist, bedingt durch den notwendigen Unterbau sehr teuer. Nach Merkl kosten Wassertürme drei- bis sechsmal[188] so viel wie Hochbehälter. Die ökonomische Höhe von Wassertürmen wird in der Fachliteratur zwischen 20 und 30 m[189] angesetzt. Sie wurden nur gebaut, wenn die Höhenlage im Versorgungsgebiet keine Hochbehälter zuließ[190] oder wenn der Hochbehälter allein zur Versorgung nicht ausreichte und das Versorgungsgebiet in verschiedene Zonen aufgeteilt werden musste. Das wurde notwendig, wenn beispielsweise das zu versorgende Gebiet zu groß war, innerhalb der Ortschaft unterschiedliche Höhenlagen gegeben waren, wenn Höhenunterschiede über 80 m vorlagen[191], eine Erweiterung der Wasserversorgungsanlage geplant oder verschiedene Erfassungsorte gewählt wurden.[192]

Problematisch bleibt die Erweiterung des Fassungsvermögens der Behälter von Wassertürmen. In der Literatur sind Erhöhungen von Türmen und der Einbau eines weiteren Behälters beschrieben worden. Die Erweiterung der Wasserstation auf dem Bahnhof von Swinemünde (heute Polen) erfolgte durch Aufstockung des Gebäudes und den Einbau eines Hängebodenbehälters zur Erhöhung der Kapazität und des Drucks.

182 Pürschel, 1965, S. 81.
183 Vgl. Baur, 1989, S. 94.
184 Umgangssprachlich wird bei der Beschreibung von Wassertürmen mitunter von „Hochbehältern" gesprochen.
185 Absorption bedeutet auch Beanspruchung im Ganzen, das Fachwerk allein dient der Lastableitung des Behälters.
186 Lueger, 1895, S. 746.
187 Siehe auch Kapitel II.2.2.2, Besonderheiten, Kombinationen und Schornsteinbehälter.
188 Vgl. „… (bis zum Sechsfachen, bezogen auf den m³ Nutzinhalt).", Mutschmann, Stimmelmayr, 2002, S. 377.
189 Vgl. Hampe, 1982, S. 10.
190 Merkl, 2005, S. 45.
191 Hierbei sind auch Druckminderungsbehälter zu berücksichtigen, Hampe, 1982, S. 10.
192 Lueger, 1895, S. 547 f., 781 ff.
193 Siehe Der Bauingenieur, 1921, S. 234 ff und von Wangenheim, 2018, Katalog Band 2, S. 835ff.
194 Mehrtens, 1888, S. 57. Die Beschreibung und Definition von Schweisseisen, -stahl sowie Flusseisen und -stahl unterscheiden sich in der zeitgenössischen Literatur über die Herstellung von Eisen und Stahl im 19. Jahrhundert. Im Text werden die Begriffe Eisen und Eisenbeton bis 1920 und ab 1920 Stahl und Stahlbeton verwendet.

In Wildau, Landkreis Dahme-Spreewald, wurde in dem 1900 errichteten Wasserturm der Maffei-Schwartzkopff-Werke ein Behälter der Bauart Intze I eingebaut. Der Turmschaft wurde 1917 aufgestockt und ein zusätzlicher Barkhausenbehälter mit mittlerem Durchstieg erhöhte die Kapazität von 100 m³ auf 300 m³ (Katalog Nr. 163/18).[193] Allerdings musste die Statik des Unterbaus für die Lasterhöhung nachgewiesen werden. Wassertürme wurden immer unter den Lastfällen: voller und leerer Behälter berechnet. Als Beispiel dient die graphische Berechnung des gemauerten Unterbaus vom Bernauer Wasserturm, baupolizeilich geprüft am 11. Juni 1910.

II.2.2 Mitte des 19. Jahrhunderts – Entwicklung eiserner Wasserbehälter

II.2.2.1 Vom Schweisseisen zum Flusseisen

Abb. 82 Eisengießer, Kunstgussmuseum Lauchhammer, Landkreis Oberspreewald-Lausitz 2014

„…das schmiedbare Eisen, welches in Gestalt von Stabeisen, Formeisen und Blech …für die mannigfachsten Constructions-Zwecke der Gegenwart unentbehrlich geworden ist. Es wird entweder (nach seinem Kohlenstoffgehalt bzw. seiner Härtefähigkeit) Schmiedeeisen und Stahl oder (je nach seiner Darstellungsart) Schweisseisen und Flusseisen benannt."[194]

Im Gegensatz zu Preußen, wo größtenteils in Frischeherden mit Holzkohle das Roheisen aus dem Erz geschmolzen und erst um 1800 der erste Kokshochofen in Betrieb genommen wurde, wurde in England bereits in der Mitte des 18. Jahrhundert mit Koks und Steinkohle Roheisen erzeugt.

Abb. 83 Gebläsemaschine, 1837 in Lauchhammer für das staatliche Hüttenwerk Halsbrücke bei Freiberg gebaut[196], Lauchhammer, Landkreis Oberspreewald-Lausitz 2014

Abb. 84 Duo-Walzgerüst für Rohbleche, 0,5–10 mm dick u. 1.250 mm breit[207], Saigerhütte Grünthal, Olbernhau, Sachsen 2014

Mit dem Puddelverfahren[195], entwickelt von Henry Cort in den 80er Jahren des 18. Jahrhunderts, konnte auch die Weiterverarbeitung des Roheisens verbessert werden, Holzkohle wurde für die Herstellung nicht mehr benötigt und die Produktivität stieg um ein Vielfaches.

Nicht nur die Anzahl der Hochöfen nahm zu, sie wurden größer und höher. Um die Hochöfen zu beschicken, wurden um 1840 Wasseraufzüge mit schmiedeeisernen, genieteten Wasserbehältern benutzt. Allein das Gewicht des Wassers beförderte den Koks in den Hochofen.[197]

In Preußen gab es nur wenige Firmen, die bei der Verarbeitung von Roheisen zu Schweisseisen das Puddelverfahren von Henry Cort vor 1835 anwendeten.[198]

Das Werk Lauchhammer, gegründet durch Freifrau von Löwendahl, erhielt 1725 durch August den Starken die Konzession für Bergbau und Hüttenwesen. Noch im selben Jahr floss das erste schmiedbare Eisen aus dem Hochofen. Detlev Carl Graf von Einsiedel erbte das Lauchhammer Eisenwerk und führte 1796 vermutlich als erster in Deutschland das Puddelverfahren ein.[199]

Der englische Erfinder Henry Bessemer (1813–1898) erhielt 1833 das erste Patent für einen Ofen, mit dem er hoffte, die Verunreinigungen im Eisen verbrennen zu können. Weitere Patente folgten. Bessemer wollte kohlenstoffarmes Eisen herstellen, das ohne Feuerung geschmiedet werden konnte. Um 1860 war sein Ziel erreicht und sein birnenförmiger Ofen, die sogenannte Bessemer-Birne konnte erstmals Flusseisen[200] erzeugen. Mit dem Übergang vom Schweisseisen[201] zum Flusseisen wurden die Voraussetzungen der Massenstahlerzeugung geschaffen.

Auch im Peiner Walzwerk standen in der Converterhalle Bessemer-Birnen. Allerdings war das Ofenfutter ungeeignet bei der Verwendung von phosphorhaltigem[202] Eisen. Erst 1878 mit der Einführung des Thomas-Verfahrens war es möglich, dass Phosphor im Eisen auf Grund der Verwendung eines anderen Ofenfutters oxidieren konnte.[203] Das Thomasverfahren löste das Puddelverfahren, mit dem bis 1860 in Deutschland noch bis zu 90 % Roheisen verarbeitet wurde, ab.[204]

Seit den 70er Jahren des 19. Jahrhunderts wurde das Siemens Martin Verfahren[205] eingeführt.[206]

Es ist bekannt, dass die Herstellung des Eisens und dessen Bearbeitung bereits von den Kelten beherrscht wurde. Sie waren hervorragende Waffenschmiede. Bei der Verarbeitung von Metallen wird unterschieden zwischen kalter und warmer Formgebung. Eisen wird erwärmt und durch schmieden in seiner Form verändert. Um das innere Gefüge gleichmäßig zu bearbeiten, muss das Werkstück ständig gewendet werden. Später unterstützten Hämmer und Pressen das Schmieden. Seit dem Mittelalter erfolgte der Antrieb der Hämmer mit Hilfe von Wasserkraft. Mit der Industrialisierung der Eisenherstellung entwickelten sich dann Walz- und Schneidewerke. Wasserräder und Göpel trieben die Maschinen an.

In Deutschland entstanden um 1600 die ersten Walz- und Schneidewerke.[208] Otto Johannsen ging davon aus, dass bereits im 17. Jahrhundert die ersten Eisenbleche in Deutschland gewalzt worden sind. Das Verfahren wurde von der englischen Blechindustrie übernommen und in 18. Jahrhundert in England weiterentwickelt.[209] Im rheinländischen Eisenwerk Rasselstein wurden am Ende des 18. Jahrhunderts die ersten Bleche gewalzt[210] und in den

195 Bei der Erzeugung von Schweisseisen/-stahl bleibt die Temperatur beim Frischen unter dem Schmelzpunkt. Im teigigen Zustand findet ein „Verschweißen" der Bestandteile statt, siehe Toussaint, 1935, S. 28.

196 Informationstafel vor Ort.

197 Johannsen, 1925, S. 125 ff.

198 Klee, 1982, S. 91 f.

199 Kunstmuseum Lauchhammer, Ausstellung 2014.

200 Beim Bessemer- und Thomasverfahren wird das Roheisen flüssig in den Konverter eingebracht und mit Luft, ohne Zufuhr von Energie, Flusseisen/Flussstahl hergestellt, Toussaint, 1935, S. 28.

201 Kohlenstoffgehalt: Schweisseisen 1,0–0,5 % und Flusseisen 0,05–0,25 %, Droschat, 1926, S. 0.

202 Eisen wird durch Phosphor dünnflüssig und spröde, siehe Toussaint, 1935, S. 6.

203 Hennig, 1929, S. 29, 32, 46 f.

204 Springorum, 1960, S. 10, 31.

205 In Siemens-Martin-Ofen wurde bei hohen Temperaturen unter der Beigabe von Schrott Flussstahl geschmolzen.

206 Cords, 1952, S. 9.

207 Informationstafel vor Ort.

208 Mende, 2007, S. 61.

209 Johannsen, 1929, S. 263 ff.

zwanziger Jahren des 19. Jahrhunderts betrieb Heinrich Wilhelm Remy, als einer der ersten Fabrikanten, im Eisenwerk Puddelöfen und eine Kaliber-Walzenstraße.[211]

Um 1840 erfand James Nasmyth den Dampfhammer – eine Kombination von Dampfmaschine und Schmiedehammer. Durch die Dampfkraft war man unabhängig von der Wasserkraft und mit der Weiterentwicklung der Dampfhämmer stieg die Durchschlagskraft und Produktivität. Nach der Erfindung der hydraulischen Presse in England, wurden die ersten Schmiedepressen in Deutschland zum Ende des 19. Jahrhunderts konstruiert und gebaut.[212]

Beginnend mit dem Bau der ersten Eisenbahnstrecke in Deutschland wurden für die Dampflokomotiven Schienen und für die Fertigung von Dampfkesseln Bleche gewalzt. Für die Herstellung von Grobblechen war die Weiterentwicklung vom Hammerwerk zum Brammenwalzwerk[213] entscheidend.[214] Die ersten Eisenbahnschienen kamen aus dem Eisenwerk Rasselstein. Ein weiteres bekanntes Werk in dem Profile gewalzt wurden und das seit 1838 Schienen produzierte, war das Puddel- und Walzwerk Hoesch im rheinisch-westfälischen Lendersdorf.[215] Die Firma Hoesch gründete 1871 in Dortmund auch ein Eisen- und Stahlwerk.[216] Mit der Einführung des Thomasverfahrens konnten die Hüttenwerke in Deutschland, wie die Ilseder Hütte in Peine, stark phosphorhaltiges Roheisen an die Rheinischen Stahlwerke und Hoerder Bergwerks- und Hüttenverein verkaufen.

Die Ilseder Hütte gründete 1872 die „Actiengesellschaft Peiner Walzwerk", zunächst als eigenständiges Werk, um vor Ort den Absatz zu erhöhen. Seit 1876 wurden Profile

210   Haller, 1971, S. 16.
211   Kleinert, Langen, 1981, S. 30 f.
212   Haller, 1971, S. 16 f.
213   Die rechteckigen Rohblöcke, sogenannte Brammen, werden zwischen zylindrischen Walzen zu Blechen ausgewalzt, Toussaint, 1935, S. 46.
214   Johannsen, 1925, S. 212.
215   Kleinert, Langen, 1981, S. 25, 30 f.
216   Fischer, Kleinschmidt, 2001, S. 223.
217   Cords, 1952, S. 7 ff.
218   Zeitschrift des Vereines deutscher Ingenieure, S. 1443 f.
219   Weitere, brandenburgische Standorte waren die Eisenhütten- und Hammerwerke Zehdenick, gegründet im 17. Jahrhundert, und Peitz, gegründet in der Mitte des 16. Jahrhunderts, siehe Hütten- und Fischereimuseum Peitz.
220   Messingwerk mit Wasserturm von 1917–18, Pläne von Paul Mebes.
221   Seifert, 2002, S. 34 ff.; Pühl, 2002, S. 33.
222   Johannsen, 1925, S. 144; vgl. nach Mehrtens erst 1831 im Werk Rasselstein, Mehrtens, 1882, S. 45.
223   Beispiel: Vollwandträger unter dem Flachboden des Kemmener Wasserturms, Katalog Nr. 047/04, siehe: von Wangenheim, 2018, Katalog Band 1, S. 260.
224   Noch um 1900 wurden schmiedeeiserne Behälter mit einem Grundanstrich aus Leinölfirnis, auch in Verbindung mit Blei- und Eisenmennige, und mit, bis zu drei, weiteren Ölanstrichen versehen, Broschat, 1926, S. 90, Nach 1900 gab es auch andere Schutzanstriche für Eisen- und Betonbehälter: Zum Beispiel das lösungsmittelhaltige Inertol – hergestellt durch die Firma Paul Lechler aus Stuttgart, Stadtarchiv Pritzwalk, Akte des Magistrats Pritzwalk: Wasserwerksbau Pritzwalk, Herstellung des Wasserturms, Band I, angelegt 28.05.1934.
225   Lueger, 1895, S. 746.

und ab 1884 auch Bleche gewalzt.[217] Der Hoerder Bergwerks- und Hüttenverein ging aus der 1841 gegründeten Hermannshütte hervor. Als zweites Werk in Deutschland wurde ab 1864 nach dem Bessemerverfahren produziert und ab 1880 das Thomasverfahren eingeführt.[218]

Ein brandenburgischer Standort der Eisen- und Stahlverarbeitung gründete sich im 17. Jahrhundert bei Eberswalde[219]. Das spätere Messingwerk[220] war um 1613 ein kurfürstlicher Eisenhammer und ab 1676 ein Blechhammer, der ab 1687 u.a. das alleinige Privileg in der Kurmark Brandenburg für die Herstellung von Eisenblech hatte. Für die erste Dampfmaschine Preußens wurde hier 1785 der Dampfkessel zusammengefügt. Zwischen der Stadt Eberswalde und dessen heutigen Ortsteil Finow entstand um 1700 noch eine Eisenspalterei und Drahtzieherei. Ein Standort der später als Hütten- und Walzwerk weiterentwickelt wurde.[221]

Neben Schienenprofilen, die als Fenster- und Türsturz verwendet wurden, sowie als Trägerrost unter Flachbodenbehältern, wurden Doppel-T-Träger ab der Mitte des 19. Jahrhunderts gefertigt und als Normprofile ab 1880 standardisiert hergestellt. Die ersten Winkelprofile sollen nach Johannsen um 1820 gewalzt worden sein.[222] Winkelprofile waren für die Herstellung von Behältern notwendig, um die Bleche miteinander zu verbinden und eine ausreichende Steifigkeit des Behälters zu erreichen. Außerdem wurden hohe Tragprofile als Vollwandträger aus L-Profilen und Blechen zusammengesetzt.[223]

Bedingt durch die Erfahrung im Umgang mit Gusseisen, Schmiedeisen und Stahl betont Otto Lueger in seinem Buch von 1895: „Allein die erforderlichen Konstruktionen und Wandstärken gusseiserner Behälter bedingen nicht nur eine große Kostspieligkeit des eigentlich Reservoires, sondern auch ein gegenüber schmiedeisernen Behältern relativ sehr großes Gewicht und damit einen stärkeren Unterbau. Nachdem man überdies durch einen geeigneten Anstrich[224] und gute Instandhaltung desselben die schmiedeisernen Behälter auf sehr lange Zeit gegen das Rosten zu schützen vermag …, werden diese neuerdings vielfach angewendet und für große Wasserinhalte (2000 bis 3000 Kubikmeter) anstandslos eingerichtet."[225]

Der Wendepunkt in der Verwendung von Eisen als Baustoff kam mit dem Übergang der Produktion von Schweisseisen zum Flusseisen. Während in anderen Ländern das Bessemerverfahren – die Produktion nahm vor allem nach 1870 mit dem Auslaufen des Patents zu[226] – angewendet wurden, konnte mit deutschen, phosphorhaltigen Erzen erst mit dem Thomasverfahren (1878) Flusseisen herstellt werden. Um Flusseisen zu produzieren musste vorher Erz, bzw. Roheisen eingeführt werden. Die in Essen ansässige Firma Blechwalzwerk Schulz Knaudt Act.-Ges. produzierte mit der Bessemer Birne[227] bereits kelchförmige Dampfkesselbleche, die auf der Londoner Weltausstellung von 1862 ausgestellt worden sind. Bleche gehörten seit 1857 zum Produktkatalog der Firma.[228]

1882 schrieb Mehrtens, dass basisch hergestellte Bleche sehr gut schweißbar waren und aus den sogenannten Scherabschnitten qualitativ sehr gutes Nieteisen ausgewalzt werden konnte.[229]

Ende 1879 floss im Rheinland aus den Stahlwerken in Hörde und Meiderich der erste Thomasstahl aus Bessemerbirnen[230] und auf einer Ausstellung in Düsseldorf sind durch die Gesellschaft Phönix und Krupp Flusseisenbleche ausgestellt worden.[231]

Aus den genannten historischen Daten ist zu vermuten, dass vor 1880 nur vereinzelt und erst danach flächendeckend flusseiserne Behälter hergestellt und dann in Türmen und Gebäuden eingebaut worden sind.

II.2.2.2 Vom Flachboden bis zur Kugel

Flachbodenbehälter

Ein nicht in der Natur vorkommendes Wasserreservoir ist ein kastenförmig oder zylindrisch hergestellter Behälter, der allein der Wasserversorgung dient. Die ersten Behälter mit flachem Boden aus Holz, dann aus Gusseisen[232], später Schmiedeeisen, werden Flachbodenbehälter genannt. Hölzerne Behälter wurden auch mit Blei ausgekleidet, um die Undichtigkeit der Fugen, durch den sich ständig ändernden Wasserspiegel, zu vermeiden. Die Auflagerung erfolgte ursprünglich auf Holzbalken, später mit eisernen, dicht nebeneinander gelegten Trägern[233]. Rechteckige hölzerne Behälter wurden vermutlich mit eisernen Gurten umspannt. Bei den zylindrischen Behältern aus Holz wurden die Ringe aufgetrieben, so wie es bei Holzfässern üblich war. In kastenförmigen Behältern aus Eisen sind kreuzweise eiserne Zugbänder an den Behälterwänden befestigt, um ein ausbeulen, bzw. auseinanderdriften der Wände zu verhindern.[234] Zylindrische Flachbodenbehälter wurden aus schmiedeeisernen, einfach gekrümmten Blechen hergestellt. Bedingt durch den ausgeglichenen Flüssigkeitsdruck in zylindrischen Behältern sind keine Zugeisen aus Flach- oder Rundeisen notwendig. Hinzukam, dass der Materialverbrauch bei gleicher Bauhöhe und Fassungsvermögen gegenüber kastenförmigen Behältern wesentlich geringer war. Bereits 1882 verglich die Breslau-Schweidnitz-Freiburger Eisenbahn-Verwaltung rechteckige mit zylindrischen Flachbodenbehältern und stellte fest, dass ein rechteckiger Behälter mit einem Fassungsvermögen von 35 m³ 3.000 kg wog und ein vergleichbares, kreisförmiges Reservoir mit einem Inhalt von 43 m³ nur 1.800 kg.[235]

In Brandenburg wurden die Hälfte von 36 nachweislich kastenförmigen Behältern in Wasserstationen der Eisenbahn eingebaut: Wittenberge (1873), Müllrose und Jamlitz (1876), Rheinsberg (1898), Brand, Lübbenau-Spreewald und Küstrin-Kietz (1954). In den Wasserstationen von Müllrose und Jamlitz sind noch die überkommenen, gusseisernen Flachbodenbehälter vorhanden. Eins der ältesten Reservoire stand im 1829 errichteten Gärtnerhaus des Schlosses Charlottenhof in Potsdam. Das Gärtnerhaus mit Turm wurde nach Plänen von Karl Friedrich Schinkel erbaut.[236] Im Königlichen astrophysikalischen Observatorium auf dem Telegraphenberg in Potsdam, geplant von Paul Spieker, stand bis zum Einbau einer Druckerhöhungsanlage noch der 10 m³ fassende eiserne Flachbodenbehälter im Turm des Nordflügels. Für die Wasserversorgungsanlage wurden 1.625 laufende Meter gusseiserne Röhren verlegt.[237]

Drei für landwirtschaftliche Zwecke genutzte, schmiedeeiserne Flachbodenbehälter stehen im 1906 bis 1908 erbauten Getreidespeicher des Berliner Stadtgutes Hobrechtsfelde und zwei, kleine Reservoire im Wasserturm der Gutsanlage derer von Lippe in Saßleben, sowie im 1906 erbauten Zehdenicker Wasserturm der Gärtnerei August Reetz.

In Sperenberg, in einer durch das Militär errichteten baulichen Anlage um 1904 bis 1906, sind noch zwei Behälter vorhanden und in der ehemaligen Kaserne von Wriezen, 1880 zur Taubstummenanstalt umgebaut, stehen ebenfalls zwei Reservoire auf dem Dachboden.

Im 1895 fertiggestellten Wasserturm der Provinzial-Anstalt in Neuruppin befindet sich der größte, kastenförmige Flachbodenbehälter.

Als einzigartig für die städtische Wasserversorgung kann das noch zum Teil erhaltene Reservoir in einem Wohnhaus mit turmartiger Erhebung in Wildau angeführt werden. Die vermutlich einmalige Verwendung eines rechteckigen Flachbodenbehälters für eine städtische Wasserversorgungs-

226 Johannsen, 1925, S. 196.
227 Vgl. Hennig, 1929, S. 46.
228 http://albert-gieseler.de/dampf_de/firmen3/firmadet36704.shtml, 12.11.2015.
229 Mehrtens, 1882, S. 28.
230 Johannsen, 1925, S. 200.
231 Mehrtens, 1882, S. 19; Größe der Bleche siehe Abschnitt II.1.1.1.
232 Vgl. Dupuit, 1882, S. 300; Sonne, 1883, S. 374.
233 Bei Bahnwassertürmen wurden häufig Eisenbahnschienen als Träger verwendet, siehe Kapitel IV.1.2 Zossen.
234 Vgl. Kapitel IV.1.1.1, Flachbodenbehälter.
235 Schmitt, 1882, S. 238 f.; Werth, 1969, S. 337.
236 Im Dampfmaschinenhaus Glienicke befinden sich noch Reste des hölzernen Behälters, Information Herr Prill, SPSG 2017.
237 Spieker, 1879, S. 36 ff.

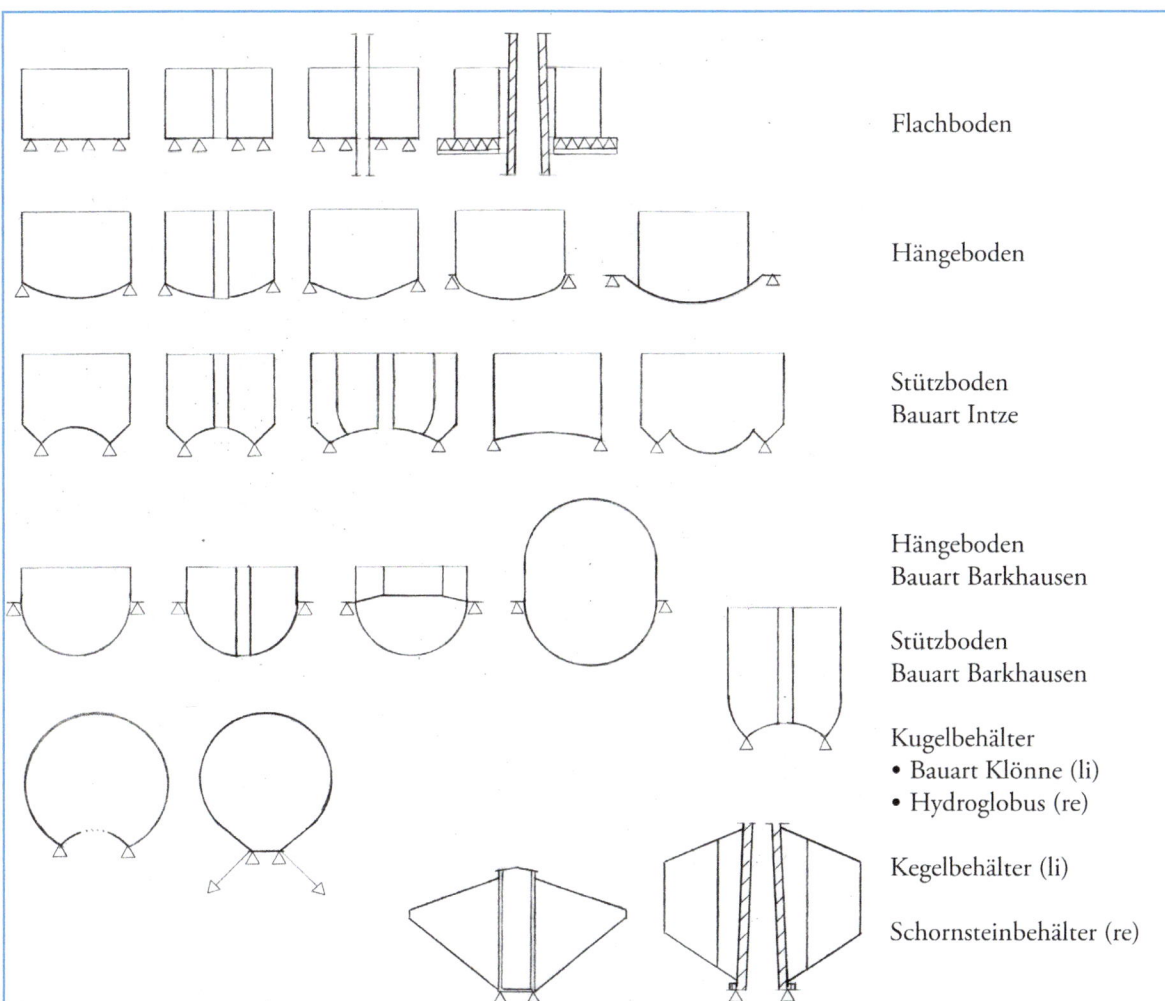

Abb. 86 Übersicht, Behälterformen im Land Bran-
denburg, Zeichnung 2015

Flachboden

Hängeboden

Stützboden
Bauart Intze

Hängeboden
Bauart Barkhausen

Stützboden
Bauart Barkhausen

Kugelbehälter
• Bauart Klönne (li)
• Hydroglobus (re)

Kegelbehälter (li)

Schornsteinbehälter (re)

anlage in Brandenburg bestätigt die getroffene Feststel-
lung von Werth, dass von den fast ausschließlich städtisch
genutzten Behältern in Deutschland nur 10 % rechteckige
Flachbodenbehälter waren, die zylindrische Form wurde
bevorzugt.[238] Zylindrische schmiedeeiserne Flachbodenbehälter standen in den städtischen Wassertürmen von Frankfurt (Oder), Mühlenstraße (1872–74) und Leipziger Straße,
sowie in Niederlehme (1902). Um 1930 wurde noch ein
Behälter dieser Bauart in den Wasserturm von Hohenbucko
eingebaut, aber die meisten städtischen Wasserversorgungsanlagen in Brandenburg wurden geplant und gebaut, als
die Behälterform des Flachbodens bereits nicht mehr dem
damaligen technischen Standard entsprach.

Zu den vermutlich ältesten zylindrischen Flachboden-
hältern in Brandenburg gehören die überkommenen Reservoire der von Martin Gropius geplanten Provinzial-, Irren-
heil- und Pflegeanstalt in Eberswalde. Die beiden um 1862
hergestellten Behälter stehen in einer Doppelturmanlage.

Ebenfalls ein zylindrischer Flachbodenbehälter, ein
Ringbehälter mit einem mittig angeordneten Schornstein,
wurde im Wasserturm (1898–1902) der Beelitzer-Heilstätten, geplant von den Architekten Heino Schmieden
und Julius Boethke, verwendet.

Für die Gutsanlage von Rühstädt errichteten die damaligen Gutherren von Jagow vermutlich um 1885 einen kleinen Wasserturm mit einer Besonderheit: In seinem Behälter
war ursprünglich mittig ein schmiedeeisernes Schornsteinrohr durchgeführt worden, um das Wasser im Behälter eis-
frei zu halten, damit auch im Winter das Herrenhaus mit
Wasser versorgt werden konnte. Im Gegensatz dazu hat der
landwirtschaftlich genutzte Behälter auf dem Schaft des
Turmes Bochow-Bruch keinen innenliegenden Schornstein oder eine Ummantelung, bzw. Isolierung, denn Wasser wurde im Winter für die Felder nicht benötigt.

Drei Wasserbehälter in Brandenburg sind, bzw. waren
auf einem Unterbau aus Stahlfachwerk aufgelagert. Der
Bahnwasserturm in Kremmen mit seinem zylindrischen
Flachbodenbehälter und der ehemals militärisch genutzte
Wiesenburger Wasserturm mit einem Hängebodenbehälter, der einen ellipsenförmigen Übergang zwischen Boden
und Zylinder aufweist. Bei dem Turm in Mildenberg ist
nur noch der Turmschaft vorhanden, das Wasserreservoir
wurde zwischenzeitlich demontiert.

Hängebodenbehälter

Mitte des 19. Jahrhunderts war es der Franzose Jules Dupuit,
der erstmalig 1854 die Verwendung des Hängebodenbehäl-

238   Werth, 1969, S. 347.

Abb. 87 (links) Wasserturm Zittau, von 1863, Behälter 750 m³ Inhalt, Sachsen 2011

Abb. 88 (rechts oben) Zylindrischer Flachbodenbehälter aus Gussplatten mit Zugbändern, Wasserturm Zittau, Sachsen 2011

ters publizierte. In der Allgemeinen Bauzeitung von 1862 hat Dupuit über die Ausführung und Unterhaltung von Wasserleitungen geschrieben. In diesem Zusammenhang stellte er das neue Wasserreservoir von Chaillot mit 400 m³ Fassungsvermögen vor. Bei diesem zylindrischen Eisenbehälter von 11 m Durchmesser ist der Behälterboden in Form einer frei hängenden Kugelkalotte ausgebildet.[239] Diesen Vorteil hebt Dupuit in seinen Ausführungen hervor: „Aus diesem Grunde haben wir es bei Gelegenheit der Konstrukzion eines Wasserbehälters der größten Dimension versucht, die Decke durch eine sphärische Kalotte*) zu ersetzen, welche frei liegt, so dass die ganze Wandung des Reservoirs zugänglich ist und folglich mit der größten Leichtigkeit untersucht, unterhalten und reparirt werden kann …"[240]

Hermann von Chiolich-Löwensberg, Professor für Baukunst, verweist 1865 in seinem Buch: Anleitung zum Wasserbau auf den Behälter von Jules Dupuit und beschreibt die Vor- und Nachteile von kleineren Behältern aus Gusseisen oder Blech.[241]

Der Mantel des Chaillotischen Behälters wurde aus 3 mm starken Blechen hergestellt. Die Bleche der Kugelkalotte waren 6 mm stark[242] und in zwei Richtungen gekrümmt im Gegensatz zum Kegelboden. Obwohl Kegelböden leichter herzustellen waren, sind sie selten in Wassertürmen zu finden. In Brandenburg gibt es Behälter mit Kegelböden in zwei Wassertürmen der Stadt Frankfurt (Oder): Im Friedensturm und im Turm des städtischen Schlachthauses und einen weiteren, 1962 herge-

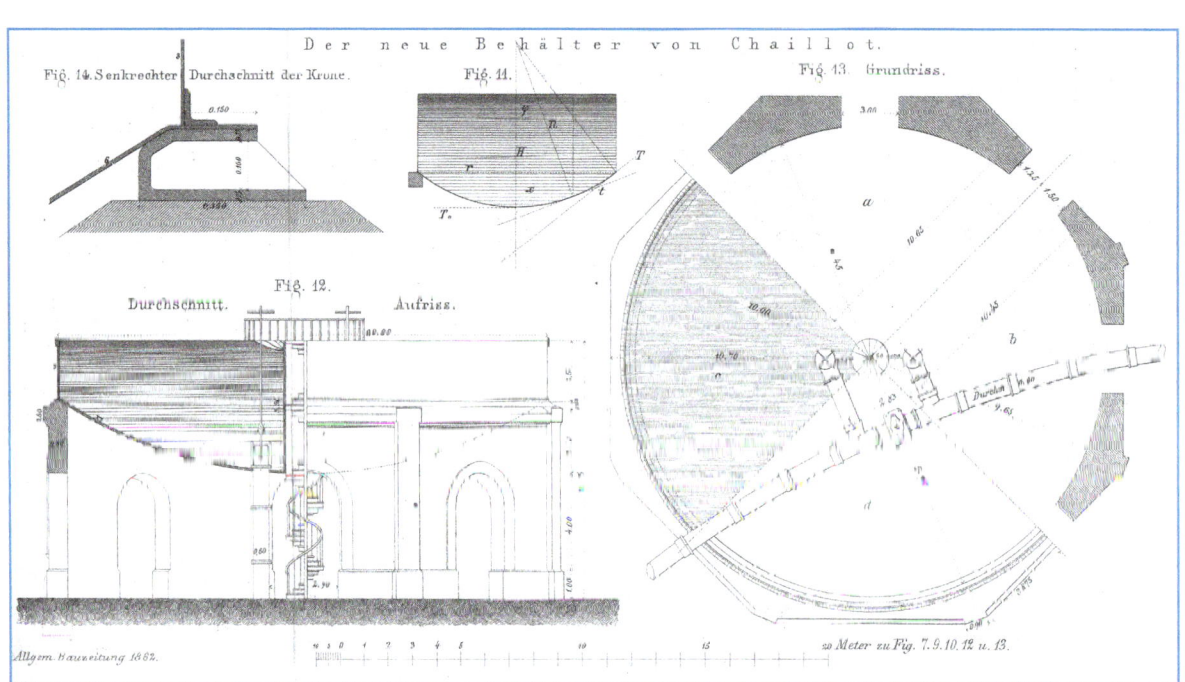

Abb. 89 Der neue Behälter von Chaillet

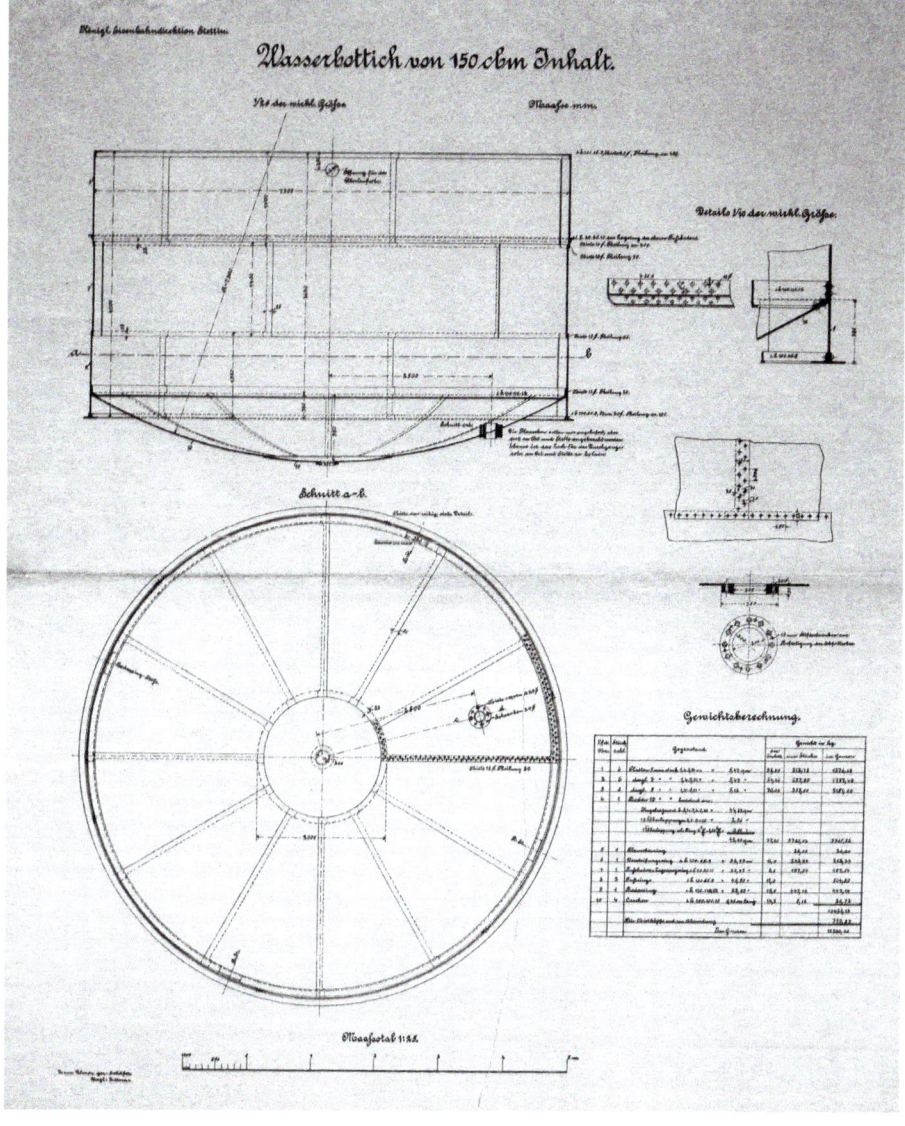

stellten Behälter auf dem Bahnwasserturm des Unteren
Bahnhofs in Falkenberg/Elster.

Die Firma F. A. Neumann aus Eschweiler stellt seit
1880 Behälter her und beschreibt die Herstellung von
Blechen folgendermaßen: „Die Kugelbleche … wurden
im ebenen Zustand angezeichnet, fertig gelocht und auf
Maß geschnitten, danach gekümpelt."[243] Der Mantel und
Hängeboden sind mit Hilfe von Winkelblechen miteinander vernietet. An diesem Verbindungspunkt erfolgt auch
die Lastabtragung in das Auflager. Verschiedene Auflagervarianten kamen zur Ausführung: Der direkte Anschluss
an den umlaufenden eisernen Auflagerring, die Lastüber-
tragung über Stützbleche und über Bodenbleche. Dabei
wurden die Bodenbleche über den Durchmesser der zylindrischen Mantelfläche bis in das Auflager geführt.[244] Der
direkte Anschluss, wie beim Hallenser Wasserturm von
1881 (Abb. 91), ist eine häufig vorkommende Variante.
Eine Umlenkkraft, die in Form einer Horizontalkompo-
nente erzeugt wird, führt zu Beanspruchungen im Auflager. Beim Hängebodenbehälter war zwar kein Balken-
rost mehr unter dem Behälterboden erforderlich, aber mit
dem aufgehenden Mauerwerk im Durchmesser des Behälters wurde die Subkonstruktion größer und damit teurer.
Allerdings kam es zu Bewegungen am Auflager, wenn sich

239 Dupuit, 1854, Planche II vgl. mit Dupuit, 1862, S. 300, Bl. 497.
240 Dupuit, 1862, S. 297 ff.
241 von Chiolich-Löwensberg, 1865, S. 130.
242 Dupuit, 1862, S. 301.
243 Neumann, 1974, S. 31.
244 Weitere Auflagervarianten, siehe Kapitel IV.1.2 Hängebodenbehälter.

der Lastfall durch das Füllen und Entleeren des Behälters änderte. Deshalb wurde der Auflagerpunkt nicht mehr an der Nahtstelle zwischen Boden- und Mantelblech angeordnet. Das Bodenblech wurde über das Mantelblech zum Auflagerring geführt. In Brandenburg wurden so die Behälter im Bernauer, Pritzwalker und Strausberger Wasserturm ausgeführt.

Eine Sonderform der Ausbildung des Auflagers wird durch E. Kottenmeier beschrieben. Um den Durchmesser des aufgehenden Mauerwerks zu verkleinern, wurde der Auflagerpunkt an der Kugelkalotte zum Behältermittelpunkt hin verschoben[245] – ein Schritt in die Richtung der Entwicklung des nächsten Behältertyps. Brandenburger Beispiele dieser Auflagervariante sind: Die 300 m³ fassenden Hängebodenbehälter des 1896 bis 1897 erbauten Neuruppiner Wasserturms in der Puschkinstraße und des 1912 errichteten, städtischen Wasserturms von Eichwalde.

Die ersten deutschen, städtischen Wassertürme mit Hängebodenbehältern von 1881 stehen in: Mühlheim an der Ruhr, Halle, Berlin Westend/Charlottenburg und Halberstadt.[246]

Im Journal für Gasbeleuchtung und Wasserversorgung von 1888 wird vom Direktor des Gas- und Wasserwerkes Schalke ausgeführt, dass in den letzten Jahren die Konstrukteure immer mehr Wasserbehälter mit hängenden Kugelkalotten eingesetzt haben. Der Vorteil des ständig zugänglichen Bodens und die Kostenersparnis gegenüber gemauerten Behältern waren ausschlaggebend.[247]

In Brandenburg standen in 39 Wassertürmen nachweislich Hängebodenbehälter, davon sind allein 11 Behälter für die Versorgung von Dampflokomotiven gebaut worden. Die vor 1900 errichteten Türme stehen an den Bahnknotenpunkten: Potsdam (1870–1880), Wittenberge (1889), Frankfurt (Oder) (1889–1890) und Falkenberg/Elster (1894), sowie in Zossen (zw. 1875–1892) und Peitz (1896–1897).[248]

Zu den ersten, für die städtische Wasserversorgung errichteten 18 Wassertürmen mit Hängebodenreservoir, gehören die Türme in Neuruppin, Cottbus und Oranienburg von 1896. In den zweiten Wasserturm von Frankfurt (Oder) wurde 1903 bis 1904 ebenfalls ein Hängeboden eingebaut und viele Städte folgten: Fürstenwalde (1909), Straußberg, Bernau und Fürstenberg/Havel (1910), Eichwalde (1912), Lübben (1914) und Jüterbog (1913).

Bereits 1878 wurde in Frankfurt (Oder) ein Hängebodenbehälter in den Wasserturm der Kaserne des Grenadierregiments Prinz Carl von Preußen Nr. 12 eingebaut. Weitere Behälter dieser Bauart in militärisch genutzten Wassertürmen befinden, bzw. befanden sich in Jüterbog (1893), zwei in Wünsdorf (1910–1911 und 1913) und in Kummersdorf-Gut (1913).

Wassertürme mit Hängebodenbehältern wurden nicht nur in Europa errichtet, sondern auch in Japan – einem ostasiatischen Staat im Pazifik (siehe Abb. 90).

Stützbodenbehälter der Bauart Intze

Professor Intze referierte bereits schon 1877 über schmiedeeiserne Behälter mit nach innen gewölbten Böden: „Jedenfalls ist eine Kreisform für den Grundriss unbedingt anzunehmen, da man bei ebenen Wänden sehr viel Material verschwenden und eine complicirte Versteifung anwenden müsste. Vor allen Dingen ist ferner drauf zu achten, dass sämtliche Theile eines schmiedeeisernen Reservoirs stets leicht revidirt und in Anstrich gehalten werden können; … Es wird daher besonders empfehlenswerth sein, einen verkehrt gewölbten Blechboden ohne Querträger anzuwenden."[249]

1884 hat Dr. Forchheimer, Privatdozent aus Aachen, in einem Vortrag beim Deutschen Vereins von Gas- und Wasserfachleuten erläutert, wie Prof. Intze aus dem Hängebodenbehälter den nach ihm benannten Behälter der Bauart Intze entwickelte. Um die hohen Kosten für den Bau von Wassertürmen zu senken, versuchte er mit Hilfe von Berechnungen die Behälterform so zu verändern, dass sich das Gewicht des Behälters und die Kräfte im Auflagerbereich verringerten. Die Konstruktion des Behälterbodens bedingte eine Minderung der Blechqualität, denn für die Herstellung von Kugelböden mussten die Bleche gekümpelt, das bedeutet gestreckt und gestaucht werden. Prof. Intze versuchte zuerst, den Hängeboden durch einen Kegelboden zu ersetzen. Das Gewicht am Auflager erhöhte sich allerdings um 40 %. Nun stütze er den Kegelboden direkt auf dem Auflager ab. Aus der Hängekonstruktion wurde eine Stützkonstruktion und der Durchmesser des Auflagerings verkleinerte sich.[250] Damit hoben sich ein Teil der Horizontalkräfte links und rechts vom Auflager gegenseitig auf.[251] Intze entwickelte seinen Behälter weiter und kombinierte Kegel- und Kugelform, indem er zwischen den Auflagern eine konkav ausgebildete Kugelkalotte anordnete.

Zwischen dem Professor Intze und der Firma F. A. Neumann aus Eschweiler entwickelte sich eine enge Zusammenarbeit. Die Eschweiler Firma unterstütze Intze bei seinen Forschungen und erwarb 1891 die Intze-Patente für Wasserbehälter. Der erste Stützbodenbehälter der Bauart Intze I – Patent Nr. 23187 – mit einem Speicherinhalt von 400 m³ wurde in den Wasserturm der Stadt Remscheid 1882–83 eingebaut.[252] Der vom Ingenieur und Wasserwerksdirektor L. Disselhoff geplante Wasserturm mit dem Wasserwerk wurde am 1. März 1884 in Betrieb genommen.[253] Der städtische Wasserturm in Schwerin Neumühle gleicht dem Remscheider Wasserturm in Bauweise und Detailverbauart.

Bei Fölzer sind in Tabellen von 1923 Intzebehälter nach ihrem Inhalt in m³ aufgelistet. Die Stärken des Mantelblechs betragen 5 mm bei den kleinsten Behältern. Ab einem Fassungsvermögen von 200 m³ sind die Bleche 5,5 mm und bei 1.000 m³ Fassungsvermögen bereits 6 mm bis 6,7 mm stark. Die Kegelbleche sind 5 bis 10 mm stark, bei 200 m³ Inhalt beträgt die Stärke 7 mm.[254] Spä-

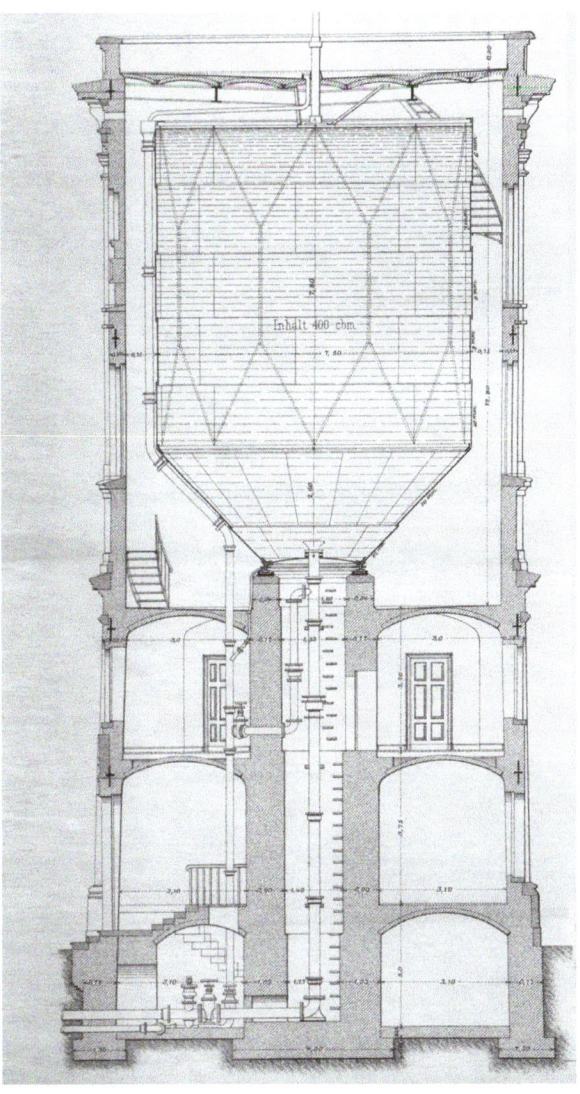

ter verbesserte Intze seinen Stützbodenbehälter der Bauart Intze I indem er eine Kugelkalotte mittig in den konkaven Behälterboden einfügte. Diese Bauart: Intze II hatte somit ein größeres Fassungsvermögen.

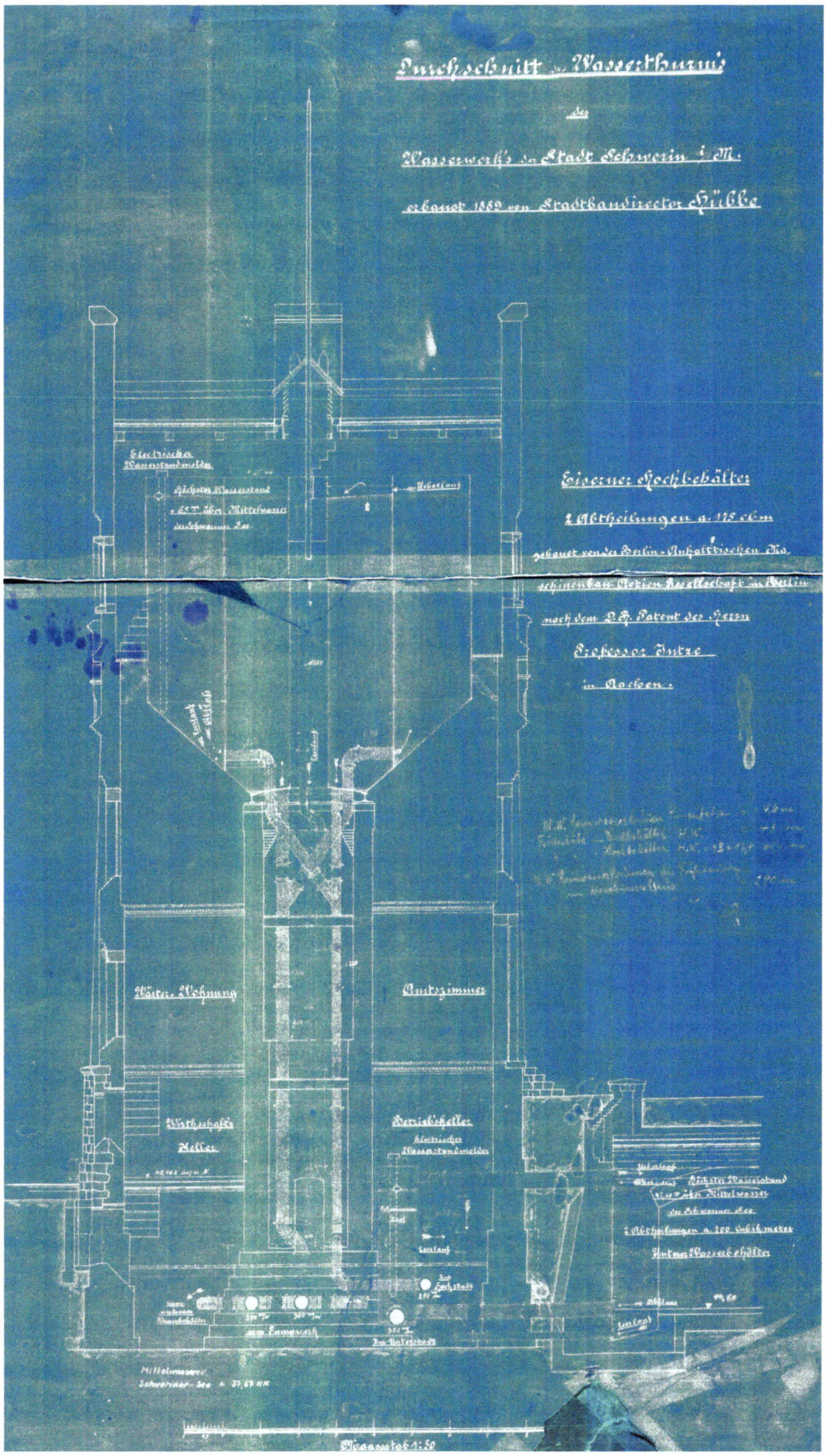

Ein Behälter der Bauart Intze II[255] mit einem Inhalt von 550 m³ wurde erstmalig 1883 für den Wasserturm der Stadt Düren durch die Firma F. A. Neumann hergestellt. Neben Intze als dem planenden Ingenieur war Professor Damert der verantwortliche Architekt.

Intze erläutert in einem Vortrag: „Der Behälter ist nach dem im Vereine bereits vor 2 Jahren vorgetragenen

245   Kottenmeier, 1930, S. 9.
246   Merkl, 1985, S. 76.
247   Journal, 1888, S. 75.
248   Siehe III. Kapitel, Karte Behälter: Form und Material, S. 78.
249   Intze, 1877, S. 415 f.
250   Forchheimer, 1884, S. 705 ff.
251   Lueger, 1895, S. 769 f.
252   Neumann, 1974, S. 25 ff.; 60; Journal, 1900, Nr. 5, S. 88.
253   Disselhoff, 1885, S. 21 ff.
254   Fölzer, Schupp,1923, S. 22.
255   Das Kugelblech beim Intze II ist 5 bis 9 mm stark. Bei 550 m³ Inhalt bereits 9 mm stark, Fölzer, Schupp, 1923, S. 22.
256   Intze, 1886, S. 27.

Grundgedanken der Art construiert, dass am Auflagerringe die Horizontalkomponenten der äußeren Kräfte, welche vom Außen- und vom Innenkegel des Bodens ausgeübt werden, sich aufheben, womit eine bedeutende Ersparung an Material und der Vorteil verbunden ist, dass der Auflagerring nur Vertikalkräfte auf das Mauerwerk überträgt und seinen Durchmesser nicht zu verändern bestrebt ist."[256]

Abb. 93 (links) Wasserturm, Remscheid, 1882–83, Ingenieur L. Disselhoff

Abb. 94 (rechts) Wasserturm Schwerin, 1889, Stadtbauinspektor Lübbe

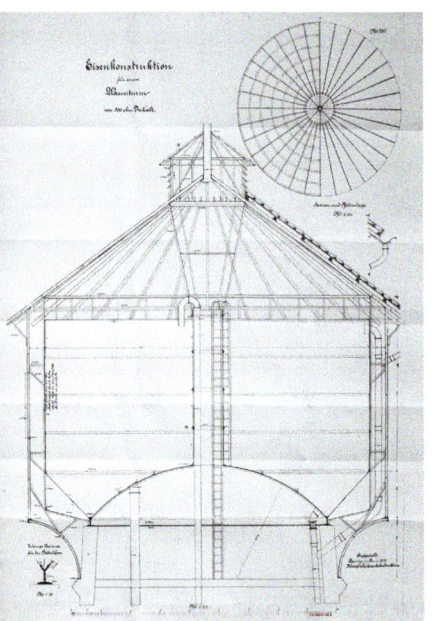
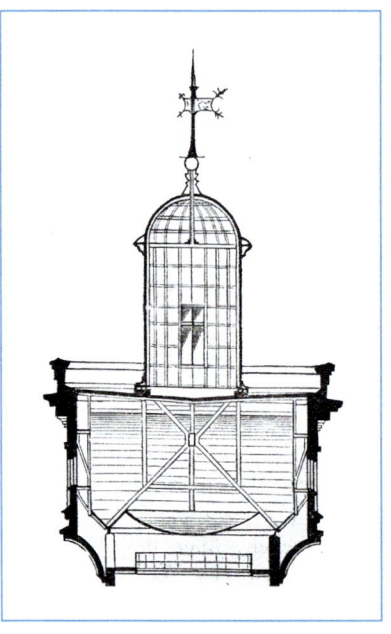

Abb. 95 (links oben) Auflager Stützboden, Wasserturm Schwerin, Mecklenburg-Vorpommern 2016

Abb. 96 (rechts oben) Untersicht konkave Kugelkalotte mit mittlerem Durchstieg, Wasserturm Schwerin, Mecklenburg-Vorpommern 2016

Abb. 97 (links unten) „Eisenkonstruktion für einen Wasserturm von 500 cbm Inhalt", Königliche Eisenbahndirektion Danzig

Abb. 98 (Mitte unten) Wasserturm Düren

Abb. 99 (rechts unten) Intze II, Blick vom Turmschaft zur Unterseite des Behälters, Wasserturm Nord Halle, Sachsen-Anhalt 2011

Im Journal für Gasbeleuchtung von 1902 gab die Firma F. A. Neumann bekannt, dass sie seit 1880 um die 400 Wasserbehälter, meist Intzebehälter hergestellt hat.[257]

Otto Intze (1843–1904) studierte in Hannover Bauingenieurwesen, Maschinenbau und Architektur. Bereits 1870 wurde er Lehrer für Baukonstruktion und Wasserbau in Aachen und dann, erst 28jährig, Professor. Er veröffentlichte viele Publikationen, konstruierte Gas- und Wasserbehälter und hatte mit seinem Kollegen Friedrich Heinzerling das „Deutsche Normalprofilbuch für Walzeisen" erarbeitet. Der Name Intze ist ebenso mit dem Bau von Talsperren verbunden. Seiner ersten, von 1889 bis 1891 erbauten Talsperre von Remscheid folgten noch viele.[258]

In Brandenburg wurde 1898–1899 in den Wasserturm der Stadt Prenzlau ein Intze I Behälter eingebaut.

Weitere Türme für städtische Wasserversorgungsanlagen mit Behältern gleicher Bauart folgten. Trebbin (1904)[259], Perleberg (1905), Elsterwerda (1905–6), Dahme/Mark (1906–7) und Schwedt/Oder (1908). In der Wildauer Lokomotivfabrik Schwartzkopff erhielt der um 1900 errichtete Wasserturm einen Intze I Behälter, der später demontiert wurde. Der 1988 abgerissene Wasserturm der Stadt Bad Liebenwerda[260] hatte einen Intze I Behälter mit mittlerem Durchstieg. An den Bahnhöfen Königs Wusterhausen und Lübbenau steht jeweils ein Wasserturm mit einem Behälter der Bauart Intze I. Ein weiterer Intzebehälter steht an der Bahnstrecke von Berlin nach Magdeburg im Wasserturm am Potsdamer Hauptbahnhof.

Ein Behälter der Bauart Intze II befindet sich im städtischen Wasserturm von Forst, der von 1902 bis 1903 erbaut wurde. Bei der Intze II Behälterform musste an dem Anschluss zwischen der eingeschobenen Kugelkalotte und dem Intzebehälter ein L-Winkel als Druckring und Verbindungselement angenietet werden.[261]

Barkhausenbehälter

Professor Dr. Eduard Schmitt von der technischen Hochschule Darmstadt beschrieb 1882 in seinem Buch über Bahnhöfe und Hochbauten: „Im Allgemeinen ist jene Form des Reservoirs die vortheilhafte, welche die geringsten Herstellungskosten verursacht, oder nahezu diejenige, welche bei bestimmtem Rauminhalt die kleinste Mantelfläche hat. Hieraus würde sich die halbkugelförmige Gestalt als die geeignetste ergeben; indes sind derart geformte Reservoire schwierig herzustellen…"[262]

Patentiert und umgesetzt hat diese Idee der Ingenieur Barkhausen: Den halbkugelförmigen Boden mit doppelt gekrümmten Blechen, die tangential an den zylindrischen Mantel anschließen. Dadurch wurde der Ringdruck am Übergang zwischen Zylindermantel und Kugelkalotte vermieden. Bei den Behältern der Bauart Barkhausen ist der Übergang vom Mantel- zum Bodenblech absolut knickfrei. Damit konnten geringere Blechstärken für den Boden verwendet werden. Nach Foerster waren für das Mantelblech 6 mm und für das Bodenblech 8 mm ausreichend.[263]

Fölzer hat in seinem Lehrbuch über Wassertürme tabellarisch die Barkhausenbehälter nach Fassungsvermögen aufgeführt. In der Tabelle ist das Blech des Behältermantels bis 200 m³ Inhalt 5 mm stark, darüber 6 mm. Die Stärke des Bodenblechs variiert nach Größe von 5 bis 7,8 mm.[264] Beim Kugelbodenbehälter Barkhausen, nach seinem Erfinder benannt, ist der optimale Auflagerpunkt

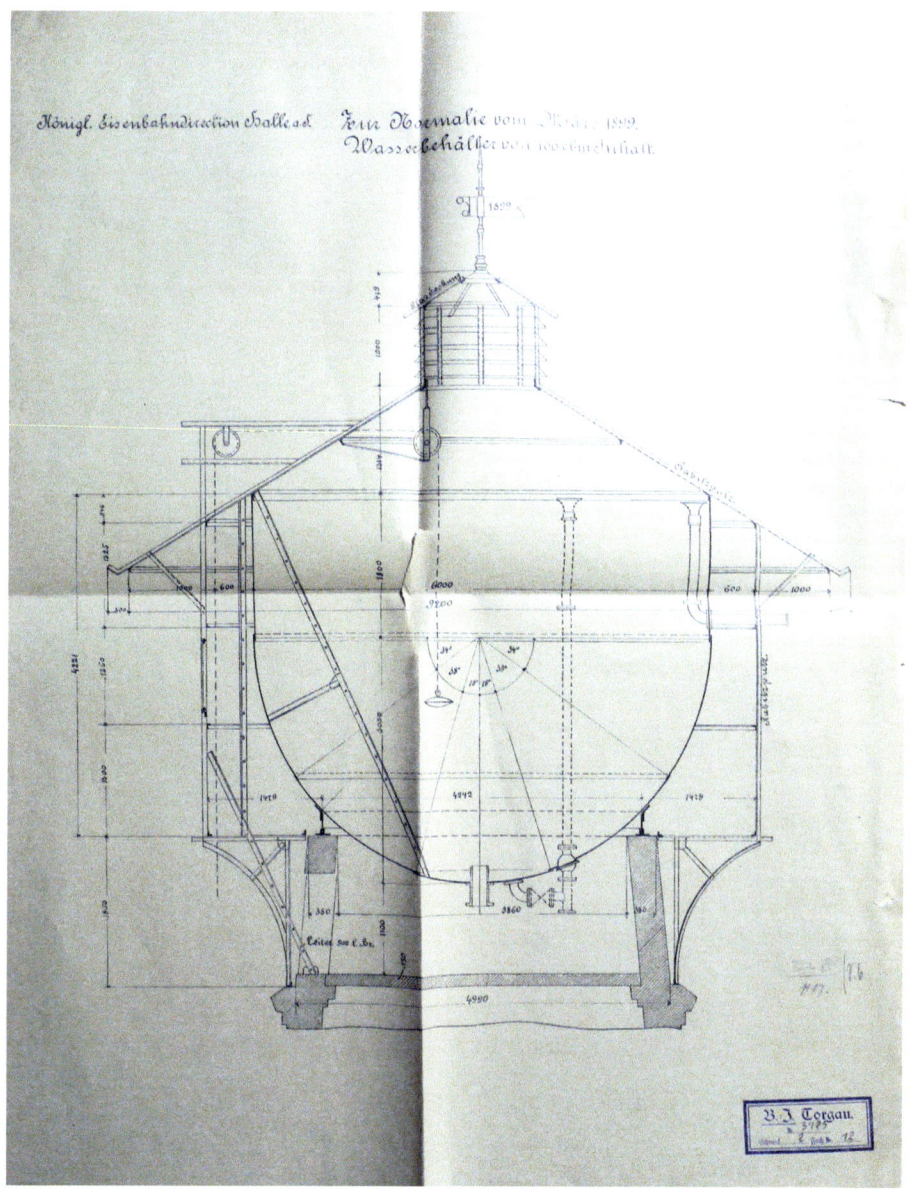

am Übergang zwischen Behälterboden und Behältermantel. Die Umlenkkraft ist hier sehr klein.

1900 hat Ingenieur Barkhausen in Hannover einen Vortrag über neue Formen der Behälter gehalten. Er erläuterte die Entwicklung der Behälterformen und führte aus, dass der Hängebodenbehälter in der Vergangenheit bis zu einem Fassungsvermögen von 250 m³ den Erfordernissen genügt hat. Ein Grund warum, trotz Weiterentwicklung der Behälterformen, auch noch zu Beginn des 20. Jahrhunderts Hängebodenbehälter gebaut worden sind. Nach der Darstellung verschiedener Auflagervarianten des Hängebodenbehälters wurde der Intzebehälter mit seinen Vor- und Nachteilen ausführlich beschrieben. Barkhausen zeigte an Hand von Beispielen, wie der Nachteil des geringen Fassungsvermögens durch Sonderformen kompensiert werden kann, und dass es sinnvoll ist, Konstruktionsteile zu vermeiden, deren Herstellung schwierig war, wie beispielsweise der Winkel über 90°. Georg Barkhausen stellte dann seine Barkhausenbehälter vor, die mit einem Fassungsvermögen von 100 bis 250 m³ oft für Was-

Abb. 100 „Zur Normalie vom März 1899 Wasserbehälter von 100 cbm Inhalt", Königliche Eisenbahndirektion Halle a. S.

257   Journal, 1902, S. 671.
258   Borchers, 1905, S. 3 ff.; Hennig, 1929, S. 104 ff., 113.
259   Der Turmkopf mit Wasserbehälter wurde abgerissenen.
260   Adler, 1994, S. 202 ff.
261   Vgl. Werth, 1969, S. 358.
262   Schmitt, 1882, S. 238.
263   Foerster, 1909, S. 820; Kottenmeier, 1930, S. 8.
264   Fölzer, Schupp, 1923, S.24.

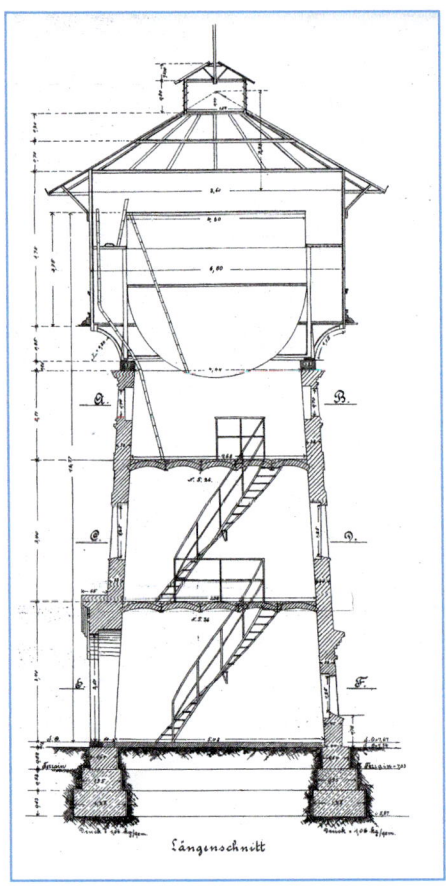

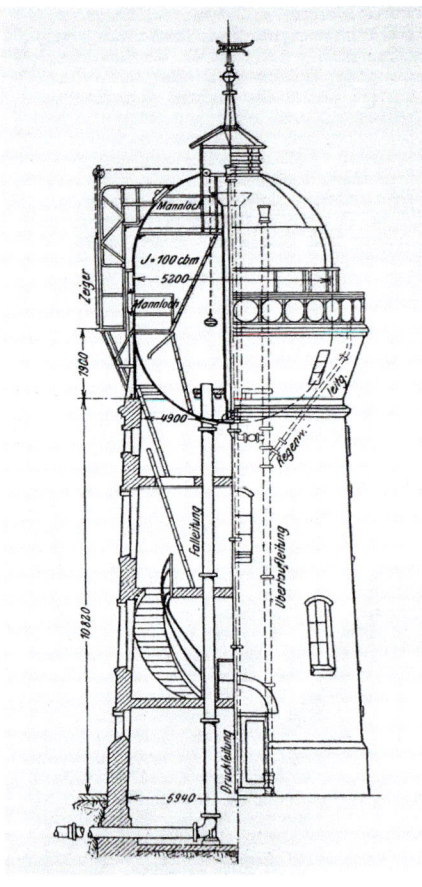

Abb. 101 (links)
Normalie Bahnwasserturm, Barkhausen 50 m³, Kgl. Eisenbahndirektion Stettin

Abb. 102 (rechts)
Wasserturm mit geschlossenem Barkhausenbehälter

serstationen der Eisenbahn, insbesondere im Bereich der Eisenbahn-Direktion Hannover verwendet worden sind. Die Eisenbahntürme haben einen massiven Unterbau, wie der brandenburgische Bahnturm von Falkenberg/Elster und der städtische Wasserturm von Zossen, der von Barkhausen auch erwähnt wird. Der Unterbau für industriell genutzte Türme besteht meist aus Eisenfachwerk, wie beim Wasserturm für die Zeche „Minister Stein".[265]

Karl Georg Barkhausen (1849–1923) studierte Ingenieurwissenschaften in Hannover. Nach verschiedenen Tätigkeiten bei verschiedenen Eisenbahndirektionen und als höherer Beamter bei der Berliner Stadtbahn, lehrte er Statik und Stahlbau an der Technischen Hochschule Hannover. Für seine Forschung und Lehre wurde Barkhausen von der Technischen Hochschule Berlin 1909 ehrenhalber der Doktortitel verliehen.[266]

Von den 14 bekannten und überkommenen Wassertürmen mit offenen Barkhausenbehältern in Brandenburg sind allein 11 durch die Eisenbahngesellschaften gebaut worden: Elstal[267] (1907–1908), Spremberg, Finsterwalde und Fürstenwalde (1911), Tantow (1912–1913), Frankfurt (Oder) (1916), Templin, Jüterbog, Angermünde und Neulöwenberg.[268]

Der städtische Wasserturm von Zossen wurde von dem Königlichen Hof-Ingenieur David Grove[269] aus Berlin geplant und gebaut. Die Inschrift über der Eingangstür nennt das Jahr 1899 und somit ist dieser Turm einer der ersten „Barkhausen-Wassertürme" in Deutschland. Der Ingenieur Grove errichtete weitere Wassertürme: Unter

anderem 1901 die Türme für die Stadtwasserversorgung von Angermünde und für Kiel-Diedrichsdorf, sowie ein Gebäude mit Turm für die Gutsanlage Greiffenberg, ein Ortsteil von Angermünde.

Seit 1913 steht in der Stadt Niemegk ein weiterer Wasserturm mit einem von der Dortmunder Firma August Klönne gebauten Barkhausenbehälter mit mittlerem Durchstieg.

Eine Sonderform ist der allseitig geschlossene Barkhausenbehälter. Auf das obere Ende des Mantelblechs wurde noch ein Kugelboden gesetzt, der gleichzeitig das Dach des Behälters bildete. Die Form des Turmkopfes mit Dachwerk erinnert an ein Tee-Ei. Eins der bekanntesten Beispiele für diese Bauart ist das sogenannte „Lanstroper Ei". Ein Stahlfachwerk trägt den geschlossenen Barkhausenbehälter von 1905.[270] In Brandenburg stehen zwei Bahntürme mit Behältern dieser Bauart: auf dem oberen Güterbahnhof in Falkenberg/Elster (1902) und am Bahnhof in Rathenow.

Kugelbehälter der Bauart Klönne

Nachdem um 1900[271] die Firma August Klönne aus Dortmund die Lizenz zum Bau von Barkhausenbehältern erhalten hatte, baute Klönne seinen ersten Barkhausen für die Dortmunder Zeche „Minister Stein". Der Behälter hatte einen Durchmesser von 10 m und einem Fassungsvermögen von 520 m³ Wasser. Klönne entwickelte den Behälter der Bauart Barkhausen weiter – als volle Kugelform ohne zylindrische Mantelfläche. Die Kugel ist die ideale Form. Die Bleche sind zweifach gekrümmt und damit beulsteif.[272]

In Berlin plante und baute die Firma August Klönne, neben dem Eisenbahnturm am Gleisdreieck von 1907, auch für die Berliner Städtischen Wasserwerke Kugelbehälter. 1913 wurden für das Wasserwerk Wuhlheide je ein Behälter der Bauart Intze und Klönne hergestellt.[273] 1906 wurde der erste 400 m³ fassende Kugelbehälter der Bauart Klönne auf dem Bahnhof Chemnitz aufgestellt.[274]

Die Firma Klönne belieferte folgende Brandenburger Bahnhöfe mit Behältern unterschiedlichster Bauart: Cottbus (Klönne, 550 m³), Senftenberg (500 m³), Elstal (Doppelbehälter Barkhausen mit Flachboden, 400 m³),

265 Barkhausen, 1900, S. 1594 ff., S. 1681.
266 Pflüger, 1953, S. 590 f.
267 Der Barkhausenbehälter ist ein Doppelbehälter mit einem innenliegenden Flachbodenbehälter.
268 Vgl. bei Merkl ebenso die Aussage, dass mehr Barkhausenbehälter für Bahnwassertürme verendet wurden, Merkl, 1985, S. 103 ff.
269 David Grove plante und baute auch die Wasserversorgungsanlage mit Wasserwerk von Bad Freienwalde (1896), Grahn, 1898, S. 44 f.
270 Föhl, 1994, S. 112.
271 Kottenmeier, 1930, S. 16.
272 Siehe Werth, S. 374.
273 Kley, 1996, Kurzprofile.
274 Fischer, 2001, S. 92, 96.

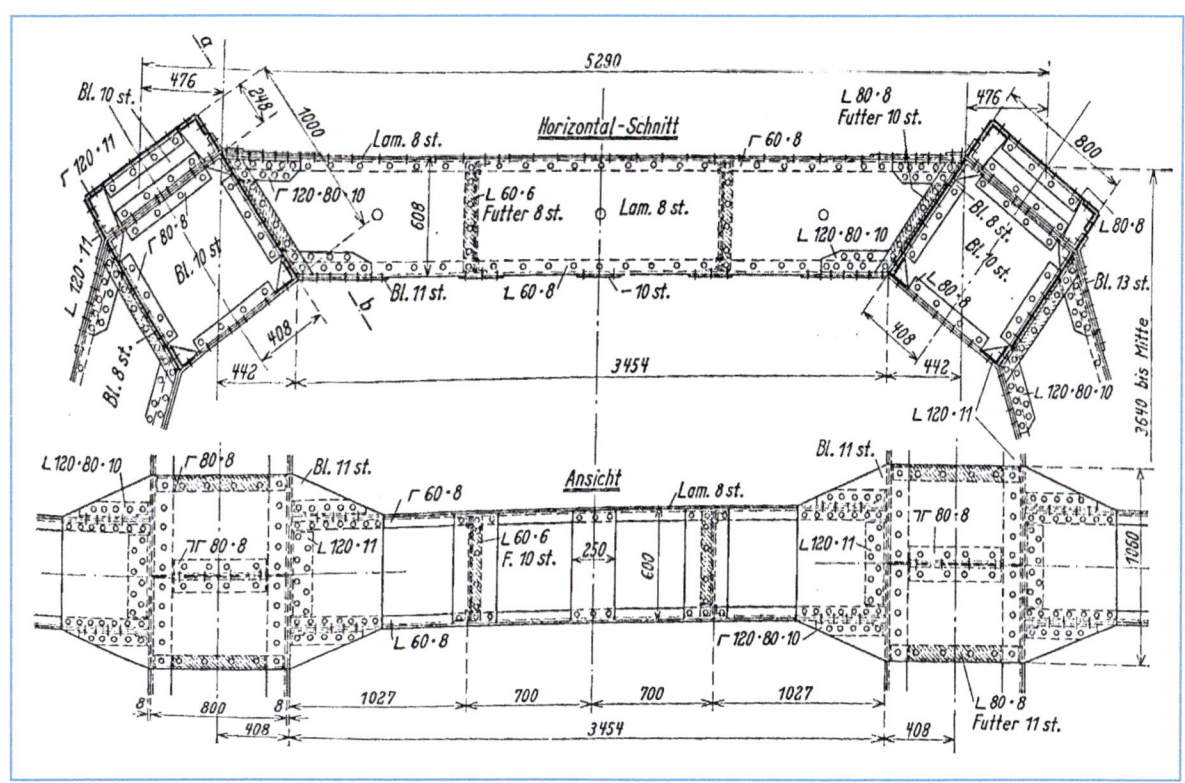

Abb. 103 (links) Detail, Verbindung Pfosten/Riegel, Wasserturm, Verschiebebahnhof Tempelhof

Abb. 104 (unten links) Wasserturm, Verschiebebahnhof Tempelhof, Berlin 2014

Abb. 105 (unten Mitte) Wasserturm, Behälter der Bauart „Barkhausen und Klönne"

Abb. 106 (unten rechts) Wasserturm, zwei Klönnebehälter

43

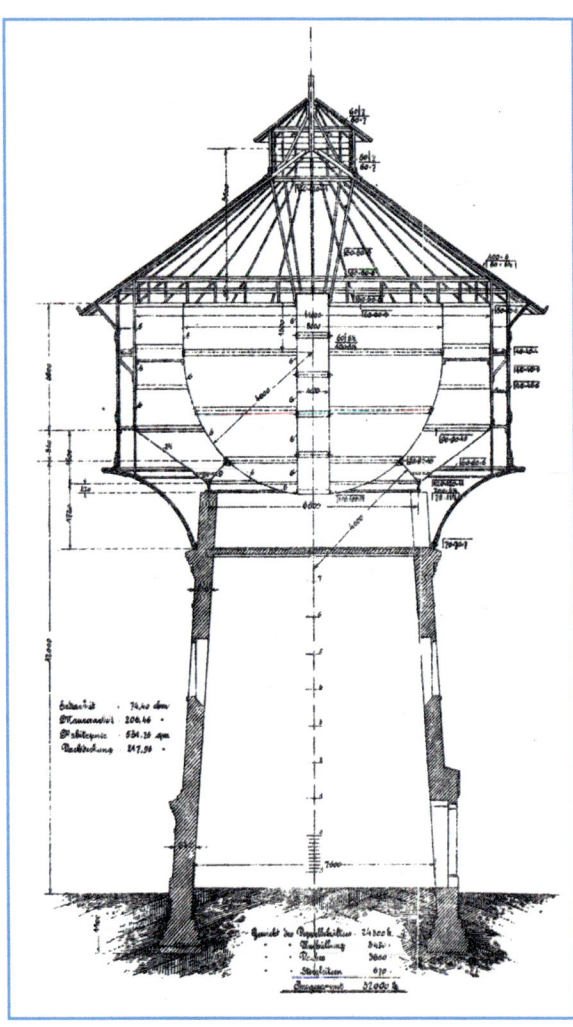

Abb. 107 Doppelbehälter 400 m³, Normalien zu Wassertürmen nach Intzes System, Kgl. Eisenbahndirektion Stettin

Am Bahnhof Cottbus steht der einzige überkommende brandenburgische Klönne-Wasserturm. Auf einem gemauerten Turmschaft ist der Behälter mit einem Behälterboden der Bauart Intze aufgelagert. In der Literatur wird die Verwendung solcher Klönnebehälter mit Intzeboden auch für die Eisenbahntürme in Bebra (500m³), Kornwestheim (1.000 m³) und Crailsheim (600m³) beschrieben.[282]

Drei weitere Wassertürme der Eisenbahn mit Behältern der Bauart Klönne standen in Brandenburg auf den Bahnbetriebswerken Eberswalde und Wittenberge, sowie auf dem Wasserturmberg in Lebus. Der Turmschaft für diese Wasserreservoire wurde entweder massiv gemauert, wie bei den Türmen in Cottbus, Lebus und Eberswalde, oder als Eisenfachwerkkonstruktion errichtet, wie für den Bahnturm in Wittenberge.

Besonderheiten, Kombinationen und Schornsteinbehälter

Bei den bisher beschriebenen Behältertypen gab es in der planerischen und baulichen Umsetzung durchaus Besonderheiten und Abwandlungen. Es gibt Beispiele von Wassertürmen, wo innenliegende Schornsteine mit Ringbehältern errichtet wurden, wie beim Wasserturm des Maschinenhauses der Beelitzer-Heilstätten (1898–1902). Manchmal sind für die Beheizung von Wassertürmen mit Öfen Rauchrohre durch den Behälter geführt worden. Ein solcher Ringbehälter mit einem mittig durchgeführten Rauchrohr steht im sogenannten Storchenturm von Rühstädt. Durchdringungen von Behältern wurden auch bei den zylindrischen Flachboden- und Hängebodenbehältern, bei Behältern der Bauarten Intze und Barkhausen (offen) vorgesehen, um in die Behälter direkt vom Tropfboden aus zu gelangen. Ein Durchstieg wurde – trotz des daraus resultierenden verringerten Fassungsvermögens – mittig durch den Behälter geführt. Vom Tropfboden steigt man über eine Leiter durch eine, rund ein Meter im Durchmesser große, vernietete Röhre bis zur Oberkante und von dort über eine Leiter, außen an der Röhre montiert, in den Behälter. Der demontierte Flachbodenbehälter des ältesten Wasserturms von Frankfurt (Oder) hatte einen Durchstieg mit einer integrierten Spindeltreppe. Beim Fachwerkwasserturm am Bahnhof Kremmen gibt es nur die Möglichkeit, den zylindrischen Flachbodenbehälter über den mittleren Durchstieg zu betreten.

In den städtischen Wassertürmen von Lübben, Jüterbog und Neuruppin stehen Hängebodenbehälter mit mittleren Durchstiegen, sowie in dem 1889 bis 1890 erbauten Bahnwasserturm auf dem Bahnhof Frankfurt (Oder). Auch die Intze-Behälter der Wassertürme von Perleberg und Dahme/Mark und die Barkhausenbehälter der Türme von Niemegk und Fürstenwalde haben einen mittleren Durchstieg.

Foerster beschreibt in seinem Buch über Eisenkonstruktionen im Hochbau verschiedene Sonderformen von Intze- und Barkhausenbehältern.[283] Beispielsweise, in

Falkenberg/Elster (Geschlossener Barkhausen, 200 m³), Luckenwalde (200 m³), Angermünde (150 m³) und Jüterbog (150 m³).[275]

Ein sehr ungewöhnlicher Wasserturm mit einem 400 m³ fassenden Behälter der Bauart Klönne steht auf dem Verschiebebahnhof Berlin-Tempelhof. Geplant von der Reichsbahndirektion Berlin und errichtet von der Dortmunder Firma C. H. Juchow.[276] Das statischen System aus Riegel und Pfosten mit biegesteifen Eckverbindungen ohne diagonale Verstrebungen, wurde nach seinem Erfinder einem belgischen Ingenieur benannt: Der Vierendeelträger (siehe Abb. 103 u. 104).[277]

August Klönne (1849–1908), gelernter Maschinenbauer, beschäftigte sich intensiv mit Gaserzeugungsöfen und ließ sich seine Erfindungen auf diesem Gebiet patentieren. In Dortmund gründete Klönne 1879 ein Ingenieurbureau und erweiterte das Geschäft 1886[278] mit dem Erwerb einer Eisenbauanstalt.[279] Aus seiner Zusammenarbeit mit anderen Fachleuten, wie Professor Barkhausen, konnte Klönne neue technische Lösungen für oberirdische Gas-Ringbehälter entwickeln und diese Technik auch auf Wasserreservoire übertragen.[280] In den 20er Jahren des 20. Jahrhunderts expandierte die Firma und gründete u.a. eine Zweigniederlassung in Leipzig.[281]

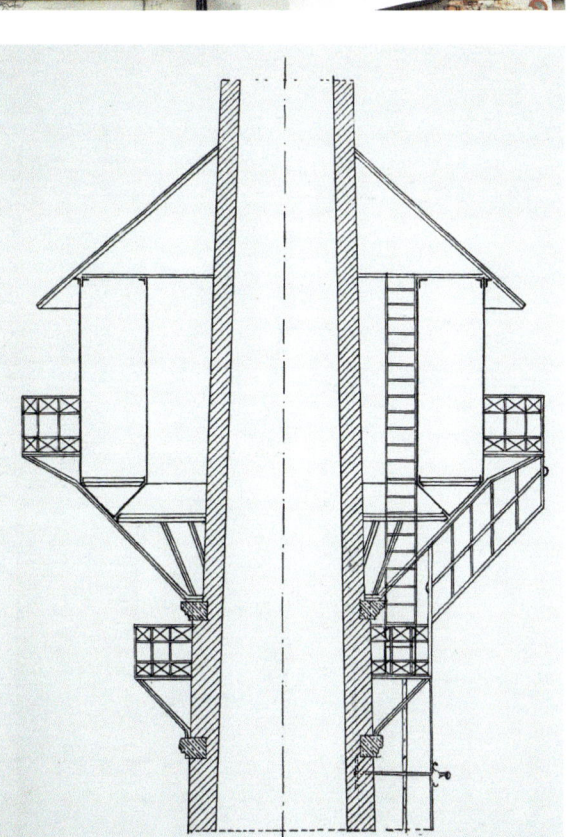

Abb. 108 (links) Nauendorfer Schornsteinbehälter

Abb. 109 (rechts oben) Schmiedeeiserner Schornsteinbehälter, Leipzig, Sachsen 2013

Abb. 110 (rechts unten) Schornsteinbehälter

dem ein nach innen gewölbter Intzeboden bei Behältern der Bauarten Barkhausen und Klönne angeordnet wurde, um den Durchmesser des Auflagerringes gegenüber dem Durchmesser des Behälters zu verringern. Damit reduzierten sich die Kosten des Unterbaus.

In Brandenburg wurde ein Barkhausen mit einem Behälterboden der Bauart Intze I im städtischen Wasserturm von Treuenbrietzen (1910) und im Wasserturm der ehemaligen Pulverfabrik in Kirchmöser (1917–1918) kombiniert. Weitere Sonderformen sind Behälter mit zwei Kammern[284], die aus der Kombination von zwei Behälterformen entstehen, wie beispielsweise beim städtischen

275 Klönne, 2012.
276 Die Firma C. H. Juchow führte beim 1932 abgerissenen Wasserturm der Spandauer-Neustadt – mit einem Behälter der Bauart Intze und einem Fassungsvermögen von 1.500 m³ – ebenfalls die Bauarbeiten aus, Kley, 1996, Kurzprofile.
277 Czech, 1929, S. 130 f.
278 Barkhausen, 1902, S. 114.
279 Die Firma August Klönne baute verschiedenste Stahlkonstruktionen für Eisenbahnbauten, Fördertürme für den Bergbau und mit anderen Firmen zusammen auch das Schiffhebewerk in Niederfinow, Weidner, 2012, S. 33 ff.
280 Gerstein, 1979, S.108 f.
281 Kleinschmidt, 2001, S. 14.
282 Merkl, 1985, S. 110 f.; Weidner, 2012, S. 37, 85.
283 Foerster, 1909, S. 818.
284 Eine weitere Variante ist die Kombination von Intze und Barkhausen; nach Merkl ein Intze II mit Hängeboden, Merkl, 1985, S. 93 f.

Wasserturm Wittenberge (1903–1904). Ein Behälter der Bauart Intze I wurde mit einem innenliegenden Barkhausenbehälter unter Beibehaltung des nach innen gewölbten Bodens kombiniert. In den Barkhausenbehälter gelangt man über einen mittleren Durchstieg.

Solche Kombinationen gab es auch bei den sogenannten „Normalien zu Wasserthürmen nach Intzes System von 1890" der Königlichen Eisenbahndirektion Breslau.

Intze führt dazu in einem Vortrag aus, wie man eine Doppelturmanlage durch einen 2-Kammerbehälter ersetzen kann und sich dadurch geringere Baukosten ergeben: „Diese Zweiteiligkeit konnte in einfacher Weise durch Fortsetzung des inneren durchhängenden Kugelbodens mit Verlängerung durch einen Cylinder bis zum Wasserspiegel erreicht werden, indem jede der beiden ... Abteilungen von je 300 m³ Inhalt zu füllen ist oder auch beide Abteilungen gleichzeitig mit Quell- oder mit Grundwasser gefüllt werden können ..."[285]

Intze entwickelte auch die Kamin-Reservoire. Die Wasserbehälter wurden in ca. 25 bis 30 m Höhe an einen Schornstein angebaut. Das erste Kamin-Reservoir wurde 1885 in Übigau-Dresden errichtet. Die Behältergrößen variierten von 10 bis 250 m³.[286] So konnte kostengünstig gebaut und gleichzeitig die Abwärme des Schornsteines im Winter genutzt werden. Es war möglich, auch nachträglich an Schornsteine Reservoire anzubauen. Der sogenannte Schornsteinbehälter gehört ebenfalls zu den Wassertürmen.[287] Dieser Behälter wurde vielfach im industriellen Kontext verwendet.[288] Die meisten Schornsteine mit Wasserreservoiren sind zwischenzeitlich abgerissen worden, wie beispielsweise die Schornsteinbehälter des Braunkohlewerkes Regis[289], des Wildauer Chemiewerkes und der Emanuelgrube Naundorf (heute Lauchhammer-Süd). Dieser Naundorfer Schornsteinbehälter der Firma Braunkohlen- und Brikettindustrie Akt.-Ges. Berlin mit einem Fassungsvermögen von 100 m³ wurde von der Firma August Klönne aus Dortmund errichtet.[290]

In Brandenburg sind nur noch einige Schornsteinbehälter vorhanden, und zwar in den Ortschaften: Klosterfelde, Götschendorf, Eisenhüttenstadt, Finow und Fürstenwalde.

II.2.2.3 Wasserbehälter: Bestandteile, Herstellung und Versorgungsleitungen

Wasserbehälter haben ein Speichervolumen, das den Nutzinhalt und die Wasserreserve beinhaltet. Das Speichervolumen ergibt sich aus der Höhe des Wasserspiegels und der Differenz zwischen dem Behälterboden und dem Anfang der Ablaufleitung.[291] Wasserreserven waren notwendig für die Überbrückung von Betriebsstörungen und für die Löschwasserversorgung.[292] Der gesamte Nutzinhalt der Wasserspeicher eines Versorgungsgebietes sollte mindestens 1/3, besser die Hälfte, des maximalen Wasserverbrauchs eines Tages[293] betragen, um neben der Versorgung in den Sommermonaten auch eventuelle Störungen im Netz auszugleichen. Aus Kostengründen sind die Wasserreservoire mit Unterbau so dimensioniert, dass, wenn überhaupt,[294] nur 1/3 des täglichen Wasserverbrauches gedeckt werden kann. Um die Versorgung zu gewährleisten, muss je nach Bedarf Wasser in den Turm gefördert werden. Damit erhöht sich allerdings auch der Maschineneinsatz der Pumpen.[295] Die Dimension des Behälters kann also reduziert werden, wenn die maschinelle Ausstattung und der Auslastungsgrad im Wasserwerk und im Wasserturm für die Hebung des Wassers erhöht wird.[296] Um dabei Druckschwankungen vorzubeugen, ist eine geringe Wassertiefe anzustreben. Bei brandenburgischen Wasserreservoiren kommen Wassertiefen von 4 bis 8 m[297] am häufigsten vor.

Bleche

Vor 1882 produzierte die Heinrichshütte der Dortmunder Union Blechtafeln unter anderem in den Abmaßen 11 m × 2,42 m × 10 mm und 6,7 m × 2,5 m × 6,25 mm. Die Gesellschaft Phönix stellte Flusseisenblech in der Größe von 1,55 m × 8,5 m × 11 mm her und Krupp fertigte Flusseisenblech in den Abmaßen von 2,5 m × 7 m × 11,7 mm.[298]

Um 1900 wurden die über 5 mm starken Kesselbleche als Grobbleche und die unter 5 mm starken Bleche als Feinbleche bezeichnet.[299] Mit der voranschreitenden Entwicklung im Maschinenbau konnten immer dünnere Bleche gewalzt werden. Drei Blecharten wurden hergestellt: Feinblech < 3 mm, Mittelblech 3 bis 4,75 mm und Grobblech > 4,75 mm.[300]

Die Stärke der Behälterwände war abhängig von der Wasserhöhe, dem Radius des Behälters und dem Festigkeitskoeffizienten des verwendeten Materials. Unabhängig davon sollten Bleche mit mindestens 5 mm Wandstärke verwendet werden,[301] denn für das Verstemmen

Abb. 111 Blechabmessungen, Hängebodenbehälter mit 300 m³ Fassungsvermögen, Kgl. Eisenbahnbetriebsamt Dessau

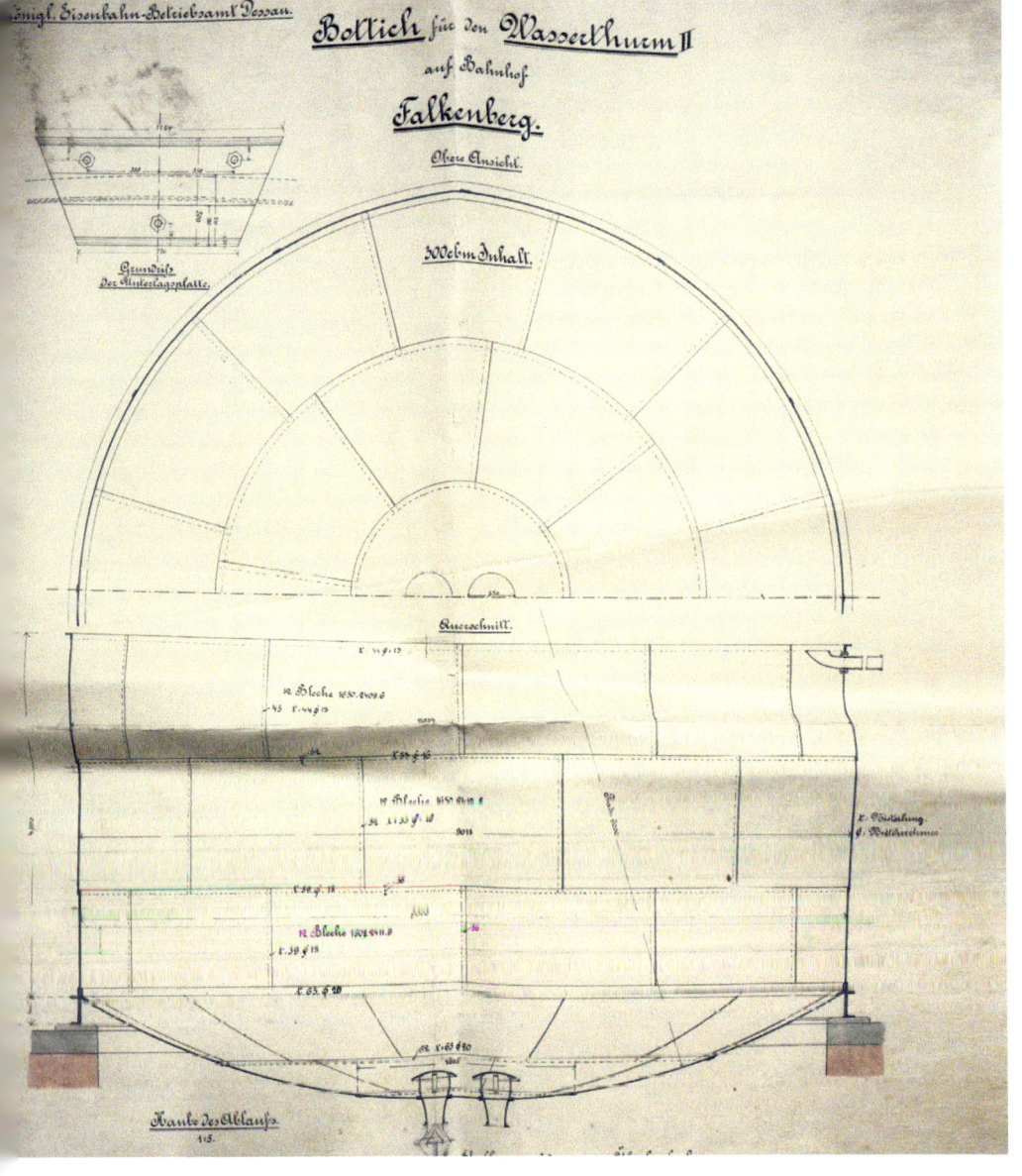

an den Überlappungsnähten sind Feinbleche nicht geeignet.[302] Nach Sonne waren für rechteckige, schmiedeeiserne Reservoire Mantelbleche von 5 bis 6 mm[303] und Bodenbleche von 7 bis 8 mm ausreichend bemessen. Bei den Bodenblechen der Hängebodenbehälter wurden Stärken von 6 bis 7 mm verwendet.[304]

Die für die Mantelflächen von Behältern verwendeten Bleche nennt man Schüsse. Mit Blechrundmaschinen konnten Schüsse für den zylindrischen Mantel hergestellt werden. Die räumlich verformten Teile wurden mit schweren Bördelmaschinen und speziellen Pressen vom Walzwerk direkt geliefert. Die Bohrung der Löcher für die spätere Nietung des Behälters muss vor dem Runden erfolgen.[305] Schüsse müssen in den Lagen übereinander so versetzt werden, dass keine Kreuznähte entstehen. Die Bleche werden waagerecht als auch senkrecht überlappt vernietet. Foerster empfiehlt bei großen Behältern die Verwendung von Laschenblechen.

Nieten, Verbolzen, Schweißen

Eine Vernietung von Hand ist sehr arbeitsintensiv. Die Nietkolonne besteht aus einem Vormann, Auf- bzw. Zuschlägern, einem Vorhalter und einem Nietwärmer.

„Die Niet-Operation geht wie folgt vor sich: Während der Setzkopf des eingesteckten Nietes durch ein die Stelle des Ambosses vertretendes Werkzeug (Vorhalter, Nietwinde) stetig unterstützt wird, stauchen der Vormann und die Zuschläger das vorstehende Nietende mit

285   Intze, 1886, S. 27.
286   Foerster, 1909, S. 836.
287   Vgl. Pürschel, 1965, S. 86.
288   Kottenmeier, 1930, S. 11.
289   Bedeschinski, 1995, S. 30, 90.
290   Klönne, 1902, S. 59.
291   Merkl, 2005, S. 57.
292   In ländlichen Gemeinden wurde das Löschwasser häufig aus Löschteichen und Dorfweihern entnommen. Der Bedarf ergab sich aus der Anzahl und Art der Bebauung: Für 10 Anwesen 75 m³ Löschwasser, bis zu einer Kleinstadt mit historischem Ortskern 300 m³ Löschwasser, Mutschmann, Stimmelmayr, 2002, S. 386.
293   Verbrauch innerhalb von 24 Stunden im gesamten Versorgungsgebiet. Verbrauchsmessungen waren erst nach 1880 mit dem Einbau von Wasserzählern möglich, siehe Baur, 1985, S. 48.
294   Beispielsweise in Frankfurt (Oder) beträgt der tägliche Wasserverbrauch im Hochdruckgebiet 2.000 m³ und das Wasserreservoir im Wasserturm hat nur ein Fassungsvermögen von 400 m³, Deutsche Bauzeitung, 1876, S. 226.
295   Lueger, 1895, S. 737 f.; vgl. Frühling, 1883, S. 211.
296   Lueger, 1895, S. 734 ff.
297   Maximale Amplitude (Differenz zwischen niedrigstem Wasserstand und Überlauf) 10 bis 12 Meter, Lueger, 1895, S. 739.
298   Mehrtens, 1882, S. 59.
299   Foerster, 1909, S. 10.
300   Gross, 1961, S. 66.
301   Lueger, 1895, S. 770.
302   Fölzer, Schupp, 1923, S. 5.
303   So in etwa auch bei Schmitt: 5 bis 7 mm, Schmitt, 1882, S. 241.
304   Sonne, 1883, S. 375.
305   Gross, 1961, S. 98 ff.; vgl. Neumann, 1974, S. 31.

Abb. 112 Einschnittige, einreihige Überlappungsnaht, Wasserturm Zehdenick, Parkstr. 56, Landkreis Oberhavel 2012

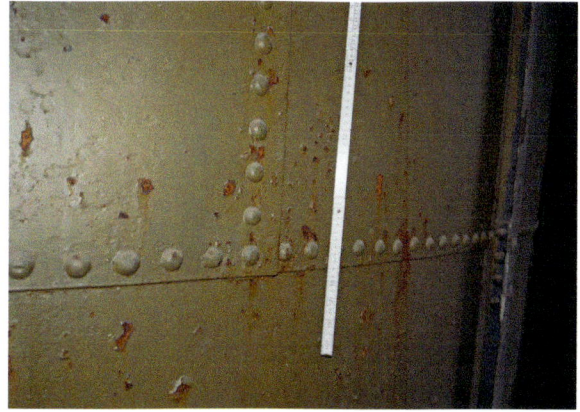

Abb. 113 Hängebodenbehälter, Höhe Mantelfläche 7,2 m, Wasserturm Neuruppin, Puschkinstr., Landkreis Ostprignitz-Ruppin 2012

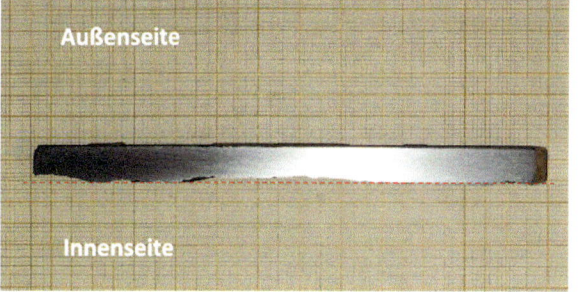

Außenseite

Innenseite

Abb. 114 Trennschnitt durch den Behälter, WT mit Klönnebehälter, Bochum

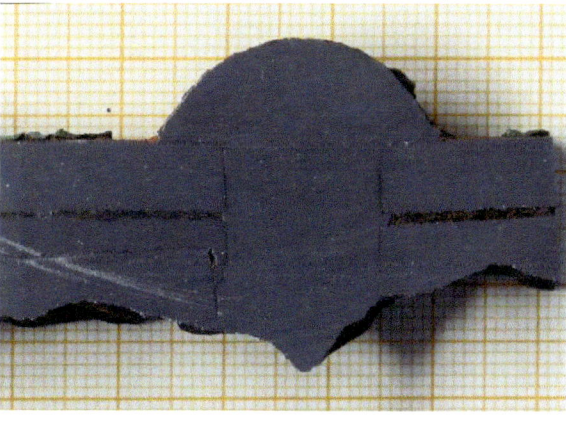

Abb. 115 Ein- und zweischnittige Vernietung, WT mit Klönnebehälter, Bochum

leichten (2–4 kg schweren) Hämmern rasch zusammen. …und zwar fallen die Schläge anfangs abwechselnd auf den Niet und dicht neben dem Niet auf das obere zu vernietende Stück, um letzteres möglichst auf seine Unterlage zu pressen. Sobald der Niet durch das Stauchen zum Festsitzen gebracht, wobei gleichzeitig auch die rohe Form des Schließkopfes gebildet worden ist, setzt der Vormann den Schellhammer auf…"[306]

Abb. 116 Schmelzschweißen, Wittenberger Eisenbahn-Hauptwerkstatt, Schweißtechnische Versuchsanstalt

Stärke der Bleche ergibt in etwa den zu wählenden Nietdurchmesser. Der Abstand der Nieten voneinander ergibt sich aus: Dreimal der Nietdurchmesser zuzüglich bis zu 5 mm. Entsprechend der Tabelle 1 bei Fölzer sollten bei einem 6 mm starken Mantelblech die Nieten einen Durchmesser von 13 mm aufweisen, mit einem Achsabstand von 42 bis 44 mm.[315]

Bei dem inzwischen abgerissenen Wasserturm von 1926 des ehemaligen Stahl- und Walzwerkes „Lothringen" in Bochum war das Behälterblech ursprünglich 6 mm stark. Auf der Innenseite des Behälters korrodierte der Stahl. Die Flächen- und Muldenkorrosion sorgten für einen erkennbaren Materialabtrag (Abb. 114 u. 115).

Bei der Verwendung von Gusseisen im Behälterbau mussten die Platten miteinander verbolzt[316] werden, denn bei der Verwendung von Guss bestand auf Grund der Sprödigkeit des Materials die Gefahr, dass die Platten bei der Vernietung zerspringen. Nur bei Flusseisenguss ist eine Vernietung möglich.[317] Zusätzlich müssen bei Flachbodenbehältern aus Gussplatten Zugbänder eingebaut werden, wie bei den Behältern der Bahnwassertürme von Müllrose und Jamlitz.[318]

Mit der Einführung des Schweißens im Behälterbau wurde die Vernietung immer mehr zurückgedrängt: Die Überlappung der Bleche entfiel, dadurch wurde Material eingespart und so Kosten reduziert. Verschiedene Schweißtechniken waren bereits im 19. Jahrhundert bekannt. Die Verbindung zweier Metallstücke durch Erwärmung wurde bereits bei Schmiedearbeiten auf dem Amboß angewendet – dem sogenannten Feuerschweißen. Die Verbindung konnte überlappend, stumpf und keilförmig ausgeführt werden.[319] 1924 wurden durch den Verein Deutscher Eisenhüttenleute die Begriffe vereinheitlicht und die beiden unterschiedlichen Verfahren, das Preßschweißen (mit Druck) und das Schmelzschweißen (ohne Druck), beschrieben.[320] Um 1910 wurde in der Wittenberger Eisenbahn-Hauptwerkstatt, dem späteren Reichs-

Nietverbindungen von Wasserbehältern müssen fest und dicht ausgeführt sein. Der Niet wird an seinem Rand und die Verbindungsnaht zwischen zwei Blechen verstemmt.[307] Damit war nach Sonne bereits eine ausreichende Wasserdichtigkeit gegeben.[308]

Mit der Einführung des Normalprofilbuches wurden Normalnieten von 10, 12, 14, … bis 30 mm Schaftdurchmesser produziert.[309]

Dieser, früher aus einem Rundeisen geschmiedet und später maschinell mit Pressen hergestellte, Niet mit Setzkopf wurde durch zwei oder drei Bleche geführt und dann mit Hand- oder Maschinennietung gestaucht und so ein Schließkopf erzeugt. Es wird zwischen warmer – der Niet wird bis zum Glühen erwärmt – und kalter Vernietung[310] unterschieden.

Beim Überlappen zweier Bleche spricht man von einer Kettennietung und von Laschennietung, wenn die gestoßenen Bleche mit einer überbrückenden Lasche verbunden werden. Die Anzahl der verwendeten Bleche bestimmt, ob eine Verbindung einschnittig (2 Bleche) oder zweischnittig (3 Bleche) ist.[311] Bei Blechdicken bis 15 mm wurden die Nietenverbindungen als ein-, zwei- und dreireihig überlappte Nähte ausgeführt.[312]

Durch Verstemmen des Niets und der Überlappungsnähte sind zusätzliche Dichtungslagen nach Broschat eigentlich nicht notwendig. Diese mit Mennige und Firnis getränkten Dichtungslagen bestanden aus Leinwand oder Papier.[313] Bleistreifen wurden auch zwischen Behälterbleche gelegt, um die Dichtigkeit der Überlappung zu erhöhen. Bei Reparaturen wurden Blei- und Kautschukplatten[314] verwendet.

Bei Behältern mit einem Wasserspiegel bis 10 m Höhe gilt für Nieten nach Fölzer folgende Regel: Zweimal die

306 Der Schellhammer bildet nach Mehrtens den Nietkopf erst richtig aus, allerdings entfällt die Anwendung bei Kesseln, siehe Fußnoten, Mehrtens, 1882, S. 108 f.

307 Gross, 1961, S.101; vgl. Foerster, 1909, S. 101.

308 Sonne, 1883, S. 371.

309 Foerster, 1909, S. 101, 832.

310 Kalte Vernietung nur bei Nietdurchmessern bis 10 mm, Broschat, 1926, S. 45.

311 Tochtermann, 1951, S. 32 ff.

312 Broschat, 1926, S. 54.

313 Notwendig nur bei Blechdicken < 5 mm, Broschat, 1926, S. 54.

314 Lueger, 1895, S. 779.

315 Fölzer, Schupp, 1923, S. 6.

316 Gusseiserne Behälter sind die Ausnahme. Deshalb wird auf Bolzen und Bolzverbindungen hier nicht weiter eingegangen und auf die entsprechende Literatur verwiesen.

317 Foerster, 1909, S. 116.

318 Nach Sonne kamen bei Gussbehältern schmiedeeiserne Bänder zum Einsatz, Sonne, 1883, S. 371.

319 Meyer, Rinno, 1926, S. 114.

bahnausbesserungswerk, die Technik des Schweißens versuchsweise eingeführt. Daraus entwickelte sich in den 20er Jahren die Schweißtechnische Versuchsanstalt (SVA) Wittenberge.[321]

Bereits 1926 wurde das Schmelzschweißen bei Kesseln, Rohren usw. angewendet, wie Meyer und Rinno im Betriebstaschenbuch „Das Schmieden" beschreiben. Das autogene Schmelzschweißen ist bei Schweisseisen und Flusseisen anwendbar, auch bei Gusseisen – wenn ein Flussmittel verwendet wird.[322]

In Brandenburg gibt es nur wenige geschweißte Behälter. Die beiden 60 m³ großen Flachbodenbehälter, die in der Wasserstation des Bahnhofs von Wittenberge im Obergeschoss stehen, sind vermutlich von den Schweißern der SVA hergestellt worden. Auf dem Turmschaft des Wasserturms des unteren Bahnhofes in Falkenberg/Elster steht seit 1962 ein geschweißter Hängebodenbehälter.

Eine Weiterentwicklung von Wassertürmen aus Stahl fand hauptsächlich in den Vereinigten Staaten von Amerika statt.[323] In Brandenburg waren bis 2021 nur noch zwei Stahltürme mit geschweißten Stahlkugelbehältern in Langengrassau (1968)[324] und Schönwalde erhalten.

Wasser heben, leiten und verteilen

Bei den Wasserkünsten erfolgte die Hebung des Wassers mit Hilfe der Wasserkraft, sowie menschlicher und tierischer Kraft. Erst im 19. Jahrhundert sorgte Dampfkraft für den wasserunabhängigen Antrieb der verschiedenen Kolbenpumpen und kolbenlosen Pumpen. Mit Beginn des 20. Jahrhunderts wurde die Kolbendampfmaschine in großen Wasserwerken von der Dampfturbine abge-

löst.[325] Auch Gas- und Elektromotoren wurden verwendet. Die Hebung des Wassers in den Behälter war auch mit Windkraft möglich. Ein Windrad[326] auf dem Dachwerk stehend, trieb die Pumpe über ein Gestänge an. In einem kleinen zusätzlichen Wasserkasten, der am Turmschaft befestigt war, endete die Überlaufleitung. War im Behälter der maximale Wasserstand erreicht, floss das Wasser in den Überlauf und dann in den Kasten, der über das Gestänge die Pumpe außer Betrieb nahm. Ohne nachlaufendes Wasser aus dem Überlauf lief die Pumpe wieder an.[327]

Für die Befüllung und Entnahme von Wasser aus dem Reservoir waren Zu-[328], Ab-[329], Überlauf- und Entleerungsleitungen notwendig. Im Wasserturm sind die senkrechten Leitungen der Steig- und Fallrohre meist mittig im Turmschaft angeordnet.

In zwei Varianten wurden die Zuleitungen verlegt, um das Wasser in den Behälter zu leiten. Entweder wurde die Leitung außen am Behälter entlang, bis über den oberen Behälterrand verlegt, so dass der Behälter von oben[330] befüllt werden konnte, oder die Zuleitung wurde senkrecht vom Tropfboden über den Behälterboden direkt in den Behälter geführt. Außer beim Gegenbehälter[331], hier endet die Zuleitung in der Höhe des oberen Behälterrandes – über dem höchst möglichen Wasserspiegel. Das obere Ende der Zuleitung wurde trichterförmig ausgebildet. Bei beiden Ausführungen konnte das Wasser aus dem Behälter nicht zurück in die Zuleitung gelangen und ein Rückstau wurde verhindert.[332]

Bei Türmen vor dem Verteilernetz kann die Zuleitung in Höhe des Behälterbodens oder in Überlaufhöhe enden. Für eine kontinuierliche Förderhöhe der Pumpen ist die Anordnung der Zuleitung in gleicher Höhe wie der Überlauf von Vorteil. Eine Stellvorrichtung am Ende der Zuleitung ist nicht notwendig.

Über die Ableitung wird Wasser dem Behälter zur Weiterleitung zum Verbraucher entnommen. Jeweils eine Zu- und Ableitung sind bei Durchlaufbehältern üblich. Bei Gegenbehältern wird über die Zuleitung gleichzeitig auch das Wasser entnommen. Demzufolge wechselt die Richtung des Wassers in der Zulaufleitung. Nach Lincke ist es nicht ausgeschlossen, dass auch bei Durchlaufbehältern nur ein Leitungsstrang für Zu- und Ableitung vorgesehen wurde.[333]

Ein Sumpf, eine Vertiefung um das Ablaufrohr, wird dann installiert, wenn bei Gegenbehältern das Rohr weniger als 30 cm über dem Behälterboden enden soll, um das Volumen voll ausnutzen zu können.[334] Schlammsäcke[335] wurden bei größeren Reservoiren vorgesehen.[336]

Unter dem Behälter, in der Ebene des Tropfbodens wurde die Leitung geteilt. Die Zuleitung für die Befüllung des Behälters wurde über den oberen Behälterrand geführt und mit einem Schwimmerventil ausgestattet, um den Wasserzulauf stoppen zu können. Das andere Rohr für die Ableitung des Wassers durchdringt den Behälterboden und hat eine Rückschlagklappe, die nur in Richtung Entnahme aus dem Behälter öffnet.[337] Das Rohr der

320 Kretschmann, 2001, S. 110 f.
321 Muchow, 2001, S. 41 f.
322 Meyer, Rinno, 1926, S. 127 f.
323 Diese technische Entwicklung ist für Brandenburg unerheblich und wird deshalb nicht weiter betrachtet, weitere Ausführungen siehe Merkl, 1985, S. 117.
324 „…und weg war er, Der Hydroglobus in Langengassau wurde zerlegt und verschrottet", MAZ 26.Jahrgang Nr. 2/Juli 2021.
325 Mutschmann, Stimmelmayr, 2002, S. 316.
326 Windkraft: Siehe Kapitel II.2.3, und Wasserturm Wildau Katalog Nr. 162/17, von Wangenheim, 2018, Katalog Band 2, S. 828.
327 Lueger, 1895, S. 769.
328 Auch Füllleitung genannt.
329 Heutiger Begriff: Entnahme, siehe Merkl, 2005, S. 161.
330 Nach Hempel sollte bei kohlensaurem Wasser die Zu- und Ableitung getrennt geführt werden und dabei die Zuleitung im Bereich des oberen Rands des Behälters erfolgen. So entsteht immer bei der Einspeisung von Wasser eine Bewegung, die die Kohlensäure abbaut, Hempel, Firmenbroschüre, S. 14.
331 Gegenbehälter: Siehe Kapitel II.2.1.
332 Lincke, 1883, S. 263; vgl. Foerster, 1909, S. 834.
333 Lincke, 1883, S. 264.
334 Lueger, 1895, S. 777.
335 Schlammsack: Siehe Wasserturm Zehdenick Katalog Nr. 058/15, von Wangenheim, 2018, Katalog Band 1, S. 300.
336 Lincke, 1883, S. 263.
337 Müller, 1920, S. 239.

Ableitung sollte 30 bis 60 cm über dem Behälterboden enden, um zu vermeiden, dass die auf dem Behälterboden befindlichen Ablagerungen in das Versorgungsnetz gelangen. Um ein Auslaufen des Behälters zu verhindern, war ein Abschluss (Rückschlagventil) erforderlich.[338] Um Verschiebungen in den senkrechten Rohrleitungen durch die Bewegungen des Wasserbehälters auszugleichen sind mitunter Stopfbüchsenrohe oder Ausgleichsmuffen verwendet worden.[339]

Es war seit Dupuits Zeiten bei Reservoiren üblich, dass „die Zuflußleitung gleichzeitig eine Vertheilungsleitung ist, " und das es „mehrere Zufluß= und mehrere Abflussleitungen" gab.[340]

Zusätzlich haben Behälter eine Überlauf- und Entleerungsleitung. Überlaufleitungen wurden, wie Zuleitungen, entweder außen am Behälter verlegt und endeten im Behälter kurz unter dem oberen Behälterrand oder sie verliefen parallel zur Zuleitung im Behälter und endeten unter der Höhe der Zuleitung. Ein „Überlaufen" des Wasserspeichers war damit nicht möglich. Der Überlauf – häufig am Ende auslaufend in der Form eines Trichters, um die gleichzeitig ablaufende Menge des Überlaufwassers zu erhöhen – bestimmt die maximale Höhe des Wasserspiegels und damit das Fassungsvermögen eines Wasserbehälters. Mit Hilfe der, an der tiefsten Stelle im Behälterboden angeordneten, Entleerungsleitung wurde in bestimmten Intervallen der Behälterboden von Rückständen gereinigt. Im Tropfboden wurde die Entleerungsleitung an die Überlaufleitung angeschlossen. Für eine Entleerungsleitung sollte Eisenrohr auf Grund der hohen Geschwindigkeit des Wassers, die beim Leeren des Behälters entsteht, verwendet werden.[341] War im Winter die Möglichkeit des Einfrierens von Leitungen bei geringen Wasserwechsel gegeben, wurden in Wassertürmen auch Kohleöfen aufgestellt.

Nach von Chiolich-Löwensberg wurden Wasserbehälter bereits in der Mitte des 19. Jahrhunderts durch eine sogenannte Scheidemauer geteilt, damit Reinigungsarbeiten durchgeführt werden konnten, ohne das die Versorgung mit Wasser einstellt werden musste.[342] Um unnötige Kosten zu sparen, kann auf eine Teilung verzichtet werden, wenn durch Umführungsleitungen die Möglichkeit bestand, das Reservoir vom Netz zu nehmen.[343] So wie in der Abbildung 122 dargestellt, als Verbindungsleitung zwischen Druck- und Fallleitung. Bei Behältern mit Scheidewänden muss je Behälterteil mindestens eine Leitung für die Entleerung und Zuleitung vorhanden sein. Ist die Zuleitung gleichzeitig auch die Ableitung endet das entsprechende Rohr kurz über dem Behälterboden.

Vom Standort[344] des Wasserturms und von der Anzahl der Wasserreservoire im Versorgungsgebiet sind auch Einbauten von Stellvorrichtungen an den Leitungen zum und vom Behälter abhängig. Die meisten Absperrvorrichtungen, Ventile und Schieber[345] befinden sich unter dem Behälter, dem sogenannten Tropfboden. Bei Wasserreser-

voiren, die für die Druckregulierung in der Druck- und gleichzeitigen Verteilungsleitung sorgen, müssen bei den Zu- und Ableitungen Rücklaufklappen eingebaut werden.[346] An Überlaufleitungen sind Absperrvorrichtungen überflüssig, bzw. dürfen nicht eingebaut werden.[347]

Wasserstandsanzeiger

„Auf dem Wasser schwimmt eine Hohlkugel. Die Auf- und Abwärtsbewegungen dieser Kugel wird durch ein Drahtseil auf ein als Zeiger ausgebildetes Gegengewicht übertragen, welches an der Latte auf und ab gleitet und so den Inhalt anzeigt."[348]

So wurde bei den frühen Wassertürmen, im Prinzip wie bei Agricola[349], der Wasserstand gemessen. Mechanische Wasserstandsanzeiger wurden vor allem an den Fassaden der Bahntürme angebracht. Die mechanischen Geräte wurden von handbetriebenen pneumatischen[350] oder Luftdruck-Wasserstandsanzeigern, sowie elektrischen Wasserstandsanzeigern, die den Wasserstand vom Wasserturm ins Wasserwerk meldeten, abgelöst.[351]

Elektrische Wasserstandsanzeiger haben bereits vor 1900 den jeweiligen Wasserstand gemeldet: Der Schwimmer löste über einen Stromschluss beim sogenannten Wecker ein Signal aus oder durch zwei Schwimmer wurde immer der höchste und niedrigste Wasserstand im Behälter angegeben. Die technisch anspruchsvolleren Anzeiger meldeten fortlaufend die gemessenen Wasserstände.[352]

Mit der technischen Weiterentwicklung konnte der Wasserstand automatisch durch die elektrisch angetriebenen Pumpen, die mit einem selbsttätigen Schaltsystem aus Manometer, Druckregler, Schwimmerschalter und Motor bestanden, gesteuert und geregelt werden.[353]

Eine automatische Regulierung der Zu- und Ableitung durch Schwimmer ist bei mehreren Reservoiren eines Versorgungsgebietes, die von einer Druckleitung

338 Lueger, 1895, S. 744.
339 Hempel, Firmenbroschüre, S. 14.
340 Dupuit, 1862, S. 302 f.
341 Lueger, 1895, S. 777.
342 von Chiolich-Löwensberg, 1865, S. 129.
343 Lueger, 1895, S. 744.
344 Siehe auch Kapitel II 2.1
345 Ventile lassen sich leicht bedienen, aber Schieber verursachen keine Richtungsänderungen des Wasserstromes und vermeiden Druckstöße, Tochtermann, 1951, S. 445 f.
346 Lueger, 1895, S. 778; siehe von Wangenheim, 2018, Wasserturm Eberswalde, Katalog Band 1, S. 334.
347 Merkl, 2005, S. 162.
348 Hölzer, Schupp, 1923, S. 6 f.
349 Vgl. Wasserstandsanzeige im Bergbau des 16. Jahrhunderts, Kapitel II.1
350 Der Luftdruck in Glocken, die sich auf dem Behälterboden befanden, wurde auf Grund des jeweiligen Wasserstandes verändert und die Messdaten über eine Leitung – nur möglich über kurze Entfernungen – übermittelt, Hempel, Firmenbroschüre, S. 15.
351 Müller, 1920, S. 255 ff.
352 Schmitt, 1882, S. 247; Centralblatt, 1891, S. 150.
353 Grohnert, 1927, S. 108 ff.

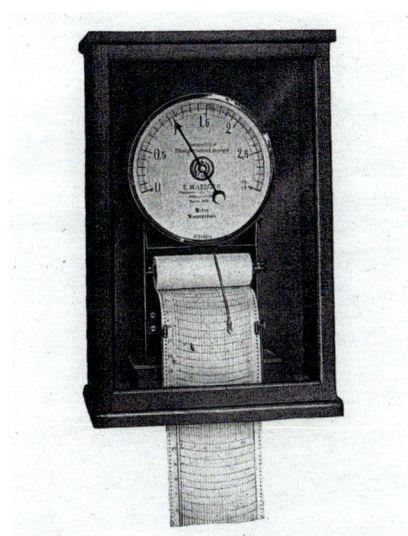 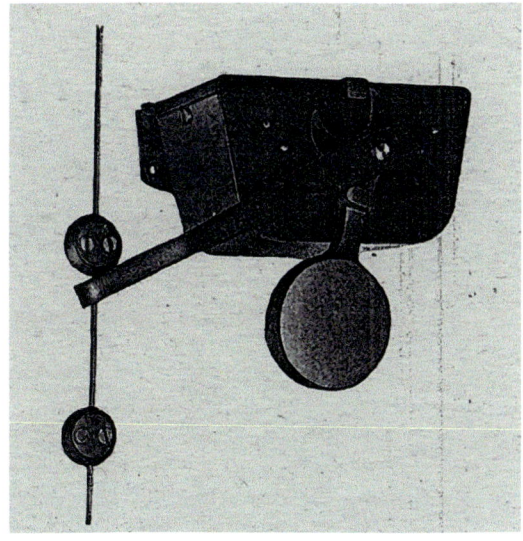 

Abb. 117 (links)
Pneumatischer Wasserstandsfernmelder der Firma E. Maelger A.-G., Berlin N.W.

Abb. 118 (Mitte)
Schwimmerschalter, Firma Starkstrom-Apparatebau G.m.b.H., Berlin N.

Abb. 119 (rechts)
Elektrischer Wasserstandsfernmelder, Firma Siemens & Halske A.-G., Berlin-Siemensstadt

gespeist werden, unabdingbar, weil sonst der am tiefsten im Gelände stehende Wasserbehälter überlaufen würde.[354]

Versorgungsleitungen

Rohre aus Eisen sind schon im Spätmittelalter hergestellt worden.[355] Nachweislich in der Mitte des 15. Jahrhunderts wurden im Schloss Dillenburg gusseiserne Rohre verlegt. Gusseiserne Flanschrohre mit Verschraubung sind bereits im 17. Jahrhundert für die Wasserspiele Ludwig des XIV. in Versailles[356] und in Deutschland unter anderem im Schloss Hohenheim verwendet worden. Die Leitung bestand aus verschraubten Gussrohren mit dreieckigen Flanschen.[357]

Die Sayner Hütte, eine Eisengießerei aus dem 18. Jahrhundert, hat Wasserrohre aus Gusseisen für die von 1783 bis 1786 gebaute Wasserleitung von Metternich nach Koblenz[358] geliefert. Im Musterbuch 2 der Sayner Hütte sind um 1846 unter der Produktgruppe 7: Teile am Bau, auch Wasserleitungen aufgeführt.[359] Die überkommenen und nachgewiesenen Gussleitungen aus dieser Zeit wurden in Schlössern und Häusern des Adels eingebaut, wie auch die Zwillingsleitung von 1841 und die Rohrleitung von 1710 in Sanssouci.[360] Bis zur Mitte des 19. Jahrhundert und darüber hinaus bestanden Röhrenleitungen ansonsten noch aus Holz, gelegentlich aus Ton und Stein.[361] Blei wurde aus Kostengründen selten für lange Versorgungsleitungen, sondern häufiger für kurze Verbindungsstücke und Abzweigungen auf Grund der Biegsamkeit des Materials, verwendet.

354 Vgl. Lueger, 1895, S. 778; Dupuit, 1862, S. 302.
355 Siehe Friedhofen, 2007, S. 69.
356 Duktile Rohrsysteme für Trinkwasser, http://www.duktus.com/fileadmin/Daten/BGW/PDF_PPT/K_Wasser/Vorspann2012.pdf, 12.11.2015.
357 Müller, 1981, S. 73.
358 Heuser, 1994, S 34 ff.
359 Friedhofen, 2007, S. 81 f.
360 Siehe Kapitel II.1.3.
361 Vgl. Lincke, 1883, S. 288.

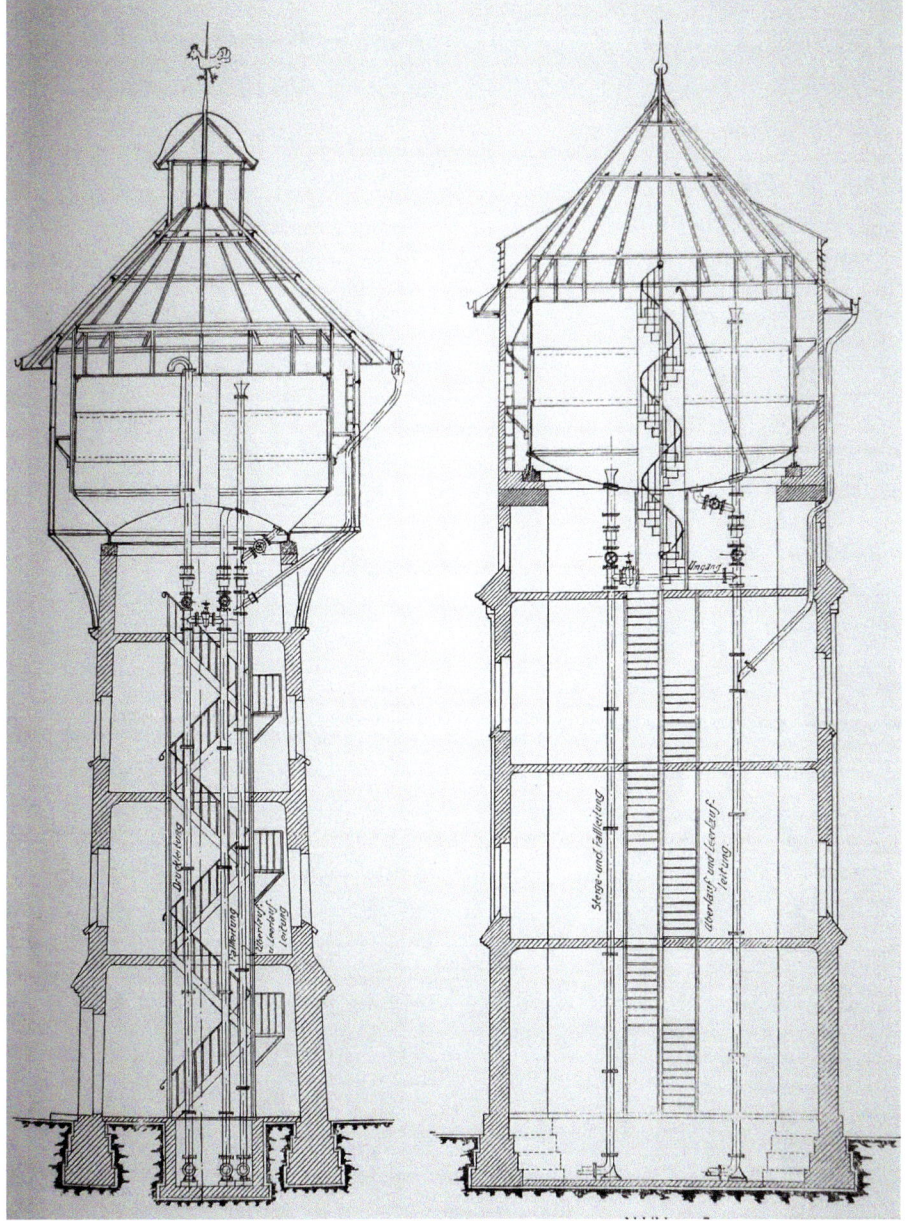

Abb. 120 Rohrleitungen in Wassertürmen

Abb. 121 (links)
Schmiedeeiserne Rohrleitungen, Wasserturm Nord Halle, Sachsen-Anhalt 2011

Abb. 122 (rechts)
Tropfboden, Zuleitung (links) mit Umführungsleitung zur Ableitung und Überlauf (rechts) mit Entleerung, Wasserturm Biesenthal, Landkreis Barnim 2014

Erst im 19. Jahrhundert nahm die Verlegung von gusseisernen Röhren für die Verteilungs- und Anschlussleitungen zu.[362] Die gusseisernen Röhren wurden während des Verlegens erwärmt und bekamen innen und außen einen Überzug mit Teer, meist Steinkohleteer. Ein Problem waren die Undichtigkeiten der Leitungen an den Verbindungsstellen zweier Röhren. Auf verschiedenste Art wurden die Fugen abgedichtet: Lehm verschloss die Verbindung von zwei Röhren und Blei dichtete die Fuge vollständig ab, oder Tauwerk wurde in heißes Teer getränkt. Auch Eisenkitt und Holzkeile fanden Verwendung.[363] Im 20. Jahrhundert wurden dann gusseiserne Muffen mit geteerten Hanfseilen gedichtet und verstemmt, anschließend mit Blei vergossen und nochmals verstemmt.[364] Formstücke und Rohrleitungen bei der Verwendung von Gusseisen waren durch Abstimmung des Deutschen Vereins von Gas- und Wasserfachmännern mit dem Verein Deutscher Eisenindustrie bereits seit 1882[365] als sogenannte Normalien festgelegt worden, ebenso bei den schmiedeeisernen Erzeugnissen[366], denn neben Wasserrohren aus Gusseisen wurden auch schmiedeeiserne Rohre hergestellt.[367] Mit der Industrialisierung im 20. Jahrhundert wurden dann Verfahren in der Walztechnik entwickelt, die es ermöglichten nahtlose Stahlrohre zu fertigen.

Um die Dichtigkeit der Rohrleitungen und des Behälters ständig überprüfen zu können, wurde ab einer gewissen Höhe des Turmschaftes unter der Behälterebene eine Zwischendecke angeordnet: der sogenannte Tropfboden. Von hier aus ließen sich auch die Ventile einfach bedienen. Eine Leiter führt über den Tropfboden in den Turmkopf. Ein oder mehrere Umgänge zwischen der Behälter- und der Turmkopfwand ermöglichen die äußere Kontrolle des Behältermantels und den Einstieg in den Behälter. Für den oben offenen Behälter mussten geeignete Öffnungen

für ein dauerhaftes Zirkulieren der Luft im Turmkopf vorhanden sein. Lüftungshauben auf dem Dachwerk in Form von Laternen gewährleisteten die Belüftung des Turmkopfes. Die Entstehung von fauligen Gerüchen wurde so vermieden und ein Luftaustausch bei Schwankungen des Wasserspiegels erreicht.

Um den reibungslosen Betrieb eines Wasserturms sicherzustellen, mussten neben der regelmäßigen Reinigung des Behälters, der Wasserstand, die Wassertemperatur, die Absperreinrichtungen und die Rohrleitungen kontrolliert werden.

II.2.3 Wassertürme der Eisenbahn und Industrie, in der Stadt und auf dem Land

II.2.3.1 Eisenbahn

Durch die Erfindung der Dampfmaschine und mit der ersten in Deutschland fahrenden Dampflok von Stephenson, auf der Bahnstrecke zwischen Nürnberg und Fürth, waren die wichtigsten, technischen Voraussetzungen gegeben, um Eisenbahnstrecken im Königreich Preußen zu planen, zu finanzieren und zu bauen. Die erste Eisenbahnstrecke in Preußen wurde 1838 für den Personenverkehr von Berlin nach Potsdam eröffnet. Im Personenverkehr und in der einfachen Verbindung zweier Städte lag aber nicht die eigentliche Bedeutung der Eisenbahn im 19. Jahrhundert. Vielmehr wurde bereits damals von einigen Visionären erkannt, dass die Potentialität eines gesamten Eisenbahnnetzes die industrielle Entwicklung in Preußen beschleunigen, gar erst ermöglichen würde.

Es war absehbar, dass sich mit dem Übergang von der handwerklichen Produktion in die industrielle Fertigung der Bedarf an Kohle und Stahl erhöhen würde. Die Weiterverarbeitung von Halberzeugnissen und die Auslieferung der fertigen Produkte an den Kunden erforderten ebenfalls neue und schnellere Transportwege. Auf Grund gemeinsamer, wirtschaftlicher Interessen gründeten private Investoren Aktiengesellschaften, um vor allem für den Güterverkehr Streckenabschnitte zu finanzieren und zu betreiben. Vor 1879 entstanden in Preußen durch unterschiedliche Finanzierungsmodelle Staatsbahnen, Privatbahnen und staatsverwaltete Privatbahnen. Die Hauptstrecken waren fast vollständig vorhanden. Nur ein systematisches Netz war nicht entstanden, das wurde auf die Interessen der privaten Finanziers zurückgeführt. Mit Beginn des Jahres 1879 führten diese und andere Gründe zur Verstaatlichung der Eisenbahn in Preußen. 1884 gab es 11 Königliche Eisenbahndirektionen, u.a. in: Breslau, Bromberg, Hannover, Magdeburg, Halle, Danzig, Posen und Stettin. In den Direktionen waren die bautechnischen Büros, die Bau- und Betriebsinspektoren, sowie die Eisenbahnbauinspektore für die allgemeinen Hochbauten bei der Eisenbahn verantwortlich.

Bis 1907, als das Eisenbahn-Zentralamt in Berlin gegründet wurde, haben die Direktionsbezirke eigene Musterentwürfe, sogenannte Normalien für die Hochbauten der Eisenbahn entworfen.

Mit der Abdankung von Kaiser Wilhelm II. war die Zeit des Bestehens der Königlich Preußischen Eisenbahnverwaltung (K.P.E.V.)[368] mit Ihren eigenständigen Direktionen vorbei. 1920 wurde die Deutschen Reichsbahn auf Grund der Reichsverfassung gegründet. Alle Staatsbahnen der Länder gehörten jetzt zur Reichsbahn, die 1924 in Deutsche Reichsbahn Gesellschaft umbenannt wurde.[369]

362 Lueger, 1895, S. 822.
363 von Chiolich-Löwensberg, 1865, S. 257, 286 ff.; vgl. Lincke, 1883, S. 296; auch Überzüge mit Fett, Harz, Asphalt, Kalkmilch, Zement u.a. zur Vermeidung von Oxydation.
364 Tochtermann, 1951, S. 436; vgl. Lincke, 1883, S. 292.
365 Broschat, 1926, S. 34.
366 Grohnert, 1927, S. 137.
367 Außenflächen der schmiedeeisernen Rohre werden mit Asphaltanstrich u. Jutebandage umhüllt, Grohnert, 1927, S. 124.
368 Die K.P.E.V. war auch für die Verwaltung und den Betrieb von Privatbahnen zuständig. 1850 wurde die Königliche Direktion der Niederschlesisch–Märkischen Eisenbahn als erste staatliche Behörde gegründet, Mühl, 1981, S. 5.
369 Klee, 1982, S. 7, 49 ff., 136, 146 f., 180 f., 212 ff.; Mühl, 1981, S. 12, 16.
370 Kroll, 2007, S. 30.
371 Borsig gründete 1837 eine Fabrik in der Berliner Chausseestraße 1, siehe hierzu auch Kapitel II.1.3. Er wollte vor allem Lokomotiven bauen. 1841 wurde die von ihm entwickelte und gebaute Lok auf der Strecke der Berlin–Anhaltischen Eisenbahn getestet. Auf Grund der gelungenen Probefahrt kaufte die Eisenbahngesellschaft bei der borsigschen Maschinenfabrik alle nachfolgend produzierten Lokomotiven, Jahnke, 1900, S. 72 ff.
372 Bereits 1873 kostete ein Lokomotivschuppen mit 12 Ständen, einschl. der Wasserversorgungsanlage 279.800 Mark, Schmitt, 1873, S. 41 f.
373 Klee, 1982, S. 12, 49, 61, 65; Kinzinger, 2008, S. 300; Béringuier, 1997, S. 22; Meyer, Regling, 1995, S. 17; Rödel, 1998, S. 97, 331.

Abb. 123 (links) Lok unter Dampf, Wasserkran Bahnhof Oybin, Sachsen 2011

Abb. 124 Ringlokschuppen[372], Oberer Bahnhof Falkenberg / Elster, Landkreis Elbe-Elster 2012

Im heutigen Land Brandenburg, seit 1618 ein Teil von Preußen[370], entstanden von Berlin ausgehend zwischen 1838 bis 1879 mehrere Haupteisenbahnstrecken:

- 1838 Berlin–Potsdam, 1848 verlängert nach Magdeburg
- 1841 Berlin–Halle[371]
- 1842 Berlin–Frankfurt (Oder), 1846 verlängert nach Breslau
- 1843 Berlin–Stettin (heute Polen)
- 1846 Berlin–Hamburg
- 1867 Berlin–Küstrin
- 1867 Berlin–Cottbus–Görlitz
- 1875 Berlin–Dresden

Sowie beispielhaft weitere wichtige Strecken:

- 1870 Frankfurt (Oder)–Posen (heute Polen)
- 1870 Cottbus–Senftenberg–Großenhain
- 1871 Cottbus–Guben
- 1871 Cottbus–Finsterwalde–Falkenberg
- 1872 Cottbus–Forst
- 1876 Cottbus–Frankfurt (Oder)
- 1881 Wittenberge–Perleberg[373]

Die auf den Strecken fahrenden Dampfloks benötigen Wasser. Um die Bereitstellung und den erforderlichen

374 Unterschieden wird nach Bahnhöfen und Haltestellen, Schmitt, 1873, S. 1.
375 Zusätzlich zu Personen- und Güterbahnhöfen gibt es noch

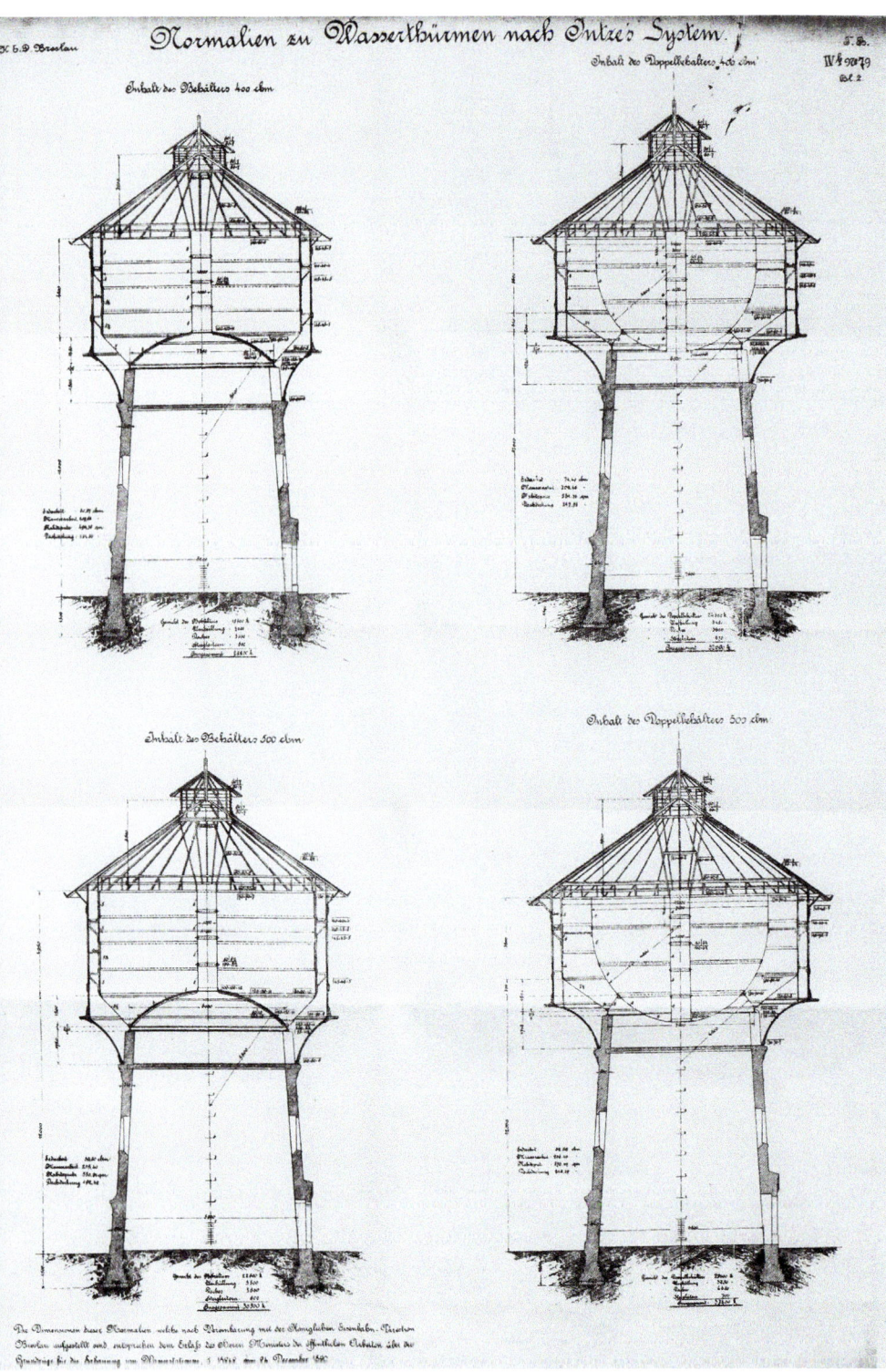

Abb. 125 „Normalien zu Wasserthürmen nach dem Intze's System", Königliche Eisenbahn-Direktion Breslau

Druck für die Befüllung der Lokomotiven zu gewährleisten, wurden Wasserstationen und Wassertürme an den Eisenbahnlinien errichtet. Von den im IV. Kapitel beschriebenen Repräsentanten historischer Behälterformen sind ein Drittel Wasserstationen und Wassertürme, die auf Bahnhöfen[374] stehen. Bahnhöfe sind in ihrer Bauart und Größe unterschiedlich – ausgerichtet auf den geplanten Verkehr von Personen (Personenbahnhof) und Gütern (Güterbahnhof).[375] Sie wurden als Haupt-, Zwischen-, Neben- und Wasserstationen (nur Haltestelle zur Wasseraufnahme) errichtet. Die Anzahl und Entfernung der Wasserstationen auf einer Bahnstrecke mussten immer entsprechend der eingesetzten Lokomotiven und der geplanten Streckenführung gewählt werden. Um 1873 betrug der allgemeine Abstand maximal vier Meilen.[376,377]

Wasser wurde nicht nur für den Bahnverkehr benötigt, die Lokomotiven brauchten Unterstände und Gebäude in denen notwendige Reparaturen durchgeführt werden konnten. Dafür richtete die Bahn sogenannte Zentralwerkstätten und Werkstätten ein. Die Zentralwerkstätten mit ihren Lokomotivschuppen wurden an den Hauptknotenpunkten und Bahnhöfen, wo die Hauptverwaltung der Bahnstrecke ihren Sitz hatte, errichtet.[378] In diesen Lokschuppen war entweder der Wasserbehälter integriert oder der Wasserturm stand neben, bzw. unweit von dem Betriebsgebäude. Dann standen im Normalfall zwei Wassertürme, bzw. Wasserstationen auf einem Bahnhof.

Treffen zwei oder mehrere Bahnstrecken auf Kreuzungs- oder Endbahnhöfen aufeinander, bauten die Bahngesellschaften jeweils eigene bauliche Anlagen, wie beispielsweise Lokomotivschuppen und im Regelfall auch Wasserstationen. Auf dem Übergangsbahnhof Rathenow kreuzten sich die Strecke der Magdeburg-Halberstädter Eisenbahn-Gesellschaft von Berlin nach Hannover und die Strecke der Brandenburgischen Städtebahn. Außerdem fuhr von Rathenow nach Nauen eine Kleinbahn. Nachweislich standen an den Gleisen drei Wassertürme und eine Wasserstation.[379] Häufig wurden auch zwei Gebäude mit Wasserentnahmestellen an den jeweiligen Enden von Zwischenbahnhöfen errichtet, um die Zugbeförderung in jedem Fall zu gewährleisten.[380]

Bei der Eisenbahn wurde, wie beim Rathenower Bahnwasserturm von 1913, mitunter Wasser über städtische Wasserversorgungsanlagen in die Wasserreservoire eingespeist. Ausnahmen bildeten die Nebenbahnen, hier wurde auch über Pulsometer[381] Wasser aus Brunnen und Teichen direkt in die Wasserkästen der Lokomotiven gepumpt. Brunnenanlagen wurden neben und direkt in den Wasserstationen abgeteuft, wie beispielsweise in der Wasserstation Müllrose, Landkreis Oder-Spree.

Die Förderung des Wassers in die Wasserbehälter der Wasserstation oder in den Behälter des Wasserturms erfolgte mit Hilfe von Pumpen. Die Pumpen wur-

Rangierbahnhöfe. Ein Brandenburger Beispiel ist der Rangierbahnhof Elstal.

376   Vier preußische Meilen entsprechen in etwa 30 Kilometer.

377   Schmitt, 1873, S. 1 ff., 55.

378   Schmitt, 1873, S. 14 f.

379   Siehe Katalog Nr. 095/08, siehe auch von Wangenheim, 2018, Katalog Band 1, S. 472

380   Schmitt, 1873, S. 111 ff., S. 257.

381   Seit 1887 war in Luckenwalde die weltweit erste Pulsometerfabrik ansässig. Die Firma Neuhaus & Co produzierte 1896 Pulsometer – kolbenlose Dampfpumpen – mit einer Leistung von 400 m³/h, Weber, 2008, S. 128.

den mit menschlicher Kraft bei kleinen Bahnstationen, mit Dampfkraft durch Dampfmaschinen oder Locomobilen und durch Windkrafträder betrieben.[382] Das Wasser floss dann aus dem Wasserreservoir über Rohre in den am Gleis stehenden Wasserkran[383] um die Lokomotiven in 4 bis 5 Minuten[384] zu befüllen. Beispielsweise wurden bei einer vollen Füllung von einer Schlepptenderlokomotive 8 bis 15 m³ und bei einer Tenderlok 3 bis 5 m³ Wasser benötigt. Währenddessen auf der Strecke meist nur Nachbefüllungen von 5 bis 10 m³ notwendig waren. Druckhöhen von 5 bis 10 m reichten im Regelfall aus.[385] Um die Druckhöhe zu gewährleisten, wurden Wasserstationen häufig als zwei- oder mehrgeschossige Funktionsgebäude errichtet. In den unteren Geschossen befanden sich im Normalfall: Die Pumpe mit dem entsprechenden Antrieb, ein Vorwärme-Apparat[386], ausreichendes Brennmaterial und Räumlichkeiten für das Dienstpersonal, in seltenen Fällen waren Wohnungen vorhanden. Das Brennmaterial war im Winter unabdingbar, damit Rohrleitungen[387] und Wasserkräne zur Versorgung der Lokomotiven und Tender nicht einfroren. Außerdem wurde Wasser zum Reinigen der Loks und Tender, Befüllen der Kessel und Tenderbehälter und als Löschwasser benötigt. In vielen Wasserstationen und Wassertürmen sind die Öfen oder Teile von Ofenrohren noch zu finden. Im obersten Geschoss der Wasserstation standen ein oder zwei Wasserreservoire. Zwei Behälter hatten den Vorteil,

dass Reinigungs- und Reparaturarbeiten ohne Betriebsunterbrechungen vorgenommen werden konnten.[388] Die parallele Ausrichtung zweier Behälter in einem Geschoss erfolgte meist an den Längsseiten, um die Grundflächen auszunutzen. Verbindungen zwischen den Reservoiren waren üblich, um diese gemeinsam zu befüllen, zu entleeren und durch einen gemeinsamen Überlauf eine Leitung zu sparen.

Die Wasserbehälter in den Bahnwassertürmen und Wasserstation waren so bemessen, dass nicht nur die tägliche Anzahl der Lokomotiven und Tender berücksichtigt wurde, sondern darüber hinaus: tägliche Konsumschwankungen (ähnlich wie bei städtischen Wassertürmen), Wasserverluste, Rangiermanöver, Überbrückung von Ausfallzeiten durch Reparaturen und Wasser für andere Zwecke. Das Wasser für die Betriebstechnik der Bahn musste bestimmte Qualitäten aufweisen, damit sich u.a. kein Kesselstein bildete. Ansonsten musste das Wasser chemisch oder mechanisch gereinigt werden.[389]

1882 wurden die Wasserstationen noch nach Klassen unterteilt:

- 1. Klasse für Hauptstationen: vier Reservoire, insgesamt 77 m³ Wasser, Dampfdoppelpumpe
- 2. Klasse: zwei Reservoire, insgesamt 39 m³ Wasser, einfache Dampfpumpe
- 3. Klasse: ein Reservoir, 19 m³ Wasser, Handpumpe[390]

Die überkommenen Wassertürme an den Bahnstationen sind Zweckbauten mit einem gemauerten, meist zweigeschossigen Turmschaft und einem Turmkopf, der aus holzverschaltem oder ausgemauertem Holzfachwerk oder Eisenfachwerk mit Gefachen aus Mauerwerk oder Eisenbeton bestand. Bis 1882 sind nach Schmitt Bauten der Bahn häufig in Fachwerkbauweise auf Grund der schnellen und preiswerten Herstellung errichtet worden.[391] Bahnwassertürme aus dieser Zeit und auch später sind zumeist im Bereich des Turmkopfes mit sichtbarem Fachwerk ausgestattet: Bad Freienwalde, Wittenberge, Blumenthal, Neustadt (Dosse), Peitz, Prignitz und Calau.[392] Turmköpfe mit einer äußeren Holzverschalung auf vermutlich darunterliegendem Holzfachwerk stehen in: Golßen, Sternebeck, Wriezen, Zossen, Forst, Doberlug-Kirchhain, Elsterwerda-Biehla und Tantow.[393]

Von den 79[394] erfassten und überkommenen Wassertürmen und Gebäuden mit Wasserreservoiren der Bahnanlagen Brandenburgs haben 26 Türme einem runden und 19 einen achteckigen Turmschaft. Die in Brandenburg einmalige Doppelturmanlage von Neustadt (Dosse) basiert auf zwei achteckig zusammengefügten Grundrissen. Viele der einstigen Wasserstationen sind rechteckige Gebäude. Bei diesen mehrgeschossigen Wasserstationen sind, neben ausschließlich der Wasserversorgung dienenden Gebäuden, wie beispielsweise in Müllrose und Jamlitz, auch Hochhäuser in Brandenburg a. d. Havel, Meyenburg und Pritzwalk errichtet worden, mit Betriebsräumen und Wohnungen für Bahnangestellte.[395]

---

382 Schmitt, 1882, S. 222 ff.

383 Auch direkt an den Wasserstationen montierte Wandkräne gab es. Freistehende Wasserkrane wurden bevorzugt, Schmitt, 1882, S. 257.

384 Das bedeutet, pro Minute mindestens 1 m³ Wasser, Schmitt, 1882, S. 235.

385 von Röll (Hg.), 1923, S. 286, 289 f.

386 Vorwärmeanlagen verhindern das Einfrieren des Wassers in kleineren Behältern und stellen für die Tender warmes Wasser zum Befüllen bereit. Zum Vorwärmen wurden auch Dampfmaschinen und Öfen benutzt, Schmitt, 1882, S. 254 f.

387 Die Haupt- und Nebenleitungen für die Wasserverteilung zwischen Brunnen, Lokomotivschuppen und Wasserturm, bzw. Wasserstation waren im allgemeinen Gussleitungen. Ein Füllkran war für zwei Stände im Lokschuppen ausreichend. Die Füllkräne hatten Versorgungsleitungen von 150 bis 200 mm Durchmesser, Schmitt, 1882, S. 56 ff., 168 ff., 255.

388 Nach Schmitt waren auch mehr als zwei Reservoire nebeneinander bei der Eisenbahn möglich, Schmitt, 1882, S. 249.

389 Schmitt, 1882, S. 199 ff., 204, 207.

390 Schmitt, 1882, S. 237.

391 Schmitt, 1882, S. 17.

392 Bad Freienwalde (Katalog Nr. 074/01), Wittenberge (Katalog Nr. 032/15), Blumenthal (Katalog Nr. 034/01), Neustadt (Dosse) (Katalog Nr. 038/05), Peitz (Katalog Nr. 193/08), Calau (Katalog Nr. 199/01).

393 Golßen (Katalog Nr. 148/03), Sternebeck (Katalog Nr. 082/09), Wriezen (Katalog Nr. 087/14), Zossen (Katalog Nr. 144/21), Forst (Katalog Nr. 189/04), Doberlug-Kirchhain (Katalog Nr. 212/01), Elsterwerda-Biehla (Katalog Nr. 214/03), Tantow (Katalog Nr. 014/14).

394 In der 2018 veröffentlichten Dissertation waren 76 Bahntürme erfasst.

395 Müllrose (Katalog Nr. 177/13), Jamlitz (Katalog Nr. 149/04), Brandenburg (Katalog Nr. 115/01), Meyenburg (Katalog Nr. 019/02), Pritzwalk (Katalog Nr. 023/06).

Im Bahnhof Eisenhüttenstadt[396] wurde im Turm des Empfangsgebäudes das Wasserreservoir untergebracht. Ein Wasserreservoir stand immer dann in einem Bahngebäude, wenn an der Fassade ein Wasserstandsanzeiger vorhanden war. Der jeweilige Wasserstand im Reservoir war an der Meßlatte ablesbar.[397] Ebenso befanden sich Wasserbehälter in den Obergeschossen oder in den turmartigen Anbauten der Lokschuppen auf den Bahnhöfen von Rheinsberg, Prignitz, Schwedt/Oder und Ziesar.[398]

Seit 1838 wurden in Brandenburg Wasserbehälter für die Eisenbahn benötigt. Sie wurden aus Gusseisen oder, wie die Dampfkessel der Lokomotiven, aus Eisenblech gefertigt. Materialen, die sich für den Behälterbau besser eigneten als Holz. Die Behälter hielten der Beanspruchung länger stand und das bei einer viel höheren Dichtheit der Fugen.

Eisenbahndirektionen legten nicht nur die Größe der Wasserbehälter in Zusammenarbeit mit den Herstellerfirmen fest (z.B. 50, 100, 150, 200, 400 und 500 m³ Inhalt)[399], sondern entwarfen auch Standartprojekte für Wassertürme, die an mehreren Bahnhöfen errichtet wurden. Beispielsweise die „Normalien zu Wasserthürmen nach dem Intze´s System" von der Königlichen Eisenbahn-Direktion Breslau (siehe Abb. 125).[400]

Die Firma F. A. Neumann aus Eschweiler baute Intzebehälter für die Eisenbahn genormt nach Schablone und konnte bereits Behälter nach Größe vorfertigen, um so kurze Lieferzeiten dem Auftraggeber anzubieten.[401]

Eisenbahnbau und Industrialisierung bedingen einander. Mit dem Ausbau vorhandener Produktionsstätten, dem Entstehen von neuen Fabrikanlagen vor den Toren der expandierenden Städte, mussten bei der zweiten Randwanderung der Industrie um 1895 die Verkehrswege ausgebaut werden, um Menschen und Güter zu transportieren. Neben der Fertigstellung der Berliner Stadtbahn 1882[402] wurden an vorhandenen Bahnstrecken Nebengleise verlegt oder zusätzlich Haltestellen eingerichtet. Beispielsweise an der Bahnstrecke Berlin–Cottbus–Görlitz – hier wurde 1898 zwischen den Bahnhöfen Zeuthen und Königs Wusterhausen von den Schwarzkopff-Werken ein Gleis vom Fabrikgelände zur Bahnstrecke verlegt. Somit konnte 1900 der Bahnhof Wildau eröffnet werden.

II.2.3.2 Industrie, Stadt und Land

Der Wasserverbrauch in Deutschland stieg mit der industriellen Entwicklung stetig. Die Menge des benötigten Wassers war abhängig von der Produktion. Es gab Fabriken mit einem sehr hohen Wasserverbrauch in der Fertigung, wie beispielsweise in Papierfabriken, Stahlwerke, Zuckerfabriken, Tuchfabriken und Brauereien. In einer Brauerei wurden für einen Hektoliter Bier bei der Herstellung 500 Liter Wasser benötigt. Für die Verarbeitung von einem Kilogramm Wolle waren 1.000 Liter Wasser nötig.[403] Bei der Planung von Wasserversorgungsanlagen ließ sich über die Einwohnerzahl[404] und die Anzahl kleinerer Handwerksbetriebe ein späterer Verbrauch ermitteln, aber der industrielle Bedarf

Abb. 126 Hochbehälter auf dem Pfingstberg, 1876, 4.000 m³, Potsdam 2011

war nicht kalkulierbar. Aus diesem Grund mussten größere Handwerksbetriebe, wie Schlachtereien und Fabrikanlagen, eigene Wasserversorgungsanlagen errichten, um unabhängig von städtischer Versorgung zu bleiben.[405]

Nicht nur durch die industrielle Entwicklung stieg der Wasserverbrauch, auch für die Versorgung der Bevölkerung musste immer mehr Wasser zur Verfügung gestellt werden. Um 1900 verbrauchten Gasthöfe pro Kopf und Tag 100 Liter, öffentliche Badeanstalten je Wannenbad inklusive Reinigung 500 Liter und für einen Laufbrunnen waren 60 bis 120 Liter pro Stunde nötig.[406] In Preußen wurde durch den Minister für Medizinalangelegenheiten 1907 folgende Anweisung erlassen: Bei großen und mittleren Städten sind 100 Liter pro Kopf und bei Gemeinden 50 Liter pro Kopf anzusetzen.[407]

396   Eisenhüttenstadt (Katalog Nr. 166/02).

397   Vgl. Slotta, 1977, S. 529.

398   Rheinsberg (Katalog Nr. 041/08), Schwedt/Oder (Katalog Nr. 013/13), Ziesar (Katalog Nr. 114/17).

399   Nach Foerster auch 300 und 800 m³, Foerster, 1909, S. 835; In der Enzyklopädie des Eisenbahnwesens: 50, 100, 200, 250, 400, 500 m³, von Röll (Hg.), 1923, S. 290.

400   Aus dem Archiv der DB in Neustrelitz, Zeichnung der Königlichen Eisenbahn-Direktion Breslau vom 24. Dezember 1890, vgl. Bau, 1985, S. 48.

401   Neumann 1974, S. 31; siehe auch Kap. II.2.2.2

402   Klee, 1982, S. 121.

403   Daten um 1900, Müller, 1920, S. 11.

404   Pro-Kopf-Wasserverbrauch in Deutschland betrug 1895: Landgemeinden u. kleine Städte 50 bis 100 Liter, Städte ab 5.000 Einwohner 60 bis 120 Liter, Lueger, 1895, S. 598.

405   Lueger, 1895, S. 591.

406   Müller, 1920, S. 10.

407   Journal, 1907, S. 875.

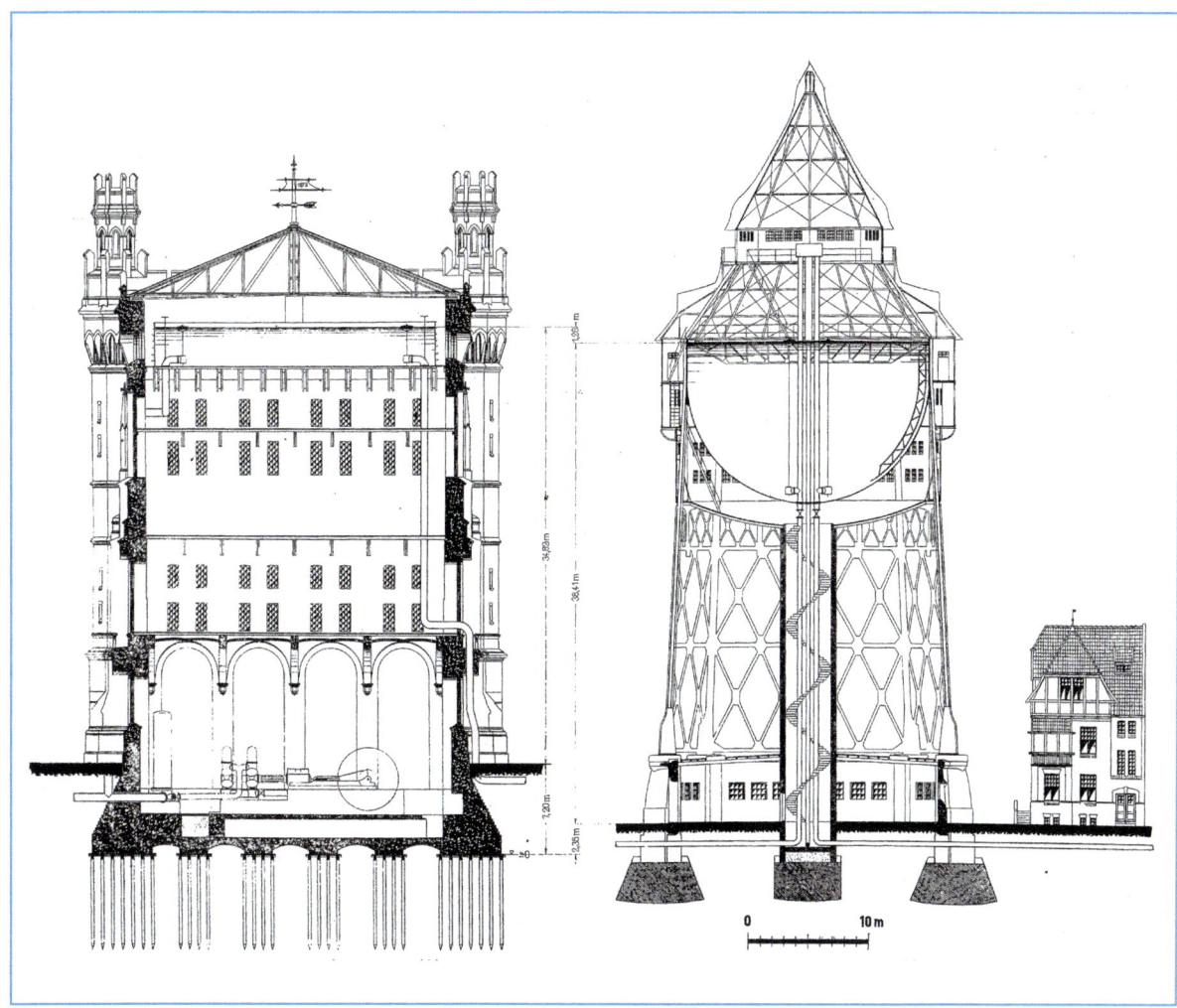

Abb. 127 Wasserkunst, 1873, 1.700 m³ Wasserturm, 1906, 3.000 m³, Bremen

Nach der Errichtung der städtischen Wasserversorgungsanlage[408] der Stadt Hamburg folgten andere Städte in Deutschland: 1856 Berlin am Stralauer Tor[409] und die Stadt Augsburg 1879 mit einem seinerzeit sehr innovativen Wasserwerk. Drei Schaufelradturbinen trieben über eine Welle drei Pumpenwerke mit jeweils zwei doppeltwirkenden, horizontal angeordneten Plungerpumpen an. Diese drückten das Wasser in die vier, genieteten, 10 m hohen, 1,75 m im Durchmesser großen Winddruckkessel. Die Kessel aus Blechen von 16 mm Stärke hatten zusammen ein Fassungsvermögen von 96 m³. Die Wasserversorgungsanlage erzeugte einen Wasserdruck von 5,5 bar. Der Hersteller dieser Anlage war die Maschinenfabrik Augsburg, die heutige Maschinenfabrik Augsburg-Nürnberg (MAN).[410]

Der Ingenieur E. Gahn veröffentlichte 1883 seine erste Erhebung über die Arten der Wasserversorgung in den damaligen deutschen Ortschaften mit mindestens 5.000 Einwohnern. In den 50er Jahren des 19. Jahrhunderts wurden die ersten städtischen Wasserversorgungsanlagen gebaut oder bestehende Wasserkünste und Wasserleitungen erweitert. Bei entsprechenden geografischen Bedingungen mussten Hochbehälter[411], bzw. Wassertürme in Verbindung mit Versorgungsanlagen errichtet

Abb. 128 Wasserkunst, 1873, Bremen 2014

408 Im Gegensatz dazu die sogenannte Eigenwasserversorgung: Ein Brunnen.
409 Bärthel, 1997, S. 48.
410 Häußler, 2010, S. 42 f.
411 Bei der Mehrzahl der Wasserversorgungsanlagen wurden Hochbehälter gebaut: Glauchau 1856, Magdeburg, Altona und Mühlhausen i. E. 1859, Homburg 1861, Mainz 1863, Teterow 1864, Kaufbeuren, Essen, Plauen i. V., Reichenbach i. V. und Metz 1865, Leipzig, Schneeberg, Ludwigsburg und Annaberg 1866, Eisleben, Witten und Altenburg 1867, Grahn, 1898, S. 35 ff.

Abb. 129 Sarottivilla, Hugo Hoffmann, Eichwalde

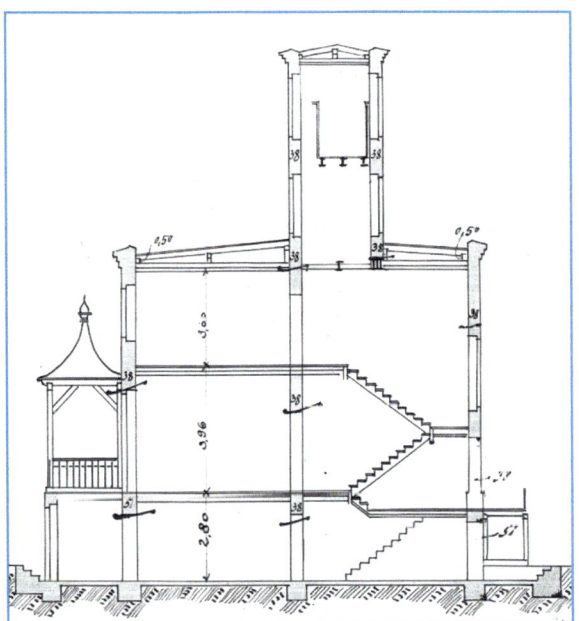

werden. Potsdam hatte seit 1876 eine zentrale Wasserversorgungsanlage, die von der englischen „City of Potsdam Water Works Company" betrieben wurde. Flusswasser aus der Havel und aus Röhrenbrunnen wurde mit Hilfe der Dampfkraft in ein Hochreservoir mit einem Fassungsvermögen von etwas mehr als 4.000 m³ gehoben. 620 Haushalte wurden versorgt. Ein Anschlusszwang bestand nicht. In den Häusern waren meist Bleileitungen verwendet worden. Sogenannte Hausreservoire wie in Hamburg gab es nicht. 280 Hydranten waren an die Hauptleitung im Abstand von ca. 60 m angeschlossen. Aus dieser Leitung wurden keine öffentlichen Brunnen o.Ä. gespeist. Die ersten städtischen Wassertürme (in den Grenzen des damaligen Deutschen Reiches):

- Brieg (heute Polen), 1864, Reservoir mit 540 m³ Inhalt
- Stettin (heute Polen), 1865, Reservoir mit 2.965 m³ Inhalt

Abb. 130 (links) Windmotor für die Villa Selterhaus, Fontaneallee Eichwalde

Abb. 131 (rechts) Sechs Wasserfässer auf einem Holzgerüst, Eichwalde

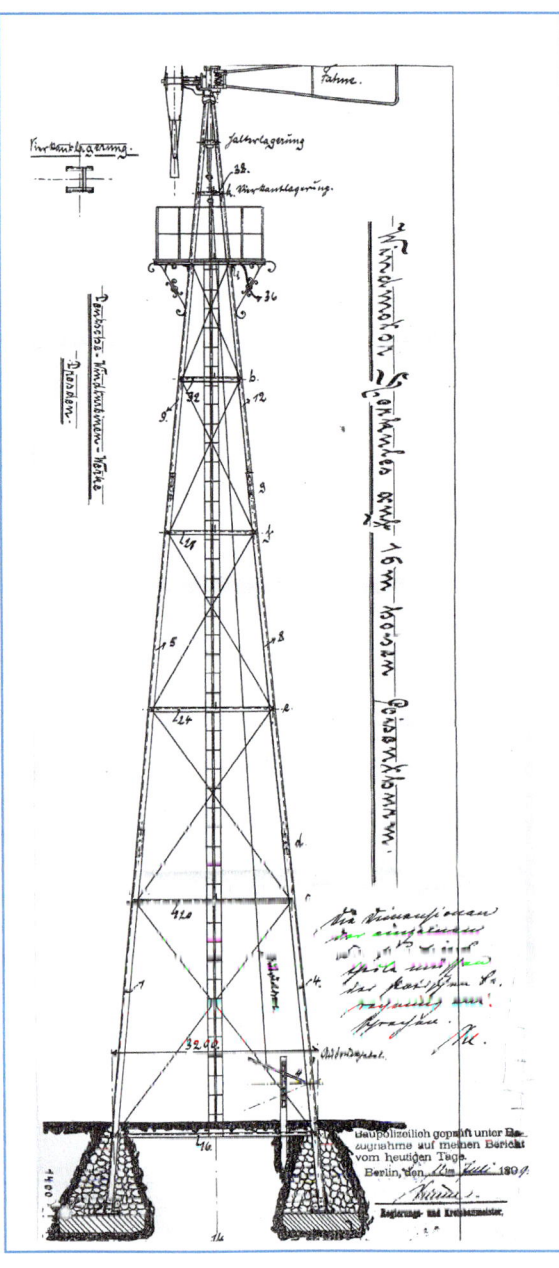

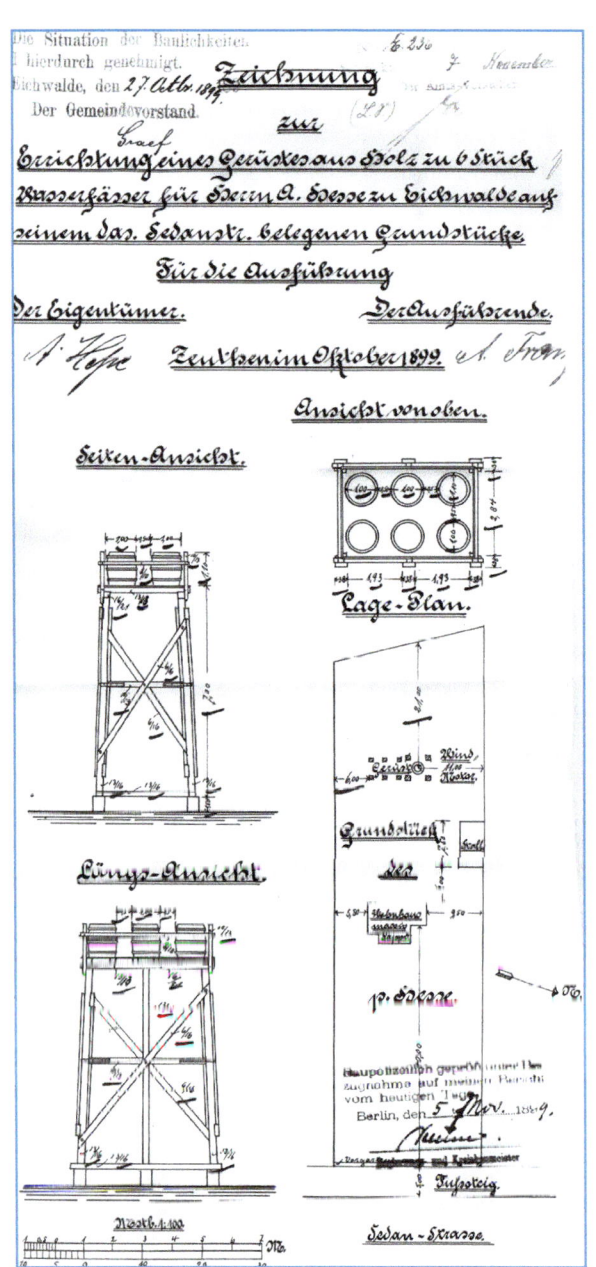

- Essen, 1865, Reservoir mit 2.000 m³ Inhalt
- Sprottau (heute Polen), 1866, Reservoir mit 213 m³ Inhalt
- Rothenburg o. d. T., 1869, Reservoir mit 250 m³ Inhalt
- Rostock, 1867, Reservoir mit 1.080 m³ Inhalt
- Lübeck, 1867, Reservoir mit 1.100 m³ Inhalt
- Halle, 1868, Reservoire mit 464 m³ und 1.200 m³ Inhalt
- Karlsruhe, 1871, Reservoir mit 225 m³ Inhalt
- Breslau (heute Polen), 1871, Reservoir mit 4.125 m³ Inhalt
- Strassfurt, 1871, Reservoir mit 437 m³ Inhalt
- Stralsund, 1873, Reservoir mit 200 m³ Inhalt
- Bremen, 1873, Reservoir mit 1.700 m³ Inhalt
- Oberhausen, 1873, Reservoir mit 120 m³ Inhalt

In der damaligen Provinz Brandenburg beauftragten die kommunalen Stadtverwaltungen die Errichtung von Wassertürmen in:
- Sommerfeld (heute Polen), 1866, Reservoir mit 175 m³ Inhalt
- Sorau (heute Polen), 1874, Reservoir mit 50 m³ Inhalt
- Frankfurt (Oder), 1874, Reservoir mit 400 m³ Inhalt
- Dallgow-Döberitz, 1895, k.A.
- Neuruppin, 1896, Reservoir mit 300 m³ Inhalt;
- Cottbus, 1896–97, Reservoir mit 1.000 m³ Inhalt,
- Oranienburg, 1897, Reservoir mit 300 m³ Inhalt[412]

1909 waren in Deutschland zwar mehr als 1.200 Städte und Ortschaften an Wasserversorgungsanlagen angeschlossen, aber aus einer damaligen Wasserstatistik des Vereins der Gas- und Wasserfachmänner wird ersichtlich, dass im Allgemeinen Ortschaften erst ab 10.000 bis 50.000 Einwohnern die erforderlichen finanziellen Mittel für den Bau der Anlagen aufbringen konnten und

wollten.[413] Damalige Stadtverwaltungen überlegten auch, ob die Finanzierung der zentralen Wasserversorgungsanlagen durch Generalunternehmer die geeignete Form sein könnte, wie beispielsweise aus den Unterlagen der Stadtverwaltung von Pritzwalk hervorgeht.[414] Die Höhe der Kosten für die Errichtung und den Unterhalt für ein Wasserwerk mit den dazugehörigen Bauten und Ausstattungen verzögerten – trotz gegebener Notwendigkeit – in vielen Städten und Gemeinden die Planung und Durchführung der wassertechnischen Anlagen. Deshalb dienten bis zum Ende des 19. Jahrhunderts häufig noch Reservoire oder Bassins gespeist durch Quell- oder Flusswasserleitungen auf öffentlichen Plätzen der Versorgung von Brunnen und Springbrunnen. Die Brunnenreservoire waren gemauert, aus Gusseisen gefertigt oder hölzerne Kästen, mit Blei ausgekleidet.

Mit dem Bau von Wasserversorgungsanlagen wurde das Wasser beispielsweise in Hamburg in die Häuser geliefert und dort in kleinen Reservoiren aus Blei vorgehalten. Wasser wurde täglich oder bei der sogenannten unterbrochenen Lieferung drei- bis fünfmal die Woche zur Verfügung gestellt, je nach Vertrag. Man wusste schon damals, dass diese häuslichen Wasserbehälter aus hygienischer Sicht bedenklich sind.

Die Berliner Wasserwerke wichen bereits 1856 von diesem, aus England stammenden, intermittierenden System ab und bevorzugten die unbeschränkte und zu jeder Zeit mögliche Entnahme aus dem Netz.[415] In der Literatur um 1900 wurden solche Hausreservoire noch beschrieben.[416] Im Amtshaus des Cottbusser Abwasserwerks steht noch ein kleiner Flachbodenbehälter mit 5 m³ Fassungsvermögen.[417] Allerdings ist nicht bekannt, ob der Behälter über eigene Pumpen befüllt wurde oder vom Wasserwerk.

In Eichwalde haben betuchte Bürger vor dem Bau des Wasserwerkes (1912) eigene Wasserversorgungsanlagen errichtet, wie der Berliner Fabrikant Hugo Hoffmann[418]. Über dem Dach seiner Villa erhob sich ein zweigeschossiger Turm, indem ein vermutlich schmiedeeiserner Behälter auf drei Doppel-T-Trägern stand. Um das Wasser mit Hilfe von Pumpen in den Behälter zu fördern, wurde 1903 ein Windkraftrad aufgestellt. Auf einem anderen Grundstück in Eichwalde wurde von den deutschen Windturbinen Werken Dresden, mit Bauschein vom 13.07.1899, ebenfalls eine Windkraftanlage errichtet. Um den nötigen Wasserdruck im Haus zu erzeugen, war man erfinderisch. Auf ein ca. 7 m hohes Holzgerüst wurden sechs Wasserfässer, jedes ca. 0,8 m³ Wasser fassend, aufgestellt.[419]

Nach dem Bau der ersten brandenburgischen Wassertürme in den Städten Frankfurt (Oder), Dallgow-Döberitz, Neuruppin, Cottbus und Oranienburg entstanden weitere Türme 1898–99 in Prenzlau, Zossen und Nauen. Viele brandenburgische Städte erhielten eine Wasserversorgung allerdings erst nach 1900, um 1910 und später.[420]

412 Grahn, 1883, S. 35 ff.; Grahn, 1898, S. 21 f., 40 ff.
413 Reese, 1909, S. 706.
414 Stadtarchiv Pritzwalk, Akte BPK 05394.
415 Die kontinuierliche Wasserentnahme war das bevorzugte System in Deutschland, Grahn, 1898, S. 22; von Chiolich-Löwensberg, 1865, S. 136; zu dem Vorkommen solcher Behälter in privaten Haushalten, vgl. Hagen, 1869, S. 312; Lincke, 1883, S. 230 f.
416 Lueger, 1895, S. 826.
417 Siehe Katalog Nr. 196/01.
418 Hugo Hoffmann gründete 1883 in der Belle-Alliance-Str. 81 (heute Mehringdamm 57, in Berlin-Kreuzberg) die Schokoladenfabrik „Hoffmann und Tiede", seit 1904 Sarotti Schokoladen- und Cacao-Industrie Aktien-Gesellschaft.
419 Flügge, 2012, S. 9 ff.
420 Trotz unermüdlicher Aufklärung und überzeugender Vorteile für die Bevölkerung in gesundheitlicher und wirtschaftlicher Hinsicht gab es bei den Brandenburger Stadtverordneten auch nach 1900 immer noch Gegner der Errichtung von Wasserver- und Abwasserentsorgungsanlagen.

- Angermünde (1901)
- Forst (1902–03)
- Wittenberge und Trebbin (1903–04)
- Perleberg (1905)
- Dahme/Mark (1906–07)
- Bad Saarow (1908)
- Bernau, Finsterwalde, Fürstenberg/Havel, Königs Wusterhausen, Luckau, Treuenbrietzen (1910)
- Hohen Neuendorf (1912–14)
- Niemegk (1913)
- Jüterbog und Elsterwerda-Biehla (1913–14)

Bereits 1895 hat Otto Lueger von der Verwendung des Trinkwassers bei der Versorgung von Springbrunnen, zur Brandbekämpfung und zur Gartenbewässerung abgeraten. Für ihn war dies Verschwendung.[421] Für diese Zwecke würde Brauchwasser ausreichen.[422] Eine Auffassung, die einen sinnvollen Umgang mit einer der wichtigsten Ressourcen aufzeigt. Bis heute ist diese nachhaltige Idee, auf Grund hoher Kosten, die ein getrenntes Versorgungssystem mit sich bringen würde, nicht umgesetzt.

Mit der städtischen Wasserversorgung für private Wohnhäuser, Handwerksbetriebe und öffentliche Gebäude, bzw. Einrichtungen wie Brunnen und Badehäuser, die es bereits im Spätmittelalter auch in Brandenburg gegeben hatte[423], wurde auch Wasser für die Bekämpfung von Stadtbränden bereitgestellt. Die Angst vor Bränden war begründet. Baustoffe und Bauarten im Mittelalter, wie Stroh und Holzschindeln auf den Dächern, Holzfachwerk und Holzwände, benötigten nur einen Funken um sich zu entzünden. Schwarze Küchen mit offenem Feuer und eine Lichterzeugung mit harzigen Kienspänen waren häufig die Ursache für die Entstehung von Hausbränden. Hinzu kam, dass durch die zunehmende Verdichtung in den Städten Brände leicht von einem Haus zum danebenstehenden Haus übergreifen konnten. Jahrhunderte lang war es nur möglich, dem Feuer mit Wasser aus Ledereimern zu trotzen. Mit Bauvorschriften und Feuerlöschordnungen in deutschen Städten (13. bis 15. Jahrhundert) wurde versucht, die Situation zu verbessern und ein entsprechendes Verhalten der Bevölkerung im Brandfall zu steuern:
„1. Sorge für rasches Bekanntwerden des Feuers: …
2. Massregeln zur Aufrechterhaltung der Ordnung: …
3. Die eigentlichen Lösch-Anstalten:
   Maurer und Zimmerleute sollen mit ihren Werkzeugen erscheinen.

Abb. 132 (oben) Bottichspritze von 1766, Spritzenhaus im Freilichtmuseum Altranft, Bad Freienwalde (Oder) 2011

Abb. 133 Hydrant des Schweizer Eisenwerks Clus, Bernau 2012

421 Vor dem Ersten Weltkrieg kostete 1 m³ Trinkwasser in Berlin 15 Pfennige, in Dresden 12 Pfennige und in Halle 16 Pfennige, Müller, 1920, S. 300; Später – in den 30er Jahren – musste man im Einzugsbereich der brandenburgischen Wasserwerke von Wittenberge und Pritzwalk für einen 1 m³ Wasser 25 Pfennige, bzw. in Perleberg 30 Pfennige bezahlen, Stadtarchiv Pritzwalk, Akten des Magistrats Pritzwalk: Wasserwerk und Kanalisation, Band I, von 1928–1939.

422 Lueger, 1895, S. 287.

423 Mit der Stadtgrundung von Kyritz im 13. Jahrhundert wurde ein öffentliches Badehaus mit Brunnen errichtet, Anders, 2010, S. 100 ff.

Gärtner, Weinzieher, Träger sollen in Fässern Wasser beischaffen.

Die vertheilten Leder-Eimer sollen beigeschafft und bedient werden.

Die Oberleitung ist Sache des Bürgermeisters oder auch mehrerer Rathsmitglieder."[424]

Selbst mit Erfindung der Feuerlöschspritze um 1518 und einer sogenannten Wasser-Kunst oder Wasser-Sprützen, wie die Nürnberger Hautsche Spritze von 1655, die bereits einen größeren Wasserbehälter hatte, war man nicht in der Lage effektiv Brände zu bekämpfen. Der Wasserkasten war 8 Schuh lang, 4 Schuh hoch und 2 Schuh breit. Der Behälterinhalt reichte nur für die Bekämpfung von kleineren Bränden. Ohne eine kontinuierliche Wasserversorgung mit den entsprechenden Drücken im Rohrnetz und der notwendigen Technik, war es unmöglich große Stadtbrände zu löschen. Mit großem Erfolg konnten Feuerspritzen mit, vermutlich um 1690 erfundenen, Druckschläuchen erst mit einem Saugwindkessel in der Mitte des 19. Jahrhunderts eingesetzt werden. Die hölzernen Wasserbehälter der Spritzen waren bis zu dieser Zeit nur mit Kupferblech ausgekleidet. Man dazu ging über, diese Behälter aus Eisenblech zu fertigen.

Nicht die Entwicklung der Technik und die ständige Auseinandersetzung mit Fragen der Feuersicherheit von Gebäuden waren der eigentliche Grund zur allgemeinen Einführung von Feuerwehren. Erst Stadtbrände, wie der große Hamburger Stadtbrand von 1842, überzeugte viele Städte und Kommunen endlich zu handeln. In Preußen wurde 1851 die Berliner Berufsfeuerwehr gegründet.[425] Eine der ersten Feuerwehren in Brandenburg ist die Pflichtfeuerwehr in Wittenberge. Ihr Bestehen geht zurück auf das Jahr 1825 – nachzulesen in der Stadtchronik.[426] Die Gründung der nachweislich ersten Freiwilligen Feuerwehr in der Stadt Wriezen geht auf das Jahr 1855 zurück. Weitere Städte folgten, wie beispielsweise 1890 Eisenhüttenstadt.[427]

Häufig entstanden erst nach großen Bränden Feuerwehren und wurden Geräte zur Brandbekämpfung angeschafft. Das war nicht nur in Städten so, sondern auch in Ragow, einem Dorf im damaligen Kreis Teltow. Die

Abb. 134 Werksfeuerwehr, Singer Nähmaschinen AG

Bewohner waren zwar von Rechtswegen verpflichtet, entsprechend der Feuerlöschordnung bei der Brandbekämpfung mitzuwirken, aber eine Feuerspritze zum Löschen der Brände gab es nicht. Nachdem 1810 Ragow dann brannte, wurde zwei Jahre später eine Feuerspritze gekauft. Mit dieser Spritze mussten die Ragower, wie die Bürger alle anderen umliegenden Ortschaften, die ebenso Abgaben an die Stadt Mittenwalde leisteten, auch Brände in der Stadt Mittenwalde löschen.[428]

Um die gefürchteten Stadtbrände endlich besser bekämpfen zu können, wurden für den Anschluss von Feuerwehrschläuchen an den im Straßenpflaster verlegten Röhrenleitungen gusseiserne Wasserstöcke[429] montiert, die gleichzeitig der Straßenreinigung dienten.[430] Um 1900 betrug der Abstand der Hydranten im Allgemeinen 50 bis 100 m. An Hydranten konnte Wasser für die Feuerspritzen und zur Füllung von Gießwagen, zur Reinigung der Straßen, entnommen werden. Für die direkte Brandbekämpfung vom Hydranten mussten die Rohrleitungen entsprechend der Häuserhöhe dimensioniert sein. Die erforderliche Druckhöhe in den Wohnhäusern der deutschen Städte um 1900 lag bei 20 bis 30 m, damit alle Wasserentnahmestellen erreicht werden konnten.[431]

Zu dieser Zeit entstanden in kleineren Städten und auf dem Land, neben Pflichtfeuerwehren, freiwillige Feuerwehren, die direkt der Polizei unterstanden (beispielsweise 1905 die Wehren in Karstädt, Groß-Gottschow und Kletzke – die ältesten Feuerwehren im Landkreis Prignitz[432]). Zudem wurden auch Feuerwehren in den Fabriken aufgebaut, wie die Werksfeuerwehr der Singer Werke in Wittenberge, im Landkreis Prignitz.

Der Wasserturm mit seinem Wasserreservoir sicherte also nicht nur die Wasserversorgung der Eisenbahn, Industrie, in der Stadt und auf dem Land, er stellte auch die Wasserreserve für Löschung von Bränden bereit.

424   Magirus, 1978, S. 25.
425   Magirus, 1978, S. 26, 31 ff., 44, 57 ff.
426   Eichel, Muchow, Rodegast, 2010, S. 25.
427   Kunger, 2000, S. 14, 16.
428   Baldauf, 1997, S. 60.
429   Auch als Notpfosten bezeichnet, heute ein Hydrant. Früher befanden sich in den Holzleitungen Öffnungen die mit Pflöcken verschlossen waren. Im Brandfall wurden die Pflöcke entfernt um ein oben gebogenes Rohr in die Leitung zu drücken, Meng, 1993, S. 35.
430   von Chiolich-Löwensberg, 1865, S. 132.
431   Lueger, 1895, S. 553, 824 f.; in den 20er Jahren des vorigen Jahrhunderts, wurde die Druckhöhe um 6 bis 8 m erhöht, Grohnert, 1927, S. 22.
432   Schwandt, 2005, S. 38.

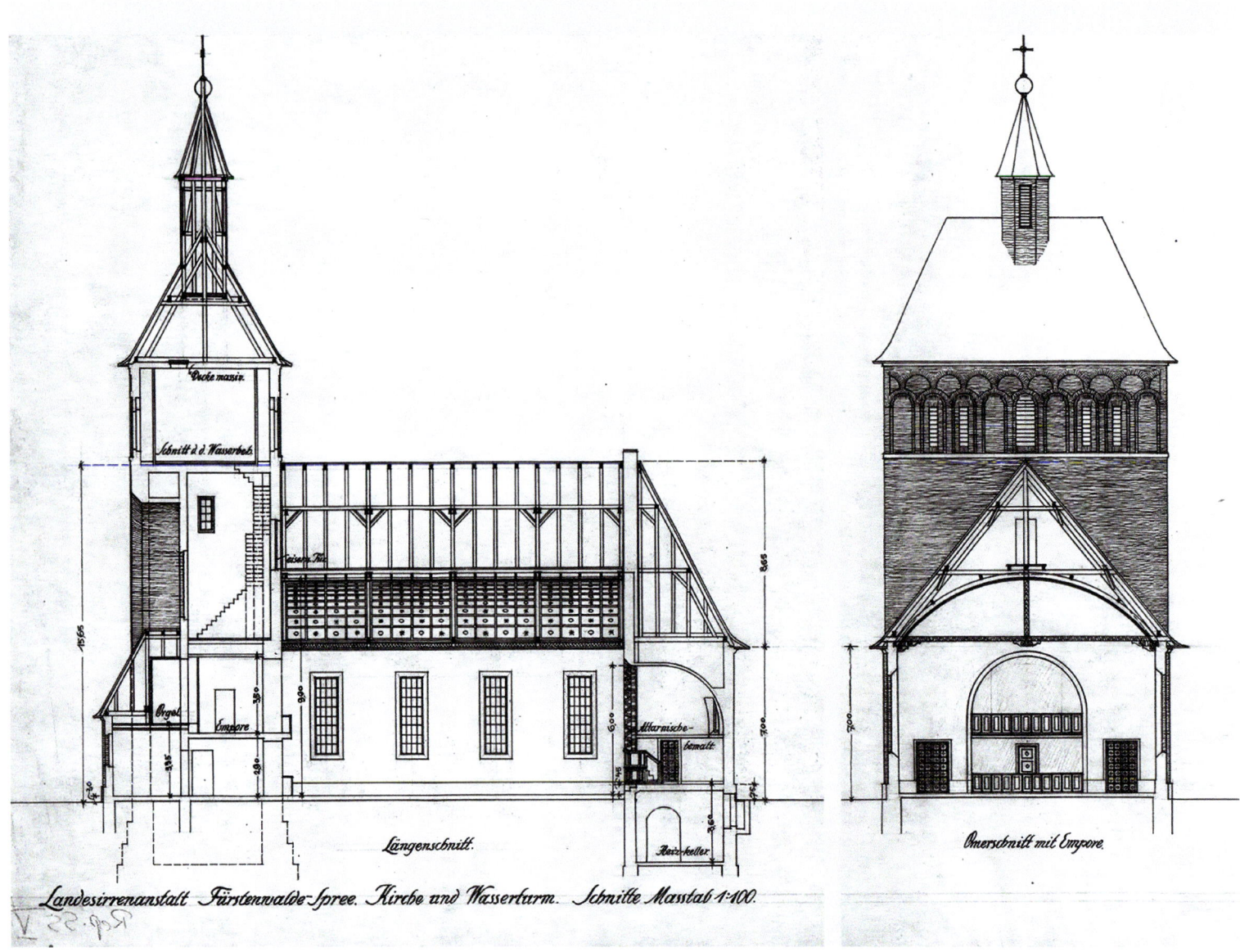

Langenschnitt.

Omerschnitt mit Empore.

Landesirrenanstalt Fürstenwalde-Spree. Kirche und Wasserturm. Schnitte Masstab 1:100.

Abb. 135 Kirche und Wasserturm Palmnicken

II.2.3.3 Vom Historismus bis zur Moderne

Die notwendigen funktionalen Bauteile eines Wasserturms sind:

- Fundamentbereich mit den Durchführungen für die Wasserleitungen,
- Turmschaft mit Treppen oder Leitergängen und den Leitungssträngen (Zu-, Ab-, Überlauf- und Entleerungsleitung),
- ummantelter Turmkopf mit Tropfboden,
- Wasserreservoir,
- Umgang mit Leitern und ggf. ein Durchstieg durch den Behälter.
- Dachwerk mit Belüftung durch Laternen oder Gauben.

Auf die Ummantelung des Turmkopfes wurde bei Türmen der Industrie und Eisenbahn häufig verzichtet[433], da bei ständiger Bewegung des Wasserspiegels kein durchfrieren im Winter zu erwarten war. Wie bei Baur beschrie-

ben, sind auch bei einigen Brandenburger Wassertürmen die Wasserreservoire ohne Ummantelung errichtet worden. Die Türme der Bahn „zeigen" ihren Behälter: Kremmen, Königs Wusterhausen, Cottbus, Frankfurt (Oder), Falkenberg/Elster, Rathenow, Angermünde, aber auch der Eisenfachwerk-Wasserturm für die städtische Versorgung in Wiesenburg und der Turm für die landwirtschaftliche Versorgung in Bochow-Bruch, sowie die Türme der Bauart Hydroglobus in Schonwalde und Langengrassau.

Der Ingenieur Otto Lueger umschreibt die funktionale Bauweise so: „Sogenannte Wassertürme, d.h. die Subkonstruktionen eiserner Behälter und die Umhüllung der letzteren, werden auch häufig mit allerlei monströser, meistens unschöner Architektur durchgeführt; wir halten auch hier alles, was der Zweck des Bauwerkes nicht unbedingt verlangt, für mindestens entbehrlich. ... Es giebt überhaupt nur einen Platz, an welchem gespart werden kann: an der soge. architektonischen Fassade."[434]

433 Baur, 1985, S. 54.
434 Lueger, 1895, S. 747, 781.

Eine Aussage, die den Unterschied in der Herangehensweise von Architekten und Ingenieuren an den sogenannten Zweckbau nach Adolf Behne aufzeigt. Ingenieure wollen Kosten senken, aber nicht bei den notwendigen, funktionalen, technischen Einbauten, sondern an der baulichen Hülle. Wichtig ist die Funktion nicht die Form. Der Ingenieur baut mit modernen Baustoffen, schnell und effizient.

Der Wasserturm ist eigentlich ein Zweckbau. Architektonisch vertikal betont liegt seine Zweckbestimmung in den oberen Geschossen. Die Subkonstruktion konnte als Turmschaft klar erkennbar sein und der Turmkopf kragte mehr oder weniger über den Schaft hinaus.

Seine bauliche Hülle wurde, schon auf Grund seiner Höhe, zum architektonischen Akzent, wenn er sich als integrativer Bestandteil eines ansprechenden Ensembles präsentierte. Seien es städtische Plätze oder Gebäudekomplexe, die in ihrer Gesamtheit eine repräsentative Anlage bildeten und zeitgleich errichtet worden sind. Dazu zählen auch Rathäuser in baulicher Einheit mit Wassertürmen. Fritz Höger schreibt selbst über seinen Entwurf des Rathauses in Rüstringen in der Bauwelt: „Das Rathaus wurde durch die Vereinigung mit dem Wasserturm zur mächtigen Stadt-Dominante, … Das Rathaus wäre im anderen Fall nur ein normaler Zweckbau geworden, so fein man ihn auch gestaltet hätte; zur Stadt-Dominante … jedenfalls schwerlich…"[435] Hier spielt der Wasserturm als Dominante keine untergeordnete Rolle. Eine Auslastung aller Räumlichkeiten für Bürozwecke in Kombination mit einer versorgungstechnischen Anlage minimiert letztendlich Baukosten und diese sachliche Herangehensweise findet ihren Ausdruck in auch im Baustil.

Auch Gebäudeensembles der Eisenbahn, des Militärs, der verschiedenen Heilstätten und Fabriken strahlen eine Repräsentativität mit den dazugehörigen Wassertürmen aus. Viele Wassertürme der Eisenbahn und Industrie dagegen sind nur auf Ihren Zweck reduziert. Auf Ummantelungen der Behälter kann bei stetiger Wasserentnahme sowieso verzichtet werden.[436]

Die Ingenieurbauten des 19. Jahrhunderts: Brücken, Gebäude und Tragwerke von Hochhäusern wurden bereits ganz aus dem Baustoff Eisen errichtet. Ingenieurbaukunst hier ganz im Gleichklang mit der fortschreitenden Industrialisierung der Gesellschaft. Lueger schreibt noch 1895: „Reservoire auf Subkonstruktion werden teilweise in Mauerwerk, meistens aber aus Eisen oder nach dem System Monier, selten aus Holz oder anderen Baumaterialien hergestellt."[437]

Architekten dieser Zeit griffen eher auf bewährte Materialien zurück – Eisen gehörte nicht dazu.

435   Höger, 1929, S. 1 f.
436   Merkl, 1985, S. 95.
437   Lueger, 1895, S. 746.
438   Süddeutsche Bauzeitung, 1905, S. 301.

Die Architekten gestalteten den Turmbau als Gesamtwerk in technischer, ästhetischer, funktionaler und baukünstlerischer Hinsicht. Wie der ungewöhnliche Entwurf des Landesbaurats Goecke von 1915 für die Landesirrenanstalt Fürstenwalde-Spree in Palmnicken. Eine Kirche mit Kirchturm, indem die Orgel und ein Wasserbehälter untergebracht werden sollte. Ein Kirch- und zugleich Wasserturm – ein Bauvorhaben, das nicht realisiert wurde.

Erweiterte Funktionen, wie eine Nutzung auch als Aussichtsturm wurden mit eingeplant. Der Entwurf eines Wasserturms: Aus der Sicht des Architekten eine Bauaufgabe, die nur er zu lösen vermag, denn Wassertürme gehören, neben Kirchen, zu den höchsten Bauwerken in der Stadt und in der Landschaft.

„In vielen Ortschaften Bayerns tauchten in letzter Zeit turmähnliche Gebäude auf, die sich schon von ferne dem Beschauer unangenehm aufdrängt und in das Ortschafts- oder Landschaftsbild durch ihre höchst unpassende rote Ziegelfarbe und unschöne Form eine empfindliche Dissonanz brachten. Es sind dies Wassertürme, meist nach dem System Intze erbaut. Jedoch wäre es falsch das „System" für diese Geschmacklosigkeiten verantwortlich zu machen."[438]

Noch sind die Wassertürme in ihrer Formsprache historistisch. Mauerwerk und Naturstein sind die sichtbar verwendeten Materialien. Die Hälfte der Brandenburger Wassertürme sind traditionell gemauert worden. Naturstein wurde im Sockelbereich (Strausberg, Katalog Nr. 083/10), architektonisch akzentuiert (Schwarzheide, Katalog Nr. 209/11) und zur Gestaltung der gesamten Fassade eingesetzt. Dem Mauerwerk des Wasserturms von Groß Sperrenwalde (Katalog Nr. 008/08) wurde behauener, wiederverwendeter Naturstein von einer danebenstehenden Kirchenruine vorgeblendet.

Abb. 136 (links) Wasserturm Blumenthal, Bremen 2014

Abb. 137 (rechts) Wasserturm Breda, Holland 2016

Der Baustoff Eisen verschwindet hinter der baulichen Hülle und wird, wenn überhaupt, für die Tragkonstruktion verwendet. Der Wasserbehälter des Wandlitzer Wasserturms (Katalog Nr. 072/14 siehe auch von Wangenheim, 2018, Katalog Band 1, S. 380ff.) steht auf einem Eisenfachwerk und die bauliche Hülle bildet ein davor gemauertes Wohnhaus. Äußerlich ist nichts mehr vom statischen System erkennbar.

Bei fast 70 Wassertürmen in Brandenburg, kragt der Turmkopf über den gemauerten Turmschaft. Die Turmköpfe wurden in Holz- oder Eisenfachwerkbauweise errichtet. Die Gefache wurden ausgemauert – als sichtbares Mauerwerk oder verputzt. Diese Türme sind funktionale Bauwerke, die in historisierender Formsprache oder in Anpassung an die ländliche und städtische Umgebung im Heimatstil errichtet wurden. Bei sieben städtischen Türmen befindet sich über den Eingängen das jeweilige Stadtwappen, in die Fassade eingelassen: Bad Wilsnack, Beelitz, Forst, Müncheberg, Strausberg, Fürstenwalde und Finsterwalde.[439]

In der Zeit des Jugendstils, um 1900, wurden auch bei Wassertürmen dekorative Elemente dieser Architektursprache eingesetzt. Im Landkreis Prignitz ist das Eingangsportal des Perleberger Wasserturms von 1905 (Katalog Nr. 020/03) als einer der wenigen Beispiele in Brandenburg mit Jugendstil-Bauplastiken zurückhaltend gestaltet.

Doch bald kam „… eine neue Eroberung des Raumes vom Zwecke, von der Funktion aus. Diese Gesinnung auf große und für die Zeit typische Aufgaben angewendet, konnte auf eine neue Baukunst hinleiten. Als solche Aufgaben stellten sich in dem ersten Jahrzehnt des Jahrhunderts in steigendem Maße Fabriksbauten, industrielle Probleme dar." [440]

Expressionistische Wassertürme wurden in Deutschland gebaut, wie der abgebildete Wasserturm in Bremen (Abb. 136). Von Architekten geplant, entstehen auch in Brandenburg städtische Türme im expressionistischen Stil. Der Wasserturm in Beelitz ist ein repräsentativer Vertreter des Expressionismus. Beeinflusst durch das Bauhaus, wie beim holländischen Wasserturm in Breda (Abb. 137) ablesbar, werden industrielle Bauten mit Wassertürmen in den Singerwerken von Wittenberge (Katalog Nr. 028/11) und bei der Deutschen Reichsbahn in Velten (Katalog Nr. 055/12) errichtet.

Mit dem Übergang in das 20. Jahrhundert manifestierte sich der neue Baustoff Beton auch bei dem Bau von Wassertürmen, zuerst durch den Einbau von Eisenbetondecken, dann durch Eisenbetonbehälter und letztendlich in der Industriearchitektur, Veränderungen in der architektonischen Formsprache durch die Verwendung des neuen Baustoffs Beton in Verbindung mit Eisen und in der Kombination mit Mauerwerk.

II.2.4 Ende des 19. Jahrhunderts – Eisenbeton im Behälterbau

Im 1898 gegründeten, deutschen Betonverein wurde durch Josef Rank, Firma Gebr. Rank[441] aus München, der erste Vortag 1906 über die „Künstlerische Durchführung an Wassertürmen und über neuere Beton- und Eisenbetonausführungen" gehalten.[442]

Doch es dauerte noch einige Zeit, bis der Eisenbeton als eine „bewehrte" Bauweise sich gegen eine „bewährte" Bauweise aus Mauerwerk durchgesetzt hatte. Zu erkennen, dass die Vorteile der neuen Bauweise – die architektonische Formbarkeit und Feuersicherheit – überwiegen, brauchte seine Zeit. Die Skepsis, über den Verbund beider Baustoffe, das Rosten des Stahls im Beton und die angezweifelte Dauerhaftigkeit der Konstruktion, überwog am Anfang.

Im 18. Jahrhundert prägte der französische Ingenieur Bélidor den Begriff „béton": Hydraulischer Mörtel aus Kalk und Puzzolanerde im Mischungsverhältnis 1:2 oder 1:3 mit groben Korn als Zuschlagstoff.

Die Römer haben bei ihren Wasserbauten und auch bei den Zisternen Gussmauerwerk und hydraulischen Putz verwendet, wie bei der „Piscina mirabilis"[443]. Stand keine Puzzolanerde oder Traß[444] zur Verfügung, wurden gebrannte Ziegel zu Ziegelmehl verarbeitet.

Mit dem Bau des Edystone-Leuchtturms begann der Engländer John Smeaton auf experimenteller Grundlage Kalk mit seinen tonigen Bestandteilen für Wasserbauten einzusetzen. Diese Forschungsarbeit um 1700 war ein Wegbereiter der künstlichen Herstellung des hydraulischen Kalks und führte zur Entwicklung des Portlandzements, der auch in Deutschland ab 1850 produziert wurde.[445]

Mit dem Übergang von Schweisseisen zum Flusseisen und der Herstellung von Eisen in den Hochöfen begann auch die Weiterverarbeitung und Verwertung der Hochofenschlacke.[446] Bereits 1862 wurde auf Grund der hydraulischen Eigenschaften in Deutschland die Schlacke als Zuschlagstoff für Mörtel verwendet. Etwa 10 Jahre danach begann der Einsatz von Hochofenschlacke statt Ton bei der Herstellung von Portlandzement. Später wurde nach dem Brennen von Hochofenschlacke und Kalkstein gemahlener Schlackensand hinzugegeben. Eisenportlandzement war das neue Produkt, aber es sollte bis ins 20. Jahrhundert dauern, ehe diesem Zement der Durchbruch gelang.[447]

---

439 Bad Wilsnack (Katalog Nr. 018/01), Beelitz (Katalog Nr. 099/02), Forst (Katalog Nr. 188/03), Müncheberg (Katalog Nr. 079/06), Strausberg (Katalog Nr. 083/10), Fürstenwalde (Katalog Nr. 172/08), Finsterwalde (Katalog Nr. 219/08).

440 Behne, 1998, S. 22 f.

441 Der Wasserturm der Schwellentränkungsanstalt Kirchseeon (Bayern) wurde von den Gbr. Rank 1902 bis 1903 errichtet.

442 Petry, 1923, S. 219.

443 Siehe auch Kapitel II.1.2.

444 Gemahlener Tuffstein.

445 Haegermann, 1964, S. 5, 19, 27, 36 ff.

446 Siehe Kapitel II.2.2.1.

447 Johannsen, 1925, S.186 f.

448 Bezeichnung Eisenbeton in etwa bis 1920, danach Stahlbeton.

1855 erhielt der Franzose Joseph Louis Lambot das erste Patent zur Herstellung von Wasserbehältern aus Eisenbeton[448].[449] Damit begann die Zeit des Eisenbetons im Wasserbau. Reservoire waren eine der ersten Anwendungen der neuen, bewehrten Bauweise. Hier vor allem zylindrische Behälter. Der radial, auf die Wände des Behälters wirkende Wasserdruck konnte durch die maschenartige Eisenbewehrung[450] in den Wänden aufgenommen werden.

Joseph Monier war der Zweite, der 1867 sein erstes Eisenbeton-Patent erhielt. Ein erfinderischer Gärtner, der ebenfalls Wasserbehälter konstruierte und baute, wie nachweislich 1868–70 den Eisenbetonbehälter von Fontenaible mit einem Fassungsvermögen von 25 m³. Diesem Behälter folgten weitere bis zu einem Inhalt von 1.000 m³.

Um 1900 plante und baute ein anderer Franzose, der Ingenieur Edmond Coignet, das Aquädukt von Achéres aus Eisenbeton. Sein Wasserbehälter mit 500 m³ Fassungsvermögen wurde 1898 in Toulon errichtet. Coignet war es auch, der zur gleichen Zeit auf der Weltausstellung in Paris mit dem Architekten Paulin ein Wasserschloss ausstellte: Eine 45 m hohe, kaskadenartige, zum Teil filigrane Grottenarchitektur ganz aus Eisenbeton.[451]

Zum Ende des 19. Jahrhunderts wurden Bauvorhaben noch immer in alter bewährter Bauweise geplant. Die neue Bauweise nach den Patenten von Monier oder Hennebique musste sich noch gegen viele Widerstände und Einwendungen, auch von Fachleuten – zum Teil durchaus berechtigt – durchsetzen.

Bereits 1884 hat Monier in Trier u. a. einen Wasserbehälter in seiner Bauweise herstellen lassen, um in Deutschland sein Monierpatent zu verkaufen. Conrad Freytag war zugegen und erwarb noch im selben Jahr die Patentrechte von Monier.[453] Damit begann die Zeit des Eisenbetonbaus in Deutschland. Eine Bauweise, bei der das ganze Gebäude wie aus einem Guss entstand, anwendbar in allen Bereichen des Bauwesens auch bei der Errichtung von Wassertürmen mit ihren Behältern.

Innovative Unternehmer und Ingenieure, wie Gustav Adolf Wayss, Conrad Freytag, Mathias Koenen und François Hennebique versuchten den Eisenbeton als neue Bauweise einzuführen. Allerdings hatten Stadtverwaltungen und Baupolizei kein Vertrauen zur Eisenbetonbauweise und lehnten Vorschläge beispielsweise von Wayss[454] und Koenen ab, die bereits 1885 einen Wasserturm mit einem Eisenbetonbehälter der Bauart Intze I für die Stadt Landshut entwarfen.[455]

449 Huberti, 1964, S. 32.
450 Früher auch Armierung oder Moniereisen genannt.
451 Huberti, 1964, S. 50, 53, 55, 65 ff., 71.
452 Informationstafel vor der Villa; nach Huberti wurde die Villa mit Wasserturm 1902 errichtet, Huberti, 1964, S. 71 ff.
453 Wayss & Freytag A. G., 1925, S. 5 ff.
454 Wayss war 1879 Mitbegründer der Firma Wayss & Diss, später Beton- und Monierbau AG, siehe Huberti, 1964, S. 81 f.
455 Huberti, 1964, S. 72.
456 Wayss & Freytag A. G., 1925, S. 12 f.

Abb. 138 Villa Hennebique bei Paris, 1901–1903, Wasserbehälter mit 25 m³, Frankreich 2019[452]

Wayss ging nach Berlin und gründete eine Baufirma, die spätere Firma G. A. Wayss & Co. In Berlin hat Wayss gemeinsam mit Freytag Belastungsversuche unter den prüfenden „Augen" der Fachwelt und dem königlichen Polizeipräsidium durchgeführt. In Zusammenarbeit mit dem damaligen Regierungsbaumeister Mathias Koenen erschien 1887 die sogenannte Monierbroschüre. Das erste Buch über die Eisenbetonbauweise.[456] Wayss gründete Zweigstel-

Abb. 139 Wassertürme der Bauart Hennebique errichtet 1911 in Paris, Frankreich 2019

Abb. 140 Briefkopf Firma Heinrich Scheven

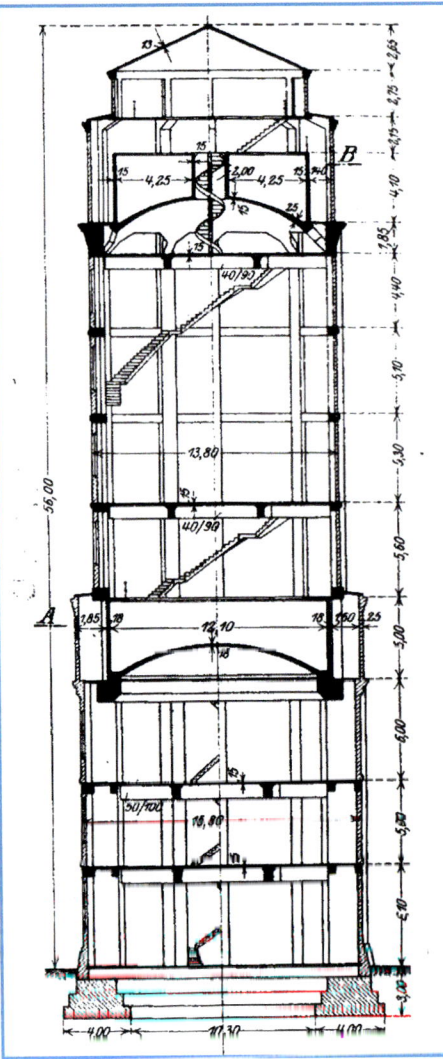

len u.a. in Dresden, Hamburg, Hannover, Leipzig und in Kopenhagen. Um die Eisenbetonbauweise und seine Firmen entsprechend darzustellen, erschien seine Firmenbroschüre: Ausgewählte Monier- und Beton-Bauwerke der Actien-Gesellschaft für Monier-Bauten, ehemals G. A. Wayss & Co. Neben anderen Bauwerken sind einige Hochreservoire in Monierbauweise aufgeführt, wie beispielsweise das 1889 errichtete, 75 m³ große Reservoir für die Königliche Schlossbau-Commission auf dem Drachenberg in Potsdam, ein Eisenbetonturm mit Behältern für verschiedene Flüssigkeiten in Berlin-Charlottenburg und ein Wasserturm der Bahnstation Drossen, heute Polen. In der Firmenbroschüre ist dokumentiert, dass es mit dem in Bochum ansässigen Ingenieur Heinrich Scheven[457] eine intensive Zusammenarbeit gegeben hat. Mehrere Wassertürme mit Reservoiren von 30 bis 150 m³ Inhalt wurden vom Ingenieur Scheven geplant und von der Firma Monier-Bauten bis 1894 im Rheinland gebaut. Die Firma ließ sich nach der Ausführung von Monierbauten durch die Stadtbauämter, Branddirektoren und Fabrikanten attestieren, dass alles zur vollsten Zufriedenheit ausgeführt wurde.[458]

Das technische Bureau von Heinrich Scheven wurde 1874 in Bochum gegründet. Er übernahm die Projektierung und Ausführung von Zentralwasserversorgungs-, Kanalisations- und Abwasserreinigungs-Anlagen. Sein Sohn Friedrich führte ab 1896 die Firma, zieht nach Düsseldorf, baute die Firma seines Vaters weiter aus und erwarb die Teilhaberschaft an der Berliner Wasserwerke AG.

Mit der, aus dem maschinentechnischen Zweig der Firma Heinrich Scheven hervor gegangenen, mecklenburgischen Firma Gebrüder Scheven aus Teterow ging Friedrich Scheven geschäftliche Beziehungen bei Verträgen ein, die die Lieferung von Maschinenanlagen[459] beinhalteten. Die Firma Heinrich Scheven hat das Wasserwerk mit Wasserturm in Altglienicke geplant und von 1905 bis 1906 gebaut. Der Behälter im Turm ist ein Intze I mit mittlerem Durchstieg. In Brandenburg hat die Firma folgende Wasserwerke geplant: Neuruppin, Perleberg, Prenzlau, Schwedt (Oder) und Forst. Darüber hinaus wurde die Firma beim Wasserwerk in Prenzlau mit der Ausführung der Anlagen beauftragt.[460]

Durch praxisnahe Versuche und die Darstellung der Verbundwirkung von Eisen und Beton mit der wissenschaftlichen Erläuterung, dass Eisen den Zug und Beton den Druck aufnimmt, wurde die Fachwelt allmählich überzeugt. In Preußen wurden allgemeine, baupolizeiliche Vorschriften für Eisenbetonbauten erlassen. Die

Abb. 141 (links) Wasserturm mit zwei Behältern, 13 m über OFG ein Behälter mit 200 m³ und 28 m über OFG mit 100 m³ Inhalt, Standort unbekannt

Abb. 142 (rechts) Wasserturm mit zwei Behältern, Wasserturm Lauta, Spangenberg

457   Für den Wasserversorgungsverband der Gemeinden Altglienicke, Adlershof und Grünau plante und baute die Düsseldorfer Firma Heinrich Scheven den Altglienicker Wasserturm (1905–06), Möller, 2010, S. 65.

458   Actien Gesellschaft für Monier-Bauten, 1894, S. 40 ff.

459   Beispiel: Die Lieferung der maschinellen Anlage für das Wasserwerk in Templin im Auftrag der Deutschen Wasserwerke Actien-Gesellschaft Berlin, Möller, 2010, S. 28.

460   Möller, 2010, S. 19 ff.

„Bestimmungen für die Ausführung von Konstruktionen aus Eisenbeton bei Hochbauten" wurden am 16.04.1904 mit Runderlass in Kraft gesetzt und im Zentralblatt der Bauverwaltung veröffentlicht. Die Beamten der Baupolizei erhielten dadurch die gesetzliche Grundlage, um die Ausführung von Eisenbetonbauten zu überwachen und die neue Bauweise zu etablieren.[461] Die technischen Regeln für die Ausführung von Eisenbetonbauten wurden auf Grund von Erfahrungen weiterentwickelt. Um dem Problem des rostenden Eisens im Beton abzuhelfen, wurde bereits in der aktualisierten Norm vom 13. Januar 1916 bei Eisenbetonbauten im Innenbereich eine Mindestbetondeckung von 1 cm und im Freien von 2 cm vorgeschrieben.[462]

Am Ende des 19. Jahrhunderts plante und baute Hennebique seinen ersten Eisenbeton-Wasserbehälter in einen Wasserturm (1895, Flachboden mit 500 m³) und der Architekt Eduard Züblin[463] einen Wasserturm und Behälter aus Eisenbeton (1897, 250 m³).[464]

Mit Eisenbeton konnten filigrane Bauten als Pfosten-Riegel-Bauweise entstehen, wie der wegweisende 1904 errichtete Wasserturm von San Salvi. Der Intze I Behälter wurde von 6 Pfeilern eingefasst, die dann als Konsolen um den Behälterboden herumgeführt wurden, um nach dem Auflagerring in 6 Stützpfeiler überzugehen. Eine offene Eisenbetonbauweise, bei der die statische Konstruktion mit dem architektonischen Gestaltungswillen gleichzusetzen ist.

Ein ebenfalls markanter Vertreter früher Eisenbetontürme ist der unwahrscheinlich schlanke, fast zerbrechlich wirkende, 40 m hohe Leuchtturm von Nikolajew. Konstruiert von zwei russischen Bauingenieuren, wurde der Turm 1903 erbaut.[465]

Im Bremer Stadtteil Walle wurde 1904 mit dem Bau eines Wasserturms begonnen. Neben den Fundamenten und dem hohen Sockelgeschoss wurde der innere Erschließungsturm in Monierbauweise errichtet. Über dem Sockelgeschoß erhob sich der Turmschaft aus Stahlfachwerk, unverkleidet mit Blick auf den inneren Eisenbetonturm. Nur beim oberen Teil des Turmschaftes und Turmkopfes waren die Gefache des Stahlfachwerkes geschlossen.[466]

Spangenberg, Direktor der Akt.-Ges. Dyckerhoff & Widmann in Dresden, berichtet in der Zeitschrift „Armierter Beton" von 1915 über einen der ersten in Deutschland gebauten Eisenbetonbehälter der Bauart Intze. Dieser Behälter des 1908 errichteten Wasserturms von Edingen steht noch auf einer gemauerten Unterkonstruktion. Der 1909 durch den Architekten Professor Eugen Beck geplante und von Dyckerhoff & Widmann gebaute Hockenheimer Wasserturm war ein vollständig aus Eisenbeton bestehender Turm mit einem 500 m³ fassenden Behälter. Der Wasserbehälter bestand in Anlehnung an die Intze Bauart I aus einem zylindrischen Mantel mit einem unteren kurzen Stützkegel und einer Kugelkalotte. Durch den kurz gehaltenen Stützkegel konnte eine, sonst für die Verwendung von Intzebehältern typische, Auskragung des Turmkopfes vermieden werden.

Auf Grund der geringeren Spannungen favorisierte Spangenberg zylindrische Betonbehälter mit kugel- oder kegelförmig ausgebildeten Böden. Damit folgt er einer nicht häufig angewendeten, Material sparenden Ausführungsvariante, bei der die Massivdecke zwischen Behälterraum und Tropfboden gleichzeitig den Behälterboden bildet. Beim Behälter des 1912 bis 1913 gebauten Eisenbahnturms von Karlsruhe wurde die Entwurfsplanung immer weiter optimiert, um eine preiswerte Lösung zu erreichen. Dafür wurde der obere Teil über dem Behälter kegelförmig verjüngt, um den darunterliegenden Bereich des Daches vollständig für ein höheres Speichervolumen zu nutzen. Aus Spangenbergscher Sicht hatte sich die Eisenbetonbauweise bereits nach kurzer Zeit bewährt. Auch weil er annahm, dass geringere Unterhaltskosten durch die Verwendung von wasserdichten Zementputzen bei Eisenbetonbehältern, anstatt unterhaltsaufwändiger Anstriche auf den Oberflächen der

461 Zentralblatt, 1904, S. 253 ff.
462 Frank, 1920, S. 287.
463 Züblin, der seit 1898 ein Unternehmen führte, plante und baute um 1900 das erste Schwimmbad – ganz aus bewehrtem Beton, Hahn, 1984, S. 8, 17.
464 Fassungsvermögen in der Literatur unterschiedlich angegeben: 80 m³, Hahn, 1984, S. 5.
465 Huberti, 1964, S. 61 f., 71 ff., 100.
466 Aschenbeck, 2003, S. 30 f.

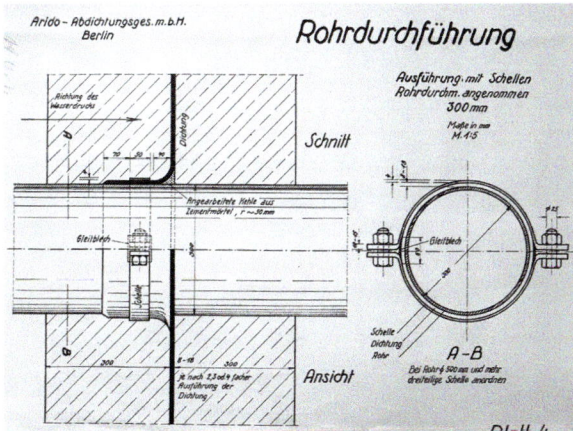

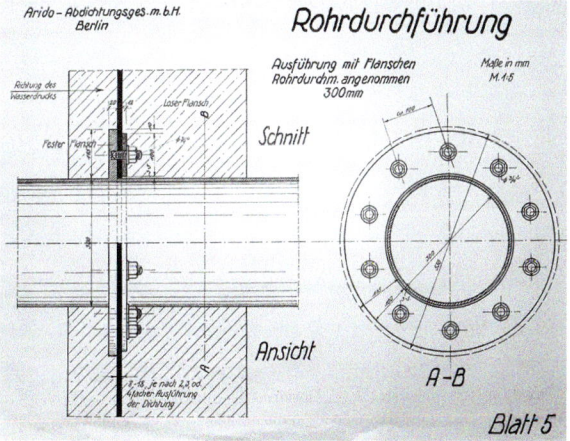

Abb. 143 (links) Rohrdurchführung mit Schellen bei Eisen- und Stahlbetonbehältern

Abb. 144 (rechts) Rohrdurchführung mit Flanschen bei Eisen- und Stahlbetonbehältern

Abb. 145 (links) Wasserturm, Lauta 2013

Abb. 146 (rechts) Un-
tersicht unterer Behälter,
Turmschaft, Wasserturm,
Lauta 2013

Eisenbehälter, anfallen.[467] Wobei auch Betonbehälter Iso-
lieranstriche aus Naturbitumen erhielten, wie beispielsweise mit dem sogenannten Preolit (Hersteller A. Prée,
Dresden, Berlin). Preolit soll bis zu einen Zentimeter in
den Untergrund eingedrungen sein und wurde für Behäl-
terbauten angewendet.[468] An Hand der Beispiele von
Rohrdurchführungen sind die Abdichtungen zu erkennen
(Abb. 143 u. 144).

Fünf Jahre später schreibt Spangenberg in „Der Bauingenieur" über vier weitere durch die Baufirma geplante
und gebaute Wassertürme, u. a. auch über den 1918
erbauten Wasserturm des ehemaligen Aluminiumwerkes
in Lauta. Ein schöner Ingenieurturm mit einem unverhüllten Skelett aus Eisenbeton: Eine Tragkonstruktion aus
acht Eisenbetonpfeilern, mit horizontalen Aussteifungsringen und mit zwei übereinanderstehenden Behältern.
Der untere Behälter fasst 400 m³ Brauchwasser und der
obere Trinkwasserbehälter verfügt über 250 m³ Fassungsvermögen.[469]

Einer der ersten in Mecklenburg errichteten Wassertürme aus Eisenbeton soll der 1912 erbaute Wasserturm
in Röbel[470] sein.[471] Der gleiche Architekt Albert Grottheiner plante auch den ersten städtischen Brandenburger
Eisenbeton-Wasserturm in Hohen Neuendorf ebenfalls
von 1912.[472]

Bis 1903 wurden in Berlin, ebenso in Brandenburg,
großtenteils nur Wände und Decken aus Eisenbeton hergestellt. Komplette Gebäude in Eisenbetonbauweise waren die
Ausnahme.[473] Ein weiterer, inzwischen abgerissener Wasserturm von 1914 stand in Senftenberg. Er wurde im Auftrag
der Niederlausitzer Wasserwerksgesellschaft m.g.H. durch
den Dresdener Architekten Bender entworfen. Der fast 43

m hohe Turm stand auf sechs Eisenbetonpfeilern. Die Konstruktion wurde durch Balken und zwei Eisenbetondecken
ausgesteift. Der Eisenbetonbehälter fasste 350 m³ Wasser. Beim städtischen Wasserturm von Finsterwalde wurde
1909 10 im Turmkopf Eisenbeton als statisches Tragwerk
eingesetzt (Siehe von Wangenheim, 2018, Katalog Band 2,
S. 1140ff.). In den 30er Jahren wurde in Schwarzheide der
industriell genutzte Turm auf dem heutigen Werksgelände
der BASF in sichtbarer Stahlbetonbauweise aus Pfeilern und
Aussteifungsringen, im Wesentlichen ohne Ausmauerung,
gebaut (Katalog Nr. 208/10).

Bei den anderen Wassertürmen in Brandenburg, deren
statisches System auf Stahlbetonbauweise basiert, sind
ansonsten die Gefache zwischen den Stützen ausgemauert oder die Fassaden aus Sichtmauerwerk vorgeblendet.
Der vermutlich um 1930 errichtete Wasserturm von Fürstenberg, einem Ortsteil von Eisenhüttenstadt, ist äußerlich durch acht, filigran anmutende Stahlbetonpfeiler vertikal gegliedert. Im Sockelgeschoss sind die Ziegelgefache
noch expressionistisch gestaltet, darüber sind im Turmschaft und Turmkopf die Gefache mit sachlich wirkenden

467   Spangenberg, 1915, S. 55 ff.
468   Grün, Lewe, Löser, 1923; Preolit wurde auch von der Firma Gebr.
      Rank München angewendet beim Bau des Bahnwasserturms für den
      Verschubbahnhof Hohenbudberg, Escher, 1920, S. 379 ff. Beim Stahl-
      betonbehälter von 1927 im Krankenhaus Treuenbrietzen wurde eben-
      falls Preolit eingesetzt
469   Spangenberg, 1920, S. 198 ff
470   Siehe Abb. 227.
471   Bund für Natur und Heimat, 2006, S. 27.
472   Siehe Kapitel IV.2.2 und von Wangenheim, 2018, Katalog Band 1,
      S. 244.
473   Vgl. Bauingenieur, 1903, S. 291.

Prüßmauerwerk[474] geschlossen (Katalog Nr. 169/05). Eisenbeton wurde auch als Baustoff für die 6 bis 7 cm starken Außenwände[475] der Turmköpfe eingesetzt, wie beispielsweise bei dem Wasserturm in Dahme (Katalog Nr. 126/03). Beim 1922 errichteten Wasserturm der städtischen Wasserversorgung von Biesenthal bildet den unverhüllten Turmkopf ein Intze-Behälter mit mittlerem Durchgang aus Stahlbeton (Katalog Nr. 060/02). 1930 entstand ein Wasserturm mit seinem zylindrischen Behälter auf dem Pferdegestüt in Neustadt (Dosse) ausschließlich in Stahlbetonbauweise (Katalog Nr. 039/06).

Die Moderne fand Ihre Ausdrucksformen in der sichtbaren Anwendung von Eisen und Eisenbeton. Poelzigs bekannter Wasserturm in Posen erbaut von 1910 bis 1911 war ein Beispiel für die Verwendung von Eisen, nicht nur als Traggerüst, sondern auch als architektonisches Mittel zur Gliederung der gesamten Fassade. Eine Eisenfachwerkkonstruktion, mit Ziermauerwerk ausgefacht, erinnert an die Fachwerkbauweise mit Holz und Ziegel.

Architekten entwarfen kubische Wassertürme mit zusätzlichen Verwaltungs- oder Wohnnutzungen in der neuen Bauweise, aber „verkleidet" mit expressionistischem Sichtmauerwerk. Herausragende brandenburgische Beispiele sind der Wasserturm in Beelitz (Katalog Nr. 099/02) und das Rathaus mit Wasserturm in Neuenhagen (Katalog Nr. 081/08). Beide Türme sind vergleichbar mit nordischen Vertretern der Moderne und stammen aus der gleichen Bauzeit wie das expressionistische Ullsteinhaus (Abb. 149) in Berlin von Eugen Schmohl, aus rotem Sichtmauerwerk.

Mit zu den frühesten, kastenförmigen Behältern aus Eisenbeton gehören die beiden, jeweils 20 m³ fassenden, geschlossenen Behälter von 1915–16 des brandenburgischen Tuberkulosekrankenhauses von Treuenbrietzen. Die Anlage wurde von 1926 bis 1927 erweitert. Über dem Mittelbau des neu errichteten Krankenhausgebäudes erhebt sich ein Turm, in dem ein zylindrischer Stahlbetonbehälter mit einem mittleren Durchstieg und einem Fassungsvermögen von 40 m³ steht.[476]

Zylindrische Eisenbetonbehälter sind häufiger und auch früher als kastenförmige Behälter in Brandenburger Wassertürmen eingebaut worden – in Königs Wusterhausen bereits 1910 in den städtischen Wasserturm auf dem Funkerberg. Ebenfalls ein zylindrischer Eisenbetonbehälter steht auf einem gemauerten Unterbau des 1912 für die dörfliche Wasserversorgung errichteten Wasserturms im flämischen Garrey. Der Architekt Paul Mebes plante einen der eindrucksvollsten Brandenburger Wassertürme, den für das Messingwerk in Finow bei Eberswalde errichteten Turm von 1917 bis 1918.

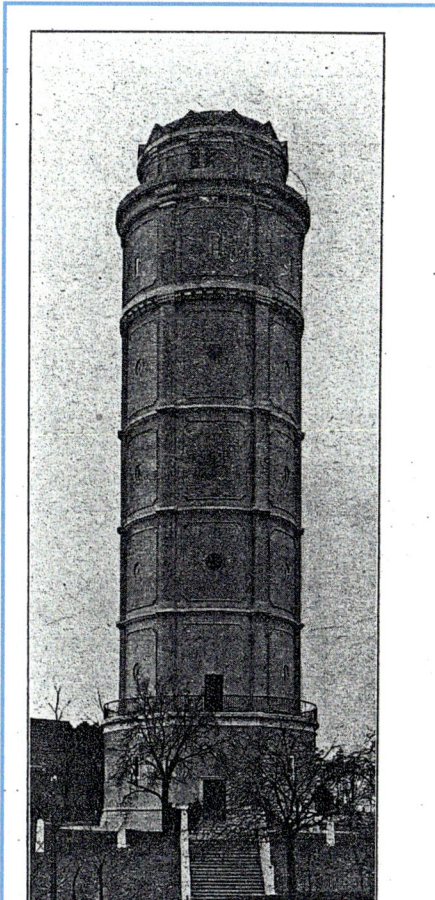
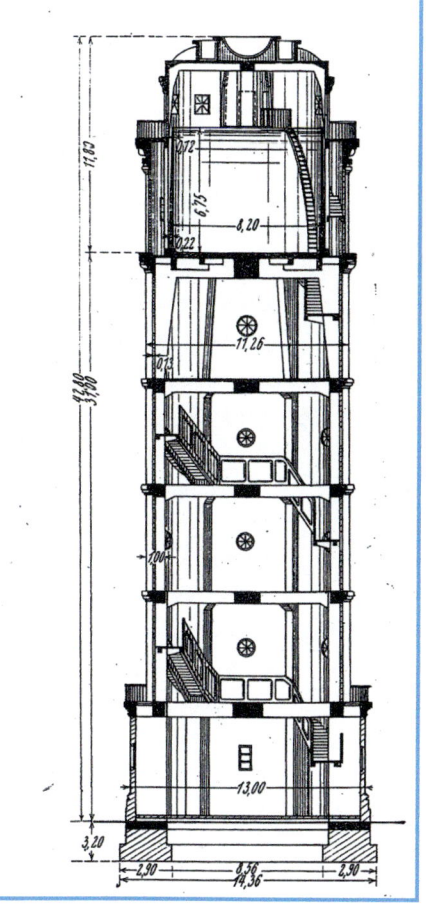

Abb. 147 Wasserturm Senftenberg

Abb. 148 Wasserturm Wulsdorf, Bremerhaven 2014

474   Freitragende massive Wand mit waagrecht und senkrecht angeordneten Bandeisen, deren Gefache mit hochkant verlegten Ziegeln ausgemauert wurden.

475   Bei den Eisenfachwerkwänden wurden die kreuzweise verlegten Moniereisen häufig mit Drahtgewebe überspannt.

476   Lang, S. 6 ff., 29, 33.

Abb. 149 Ullsteinhaus, Berlin 2016

Viele zylindrische Behälter sind in den 20er und 30er Jahren für die städtische Wasserversorgung betoniert worden: Rathaus Neuenhagen (1925–26), Schöna-Kolpien (1926–28) und Müncheberg (1930). Beim zylindrischen Behälter von 1930 für das brandenburgische Gestüt in Neustadt (Dosse) sind noch die Abdrücke der für die monolithische Bauweise typischen, einzelnen Schalbretter auf der Behälteraußenwand erkennbar. Der Behälter im Rathaus Neuenhagen gehört mit seinem Fassungsvermögen von 1.000 m³, einem Durchmesser von 13,26 m und einer Wassertiefe von 8 m zu den größeren Stahlbetonbehältern.[477]

Für Turmbauten mit rechteckigem Grundriss, die neben der Wasserversorgung noch für weitere Nutzungen, wie Verwaltungs- und Wohnzwecke, konzipiert waren, boten sich vor allem rechteckige Behälterformen an. So wurden in die hohen Eisenbahnwassertürme von Meyenburg (1925–35) und Brandenburg a. d. Havel rechteckige Stahlbetonbehälter eingebaut. Ebenso im städtischen Wasserturm von Beelitz, der von 1927 bis 1928 errichtet wurde.

Im ehemaligen Nähmaschinenwerk in Wittenberge, sind in den baulichen Anlagen mehrere Stahlbetonbehälter, zu unterschiedlichen Zeiten, eingebaut worden. In den Produktionsgebäuden von 1922 stehen rechteckige Flachbodenbehälter von 1922 und 1935. Im 1928 bis 1929 erbauten, bekannten Uhrenturm des Werkes sich über dem rechteckigen, in zwei Kammern unterteilten Stahlbetonbehälter im 7. Obergeschoss, ein Behälter ebenfalls aus Stahlbeton, gebildet aus zwei Kreisen mit einer Scheidewand.

Nach Baur sind die Grundformen der Stahlbetonbehälter: Zylinder, Konus, Kegel, Kelch und Schüssel. Aus

diesen Grundformen haben sich u.a. das Hyperboloid, Ellipsoid und die Kugel entwickelt. Der Vorteil von Kegel- oder Kelchformen gegenüber den zylindrischen Formen besteht in dem verbesserten Verhältnis der Grundfläche zur Tiefe. Schwankungen im Versorgungsdruck werden demzufolge geringer.[478] Für größere Speicherinhalte ab 3.000 m³ werden die Kegel- und Kelchformen, sowie der Standrohrturm bevorzugt.[479]

Für Behälter in Eisen-, bzw. Stahlbetonbauweise waren alle Formen denkbar, insofern das Einschalen nicht zu aufwändig und damit unwirtschaftlich wurde. Behälter der Bauart Intze, mit einem Behälterboden, ausgebildet als Kugelkalotte oder Kegelstumpf, sind aus der Literatur bekannt. Einer der größten Wassertürme aus Eisenbeton soll nach den Ausführungen des Dipl. Ing. Wilhelm Knopp in der Zeitschrift des Vereines der deutschen Ingenieure der Wasserturm der Celluloidfabrik von Eilenburg[480] in Sachsen sein. 1915 bis 1916 durch die Firma Dyckerhoff & Widman erbaut. Über einem im Fundamentbereich befindlichen, zylindrischen Flachbodenbehälter von 500 m³ Fassungsvermögen befinden sich in mehreren Ebenen verschiedene Behälter, u.a. ein zylindrischer Behälter mit einem konkav gewölbten Boden mit 65 m³ [481] und zwei übereinanderliegenden Eisenbetonbehältern der Bauart Intze I mit mittlerem Durchstieg und mit 500, bzw. 1.000 m³ Fassungsvermögen.[482]

In Brandenburg gibt es vermutlich nur wenige dieser Bauart. Der zur Kasernenanlage Jüterbog II gehörende, um 1890 erbaute Wasserturm in der Bülowstraße[483] hat nach Unterlagen der Grundstücksverwaltungsgesellschaft einen Eisenbetonbehälter mit einem Intze I Boden. Ebenfalls ein Intze I Behälter mit einem mittig angeordneten Durchstieg[484] steht im Biesenthaler Wasserturm. Die Ausführung entspricht dem Intzebehälter des Eilenburger Wasserturms.

Die Decken unter den Behältern wurden monolithisch hergestellt. Die charakteristische Voute[485] an den Decken und Pfeilern ist bei einigen Wassertürmen vorhanden, so

477   Vgl. in der Literatur: Ebenso der Wohnwasserturm in Bremerhaven-Wulsdorf von 1926–27 mit 6 Wohngeschossen und zwei, zylindrischen Stahlbetonbehältern mit je 750 m³ Fassungsvermögen; Güterbahnhof Osnabrück, Eisenbetonbehälter von 1912–13 ebenfalls mit 1.000 m³, Merkl, 1985, S. 124 f.; Zwar nur jeweils 500 m³ Inhalt haben die zylindrischen Eisenbetonbehälter der 34 m hohen Doppelturmanlage des 1915–16 erbauten Wasserturm für den Verschiebebahnhof Hohenbudberg, die Böden der Behälter sind, ähnlich des Intze I Behälters, nach innen gewölbt, Escher, 1920, S. 379 ff.

478   Baur, 1989, S. 88.

479   Mutschmann, Stimmelmayr, 2002, S. 432.

480   Siehe Abb. 236 u. 237.

481   Siehe Ausführungen von Professor Intze im Vortrag von 1877, wo diese Bauart bereits bei schmiedeeisernen Behältern von Ihm angedacht wurde, Intze, 1877, S. 413 ff.

482   Knopp, 1920, S. 748; ebenso Spangenberg, 1920, S. 204 f., siehe Kapitel IV, Schnitt Abb. 232.

483   Der Turm konnte nicht besichtigt werden, Angaben aus dem Exposé der Gesellschaft für Grundstücksverwaltung und -verwertung mbH von 2013.

484   Vgl. Merkl, 1985, S. 123.

auch beim Rathaus-Wasserturm in Neuenhagen. Vouten im Übergang vom Behälterboden zum Behältermantel mit entsprechender Bewehrung waren notwendig um Spannungen aufzunehmen. Bei Zweikammerbehältern müssen ebenfalls Vouten an der aufgehenden Zwischenwand nach Lewe vorgesehen werden, damit ein Aufreißen des Behälters vermieden wird.[486] Im Allgemeinen ist konstruktiv bei Betonbehältern die Decke über den Tropfboden gleichzeitig als Behälterboden ausgebildet.[487]

Auch Schornsteinbehälter mit Reservoiren aus Eisen- bzw. Stahlbeton konnten hergestellt werden. Bereits vor 1900 sind Eisenbeton-Schornsteine errichtet worden.[488] In der Nähe von Frankfurt (Oder) stand im Kraftwerk Finkenherd ein, von der damaligen Berliner Firma Wayss & Freytag A.-G., errichteter Schornstein aus Eisenbeton mit Wasserbehälter. Er wurde 1921 bis 1922 gebaut und 1996 abgerissen.[489] Im Handbuch für Eisenbetonbau, herausgegeben von Oberbaurat von Emperger, sind im 5. Band[490] weitere Beispiele aufgeführt. Es bestand auch die Möglichkeit Wasserbehälter nachträglich „anzuhängen". Der Schornstein musste allerdings die zusätzliche Behälterlast tragen können.

Standrohre aus Eisenbeton sind wahrscheinlich noch seltener als gemauerte Standrohrbehälter in Deutschland gebaut worden.[491] Im brandenburgischen Elsterwerda-Biehla steht ein monumentaler Turm mit Aussichtsplattform: Der 1913 erbaute Turm auf dem Winterberg.

Zum Ende der 20er Jahre wurden die ersten Wassertürme in Gleitschalung errichtet.[492] In Brandenburg stehen zwei moderne Wassertürme mit zylindrischem Stahlbetonschaft und kegelförmigem Wasserbehälter in Vetschau (Katalog 211/13) und Premnitz (Katalog 094/07).

Trotzdem wurden noch Wassertürme ganz aus Stahl errichtet – die in Ungarn entwickelten Hydrogloben. In Brandenburg wurden in den 60er Jahren des 20. Jahrhunderts mindestens drei dieser Bauart aufgestellt: In Schönwalde und Langengrassau[493], sowie ein inzwischen abgerissener Turm in Bad Belzig. Hydrogloben mit kleinen Nutzinhalten waren laut Mutschmann und Stimmelmayr nur in osteuropäischen Ländern üblich.[494]

485   Vgl. erstmalig Vouten bei Industriebauten, Wayss & Freytag A.-G., 1925, S. 22.
486   Grün, Lewe, Löser, 1923, S. 86.
487   Vgl. abweichend davon: der Wasserturm Schifferstadt, Merkl, 1985, S. 130.
488   Deininger, 1932, S. 5, 20, 66.
489   Wayss & Freytag A. G., 1925, siehe Anlage 30.1.
490   Grün, Lewe, Löser, 1923, S. 251 ff.
491   Vgl. Grün, Lewe, Löser, 1923, S. 266 ff.
492   Der erste Wasserturm in Gleitschalung wurde 1929 von der Beton- und Monierbau AG in Großniedersheim errichtet, Merkl, 1985, S. 141; Merkl, 2005, S. 30 f.
493   Im Juli 2021 wurde der Langengrassauer Hydroglobus demontiert und verschrottet.
494   Mutschmann, Stimmelmayr, 2002, S. 432.
495   Kottenmeier, 1930, S. 1.

Abb. 150 Hochbehälter Elsterwerda-Biehla, Auf dem Winterberg, Landkreis Elbe-Elster 2011

Ein Grund, dass weiterhin Wasserreservoire aus Stahl gebaut worden sind, führt E. Kottenmeier in seiner Broschüre von 1930 auf. Bei den zylindrischen Behältern werden die Zugkräfte sowieso durch das Eisen aufgenommen. Ein Betonbehälter kommt ohne Armierung nicht aus und Spannungsrisse in der Oberfläche des Betons waren kaum vermeidbar. Hinzu kam, das ein dichter Anschluss zwischen dem Flansch der Rohrleitung und dem Behälterboden schwierig herzustellen war.[495]

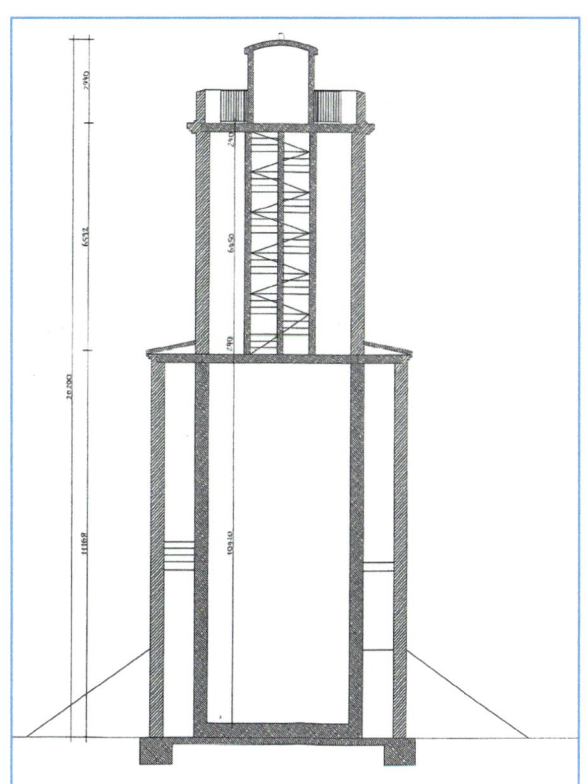

Abb. 151 Auszug Zeichnung Hochbehälter Elsterwerda-Biehla, Ing.-Büro für Hochbau+Baustatik Fahr & Partner

Die Betonbauweise entwickelte sich weiter. Es wurden Wasserbehälter aus Spannbeton hergestellt. Hier konnte die Rissbildung des Betons durch die Vorspannung vermindert werden.

Nach der Entwicklung neuer Feinkornstähle wurden in den 60er Jahren des 20. Jahrhunderts Behälter mit einem Speichervolumen von 282.000 m³, einem Durchmesser von 150 m und einer Höhe von 16 m gebaut.[496]

Bei neuen, zum Ende des 20. Jahrhunderts errichteten, Wassertürmen wurden Schaft, Wasserbehälter und Turmkopf mit Flachdach als Stahlbeton-Fertigteile angeliefert und vor Ort montiert.[497]

In heutiger Zeit werden wasserundurchlässige Betone für den Bau von Wasserbehältern verwendet. Ein Verputzen oder Beschichten der vom Wasser benetzten Wandfläche ist bei glatter und porenfreier Oberfläche unnötig.

Viele historische Türme gingen auf Grund verbesserter Pumpentechnik in den letzten Jahrzehnten des 20. Jahrhunderts außer Betrieb. Die Errichtung von Wassertürmen für kleine und mittlere Wasserversorgungsanlagen war nicht mehr notwendig. Hinzu kam, dass in großen Städten die erforderlichen Druckhöhen durch Wassertürme nicht mehr erreicht werden konnten.[498]Wassertürme gingen außer Betrieb und verfielen oder wurden und werden in vielfacher Art und Weise neu genutzt.

Trotz der technischen Entwicklung ist so mancher Turm in Brandenburg noch in „alter" Nutzung. Sein Reservoir noch immer mit Wasser gefüllt: So in den Wassertürmen von Cottbus, Finsterwalde, Forst, Hermannswerder, Müncheberg, Schöna-Kolpin und Langengrassau – vor dessen Abriss 2021.

---

496 Gross, 1961, S. 9.
497 Siehe auch Abb. 6–40, Mutschmann, Stimmelmayr, 2002, S. 439.
498 Merkl, 2005, S. 165.

III. Karten der Wassertürme

Erläuterungen zu den Karten

In der 2018 veröffentlichten Dissertation wurden 222 Wassertürme und Gebäude mit Wasserbehältern katalogisiert. Zwischenzeitlich sind sieben neue Türme dazu gekommen und ein Fachwerkturm musste aus dem Katalog entfernt werden. Das Ingenieurbauwerk wurde als Kühlturm genutzt.

Die erste Karte benennt die Türme, die im Land Brandenburg in der Denkmalliste aufgeführt sind.[499] Darüber hinaus ist erkennbar, inwiefern die Türme in dieser Arbeit erfasst und dargestellt wurden. In den beiden Katalogbänden sind alle bekannten Wassertürme, bzw. Gebäude mit Wasserbehältern aufgeführt und in drei Kategorien unterschieden.

Der Kategorie A entsprechen die Wassertürme, Wasserstationen und Gebäude mit Wasserbehältern, die eine bestimmte Grundvoraussetzung erfüllen, bzw. folgende Besonderheiten aufweisen:
- Wasserbehälter müssen noch vorhanden sein
- Behälterform, Auflagersituation des Behälters und / oder Material des Behälters
- Geschichte, Architektur und/oder Bautechnik

Die Kategorie A ist darüber hinaus im IV. Kapitel ausführlicher, mit weiteren detaillierten Angaben und Abbildungen beschrieben. Gebäude der Kategorie A wurden besichtigt, innen fotografiert und zum Teil aufgemessen. Diese Bauaufnahmen waren im Durchschnitt auf 3 bis 4 Stunden begrenzt.

Gebäude der Kategorie B wurden besichtigt oder die wichtigsten, technischen Daten, wie die Bauart des Behälters und sein Fassungsvermögen, konnten über Quellen ermittelt werden.

Gebäude, die nicht der Kategorie A oder B angehören, wurden nur von außen fotografiert und der Kategorie C zugeordnet.[500]

Bei der zweiten Karte wird dargestellt, für welchen Nutzer der Turm errichtet wurde. Dabei sind auch Doppelnutzungen berücksichtigt worden.

Der jeweilige Architekturstil zur Errichtungszeit der Türme ist Inhalt der dritten Karte. Es wurde versucht die Wassertürme in die entsprechenden Stilrichtungen einzuordnen. Viele Bauten wurden historisierend gestaltet und einige sind Ingenieurbauwerke, die nur dem funktionalen Zweck genügten.

Die vierte Karte benennt die Bauweisen, die über die eingesetzten Materialien ablesbar sind. Bei den Türmen der Kategorie C konnte nur die äußere Hülle des Baukörpers und die Materialität bestimmt werden. Bei den anderen Kategorien konnten auf Grund der Bauaufnahme, über Quellen und durch Bauzeichnungen nähere Angaben zur Bauweise erfolgen. In der Karte sind Wassertürme mit einem Turmschaft und auskragendem Turmkopf mit den verschiedenen Bauweisen dargestellt. Der erste, große Buchstabe bezeichnet die Bauweise des Schaftes und die beiden kleineren Buchstaben die Konstruktion des Turmkopfes. Die Bauweise der Gefache bei Holz- und Eisenfachwerken wurde auf Grund der verschiedensten Ausführungen nicht dargestellt. Mischbauweisen aus Mauerwerk und Naturstein wurden aufgeführt, ebenso statische Konstruktionen aus Eisen- oder Stahlbeton mit selbsttragendem Mauerwerk, als Ausfachung zwischen Stützen oder als Fassade vorgeblendet.

In der fünften Karte sind Behälterformen und Behältermaterialen benannt. Alle bekannten und unbekannten Behälter mit ihrer Bauart und dem verwendeten Material, demontierte Behälter, Doppelbehälter, mehrere Behälter unterschiedlicher Bauart und Sonderformen wurden aufgelistet. Auf Grund der Fülle der Informationen wurde darauf verzichtet, die Anzahl der Behälter der gleiche Bauart in einem Gebäude zu benennen.

499 Aufgenommene Wassertürme der Dissertation von 2018 basieren auf der Denkmalliste mit Stand 31.12.2015. Von sieben, neu hinzugefügten Wassertürmen stehen drei unter Denkmalschutz (Denkmalliste mit Stand 2021).
500 Ausnahmen und genauere Beschreibung der Kategorien, siehe Erläuterungen im Vorwort zum Katalog.

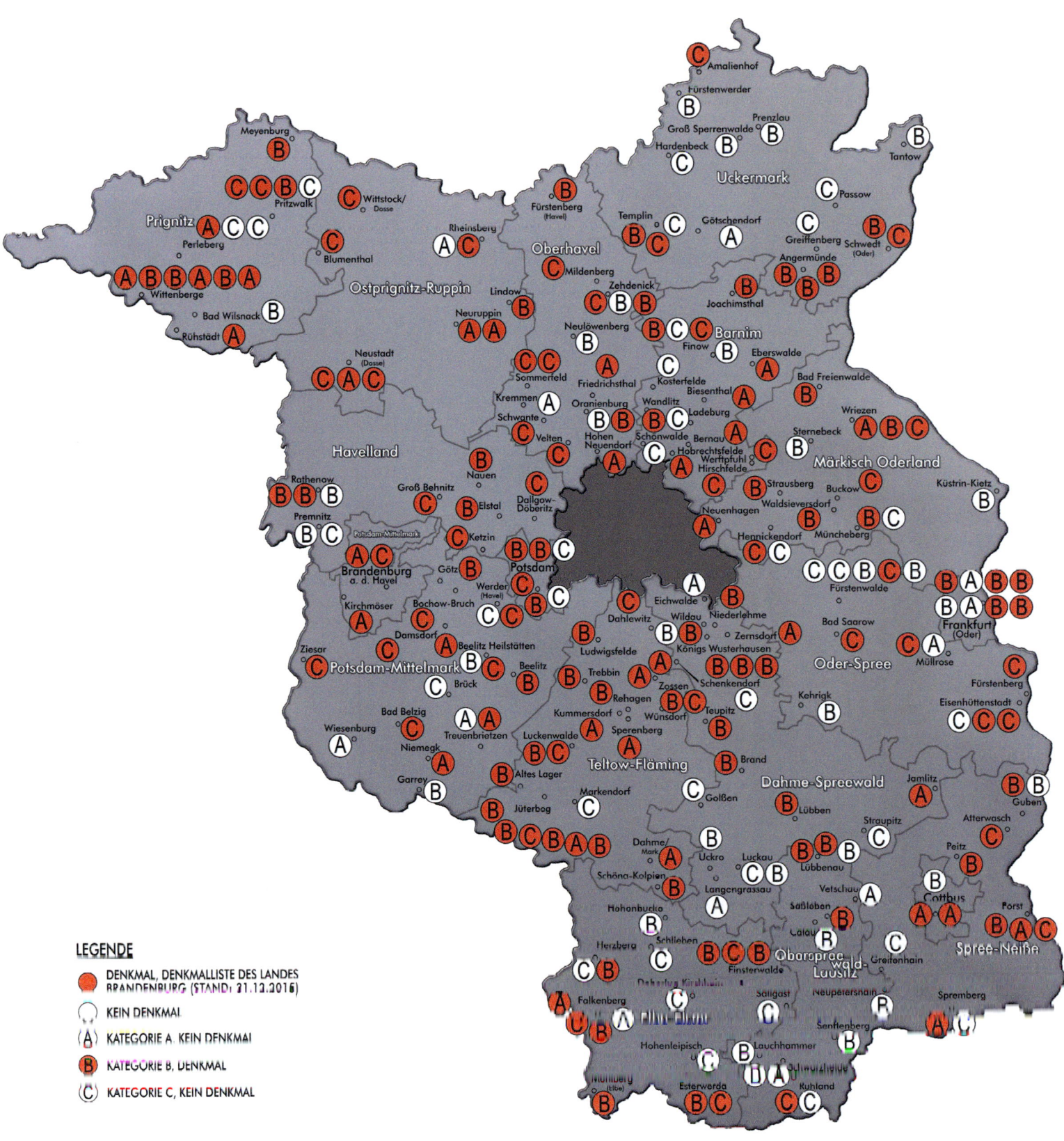

LEGENDE

- DENKMAL, DENKMALLISTE DES LANDES BRANDENBURG (STAND: 31.12.2016)
- KEIN DENKMAL
- (A) KATEGORIE A, KEIN DENKMAL
- B KATEGORIE B, DENKMAL
- C KATEGORIE C, KEIN DENKMAL

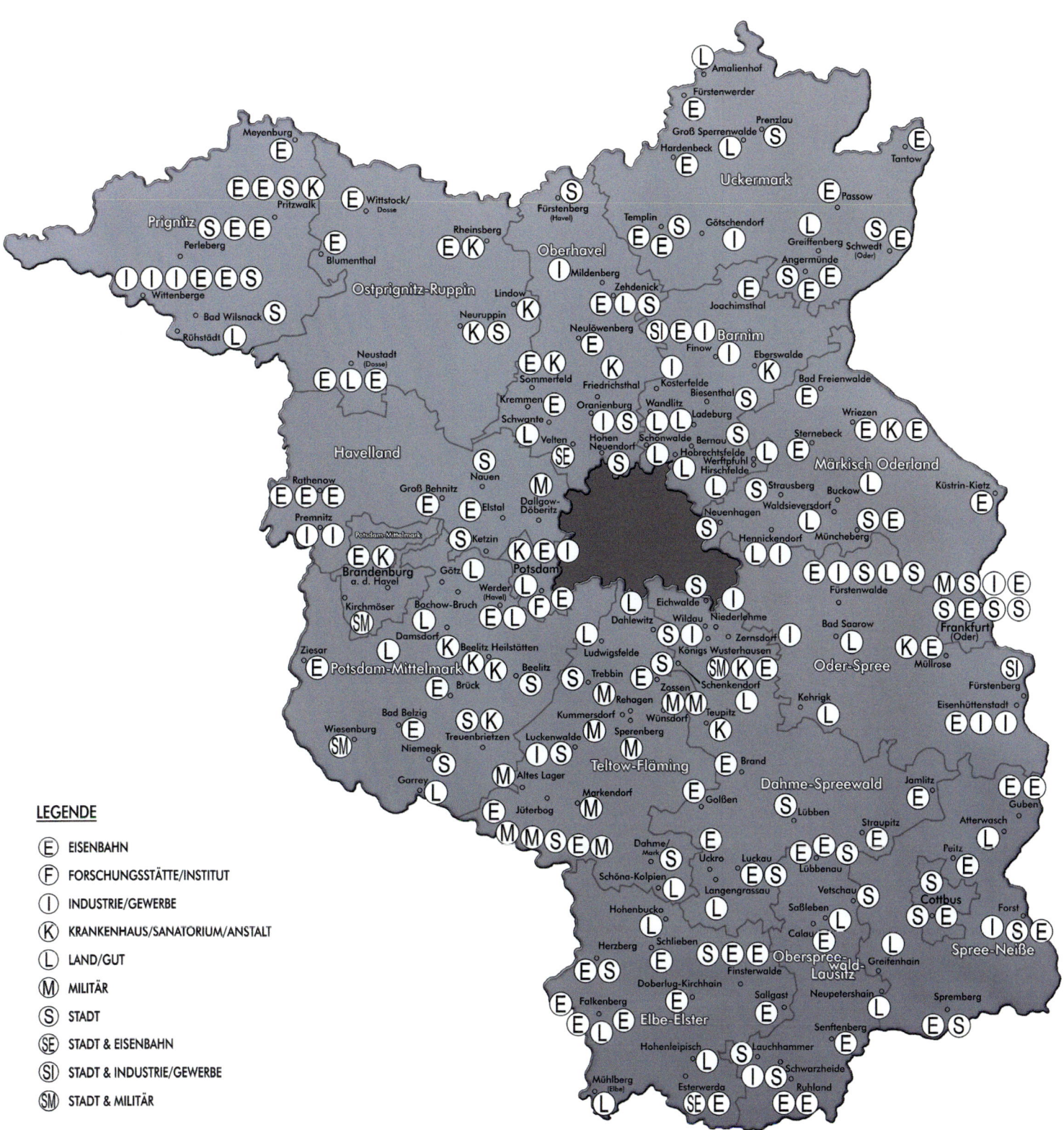

LEGENDE

- Ⓔ EISENBAHN
- Ⓕ FORSCHUNGSSTÄTTE/INSTITUT
- Ⓘ INDUSTRIE/GEWERBE
- Ⓚ KRANKENHAUS/SANATORIUM/ANSTALT
- Ⓛ LAND/GUT
- Ⓜ MILITÄR
- Ⓢ STADT
- SE STADT & EISENBAHN
- SI STADT & INDUSTRIE/GEWERBE
- SM STADT & MILITÄR

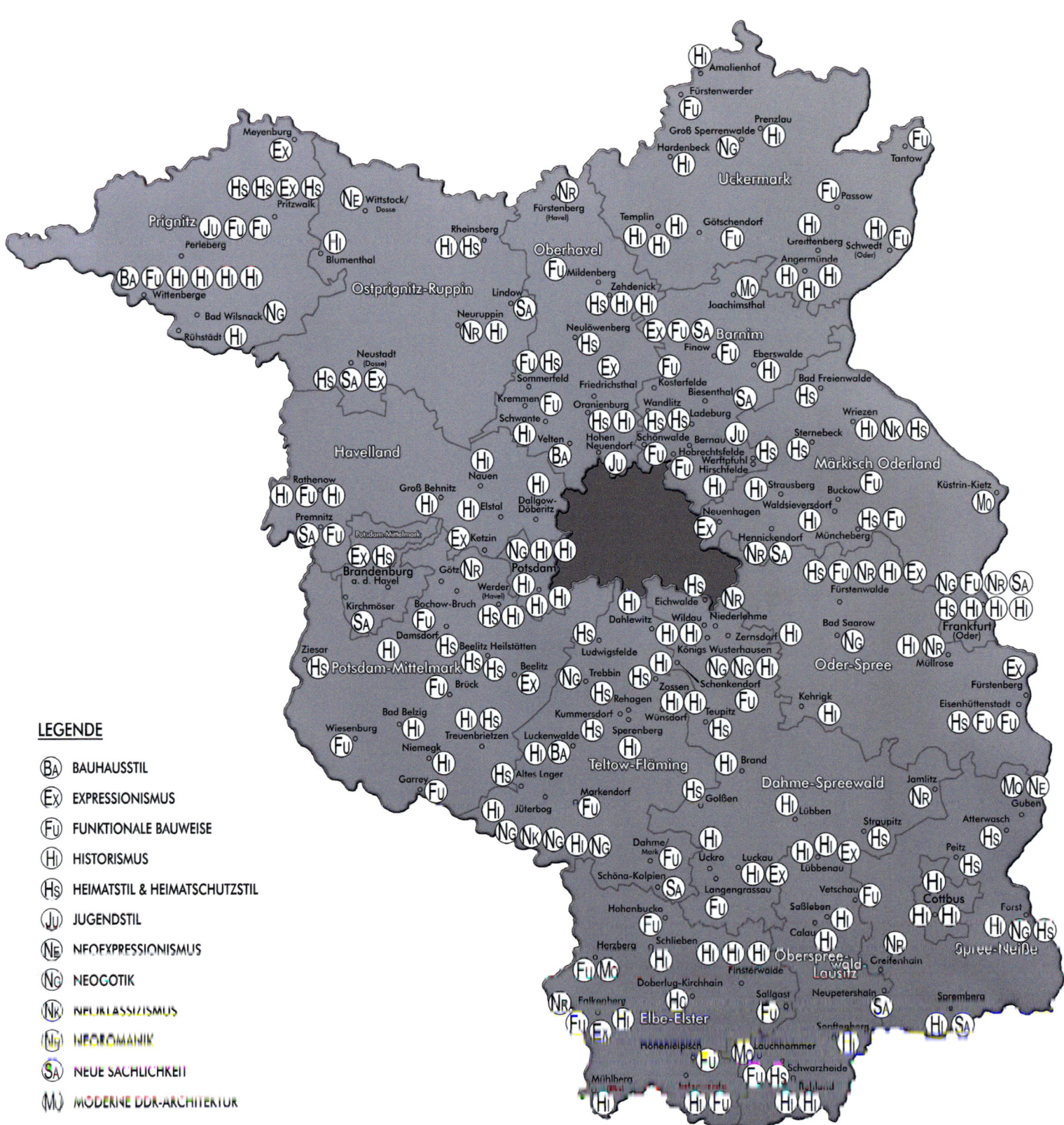

LEGENDE

(BA)	BAUHAUSSTIL
(EX)	EXPRESSIONISMUS
(FU)	FUNKTIONALE BAUWEISE
(HI)	HISTORISMUS
(HS)	HEIMATSTIL & HEIMATSCHUTZSTIL
(JU)	JUGENDSTIL
(NE)	NEOEXPRESSIONISMUS
(NG)	NEOGOTIK
(NK)	NEOKLASSIZISMUS
(NR)	NEOROMANIK
(SA)	NEUE SACHLICHKEIT
(MO)	MODERNE DDR-ARCHITEKTUR

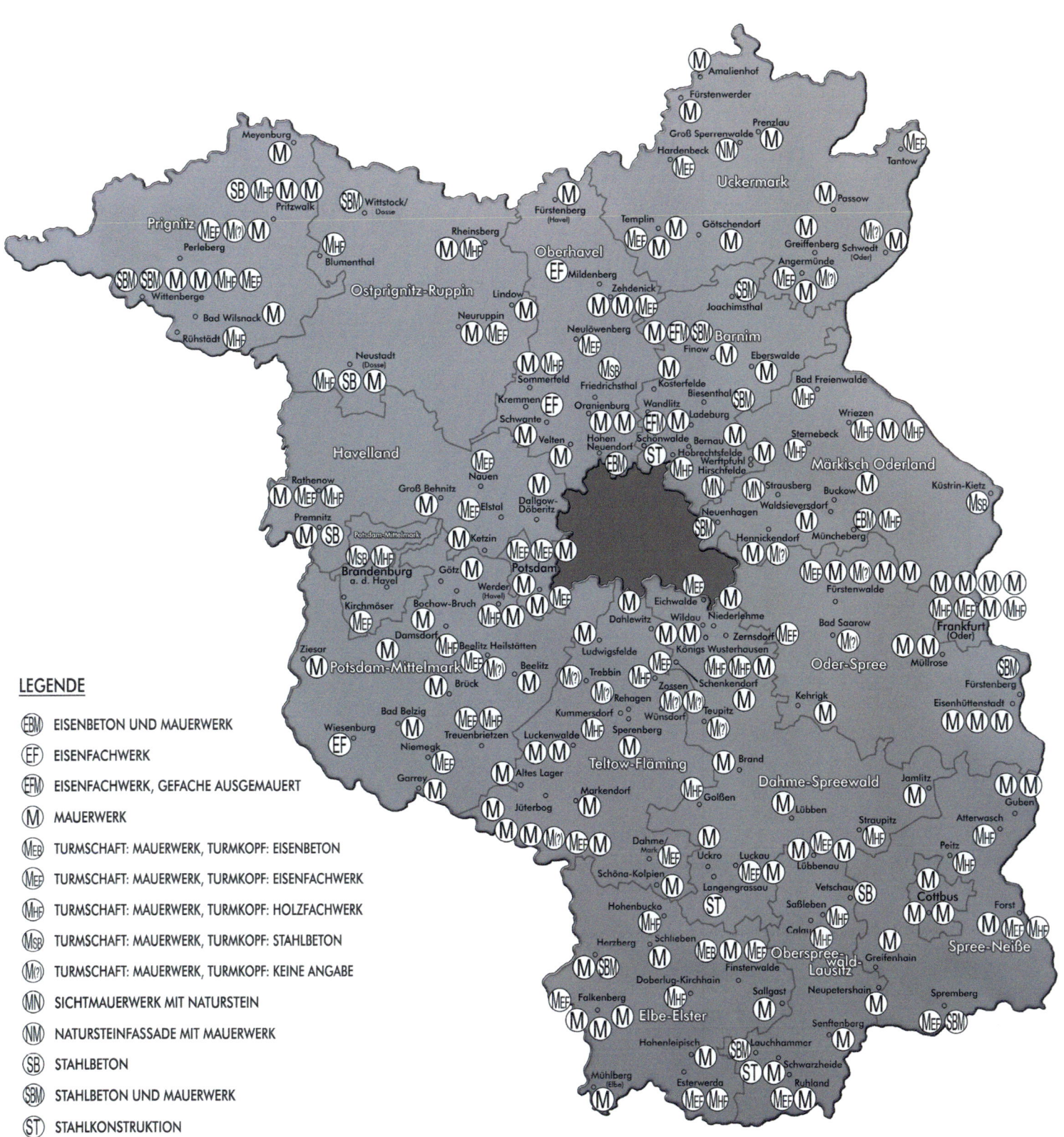

LEGENDE

- (EBM) EISENBETON UND MAUERWERK
- (EF) EISENFACHWERK
- (EFM) EISENFACHWERK, GEFACHE AUSGEMAUERT
- (M) MAUERWERK
- (MEB) TURMSCHAFT: MAUERWERK, TURMKOPF: EISENBETON
- (MEF) TURMSCHAFT: MAUERWERK, TURMKOPF: EISENFACHWERK
- (MHF) TURMSCHAFT: MAUERWERK, TURMKOPF: HOLZFACHWERK
- (MSB) TURMSCHAFT: MAUERWERK, TURMKOPF: STAHLBETON
- (M?) TURMSCHAFT: MAUERWERK, TURMKOPF: KEINE ANGABE
- (MN) SICHTMAUERWERK MIT NATURSTEIN
- (NM) NATURSTEINFASSADE MIT MAUERWERK
- (SB) STAHLBETON
- (SBM) STAHLBETON UND MAUERWERK
- (ST) STAHLKONSTRUKTION

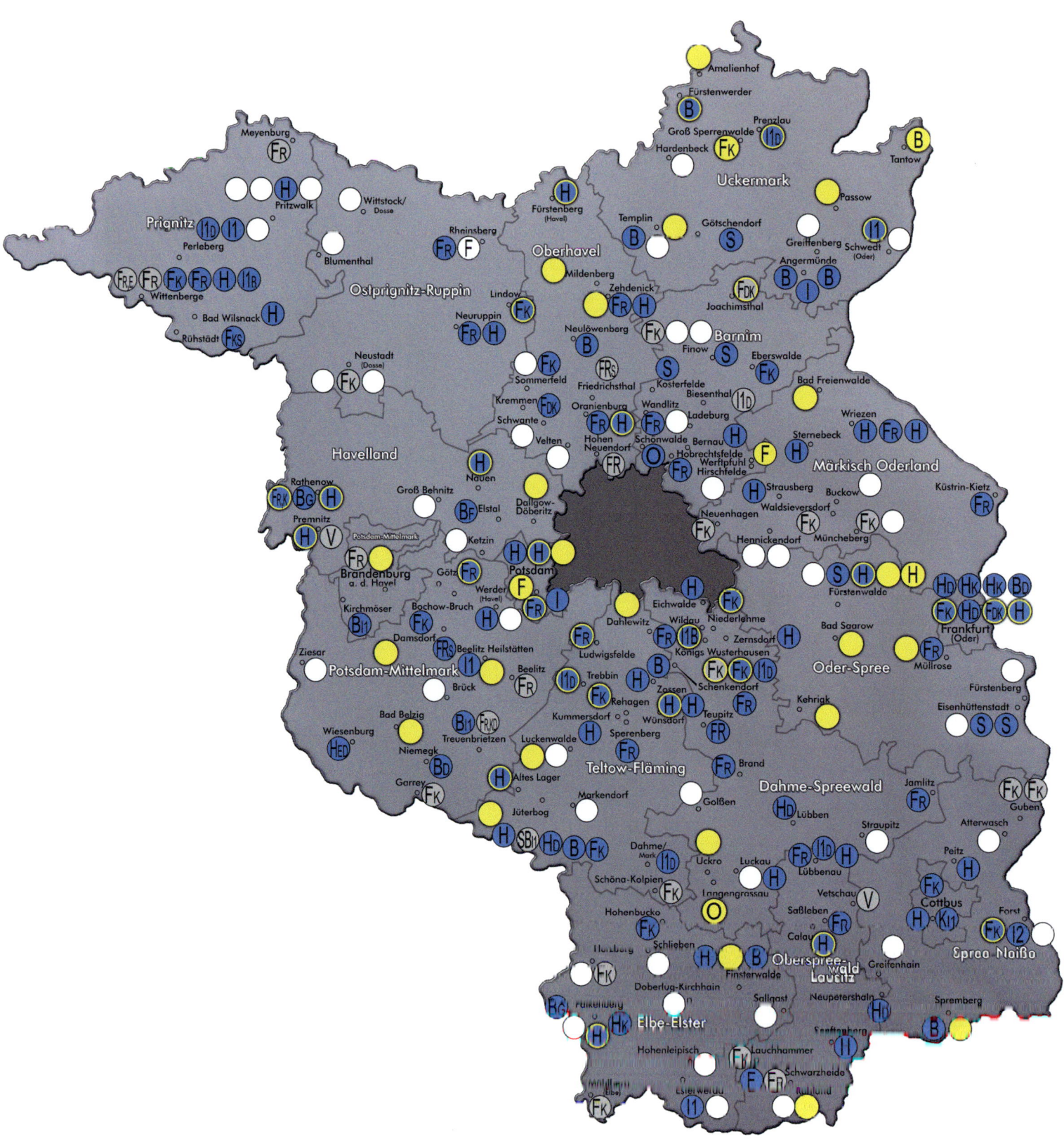

LEGENDE

◯ KEINE ANGABE

🟡 TURM, TURMKOPF ODER BEHÄLTER ABGERISSEN, K.A.

🔵 BEHÄLTER AUSGEBAUT

🔵 BEHÄLTER AUS EISEN, STAHL UND/ODER GUSS

⚫ BEHÄLTER AUS EISENBETON ODER STAHLBETON

Ⓑ BEHÄLTER BAUART BARKHAUSEN

(B_D) BARKHAUSEN MIT MITTLEREM DURCHSTIEG

(B_F) DOPPELBEHÄLTER: BARKHAUSEN/FLACHBODEN

(B_G) BARKHAUSEN GESCHLOSSEN

(B_I1) BARKHAUSEN MIT INZE I BODEN U. MITTLEREM DURCHSTIEG

Ⓕ FLACHBODENBEHÄLTER

(F_D) FLACHBODEN MIT MITTLEREM DURCHSTIEG

(F_DK) FLACHBODEN MIT MITTLEREM DURCHSTIEG, KREISFÖRMIG

(F_K) FLACHBODEN KREISFÖRMIG

(F_KS) FLACHBODEN KREISFÖRMIG MIT SCHORNSTEIN

(F_R) FLACHBODEN RECHTECKIG

(F_R,E) MEHRERE FLACHBÖDEN: RECHTECKIG, ELLIPSENFÖRMIG

(F_R) FLACHBODEN RINGBEHÄLTER

(F_RS) FLACHBODEN RINGBEHÄLTER MIT SCHORNSTEIN

Ⓗ HÄNGEBODENBEHÄLTER

(H_ED) HÄNGEBODEN M. ELLIPSOIDEM BODEN U. MITTLEREM DURCHSTIEG

(H_D) HÄNGEBODEN MIT MITTLEREM DURCHSTIEG

(H_K) HÄNGEBODEN MIT KEGELFÖRMIGEM BODEN

Ⓘ BEHÄLTER BAUART INTZE I ODER INTZE II (KEINE ANGABE)

(I1_B) DOPPELBEHÄLTER: INTZE I/BARKHAUSEN

(I1_D) BEHÄLTER BAUART INTZE I MIT MITTLEREM DURCHSTIEG

(I1,B) MEHRERE BEHÄLTER: INTZE I, BARKHAUSEN

(I2) BEHÄLTER BAUART INTZE II

(K_I1) BEHÄLTER BAUART KLÖNNE MIT INTZE I BODEN

Ⓞ HYDROGLOBUS

Ⓢ SCHORNSTEINBEHÄLTER

(S_BI1) STÜTZBODENBEHÄLTER MIT INTZE I BODEN

Ⓥ KEGELBEHÄLTER

IV. Repräsentanten historischer Behälterformen

Viele Wassertürme sind im Land Brandenburg in die Denkmalliste aufgenommen worden: Im Landkreis Teltow-Fläming sind es 22 von 23, in Ostprignitz-Ruppin 9 von 10 Türmen und in den anderen Landkreisen sind es mindestens die Hälfte aller erfassten Türme. Meine Auswahl der Repräsentanten im IV. Kapitel richtete sich nicht nach der Denkmalliste.[501] Ausgewählte Wassertürme der Kategorie A sind auch die Türme in Eichwalde, Götschendorf, Falkenberg/Elster, Langengrassau, Kremmen, Müllrose, Schwarzheide, Wiesenburg, Vetschau und Frankfurt (Oder). Wichtig für die Auswahl waren der überkommene Behälter in Gänze und die vorhandene Ausstattung, um die technische Entwicklung der Behälterformen repräsentativ für Brandenburg darzustellen.

Als Repräsentanten werden Wassertürme mit ihrer Geschichte vorgestellt und im Einzelnen beschrieben, welche Besonderheiten in Hinblick auf: Geschichte, Nutzung, Bauweise, Architektur und Wasserreservoirs mit Behälterform, Auflager und Material zur Auswahl geführt haben.

Unterschieden werden Behälter nach der Behälterform und den verwendeten Werkstoffen: Gusseisen, Schmiedeeisen und Stahl, Eisenbeton und Stahlbeton.

IV.1 Behälter aus Gusseisen, Schmiedeeisen und Stahl

IV.1.1 Flachboden

In rechteckigen Flachbodenbehältern aus Guss- und Schmiedeeisen wurden eiserne Zugbänder bzw. Zugstangen meist kreuzförmig im Behälter montiert, um Spannungskräfte aufzunehmen und ein Ausbeulen der Behälterwände zu verhindern. Die Anordnung von Winkeln am oberen und unteren Behälterrand, sowie mitunter auch vertikal über die gesamte Mantelfläche, erhöhte die Steifigkeit der Behälterwände. Um eine Vernietung in den Ecken der Behälter zu vermeiden, wie beim Wasserturm in Wildau, wurden häufig die „Ecken" abgerundet.[502] Bei zylindrischen Flachbodenbehältern waren Zugeisen nicht notwendig. Die Aussteifung erfolgte durch Winkel am oberen und unteren Behälterrand.

501 Von den 222 (Dissertation 2018) katalogisierten Türmen konnte ich mir die Hälfte von innen ansehen. Von 88 Türmen sind mir keine Details über die vorhandene technische Ausstattung bekannt, siehe Karte Kapitel III.1.
502 Siehe auch, Schmitt, 1882, S. 242.

Abb. 152 (links) Flachbodenbehälter aus Gussplatten, Jamlitz 2013

Abb. 153 (rechts) Flachbodenbehälter aus Gussplatten, Müllrose 2011

Überkommene, untersuchte Wasserbehälter:

Die ältesten Flachböden:
- 1862–65 Eberswalde, Provinzial-Irrenanstalt, kreisförmiger Grundriss, Eisen, genietet
- 1876 Jamlitz, Eisenbahn, rechteckiger Grundriss, Guss, verbolzt
- 1876 Müllrose, Eisenbahn, rechteckiger Grundriss, Guss, verbolzt
- 1880 Wriezen, Provinzial Taubstummenanstalt, rechteckiger Grundriss, Eisen, genietet

Der jüngste Flachboden:
- 1954 Küstrin-Kietz, Eisenbahn, rechteckiger Grundriss, Stahl, genietet

IV.1.1.1 Rechteckiger Flachboden

Jamlitz, Wasserstation, Eisenbahn, Landkreis Dahme-Spreewald (Katalog Nr. 149/04)

Müllrose, Wasserstation, Eisenbahn, Landkreis Oder-Spree (Katalog Nr. 177/13)

Geschichte: Mit den Bauarbeiten an der fast 73 km langen Strecke von Cottbus über die Bahnhöfe Müllrose und Lieberose (heute Jamlitz) nach Frankfurt (Oder) begann die Cottbus-Großenhainer Eisenbahngesellschaft 1872. Die Bahnstrecke wurde 1876 in Betrieb genommen. Noch im selben Jahr waren beide Wasserstationen fertiggestellt. Die Wasserstation in Müllrose kostete 15.000 Mark.[503]

In Jamlitz wurde die Wasserstation später aufgestockt, um zwei weitere, rechteckige Behälter – diesmal aus Eisen und genietet – aufzustellen.

Besonderheit: Architektur, Material und Auflager Behälter
Beide rechteckigen Wasserstationen im neoromanischen Stil aus den siebziger Jahren des 19. Jahrhunderts sind einzigartig in Brandenburg und bilden mit den anderen überkommenen Bahnhofsbauten jeweils eine außergewöhnliche Ensemblewirkung. In beiden Wasserstationen sind die je zwei, originalen, gusseisernen Wasserbehälter noch vorhanden.

- Behältergrößen Jamlitz: 3,34 m × 1,62 m × 1,51 m
- Behältergrößen Müllrose: 3,54 m × 1,53 m × ~1,5 m

Gussbehälter[504] sind schwerer als Eisenbehälter und stoßempfindlicher. Der Vorteil: Die Behälteranstriche brauchten nicht so häufig, wie bei schmiedeeisernen Behältern, erneuert zu werden.[505]

Die 10 bis 16 mm starken Gussplatten wurden im Herdgussverfahren hergestellt. Nach Sonne konnten bei kleineren Wasserstationen Plattenstärken von 10 bis 12 mm verwendet werden.[506]
- Gussplatten der Wasserstation Jamlitz: 18 mm (mit dickem Farbauftrag)
- Gussplatten der Wasserstation Müllrose: 18 mm (mit dickem Farbauftrag)

Die Randausbildung der Gussplatten ist flanschartig für die spätere Verbolzung ausgebildet.[507] Zwischen den Flanschen wurden die Abdichtungen eingebracht.[508] Geschmiedete Zugstangen mit Gewinde und Schraubenbolzen von 20 mm Stärke[509] hielten die Platten zusammen.
- Bolzen der Wasserstation Jamlitz: 17 mm Durchmesser
- Bolzen der Wasserstation Müllrose: 16 mm Durchmesser

Abb. 154 (oben) Auflager, Detail Fischbauchträger, Jamlitz 2013

Abb. 155 (unten) Auflager, Fischbauchträger, Müllrose 2011

503 Müller, online, S. 1 f.
504 Flüssiges graues Roheisen wird in Formen gegossen. Dieser sogenannte Grauguss hat einen Kohlenstoffgehalt von 2 bis 4 % und ist nicht schmiedbar, Broschat, 1926, S. 7.
505 Schmitt, 1882 S. 240 f.
506 Sonne, 1883, S. 374.
507 Gussbleche wurden verschraubt, eine Vernietung war nicht möglich auf Grund des spröden Materials.
508 Die notwendigen Dichtungsstreifen waren aus Leinöl oder Teer getränkter Pappe, ölgetränktem Papier, asbesthaltiger Pappe oder Gummi mit Leinen, Broschat, 1926, S. 89; vgl. Kottenmeier, 1930, S. 2; auch Eisenkitt wurde zum Abdichten verwendet, Sonne, 1883, S. 371.
509 Schmitt, 1882 S. 240 f.

Abb. 156 Wasserkran
befüllt Dampflok, Rheins-
berg 2015

Seit 1882 verwendete die Eisenbahn immer mehr schmiedeeiserne Behälter[510] und dieser Materialwechsel vom
gusseisernen zum eisernen Flachbodenbehälter ist in der
Wasserstation Jamlitz ablesbar. Im aufgestockten 2. Obergeschoss stehen über den Gussbehältern zwei genietete
Eisenbehälter mit 4,58 m × 2,52 m × 2,77 m.

Fischbauchträger wurden beim Bau von Eisenbahnbrücken im 19. Jahrhundert vielfach verwendet.

Nach Schmitt werden Behälter häufig auf eiserne Träger: Fischbauchträger, gewalzte Doppel-T-Träger und nur
selten auf Gitterträger aufgelagert.[511] Bei den gusseisernen
Wasserbehältern der beiden Wasserstationen sind Fischbauchträger als Auflagerkonstruktion gewählt worden.

- Abstände der Fischbauchträger Jamlitz: ~1 m (direkt
  unter den Behältern) und 1,5 m
- Abstände der Fischbauchträger Müllrose: 1 m (direkt
  unter den Behältern) und ~ 1,5 m

Besonderheit des Bahnhofs Jamlitz: Geschichte
Zum Ende des Zweiten Weltkrieges wurden tausende Häft-
linge über den Bahnhof Lieberose in das Arbeitslager Lieberose, ein Außenlager des KZ-Sachsenhausen, gebracht. Die
Züge, deren Eisenbahnwagons mit vielen jüdischen Häft-
lingen überfüllt waren, die aus anderen Vernichtungslagern
gebracht wurden, endeten auf dem Bahnhof. Nach dem
Krieg wurde das Außenlager zum Internierungslager des
sowjetischen NKWD, dem Geheimdienst. Ein geschichts-
trächtiger, leidvoller Ort. 1996 wurde der Bahnhof samt
Strecke von der Deutschen Bahn stillgelegt.[512]

Heute ist aus dem ehemaligen Bahnhof mit seinen
Bauten eine Bildungs- und Begegnungsstätte für Jugendliche geworden: das Justus Delbrück Haus, Akademie für
Mitbestimmung Bahnhof Jamlitz. Der Berliner Jugend-
hilfeverein Karuna möchte den Kindern und Jugendlichen aus bildungsfernen Haushalten das „Lernen durch
Erleben" vermitteln.[513]

Beide Gebäude sind auf Grund ihrer überkommenen
Behälter aus Guss in Verbindung mit der Auflagerkon-
struktion aus Fischbauchträgern, ihrer Geschichte und
Architektur aus rotem Sichtmauerwerk mit vielen Details
erhaltungswürdige Vertreter der Wasserstationen der
Eisenbahn im 19. Jahrhundert.

Abb. 157 Behälter von
1898, vollgefüllt, Rheinsberg 2015

Rheinsberg, Wasserstation, Eisenbahn, Landkreis Ost-prignitz-Ruppin (Katalog Nr. 041/08)

Geschichte: Die Gebäude des 1899 eröffneten Rheinsberger Bahnhofs der Kleinbahn von Löwenberg nach Rheinsberg stehen unter Denkmalschutz, davon ausgenommen
ist der Lokschuppen. 1898 wurde der linke Teil des heutigen Lokschuppens als Fachwerkbau errichtet. Der Wasserturm, ursprünglich rechts in den Lokschuppen eingebaut, bestand aus einem gemauertem Turmschaft und
einem Turmkopf in Fachwerkbauweise. Im Turmkopf stand nur ein Flachbodenbehälter. Mit der späteren
Erweiterung des Lokschuppens wurde ein zweiter Behälter eingebaut. Die Erweiterung war kein Problem, denn
auf die Giebelwände wurden durch das Dachwerk und
den Behälter keine Lasten übertragen.[514]

Besonderheit: Wasserturm mit zweiständigem Lokschuppen und Bauart Behälter
Der rechteckige Rheinsberger Lokomotivschuppen hat
zwei Stände. Er gehört zu den Lokschuppen für Eisenbahnen mit untergeordneter Bedeutung. Die Errichtung
von Holzbauten und Fachwerkbauten waren bei Nebenstrecken die Regel[515], vor allem im Obergeschoss, beim
Dachwerk und bei den Giebelflächen.[516] Der Erhaltungszustand des kleinen Lokschuppens und die noch heute
funktionierende Befüllung der Dampflokomotiven durch
einen Wasserkran – selten bei technischem Kulturgut
außerhalb von Museen – ist den Vereinsmitgliedern der
Arbeitsgemeinschaft Rheinsberger Bahnhof e.V. zu verdanken.

An beiden 2 × 2 m großen Wasserreservoiren ist die
technische Entwicklung der Flachbodenbehälter abzule-
sen. Beim Behälter, der 1898 gefertigt wurde, stoßen die

510   Schmitt, 1882, S. 238.
511   Schmitt, 1882, S. 252.
512   Märkische Oderzeitung vom 09.03.2010.
513   http://cms.karuna-ende/die-karuna-einrichtungen/justus-delbru
      eck-haus/, 17.11.2015.
514   Nach Schmitt durchaus nicht unüblich, dass Dachkonstruktionen in
      Wasserstationen so ausgebildet wurden, Schmitt, 1882, S. 253.
515   Bei Hauptstrecken wurden die Gebäude aus feuerfesten Materialen
      errichtet.
516   Schmitt, 1882, S. 107 f.

Abb. 158 (links) Rohrleitungen über dem oberen Behälter zur Belüftung, Sperenberg 2011

Abb. 159 (rechts) Flachbodenbehälter mit russischen Schriftzeichen, Sperenberg 2011

Ecken noch rechtwinklig aufeinander. Er wurde aus vier Blechen hergestellt. Währenddessen beim Behälter, der nach 1900 gebaut wurde, die beiden verwendeten Bleche an den „Ecken" abgerundet sind. Wahrscheinlich wurde nur auf Grund der baulichen Gegebenheiten wieder ein Flachbodenbehälter verwendet.

Erlebbare Geschichte der Eisenbahn mit zwei Repräsentanten von Flachbodenbehältern aus zwei Jahrhunderten.

Sperenberg, Wasserturm mit Wasserwerk, Militär, Landkreis Teltow-Fläming (Katalog Nr. 140/17)

Besonderheiten: Geschichte und Anordnung der Flachbodenbehälter mit 2 Kammern
Seit 1346 war Sperenberg ein Kirchendorf. 1840 gab es 398 Einwohner in 48 Häusern und einen königlichen Gipsbruch. 1895 erhöhte sich die Einwohnerzahl auf 1.201.[517]

Am Schumkasee entstand 1891 ein Übungsgelände für die Ausbildung von Eisenbahn-Pionieren. Das Eisenbahnregiment Nr. 1 wurde dort ab 1892 stationiert.[518] Papke beschreibt in seinem Buch über die Militärgeschichte im 19. Jahrhundert, dass seit 1870–71 Eisenbahntruppen für die Versorgung der Truppe unabdingbar waren. In Berlin wurde 1871 ein Eisenbahnbataillon, gegründet aus Feldeisenbahnern, Infanterie- und Pioniertruppen, stationiert. Ab 1876 gab es in Preußen zwei Eisenbahnbataillone. Von Moltke erließ 1888 die „Lehrordnung der Königlichen Kriegsakademie", um den neuen Bedingungen der technischen Entwicklung gerecht zu werden. Das betraf auch das militärische Eisenbahnwesen. Die Truppenstärke der Eisenbahntruppen wuchs von vier Bataillonen (1890) auf drei Regimenter und zwei Bataillone an. Drei Kompanien gehörten zur Betriebsabteilung der Militäreisenbahn. Die ab 1874, von Berlin über die Truppenübungsplätze Zossen und Kummersdorf – später nach Jüterbog verlängert – gebaute Militärbahn diente mit ihrer Errichtung der Ausbildung der Truppe im Betriebsdienst. Die Eisenbahntruppen waren in der Lage, Entfernungen von 60 m mit Brücken zu überwinden.[519]

An dem Bahnhof Sperenberg wurde das Truppenlager Sperenberg durch eine Anschlussbahn von 2 km angebunden.[520] Die Pioniere errichteten u. a. über dem dortigen

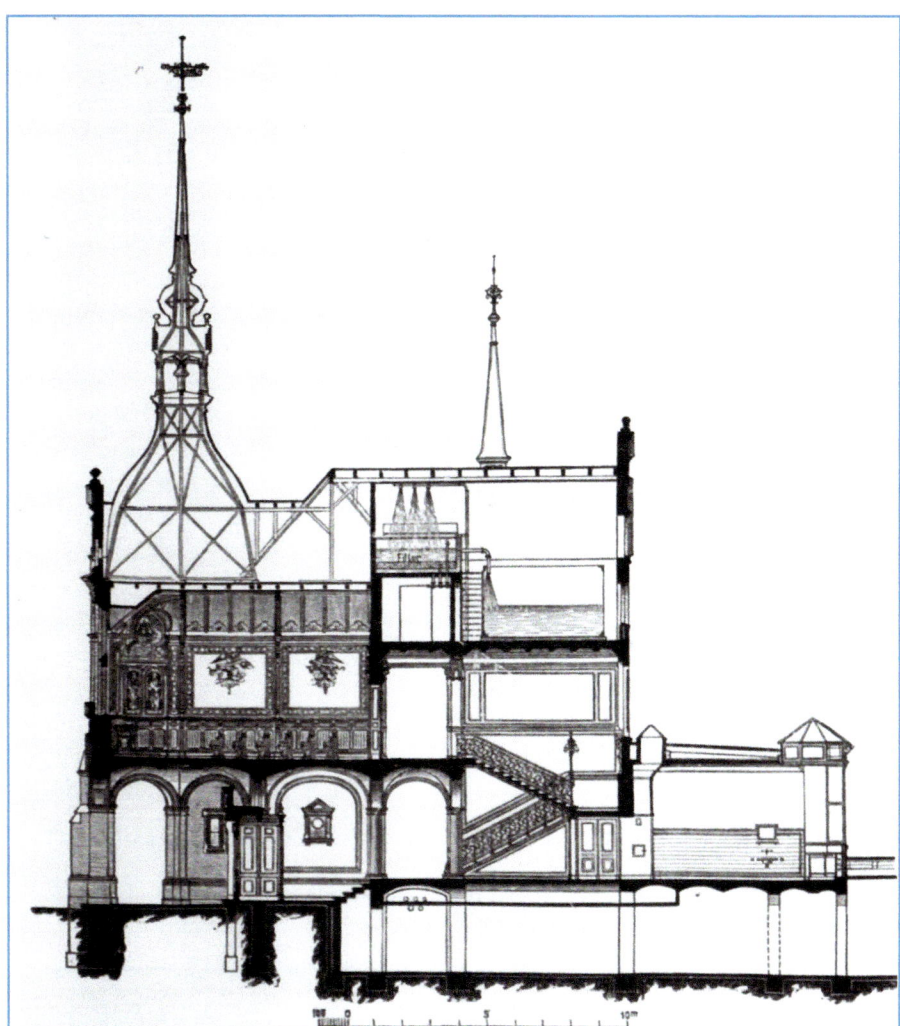

Schumkasee Eisenbahnbrücken. Noch heute kann man die Spuren der militärischen Geschichte am See entdecken.

1904 bis 1906 wurde ein Wasserwerk mit Enteisenungsanlage und Wasserturm auf dem militärischen Gelände für die Garnison gebaut.[521]

Abb. 160 Wasserversorgungsanlage – ebenfalls mit Belüftungsanlage – im Verwaltungsgebäude, Krankenhaus Kreis Teltow in Britz

517 Enders, 1976, S. 284 ff.
518 Preuß, 2008, S. 49 f.
519 Papke, 1975, IV.1, S. 182 f., IV.2, S. 120, 356.
520 Bley, 2000, S. 29.
521 Kasernen verbrauchten viel Wasser. Täglich pro Kopf 20 Liter und pro Pferd 40 Liter, Müller, 1920, S. 10

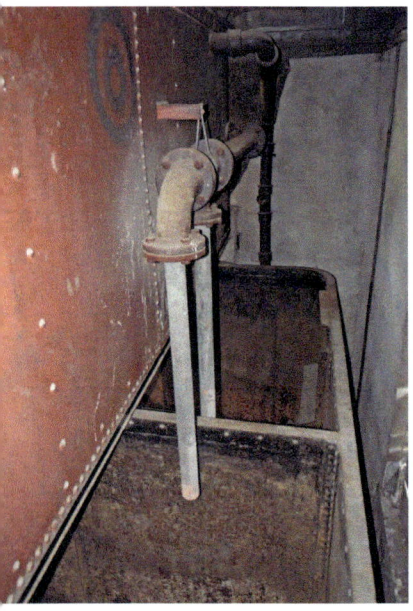

Das belüftete Wasser floss vom oberen Behälter in den unteren Flachboden – getrennt in beide Kammern. Der untere Flachbodenbehälter wurde aus 10 Blechen mit je ~1,76 m Länge gefertigt und der obere Behälter aus sechs ca. 2,63 m langen Blechen.[523] Bei beiden Wasserreservoiren sind die Bleche an den Ecken abgerundet.

Neuruppin, Wasserturm, Provinzial-Anstalt, Landkreis Ostprignitz-Ruppin (Katalog Nr. 036/03)

Besonderheit: Architektur, Geschichte und Behältergröße
Seit 1801 gab es in Neuruppin ein „Land-Irrenhaus" – die erste Einrichtung dieser Art in Preußen.[524] Mit Errichtung der Provinzial-Irren-Anstalt zu Neustadt-Eberswalde wurde die Klinik in Neuruppin geschlossen und alle Patienten in die neue Klinik nach Neustadt-Eberswalde verlegt.

1893 wurden 181 Hektar Land für die Errichtung einer neuen Irrenanstalt für 1.600 Patienten gekauft. Landesbaurat und Provinzialkonservator Gustav Bluth entwarf mit Theodor Goecke die komplexe Anlage mit Verwaltungs-, Wirtschafts- und Anstaltsgebäuden zum Wohnen und für die Behandlung, getrennt angelegt für Frauen und Männer. Den Entwurf des Hauptgebäudes plante 1893 Landesbauinspektor Franz Peveling. Zwischen 1893 bis 1903 entstanden in einer weiträumig, gestalteten Landschaft einzelnstehende Gebäude im Landhausstil, gemauert mit Rathenower Ziegeln.

Im September 1895 fand das Richtfest auf dem Wasserturm statt. Drei Dampfkessel im Maschinen- und Betriebsgebäude sorgten dafür, dass der nötige Dampf für das Heizen und Kochen, sowie für die Warmwasserbereitung vorhanden war. 1896 erfolgte über eine 1,82 km lange Druckleitung mit einem Durchmesser von 175 mm der Anschluss des Wasserturms an die städtische Wasserversorgung.[525]

Neuruppin wurde 1898–99 durch die Eröffnung der Bahnstrecke von Berlin nach Neuruppin an das Verkehrsnetz der Preußischen Staatsbahn angeschlossen.

1978 zerstört ein Dachbrand zum großen Teil das Hauptgebäude, aus der Literatur ist nicht erkennbar

Abb. 161 (links) Zuleitung vom oberen Behälter in den unteren Behälter, Sperenberg 2011

Abb. 162 (rechts) Rohrleitung als Verbindung zwischen zwei Behältern, Jamlitz 2013

Die GUS-Streitkräfte nutzten das Militärgelände, vor allem den Flugplatz Sperenberg, bis zu ihrem Abzug 1994.

Der im historistischen Stil errichtete Wasserturm ist ein Zeitzeuge militärischer Einrichtungen im Übergang vom 19. zum 20. Jahrhundert. Die, für die Garnison in Sperenberg, konzipierte Wasserversorgung mit den übereinander angeordneten Flachbodenbehältern aus der Erbauungszeit ist noch erhalten. Die Art der Aufstellung ist einmalig und ungewöhnlich. Ansonsten sind Wasserbehälter nur bei Aufstockungen und Erweiterungen von Gebäuden nachträglich übereinander, in verschiedenen Ebenen aufgestellt worden. Im Allgemeinen wurden mehrere Behälter nebeneinander aufgestellt und durch Rohrleitungen miteinander verbunden. Durch die Scheidewand im unteren Behälter stand bei Reinigungsarbeiten immer eine Kammer als Wasserreservoir zur Verfügung. Die Flachbodenbehälter im Turmkopf sind nur durch Doppel-T-Träger, die das Auflager für den oberen Flachbodenbehälter bilden, voneinander getrennt. Über dem oberen Behälter waren Rohrleitungen für die Belüftung des Wassers bereits bei der Planung der Wasserversorgungsanlage vorgesehen.[522]

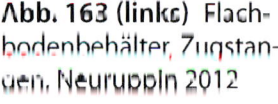

Abb. 163 (links) Flachbodenbehälter, Zugstangen, Neuruppin 2012

Abb. 164 (rechts) Flachbodenbehälter, abgetrennte Zugbänder, Wildau, Bergstraße, Landkreis Dahme-Spreewald 2011

inwiefern der Wasserturm davon betroffen war. An Hand der Entwurfszeichnungen von 1893 ist aber klar ablesbar, dass das Turmdach damals zumindest anders geplant war.

Die Bezirksnervenklinik wurde 1991 zur „Landesklinik Neuruppin". Die heutige „Ruppiner Klinikum GmbH" entstand aus der „Landesklinik Neuruppin" und dem ehemaligen Bezirkskrankenhaus von Neuruppin.[526]

In der Sichtachse des Haupteinganges erhebt sich der neoromanische Wasserturm aus dem Gebäudekomplex der Hauptverwaltung und an dieser exponierten Stelle wird der Turm zum prägenden Wahrzeichen des Ensembles. Als Landesirrenanstalt ist das Krankenhauses nicht nur städtebaulich, sondern auch im medizingeschichtlichen Kontext von Bedeutung. Im Volksmund Roter Max genannt, bestimmt die Architektur des Wasserturms die rechteckige Behälterform. Dadurch wird die vorhandene Fläche optimal ausgenutzt. Die Bauart des Behälters in Verbindung mit der Dimension ist selten. Rechteckige Flachbodenbehälter von mehr als 100 m³ Volumen gibt es bei den untersuchten Türmen und Gebäuden Brandenburgs nicht. Der Behälter vom Roten Max hat ein Volumen von 150 m³. Die anderen rechteckigen Flachbodenbehälter stehen überwiegend in Bahnwassertürmen bzw. Wasserstationen und sind maximal 50 m³ groß. Nur der 93 m³ große Behälter im städtischen Wasserturm von Wildau in der Bergstraße (Katalog Nr. 162/17), der allerdings nur noch teilweise erhalten ist, hält einem Vergleich stand. Der technische Unterschied zwischen beiden Behältern: Die kreuzweise angeordneten Zugeisen beim Roten Max sind an den Behälterwänden separat befestigt und mit zusätzlichen Konterplatten an der Außenseite der Behälterwand vernietet – beim Behälter des Wildauer Wasserturms dagegen an den senkrechten L-Winkeln, die ebenfalls aussteifen und der Ausbeulung der Mantelflächen entgegenwirken. Beim Wildauer Behälter wurden die L-Winkel und die heute nicht mehr vorhandenen Zugbänder kombiniert.

Der Neuruppiner Flachbodenbehälter wurde aus vier Blechlagen mit jeweils sechs ~3,33 m[527] langen Blechen gcfcrtigt. Die horizontalen Nietabstände der Blechlagen betragen stark gerundet 1,5 m.

522   Vgl. Belüftung von Filteranlagen für die Oxidation von Eisen und Mangan, sowie zur Entsäuerung des Wassers, Meng, 1993, S. 118, 337.
523   Gemessen außen ohne Berücksichtigung der Überlappung.
524   Rohowski, 2002, S. 13.
525   Grahn, 1898, S. 47.
526   Ruppiner Kliniken, 2000, S. 5 ff.
527   Gemessen außen ohne Berücksichtigung der Überlappung.
528   Marschner, Panke, Schulze-Fielitz, 2000, S. 33 ff.
529   Die Berliner Mühlen- und Handels-Speicheranlagen des Commerzienrats F. W. Schütt galten als Musteranlage für Rieseleinrichtungen im Speicher. Die sogenannte Umstecharbeit des Getreides konnte durch eine Durchlöcherung der Speicherböden größtenteils entfallen. Das Korn fiel – nachdem Eisenschieber betätigt wurden – durch Löcher, wurde belüftet und verteilte sich in der darunterliegenden Etage, Architekten-Verein, 1896, I. Teil, S. 500.
530   1 Zentner entspricht 50 Kilogramm.
531   Gutsche, 2011, S. 96 f.

Hobrechtsfelde, Kornspeicher mit drei Behältern, Land/ Gut, Landkreis Barnim (Katalog Nr. 067/09)

Abb. 165 Behälter mit Zugeisen, Hobrechtsfelde 2011

Besonderheit: Geschichte, Nutzung und Behältergröße James Hobrecht (1825–1903) ist es zu verdanken, dass in Berlin nach dem Beschluss der Stadtverordneten von 1873 bis 1883 ein sogenanntes Radialsystem (Nummeriert von I.–X.) für die Ableitung der Abwässer errichtet wurde. Der Bau des XI. Radialsystems erfolgte später. Die Abwässer wurden zur Verrieselung und landwirtschaftlichen Nutzung radialförmig in das Umland von Berlin geleitet – so auch nach Hobrechtsfelde, ein Berliner Stadtgut seit 1898. Nach dem Ankauf von Ländereien des ehemaligen Ritterguts Buch, von Bernau, Schönerlinde, Schönow und Zepernick umfasste das Stadtgut 1906 eine Fläche von ca. 975 Hektar.[528] Das Gut mit einem Gemeinschaftshaus, Wohnhäusern, Schule, Sägewerk, Ställen, Molkerei, Fleischerei und dem Kornspeicher wurde von 1906 bis 1909 erweitert, um- und ausgebaut. Der Kornspeicher wurde als Rieselspeicher[529] errichtet. In dem mehrgeschossigen Speicher konnten 18.000 Zentner[530] Getreide gelagert werden. Das Getreide wuchs auf den Feldern, auf denen die Abwässer von Berlin verrieselt wurden. 1984 erfolgte die Stilllegung der Rieselfelder nach dem die Kläranlage Schönerlinde in Betrieb ging.[531]

Ein Kornspeicher mit seinen Wasserreservoiren und die Nutzung der Rieselfelder des Radialsystems von Berlin als Getreidelieferant für den Rieselspeicher, ergeben die besondere geschichtliche und technische Bedeutung des Denkmals.

Drei kleine, rechteckige Flachbodenbehälter aus Eisen mit einem Behältervolumen von je 5,66 m³ stehen im Kornspeicher und sorgten früher für den nötigen Wasserdruck in den Gebäuden des Guts. Flachbodenbehälter unter 10 m³ Volumen gibt es nur noch wenige. In Brandenburg stehen kleine Behälter dieser Bauart in den Türmen von:

- Zehdenick, 2,5 m³, Katalog Nr. 057/14,
- Rheinsberg, 2 × 8 m³, Katalog Nr. 041/08,
- Wriezen, 3,3 m³ u. 9,1 m³, Katalog Nr. 086/13

Die 2,5 × 1,5 m großen Behälter von Hobrechtsfelde bestehen aus drei 5 mm starken Blechen mit unterschiedlichen Abmaßen. Die Zugeisen bei diesen kleinen Behältern sind nicht kreuzweise angeordnet. Drei 35 mm hohe Flacheisen wurden mittig an den L-Winkeln (40/60 mm Schenkellänge) der längeren Seite des Behälters angenietet.

Abb. 166 Postkarte, Königliche Eisenbahn-Hauptwerkstatt

Abb. 167 Schweißtechnische Versuchsabteilung

Wittenberge, Wasserstation, Eisenbahn, Landkreis Prignitz (Katalog Nr. 031/14)

Besonderheit: Geschichte und Herstellung, Behälter
Von 1840 an beschäftigte sich William Lindley mit der Gesamtplanung des Streckenabschnitts Hamburg–Bergedorf der Eisenbahnstrecke Berlin–Hamburg. Bereits im Anschluss an die Prospektion des in Frage kommenden Gebiets projektierte Lindley zwei verschiedene Streckenverläufe. 1842, nach der Eröff-

nung des Streckenabschnittes, übernahm der preußische Oberbaurat Friedrich Neuhaus die weitere Planung und Ausführung. Er hatte bereits Erfahrungen bei der Bahnstrecke Berlin-Stettin gesammelt. 1843 wurde die „Berlin-Hamburger Eisenbahngesellschaft" (BHE) gegründet. Die 287 km lange Strecke zwischen Hamburg und Berlin wurde 1846 eröffnet und 1884 erfolgte die Überführung in den Preußischen Staatsbesitz.[532] Von der Magdeburg-Halberstätter Eisenbahn-Gesellschaft wurde die Strecke Magdeburg-Wittenberge 1849 eröffnet.[533] 1873 ging die Eisenbahnstrecke von Wittenberge nach Lüneburg in Betrieb.[534] Ebenfalls 1873 wurde die Zweigstrecke Wittenberge nach Hitzacker eingeweiht. Die Verstaatlichung der Strecke erfolgte 1889.[535] Durch die Berlin-Hamburger Eisenbahn Gesellschaft wurde 1874 eine weitere Zweigstrecke von Wittenberge nach Buchholz gebaut.[536]

Bereits 1883 bestand nach Grahn auf dem Bahnhof Wittenberge, an der Strecke Berlin-Hamburg, eine Wasserversorgung durch einen, vom Bahnhof 400 m entfernten, Brunnen, aus dem das Wasser mit Dampfkraft gehoben wurde.[537]

Beim Übergangsbahnhof Wittenberge trafen sich Strecken der Berlin-Hamburger und Magdeburg-Halberstädter Bahn. Das Bahnhofsgebäude stand inselartig zwischen den Gleisen.

Der Lokschuppen wurde 1872 gebaut und die Wasserstation ein Jahr später. Die Eisenbahn-Hauptwerkstatt der Berlin-Hamburger Eisenbahngesellschaft ging 1876 in Betrieb.[538] Hier wurden Lokomotiven und Waggons repariert. Um 1910 begannen die ersten Schweißversuche in der Hauptwerkstatt, bis dann 1923 die „Versuchs- und Lehrwerkstatt für Schweißerei" gegründet wurde – die spätere „Schweißtechnische Versuchs-Anstalt Wittenberge" im „Reichsbahn-Ausbesserungswerk Wittenberge".[539] Heute werden Reisezugwagen und S-Bahnwagen im Wittenberger Werk repariert.

Das Gelände auf dem die Wasserstation, der Lokomotivschuppen und Wasserturm stehen, hat die Stadt Wittenberge erworben. Der Verein „Historischer Lokschuppen" und die „Dampflokfreunde Salzwedel e.V." haben ihren Standort auf dem Gelände und erhalten die baulichen Anlagen für ein Eisenbahnmuseum.[540]

1873 errichtet, gehört die Wasserstation zu den ältesten, erhaltenen Wasserstationen in Brandenburg. Die Wasserreservoire aus der Errichtungszeit wurden durch

532 Kinzinger, 2008, S. 299 f.
533 Berger, 1980, S. 152, 159, 177.
534 Eichel, Muchow, Rodegast, 2010, S. 31.
535 Berger, 1980, S. 176 f.
536 http://de.wikipedia.org/wiki/Bahnstrecke_Wittenberge-Buchholz, 01.10.2015.
537 Grahn, 1883, S. 17.
538 Nach der Verstaatlichung war die Königliche Eisenbahndirektion Altona für die Hauptwerkstätte verantwortlich, Mühl, 1981, S. 25.
539 Muchow, 2001, S. 38 ff.
540 http://www.lokschuppen-wittenberge.de, 22.10.2015.

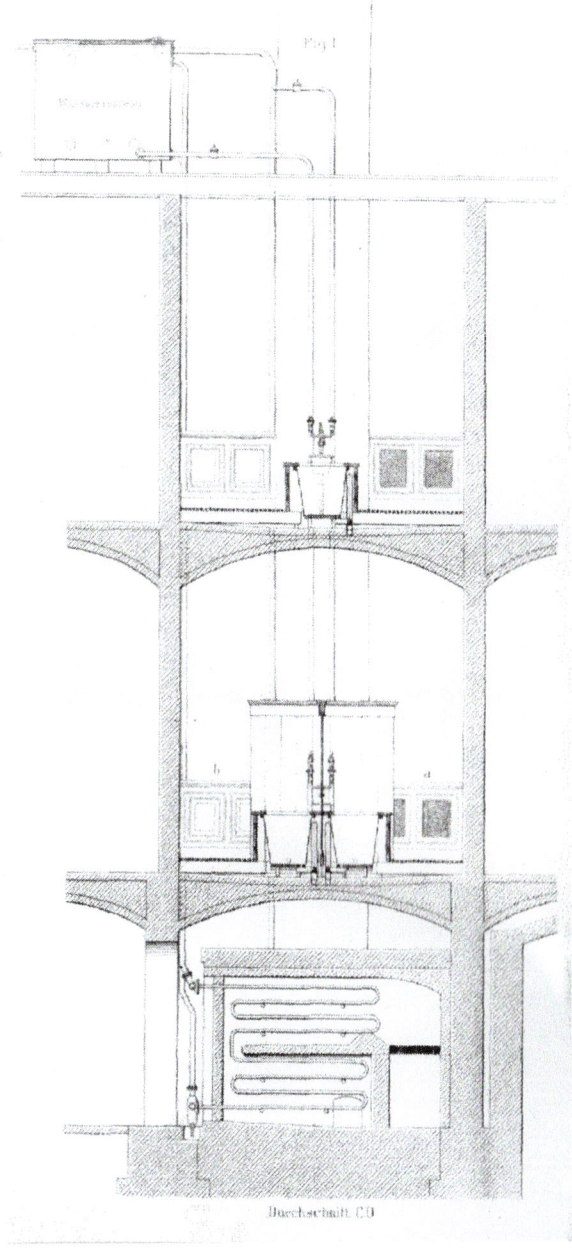

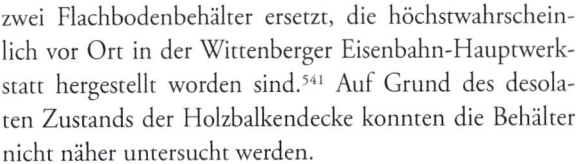

Abb. 168 (oben)
Martin Gropius Kranken-
haus, Eberswalde 2012

Abb. 169 (links) Beispiel
Dachgeschoss, dezen-
traler Hochbehälter

Abb. 170 Eisenbahn-
turm, Bahnhofstr. 4, Neu-
stadt (Dosse) 2010

zwei Flachbodenbehälter ersetzt, die höchstwahrscheinlich vor Ort in der Wittenberger Eisenbahn-Hauptwerkstatt hergestellt worden sind.[541] Auf Grund des desolaten Zustands der Holzbalkendecke konnten die Behälter
nicht näher untersucht werden.

IV.1.1.2 Kreisförmiger Flachboden

Eberswalde, Wasserturm (Doppelturmanlage), Provinzial-
Anstalt, Landkreis Barnim (Katalog Nr. 061/03)

Geschichte: Der Königliche Baumeister Martin Gropius[542]
wurde 1860 durch die Kurmärkische Land-Armen-Verwaltung zum Architekten der geplanten Provinzial-Irren-
Anstalt zu Neustadt-Eberswalde berufen.

Ein sorgfältig von Medizinern, u. a. vom späteren
ersten Direktor der Anstalt Dr. Sponholz, ausgearbei-
tetes Bedarfsprogramm für 400 Kranke und „Sieche"

mit einer detaillierten Beschreibung im Einzelnen für
jedes Gebäude, bildete die Grundlage für eine funktio-
nal ausgerichtete, ästhetische Architektur in Blockbauweise mit Innenhöfen. Insbesondere waren auch die technisch notwendigen Gebäude, Anlagen und Ausstattungen

541 Siehe Kapitel II.2.2.3, Unterpunkt: Nieten, Verbolzen, Schweißen,
S. 47ff.
542 Gropius (1824–1880) baute nach dem Eberswalder Krankenhaus mit
Schmieden das Krankenhaus am Friedrichshain (1868–1874), Architekten-Verein, 1896, II./III. Teil, S. 434; Gropius hat mit Schmieden auch den WT im Tempelhofer Garnisonslazarett (1875–1878)
gebaut, weitere Informationen über Martin Gropius, siehe Fehlauer,
2002, S. 55 ff.

Abb. 171 Druckregler,
Firma Bopp & Reuter

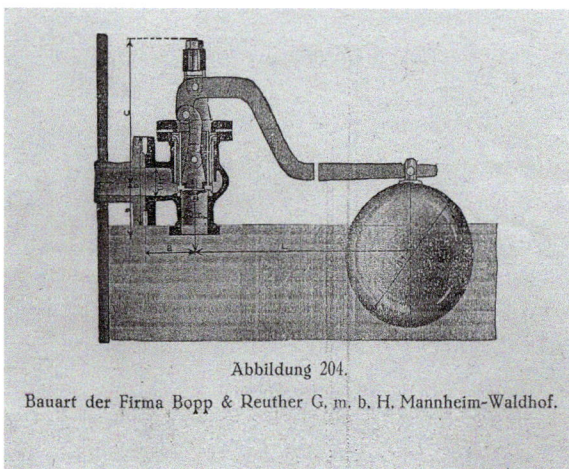

Abbildung 204.

Bauart der Firma Bopp & Reuther G. m. b. H. Mannheim-Waldhof.

Abb. 172 Flachbodenbe-
hälter mit mechanischem
Wasserstandsregler,
Eberswalde 2012

breiten Brunnen wurde das Wasser aus einer Tiefe von ca. 2,4 m gehoben. Eine Dampfmaschine von 4 PS trieb bis zu drei Pumpen an, die das Wasser durch zwei Zuleitungen, die gleichzeitig auch als Ableitung dienten, in die Reservoire des Wasserturms pumpten. Die weitere Verteilung des Wassers erfolgte über ein Ringsystem in die Dachgeschosse der einzelnen Gebäude, wo jeweils Zwischenreservoire für Kalt- und Warmwasser standen.[545]

Funk beschreibt im Handbuch für Architektur: Das Wasser wird in den „... Hochbehälter gepumpt, welcher 3 m höher als die Dachgeschosse der Krankenhäuser liegt, so dass sich die kleinen auf letzteren gelegenen Behälter für die Bäder in den Krankenhäusern mittels kommunizierender Röhren stets füllen und mittels eines Schwimmerkugelhahns von selbst abschließen."[546]

Ab 1880, mit Errichtung der ersten Pavillonbauten, änderte sich die ursprüngliche Blockbauweise. Um- und Erweiterungsbauten – geplant vom Königlichen Baurat Franz Peveling und Landesbaurat Theodor Goecke, sowie dem Bauinspektor Richard Lang – wurden von 1898 bis 1912 auf dem Gelände der Anstalt ausgeführt.[547] Nach dem Zweiten Weltkrieg, bis zum Abzug der GUS-Streitkräfte 1994, wurden die baulichen Anlagen als Militärlazarett genutzt.

Besonderheit: Architektur und Technik
In der in Brandenburg seltenen Doppelturmanlage sind zwei zylindrische Wasserreservoire nebeneinander angeordnet. Diese Anordnung bestimmt die Architektursprache. Eisenbehälter wurden häufig zweifach und dreifach aus technologischen Gründen nebeneinander in Gebäuden aufgestellt.[548] Die Doppelturmanlage wurde mit gelbem Sichtmauerwerk und roten Ziegelbändern – wie die anderen Gebäude der Anstalt – von Gropius geplant und errichtet. Trotz seinem Standort auf der Anhöhe hinter dem Gebäudekomplex gehört der Wasserturm sichtbar zum Ensemble dazu. Eine vergleichbare Doppelturmanlage in Brandenburg ist der Eisenbahnwasserturm in Neustadt (Dosse), Landkreis Ostprignitz-Ruppin.

Die abgebildete, mechanische Wasserstandsregulierung über Druckregler ist auch in den Behältern von Eberswalde angewendet worden. 1882 beschrieb Schmitt Ventile, die an der Zuleitung montiert sind. Der Druckregler ist mit dem Schwimmer über eine Stange fest verbunden. Mit dem steigenden Wasser im Behälter geht auch der Schwimmer nach oben, und verschließt, wenn der höchst mögliche Wasserspiegel erreicht wurde, das Schwimmerventil.[549] Neben dem Druckregler sind noch die Rückschlagventile erhalten.

Der Doppelturm als Bestandteil des Ensembles mit seiner überkommenen Technik und den vermutlich ältestenzylindrischen Flachbodenbehältern im Land Brandenburg machen die Einmaligkeit dieses Wasserturms mit seinen Behälter-Repräsentanten aus.

beschrieben, wie z. B.: Ökonomiegebäude mit einem im Maschinenraum aufgestellten Dampf-Apparat[543]; Wirtschaftsgebäude mit zwei Feuerspritzen und Zubehör; Gebäude für ruhige Kranke der höheren Stände, ausgestattet mit vier Badewannen in einem Badezimmer; Innenhöfe mit Trinkwasserbrunnen etc.

Gropius reichte es nicht, das Bedarfsprogramm in seine Pläne einzuarbeiten, er besuchte mit Dr. Sponholz Irren-Anstalten in der Schweiz und Deutschland, um deren Erfahrungen in seine Planung einzubeziehen. Die Errichtung der Anstalt dauerte nur drei Jahre: von 1862 bis 1865. Die Bauleitung übernahm der Architekt Bunge und als General Unternehmer wurde der Maurermeister C. Koch beauftragt. Das Sichtmauerwerk besteht aus gelben Ziegeln der ortsansässigen Ziegelei „Noebel" und roten Ziegeln der Freienwalder „Ziegelei Kalisch und Beneckendorf".

Die Dampfmaschine und Wasserreservoire lieferte die 1852 gegründete Firma L. Schwartzkopff[544] aus Berlin-Charlottenburg. Der Wasserbedarf lag 1869 bei 5 m³ pro Kopf und Tag. Aus dem im Durchmesser ca. 3,5 m

Rühstädt, Wasserturm, Land/Gut, Landkreis Prignitz (Katalog Nr. 027/10)

Geschichte: Urkundlich wurde Rühstädt als Dorf 1384 und 1436 als Pfarrdorf erwähnt. Seit 1608 war der Ort der Adelssitz derer von Quitzow und ab 1684 Rittersitz. Auf dem Rittersitz und im Dorf gab es 1745 einen Lehmschulzen, neun Bauern, 21 Kossäten, eine Schmiede und zwei Windmühlen. 1858 lebten 348 Einwohner im Dorf und es wurden fünf öffentliche Häuser, 50 Wohnhäuser und 73 Wirtschaftshäuser gezählt. Auf dem Rittergut wohnten zur selben Zeit 199 Menschen in 31 Wohnhäusern mit 45 Wirtschaftsgebäuden. 1895 hatte sich die Einwohnerzahl im Dorf unwesentlich verändert. Auf dem Rittergut lebten 1895 nur 154 Einwohner.[550]

Bereits im 18. Jahrhundert wurde der Lustgarten mit Orangerie und Eiskeller angelegt. 1882 errichte die Familie von Jagow das Herrenhaus.[551] Vermutlich wurde der Wasserturm in dieser Zeit errichtet, um das Herrenhaus und den Garten mit Wasser zu versorgen.

Besonderheit: sehr kleiner Behälter mit Schornstein und Vorkammer

Im zylindrischen Flachboden wurde ehemals – durch das mittig angeordnete, genietete Rohr – ein Schornsteinrohr durchgeführt, damit das Wasser im Winter nicht gefror.

Die Verwendung einer kleinen Vorkammer wurde im Handbuch der Ingenieurwissenschaften von 1883 erwähnt. Es war durchaus zu dieser Zeit üblich, im Hochreservoir das Wasser erst über eine kleine Kammer in das eigentliche Reservoir fließen zu lassen. Auch bei mehreren Zuleitungen wurde eine kleine Kammer angeordnet, in die erstmal das Wasser floss, um dann in den größeren Behälter zu gelangen. War in der größeren Kammer kein Wasser, wurde der notwendige Druck im Verteilungsnetz durch die kleine Kammer gewährleistet.[552] Diese technischen Details sind einzigartig und bei keinem weiteren der untersuchten Flachbodenbehälter zu finden.

Der 1,41 m hohe, zylindrische Flachbodenbehälter besteht aus sechs ~1,21 m langen Blechen und einem 0,94 m langen Blech.[553] Das Behältervolumen des Rühstädter Wasserturms von 5,6 m³ ist sehr gering. Zwei weitere kreisförmige Flachbodenbehälter unter 10 m³ Volumen befinden sich in den Türmen der Ölmühle von Wittenberge (2 × 5,5 m³, Bad Wilsnacker Str. 52, Katalog Nr. 030/13).

Kremmen, Wasserturm, Eisenbahn, Landkreis Oberhavel (Katalog Nr. 047/04)

Geschichte: 1893 wurde die 33 km lange Kremmener Bahnstrecke für den Betrieb von Schönholz-Reinickendorf über Velten nach Kremmen freigegeben. Die Strecke von Kremmen nach Neuruppin ging 1898–99 in Betrieb – gebaut durch das Bahnbauunternehmen Lenz & Co.[554] In mehreren Teilstrecken wurde die nördlich von Berlin liegende, sogenannte Umgehungsbahn für den Verkehr

543 Der Dampf-Apparat sorgte u. a. für die Verteilung des Wassers.
544 Siehe weitere Ausführung zur Firma, Wasserturm Wildau Katalog Nr. 163/18
545 Gropius, 2002, S. 63 ff.
546 Funk, 1891, S. 44.
547 Fehlauer, 2002, S. 112 ff.
548 Lueger, 1895, S. 767 ff.
549 Schmitt, 1882, S. 247.
550 Die Adelsfamilien von Quitzow und von Grumbkow waren bis 1781 in Rühstädt ansässig, Rave, 1939, S. 177.
551 Enders, 1962, S. 766 ff.
552 Lincke, 1883, S. 263.
553 Gemessen außen ohne Berücksichtigung der Überlappung.
554 http://de.wikipedia.org/wiki/Bahnstrecke_Berlin-Schönholz-Kremmen, 01.10.2015; Brandt, 1968, S. 11.

Abb. 173 (links) Herrenhaus mit Brücke, Rühstädt 2011

Abb. 174 (rechts) Wasserturm als Quartier für Störche, Rühstädt 2011

Abb. 175 Wasserturm mit Maschinenhaus, Beelitz-Heilstätten 2011

freigegeben und der letzte Streckenabschnitt von Nauen über Kremmen bis Oranienburg ging 1915 in Betrieb.[555]

Besonderheit: Bauweise
Es gibt nur noch wenige Wassertürme, deren Subkonstruktion aus sichtbarem Eisenfachwerk besteht. In Brandenburg sind nur noch zwei Türme[556] mit ihren Wasserbehältern erhalten. Der Bahnwasserturm in Kremmen und der unter Punkt IV.1.6 beschriebene Wasserturm in Wiesenburg.

Die drei, übereinander angeordneten Blechlagen (v. u. n. o.: 1,41 m, 1,5 m, 0,935 m) des zylindrischen Mantels bestehen aus sechs 5 mm starken, ~2,94 langen Blechen und einem 1,17 m langen Blech.[557] Der mittlere Durchstieg wurde aus drei Blechen übereinander hergestellt (v.u.n.o.: 1,53 m, 1,41 m, 0,99 m). Das Auflager für den Flachboden wird durch einen Trägerrost aus Doppel-T-Trägern gebildet, die wiederum auf genieteten Unterzügen aufliegen. Der darunterliegende, genietete Fachwerkrahmen bildet die Ringversteifung, an der die vertikalen Fachwerkprofile angeschraubt sind.

Beelitz-Heilstätten, Wasserturm, Lungenheilstätte, Landkreis Potsdam-Mittelmark (Katalog Nr. 100/03)

Geschichte: Für die geplanten Lungenheilstätten der Landesversicherungsanstalt Berlin wurden 140 Hektar[558] Wald im Jahr 1898 von der Stadt Beelitz gekauft. Das Areal lag an der Chaussee Potsdam-Beelitz und an der Wetzlaer Bahn, die von Berlin nach Blankenheim (Sachsen-Anhalt) fuhr. Unter der Leitung des beauftragten Baurats Heino Schmieden[559] und der Mithilfe des Regierungs-Baumeisters Julius Boetke entstanden getrennte Lungenheilstätten für Frauen und Männer mit je einem Sanatorium. Bereits vier Jahre nach dem Ankauf des Grundstückes eröffnete das Sanatorium für Männer. Die anderen Bauten folgten sukzessive. Die LVA Berlin legte 1904 fest, dass weitere Pavillons und Nebenbauten in Beelitz errichtet werden sollen. Dafür wurde eine eigene Bauabteilung unter der Leitung von Fritz Schulz gegründet.[560] In der zweiten Bauphase von 1905 bis 1907 entstand je ein Pavillonbau für Männer (ca. 300 Betten) und Frauen (ca. 275 Betten). Im Dachgeschoss waren die Wasserreservoire untergebracht. Außerdem wurden u. a. Liege- und Wandelhallen, Wohnhäuser für betriebliches und medizinisches Personal (1906–07, 1928), ein Posthaus (1907), eine Bäckerei (1907–08), eine Fleischerei (1907–08) und ein Verkaufshäuschen (1926) sowie Stallgebäude für Versuchstiere errichtet. Ein zentrales Wäscherei-Gebäude wurde 1926 bis 1927 gebaut und ein modernes, chirurgisches Krankenhaus[561] 1930 eingeweiht. Auf dem dazugehörigen Gut Blankensee – zur Versorgung der Heilstätten – entstanden ein Wohnhaus für sechs Familien (1919–20), eine Schmiede (1924) und ein Gutshaus (1930).[562] Während des Zweiten Weltkrieges sind von 1942 bis 1944 mehrere Lazarettbauten errichtet worden, geplant von Egon Eiermann.[563]

Abb. 176 Maschinenhalle mit Dampfmaschinen, Beelitz-Heilstätten 2011

555   http://de.wikipedia.org/wiki/Umgehungsbahn_(Brandenburg), 01.10.2015.
556   Eine weitere Subkonstruktion, allerdings ohne Wasserbehälter, steht in Mildenberg (Landkreis Oberhavel).
557   Gemessen außen ohne Berücksichtigung der Überlappung.
558   1928 umfassten die Heilstätten, durch den Erwerb von weiteren 55,6 ha, eine Gesamtfläche von 195,6 Hektar, Schulz, 1931, S. 9.
559   Schmieden (1835–1913) hatte bereits mit Gropius das Krankenhaus am Friedrichshain (1868–74) und mit von Weltzien & Speer das Kaiser- und Kaiserin-Friedrich-Kinderkrankenhaus in Berlin-Wedding, sowie das Krankenhaus für den Kreis Teltow in Berlin-Britz errichtet, Architekten Verein, II. /III. Teil, S. 131 ff.
560   Der Beschluss über die Bildung einer eigenen Bauabteilung, lag nach Schulz begründet, in den gemachten Erfahrungen der ersten Bauphase, Schulz, 1931, S. 11.
561   Für das chirurgische Krankenhaus wurde kein zusätzliches Wasserreservoir eingebaut. Die Firma Haag aus Berlin lieferte eine Hydrophoranlage (Kaltwasserdruckerhöhungsanlage), Schulz, 1931, S. 66.

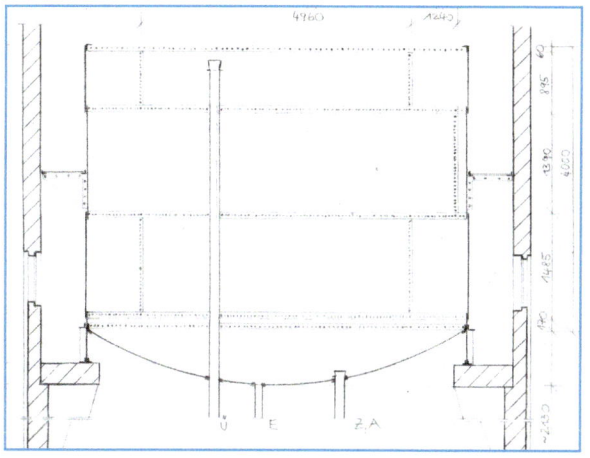

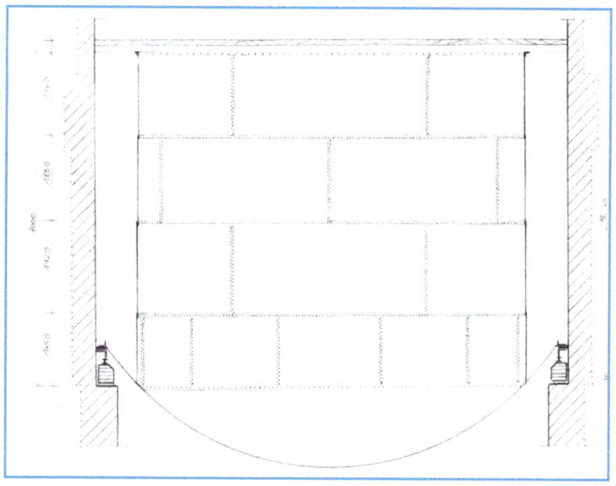

Abb. 177 (links) Hängeboden, Wasserturm Lübben, Zeichnung 2015

Abb. 178 (rechts) Hängeboden, Wasserturm Strausberg, Zeichnung 2015

Nach dem Zweiten Weltkrieg nutzte die sowjetische Armee bis zu ihrem Abzug 1994 die Beelitzer Heilstätten.

Das Kessel- und Maschinenhaus mit Wasserturm hat die Heilstätten nicht nur mit Wasser[564] versorgt, sondern auch mit Dampf zum Heizen. Der Gebäudekomplex besteht aus zwei Kesselhäusern mit einem Innenhof und dem Maschinenhaus für die Dynamos und Dampfmaschinen. In den Gebäuden befinden sich Aufenthaltsräume für das Personal, Werkstätten, Materialdepots und sanitäre Anlagen.[565] Die Wasserreservoire im Wasserturm und den beiden Pavillons waren durch Druckleitungen miteinander verbunden. 750 m³ Wasser standen insgesamt zur Verfügung.[566]

Besonderheit: Architektur, Anlagentechnik und Ringbehälter mit Schornstein

Die Landhaus-Architektur des Gebäudeensembles für die Versorgung der Heilstätte mit Heizung und Wasser ist ebenso aufwendig in der Gestaltung und Ausführung, wie bei den Sanatorien für Männer und Frauen und den Pavillonbauten. Nur der Wasserturm und der Heizungsschornstein verweisen auf den Zweck der innovativen, technischen Anlage. Hier entstand um 1900 durch Kraft-Wärme-Kopplung eines der ersten Fernheizkraftwerke in Deutschland.

Um einen gemauerten Schornstein ist ein eiserner Flachbodenbehälter gebaut worden. Diesen Behälter – mit zwei, ringförmig angeordneten Mantelblechen, bei gleicher Achse, aber unterschiedlichem Durchmesser – nennt man Ringbecken.[567] Der zylindrische Mantel besteht waagerecht aus vier Blechlagen (v.u.n.o.: 1,45 m,

3 × 1,37 m). Pro Lage wurden acht Bleche mit den Längen: 6 × 3,37 m, 1 × 2,92 m und 1 × 3,8 m verwendet.[568] Im Behälter befindet sich zentrisch eine halbhohe Scheidewand. Diese war notwendig, um im Reinigungsfall den Wasserdruck im System aufrecht zu erhalten. Andere Wassertürme mit Schornsteinen stehen in Teupitz (Landkreis Dahme-Spreewald, Katalog Nr. 160/15) und Friedrichsthal (Landkreis Oberhavel, Katalog Nr. 044/01). Beim Turm der ehemaligen Landesirrenanstalt in Teupitz wurde der Schornstein separat neben dem eisernen Flachbodenbehälter errichtet. Der Wasserbehälter aus Stahlbeton der Lungenheilstätte am Grabowsee in Friedrichsthal wurde nachträglich an einem vorhandenen Schornstein als Ringbehälter „angebaut".

IV.1.2 Hängeboden

Wassertürme mit Hängebodenbehältern, deren Boden als Kugelkalotte ausgebildet ist, gibt es noch viele in Brandenburg. Bei den meisten Türmen kragt der Turmkopf über dem Turmschaft aus. Ausnahmen bilden die Wassertürme von Strausberg, Bernau und Lübben, sowie von Finsterwalde und Lübbenau. Ein Rückschluss, ausgehend von der Architekturhülle, auf die Behälterform ist nicht möglich. Außer beim Wasserturm auf dem Bahnhof Frankfurt (Oder). Sein unverhüllter Hängeboden mit mittlerem Durchstieg ist auf dem gemauerten Turmschaft aufgelagert. Durch die Formgebung des Hängebodens als Kugelkalotte (Kugelabschnitt) war eine wirtschaftliche Vorfertigung der einzelnen, gleich gekrümmten Blechteile des Behälterbodens gegeben. Bei Jan Werth wird die Entwicklung der Behälter zum Einen an dem Verhältnis zwischen Höhe des zylindrischen Mantels und dem Durchmesser – mit der Tendenz zu immer höheren Behältern – und zum Anderen an der zunehmenden Stichhöhe der Kugelkalotte[569] im Verhältnis zum Durchmesser beschrieben. So konnte das Fassungsvermögen erhöht werden, allerdings wurde die Ausbildung des Auflagerpunktes immer komplizierter.[570] Nach Barkhausen war bei den ersten Hängebodenbehältern am Übergang zwischen Mantel- und Bodenblech das Auflager angeordnet. Der gekümpelte Bodenrand verbunden mit dem Zylinder und dem

562   Bauingenieur, 1902, S. 376 ff.; Deutsche Bauzeitung, 1904, S. 61 ff.; Schulz, 1931, S. 9 ff.

563   Wollin, 2013, S. 22 ff.

564   Um 1900 lag der Wasserverbrauch von Krankenhäusern bei 100 bis 150 Liter pro Kopf und Tag, Müller, 1920, S. 10.

565   Ausstellung des Vereins Heiz-Kraft-Werk Beelitz-Heilstätten e.V. im Kessel- und Maschinenhaus.

566   Schulz, 1931, S. 12.

567   Foerster, 1909, S. 857.

568   Gemessen außen ohne Berücksichtigung der Überlappung.

569   Vgl. Entwicklung zum Barkhausenbehälter, Kapitel II.2.2.2

570   Werth, 1969, S. 349 ff.

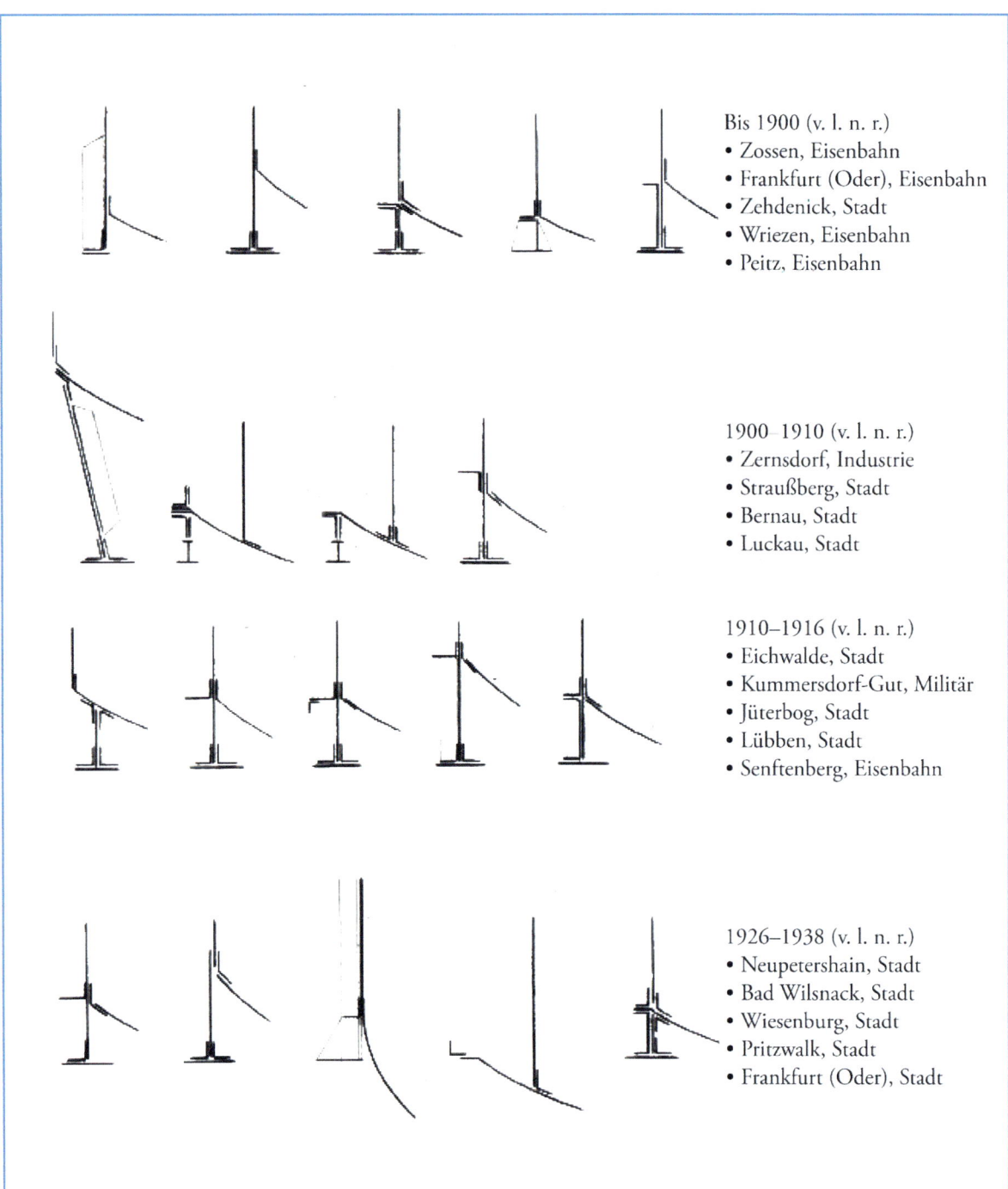

Bis 1900 (v. l. n. r.)
- Zossen, Eisenbahn
- Frankfurt (Oder), Eisenbahn
- Zehdenick, Stadt
- Wriezen, Eisenbahn
- Peitz, Eisenbahn

1900–1910 (v. l. n. r.)
- Zernsdorf, Industrie
- Straußberg, Stadt
- Bernau, Stadt
- Luckau, Stadt

1910–1916 (v. l. n. r.)
- Eichwalde, Stadt
- Kummersdorf-Gut, Militär
- Jüterbog, Stadt
- Lübben, Stadt
- Senftenberg, Eisenbahn

1926–1938 (v. l. n. r.)
- Neupetershain, Stadt
- Bad Wilsnack, Stadt
- Wiesenburg, Stadt
- Pritzwalk, Stadt
- Frankfurt (Oder), Stadt

Abb. 179 Hängeboden-
behälter, Auflager und
Druckringausbildung,
Zeichnung 2015

Auflagerwinkel übernahm die Funktion eines Druckrings. Mit der Vergrößerung des Volumens der Kugelkalotte zur Erhöhung des Fassungsvermögens, war es nicht mehr möglich das Auflager am Druckring zu positionieren. Deshalb wurden zwei Druckringe angeordnet. Ein Druckring allerdings in kleinerer Dimension, wurde weiterhin am Übergang zwischen Boden und Mantel ausgebildet und der zweite Druckring am Auflagerbereich.[571] Ein Brandenburger Beispiel ist der Eichwalder Hängebodenbehälter von 1910.

In der Literatur und auf den jeweiligen Planungszeichnungen sind verschiedene Ausführungen von Druckringen abgebildet – zum Teil sehr aufwendige Konstruktionen.

Die Entwicklung der Hängebodenbehälter ist auch bei Merkl an dem Verhältnis: Stichhöhe der Kugelkalotte zum Durchmesser ablesbar. Bei den älteren Behältern liegt das Verhältnis bei 1/8 bis 1/9 und veränderte sich zu 1/4 bis 1/6.[572]

Auch bei den Behältern der Brandenburger Wassertürme verringerte sich das Verhältnis, Stichhöhe/Durchmesser immer mehr und das Fassungsvermögen der Kugelkalotte nahm zu. Obgleich noch nach 1900 Wasserbehälter mit einem Verhältnis von 1:8 bzw. 1:7 gebaut wurden, wie in Senftenberg, Neupetershain, Lübben und Lübbenau. Beim Verhältnis zwischen zylindrischer Mantelhöhe und Durchmesser ist bei den untersuchten Behältern keine Entwicklungstendenz zu erkennen.

Die Hängebodenbehälter sind, bis auf eine Ausnahme, alle genietet. Das einzige geschweißte Reservoir steht seit 1962 auf dem Turmschaft des 1894 errichteten Bahnturms in Falkenberg/Elster auf dem Unteren Bahnhof.

Zossen, Wasserturm, Eisenbahn, Landkreis Teltow-Fläming (Katalog Nr. 144/21)

Geschichte: Die Berlin–Dresdener Eisenbahn begann 1875 mit dem Bahnbetrieb auf der 176 km langen Strecke Berlin–Zossen–Baruth–Golßen–Uckro–Kirchhain–Dobrilugk–Elsterwerda–Großenhain–Dresden. Für die Unterstellung der Lokomotiven wurde ein Lokschuppen errichtet. Zwischen Berlin und Zossen wurde die Strecke ab 1892 zweigleisig ausgebaut. Der 1873 geschlossene Vertrag zwischen der Berlin-Dresdener-Eisenbahngesellschaft (BDE) und dem Kriegsministerium regelte, das die BDE neben ihrer Strecke Berlin–Dresden auch die Vorarbeiten für die Militärbahn bis zur Gleisverlegung übernimmt.[574] Die Gleisverlegung erfolgte durch Eisenbahnpioniere, denn Militäreisenbahnen dienten in Friedenszeiten auch der Ausbildung. Von 1874 bis 1875 wurde die ca. 45 km lange Strecke von der Königlichen Militär-Eisenbahn (K.M.E.) vom Bahnhof Schöneberg in Berlin nach Zossen bis zum Schließplatz in Kummersdorf fertiggestellt.[575] Die Lokomotiven der Militärbahn wurden auf dem Bahnhof Zossen mit dem Wasser aus der Wasserstation der BDE gespeist.[576] 1887 wurde die Anzahl der Eisenbahnpionier-Bataillone von zwei auf vier erhöht, und ein Jahr später konnte der Streckenabschnitt Berlin-Zossen auch für den zivilen Verkehr ständig[577] genutzt werden. Die beiden neu gegründeten Eisenbahnbataillone wurden bereits 1890 wieder umstrukturiert, zum 2. Eisenbahnregiment zusammengefasst und ab 1893 in Berlin stationiert. Der letzte Streckenabschnitt der Militärbahn bis zum Schließplatz Jüterbog ging 1897 in Betrieb.[578] Eine Anbindung an die preußische Staatsbahn bestand in Schöneberg, Marienfelde, Zossen und Jüterbog. 1901 konnten die Passagiere durch eine Fußgängerunterführung zwischen dem Militärbahnhof und dem Bahnhof der BDE ohne Gefahr die Bahnstrecke wechseln.[579] Der Betrieb und die Bahnanlagen der Militäreisenbahn wurden 1919–20 von der Preußischen Staatsbahn übernommen.[580]

Die Königs Wusterhausen-Mittenwalde-Töpchiner-

Untersuchte Hängebodenbehälter in Brandenburg				
Standort	**Versorgung**	**Baujahr**	**Verhältnis**	
			Stichhöhe / Durchmesser[573]	Mantelhöhe / Durchmesser
Zossen	Eisenbahn	zw. 1875–92	1:11	1:1,7
Frankfurt (Oder)	Eisenbahn	1889–90	1:8	1:1
Jüterbog	Militär	1893	1:11	1:1,4
Hermannswerder	Krankenhaus/Anstalt	1895	1:6	1:2,5
Cottbus	Stadt	1896	1:6	1:2
Peitz	Eisenbahn	1896–97	1:9	1:2
Neuruppin	Stadt	1897	1:4	1:0,97
Wriezen	Eisenbahn	vmtl. 1892–98	1:9	1:2
Wittenberge	Eisenbahn	1898	1:8	1:2
Zehdenick	Stadt	1899	1:6	1:1,2
Frankfurt (Oder)	Stadt	1903–04	1:6	1:1,5
Zernsdorf	Industrie	1907–08	1:6	1:2,4
Strausberg	Stadt	1910	1:5	1:1,2
Bernau	Stadt	1910	1:5	1:1,1
Luckau	Stadt	1910–11	1:6	1:1,6
Eichwalde	Stadt	1912	1:4	1:1,5
Kummersdorf-Gut	Militär	1913	1:4	1:2,3
Jüterbog	Stadt	1913	1:6	1:1,3
Lübben	Stadt	1914	1:7	1:1,4
Senftenberg	Eisenbahn	1916	1:8	1:2
Neupetershain	Stadt	1926	1:7	1:1,3
Lübbenau	Stadt	1928	1:7	1:1,3
Bad Wilsnack	Stadt	1929	1:5	1:1,6
Frankfurt (Oder)	Stadt	1936 (Kegel)	1:6	1:1,8

Kleinbahn wurde 1949 um 7,7 km von Mittenwalde nach Zossen erweitert.[581]

1905 errichtete die Internationale Schlafwagen-Gesellschaft eine Werkstätte in Zossen. Die Werkstätte für Wagen der Personenbeförderung war über ein Nebengleis der BDE erreichbar. Die Wasserversorgung der Gebäude erfolgte über einen zwischenzeitlich abgerissenen Schornsteinbehälter.[582]

Besonderheit: Bauzeit und Auflager
Der Zossener Wasserturm gehört wahrscheinlich zu den ältesten überkommenen Bahnwassertürmen in Brandenburg. Diese Vermutung resultiert zum Einem aus dem Verhältnis zwischen Stichhöhe der Kugelkalotte und Durchmesser von 1:11 und zum Anderem aus der Konstruktion des Auflagers (siehe Abb. 179).

571 Barkhausen, 1900, S. 1594 f.
572 Merkl, 1985, S. 75, 78.
573 Werte sind gerundet.
574 Bley, 1999, S. 11 ff.
575 von Röll (Hg.), 1915, S. 277; Bley, 2000, S. 12.
576 Bley, 2000, S. 14.
577 Bereits seit 1875 wurde die Militärbahn auch für den Personen- und Güterverkehr genutzt, Bley, 2000, S. 18 f.
578 Bley, 2000, S. 27 f., 37.
579 Bley, 1999, S. 64.
580 Bley, 2000, S. 67.
581 Brandt, 1968, S. 30.
582 Heimatmuseum Zossen, Ausstellung 2012.

Abb. 180 Eisenbahnschiene von 1873 im Bahnwasserturm, Zossen 2012

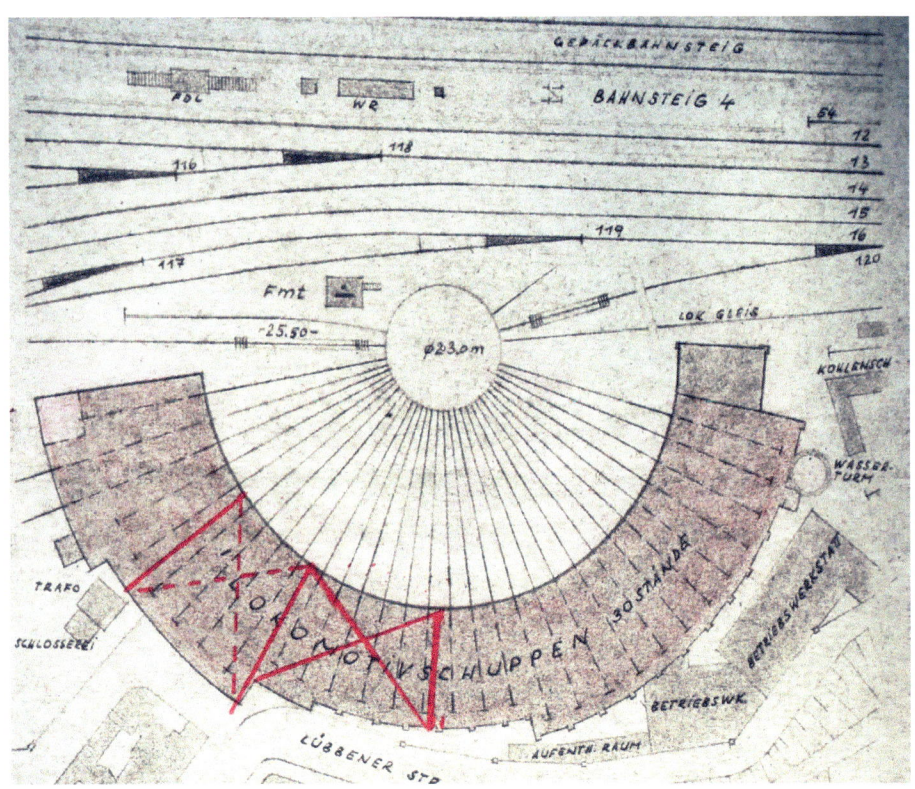

Abb. 181 (links) Auszug Lageplan von 1962, Lokschuppen PBF Frankfurt/Oder

Abb. 182 (rechts) Turmkopf, Frankfurt (Oder) 2011

Die Auflagersituation des Hängebodenbehälters ist identisch mit dem Behälter in der Wasserstation vom Bahnhof Oppeln: Errichtet von der Oberschlesischen Eisenbahn in den 60er Jahren des 19. Jahrhunderts. Im Behälter verband ein Winkeleisen die Bodenbleche mit den Mantelblechen.

Ein weiterer Hinweis auf eine Errichtungszeit vor 1892[583]: Bei der Decke unter dem Tropfboden wurden Eisenbahnschienen als Träger verwendet. Hergestellt von HB & HV[584] mit der Jahreszahl von 1873. Die Strecke wurde in dieser Zeit errichtet. Möglich ist auch, dass die Träger wiederverwendet worden sind. Der zylindrische Mantel des Behälters besteht aus drei Lagen, 6 mm starkem Blech mit jeweils sechs Blechen von ~3,15 m[585] Länge. Die Bleche sind in den Lagen versetzt angeordnet. Die Kugelkalotte hat 10 vernietete Bleche mit einer Stärke von 10 mm.

Frankfurt (Oder), Wasserturm, Eisenbahn (Katalog Nr. 183/06)

Geschichte: 1842 wurde die Strecke von Berlin nach Frankfurt (Oder) in Betrieb genommen. Ab 1845 übernahm die Niederschlesisch-Märkische Eisenbahn (NME) die Bahnstrecke, führte sie weiter bis nach Breslau (heute Polen). Der Bahnhof Frankfurt nahm ab 1857 an Bedeutung zu, durch den Bau der Strecke Kreuz (heute Polen)–Cüstrin Frankfurt von der Kreuz Cüstrin Frankfurter Eisenbahn und die Einrichtung einer Hauptwerkstätte in Frankfurt (Oder). Zur Hauptwerkstätte gehörte eine Wasserstation mit einem eisernen Reservoir, die von 1855 bis 1857 über einem bereits vorhandenen Brunnen errichtet wurde.[586]

Weitere Strecken führten u. a. über diesen Eisenbahnknotenpunkt: 1846 Frankfurt (Oder)–Guben–Bunzlau (heute Polen), 1870 nach Reppen–Bentschen–Posen (heute Polen), 1876 nach Lieberose–Cottbus, 1877 nach Werbig–Wriezen. Von 1922 bis 1924 wurde der Bahnhof umgebaut.[587]

Das Empfangsgebäude der NME auf dem Bahnhof Frankfurt wurde von der Cüstriner Bahn mitgenutzt, und für die Hauptwechselstation der Lokomotiven beider Eisenbahngesellschaften wurde ein Lokschuppen mit 27 Lokständen errichtet. Zwischen zwei Ständen befand sich jeweils ein Wasserkran, der vom Wasserturm gespeist wurde.[588] Neben der NME hatte auch die Königliche Eisenbahndirektion in Frankfurt (Oder) eine Hauptwerkstätte, bzw. Werkstätte.[589] Die Eisenbahn bezog damals, vor 1883, von der städtischen Wasserversorgung rund 166.000 m³ Wasser im Verlauf eines Jahres.[590]

Der 1878–1881 errichtete Wasserturm versorgte die Lokomotiven im Lokschuppen mit dem nötigen Betriebswasser[591]. In der Luftaufnahme von Google Maps (06.10.2015) sind noch die Drehscheibe und die

---

583 Errichtungszeit 1892, Angabe BLDAM, Archiv Akte 2020; siehe auch Preuß, 2007, S. 68.

584 Höderbergwerke und Hüttenverein.

585 Gemessen außen ohne Berücksichtigung der Überlappung.

586 Zeitschrift für Bauwesen, 1858, S. 534 f.

587 Berger, 1996, S. 10, 20; Berger, 1980, S. 173 f.

588 Zeitschrift für Bauwesen, 1858, S. 480 ff.; Zeitschrift für Bauwesen, 1859, S. 486 ff.

589 Mühl, 1981, S. 20.

590 Siehe auch dazu S. 99; Grahn, 1883, S. 27.

591 Die Bahnanlagen des Frankfurter Bahnhofs wurden auch mit Stadtwasser versorgt, siehe Kapitel IV.1.2, Wasserturm Frankfurt (Oder) Nr. 179/02.

Umrisse des zwischenzeitlich abgerissenen Lokomotiv-schuppens der NME zu erkennen. Der Lokschuppen mit ringförmiger Grundrissgestalt und 27 Ständen hatte einen Radius von 47,08 m.[592] 1962 wurde das Dach des Wasser-turms erneuert.[593]

Besonderheit: Architektur und Behälter
Der Bahnwasserturm zeigt unverhüllt sein Wasserreservoir. Auf einer gemauerten Subkonstruktion in rotem Sichtmauerwerk mit Zierbändern aus grün glasierten Ziegeln steht der zylindrische Mantel mit seinen waagerechten und senkrechten Vernietungen. Ein Turm für die Wasserversorgung des Ringlokschuppens mit seinen Dampflokomotiven, der mit vielen akzentuierenden Details gestaltet ist. Das originale Dach ist leider ein Kriegsverlust. Trotzdem hat der Turm nichts von seiner besonderen technischen Architektursprache verloren.

Für den zylindrischen Mantel des Hängebodenbehälters wurden sechs Bleche übereinander angeordnet. Der Abstand der waagerechten Nietreihen, außer bei der untersten Lage, beträgt ~1,2 m. 10 Bleche von ~2,04 m[594] sind pro Lage verwendet worden. Am Behälter stellte ein Winkeleisen die kraftschlüssige Verbindung zum u-förmigen Auflagerkranz her.[595] Der Hängebodenbehälter hat einen mittleren Durchstieg in dem die Rohrleitungen verlaufen und eine Leiter montiert ist, um auf den Behälter zu gelangen. Von den 42 bekannten Reservoiren haben vier weitere Behälter einen mittleren Durchstieg: Frankfurt (Oder) (Katalog Nr. 178/01), Jüterbog (Katalog Nr. 130/07), Lübben (Katalog Nr. 154/09) und Neupetershain (Katalog Nr. 204/06).

Cottbus, Wasserturm, Stadt (Katalog Nr. 197/02)

Geschichte: 1883 erfolgte die Wasserversorgung von damals 25.584 Einwohnern mit 56 öffentlichen und 1.200 privaten Brunnen. Manche Hauseigentümer hatten eigene Hauswasseranlagen. Sie pumpten ihr Brunnenwasser in das Hausreservoir.

Nach mehreren Jahren der Voruntersuchung für eine zentrale Wasserversorgungsanlage wurde 1896 die vom Stadtbaurat Bachsmann und Stadtinspektor Knauff erstellte Planung, mit einer täglichen Förderleistung von 6.000 m³ Trinkwasser, durch die Stadtverwaltung zur Ausführung bestätigt. Die Maschinen für die Pumpstation sollten die Cottbuser Maschinenfabrik und die Kes-

sel, sowie den Hängebodenbehälter, die Cottbuser Firma G.H. Kahle liefern. Das Versorgungsnetz war als Verästelungssystem mit einem Außenring geplant.[596] Die Kostenvoranschläge beliefen sich auf: 78.000 Mark für das Kesselhaus, 79.000 Mark für allgemeine Hochbauten, 130.000 Mark für den Wasserturm und 379.000 Mark für das Rohrnetz. Die Bauarbeiten begannen im Juni 1896.[597]

1897 ging das Wasserwerk mit der geplanten Förderleistung von 6.000 m³ aus zehn Brunnen in Betrieb. Die ehemals dampfbetriebenen, technischen Anlagen wurden ab 1922 elektrisch angetrieben. Im September 1920 brannte das Dachwerk – eine holzverkleidete Eisenkonstruktion ab. Der Wasserturm erhielt eine Kuppel aus Stahlbeton. 1934 wurde eine Enteisenungs- und Entsäuerungsanlage im Wasserwerk errichtet.[598] Der Wasserturm wurde von 1987 bis 1994 saniert. Die Funktion eines Wasserspeichers hat der Turm nicht mehr, aber er leistet noch immer seine Aufgabe als stabiler Druckhalter in Verbindung mit den Reinwasserpumpen im Wasserwerk.[599]

Besonderheit: Behältergröße
Das Wasserreservoir im Cottbusser Turm hat ein Fassungsvermögen von ~1.000 m³. Im Durchschnitt wurden in Brandenburg Hängebodenbehälter für städtische Wasserversorgungsanlagen von 100 m³ bis 350 m³ Inhalt verwendet. Nur der Strausberger Wasserturm und der Wasserturm in Finsterwalde haben ein Speichervolumen über 400 m³. Somit ist der Cottbusser Behälter mit Abstand der größte Hängebodenbehälter und gehört – neben dem Forster Intze II Behälter – zu den größten eisernen Behältern in Brandenburg.

Neuruppin, Wasserturm, Stadt, Landkreis Ostprignitz-Ruppin (Katalog Nr. 037/04)

Geschichte: 13.985 Einwohner versorgten sich noch 1883 aus 71 öffentlichen Brunnen mit Trinkwasser. 1896 beschloss die Stadtverwaltung eine zentrale Wasserversorgungsanlage zu errichten. Der Zivilingenieur Otto Smreker [600] aus Mannheim plante die Anlage für eine Tagesleistung von 1.600 bis 2.400 m³ Wasser, das aus drei, 30 bis 40 m tiefen Rohrbrunnen gewonnen werden sollte.

Am 13.05.1897 ging das, unter der Leitung von Otto Smreker errichtete, Wasserwerk in Betrieb. Aus den Brunnen wurde das Grundwasser über eine Enteisenungsanlage in den Hochbehälter gepumpt. Die Enteisenungsanlage bestand aus vier Rieslern mit Cokefüllung, Sandfilter und einem Reinwasserreservoir. Die drei 16 PS starken Gasmotoren lieferte die Berliner Firma August Borsig. Der mittlere Wasserstand des Hängebodenbehälters im Wasserturm lag bei 40 m. Über eine im Durchmesser 250 mm starke Stichleitung von fast 2 Kilometern erfolgte der Anschluss des Wasserturmes an das Verteilernetz, das als verästeltes System gebaut wurde. Interessanterweise gab es um 1900 keinen Anschlusszwang für die

592   Schmitt, 1882, S. 90.
593   Meyer, Regling, 2000, S. 71.
594   Gemessen außen ohne Berücksichtigung der Überlappung.
595   Vgl. Merkl, 1985, S. 74.
596   Grahn, 1883, S. 31; Grahn, 1898, S. 60 f.
597   Journal, 1896, Nr. 25, S. 407.
598   Zieke, Brückner, 2003, S. 9.
599   Information LGW.
600   Otto Smreker plante und baute 1892 den Pankower Wasserturm und 1900 den Wasserturm in Reinickendorf (Seit 1920 gehören Pankow und Reinickendorf zu Berlin).

Abb. 183 Schwellentränkungsanstalt, ohne Datie-
rung

Einwohner. 1 m³ Wasser kostete 7 bis 20 Pfennige und
die jährlichen Anschlusskosten betrugen 8 Mark. Wurden 1897 bis 1898 noch jährlich 93.917 m³ Wasser ver-
braucht, waren es 1899 bis 1900 bereits 163.494 m³.
1903 betrug die Wasserförderung jährlich 244.391 m³.
Am 01.04.1904 waren 470 Wassermesser bei den
Abnehmern eingebaut und 558 Haushalte an das Trink-
wassernetz angeschlossen.[601]

Der Wasserturm steht neben einer von 1895 bis 1898
erbauten Knabenschule. 1970 wurden bauliche Maßnah-
men am Turmkopf vorgenommen.[602] Mit Fördermitteln
aus dem Programm: „Zukunft im Stadtteil" wurde der
stillgelegte Wasserturm 2006 zum Kletterturm. Der Turn-
und Kampfsportverein Ruppin ist der Betreiber des „Klet-
terzentrums Wichmannsleiter".[603]

Besonderheit: Auflager Behälter
Das Auflager des 300 m³ fassenden Hängebodenbehälters befindet sich nicht am Verbindungspunkt zwischen
zylindrischen Mantel und Kugelkalotte, sondern im oberen Bereich der Kalotte. Die Winkel wurden mit Bodenblechen der Kugelkalotte vernietet.[604] In der Literatur ist
diese Auflagersituation bei Kottenmeier beschrieben, als
Stützung für Behälter mit kleinerem Durchmesser.[605]

Zernsdorf Wasserturm, Industrie/Gewerbe, Landkreis
Dahme-Spreewald (Katalog Nr. 164/19)

Geschichte: Seit 1907 war der Königlich Preußische Staat,
Eisenbahnverwaltung, Eigentümer der Schwellentränkungsanstalt in Zernsdorf. Die Planung des Wasserturms
erfolgte durch die Königliche Eisenbahndirektion Berlin.
Am 13.05.1908 wurde die Baugenehmigung erteilt.

Der Wasserturm stellte das notwendige Wasser für
die Produktion von Holzschwellen und für die Löschwasserversorgung im Brandfall zur Verfügung. Nach dem
Zweiten Weltkrieg wurden die Beamtenwohnhäuser der
Schwellentränkungsanstalt an die Wasserversorgung des
Werkes angeschlossen. Ab 2007 begann die Sanierung des,
mit Steinkohleteeröl kontaminierten, Geländes der ehemaligen Schwellentränke. Alle Gebäude außer dem, unter
Denkmalschutz stehenden, Wasserturm wurden abgerissen.[606] Heute steht der Turm inmitten eines neuen Wohn-
gebietes. Eine CO_2-neutrale Heizungsanlage für die Versorgung der Wohnhäuser befindet sich in seinem Innern.

Besonderheit: Architektur und Auflager Behälter
Der wohlproportionierte Wasserturm ist mit Gesimsen,
Zierbändern aus grün und braun glasierten Ziegeln, Putzspiegeln und verschiedenen Fenstergliederungen über seinen Zweck hinaus gestaltet – ein wunderbares Beispiel für
den historisierenden Baustil in der Industriearchitektur,
zumal viele Bahnwassertürme nur reine Zweckbauten und
von unförmiger Gestalt sind.

Die Lasten des eisernen Dachwerks werden über das
Eisenfachwerk des Turmkopfes und über den Behälter
abgetragen. Es solches Rahmenfachwerk wurde bei einigen Wassertürmen mit Eisenbehältern errichtet, beispielsweise auch beim Bahnwasserturm von Jüterbog mit einem
Barkhausenbehälter (Katalog 131/08). Der Behälter leitet
die Lasten weiter über schräge Stützbleche ab, ähnlich wie
bei den Behältern der Bauart Intze. Durch die Verwendung von schrägen Stützblechen wurde erreicht, dass eine
harmonische Proportion zwischen Turmkopf und Turmschaft entstehen konnte.

Aus zwei, übereinanderliegenden Blechlagen ist der
zylindrische Mantel gefertigt. Je Lage sind vier Bleche
mit einer Länge von ~5,1 m[607] verwendet worden. Die
Lastableitung erfolgt über 12 schräge Stützbleche, die an
den Rändern durch L-Winkel verstärkt sind. Die Verwendung von schrägen Stützblechen ist nur beim Zernsdor-
fer Behälter belegt.[608] Der Wasserturm der ehemaligen
Schwellentränkungsanstalt ist gleich mehrfach ein Repräsentant seiner Art:

- Er steht für eine bis ins Detail gestaltete Industriearchitektur am Anfang des 20. Jahrhunderts.
- Die Auflagerkonstruktion des Hängebodenbehälters
  ermöglicht eine proportionierte Architektur.
- Ein technisches Denkmal – denkmalgerecht umgenutzt!

Bernau, Wasserturm, Stadt, Landkreis Barnim (Katalog
Nr. 059/01)

Geschichte: 1883 wurden in Bernau 6.744 Einwohner
aus 32 öffentlichen und 203 privaten Brunnen mit Wasser versorgt.[609] Nachweislich wurde seit 1907 geplant, ein
Wasserwerk auf dem Mühlenberg zu errichten. Nach der
Projekterarbeitung durch den Zivilingenieur Prinz wur-

Abb. 184 (links) Turm-kopf, Bernau 2010

Abb. 185 (rechts) Detail Eingangsportal, Bernau 2010

den die Kosten für die zentrale Wasserversorgungsan-lage (ohne Grund und Boden, sowie Vorarbeiten) auf ca. 340.000 Mark veranschlagt.[610]

Die von Fritz Pollems aufgestellte Statik des Wasser-turms wurde am 1. Juli 1910 durch den Königlichen Baurat Jaffé geprüft. Für die Bauausführung unterzeichnete Rudolf Bach, Baugeschäft, auf der statischen Zeichnung. Der Bau-schein Nr. 56/10 ist auf den 11. Juli 1910 datiert. Unter den „Besonderen Bedingungen" zum Leistungsverzeichnis für Erd-, Maurer- und Zimmererarbeiten ist über die Montage des schmiedeeisernen Behälters zu lesen: Nach acht Wochen Bauzeit soll der gemauerte Turmschaft, einschließlich dem Granitauflager für den Druckring, fertiggestellt sein. Danach erfolgt innerhalb von vier Wochen die Montage des Behäl-ters.[611] 1914 wurde durch die Städtische Baudeputation ver-anlasst, eine Decke über dem Wasserreservoir einzubauen.

601   Grahn, 1883, S. 18; Grahn, 1898, S. 46; Journal, 1900, S. 903.
602   BLDAM, Archiv Akte 13-2577.
603   MAZ, Dosse Kurier, 15.04.2006.
604   Siehe von Wangenheim, 2018, Katalog Band 1, S. 189; vgl. hierzu das Auflager des Eichwalder Hängebodenbehälters, von Wangenheim, 2018, Katalog Band 2, S. 761ff.
605   Kottenmeier, 1930, S. 3.
606   Siehe Masterarbeit an der TU Berlin, von Wangenheim, 2008, S. 7 ff.
607   Gemessen außen ohne Berücksichtigung der Überlappung.
608   Siehe Masterarbeit an der TU Berlin, von Wangenheim, 2008, S. 7.
609   Grahn, 1883, S. 23.
610   Journal, 1907, Nr. 24, S. 554; Journal, 1910, S. 339.
611   Stadtarchiv Bernau, Akte Der Wasserturm des städtischen Wasser-werks, Band 1.

Besonderheit: Architektur und Behälter mit Auflager
Architektonisch unverändert, geschmückt mit Details im Stil der Wiener Secession, ist der Bernauer Turm ein besonders schön gestalteter Vertreter brandenburgischer Wassertürme. Hinzu kommt die Bauart seines Behälters. Das Bodenblech vom Behälter verläuft über den zylind-rischen Mantel hinaus zu den Auflagern. Diese sind am äußersten Rand des Umgangs angeordnet (siehe: von Wangenheim, 2018, Katalog Band 1, S. 311, Abb. 476ff). Bei den städtischen Wassertürmen Strausberg (Landkreis Märkisch Oderland, Katalog Nr. 083/10) und Pritzwalk (Landkreis Prignitz, Katalog Nr. 025/08) wurden die Hängebodenbehälter genauso konstruiert und die Aufla-gersituation ist nahezu identisch. Auch der zwischenzeit-lich ausgebaute Behälter des Oranienburger Wasserturms gehörte zu dieser Bauart. Der Bernauer und Strausberger Wasserturm wurden um 1910 errichtet, der Pritzwalker Turm erst 1934.

Eichwalde, Wasserturm, Stadt, Landkreis Dahme-Spree-wald (Katalog Nr. 147/02)

Geschichte: Das Freigut Radeland – geplant durch Stadt-major A. Quappe – entstand 1673. 1840 gab es im Vor-werk 4 Wohnhäuser mit 41 Einwohnern. Nach 1860 wurde das Land immer mehr parzelliert und eine Villen-kolonie entstand. Mit Genehmigung Kaiser Wilhelm II. wurde die Gemeinde Eichwalde am Ende des 19. Jahr-hunderts gegründet. 1895 wohnten 409 Menschen in Eich-

Abb. 186 Wasserturm
Eichwalde, 1938

walde und 1925 bereits 3.327.[612] Der Gemeindebeschluss zum Bau eines Wasserwerkes wurde am 03.11.1911 gefasst. Vertraglich gebunden wurde die Continentale Wasserwerksgesellschaft Berlin. Auf dem Siegesplatz sollte der Wasserturm gebaut werden. Die Wasserversorgungsanlage wurde damals bereits für 7.000 Einwohner geplant. Das bedeutete, bei einem täglichen Verbrauch von 100 Litern pro Einwohner, eine tägliche Pumpleistung von 700 m³ Wasser. Die Bauausführung der Anlage übernahm die Wasserwerks- und Kanalisationsbauten Oskar Smreker[613] GmbH.

Das Wasser wurde aus einem 42,5 m tiefen Brunnen mit einer Zwillingskolbenpumpe in die Enteisenungsanlage gefördert und über Filterbecken in den Reinwasserbehälter geleitet. Der Wasserturm wurde als Gegenbehälter geplant und ausgeführt. Der höchste Wasserspiegel liegt bei 66,44 über N.N. und der niedrigste Wasserstand bei 60,00 über N.N. (Oberkante der 175 mm starken Zu- und gleichzeitigen Ableitung im Behälter). Der Wasserstandsfernmelder übertrug die Messdaten der Schwimmerhöhe fortlaufend an die Pumpstation.[614] Auf dem Gelände der ehemaligen Pumpstation entwickelte sich das heutige Wasserwerk Eichwalde des MAWV.

1929 übernahm die Gemeinde Eichwalde von der Continentalen Wasserwerksgesellschaft Berlin das Wasserwerk und verkaufte es im selben Jahr an die Charlottenburger Wasser- und Industriewerke AG.[615] Nach der Erweiterung des Wasserwerks konnten neben Zeuthen und Schulzendorf weitere Gemeinden aus dem Umland mit Wasser aus Eichwalde versorgt werden.[616]

Der Wasserturm fand Jahre nach seiner aktiven Zeit eine neue „Bestimmung": Nach der Baugenehmigung begannen 1990 die Bauarbeiten zur Umnutzung des Wasserturms in einen Wohnturm. In den Ebenen des Turmschafts wurden Betondecken eingezogen. Der ehemalige Wasserturm beherbergt unterhalb des Wasserbehälters nun eine Wohnung mit Büro.

Besonderheit: Architektur und Auflager des Behälters
Die Stadtverwaltung in Drossen (heute Osno Lubuskie, Polen) hatte ebenfalls die Continentale Wasserwerksgesellschaft mit dem Bau eines Wasserwerks beauftragt.[617] In Drossen steht auch ein Wasserturm von Otto Smreker – ein Turm der dem Eichwalder Wasserturm im Wesentlichen gleicht (von Wangenheim, 2018, Katalog Bd. 2, S. 759). Baugleiche Wassertürme sind bei der Eisenbahn mehrfach an den Bahnstrecken gebaut worden. Wassertürme der städtischen Wasserversorgung hingegen sind Unikate. Diese „Zweifachverwendung" eines architektonischen Entwurfs ist vermutlich nicht nur in Brandenburg einmalig. Smreker baute u. a. auch die zwischenzeitlich abgerissenen Berliner Wassertürme von Pankow (erbaut 1892, Intze Behälter), Reinickendorf (erbaut 1900–01) und Lichtenberg (erbaut 1904, Intze Behälter), sowie den Wasserturm in Friedrichsfelde (erbaut 1898–99, Hängebodenbehälter).[618]

Wie beim städtischen Wasserturm von Neuruppin befindet sich das Auflager nicht am Verbindungspunkt zwischen zylindrischen Mantel und Kugelkalotte, sondern im oberen Bereich der Kugelkalotte. Allerdings wurde eine freie Auflagerung ohne die sonst übliche Vernietung im Auflager mit einem zusätzlichen inneren Verstärkungsring gewählt. In der Baubeschreibung wird von Otto Smreker angemerkt: „Die Auflagerung erfolgt innerhalb des Bodens, wobei der Behälter frei auf dem Auflagerring ruht."[619]. Bei Foerster ist diese Sonderform der Auflagerung – bei ihm ist ein Barkhausenbehälter abgebildet – der Vorläufer der lotrechten Aufhängung der Barkhausenbehälter.[620]

Die Auflagersituation beim Wasserturm Eichwalde ist aus technisch statischen Gesichtspunkten bemerkenswert.

Kummersdorf-Gut, Wasserturm, Militär, Landkreis Teltow-Fläming (Katalog Nr. 133/10)

Besonderheit: Geschichte
Der Artillerie-Schießplatz Kummersdorf-Gut mit Kasernen gehörte zum Gutsbezirk des königlichen Kummersdorfer Forstes. 1875 wurde der Tegeler Schießplatz mit der Errichtung der militärischen Bahnstrecke von Berlin-Schöneberg zum Schießplatz Kummersdorf verlegt.[621] Eine Bahnstrecke war notwendig, um Menschen und Material zu transportieren. Gleichzeitig wurden Eisenbahnpioniere auf dieser Strecke ausgebildet. Der Artillerie-Schießplatz entwickelte sich über zwei Weltkriege zu einem militärtechnischen Versuchsstandort. Hier fand die Entwicklung und Prüfung neuer Waffensysteme als Kernaufgabe durch das Waffenprüfwesen statt.

Nach dem Zweiten Weltkrieg nutzten die GUS-Streitkräfte bis zu ihrem Abzug die militärischen Anlagen.

Der Wasserturm sorgte nicht nur für die Wasserversorgung der Kasernen in Kummersdorf, sein Wasser wurde auch benötigt für die Speisung der Dampflokomotiven. Auf diesen Loks fand die Ausbildung der Eisenbahnpioniere statt.

Der zylindrische Mantel des Hängebodenbehälters wurde aus zwei Blechlagen (unteres Blech 1,13 m und oberes Blech 1,47 m hoch) mit Blechen von ~3,83 m Länge hergestellt.[622] Über dem Behälter liegen Querträger aus Eisen, als Auflager für eine Holzbalkendecke. Zwei aus Holzlamellen gefertigte Lüftungshauben stehen auf der Holzbalkendecke, um den Behälter zu belüften.

612 Enders, 1976, S. 58 f.; Brandthorst, 2000, S. 64.

613 Der Bauingenieur Oskar Smreker lebte von 1854–1935 und projektierte viele städtische Wasserversorgungsanlagen in Deutschland, http://www.deutsche-biographie.de/pnd1012363813.html, 17.11.2015.

614 Wasserwerks- und Kanalisationsbauten O. Smreker GmbH, Baubeschreibung vom 23. Februar 1912.

615 Die Charlottenburger Wasserwerke AG wurde 1878 gegründet. Am Anfang bewirtschaftete die Gesellschaft das Wasserwerk am Teufelssee und die Wasserversorgungsanlage Westend mit dem dazugehörigen Wasserturm. Die Charlottenburger Wasserwerke AG expandierte in den nachfolgenden Jahrzehnten.1920 änderte sich die Firmenbezeichnung in Charlottenburger Wasser- und Industriewerke AG. Neben Eichwalde wurden noch weitere Wasserversorgungsanlagen, wie z.B. die Anlagen in den Gemeinden Dahlewitz, Zossen und Mittenwalde gekauft, Bärthel, 1997, S. 98, 174 ff.

616 Flügge, 2012, S. 14 ff., Wasserwerks- und Kanalisationsbauten O. Smreker GmbH, Baubeschreibung vom 23. Februar 1912.

617 Journal, Nr. 8, 1912, S. 198.

618 Kley, 1996, Kurzprofile.

619 Wasserwerks- und Kanalisationsbauten O. Smreker GmbH, Baubeschreibung vom 23. Februar 1912.

620 Siehe Foester, 1909, S. 818, Abb. 1224.

621 Enders, 1976, S. 149.

622 Gemessen außen ohne Berücksichtigung der Überlappung.

623 Berger, 1980, S. 162 f.; Regling, Grusenick, 1996, S. 62.

624 Rohowski, 2005, S. 198; http://de.wikipedia.org/wiki/Wriezener_Bahn, 30.09.2015.

625 Regling, 2005, S. 19 ff.

626 Brandt, 1968, S. 67.

627 Gemessen außen ohne Berücksichtigung der Überlappung.

628 Grahn, 1883, S. 26.

Wriezen, Wasserturm, Eisenbahn, Landkreis Märkisch-Oderland (Katalog Nr. 085/12)

Geschichte: 1867 eröffnete die Strecke von Eberswalde über Freienwalde nach Wriezen.[623] Der erste Streckenabschnitt der Wriezener Bahn von Wriezen nach Königsberg (heute Kaliningrad, Russland) wurde 1892 fertiggestellt. Die Strecke von Berlin-Lichtenberg über Werneuchen und Sternebeck nach Wriezen ging 1898[624] und die 121 km lange Strecke der Oderbruchbahn ging 1911 in Betrieb. Der Landesbaurat und Geheime Baurat Otto Techow übernahm die Leitung der Planung bei der Eisenbahnabteilung der Provinz Brandenburg.[625] 1911–12 wurde die 96 km lange Kleinbahnstrecke von Fürstenwalde nach Wriezen eröffnet.[626]

Besonderheit: Auflager Behälter
Acht Eisenkonsolen, die an dem unteren Schenkel des Eisenwinkels (100/100) im Übergang zwischen zylindrischen Mantel und Kugelkalotte angeschraubt sind, bilden das Auflager für den Hängebodenbehälter. Diese punktförmige Auflagerung wurde in abgewandelter Ausführung bei Intze Behältern verwendet und ist eigentlich für Hängebodenbehälter völlig untypisch.

Ein Hängeboden dessen zylindrischer Mantel aus zwei Blechlagen besteht (v.u.n.o. 1,01 m und 0,98 m hoch). Pro Lage sind die Bleche 3 × 3,17 m und 1 × 2,81 m lang.[627]

Frankfurt (Oder), vierter Wasserturm, Stadt (Katalog Nr. 179/02)

Geschichte: 1883 hatte Frankfurt (Oder) 51.147 Einwohner, die aus 102 öffentlichen Brunnen Grundwasser entnehmen konnten. Zu dieser Zeit gab es 227 private Brunnen.[628]

1872 wurde zwischen der Stadt und der „Continental-Aktien-Gesellschaft für Wasser- und Gasanlagen in Berlin" ein Vertrag über eine Trinkwasserlieferung geschlossen. Im Verlauf der Straßen, auf den Trottoirs, sollten Hydraten im Abstand von rund 63 m installiert werden. Ab 1874

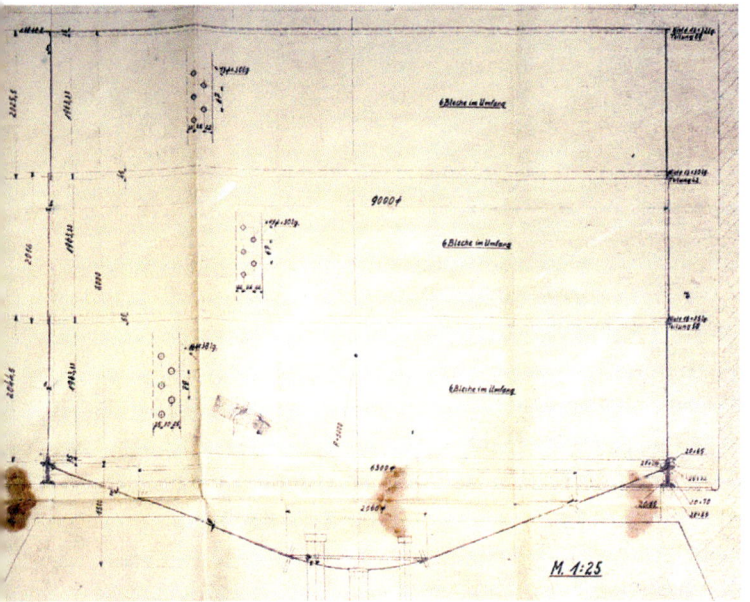

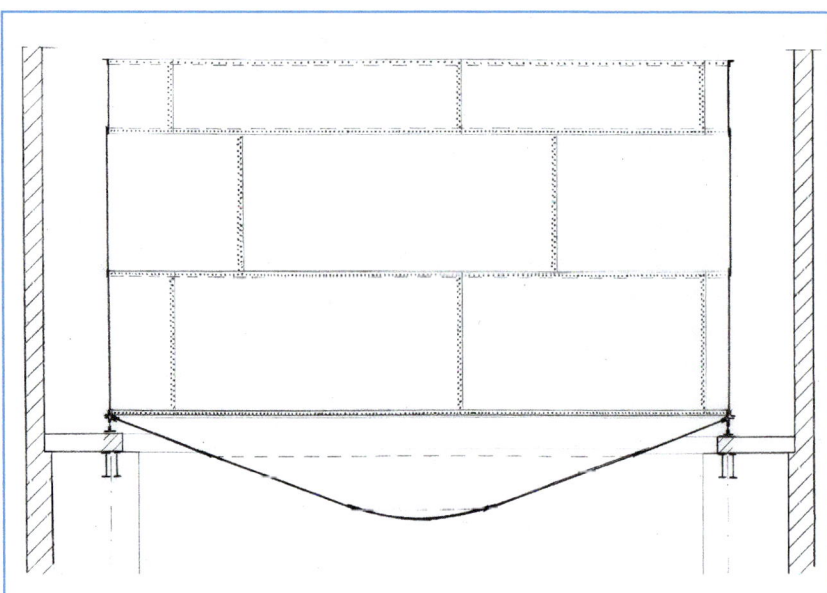

M. 1:25

Abb. 189 (links) Auszug, Werkzeichnung Wasserhochbehälter, Bauakte

Abb. 190 (rechts) Hängebodenbehälter, Wasserturm Frankfurt (Oder), Zeichnung 2015

nahm das Wasserwerk mit dem Wasserturm am Mühlenweg (Katalog Nr. 184/07) den Betrieb auf. Geplant und gebaut hatte die Wasserversorgungsanlage der Zivilingenieur Friedrich Schmetzer für die Aktiengesellschaft „Wasserwerk zu Frankfurt a. d. O.". 1,05 Millionen Mark kostete die Anlage, die für eine tägliche Wasserentnahme von 8.000 m³ Grundwasser aus vier Brunnen konzipiert war. Für die Lieferung von zwei Dampfmaschinen für das Pumpenhaus und vier Cornwallkessel für das Maschinenhaus wurde die Berliner Firma August Borsig beauftragt. In zwei Druckzonen (Wasserturm Mühlenstraße und Hochbehälter) erfolgte die Verteilung des Wassers über ein 16 Kilometer langes Rohrnetz. Die Verteilernetze für die beiden Druckzonen wurden als Ringsysteme ausgebildet, die auch die Bahnanlagen des Frankfurter Bahnhofs mit Stadtwasser versorgten.[629] Als Hochdruckbehälter wirkte der, 70 Meter über der Wassergewinnungsstelle liegende und 400 m³ fassende, Flachbodenbodenbehälter im Wasserturm. Der danebenliegende Hochbehälter speicherte 1.200 m³ Wasser für die Niederdruckzone, die ca. 50 Meter über Wassergewinnungsstelle liegt. Nach der Inbetriebnahme der zentralen Wasserversorgungsanlage wurde Baurat Friedrich Schmetzer der erste Direktor des Wasserwerkes.

Das Wasser war stark eisen- und manganhaltig, deshalb wurde zunehmend Wasser direkt aus der Oder entnommen und seit 1889 über drei offene Sandfilter von je 500 m² Fläche in ein Reinwasserreservoir von 850 m³ geleitet. Ab 1893 untersuchte im Wasserwerk ein Labor für chemische Untersuchungen Wasserentnahmungen die Flusswasserqualität, um Cholera- und Typhusepidemien zu vermeiden.

Bereits 1896 betrug die Rohrnetzlänge fast 36 Kilometer. Um auch den Wasserdruck in den höchsten Stadtteilen zu gewährleisten, wurde 1897 in dem Wohnhaus Leipziger Straße (Katalog Nr. 182/05) ein 12 m³ großer Wasserbehälter im Dachboden eingebaut, der bis 1936 für den nötigen Wasserdruck in der Umgebung sorgte. Die Stadt wuchs und 1900 wohnten 61.000 Menschen in Frankfurt (Oder). Die Erweiterung und der Ausbau der wassertechnischen Anlagen waren unabwendbar. In der Zeit von 1903 bis 1904 entstanden ein zweiter Wasserturm mit einem 102 m³ großen Hängebodenbehälter und einem gemauerten Hochbehälter mit 1.270 m³ Fassungsvermögen in der heutigen Robert-Havemann-Straße (Katalog Nr. 185/08) für den neuen Stadtteil Beresinchen. Der dritte Wasserturm wurde im heutigen polnischen Teil von Frankfurt 1912 errichtet. Die Elektrifizierung der Maschinenanlagen erfolgte ab 1920. 1921 erwarb die Stadt das bisher privatwirtschaftliche Wasserversorgungsunternehmen und leitete das Unternehmen in kommunales Eigentum über.[630]

Besonderheit: Geschichte des vierten, städtischen Wasserturms und Behälterform
Die Baupolizeibehörde erteilte mit Bauschein vom 22. November 1935 die Baugenehmigung für die Errichtung des vierten, 32 hohen Wasserturms von Frankfurt (Oder) auf dem Gelände der Gartenstadt Süd. Den Hängebodenbehälter mit kegelförmiger Bodenausbildung für den Turm plante 1935 die Firma H. Hempel GmbH aus Berlin-Charlottenburg.[631] Baupolizeilich geprüft wurde die Werkstattzeichnung der Firma Hempel in Cottbus. Der zylindrische Mantel des Behälters sollte 6 m hoch werden. Die Stadtbauverwaltung von Frankfurt erstellte im Juni 1937 die Ausführungszeichnung für den sogenannten Nuhnenturm. Die Errichtung des quadratischen Wasserturms mit eingebautem Truppenhausturm begann vermutlich 1936, denn das Richtfest wurde im August 1936 begangen. Durch Kriegseinwirkung kam es am Ende des Zweiten Weltkrieges zur Zerstörung des Turms. Erst 1952 stand ein neuer Wasserturm – der sogenannte Friedensturm – neben den noch heute erkennbaren Überesten des alten Nuhnenturms.[632] Errichtet wurde der neue Turm durch die ortsansässige Firma KWU-Bauhof. Die

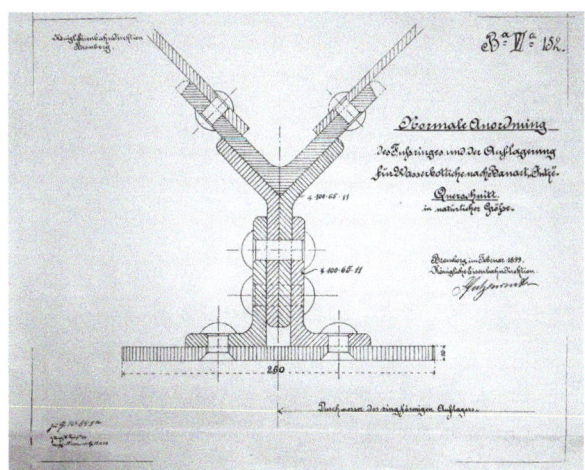

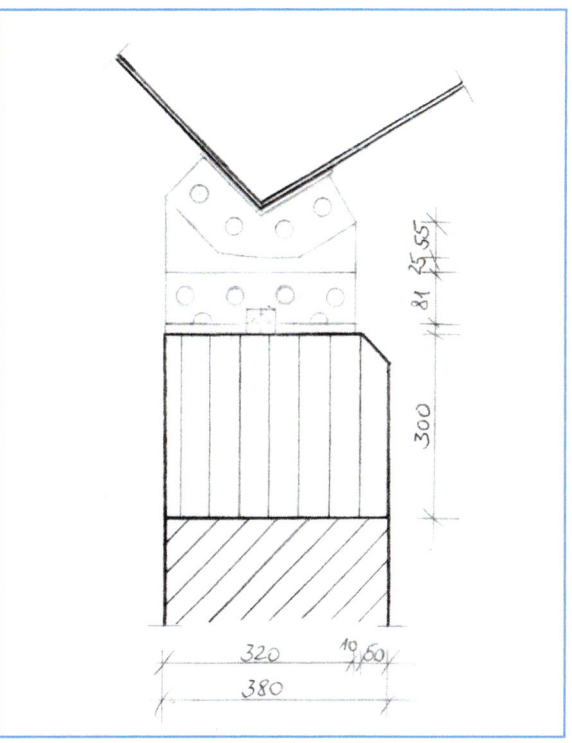

Abb. 191 (links) Normalie Auflager Intze, Königliche Eisenbahndirektion Bromberg

Abb. 192 (rechts) Auflager Intze, Bahnwasserturm Königs Wusterhausen, Zeichnung 2015

Stahlbaufirma Eisenhochbau und Brückenbau Steffens & Nölle AG. setzte den Behälter instand.[633] Der Behälter mit Kegelboden wurde wiederverwendet, nur die Höhe der obersten Blechlage wurde um ~1 m gekürzt und damit auch das Fassungsvermögen um ~64 m³ gemindert. Die angegebene senkrechte Vernietung auf der Werkstattzeichnung stimmt mit der vorhandenen Vernietung an den drei Mantelblechen überein, ebenso die Anzahl der Bleche vom Mantel und Boden. Deshalb ist von einer Wiederverwendung des genieteten Behälters beim Bau des neuen Wasserturms auszugehen.

Der Hängebodenbehälter aus Stahl von 1936 hat einen flach ausgebildeten Kegelboden von ~1,4 m Stichhöhe bei einem Durchmesser von 9 m. Der zylindrische Mantel besteht aus drei 6 bis 10 mm starken Blechlagen mit einer Länge von 4,72 m. Das Blech des Kegelbodens ist 12 mm stark. Der Behälter liegt auf acht Mauerwerkspfeilern mit paarweise angeordneten 380 mm hohen Doppel-T-Trägern.

629 Siehe auch dazu S. 94f.

630 Grahn, 1883, S. 26 f., Grahn, 1898, S. 57 f., Schneider, 2002, S. 16 ff.

631 Die 1886 gegründete Firma Max Hempel hatte ihr Bureau in Berlin-
     Westend. Die Fabrik für Gasbehälter, Gasapparate, Kesselschmiede,
     Eisenkonstruktions-Werkstätte und Hochbehälter stand in Seegefeld,
     am Rand von Berlin, heute ein Ortsteil von Falkensee. Die Firma hat
     in Brandenburg bis 1911 u. a. noch folgende Maßnahmen durchgeführt: Vorarbeiten für die Wasserversorgungsanlage in Senftenberg,
     in Jüterbog für die militärische Bauverwaltung, neben Projektierungsarbeiten auch die Ausführung der Pumpenanlage mit Windkessel in Eichwalde, Frankfurt (Oder), Trebbin Luckenwalde, Müllrose,
     Niemegk und Wriezen. In einer weiteren Firmenbroschüre sind Bauarten schmiedeeiserner Behälter aufgeführt, die in der Fabrik hergestellt wurden: Flachbodenbehälter, Hängebodenbehälter, Behälter
     der Bauart Intze und Barkhausen, alle drei letztgenannten mit mittlerem Durchstieg, Hempel, 1911, S. 16 ff., Hempel, k.A., S. 6; Die
     Firma M. Hempel baute den Wasserturm in der Bergstraße in Berlin-
     Steglitz von 1914–16; der ursprüngliche Behälter wurde 1926 durch
     einen Barkhausenbehälter ersetzt, Kley, 1996, Kurzprofile.

632 Schneider, 2005, S. 38 ff.

633 Meyer, 2014, S. 12.

634 Schönberg, Werth, 1971, S. 357.

635 Fölzer, Schupp, 1923, S.22 f.

636 Zentralblatt, 1903, S. 432 f.

IV.1.3 Intze

Nach Werth[634] wurden die Behälter der Bauart Intze im Allgemeinen mit mittlerem Durchstieg gebaut. Auch in Brandenburg haben die meisten Intzebehälter einen mittleren Durchstieg. So gelangt man durch den Behälter zum oberen Behälterrand und kann in den Behälter über eine Leiter steigen. In Brandenburg wurden mindestens elf eiserne Intze-Behälter verwendet.

Die Auflagerausbildung in der Y-Form – dargestellt in der Abbildung 191 – ist die im Allgemeinen angewendete Variante. Nur die Aufteilung der Bleche und die Vernietung variiert. Die Auflagervariante des Bahnturms von Königs Wusterhausen (Abb. 192) ist in Brandenburg vermutlich kein zweites Mal angewendet worden.

Für Intze-Behälter gab es Tabellen für den Entwurf. Über die Behältergröße konnten Durchmesser des Behälters mit Auflager- und Zylinderdurchmesser, sowie alle Blechstärken, Winkel und das ungefähre Gewicht abgelesen werden.[635]

Intzebehälter sind aufwendiger in der Herstellung als Hängebodenbehälter. Im Zentralblatt der Bauverwaltung von 1903 wurde der Neubau des Husumer Wasserturms beschrieben, ein Intze I mit mittlerem Durchstieg. Der Behälter des 1891 bis 1892 erbauten Turms hat ein Fassungsvermögen von 300 m³. Der Architekt von Gerlach entwarf einen Turm mit einem gemauerten konischen, viergeschossigen Turmschaft aus Rathenower Handstrichziegeln, einem in Eisenbetonbauweise hergestellten und dann verkleideten Turmkopf mit einem hohen Turmhelm. Die Kosten der baulichen Hülle beliefen sich auf 36.000 Mark. Der Behälter allein kostete 16.400 Mark.[636]

Abb. 193 (unten) Sockelgeschoss mit Portikus, 2010

IV.1.3.1 Intze I

Perleberg, Wasserturm, Stadt, Landkreis Prignitz (Katalog Nr. 020/03)

Geschichte: Perleberg, 1239 bereits als Stadt erwähnt, hatte zwei Mühlen: die Dammmühle (1345 erwähnt) und die Mühle am Dobberziner Tor (1354). Der erste urkundlich beschriebene Stadtbrand war 1560. Eine Badestube „Badei" gab es 1566. Im 17. Jahrhundert gab es zwei Stadtbrände. 1745 wurde Perleberg die Hauptstadt der Prignitz. Drei Wasser-, eine Walk- und eine Lohmühle sind für das Jahr 1773 überliefert. 1860 gab es 801 Wohnhäuser und 1.073 Wirtschaftsgebäude in Perleberg. 1871 wohnen 7.274 Einwohner in 900 Wohnhäusern in der Stadt. Folgende Industrie- und Handwerksbetriebe waren u. a. im Jahr 1860 in Perleberg ansässig: Eine Wassergetreidemühle, eine Wasserlohmühle, eine Maschinenfabrik, fünf Brauereien, eine Ofenfabrik, eine Kalkbrennerei, zwei Ziegeleien, eine Wagenfabrik, zwei Mostrichfabriken, eine Ölraffinerie und eine Essigfabrik.[637] 1883 erfolgte die Wasserversorgung von damals 7.825 Einwohnern mit 33 öffentlichen und 235 privaten Brunnen. Die Wasserqualität schwankte von sehr gut bis schlecht.[638]

Die Firma Heinrich Scheven[639] erhielt den Auftrag für die Planung des Wasserturmes von der Stadt Perleberg. Auf der 1904 gefertigten Zeichnung wurde mit Datum vom 02.02.1905 die Baugenehmigung erteilt. Die Ausführung des Bauvorhabens war am 04.01.1907 abgeschlossen.[640] Am Ende des Zweiten Weltkrieges berichtete ein Augenzeuge im Prignitzer Heimatblatt über den 10.04.1945. Eine Messerschmitt Me 109 vom Ersatzjagdgeschwader 2 flog in den Turmkopf des Perleberger Wasserturms. Die Einzelteile der Maschine verteilten sich in der Umgebung. Der Pilot überlebte den Absturz nicht.[641]

Besonderheit: Architektur und Behälter
Der Jugendstil-Turm ist einzigartig in Brandenburg. Architektonische Details am Portikus und die Fenster-

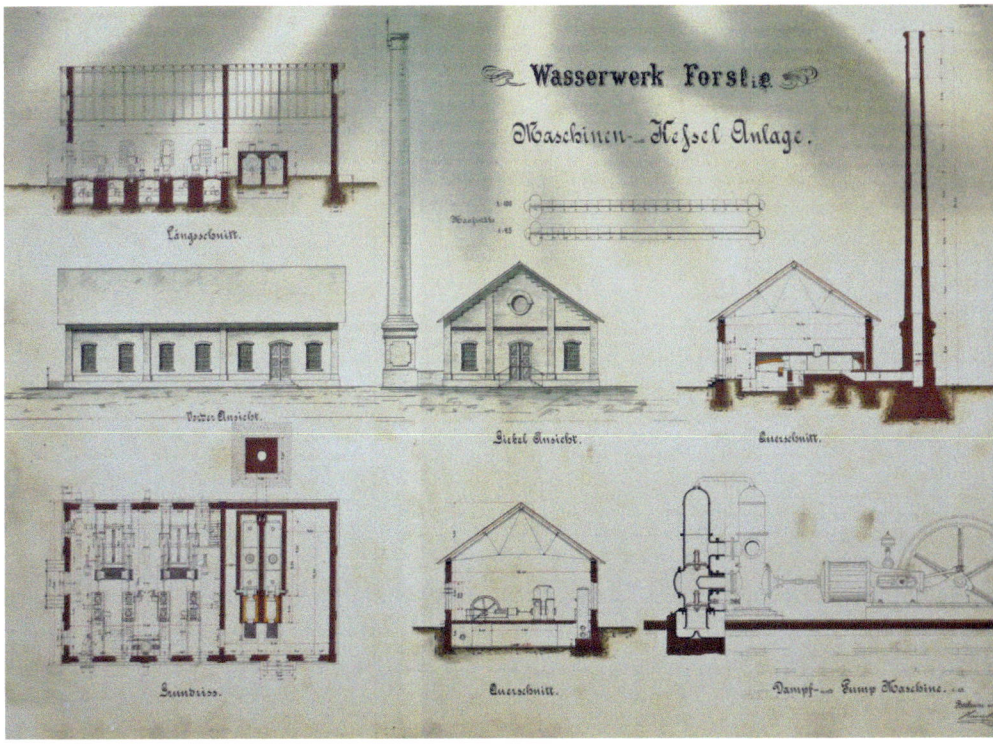

umrahmungen im gesamten Turmschaft wirken verspielt durch ihre floralen, geschwungenen Ornamente. Die Fassade des Turmkopfes ist nicht mehr original.

Das Fassungsvermögen des Intze I Behälters mit mittlerem Durchstieg beträgt 250 m³. Der zylindrische Mantel wurde aus jeweils fünf, 1,27 m[642] langen Blechen in drei Lagen gefertigt. Wie auch bei Werth beschrieben, hat der mittlere Durchstieg einen Durchmesser von ~1 m.

Dahme/Mark, Wasserturm mit Wasserwerk, Landkreis Teltow-Fläming (Katalog Nr. 126/03)

Geschichte: Dahme/Mark wurde 1265 erstmalig als Stadt erwähnt. 1456 gab es ein Schloss. Im 14. bis 17. Jahrhundert wüteten drei Stadtbrände in Dahme. Nach der Pestepidemie wurde die Stadt von den Schweden im 17. Jahrhundert geplündert. 1858 lebten 4.354 Einwohner in der Stadt. Es gab 18 öffentliche Gebäude und 402 Wohngebäude. In dieser Zeit siedelten sich Industrie- und Handwerksbetriebe an: eine Buchdruckerei, eine dampfbetriebene Maschinenspinnerei mit Ölmühle, drei Tabakfabriken, eine Essigfabrik, zwei Brauereien, zwei Brennereien und eine Ziegelei.[643] 1883 wurden damals 5.400 Einwohner aus 21 öffentlichen und 78 privaten Brunnen mit Wasser versorgt. Die Anzahl der privaten Brun-

637   Enders, 1962; S. 636 ff.
638   Grahn, 1883, S. 17; Die Versorgung blieb gleich, Grahn, 1898, S. 48.
639   Die Firma Heinrich Scheven baute 1897 auch das Hochreservoir in Stargrad (heute Polen). Ein Hängebodenbehälter von 500 m³ Fassungsvermögen, Grahn, 1898, S. 72; Der 600 m³ fassende Intzebehälter mit mittlerem Durchstieg des Wasserturms von Altglienicke in Berlin wurde ebenfalls von Scheven geliefert, Möller, 2010, S. 65; siehe auch Kapitel II.2.4.
640   Möller, 2010, S. 56.
641   Fischer, 2013, S. 79 ff.
642   Gemessen außen ohne Berücksichtigung der Überlappung.
643   Rohrlach, 1992, S. 70 ff.

Abb. 194 (links) Detail, Fensterumrahmung, 2010

Abb. 195 (rechts) Maschinen- und Kesselanlage, Wasserwerk Forst

Abb. 196 (unten) Riesler und Filter, Wasserwerk Forst

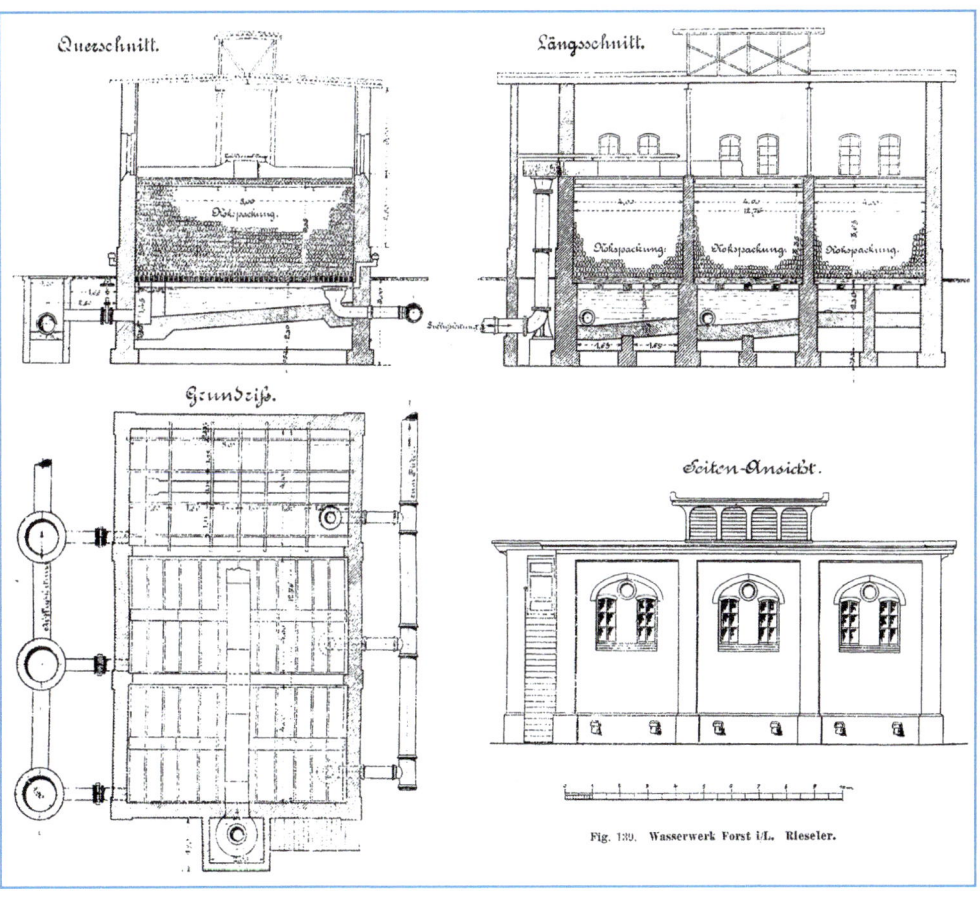

nen erhöhte sich bis 1898 auf 96.[644] 1904 beschlossen die Stadtverordneten, 1.000 Mark für Vorarbeiten für den Bau einer Wasserleitung zu investieren.[645] 1906 wurde durch den Regierungspräsidenten eine Anleihe von 150.000 Mark für den Bau des Wasserwerks aus der Stadtsparkasse bewilligt.[646] Die Errichtung des Wasserwerks mit Wasserturm wurde dem Ingenieur Littwitz aus Steglitz übertragen.[647] Seit 1994 ist der Wasserturm außer Betrieb.

Besonderheit: Bauweise und Behälter
Der Wasserturm bildet eine bauliche Einheit mit dem Wasserwerk – für Brandenburger Wasserversorgungsanlagen einmalig. Die Ummantelung des Turmkopfes in Eisenbetonbauweise ist noch original erhalten. In U-Profilen mit einer Schenkellänge von 60 mm sind die ca. 60–70 mm starken Anwurfwände eingespannt. Die U-Profile haben mittig einen horizontalen Abstand von ~1,8 m und vertikal von ~2,0 m. Knotenbleche, horizontal verschraubt und vertikal vernietet, verbinden die U-Profile miteinander.

Aus drei, übereinander angeordneten Blechlagen mit jeweils acht, ~3,15 m[648] langen Blechen wurde der zylindrische Mantel des Behälters hergestellt. Der mittlere Durchstieg beträgt auch bei diesem Behälter ~1 m im Durchmesser.

IV.1.3.2 Intze II

Forst, Wasserturm, Stadt, Landkreis Spree-Neiße (Katalog Nr.. 188/03)

Geschichte: Die, seit 1376 in Forst ansässigen, derer von Bibersteiner veranlassten, dass der Mühlengraben von der Neiße abgezweigt wurde und von diesem wiederum der Lohmühlengraben. Forst brannte im Mittelalter mehrfach ab. Seit 1815 gehörte Forst zu Preußen.[649] Im 19. Jahrhundert entwickelte sich, als eine der wenigen brandenburgischen Städte, auch Forst, neben Wittenberge, zu einer Industriestadt. Es entstanden vor allem Tuchfabriken. 1871 hatte Forst 8.000 Einwohner. Bereits 1883 waren es 16.124 Einwohner. Die Trinkwasserversorgung erfolgte über 24 öffentliche und 250 bis 300 private Brunnen.[650]

Nach erfolgreichen Probebohrungen wurde 1896 geplant, mit dem Bau des Wasserwerkes zu beginnen.[651] Erst 1899 wurde festgelegt, dass der Zivilingenieur Emil Prinz[652] aus Charlottenburg die Planung und Durchführung der Wasserversorgungsanlage übernehmen soll.[653] Die Bauleitung oblag dem Oberingenieur Flächsner, der dem Stadtbaurat Otto Schulze unterstellt wurde. Am 24.11.1901 lag die Baugenehmigung für die Errichtung der Wasserversorgungsanlage vor. Das Wasserwerk mit Wasserturm wurde von 1901 bis 1903 gebaut. Ein fast baugleicher Wasserturm wurde 1899 für Lippstadt geplant und 1901 gebaut, ebenfalls mit einem Intze II Behälter.[654]

Der Berliner Zivilingenieur Prinz hat im Wasserwerk Forst auch die Enteisenungsanlage mit geplant. Sie bestand aus Riesler und Filter. Die Anlagen waren baulich getrennt, in zwei Gebäuden untergebracht (Abb. 196).[655]

Der Baubeginn für den Wasserturm verzögerte sich, da noch zwischen der Auffassung des Planers Prinz und der Forderung der Forster Feuerwehr in Bezug auf die Höhe des Wasserspiegels verhandelt werden musste. Für Prinz waren 35 m höchster Wasserspiegel ausreichend – die Feuerwehr verlangte 45 m. Die Druckhöhe wurde dann auf 40 m festgelegt. 1902 erhielt der ortsansässige Maurermeister Lüdecke den Zuschlag für die Ausführungsarbeiten am Wasserturm. Am 1. September 1903 ging der Wasserturm in Betrieb. 1904–05 waren 1.519 Grundstücke an die zentrale Wasserversorgungsanlage angeschlossen. Das Rohrnetz der Hauptleitung war fast 36 km lang, mit Nebenleitungen über 46 km. Die durchschnittlich geförderte Wassermenge betrug 1.734 m³ täglich.[656]

1910 wohnten in Forst bereits 34.000 Menschen[657] und der Wasserbedarf stieg. Im Zweiten Weltkrieg hatte der Wasserturm, im Gegensatz zum Wasserwerk, einige Schäden durch Treffer erhalten. Er ging jedoch bereits im Oktober 1945 wieder in Betrieb.[658] 1992–94 wurden die Fassade des Turmkopfes und des Dachwerkes mit Haube zurückgebaut, eine neue Tragkonstruktion aus Stahl eingebaut und anschließend erfolgte ein Wiederaufbau.[659] Weitere Baumaßnahmen wurden 1996–97 durchgeführt: Restaurierung des Eingangsportals und der innenliegenden Treppenanlage, sowie die Umgestaltung der Außenanlagen.[660]

644 Grahn, 1883, S. 25; Grahn, 1898, S. 44.
645 Journal, Nr. 35, 1904, S. 805.
646 Journal, Nr. 52, 1906, S. 1148.
647 Journal, Nr. 41, 1906, S. 903.
648 Gemessen außen ohne Berücksichtigung der Überlappung.
649 Hübener, 2012, S. 64 ff.
650 Grahn, 1883, S. 31 f.
651 Das ursprüngliche, von Scheven ausgearbeitete, Projekt wurde zurückgewiesen. Der königliche Baurat Thieme aus Leipzig erstellte für die Stadt ein Gutachten zur Entscheidungsfindung.
652 Zivilingenieur Emil Prinz plante und baute mehrere Wassertürme in Berlin, so auch den Tegler Wasserturm. 1898 ging der Turm mit seinem Behälter der Bauart Intze in Betrieb – bis zum Abbruch des Wasserturms 1928. Den 1907 errichteten Wasserturm in Rosenthal plante Prinz ebenso, wie den 1902 03 gebauten Niederschönhausener Wasserturm. Beide Türme mit einem Intze Behälter gibt es nicht mehr. Der einzige Berliner Wasserturm von Prinz der die Zeiten überdauert hat, ist der Wasserturm in Heinersdorf von 1910 mit einem Flachbodenbehälter. Ursprünglich war er vom Architekten Otto Techow im Zusammenhang mit der Errichtung eines Rathauses – so wie Neuenhagen – geplant worden, Kley, 1996, Kurzprofile.
653 Journal, Nr. 1, 1898, S. 18; Journal, 1899, S. 288
654 Ahlke, Zitiert, 1990, S. 16 f.
655 Prinz, 1902, 3, 163 f.
656 Ihlo, Scholze, 1995, S. 7 f.
657 Hahn, 2009, S. 87.
658 Ihlo, Scholze, 1995, S. 16 f.
659 In dem dafür erarbeiteten Gutachten war u. a. auch eine Variante geplant, die einen späteren Ausbau des Behälters ermöglichte, BLDAM, Archiv Akte 205.
660 Informationstafel am Turm.

Besonderheit: Behälter

Höchstwahrscheinlich gibt es nur diesen einen Intze II Behälter in Brandenburg. Das heute noch mit Wasser gefüllte Reservoir ist 13 m im Durchmesser. Der zylindrische Mantel aus fünf übereinander angeordneten, 1,38 m[661] langen Blechen ist 8 m hoch. In der Mitte der Kugelkalotte beträgt die Höhe 9,19 m. 24 Stützbleche von jeweils 1,4 m Länge bilden den Innenring zur Kugelkalotte des Intze II Behälters, der auf einem 28 cm hohen Granitring auflagert. Der Tropfboden hat einen Durchmesser von ~9 m. Das Fassungsvermögen des Behälters von 1.025 m³ Trinkwasser deckt heute den Wasserbedarf für 3 bis 6 Stunden in Abhängigkeit von der Jahres- und Tageszeit. Über ein Leitungsnetz, das noch größtenteils aus der Erbauungszeit von 1903 stammt, wird aus dem Reinwasserreservoir des Wasserwerks der Intze II Behälter mit Wasser versorgt. Die Reinwasserpumpen erhalten ein Füllstandssignal aus dem Wasserbehälter. Über dieses Prozeßleitsystem (PLS) wird sichergestellt, dass der Behälter kontinuierlich befüllt wird. Alle 2 Jahre wird der Behälter gereinigt.[662]

IV.1.4 Barkhausen

Nach Georg Barkhausen wird beim Barkhausenbehälter das optimale Verhältnis zwischen der zylindrischen Mantelfläche und dem Radius des Behälters erreicht, wenn die Höhe des Mantels 2/3 vom Radius beträgt.[663]

Bei den Türmen von Zossen und Neulöwenberg wurde das Optimum für ein höheres Fassungsvermögen deutlich überschritten. Der von der Dortmunder Firma August Klönne gebaute Behälter im Wasserturm von Niemegk entspricht fast dem optimalen Verhältnis. Nur bei den Bahntürmen von Spremberg und Finsterwalde ist man unter dem Optimum geblieben, vermutlich wurde mehr Brauchwasser einfach nicht benötigt. Auch beim geschlossenen Barkhausenbehälter von Falkenberg/Elster (Eisenbahn, 1902) wäre die optimale Mantelhöhe 2,2 m, aber die Mantelfläche zwischen den beiden Halbkugeln ist nur 1,68 m hoch. Auch hier war das Fassungsvermögen von 200 m³ höchstwahrscheinlich ausreichend.

Die Lastabtragung der Barkhausenbehälter auf das Mauerwerk erfolgt entweder über L-Winkel[664], die an der äußeren Behälterwand der Mantelfläche angenietet sind, oder über Stützbleche, die im Bereich der Kugelka-

Untersuchte offene Barkhausenbehälter in Brandenburg				
Standort	Versorgung	Baujahr	Mantelhöhe in m	
			optimal	Ist
Zossen	Stadt	1899	2,30	2,98
Neulöwenberg	Eisenbahn	vmtl. 1905–06	1,86	2,68
Spremberg	Eisenbahn	1911	2,02	1,80
Finsterwalde	Eisenbahn	1911	2,00	1,77
Niemegk	Stadt	1913	1,90	2,17
Jüterbog	Eisenbahn	1915–17	2,17	2,53

lotte angeordnet sind. Die Steifigkeit am oberen Rand des Behälters wird durch einen L-Winkel erreicht.

Für Barkhausenbehälter wurden Tabellen für den Entwurf erarbeitet. In der Tabelle sind entsprechend der Behältergröße die Blechstärken, Winkel, das Gewicht etc. ablesbar.[665]

IV.1.4.1 Offener Barkhausen

Zossen, Wasserturm, Stadt, Landkreis Teltow-Fläming (Katalog Nr. 145/22)

Geschichte: Die Lausitzer Burgfeste aus dem 13. Jahrhundert wurde 1375 als Stadt mit Burg bezeichnet. 1719 gab es 116 Häuser in Zossen und 1730 wurden 550 Einwohner gezählt. Die Zahl der Einwohner stieg bis 1895 auf 3.934.[666] 1898 erfolgte die Wasserversorgung von damals 3.934 Einwohnern mit sieben öffentlichen und 30 privaten Brunnen.[667] Es gab um 1900 in Zossen 330 Häuser und verschiedene Handwerksbetriebe, sowie einige Fabrikanlagen u. a.: eine Kalkbrennerei, eine Maschinen-, eine Zement- und eine Kunststeinfabrik.[668]

Der Wasserturm wurde im Auftrag der, in Köln-Ehrenfeld ansässigen, Helios Electricitäts-Aktiengesellschaft 1899 errichtet[669] und durch den Berliner Ingenieur David

Abb. 197 (links) Auflager, Wasserturm Zossen, 2012

Abb. 198 (rechts) Auflager, Wasserturm Kiel, Schleswig-Holstein 2015

---

661 Gemessen außen ohne Berücksichtigung der Überlappung.
662 Informationstafel am und im Turm, sowie mündliche Informationen durch Mitarbeiter des Wasserverbands
663 Barkhausen, 1900, S. 1682.
664 Nach Foerster auch die Verwendung von U-Profilen möglich, Foester, 1909, S. 819.
665 Siehe Fölzer, Schupp, 1923, S. 24.
666 Enders, 1976, S. 377 ff.
667 Grahn, 1898, S. 50.
668 Enders, 1976, S. 377 ff.
669 Dahme-Nuthe Wasser-, Abwasserbetriebsgesellschaft mbH, 2014, S. 15.

Grove[670] geplant und gebaut. Grove errichtete mehrere Wassertürme, u. a. den Kieler Wasserturm im Ortsteil Neumühlen-Dietrichsdorf (Bundesland Schleswig-Holstein). In beiden Wassertürmen wurde ein Barkhausenbehälter mit einem Fassungsvermögen von ~200 m³ eingebaut. Das Wasser für den 12 m hohen Zossener Wasserturm wurde aus zwei Tiefbrunnen in den Barkhausenbehälter gefördert.[671] Die Charlottenburger Wasser- und Industriewerke AG erwarb in der Zeit von 1929–35 das Wasserwerk Zossen.[672]

Besonderheit: Behälter
Der Barkhausenbehälter von 1899 im Zossener Wasserturm gehört zu den ersten seiner Bauart in Deutschland. 1900 hat Georg Barkhausen den Zossener Turm als Beispiel der neuen Bauart angeführt: Der Behälter ist auf einem massiven Unterbau aufgelagert und das Fassungsvermögen variiert zwischen 100 bis 250 m³.[673] Das Dachwerk, Eisenfachwerk des Turmkopfes, die Umgänge und der Barkhausenbehälter sind statisch und konstruktiv als Rahmenfachwerkkonstruktion ausgebildet. Die 20 Auflagerpunkte auf dem aufgehenden Mauerwerk sind aus vernieteten konischen T-Profilen hergestellt worden.

Die 6 mm starken, zylindrischen Mantelbleche bestehen aus zwei Lagen mit jeweils fünf Blechen, die ~4,4 m[674] lang sind. Die Halbkugel besteht aus zwei äußeren Ringen mit jeweils 10 Blechen, einem mittleren Ring mit sechs Blechen und einem runden Bodenblech mit einem Durchmesser von 1,54 m.

Abb. 199 Auflagerbereich, Barkhausenbehälter mit Einschüssen, Niemegk 2011

Spremberg, Wasserturm, Eisenbahn, Landkreis Spree Neiße (Katalog Nr. 194/09)

Geschichte: Der Bauunternehmer Bethel Henry Strousberg baute für die Berlin-Görlitzer Eisenbahn-Gesellschaft die Bahnstrecke von Berlin nach Görlitz. 1867 wurde die Strecke, die über Königs Wusterhausen, Brand, Lübbenau/Spreewald, Cottbus und Spremberg führt, eröffnet.[675] Die 1897 in Betrieb genommene Spremberger Stadtbahn war 3 km lang und verband den Staatsbahnhof der Strecke Berlin–Görlitz mit dem Stadtbahnhof von Spremberg.[676] 1907 wurde eine Nebenbahn von Proschin nach Spremberg West gebaut und 1908 erfolgte der Anschluss an die Stadtbahn.[677]

Besonderheit: Auflager Behälter
Die statische Konstruktion des Turmkopfes ist ein Rahmenfachwerk, das Lasten aus dem Dachwerk, dem Eisenfachwerk des Turmkopfes, dem Behälter und den Umgängen in den Turmschaft ableitet.

Der Behältermantel besteht nur aus einer 1,62 m hohen Lage. Die fünf Bleche haben Einzellängen von ~3,82 m und sind 6 mm stark.

Das Auflager bildet ein an der Halbkugel umlaufender, vernieteter Auflagerring, bestehend aus einem Flacheisen und zwei L-Winkeln, die über gerade, 1,22 m hohe Stützbleche die Lasten auf das Mauerwerk ableiten. Dieses Auflager ist vergleichbar mit dem Auflager des Jüterboger Bahnwasserturms.

Niemegk, Wasserturm, Stadt, Landkreis Potsdam-Mittelmark (Katalog Nr. 108/11)

Geschichte: 1161 als Burg erwähnt, gehörten die Stadt und die Burg bis 1422 zum Herzogtum Sachsen-Wittenberg, danach zu Kursachsen. Im 17. Jahrhundert zerstören mehrere Brände Niemegk. 1837 lebten in der Stadt 2.137 Einwohner in 352 Wohnhäusern. Die Einwohnerzahl ändert sich bis 1895 geringfügig auf 2.228 Einwohner.[678]

Die Wasserversorgungsanlage mit Wasserturm war von 1913 bis 1998 in Betrieb. Das Wasser wurde aus dem Quellgebiet der Adda gewonnen und in den Turm gefördert. 1924 gab es 2.500 Einwohner in der Stadt und ihr Bürgermeister plante für die Bewohner, eine Badeanstalt zu errichten. Die veranschlagten Kosten betrugen 1928 18.500 Mark, und am 01.06.1929 wurde die

670 David Grove siehe auch Kapitel II.
671 Dahme-Nuthe Wasser-, Abwasserbetriebsgesellschaft mbH, 2011, S. 74.
672 Fehlmann Ringen für Charlottenburger Wasser- und Industriewerke AG, siehe WT Eichwalde, Michel, 1997, S. 171.
673 Barkhausen, 1900, S. 1881.
674 Gemessen außen ohne Berücksichtigung der Überlappung.
675 Architekten-Verein, 1896, I. Teil, S. 279.
676 http://de.wikipedia.org/wiki/Spremberger_Stadtbahn, 01.10.2015.
677 http://de.wikipedia.org/wiki/Bahnstrecke_Proschim-Haidemühl-Spremberg, 02.10.2015.
678 Rohrlach, 1977, S. 300 ff.

Badeanstalt mit einem Becken von rund 16 m × 33 m eröffnet.[679] Am Ende des Zweiten Weltkrieges wurde der Wasserturm durch Geschütz- und Maschinengewehrfeuer getroffen.

Besonderheit: Wasserturm mit Badeanstalt und Behälter
Der 1913 errichtete Wasserturm versorgte die nebenan gelegene Badeanstalt mit enteisentem Trinkwasser. Die Enteisenungsanlage soll sich ehemals im Turm befunden haben.[680]

Der von August Klönne aus Dortmund gebaute Wasserbehälter ist der einzige untersuchte Barkhausenbehälter mit einem mittleren Durchstieg (Durchmesser ~800 mm). Die Rahmenfachwerkkonstruktion und der Auflagerbereich sind wie beim städtischen Wasserturm von Zossen ausgebildet. Allerdings hat der Niemegker Behälter nur acht Auflagerpunkte. Das Fassungsvermögen beträgt auch nur die Hälfte: 100 m³.

Jüterbog, Wasserturm, Eisenbahn, Landkreis Teltow-Fläming (Katalog Nr. 131/08)

Geschichte: Die Anhalter Bahn fuhr von Berlin über Jüterbog nach Halle. 1841 ging die Strecke Berlin-Jüterbog der Berlin-Anhaltischen Eisenbahngesellschaft in Betrieb. Die Strecke Jüterbog–Wittenberg war 1841 fertiggestellt und 1848 folgte Jüterbog–Riesa.[681] Um 1900 plante die Eisenbahnabteilung der Provinz Brandenburg unter dem Landesbaurat und Geheimen Baurat

Otto Techow die rund 80 km lange Strecke der Jüterbog-Luckenwalder Kreiskleinbahn. Ein Übergang vom Bahnhof der Kreiskleinbahn zur Staatsbahn wurde mit eingeplant. Stillgelegt wurde die Strecke zweimal: Erstmals 1939 und dann endgültig 1965, denn nach dem Zweiten Weltkrieg wurde die Strecke teilweise wieder aktiviert.[682] Der Wasserturm wurde für das Bahnbetriebswerk der Anhalter Bahn errichtet. 2001 wurde ein Bauantrag auf Umnutzung des Turms zu Wohnzwecken gestellt.

Besonderheit: Auflager Behälter
Der Barkhausenbehälter ist im oberen Bereich der Halbkugel auf geraden Stützblechen von 1,24 m Länge aufgelagert. Die acht Stützbleche mit den Abmaßen: 1,175 m × 1,135 m haben einen Abstand von ~54 cm zueinander. Der 1911 errichtete Bahnwasserturm am Zirkusplatz in Finsterwalde, Landkreis Elbe-Elster (Katalog Nr. 221/10) ist nicht nur äußerlich im Wesentlichen baugleich. Bei beiden Barkhausenbehältern ist das Auflager identisch ausgebildet.

Das zylindrische Mantelblech des Behälters besteht aus vier Lagen mit Blechlängen von ~5,11 o. 5,13 m.[683]

IV.1.4.2 Geschlossener Barkhausen

Falkenberg/Elster, Wasserturm, Eisenbahn, Landkreis Elbe-Elster (Katalog Nr. 215/04)

Geschichte: Falkenberg war ein Dorf mit Kirche, um 1400 ein Rittergut und entwickelte sich im 19. Jahrhundert zu einem Knotenpunkt der Eisenbahn.[684] Die Lausitzer Eisenbahngesellschaft nahm am 01. Juni 1874 die 148 km lange Strecke von Kohlfurt (heute Polen) durch die Oberlausitz über die Bahnhöfe Ruhland, Elsterwerda-Biehla nach Falkenberg in Betrieb.[685] 1875 eröffnete die Berlin-Anhaltische Eisenbahn die rund 54 km lange Strecke von Wittenberg nach Falkenberg[686] und 1898 wurde die 49 km lange, erste Teilstrecke Falkenberg[687]–Uckro Süd durch die Niederlausitzer Eisenbahn-Gesellschaft gebaut.[688]

679   Informationstafel Wasserturm, FVV „Niemegker Land" e.V.
680   Siehe Zeichnung im Katalog.
681   Berger, 1980, S. 152.
682   Regling, 2005, S. 22 f., 27.
683   Gemessen außen ohne Berücksichtigung der Überlappung.
684   Gramlich, Küttner, 1998, S. 86.
685   Berger, 1996, S. 2; http://de.wikipedia.org/wiki/Oberlausitzer_Eisenbahn, 01.10.2015.
686   Berger, 1980, S. 152.
687   Unterer Bahnhof, http://de.wikipedia.org/wiki/Niederlausitzer_Eisenbahn, 01.10.2015.
688   Brandt, 1968, S. 39.

Abb. 202 (links) Umgang mit Verstärkungswinkeln, Falkenberg/Elster 2012

Abb. 203 (rechts) Wasserturm Mühlheim-Speldorf, Nordrhein-Westfalen 2017

Abb. 204 Umgang mit Verstärkungswinkeln, Wasserturm Mühlheim-Speldorf, Nordrhein-Westfalen 2017

1902 wurde am Oberen Güterbahnhof Falkenberg/ Elster der Wasserturm mit einem geschlossenen Barkhausenbehälter erbaut. Eine Erhöhung um 1,65 m wurde 1941 geplant. Eine ordnungsgemäße Ausführung der Baumaßnahme durch die ortsansässige Firma Otto Ahrens, Holz- und Baugeschäft, ist am 18.08.1943 durch die Bm 3 Falkenberg/Elster bescheinigt worden. 1989 wurde im Prüfbefund Nr. 4/1989 der Reichsbahndirektion Halle, Instandhaltungsdienststelle Hbm Falkenberg vermerkt, dass sich von der Monierwand im Bereich des

Behälterauflagers Teile lösten und herabfielen. Ansonsten wurde der Wasserturm als standsicher eingestuft. 1990 wurde im nächsten Prüfbescheid der Zustand ebenfalls bemängelt. Daraus resultierte, auf Grund der Verkehrssicherungspflicht, die Anordnung eine Schutzrüstung bis zum 28.09.1990 aufzustellen, und ein Sanierungskonzept zu erarbeiten. 1991 wurde der Turmkopf im schadhaften Bereich mit Schiefer verkleidet.

Besonderheit: Behälter

Die fast unverhüllten Barkhausenbehälter wurden vorwiegend bei der Eisenbahn und bei industriellen Anlagen verwendet. Wassertürme mit geschlossenen Barkhausenbehältern wurden nur selten errichtet. Beispiele außerhalb von Brandenburg: Das sogenannte Lanstroper Ei in Dortmund. Gebaut von der Firma Klönne von 1904 bis 1905.[689] Der Wasserturm vom Bahnbetriebswerk Bielefeld – errichtet 1906.[690] In Mühlheim-Speldorf steht ein ehemaliger Bahnwasserturm von 1904. Die Rheinische Eisenbahngesellschaft gründete 1875 am Bahnhof Speldorf eine Werkstatt für die Reparatur von Dampflokomotiven und Eisenbahnwagen. Auf Grund des erhöhten Wasserbedarfs wurde die Errichtung eines weiteren Wasserturms nach 1900 durch die Preußische Staatsbahn geplant. An diesem Turm soll beispielhaft gezeigt werden: Die Architektursprache des subtromoromatischen kann verschieden sein, aber der geschlossene Barkhausenbehälter der Firma Klönne wurde fast baugleich ausgeführt.[691]

689 http://www.baukunst-nrw.de/objekte/Lanstroper-Ei-422.htm, 23.02.2013.

690 http://www.heckeneilzug.de/bwbielefeld.html, 23.02.2013.

691 Heute ist der Wasserturm Bestandteil des Museums zur Vorgeschichte des Films, Menke, k.A., S. 6, 69 ff.

Abb. 205 (oben) Firmenlogo des VEB Stahl- und Apparatebau Magdeburg

Abb. 206 (links) Bahnwasserturm Unterer Bahnhof, Falkenberg/Elster 2010

Abb. 207 (rechts) Wasserturm Bahnbetriebswerk Leipzig-Plagwitz, Sachsen 2013

In Brandenburg gibt es noch einen geschlossenen Barkhausenbehälter am Bahnhof Rathenow. Auch dieser Wasserturm wurde für Befüllung von Dampflokomotiven errichtet.

Beim Wasserturm am Oberen Güterbahnhof werden die Lasten aus dem Behälter über das Eisenfachwerk der unteren Halbkugel auf die Auflager, aus genieteten, konischen T-Profilen, abgeleitet. Die 20 Auflagerstützen sind genauso wie die Auflagerstützen der beiden städtischen Wassertürme von Niemegk und Zossen ausgebildet. Der Zossener Wasserturm hat auf Grund des gleichen Fassungsvermögens von 200 m³ ebenfalls 20 Auflagerstützen.

Der zylindrische Mantel des geschlossenen Barkhausenbehälters besteht aus fünf Blechen. Oberhalb des Mantels – im Übergang zur Halbkugel – verstärkt ein umlaufendes, mit Beton vergossenes Eisenprofil den Behälter. Unter dem Eisenprofil sind vertikal über die Mantelhöhe

zur Aussteifung 20 L-Winkel in gleichmäßigen Abständen am Behälter angenietet. Unterhalb des Mantels verläuft ein Umgang um den Behälter. Auch beim Lanstroper Ei[692] und bei dem Speldorfer Bahnwasserturm wurde der zylindrische Mantel durch vertikal angeordnete, kurze Eisenprofile und durch einen eisernen Umgang verstärkt.

IV.1.5 Sonderformen, Kombinationen

Falkenberg/Elster, Wasserturm, Eisenbahn, Landkreis Elbe-Elster (Katalog Nr. 218/07)

Besonderheit[693]: Geschichte, Bauweise und Behälter
Der ursprüngliche Wasserturm auf dem Unteren Bahnhof soll 1894[694] errichtet worden sein. Grundlage war die Normalie „Wasserstation für Bahnhof" der Berlin-Anhaltischen Eisenbahn, Zeichnung der Maurerarbeiten, Bahnhof Falkenberg, datiert auf den 7. September 1875. Bereits im Februar 1910 plante die Königliche Eisenbahn-Betriebsinspektion 2, Dessau, die Erhöhung des Turmkopfes um 1,4 m. Auf dem Bahnbetriebswerk Falkenberg wurden mit

692 Vgl. Werth, 1969, S. 372.
693 Weitere Angaben zur Geschichte, siehe Kapitel IV.1.4.2 Falkenberg/Elster.
694 Erbaut 1894, Angabe aus Hilfsblatt zur Vorbereitung der Umbewertung von Gebäuden, baulichen Anlagen und unselbstständigen Gebäudeteilen, Hbm Falkenberg/E, Archiv Deutsche Bahn Cottbus.

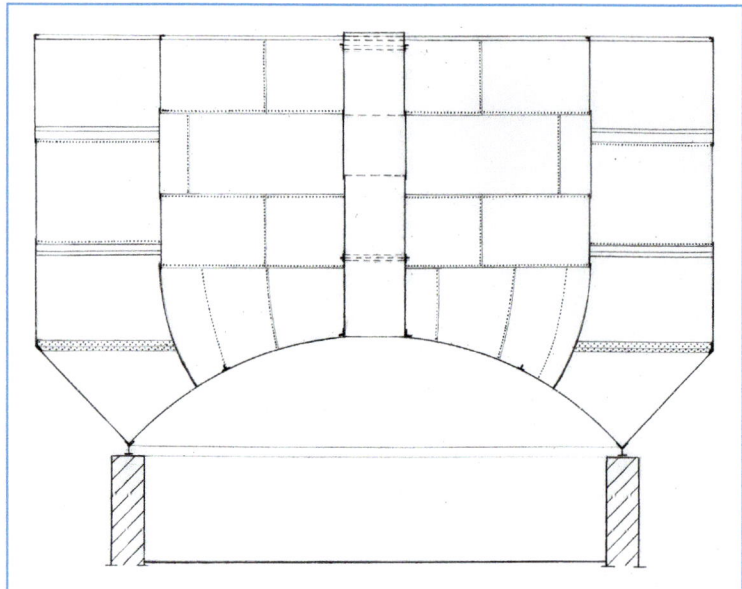 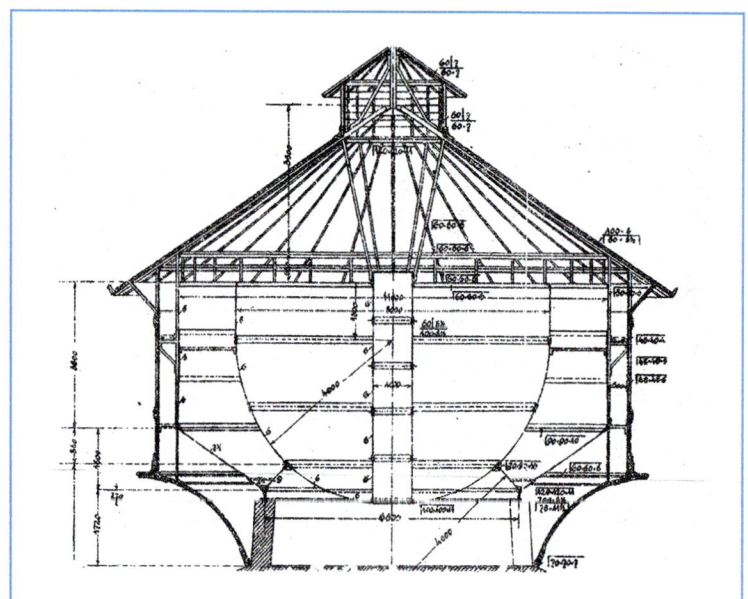

Abb. 208 (links) WT Wittenberge, Doppelbehälter, Intze I mit Barkhausen 500 m³ Inhalt, Zeichnung 2015

Abb. 209 (rechts) Bahnwasserturm mit Doppelbehälter, Intze mit Barkhausen, 400 m³ Inhalt

Brauchwasser alle Wasserentnahmestellen auf dem Bahnhof gespeist, Loks gewaschen, Kühlwasser für Kompressoren und für den Feuerlöschzug bereitgestellt. 1963 wurde mit einem Wasserbedarf von 2.000 m³ täglich gerechnet.

Im Auftrag der Deutschen Reichsbahn, Bahnbetriebswerk Falkenberg/Elster demontierte der VEB Stahl- und Apparatebau Magdeburg 1962 den alten Behälter von 150 m³ Fassungsvermögen und ersetzte diesen, durch einen Wasserbehälter von 300 m³ Fassungsvermögen. Die Mauerkrone wurde durch die ortsansässige Firma Carl Erler, Holz- u. Baugeschäft saniert.

Der neue, verschweißte, geschlossene Hängebodenbehälter aus 10 mm starkem Stahl misst ~8 m im Durchmesser. Seine Mantelhöhe beträgt ~6 m. Das Mantelblech endet 2 cm unter dem Bodenblech und bildet damit eine Tropfkante. Über ein Mannloch im Dachbereich, NW 800 mm, ist es möglich in den Behälter zu steigen. Das Dach wurde als rippenverstärkte Schale ausgebildet, deren einzelne Bleche aus Kegelabschnitten mit 8° und 15° Neigung gefertigt wurden.

In einem Führungsrohr von 200 mm Durchmesser gleitet der Schwimmer im Behälter und ein Wasserstandsanzeiger am Turmschaft zeigt in m³ nur die vorhandene Wassermenge im zylindrischen Behälterteil an. Die Wassermenge im Kegelboden wird als Reserve gesehen und nicht berücksichtigt.[695] Eine Gebrauchsabnahme fand am 16.08.1962 statt. Leitungen:

- Ableitung, DN 200,
- Zuleitung, DN 150 und 200,
- Überlauf, DN 200,
- Entleerung, DN 100

Die Berlin Anhaltische Eisenbahngesellschaft baute beide abgebildeten Wassertürme (Abb. 206, 207) an ihren Strecken mit geringfügigen Abweichungen. Im Leipziger Bahnwasserturm steht auch ein Hängebodenbehälter, ebenfalls mit einem Durchmesser von 6 m,

allerdings beträgt die Mantelhöhe nur 3,52 m. Der Wasserturm steht unweit des preußischen Lokschuppens, in dem heute das Eisenbahnmuseum Bayerischer Bahnhof zu Leipzig e.V. seinen Sitz hat.

Wittenberge, Wasserturm, Stadt, Landkreis Prignitz (Katalog Nr. 033/16)

Geschichte: Die Wasserversorgung von 9.711 Einwohnern erfolgte 1883 noch mit Flachbrunnen in den Häusern. Zusätzlich standen der Bevölkerung im Stadtgebiet 16 öffentliche Brunnen zur Verfügung. Zu dieser Zeit gab es auf Grund der qualitativen Güte des Brunnenwassers keine Veranlassung zur Planung einer zentralen Wasserversorgungsanlage. Daran änderte sich bis 1898 nichts.[696] Im 19. Jahrhundert setzte im agrarisch geprägten Brandenburg mit der Industrialisierung eine Landflucht ein. Wittenberge war eine der wenigen brandenburgischen Städte, die sich zum Industriestandort entwickelten und die Einwohnerzahl auf Grund der Arbeitsmöglichkeiten stieg.[697] Hier konnte die sich ansiedelnde Industrie, auf Grund des Standortvorteils: ein Eisenbahnknotenpunkt und ein ausgebauter Hafen[698], ihre Rohstoffe, Halb- und Fertigerzeugnisse flexibel transportieren. Mit Beginn des 20. Jahrhunderts sollte Wittenberge ein Wasserwerk erhalten. Die Vorarbeiten kosteten 15.071,34 Mark. Mit der Baugenehmigung vom 14. April 1903 begannen die Ausführungsarbeiten. Gusseiserne Rohre wurden verlegt und der Wasserturm mit Aussichtsplattform gebaut. Nach der Errichtung des Maschinenhauses und der Enteisenungsanlage eine als

693 Deutsche Reichsbahn, Hallen- und Dachheft, Reichsbahndirektion Halle, Bauwerke Nr. 366, 367 Wasserturm Bf Falkenberg, Archiv Deutsche Bahn, Cottbus.
696 Grahn, 1883, S. 17; Grahn, 1898, S. 50.
697 Hahn, 2009, S. 87.
698 Der erste Hafenausbau erfolgte 1832–1835. Größe des Hafens um 1900: 750 m Länge, 16 ha, Michas, 2004, S. 16 f.

zentrale Wasserversorgungsanlage 1904 in Betrieb. Sechs 25 m tiefe Rohrbrunnen lieferten das Wasser in ein Reservoir. Weitergeleitet über vier Kaskaden und einen Filter wurde das Wasser durch zwei doppeltwirkende Kolbenpumpen in den Behälter des Wasserturms gefördert. Das Wasserwerk kostete insgesamt etwa 400.000 Mark. Im Jahr 1909 forderte die Wasserwerksverwaltung die Einführung von Wassermessern für eine Abrechnung des tatsächlichen Verbrauches von Trinkwasser.[699] Um 1928 wurde für die Wasserstandsreglung im Behälter ein Aegierpegel, ohne automatische Pumpregelung, eingesetzt. Nachdem das Wasser durch die offene Enteisenungsanlage und den Reinwasserbehälter gelaufen war, wurden durch den Zusatz von Chlor die Bakterien im Wasser abgetötet.[700]

Der Wasserturm wurde 1972 und dann erneut 1984 durch starke Stürme beschädigt, und noch im selben Jahr ging der Turm außer Betrieb.[701]

Besonderheit: Doppelbehälter
Doppelbehälter in Wassertürmen der städtischen Wasserversorgung sind selten und in Brandenburg ist der Behälter Bauart Intze I in Kombination mit einem Barkhausen einmalig. Dagegen sind bei der Eisenbahn mehrfach Doppelbehälter verwendet worden. Der Bahnwasserturm in Elstal hat einen Barkhausenbehälter, in dem als zweites Kammersystem ein Flachbodenbehälter integriert wurde. Wasserbehälter als Kombinationen verschiedener Bauarten sind als Standards, sogenannte Normalien, bei den Königlichen Eisenbahndirektionen bereits vor 1900 geplant und gebaut worden. Im Berliner Wasserturm des Betriebsbahnhofes Schöneweide (Abb. 211) befindet sich ebenfalls ein Doppelbehälter.

Treuenbrietzen, Wasserturm, Stadt, Landkreis Potsdam-Mittelmark (Katalog Nr. 109/12)

Geschichte: Schon im Mittelalter durchflossen Stadtbäche Treuenbrietzen. Das Bachwasser wurde zum Waschen,

699   900 Wassermesser mussten zu dieser Zeit angeschafft werden, Journal, 1909, S. 179.
700   LHA, Rep 27 C, Neuruppin, Nr. 1195.
701   Muchow, 2001, S. 122 ff.
702   Werbeanzeige aus: Lang (Hg), 1928.

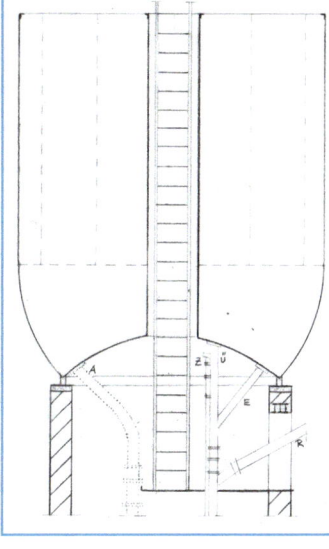

Feuerlöschen und Tränken des Viehs sowie vermutlich zur Entsorgung von Unrat benutzt. 1888 gab es den ersten Antrag zur Verlegung einer Wasserleitung aus gusseisernen Röhren. Typhuserkrankungen führten 1894 zur Schließung eines öffentlichen Brunnens und zum Bau mehrerer neuer Brunnen in der Stadt. 1900 gab es 19 öffentliche Brunnen.

Der Bau einer zentralen Wasserver- und Abwasserentsorgungsanlage wurde trotz bekannter Gesundheitsgefährdung von den Stadtverordneten abgelehnt. Auf Grund der Typhuserkrankungen verbot der Regierungspräsident die Wasserentnahme aus den Stadtbächen. Trotzdem wurde auch noch 1906 der Errichtung einer zentralen Wasserversorgungsanlage im Stadtparlament nicht zugestimmt. Zumindest entschließt sich die Stadt 1908, den Ingenieur Dr. Heyd aus Darmstadt mit Projektierung der Abwasseranlage zu beauftragen. 1909 erfolgte dann der Kauf von Land, nachdem die landespolizeiliche Genehmigung für die Errichtung eines Wasserwerkes mit Wasserturm vorlag. Die Firma Wilhelm Stolle, Bauausführungen aus Treuenbrietzen,[702] wurde beauftragt, den Turm aus massivem Mauerwerk herzustellen. Im Oktober 1910 gehen Kanalisation und Wasserwerk mit Wasserturm in Betrieb. Das durch Pumpen aus den 60 m tiefen Brunnen gewonnene Wasser wurde über den Riesler mit seinen groben und feinen Kiesschichten sowie über eine

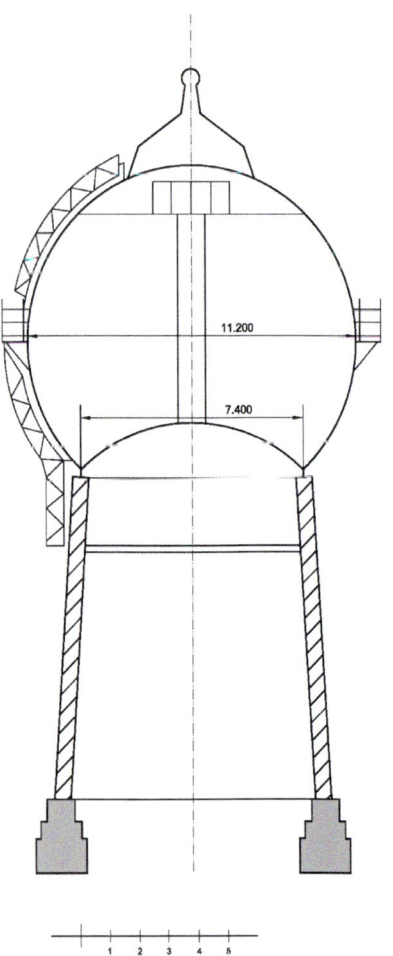

Abb. 214 (links) Skizze Crailsheimer WT

Abb. 215 (rechts) Auflagerbereich, Wasserturm Bochum

Schicht aus Marmor geleitet. Nach der Enteisenung erfolgte die Füllung des Wasserreservoirs im Wasserturm. Das Versorgungsnetz war zu dieser Zeit sieben Kilometer lang.[703] Zum krönenden Abschluss der Baumaßnahmen sprudelte 1913 das Wasser im damaligen Hohenzollernbrunnen des Bildhauers Eberhard Enke. Die Brunnenfigur des Kurfürsten Friedrich des I. verschwand in den Nachkriegszeiten des Zweiten Weltkrieges. Auf dem ursprünglichen Postament wurde 1984 die, vom Bildhauer Lothar Sell aus Meißen geschaffene, Sabinchen-Figur aufgestellt.[704]

Besonderheit: Behälter

Diese Sonderform eines Barkhausenbehälters mit Intzeboden beschrieb bereits der Ingenieur Barkhausen im Jahr 1900. Bei Hängeboden- und Intzebehältern wird im Übergang zwischen Mantel und Bodenblech ein Spannring in Form eines über 90° aufgebogenen L-Winkels angeordnet, der auch beide Bleche miteinander verbindet. Dieser Spannring ist sonst bei Barkhausenbehältern nicht notwendig.[705] Eine Sonderform ist die Kombination von einem Barkhausenbehälter (zylindrischer Mantel) mit einem Intzeboden Typ I.[706] Die Sonderform des Treuenbrietzener Wasserturms hat 1909 auch Foerster beschrieben: „Andere Formen Intzescher Behälter – vorzugsweise

aus dem Bestreben einer besseren Raumausnutzung und guter Anschlußverbindungen am Behälterboden [sind] … durch Vermeidung des Ringes zwischen Boden und Zylinderwand, …[entstanden]"[707]

Das zylindrische Mantelblech des Behälters besteht aus 12 Blechen, ist ~4 m hoch und 6 mm stark.

Ein weiterer Behälter dieser Bauart wurde in den Wasserturm der ehemaligen Pulverfabrik von Kirchmöser, heute ein Ortsteil von Brandenburg an der Havel (Katalog Nr. 117/03), eingebaut. Bei diesem Barkhausenbehälter mit Intze I Boden werden über 12 Stützbleche die Lasten auf ein Eisenfachwerk abgeleitet[708], das frei im gemauerten Turmschaft steht.

703 Kabelhorst, 2010, S. 38 ff.

704 Genniou, 2003, S. 39 ff.

705 Beim Barkhausenbehälter des Niemegker Wasserturms wurde trotzdem ein Aussteifungswinkel L 160/80 mm im Behälter angenietet, siehe von Wangenheim, 2018, Katalog Band 1, S. 533.

706 Barkhausen, 1900, S. 1597.

707 Foerster, 1909, S. 818.

708 Genau wie beim Klönnebehälter mit Intze I Boden, vgl. hierzu nachfolgenden Wasserturm Cottbus.

Cottbus, Wasserturm, Eisenbahn (Katalog Nr. 198/03)

Geschichte: Der Bauunternehmer Bethel Henry Strousberg baute für die Berlin-Görlitzer Eisenbahn-Gesellschaft die eingleisige Bahnstrecke von Berlin nach Görlitz. 1867 wurde die Strecke, die über Königs Wusterhausen, Brand, Lübbenau/Spreewald, Cottbus und Spremberg führte, eröffnet.[709] Die Halle-Sorau-Gubener Eisenbahn plante die Strecken Cottbus–Guben und Halle–Cottbus. Der Streckenabschnitt Cottbus–Guben wurde 1871 von der Gesellschaft eröffnet. Die Strecke verläuft von Cottbus über die Bahnhöfe Peitz Ost und Guben Süd nach Guben.[710] Ebenfalls 1871 wurde der erste Teilabschnitt von Cottbus über Calau, Finsterwalde und Doberlug–Kirchhain nach Falkenberg von der Hauptstrecke Halle–Cottbus freigegeben und 1872 ging die gesamte Strecke in Betrieb.[711] Die Cottbus-Großenhainer Eisenbahn Gesellschaft baute die Bahnstrecke von Cottbus nach Frankfurt (Oder) über die Bahnhöfe Jamlitz und Müllrose. Ab 1876 konnte die Strecke genutzt werden.[712] Auf dem Bahnhof Cottbus hatte die Königliche Eisenbahndirektion Erfurt eine Hauptwerkstätte.[713]

Besonderheit: Behälter
Einen, als vollständige Kugel ausgebildeten, Klönnebehälter gibt es nicht mehr in Brandenburg. Auf dem gemauerten Schaft des Bahnturms in Cottbus steht ein Behälter der Bauart Klönne. Es sind keine Zeichnungen überliefert. Eine Besichtigung war nicht möglich. Auf Grund der äußerlich erkennbaren Auflagersituation ist zu vermuten, dass es sich um eine Behälterkombination: Bauart Klönne mit Intze I Boden handelt – eine Sonderform mit Alleinstellungsmerkmal in Brandenburg. Der Cottbusser Bahnwasserturm von 1914 ist vergleichbar mit dem 1913 errichteten Crailsheimer Bahnwasserturm (Bundesland Baden-Württemberg) der ein Fassungsvermögen von 600 m³ und Blechstärken von 5,6 und 10 mm hat.[714] Sein Behälter liegt auf Eisenprofilen auf, die denen des Cottbusser Turms stark ähneln.

Bei Wassertürmen mit Kugelbehältern sind die Auflager anders konstruiert. Beim dem, 1908 für das Bahnbetriebswerk Anhalter Güterbahnhof in Berlin errichteten, Wasserturm mit einem Klönne-Behälter bilden an der unteren Halbkugel umlaufende L-Winkel, die mit dreieckigen Stützblechen vernietet sind, den Auflagering. Die Last wird über die Stützbleche in das Eisenfachwerk aus L-Winkeln abgeleitet. Der Wasserturm mit einem Fassungsvermögen von 300 m³ war bis 1952 in Betrieb.[715] Er steht auf dem Gelände des Museums für Verkehr und Technik. Das gleiche Grundprinzip der Auflagerung wurde auch beim zwischenzeitlich abgerissenen Wasserturm Bochum, auf dem ehemaligen Werksgelände von Thyssenkrupp, angewendet. Der Bochumer Behälter konnte 1.000 m³ Wasser speichern.[716]

Kirchmöser, Wasserturm, Stadt, Brandenburg (Katalog Nr. 117/03)

Geschichte: Die Königliche Pulverfabrik als „militärisch-technisches Institut" wurde von 1915 bis 1917 durch einheimische Bauleute sowie russische und französische Kriegsgefangene errichtet. Die Anbindung an die Eisenbahnstrecke Berlin–Magdeburg erfolgte im Jahr des Baubeginns. Auch das Kraftwerk, Kesselhaus und Wasserwerk mit Enteisenungsanlage entstanden bereits 1915.[717] Mit dem Bau des Wasserturms wurde 1915 begonnen. Im Februar 1916 stand der Turm mit seiner baulichen Hülle aus rotem Sichtmauerwerk. Vom Wasserwerk aus wurde das Grundwasser mit acht Pumpen in den Behälter gefördert.[718] Bis zum Ende des Ersten Weltkrieges wurden die baulichen Anlagen erweitert. 1920 übernahm die Deutsche Reichsbahngesellschaft die ehemalige Pulverfabrik und baute den militärischen Standort in das „Reichsbahnausbesserungswerk (RAW) Brandenburg-West" um. Ein Lokomotiv- und Zentralwerk der Eisenbahn entstand. Zum Ende des Zweiten Weltkrieges wurde das Werk demontiert – nur die Gebäude blieben stehen. Der Betrieb als „RAW Brandenburg-West" wurde nach dem Krieg durch die Eisenbahner wiederaufgenommen. Davon ausgenommen war der Teil des Werkes, indem das sowjetische Militär bis zum Abzug der GUS-Streitkräfte Panzer baute.[719]

Besonderheit: Behälter und Bauweise
Auf dem Eisenfachwerk, bestehend aus sechs Rahmen über fünf Ebenen, montierte die bauausführende Firma einen Barkhausenbehälter mit Intze I Boden. Der umlaufende Stützring des Intzebodens leitet die Last über 12 gerade Stützbleche in das Eisenfachwerk. Die bauliche Hülle aus Sichtmauerwerk wurde anschließend um das Eisenfachwerk errichtet. Im Land Brandenburg gibt es nur einen Barkhausenbehälter auf einem Unterbau aus Eisenfachwerk. Ein weiterer Barkhausenbehälter mit Intzeboden wurde im Wasserturm Treuenbrietzen eingebaut.[720]

709 Architekten-Verein, 1896, I. Teil, S. 279.
710 http://de.wikipedia.org/wiki/Bahnstrecke_Cottbus-Guben, 01.10.2015.
711 Gramlich, Küttner, 1998, S. 87; Bley, 1999, S. 12.
712 http://de.wikipedia.org/wiki/Bahnstrecke_Cottbus-Frankfurt_(Oder), 01.10.2015.
713 Mühl, 1981, S. 23.
714 Weidner, 2012, S.13, 15, 20.
715 Woll, 1986, S. 65 f.
716 Abbildungen der WT Crailsheim und Anhalter Güterbahnhof, siehe von Wangerin, 2018, Katalog Band 2, S. 1017 ff.
717 Buchinger, 1995, S. 212 ff.
718 Informationstafel Industrielehrpfad Kirchmöser.
719 Buchinger, 1995, S. 212 ff.
720 Siehe WT Treuenbrietzen Katalog Nr. 109/12.

Wiesenburg, Wasserturm, Stadt, Landkreis Potsdam-Mittelmark (Katalog Nr. 113/16)

Besonderheit: Geschichte, Bauweise und Behälter
Auf der Grundlage des Befehls 209 der Sowjetischen Kommandantur wurde 1949 der Stahlfachwerkturm von seinem ursprünglichen Standort in Jüterbog – auf dem militärischen Gelände des Neuen Lagers – nach Wiesenburg umgesetzt. Die Neusiedler in der Gemeinde Wiesenburg/Mark konnten dadurch mit Wasser versorgt werden. Die 1889 gegründete Firma August Frebe aus Jüterbog erhielt den Auftrag zur Umsetzung des Turms. Die Firma führte u. a. Wasserwerksbauten aus und bohrte Tiefbrunnen.[721] Bei der Umsetzung des Turms nach Wiesenburg wurde die vorhandene Vernietung der einzelnen Stahlbauteile zum Teil durch Verschraubung ersetzt. Der Wiesenburger Wasserturm mit seiner Subkonstruktion aus Stahlfachwerk und einem Hängebodenbehälter mit ellipsenförmigen Boden ist ein ungewöhnliches Beispiel der städtischen Wasserversorgung.

Barkhausen hält 1900 einen Vortrag bei der Sitzung des hannoverschen Bezirksvereins Deutscher Ingenieure über neue Formen für Flüssigbehälter: Im Normalfall wird der Boden als Halbkugel ausgebildet. Durchaus sind auch andere Formen denkbar, wie seine Figur 47 zeigt, die identisch mit der Ausführung des Wiesenburger Behälters ist. Genau wie beim Barkhausenbehälter mit einem halbkugelförmigen Boden kann auch bei dem ellipsenförmigen Boden auf einen zusätzlichen Druckring verzichtet werden.[722] Der Behälter wird genau in Schnitthöhe zwischen Mantel und Boden aufgelagert.

Das Wasserreservoir auf dem Wiesenburger Turm ist deshalb in zweifacher Hinsicht technisch bedeutsam. Neben dem Eisenfachwerkturm auf dem Kremmener Bahnhof gibt es keinen weiteren Wasserturm mit überkommenem Behälter im Land Brandenburg, dessen Unterbau aus einem sichtbaren Eisen- bzw. Stahlfachwerk besteht. Hinzu kommt, dass es sich bei dem Behälter mit ellipsenförmigen Boden um eine Bauart handelt, bei der das Auflager wie beim Behälter der Bauart Barkhausen ausgebildet wurde. Vergleichstürme in der Literatur sind die Eisen-, bzw. Stahlfachwerktürme in Unna und ein Wasserturm in Mannheim.[723]

Langengrassau, Wasserturm, Stadt, Landkreis Dahme-Spreewald (Katalog Nr. 153/08)

Geschichte: Die Baugenehmigung Nr. 110/68 für das Bauvorhaben: Wasserversorgung Langengrassau-Hydroglobus und Restarbeiten gemäß Prüfbescheid IW 47/68 wurde durch die staatliche Bauaufsicht der DDR im Juli 1968 erteilt. Projektiert hat dieses Vorhaben der VEB Pro-

jektierung Wasserwirtschaft Halle, Außenstelle Cottbus. Bauauftragnehmer waren die PGH Granit und die LPG Baubrigade.

Die in Ungarn entwickelten Hydrogloben waren gemäß Zulassung Nr. 1/67 des Amtes für Wasserwirtschaft der DDR am 10.10.1967 bereits geprüft worden. Der Prüfbescheid IW 47/68 beinhaltete die Auflagen entsprechend des örtlichen Aufstellungsprojekts.

Besonderheit: Bauweise
Der stählerne Turm[724] war ca. 21,5 m hoch. Er stand auf Betonfundamenten und wurde durch sechs Spannseile stabilisiert. Der Innendurchmesser des vierteiligen Schaftes betrug 94,5 cm – er war in etwa genauso groß, wie die mittleren Durchgänge bei den verschiedenen Behältertypen. Die vier Teile des Schaftes bestanden aus miteinander verschweißten Blechen. Die Stöße der vier Schaftteile waren miteinander verbolzt. An dem durchgehenden Turmschaft wurde der Kugelbehälter montiert. Der Hydroglobus diente im Versorgungsnetz des Wasserwerks Dahme/Mark im Landkreis Teltow-Fläming der Druckerhöhung.

Abb. 216 Schornstein mit schmiedeeisernem Behälter, Leipzig, Sachsen 2013

721   LHAB, Rep 250.
722   Barkhausen, 1900, S. 1681–3.
723   Siehe Abbildungen, In: Lindner, 1927, S. 126 f.
724   Eigentlich ist der WT ein mit Stahlseilen abgespannter Mast.

In Brandenburg ist nur noch ein Wasserturm dieser Bauart überkommen – in Schönwalde, im Landkreis Barnim (Katalog Nr. 071/13). Weitere vier Hydrogloben stehen noch in den neuen Bundesländern: Sellin (Mecklenburg-Vorpommern); Meerane (Sachsen), Arendsee und Molau (beide, zuletzt genannten Türme stehen in Sachsen-Anhalt).[725]

Der Langengrassauer Turm war noch vollständig mit seinen Verankerungsseilen erhalten – ein Repräsentant seiner Zeit – bis zum Juli 2021.[726]

IV.1.6 Schornsteinbehälter

Götschendorf, Schornsteinbehälter, Industrie, Landkreis Uckermark (Katalog Nr. 006/06)

Geschichte: Götschendorf war der Rittersitz derer von Arnim und wurde urkundlich 1684 erwähnt. 1840 standen auf dem Gut acht Wohnhäuser. 1895 wurden 84 Einwohner gezählt. 1939 gab es nur Land- und forstwirtschaftliche Betriebe in Götschendorf und erst 1978 wurde der VEB Beton Nord, Milmersdorf, im historischen Orts-

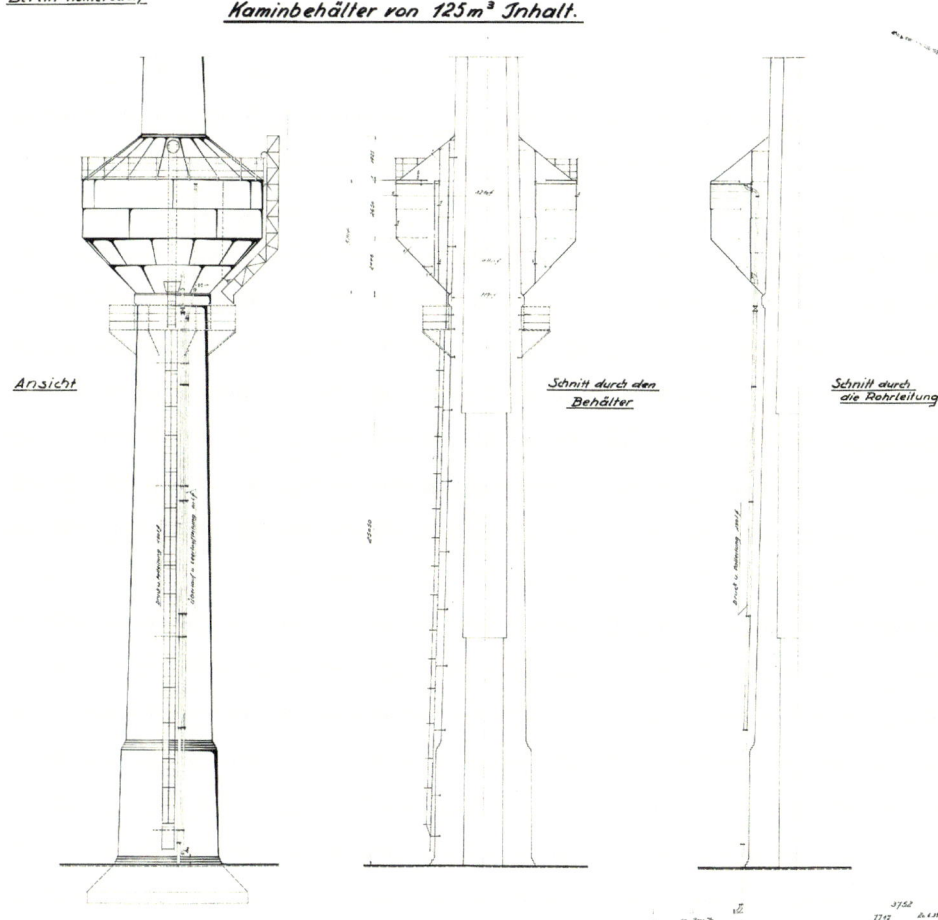

Abb. 217 (oben)
Schornsteinbehälter,
125 m³

lexikon aufgeführt.[727] Um 1960 erfolgte die Gründung des Betonwerkes und noch heute werden hier Betondeckenelemente gefertigt. Ein Kieswerk gab es vermutlich schon um 1898–99, seitdem die 73 km lange Bahnstrecke von Britz nach Fürstenberg eröffnet wurde, mit den Haltestellen Anst. Kieswerk und Milmersdorf.[728]

Besonderheit: Behälter
Nach Müller gab es um 1900 noch viele Fabrikschornsteine mit schmiedeeisernen Wasserbehältern.[729] Heute gibt es in Brandenburg keine schmiedeeisernen Schornsteinbehälter mehr. Da gemauerte Schornsteine vor allem auf Grund von Temperaturdifferenzen zur Rissbildung neigen, wurden über dem Behälter Stahlbandagen um den Schornstein gelegt.[730] Das innenliegende Stahlblech des Behälters ist 6 mm stark.

725 In Sachsen sind mindestens zwei Hydrogloben abgerissen worden: In Rothenburg und Schneeberg, http://www.wasserturm-galerie.de, v. 02.03.2017, aufgestellt von Günter Bötel.
726 Im Juli 2021 wurde der Hydroglobus abrissen, MAZ, 26. Jahrgang Nr. 2 / Juli 2021.
727 Enders, 1986, S. 328 ff.
728 http://de.wikipedia.org/wiki/Bahnstrecke_Britz-Fürstenberg, 01.10.2015.
729 Müller, 1920, S. 215.
730 Vgl. dazu Deininger, 1932, S. 1.

Abb. 218 Schornstein
mit Stahlbehälter,
Götschendorf 2012

Überkommene Flachbodenbehälter[732]

Baujahr	Ort, Versorgung	Grundriss	Fassungsvermögen	
1912	Garrey, Land,	kreisförmig	50	m³
1912–14	Hohen Neuendorf, Stadt	kreisförmig	250	m³
1913	Treuenbrietzen, Provinzial-Anstalt	rechteckig	2 × 20	m³
1917–18	Finow (OT von Eberswalde), Industrie	kreisförmig	235	m³ [733]
1922	Wittenberge, Industrie	rechteckig	2 × 66	m³
1925–26	Neuenhagen, Stadt	kreisförmig	1.000	m³
1927	Treuenbrietzen, Provinzial-Anstalt	kreisförmig	40	m³
1927–28	Beelitz, Stadt	rechteckig	200	m³
1927–29	Friedrichsthal, Lungenheilstätte	kreisförmig	85	m³
vor 1928	Guben, Kupferhammerstr., Eisenbahn	kreisförmig	450	m³
1928	Schöna-Kolpien, Land/Gut	kreisförmig	80	m³
1928–29	Wittenberge, Industrie	rechteckig	76	m³
1928–29	Wittenberge, Industrie	Sonderform	385	m³
1928–30	Neustadt (Dosse), Land/Gut	kreisförmig	59	m³
vmtl. 1920er Jahre	Waldsieversdorf, Land/Gut	kreisförmig	22	m³
vmtl. um 1925–35	Meyenburg, Eisenbahn	quadratisch	158	m³
vmtl. um 1925–35	Brandenburg a. d. Havel, Eisenbahn	rechteckig	300	m³
1930	Fürstenberg	k.A.	350	m³
vmtl. um 1930	Müncheberg, Stadt	kreisförmig	250	m³
1935	Wittenberge, Industrie	rechteckig	2 × 100	m³
1935	Mühlberg/Elbe, Land/Gut	rechteckig	25	m³
1943–44	Schwarzheide, Stadt	rechteckig	385	m³
1954	Lauchhammer, Stadt	kreisförmig	1.000	m³
1956–57	Guben, Bahnhofsberg, Eisenbahn	kreisförmig	100	m³
1959	Herzberg, Stadt	kreisförmig	400	m³

Der Götschendorfer Schornsteinbehälter ist einer der wenigen, noch erhaltenen Stahlbehälter an Schornsteinen. Ein ähnlicher Schornsteinbehälter von 125 m³ Inhalt wurde von der Firma J. S. Fries und Sohn, Frankfurt a. M. 1933, geplant für Albrecht und Jaecker in Berlin-Heinersdorf (Abb. 217).

In der Literatur sind Schornsteinbehälter mit ähnlicher Bauart, wie beispielsweise der Schornsteinbehälter des Peiner Walzwerkes, abgebildet. Behälter der Bauart Barkhausen an Schornsteinen sind auch beschrieben: Der Kaminbehälter der Bergwerk A.G. Esch, ausgeführt von der Firma Klönne.[731]

Schornsteine mit geschweißten Stahlbehältern stehen neben Götschendorf noch in Finow (Katalog Nr. 065/07) und Klosterfelde (Katalog 069/11) im Landkreis Barnim, sowie in Eisenhüttenstadt (Katalog Nr. 167/03, Nr. 168/04) und Fürstenwalde im Landkreis Oder-Spree (Katalog Nr. 171/07).

IV.2 Eisen- und Stahlbetonbehälter

Behälter aus Eisenbeton wurden in Brandenburg höchstwahrscheinlich erst nach 1900 errichtet. Der ausgebaute, zylindrische, 300 m³ fassende Flachbodenbehälter im Wasserturm von Königs Wusterhausen wurde 1910 gebaut. Er war einer der ältesten Eisenbetonbehälter für die städtische Wasserversorgung im Land Brandenburg.

Der Behälter mit dem kleinsten Fassungsvermögen ist der von Waldsieversdorf, ein Turm in dem die komplette technische Anlage noch vorhanden ist. Die beiden größten Stahlbetonbehälter für die Bereitstellung von 1.000 m³ Trinkwasser befinden sich im Turm des Rathauses von Neuenhagen und im Lauchhammer Wasserturm. Der letztgenannte Wasserturm gehörte noch bis 2016 zu den aktiven Wassertürmen im Land Brandenburg.

Kreisförmige Behälter sind zwar öfter gebaut worden als rechteckige Behälter, aber bei rechteckigen Türmen bietet sich auf Grund der Flächenausnutzung ein rechteckiger Grundriss an – trotz höherer Kosten für die Bewehrung.

Sonderformen, wie Stützbodenbehälter waren aufwendiger in der Herstellung und wurden demzufolge sel-

731 Siehe Linder, 1927, S. 132 f.; Klönne, 1902, o. S.

732 Fast alle Behälter sind näher untersucht worden, außer Mühlberg/ Elbe, Guben Bahnhofsberg und Fürstenberg.

733 Angabe Volumen Behälter.

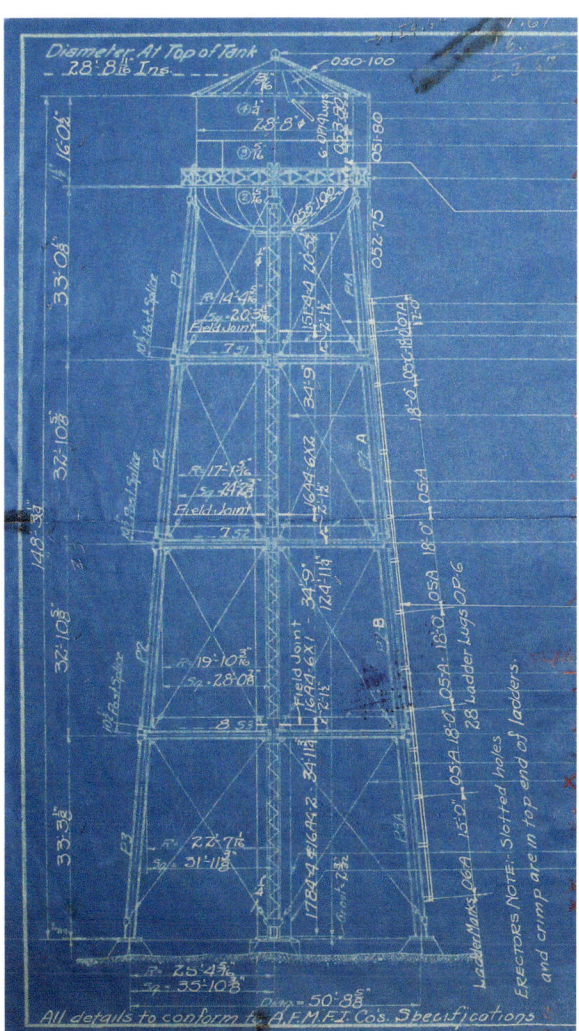

Abb. 219 (oben links)
Singer Nähmaschinenfabrik, Bezirk Potsdam

Abb. 220 (oben rechts)
Singer Nähmaschinen AG

Abb. 221 (links) Auszug Stahlfachwerkturm, Singer Manufakturing Co., Elizabethport N.J., aus Contract 2946

Abb. 222 (rechts) Stahlfachwerkturm, Singer Nähmaschinenfabrik, Wittenberge

tener gebaut. Ein Intze I Behälter aus Stahlbeton befindet sich im Biesenthaler Wasserturm, Landkreis Barnim. Im Jüterboger Wasserturm in der Bühlowstraße, Landkreis Teltow-Fläming, soll laut Unterlagen des Eigentümers ein zylindrischer Stahlbetonbehälter mit einem Intze I Boden vorhanden sein.

Zwei moderne, kegelförmige Stahlbetonbehälter stehen in Premnitz, Landkreis Havelland und in Vetschau, Landkreis Oberspreewald-Lausitz.[734]

734 Beispiele in der Literatur für Türme aus Eisen- und Stahlbeton, wie der abgerissene Bismarckturm in Senftenberg, Grün u. a., 1923, S. 222; Huberti, 1964; Petrn, 1923.

Nähmaschinen das Werk verließen – wurde Ende 1991 der Betrieb eingestellt. Seit 2000 unterliegt das ehemalige Nähmaschinenwerk, der heutige „Veritas-Business-Park", einer Zwangsverwaltung.[737]

Bevor mit dem Bau des Wasserturms, bzw. Uhrenturms 1928 begonnen wurde, planten 1925 die Singer Werke in Wittenberge einen Stahlfachwerkturm mit 450 m³ Inhalt zu errichten (Abb. 222). Planungsgrundlage war ein Stahlfachwerkturm von 1924 am amerikanischen Standort in Elizabethport, N.J., mit 100.000 Gallonen[738] Fassungsvermögen (Abb. 221).

Die Produktionshalle war 1907 fertiggestellt. Das sogenannte Haus 7 erhielt 1935 zwei Turmaufbauten, in denen sich jeweils ein 125 m³ großer, rechteckiger Flachbodenbehälter aus Stahlbeton befindet. Ein weiteres Produktionsgebäude entstand 1922, an dessen einem Ende und in der Mitte jeweils ein Treppenhausturm angeordnet wurde. Über dem Treppenhaus befinden sich in jedem Turm 77 m³ große, ebenfalls rechteckige Stahlbeton-Flachbodenbehälter. Der Uhrenturm wurde von 1928 bis 1929 erbaut. Im siebten Obergeschoss steht das Reservoir für Trinkwasser: Ein rechteckiger Flachboden aus Stahlbeton mit einem Fassungsvermögen von 76 m³. Die Dichtigkeit des Behälters wurde, um die Trinkwasserqualität nicht zu gefährden, nur durch einen Zementputz gewährleistet.[739]

Beim überkommenen Stahlbetonbehälter im Treppenhausturm des Hauptgebäudes von 1922 steht ein Rohr im Behälter, in dem die Reste der Anlage einer Wasserstandsmessung vorhanden sind. In der Literatur wurde beschrieben: In einem Rohr befindet sich ein Schwimmer mit einem Gegengewicht. Das Gegengewicht wird mit dem elektrischen Wasserstandsanzeiger verbunden. So kann der Wasserstand selbst bei stark schwankendem Wasserspiegel über den Schwimmer gut abgelesen werden.[740]

Die rechteckigen Stahlbetonbehälter im 7. OG des Uhrenturms, sowie der überkommene Stahlbetonbehälter über dem Treppenhaus des Gebäudes von 1922 weisen ansonsten keine Besonderheiten auf. Sie sind ein Beispiel für rechteckige Behälter aus dieser Zeit. Das Löschwasserreservoir im 9. Obergeschoss: Ein Flachboden-Stahlbetonbehälter mit zwei Kammern ist mit seiner Sonderform unter Kapitel IV.2.4 beschrieben.

IV.2.1 Rechteckiger Flachboden

Wittenberge, Gebäude mit Wasserbehältern, Industrie, Landkreis Prignitz (Katalog Nr. 028/11 u. Nr. 029/12)

Besonderheit: Geschichte und Behälter
1902 kaufte die „The Singer Manufacturing Company, Elizabeth/N.Y." das über 4 ha große Gelände in Wittenberge. Bereits im nächsten Jahr begannen die Bauarbeiten zur Errichtung des Werkes. Vom Bahnhof Wittenberge wurde zu den Singer-Werken ein Nebengleis verlegt.[735]

Ab 1925 baute Singer für seine Mitarbeiter Wohnungen und in der Zeit zwischen 1936 bis 1940 entstand die Singer Heimstätten-Siedlung mit 56 Wohnungen. Nach dem Ende des Zweiten Weltkrieges wurden auch die Singer Werke demontiert.[736] Ab 1953 entwickelte sich aus dem ehemaligen Singer Werk der „VEB Nähmaschinenwerk Wittenberge". Obwohl 1990 noch 423.000

Behälter Uhrenturm, 7.OG, 76 m³, 1928–29
- Überlauf, Durchmesser 200 mm,
- Entleerung, Durchmesser 80 mm,
- Ableitung, Durchmesser 150 mm,

Behälter über Treppenhaus, 66 m³, 1922:
- Überlauf, Durchmesser 200 mm,
- Zuleitung, Durchmesser ~150 mm,
- Behälterwand[741], oben, 12–15 cm stark.

Zwei Behälter Haus 7,2 × 100 m³, 1935:
- Zu- und Ableitung, DN 150 mm,
- Behälterwand, 14 cm stark.

Brandenburg a. d. Havel, Hochhaus mit Behältergeschoss, Eisenbahn (Katalog Nr. 115/01)

Geschichte: Die 1838 gebaute Strecke Berlin-Potsdam war Teil eines Plans, der eine Verbindung der Stadt Berlin mit den Städten Magdeburg, Hamburg und Leipzig vorsah.[742] Nach acht Jahren Bauzeit konnte die Verbindungsstrecke nach Magdeburg über Brandenburg an der Havel durch die Berlin-Potsdam-Magdeburger Eisenbahn-Gesellschaft in Betrieb genommen werden.[743] 1904 wurde die Strecke der Brandenburgischen Städtebahn von Treuenbrietzen über Belzig, Brandenburg, Premnitz, Rathenow nach Neustadt eröffnet.[744] Der Wasserturm am Güterbahnhof wurde 1952 errichtet.

Besonderheit: Architektur, Nutzung und Behälter
Ein Hochhaus im expressionistischen Stil, dessen Etagen unter dem Behältergeschoss als Diensträume für das

735   Muchow, 2001, S. 83 f.
736   Muchow, 2001, S. 96, 98.
737   Eichel, Muchow, Rodegast, 2010, S. 105.
738   Eine amerikanische Gallone entspricht ~3,8 Liter.
739   BLHA, Rep 27 C, Neuruppin, Nr. 1195.
740   Müller, 1920, S. 217.
741   Die Wände bei rechteckigen Behältern sind immer dreiseitig eingespannt.
742   Journal Baukunst, 1841, S. 202.
743   http://de.wikipedia.org/wiki/Bahnstrecke_Berlin-Magdeburg, 26.07.2016.
744   Menzel, 1984, S. 20 ff.
745   Enders, 1980, S. 395.
746   Stadtverwaltung Hohen Neuendorf, Faltblatt 2008.

Eisenbahnpersonal genutzt wurden. Der Fahrdienstleiter regelte von seinem Büro aus den Rangierbetrieb auf dem Güterbahnhof.

Der rechteckige Behälter des Brandenburger Wasserturms wurde durch eine Scheidewand in zwei Kammern geteilt. Beide Kammern konnten separat über Zuleitungen gefüllt werden. Jede Kammer hat eigene Überlauf-, Ablauf- und Entleerungsleitung. Das Fassungsvermögen der Kammern beträgt je 150 m³. Die Behälterwand ist ~24 cm stark. Auf der Abbildung ist zu erkennen, dass an der Fassade im 6. Obergeschoss zwischen den Fenstern zwei Wasserstandsanzeiger montiert sind. Darauf war ablesbar, inwieweit jede Kammer für sich gefüllt war.

In der Nutzung vergleichbare Hochhäuser der Eisenbahn mit Wasserbehältern stehen in Meyenburg, Landkreis Prignitz (Katalog Nr. 019/02) und Pritzwalk, Landkreis Prignitz (Katalog Nr. Nr. 023/06), sowie zwei Bahnwassertürme in Guben, Landkreis Spree-Neiße (Katalog Nr. 191/06 und 192/07).

IV.2.2 Kreisförmiger Flachboden

Hohen Neuendorf, Wasserturm, Stadt, Landkreis Oberhavel (Katalog Nr. 046/03)

Geschichte: Hohen Neuendorf war 1840 noch ein Dorf mit 17 Wohnhäusern und 135 Einwohnern. Bis 1895 stieg die Einwohnerzahl um das Sechsfache und um 1900 wurden 181 Wohnhäuser gezählt. 1925 lebten in Hohen Neuendorf 5.538 Einwohner.[745]

Die Prüfung der Wasserqualität, festgehalten in einem Gutachten von 1913, ergab, dass ein Wasserwerk mit Wasserturm in Hohen Neuendorf gebaut werden konnte. Der Architekt Albert Grottheiner aus Waidmannslust entwarf den Hohen Neuendorfer Wasserturm (Abb. 226), sowie den 1912 errichteten Wasserturm in Röbel (Mecklenburg-Vorpommern) (Abb. 227). Beim Wasserwerk wurden drei Brunnen über 20 m tief abgeteuft. Zwei Plungerpumpen mit einer Förderleistung von 40 m³ Wasser pro Stunde pumpten das Wasser in den Turm.[746]

Besonderheit: Architektur, Bauweise und Behälter
Der Wasserturm wurde von 1912 bis 1914 errichtet – als einer der ersten Eisenbetontürme in Brandenburg. Der Architekt und Bauleiter Grottheiner verwendete für seinen Turm die neue Bauweise und formte auch Schmuckelemente aus Eisenbeton, wie die glockenförmigen Blüten im Jugendstil, die den Übergang vom Turmschaft zum Turmkopf akzentuieren.

Ringbehälter, 2 Kammern:
- Überlauf, Durchmesser 200 mm
- Entleerung, Durchmesser 150 mm
- Zuleitung, Durchmesser 300 mm
- Ableitung, Durchmesser 300 mm

Abb. 225 Behältergeschoss, darunter zwei Wasserstandsanzeiger, Brandenburg a. d. Havel 2011

- Scheidewand, oben 10 cm und unten 15 cm stark
- Innere Kammer, Durchmesser 3 m
- Äußere Kammer, Durchmesser 6,35 m

Die Wassertürme von Hohen Neuendorf und Röbel sind von Grottheiner in Eisenbetonbauweise als Pfosten/Riegel-konstruktion errichtet worden. Beim Hohen Neuendorfer Wasserturm tragen acht Eisenbetonstützen den Wasserbehälter. Die Gefache des Turmschaftes wurden ausgemauert und außen verputzt. Die Ausfachungen im Turmkopf sollen laut BLDAM 6–8 cm stark sein[747] – vermutlich eine nichttragende Eisenbetonwand, ausgeführt als Monier- oder Drahtputzwand. Der Ringbehälter ist radial durch eine Scheidewand in zwei Kammern unterteilt.

Ein baugleicher Behälter von 220 m³ Inhalt befindet sich im 1913 errichteten Wasserturm von Rötha.

Der Hohen Neuendorfer Turm ist in dreifacher Hinsicht bemerkenswert: Seine an den Jugendstil angelehnte Architektur in der neuen Bauweise, als der frühe Turmvertreter des Eisenbetonbaus in Brandenburg und durch seinen Zwei-Kammer-Eisenbeton-Ringbehälter, den es in einem städtischen Wasserturm in Brandenburg vermutlich kein zweites Mal gibt.

Neustadt (Dosse), Wasserturm, Land/Gut, Landkreis Ostprignitz-Ruppin (Katalog Nr. 039/06)

Besonderheit: Geschichte und Behälter
Im 18. Jahrhundert entstanden im Auftrag Friedrich Wilhelm II. in Neustadt an der Dosse das Friedrich-Wilhelm-Gestüt und ein kurmärkisches Landgestüt. Beide Gestüte wurden durch eine Kastanienallee mit einander verbunden.[748] Das preußische Kultur- und Wasserbauamt in Neuruppin holte 1925 die ersten Angebote für die Herstellung eines Wasserturms ein.

Die Firma Hempel, ansässig in Berlin-Charlottenburg, bot als Pauschleistung an: „Herstellung eines Hochbehälters von ca. 125 cbm Nutzinhalt, auf einer achteckigen schmiedeeisernen Tragkonstruktion von 28,5 m Höhe, hierzu die erforderliche Rohrleitung als Zu- und zugleich Ablaufleitung, ferner Über- und Leerlaufleitung nebst allen erforderlichen Formstücken, Schieber und Expansionsstücken, dem Treppengang zum Bassin, der Ummantelung desselben mit Eisenfachwerk und Monier, ferner der Dacheindeckung sowie der Fundamente, komplett, in Summe: 28.750,– Mark."[749] Den Auftrag zum Bau des Wasserturms erhielt die Firma Hempel nicht.

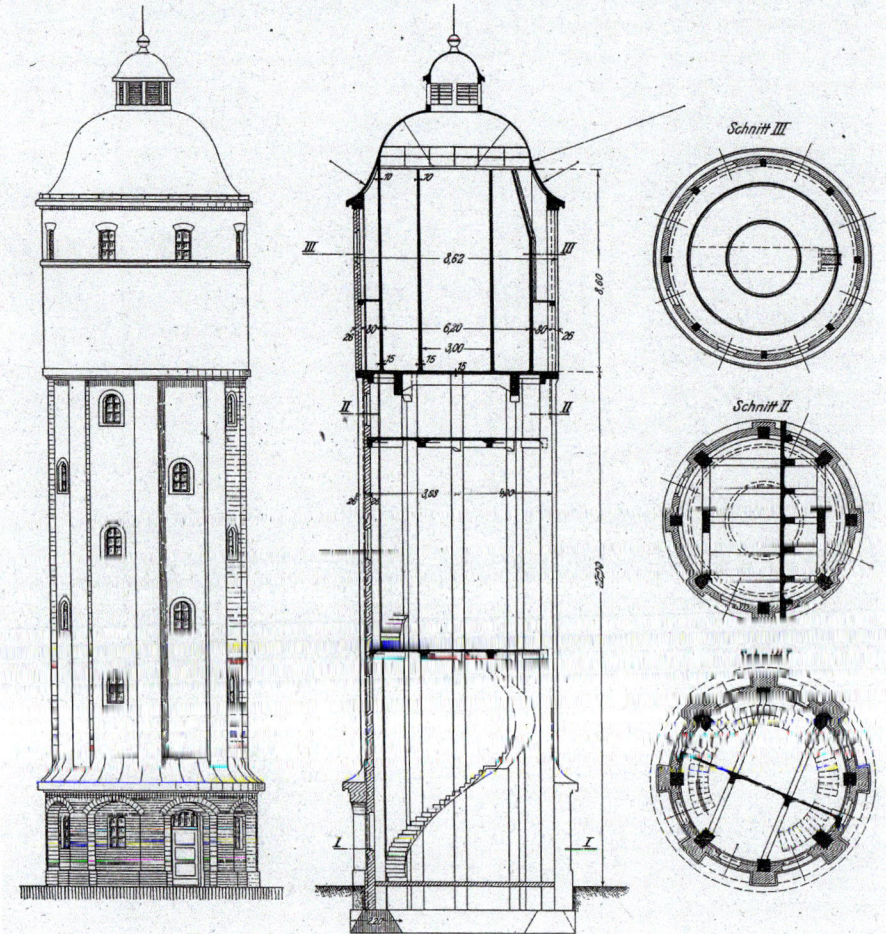

Abb. 226 (oben links) Wasserturm Hohen Neuendorf, 2010

Abb. 227 (oben rechts) Wasserturm Röbel, Mecklenburg-Vorpommern 2009

Abb. 228 (links) Wasserturm Rötha, Bundesland Sachsen

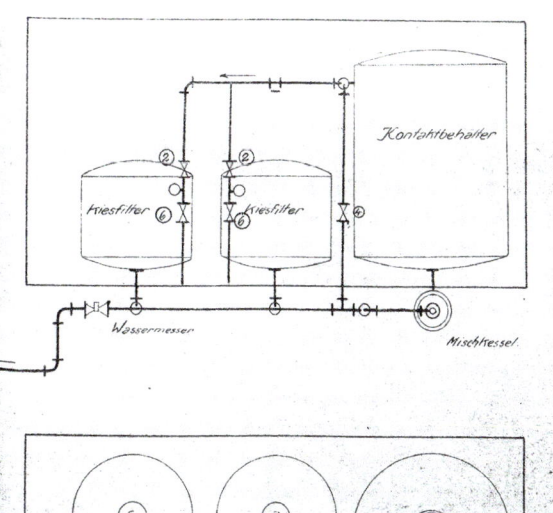

Der Erläuterungsbericht zum Entwurf für eine Wasserversorgungsanlage von Regierungsbaurat Matthiae und
Diplom-Ingenieur Papsdorf, in Vertretung für den Vor-
stand des Kultur- und Wasserbauamts, aufgestellt am
27.06.1925, führte u. a. aus, dass aus Brandschutzgrün-
den und für die Versorgung der Menschen und Tiere eine
Wasserversorgungsanlage unbedingt erforderlich sei. Das
Gestüt benötigte 68 m³ Trinkwasser täglich. Zu dem vorhandenen Brunnen, 1913 hergestellt von der Firma Loeck
aus Köslin, sollte ein weiterer gebohrt werden. Der Kosten-
voranschlag für die Anlage mit allen dazugehörigen Bauten
belief sich auf 125.000 Reichsmark. Dabei sollte der Wasserturm nicht in massiver Bauweise, sondern aus Eisenfachwerk errichtet werden, mit einer einfachen Verschalung des
Turmkopfes. Im Pumpenhaus sollte zur Überprüfung des
Wasserstandes eine selbsttätig registrierende Schwimmer-
vorrichtung stehen. 11 Überflurhydranten waren vorgesehen. Der Bericht schloss mit einer Wirtschaftlichkeitsüber-
prüfung. Die geschätzte Bauzeit betrug fünf Monate.[750]

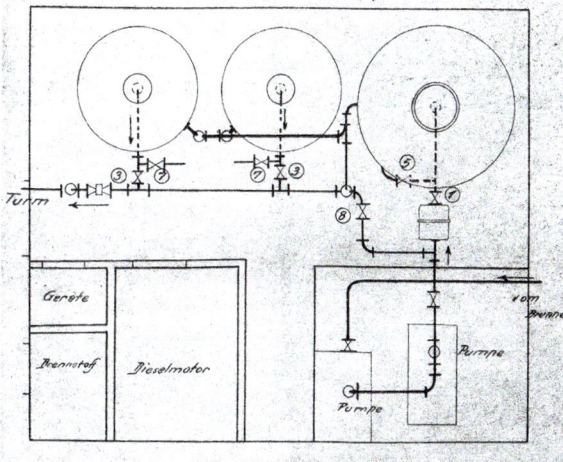

747 Archiv BLDAM, Akte 10-397.
748 Brückner, 1994, S. 70 ff.
749 Angebot Firma Hempel vom 16. Juni 1925, BLHA, Rep 27 C, Neuruppin, Nr. 1356.
750 BLHA, Rep 27 C, Neuruppin, Nr. 1356.

Aus dem Erläuterungsbericht zur bautechnischen Abrechnung ist u. a. zu entnehmen: Der Standort für den Wasserturm wurde geändert und mittig zwischen dem Haupt- und dem Landesgestüt angeordnet. Das Fassungsvermögen des Behälters wurde von 124 m³ auf 50 m³ reduziert (gebaut wurde ein Behälter mit 59 m³). Eine geschlossene Enteisenungsanlage wurde aus Kostengründen ausgewählt. Eine Veränderung des äußeren Erscheinungsbildes erfolgte aus gestalterischen und statischen Gründen. Die Gesamtkosten für die Bauausführung beliefen sich auf ~169.850 Reichsmark.

Die Bauüberwachung für das Preußische Kultur- und Wasserbauamt in Neuruppin führte die Wasserwerks- und Kanalisationsbauten O. Smreker G.m.b.H. aus. Die Kosten für die Ingenieurleistung betrugen damals ~35.750 Reichsmark – abgerechnet am 27. Januar 1930. Die Tiefbauarbeiten übernahm die Firma Behrens. Durch die Neuruppiner Firma Tief- und Eisenbetonbau wurden die Betonarbeiten ausgeführt. Die Wasserstandsfernmeldeanlage lieferte Siemens und Halske aus Berlin. Das Wasser wurde mit einer elektrisch angetriebenen Hochdruckkreiselpumpe aus zwei Rohrbrunnen, 28,3 m und 26,5 m tief, gefördert. Die Leistung der Pumpe betrug 30 m³ pro Stunde. Eine weitere Kreiselpumpe mit Dieselmotor war als Reserve angeschafft worden. Die Pumpen fördern das Rohwasser über eine Mischtrommel, in die Luft eingelassen wurde. In dem nachfolgenden, mit Lava gefüllten Kontaktbehälter stieg das Wasser von unten nach oben und floß anschließend von oben nach unten über die beiden Kiesfilter, die im unteren Teil eine Marmorgrusschicht für die Entsäuerung des Wassers enthielten. Mit dieser geschlossenen Enteisenungsanlage wurde eine Reduktion des Eisengehaltes erreicht. Die Filter mussten in gewissen zeitlichen Abständen vom ausflockenden Eisenoxydhydrat gereinigt werden.

Über asphaltierte Stahlrohre gelangte das aufbereitete Wasser über den Wasserturm in das Zirkulationsnetz.[751]

Das Kulturbauamt Charlottenburg, Bauabteilung Wittenberge, besichtigte 1930 in Wittenberge den Uhrenturm der Singerwerke und den städtischen Wasserturm, um von den Erfahrungen der Kollegen zu profitieren (Fliegen und Algenbildung sollten vermieden werden). Folgende Festlegungen für den Neustädter Wasserturm resultierten aus der o. a. Begehung:

- Vor den Fenstern soll ein Kupferdrahtnetz angebracht werden (Stärke 0,5–1,0 mm).
- In der Behälterebene soll innen ein zweites Fenster mit blauem Glas[752] eingesetzt werden.

Im hohen, sehr schlanken Wasserturm des heutigen Brandenburgischen Haupt- und Landesgestüts steht ein zylindrischer, relativ kleiner Stahlbetonbehälter. An seiner Behälterwand ist die monolithische Herstellungsart ablesbar: Schüttfugen, sogenannte Betonnester (entmischter Beton) und die Unebenheiten in der Oberfläche des Betons durch die Verwendung von Holzbrettern als Schalungsmaterial. Behälter, 59 m³:

- Zu- und Ableitung, 125 DN,
- Entleerung, Außendurchmesser 140 mm,
- Überlauf, Außendurchmesser 140 mm,
- Behälterwand, 24 cm stark,
- Behälterboden, 25 cm stark

Ein vollständig aus Stahlbeton erbauter Turm mit seinem Behälter für die Wasserversorgung eines geschichtlich bedeutenden, brandenburgischen Gestüts.

Neuenhagen, Rathaus mit Wasserturm, Stadt, Landkreis Märkisch Oderland (Katalog Nr. 081/08)

Geschichte: Neuenhagen benötigte ein Rathaus und der Kreis Niederbarnim musste eine ausreichende Wasserversorgung in diesem Gebiet sicherstellen. Es wurde ein Rathaus mit Wasserturm von Baurat Wilhelm Wagner aus Charlottenburg entworfen. Den Vertrag für die Ausführung erhielt die Allgemeine Bau-Aktiengesellschaft Berlin.[753]

An das bestehende Rathaus wurde vor kurzem ein dreigeschossiges Gebäude angebaut. Bereits auf dem Lageplan von 1928 war die Möglichkeit eines Anbaus in Betracht gezogen worden.

Besonderheit: Architektur, Nutzung und Behälter
Der repräsentative Eingangsbereich mit seinen expressionistischen Stilelementen markiert die Bedeutung des Gebäudes als Rathaus für die Gemeinde. Die vertikale und horizontale, unsymmetrische Gliederung des Baukörpers durch dreieckige Lisenen und Kranzgesimse betonen

Abb. 233 Rathaus mit Erweiterungsbau, Neuenhagen 2010

751   BLHA, Rep 27 C, Neuruppin, Nr. 1195.
752   Es sollte blaues Glas verwendet werden, denn die nur aufgetragene Farbe auf den Fensterscheiben im Wittenberger Wasserturm blätterte immer wieder ab.
753   Archiv BLDAM, Festschrift von 1926, S. 7 ff.

expressiv das kommunale Gebäude. Der mittig herausragende Turmbau dient nicht nur zur Aufnahme des Wasserreservoirs, sondern durch ihn wird zugleich das gesamte Gebäude zum Repräsentationsbau – dem Rathaus. Vier Geschosse nehmen das Rathaus auf, mit Ratskeller, Büroräumen und Sitzungssaal. In mehreren Geschossen waren Wohnungen für öffentlich Bedienstete vorgesehen.[754] Die Nutzung des Gebäudes als Rathaus und Wasserturm – diese Kombination gibt es in Brandenburg kein zweites Mal. In Deutschland sind zumindest zwei weitere Bauten bekannt und in der Literatur beschrieben:

- Kornwestheim, Architekt Prof. Bonatz, errichtet 1933, neun Geschosse, Behälter 800 m³ [755]
- Wilhelmshaven, Architekt Prof. Höger, errichtet 1928–29, Rathaus mit fünf Geschossen, Turm ca. 49 m hoch, Behälter 920 m³ [756]

Die statische Konstruktion des Neuenhagener Turms: 16 Stahlbetonstützen, davon tragen vier Stützen die Hauptlast des Wasserbehälters. Alle Decken im Gebäude sind aus Stahlbeton. Die Wassertiefe des Wasserbehälters beträgt 8 m und der Durchmesser 13,26 m. Die Behälterwand ist oben 8 cm und unten 40 cm stark. Innen wurde der Behälter mit wasserdichtem Zement verputzt. Zusätzlich erhielt der Zementputz einen abdichtenden Inertolanstrich.[757]

Der kreisförmige Behälter zählt zu wenigen Reservoiren im Land Brandenburg, die 1.000 m³ Trinkwasser speichern können. Weitere Wasserbehälter für die städtische Wasserversorgung mit dem gleichen Fassungsvermögen:

- Cottbus, errichtet 1896–97, Eisen (Katalog Nr. 197/02)
- Lauchhammer, errichtet 1954, Stahlbeton, Landkreis Oberspreewald-Lausitz (Katalog Nr. 200/02)
- Vetschau, errichtet 1963, Stahlbeton, Landkreis Oberspreewald-Lausitz (Katalog 211/13)

IV.2.3 Intze I

Biesenthal, Wasserturm, Stadt, Landkreis Barnim (Katalog Nr. 060/02)

Geschichte: Im 14. Jahrhundert war Biesenthal eine markgräfliche Burg mit Städtchen und Dörfern. 1801 wohnten in der Stadt 939 Einwohner in 154 Wohnhäusern und es gab sechs Brauhäuser. Die Einwohnerzahl wuchs 1840

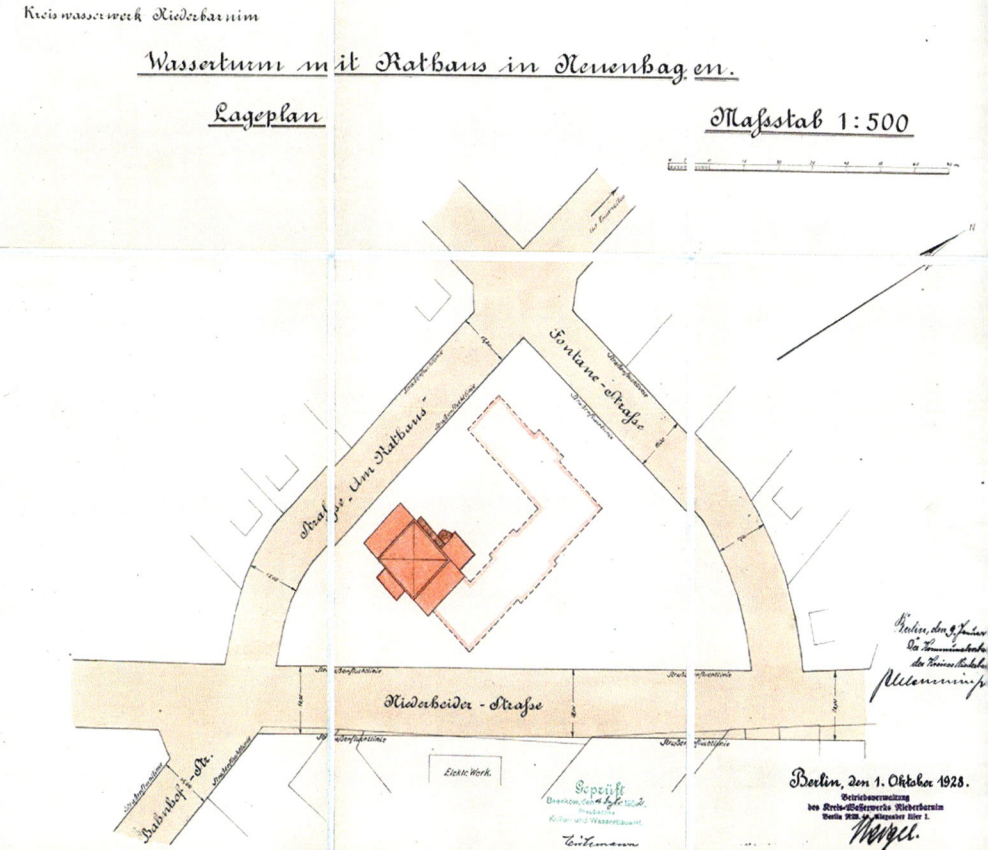

von 1.307 auf 2.607 im Jahr 1895. 1900 gab es 344 Stadthäuser, damit hatte sich ihre Anzahl mehr als verdoppelt und stieg bis 1931 weiter auf 493 Häuser. 1840 wurden eine Wehr- und Neue Mühle (beides Wassermühlen) erwähnt und seit 1871 gab es eine Seidenweberei. Im Jahr 1921 waren folgende Industrie- und Handwerksbetriebe in Biesenthal ansässig: Rolandwerke für Holz- und Metallverarbeitung, Dampfsägewerk, Drahtgeflecht- und Gitterfabrik mit einer Bauschlosserei, Maschinenfabriken und eine Großböttcherei.[758]

Besonderheit: Behälter
Ein Wasserturm errichtet in Stahlbetonbauweise mit einem Intzebehälter mit mittlerem Durchstieg. Dieser Intze I Behälter aus Stahlbeton ist der Einzige seiner Bauart in Brandenburg.

1920 wurden Eisenbetonbehälter der Bauart Intze I in Fachbüchern beschrieben.[759] Diese Behälterform in Eisenbeton, bzw. Stahlbetonbauweise wurde von Spangenberg mit dem Wasserturm von Eilenburg 1920 publiziert (Abb. 235).

In Brandenburg gibt es noch einen Stützbodenbehälter mit einem Intze I Boden: Den geschlossenen, zylindrischen Eisenbetonbehälter im Jüterboger Wasserturm in der Bülowstraße, Landkreis Teltow-Fläming (Katalog Nr. 129/06).[760]

Abb. 234 (oben) Lageplan 1928, Neuenhagen

754 Archiv BLDAM, Festschrift von 1926, S. 7 ff.
755 Baur, 1985, S. 55.
756 Höger, 1929, S. 1 ff.
757 Archiv BLDAM, Festschrift von 1926, S. 7 ff.; BLHA, Akte 31 A, Nr. 2078.
758 Enders, 1980, S. 41 ff.
759 Frank, 1920, S. 126.
760 Exposé: Brandenburgische Boden Gesellschaft für Grundstücksverwaltung und -verwertung mbH, 2013.

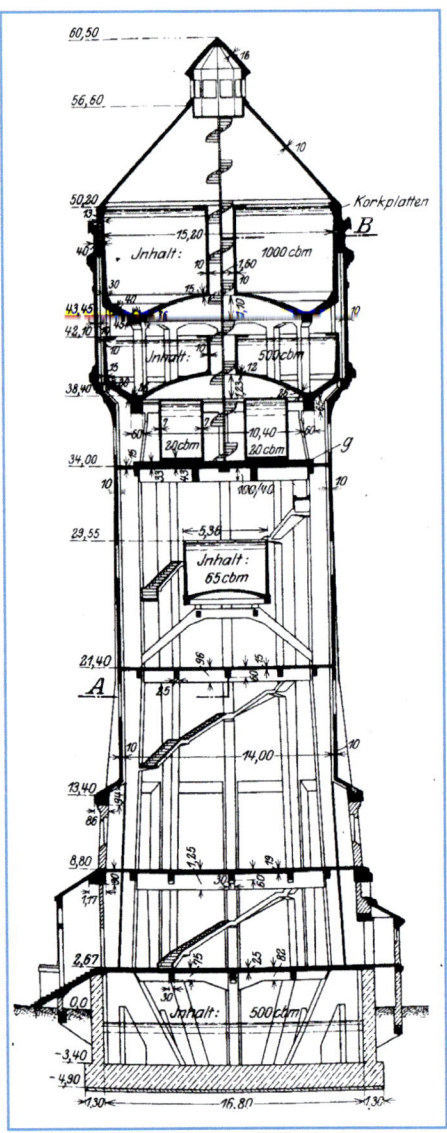

Abb. 235 (links) Wasserturm Eilenburg, Sachsen

Abb. 236 (rechts) Wasserturm Eilenburg, Sachsen 2019

IV.2.4 Sonderformen

Treuenbrietzen, Gebäude mit Wasserbehältern, Provinzial-Anstalt, Landkreis Potsdam-Mittelmark (Katalog Nr. 110/13)

Besonderheit: Geschichte und Behälter
In Brandenburg wurde erstmalig in Spremberg ein Wanderarbeiterheim für Arme und Menschen ohne Unterkunft eingerichtet. Der Provinzialverband Brandenburg entschloss sich, neben Strausberg und Kyritz, auch in Treuenbrietzen ein Wanderarbeiterheim zu errichten. [761]
Der Provinzialverband Brandenburg plante die Erweiterung der Anlagen und wollte eine Pflegeanstalt für Frauen errichten. Dafür wurde von der Stadt Treuenbrietzen Bauland zur Verfügung gestellt. [762] Die von 1914 bis 1916 errichteten Gebäude der Anstalt wurden im Ersten Weltkrieg gleich nach Fertigstellung als Lazarett für an Tuberkulose erkrankte Soldaten umgenutzt. Nach dem Krieg, 1920, konnte der Gebäudekomplex bestehend aus: Krankenhaus, zwei sogenannten Siechenhäusern und dem Betriebsgebäude als Pflegeanstalt und Krankenhaus

genutzt werden. In dem Dachwerk des Krankenhauses stehen die beiden rechteckigen Flachbodenbehälter aus der Erbauungszeit. Kolbenpumpen drückten das aus zwei Tiefbrunnen gewonnene Quellwasser in die Behälter.
Bereits 1926 beschloss der brandenburgische Provinziallandtag, die Anlage um einen weiteren Anbau für 200 Kranke an das vorhandene Krankenhaus zu vergrößern. Es war vorgesehen, die Behandlung von Lungenkrankheiten auch in besonders schweren Fällen durchzuführen. Im Mittelflügel des fünfgeschossigen Anbaus findet sich in dem turmartigen Aufbau der kreisförmige Flachbodenbehälter. Ein zusätzlicher Wasserbehälter wurde aus zwei Gründen notwendig: Der Anbau war fünfgeschossig, demzufolge reichte die vorhandene Druckhöhe des Behälter im alten, zweigeschossigen Krankenhausgebäude nicht aus. Hinzu kam, dass der Wasserbedarf die vorhandene Kapazität überstieg. Die drei Behälter sind durch Rohrleitungen miteinander verbunden. Direkt unter dem Wasserreservoir befindet sich ein Aufenthaltsbereich für

761 Lang (Hg.), 1928, S. 3 ff.
762 Rabenhorst, 2010, S. 239.

Schwestern. Neben dem Krankenhausanbau wurde ein Beamtenwohnhaus mit fünf Wohnungen errichtet. Die vorhandenen Wirtschaftseinrichtungen, landwirtschaftlichen Bauten zur Selbstversorgung und andere Nebenbauten wurden vergrößert. Die Gesamtbaukosten beliefen sich auf 2 Millionen Reichsmark.[763]

Die beiden rechteckigen Flachbodenbehälter gehören mit zu den ersten Eisenbetonbehältern in Brandenburg. Sie haben nur ein geringes Fassungsvermögen und sorgten für den Druckausgleich im Versorgungsnetz der Provinzialanstalt. Der kreisförmige Stahlbeton-Flachbodenbehälter[764] mit mittlerem Durchstieg erhöhte die Kapazität und passte somit die Wasserversorgungsanlage den neuen Erfordernissen an – ein Beispiel für die Möglichkeiten der technischen Erweiterungen bei Gebäuden mit Wasserreservoiren. Rechteckiger Behälter, 1913:

- Fassungsvermögen je 20 m³
- Behälterhöhe 1,76 und 2,4 m
- Behälterlänge 4,2 m
- Behälterbreite 3,6 m

Kreisförmiger Behälter, 1927:

- Behältervolumen 47 m³
- Fassungsvermögen 40 m³
- Behälterhöhe ~3,7 m
- Durchstieg 80 cm
- Behälterwände ~12 cm stark

Friedrichsthal, Schornstein mit Wasserturm, Krankenhaus, Landkreis Oberhavel (Katalog Nr. 044/01)

Geschichte: Friedrichsthal war bis 1849 ein Land- und Stadtgut von Oranienburg. 1895 lebten 510 Einwohner in dem Kirchendorf mit Forsthaus. 70 Häuser gab es um 1900. Die „Heilstätte des Volksheilstättenvereins vom Roten Kreuz" im forstfiskalischen Gutsbezirk Oranienburg gab es seit 1903.[765] Die Landesversicherungsanstalt Brandenburg wollte am Grabowsee, nordwestlich von Schmachtenhagen, eine Lungenheilstätte mit einem Krankenhaus für die Behandlung von Männern errichten.[766] 1931 wohnten am Grabowsee, in der Lungenheilstätte, nur 290 Einwohner.[767]

Besonderheit: Bauweise und Behälter
Um den bereits vorhandenen, gemauerten Schornstein wurde der Wasserbehälter mit Turmschaft und Turmkopf angebaut. Die Bauweise und die durchgehenden Steigeisen am Schornstein im Bereich des Turmkopfes lassen die-

sen Rückschluss zu. Der gemauerte Unterbau dient als Auflager für den Wasserbehälter und im Zwischenraum zum Schornstein wurde die Treppenanlage eingebaut. Der 85 m³ Wasser fassende Ringbehälter lagert auf einer ~30 cm starken, auskragenden Stahlbetonplatte auf. Seine Behälterwände sind 11 cm und der Behälterboden ca. 19 cm stark.

Schornsteinbehälter sind in der Industrie häufig verwendet worden. Auch das Wasserbehälter nachträglich an Schornsteine angebaut wurden ist nicht ungewöhnlich. Für die Kombination zwischen Wasserturm und Schornstein gibt es Beispiele: Die beiden Wassertürme in Teupitz, Landkreis Dahme-Spreewald (Katalog Nr. 160/15) und Beelitz-Heilstätten, Landkreis Potsdam-Mittelmark (Katalog Nr. 100/03). Der nachträgliche Anbau in Kombination mit einem Unterbau an einen vorhandenen Schornstein – ein bautechnischer Sonderfall unter den Wassertürmen in Brandenburg. Vielleicht wurde die Entscheidung den Schornstein „zu umbauen" aus architektonischen und statischen Gründen getroffen. Darüber hinaus konnte die Abwärme des Schornsteines für die Erwärmung des Wassers im Winter genutzt werden.

Abb. 237 (oben) Verwaltungsgebäude und linke Wohnbaracke, Wanderheim, 1913–14, Treuenbrietzen 2011

Abb. 238 (unten) Lazarett und Krankenhaus, ehemalige Pflegeanstalt für Frauen von 1914–16, Treuenbrietzen 2011

763 Am Grabowsee entstand zur selben Zeit, geplant durch die Landesversicherungsanstalt Brandenburg, eine Lungenheilstätte mit einem Tuberkulosekrankenhaus für Männer. Technische Angaben über die Wasserversorgung von Regierungsbaurat Roelling, Lang (Hg.), 1928, S. 6 ff.

764 Der zylindrische Behälter erhielt einen bituminösen Isolieranstrich mit Preolit, siehe auch Preolit S. 94

765 Enders, 1980, S. 172 f.

766 Als Pendant dazu, siehe Neubau des Tuberkulosekrankenhauses für Frauen in Treuenbrietzen 1926–27, S. 186, Lang (Hg.), 1928, S. 10.

767 Enders, 1980, S. 191.

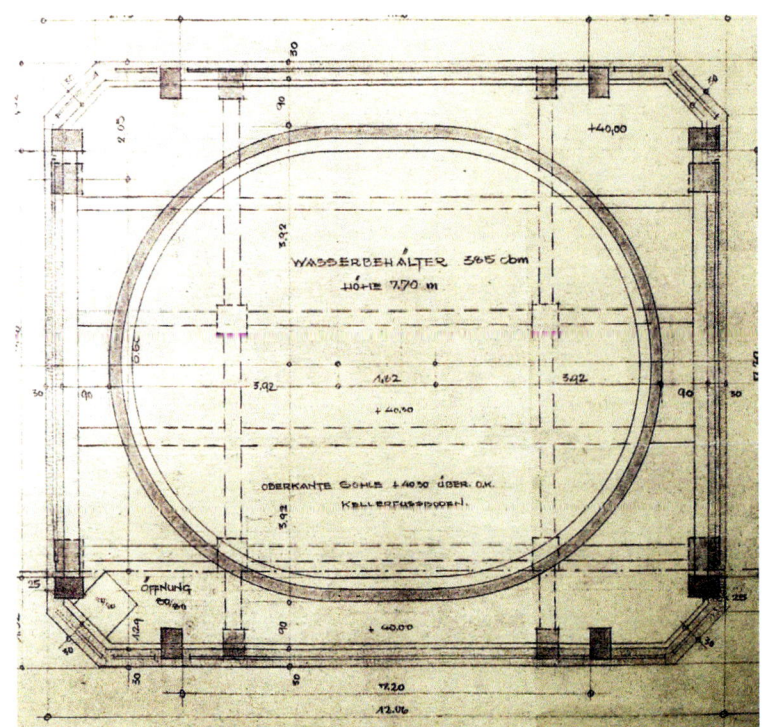 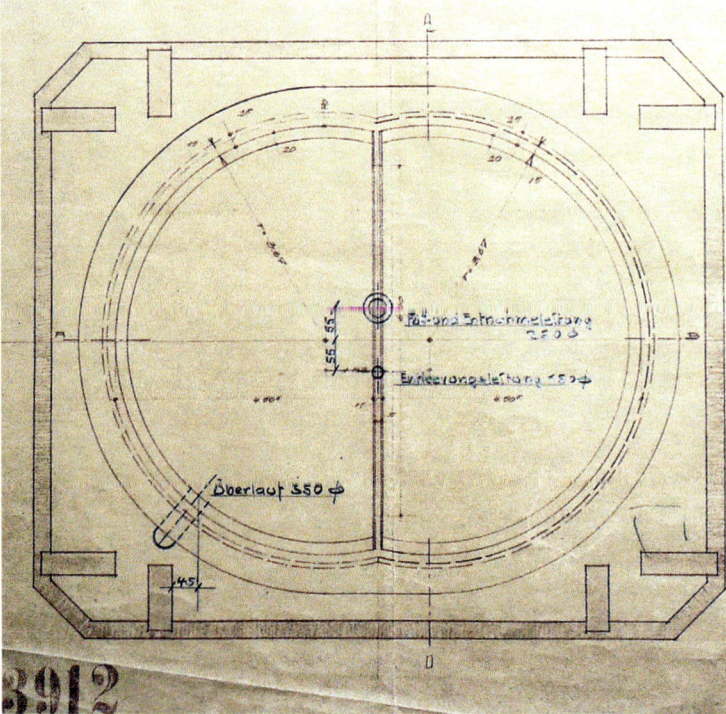

Abb. 239 (links) Auszug, Zeichnung PT No 3428

Abb. 240 (rechts) Auszug, Zeichnung PT No 3912

Wittenberge[768], Wasserturm, Industrie, Landkreis Prignitz (Katalog Nr. 028/11)

Besonderheit: Uhrenturm und Behälter

Am 1927 bis 1928 erbauten, fast 50 m hohem Turm kann allseitig die Uhrzeit auf einem 7,3 m großen Ziffernblatt abgelesen werden. Ein Turm der Uhren- und Wasserturm zugleich ist und architektonisch den Stil vom 1922 errichteten Produktionsgebäude aufnimmt. Der heute noch in Betrieb befindliche Löschwasserbehälter mit zwei Kammern im 9. Obergeschoss ist vermutlich der einzige Stahlbetonbehälter in Brandenburg, der von den beiden im Allgemeinen verwendeten Grundrissformen: Rechteck und Kreis abweicht.

Ursprünglich wurde der Flachbodenbehälter aus zwei Kreisen mit Bitangenten ohne Scheidewand geplant. Diese Planung wurde nicht umgesetzt. Der Behälter wurde mit Scheidewand gebaut. Durch den gewählten Grundriss wurde die vorhandene Fläche im Turm optimal ausgenutzt. Beide Kammern des Behälters waren direkt über dem Behälterboden durch eine Aussparung in der Scheidewand miteinander verbunden, so dass nur eine Zuleitung verlegt werden musste. Der Innenanstrich auf dem Behälterboden und den Behälterwänden wurde mit Inertol ausgeführt.

Um den Wasserstand in den Behältern des Uhrenturms zu regeln, wurde ein Siemens-Schwimmpegel mit Gleichstrombatterieanschluss eingesetzt. Es wurde auf eine automatische Pumpenschaltung verzichtet. Dies führte zu Problemen bei starken Wasserschwankungen, deshalb wurden in den Brunnenanlagen Siemens-Wechselstromschwimmeraggregate zusätzlich eingebaut.[769]

Für die Verbindungen zwischen Wand und Boden des Reservoirs, sowie zwischen der Behälter- und Scheidewand wurden die Hauptstähle abgewinkelt. Zusätz-lich wurde Bewehrung im Übergang zwischen Boden und Wand angeordnet. Die Behälterwände verjüngen sich von 25 cm über Behälterboden auf 15 cm am oberen Rand. Bei der Scheidewand beträgt die untere Wandstärke 15 cm und obere 10 cm. Der Behälterboden ist 20 cm stark und wird durch eine 10 cm starke Betonplatte verstärkt. In der Literatur ist beschrieben: Platten aus Stampfbeton sind im Mischungsverhältnis von 1:3 herzustellen, während dessen beim Eisen-, bzw. Stahlbeton ein Mischungsverhältnis 1:4 verwendet wurde. Ringeisen war als Hauptbewehrung vorgesehen.[770]

Bewehrung:
- 10 mm Durchmesser, Hauptbewehrung horizontal
- 18 mm Durchmesser, Hauptbewehrung über der Aussparung der Scheidewand

Leitungen:
- Feuerlöschleitung/Ableitung, NW 250 mm,
- Überlauf, NW 350 mm.

In Form einer umlaufenden Flaschenkehle oder Abschrägung wird der Übergang zwischen Behälterwand und Behälterboden bei rechteckigen und kreisförmigen Flachbodenbehältern vergrößert, um auftretende Spannungen aufzunehmen.[771] Die Verstärkung am Übergang beim Löschwasserbehälter ist 20 cm hoch.

768 Angaben zur Geschichte: Siehe Kapitel IV.2.1 Rechteckiger Flachboden, Wittenberge, S. 118.

769 BLHA, Rep 27 C, Neuruppin, Nr. 1195.

770 Grün, Lewe, Löser, 1923, S. 96.

771 Vgl. Werth, 1969, S. 381.

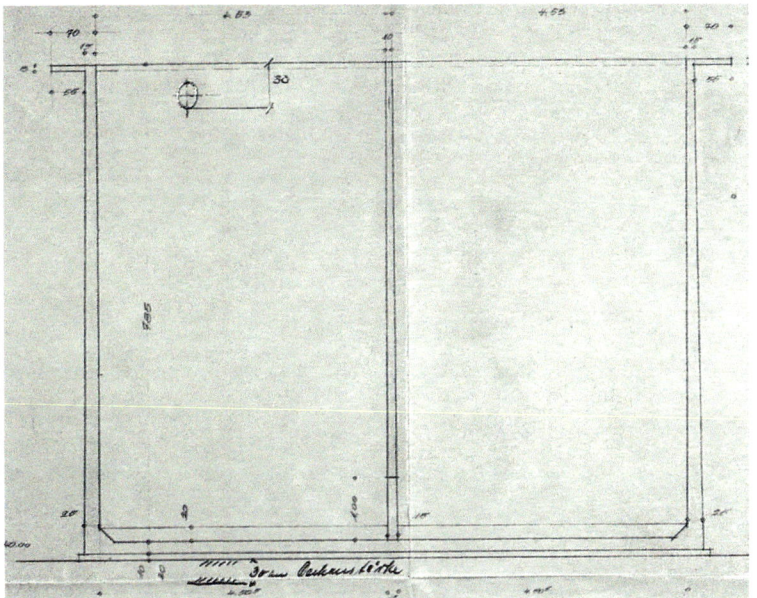

Schwarzheide, Wasserturm, Stadt, Landkreis Oberspreewald-Lausitz (Katalog Nr. 209/11)

Besonderheit: Geschichte und Behälter
Die gemeinsame Planung des Architekten Otto Schneider
und Ingenieurs Cuno Wasserfurth von 1940 beinhaltete
den Bau eines Rathauses mit Wasserturm für Schwarzheide. Bedingt durch den Kriegsverlauf nach 1941
gehörte die Errichtung eines Rathauses nicht mehr zu den
vordringlichsten Aufgaben. Nur der Wasserturm wurde
1943 bis 1944 größtenteils durch französische Kriegsgefangene errichtet. Ob der mitgeplante, sogenannte Füh-
rerbalkon an der Westseite der Fassade angebaut wurde, ist
nicht überliefert. Zum Kriegsende befand sich im Turm
eine Funkstation. Der nicht ausgebaute, offene Erdgeschossbereich wurde erst in den 50er Jahren mit Wänden
geschlossen und u. a. eine Gaststätte eingebaut. 1958 ging
der Wasserturm außer Betrieb.[772]

Der rechteckige Stahlbetonbehälter ist ein allseitig
geschlossener Flachbodenbehälter. Die Bauweise ist aufwendig, aber aus hygienischen Gründen natürlich vorteil-
haft, um Verunreinigungen des Trinkwassers vorzubeugen.
Auf der Behälterdecke stehen die Glocken für das Uhrwerk.

Geschlossene Eisenbetonbehälter stehen beispielsweise im Krankenhaus von Treuenbrietzen und im städtischen Wasserturm von Schöna-Kolpien.

Der Wasserturm von Schwarzheide: Geplant als Rathaus
mit Wasserturm, gebaut durch französische Kriegsgefangene
aus einem Lager in Schwarzheide, ist mit seinen baulichen
Details – einem Uhrwerk mit Glockenspiel und seinem
geschlossenen Stahlbetonbehälter – ein Repräsentant seiner
Art mit einer Geschichte, die nicht vergessen werden sollte.

772 Paßkönig, 2003, S. 9 ff.; Informationstafel am Turm.

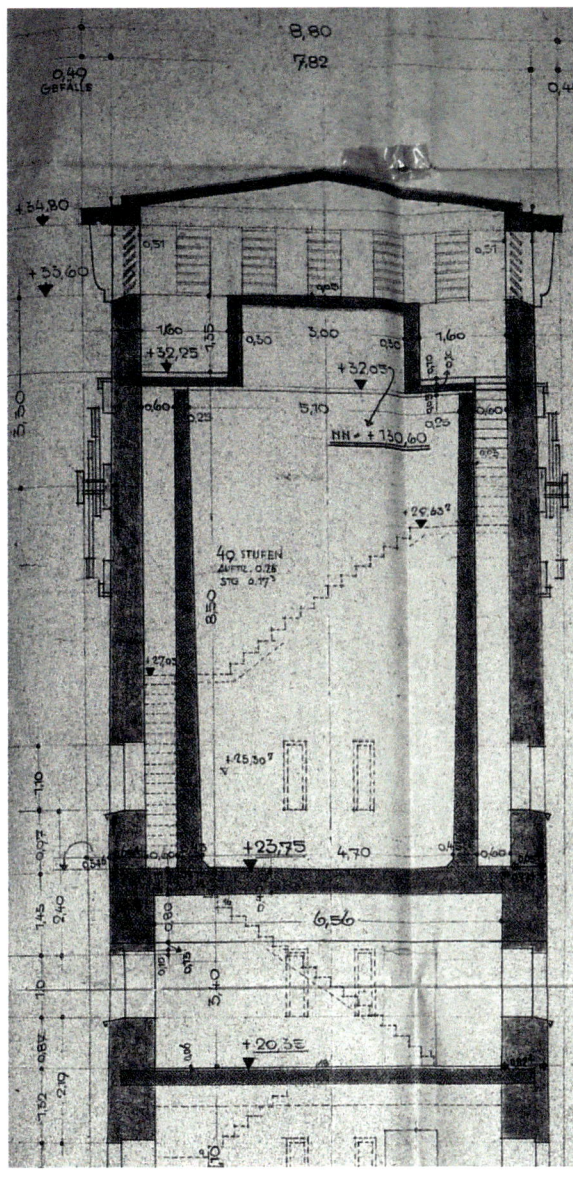

Abb. 241 (oben links)
Löschwasserbehälter im
Uhrenturm, 9.OG, aus
Zeichnung PT No 3912

Abb. 242 (oben rechts)
Trinkwasserbehälter 7.OG,
Uhrenturm, Wittenberge
2011

Abb. 243 Schnitt
Turmkopf, Wasserturm
Schwarzheide

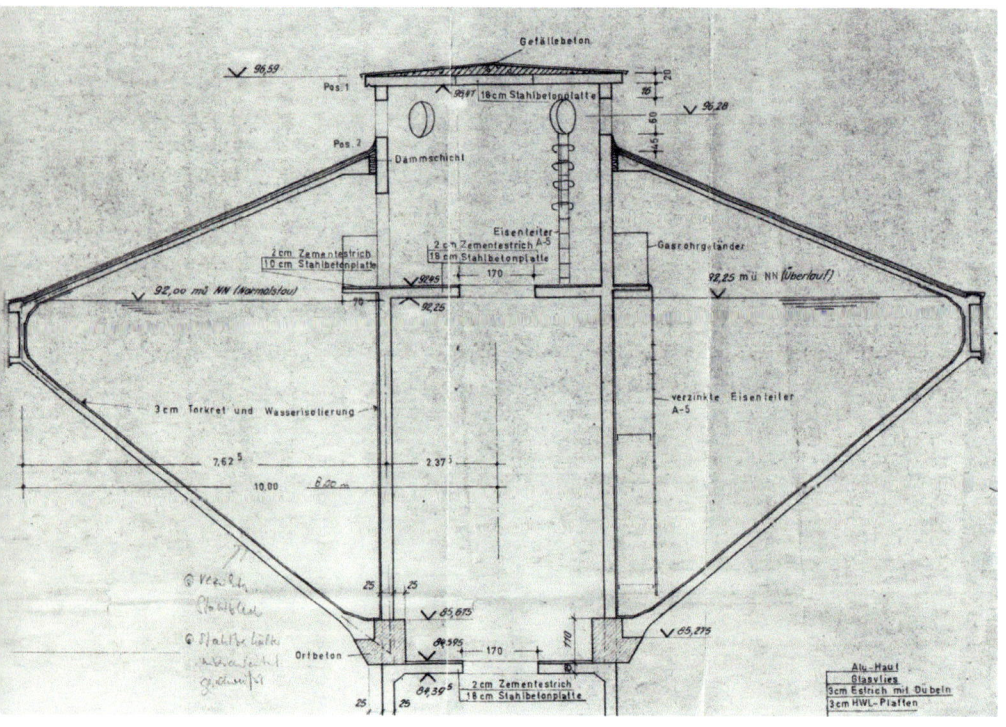

Abb. 244 Schnitt Turm-kopf, Wasserturm Vetschau

Geschichte: Der Vetschauer Turm wurde für die Versorgung der städtischen Bevölkerung errichtet. Die Bevölkerung nahm um fast das Doppelte von 1950 bis Mitte 1960 zu – auf ~7.500 Menschen.

Besonderheit: Behälter
In Brandenburg gibt es nur zwei Stahlbetontürme dieser Bauart mit ihren kegelförmigen Behältern: Die Türme in Vetschau und in Premnitz (Katalog Nr. 094/07). Sie wurden in der ehemaligen DDR in den 60er Jahren des 20. Jahrhunderts gebaut.

Aus den Zeichnungen für die Baugenehmigung des Vetschauer Wasserturms ist ersichtlich, dass der Turmschaft bis Unterkante Dachplatte (96,41 m ü NN) errichtet und der kegelförmige Behälter erst einmal bis auf diese Höhe gebracht wurde. Unter dem Behälter (~ 84 m üNN) wurde vor Ort das umlaufende Auflager betoniert. Der Behälter konnte dann, nach Erreichen der entsprechenden Festigkeit des Ortbetons, auf seine letztendliche Position herabgelassen werden.

Vermutlich nur noch sechs Türme aus dieser Zeit stehen in den anderen, neuen Bundesländern: Altottenhain und Riesa in Sachsen, Klostermansfeld und Schönebeck in Sachsen-Anhalt und Altenburg und Meiningen in Thüringen.[773]

Der Vetschauer Wasserturm ist einer der wenigen überkommenen Repräsentanten mit kegelförmigem Behälter, die in der ehemaligen DDR geplant und gebaut wurden.

773   http://www.wasserturm-galerie.de, v. 02.03.2017, aufgestellt von Günter Bötel.

V. Schlussbetrachtung

In den Städten der antiken, hochentwickelten Kulturen erforderte die Versorgung der vielen Menschen mit ausreichendem Trinkwasser intelligente, technische Lösungen von den damaligen Baumeistern. Die Ingenieurskunst der Griechen und Römer ist noch heute an den überkommenen Wasserbauten ablesbar. Im Mittelalter waren es die Mönche, die Klosteranlagen gründeten und Wasserleitungen verlegten. Mit dem 13. Jahrhundert entstanden in deutschen Städten die ersten Wasserkünste. Aber erst mit der weiteren Entwicklung der Hebetechnik im Bergbau konnte der Antrieb der Wasserkünste und damit die kontinuierliche Wasserförderung verbessert werden.

In den vielen brandenburgischen, rückständigen Städten und Ortschaften gab es bis zum Anfang des 20. Jahrhunderts keine ausreichende Versorgung mit Trinkwasser. Die Menschen holten sich noch immer ihr Wasser aus Flüssen oder öffentlichen und privaten Brunnen. Wasser, das häufig mit Schmutz und Fäkalien verunreinigt und nicht zum Trinken geeignet war. Das führte im 19. Jahrhundert, im Zusammenspiel mit unhaltbaren, hygienischen Zuständen in den Elendsquartieren der Städte, zu Choleraepidemien. Erst mit der Entdeckung des Erregers und der Übertragungswege über das verunreinigte Wasser setzte sich langsam die Erkenntnis durch, dass zentrale Wasserversorgungsanlagen errichtet werden müssen.

Mit der industriellen Revolution in Deutschland erhöhte sich der Bedarf an Wasser rasant. Den Transport der Rohstoffe und Erzeugnisse übernahmen Dampflokomotiven. Die Lokomotiven brauchten Wasser und entlang des sich entwickelnden Streckennetzes entstanden seit 1835 Wasserstationen und Wassertürme für die Eisenbahn. Zentrale Wasserversorgungsanlagen wurden in deutschen Städten und Ortschaften seit den 50er Jahren und die ersten Wassertürme seit den 60er Jahren des 19. Jahrhunderts errichtet. Gab es in der Nähe keine zentrale Wasserversorgung oder war die Wassermenge und der Wasserdruck nicht ausreichend wurden Wassertürme auf Industriearealen, für die Versorgung von Militäreinrichtungen, Krankenhäusern, Anstalten, Sanatorien, Ausbildungsstätten und ähnlichen Einrichtungen geplant und gebaut.

1838 nahm in Brandenburg die Eisenbahnstrecke von Berlin nach Potsdam ihren Betrieb auf. Mit dem Bau der Strecke wurden die ersten Wasserstationen gebaut.

Der von 1872 bis 1874 errichtete Wasserturm von Frankfurt/Oder war vermutlich der erste städtische Wasserturm im heutigen Land Brandenburg, denn zu dieser Zeit waren noch viele Stadt- und Gemeindevertreter auf Grund der hohen Kosten gegen den Bau von Wasserversorgungsanlagen.[774] Mit Beginn des 20. Jahrhunderts beschlossen dann immer mehr Städte und Ortschaften in Brandenburg den Bau zentraler Wasserver- und Abwasserentsorgungen. Nach und nach ragten Wassertürme aus Stadt- und Dorflandschaften. Sie wurden zu Landmarken und Wahrzeichen in den Städten.[775] Noch heute sind Wassertürme in der Stadt und auf dem Land in Brandenburg flächendeckend erhalten.

Im agrarisch geprägten Flächenland entwickelten sich aus wenigen Ackerbürgerstädten Industriestädte und mit der Randwanderung der Berliner Industrie um 1895 entstanden um und nach 1900 Wassertürme auf gewerblich und industriell genutzten Arealen.

Im wald- und seenreichen Umland von Berlin bauten u.a. die brandenburgische Provinzialverwaltung, der Volksheilstättenverein vom Rotem Kreuz und die Landesversicherungsanstalt Berlin seit Mitte des 19. Jahrhunderts Heilanstalten, Krankenhäuser und Sanatorien. Häufig waren die Standorte abgelegen und so wurden Maschinen- und Kesselhäuser mit Wassertürmen von Anfang an miteingeplant. Auch auf den autarken, militärischen Stützpunkten und Kasernenanlagen im Süden von Brandenburg stehen Wassertürme aus der Zeit von 1878 bis 1913.

Die Wasserreservoire in den Türmen bevorraten Trink- und Löschwasser,[776] können zudem Verbrauchsschwankungen und Störungen im Netz ausgleichen und sorgen für den nötigen Druck in den Leitungen. In der Literatur wurde die Entwicklung der Behälter an Hand der Behälterformen[777] mit Beispielen aus Europa und Deutschland im Zeitraum von 1830 bis in die 70er Jahre des 20. Jahrhunderts beschrieben. Die ältesten überkommenen Wasserreservoire sind Flachbodenbehälter. Der nachweislich erste Hängebodenbehälter von Chaillot (Frankreich) wurde um 1860 gebaut. Ein Intzebehälter wurde erstmals in den Remscheider Wasserturm (Nordrhein-Westfalen) 1883 eingebaut. Nach dem Intzebehälter wurde 1899 der erste Behälter der Bauart Barkhausen für den industriellen Wasserturm der Zeche „Minister Stein" hergestellt. Diesen Behältertyp entwickelte die Firma August Klönne weiter zum Kugelbehälter der Bauart Klönne.

Die beiden, vermutlich ältesten, überkommenen, zylindrischen, eisernen Flachbodenbehälter in Brandenburg sind von 1862 und stehen im Eberswalder Wasserturm des Martin-Gropius-Krankenhauses. In den Wasserstationen von Jamlitz und Müllrose befinden sich jeweils zwei, rechteckige Flachbodenbehälter. Diese Wasserreservoire der Eisenbahn sind die ältesten erhaltenen Behäl-

---

774   Häufig mussten die Kommunen zur Finanzierung Kredite aufnehmen. Für Unterhaltskosten der Gebäude und des Versorgungsnetzes war die Bereitstellung von finanziellen Mitteln unerlässlich.

775   Auf den Wappen von Städten und Ortschaften sind Wassertürme abgebildet, beispielsweise Dahlewitz und Zernsdorf.

776   Für rein industrielle Zwecke auch Brauchwasser.

777   Vgl. bildliche Darstellung im Zeitdiagram, In: Merkl, 1985, S. 65.

Abb. 245 Wasserturm, Standort unbekannt

ter aus Gusseisen. Zylindrische Flachbodenbehälter sind, zumindest in Brandenburg, bei den untersuchten Wassertürmen, seltener verwendet worden als rechteckige Behälter. In Hinblick auf die Statik wären zylindrische Behälter wesentlich preiswerter gewesen, aber bei Gebäuden mit rechteckigen Grundrissen wurden so die Flächen optimal genutzt. Die Herstellung von eisernen Flachbodenbehältern war an kein Patent gebunden und dadurch konnten ortsansässige Firmen Aufträge erhalten. Zudem war ein rechteckiger Behälter aus Eisenblech einfach herzustellen. Selbst bei der Deutschen Reichsbahn wurden noch 1954, nach dem Zweiten Weltkrieg, zwei rechteckige, genietete Stahlbehälter in die Wasserstation von Küstrin-Kietz eingebaut.

Im Turm der Kaserne des Grenadierregiments Prinz Carl von Preußen Nr. 12 in Potsdam könnte einer der ersten brandenburgischen Hängebodenbehälter von 1878 stehen.[778] Die meisten Behälter dieser Bauart wurden um 1890 – 30 Jahre nach Chaillot – eingebaut. Hängebodenbehälter sind häufig, bis in die 30er Jahre des 20. Jahrhunderts verwendet worden: Frankfurt (Oder) 1938, Pritzwalk 1934 und auch noch 1962 auf dem Unteren Bahnhof in Falkenberg/Elster.

Die meisten Stützbodenbehälter der Bauart Intze I sind für Wassertürme in Brandenburg erst nach 1900 hergestellt worden, und der einzige bekannte Intze II Behälter von 1902–03 steht im städtischen Wasserturm von Forst.

Im Zossener Wasserturm, Landkreis Teltow-Fläming, wurde 1899 ein Barkhausenbehälter für die städtische Wasserversorgung eingebaut. Damit gehört dieser Wasserturm zu den ersten Türmen in Deutschland mit einem Behälter der Bauart Barkhausen. Überwiegend wurde dieser Behältertyp für Wassertürme an den Streckenabschnitten der Eisenbahn nach 1900 verwendet, so auch bei den beiden einzigen überkommenen

Bahnwassertürmen mit einem geschlossenen Barkhausenbehälter in Falkenberg/Elster (1902) und Rathenow (1912–13). Der Barkhausenbehälter und auch der danach entwickelte Kugelbehälter der Bauart Klönne konnten nur von lizenzberechtigten Firmen gefertigt werden. Deshalb sind diese Behälterformen in Brandenburg, außer bei der Eisenbahn, relativ selten verwendet worden. Einer der ersten Wassertürme in Deutschland mit einem Klönnebehälter von 50 m³ Fassungsvermögen wurde in Brandenburg für den Bahnhof Wittenberge durch die Firma August Klönne 1901 geplant und 1905 errichtet. Der Eisenfachwerkturm wurde allerdings zwischenzeitlich abgerissen.[779] Überkommen ist nur noch der Cottbusser Bahnturm mit einem Behälter der Bauart Klönne von 1914.

Bei Brandenburger Wassertürmen ist somit die Entwicklung der Behälterformen noch ablesbar. Ein weiterer wichtiger Aspekt für die Geschichte der Wassertürme und ihrer Behälter sind die unterschiedlichsten Auflagervarianten – entwickelt von Ingenieuren in den Herstellerfirmen oder Büros für Statik – um die Lasten über den Turm ins Fundament abzuleiten. Beispiele für die Vielfalt der Ausführungen von Auflagern zeigen sich bei den Hängebodenbehältern: Die geraden und schrägen Stützbleche eingebunden im Auflagerring, die Einzelauflager direkt am Behälterboden oder die Auflagerringe für das Bodenblech außerhalb des zylindrischen Behältermantels.[780]

Die Bomben des Zweiten Weltkrieges zerstörten und beschädigten viele Gebäude, Straßen und bauliche Anlagen darunter auch zahlreiche Wassertürme. Bedingt durch diese Kriegseinwirkungen konnte die Bevölkerung nicht mehr ausreichend mit Trinkwasser versorgt werden. Nach dem Krieg begann mühevoll die Instandsetzung der Wasserwerke, Wassertürme und Rohrleitungsnetze.

In einigen brandenburgischen Ortschaften sind nach dem Krieg auch neue Türme gebaut worden: in Lauchhammer, Herzberg, Joachimsthal, Vetschau, Premnitz, Schönewalde und Langengrassau.

Ab den 70er Jahren des 20. Jahrhunderts gingen dann immer mehr Wassertürme außer Betrieb – Pumpen übernahmen die Aufgaben der Druckregelung im Versorgungsnetz. Zahlreiche Wassertürme verfielen und wurden weggesprengt, um Platz für Neues zu schaffen.

Noch stehen in Brandenburg über 200 Wassertürme und Gebäude mit Wasserbehältern. Die meisten der überkommenen, zum Teil verfallenen 80 Bahntürme stehen im Landkreis Elbe-Elster und in der Uckermark. Weitaus besser erhalten sind die Mehrzahl der über 80 Wassertürme in der Stadt und auf dem Land. Fast 30 Türme für industrielle und gewerbliche Zwecke – größtenteils baulich im guten Zustand – stehen verteilt in beinah allen

778 Der Wasserturm ist nicht zugänglich. Ob sich der Behälter noch im Turm befindet ist unklar.

779 Siehe von Wangenheim, 2018, Katalog Bd. 1, S. 143.

780 Auflagerausbildung Hängebodenbehälter, Abb. 179, S. 138.

Landkreisen. Von den 16 Türmen die für Krankenhäuser, Sanatorien und Anstalten errichtet worden sind, stehen vier im Landkreis Potsdam-Mittelmark und drei Wassertürme in Ostprignitz-Ruppin. Leider sind einige Türme in einem derart schlechten Zustand, dass eine Sanierung nicht mehr möglich scheint. Ebenso verhält es sich bei den 12 Wassertürmen für die Versorgung von militärischen Kasernen und Stützpunkten. Von den 12 Türmen stehen 10 konzentriert im Landkreis Teltow-Fläming.[781]

Bei der Hälfte der brandenburgischen Wassertürme sind die Fassaden historisierend gestaltet. Darunter sind Türme im neoromanischen, neogotischen und neoklassizistischen Stil. Viele, fast 40 Türme, sind um und nach 1900 im sogenannten Heimat- bzw. Heimatschutzstil erbaut worden. Zahlreiche, zumeist Bahntürme sind reine Ingenieurbauten. Bei drei Türmen: Perleberg, Hohen Neuendorf und Bernau sind Einflüsse des Jugendstils erkennbar. An der Fassade des städtischen Wasserturms von Perleberg ist die Ornamentik des Jugendstils am deutlichsten sichtbar. Das Neue Bauen des 20. Jahrhunderts ist an über 20 Türmen ablesbar: Sachlich gestaltete Türme, wie die Wassertürme von Biesenthal und Schöna-Kolpien oder die expressionistischen Türme von Beelitz und Neuenhagen. Türme im Stil des Bauhauses stehen auf Industriestandorten in Velten und Wittenberge.

Die Bauweise vor 1900 war traditionell, denn die überwiegenden Turmfassaden sind aus Mauerwerk und meist in Kombination mit Holz- oder Eisenfachwerk. In Gebäuden mit Wasserbehältern und Wasserstationen der Eisenbahn sind oft Holzbalkendecken verwendet worden. Allerdings stehen aus statischen Gründen die Flachbodenbehälter auf Eisenträgern. In Wassertürmen sind anstatt Holzbalkendecken, häufiger Deckenkonstruktionen aus Eisenträgern in Kombination mit Eisenbetondecken, Preußische Kappen und Stahlsteindecken eingebaut worden.

Die Eisenbetonbauweise gab erst 1914 mit den städtischen Wassertürmen in Hohen Neuendorf und Müncheberg ihr sichtbares Debüt in Brandenburg. Zwischen den Eisenbetonstützen wurden die Gefache ausgemauert und verputzt. Bei den wenigen, ab den 20er Jahren errichteten, Wassertürmen aus Stahlbeton wurde ebenfalls Mauerwerk für die Gefache und Verblendfassaden verwendet. Nur der 1930 fertiggestellte Wasserturm von Neustadt (Dosse) ist vollständig aus Stahlbeton, sowie die, in der DDR-Zeit gebauten, Wassertürme von Premnitz und Vetschau.

Der Wasserturm ist ein individuelles Bauwerk, dessen Wert auch nach Wagenbreth und Wächtler nicht unbedingt nach architektonischem Maßstab beurteilt werden sollte, sondern in erster Linie nach dem erkennbaren Zeugnis für die Produktions- und Verkehrsgeschichte.[782]

Wassertürme sind beides. Durch ihren Standort auf Schlachthöfen, Brauereien, Tuch- und Lokomotivfabriken sind sie Denkmale der Produktionsgeschichte und als Wasserstationen für die Befüllung der Dampflokomotiven an den Bahnstrecken sind sie Denkmale der Verkehrsgeschichte. Sie sind noch mehr: Zeugen der Stadtbaugeschichte und der Entwicklung auf dem Land, der Geschichte des Militärs und der Medizin. Das gesamte Spektrum der gesellschaftlichen Entwicklung in der Zeit der Industrialisierung des 19. und 20. Jahrhunderts ist an den Wassertürmen ablesbar und durch die überkommene Technik erklärt sich ein wichtiger Teil der Geschichte der Wasserversorgung von selbst.

Die Wassertürme wären ohne die Wasserreservoire in ihrem Inneren nutzlos, ihrer eigentlichen Funktion beraubt. Der Wasserbehälter als elementarer Bestandteil der Wasserversorgung und als Abbild der industriellen Entwicklung im Behälterbau ist seiner baulichen Hülle ebenbürtig.

Wagenbreth und Wächtler führten dazu aus: „Eine ebensolche Einengung der Aussage entsteht, wenn man sich bei Industriebauten nur auf die Erhaltung der Industriearchitektur beschränkt und das technik- und sozialgeschichtliche Inventar der Beseitigung preisgibt."[783]

Allerdings können nicht alle Zeitzeugen gerettet werden – aus ganz verschiedenen Gründen.

Das 20. Jahrhundert und seine Wasserbehälter als Repräsentanten historischer Behälterformen

Die stillgelegten, interessanten, technischen Bauwerke unter den ehemaligen Wassertürmen wurden, wenn sie für einen Umbau geeignet waren, nicht abgerissen. Diese Türme werden heute als Museen, Galerien, Hotels, Pensionen, Büros, Wohnungen, Sternwarten, kulturelle und gastronomische Einrichtungen genutzt.

Beispielhaft für Deutschland: Der 1911 errichtete Wasserturm in Mannheim-Seckenheim mit einem zylindrischen Eisenbetonbehälter von 350 m³ Fassungsvermögen. Der Turm wurde 2011 saniert und beherbergt nun ein Aufzugmuseum.[784] In Mülheim an der Ruhr hat die Rheinisch-Westfälische Wasserwerksgesellschaft, in den bisher industriell genutzten Wasserturm, ein Wassermuseum eingebaut. Das Museum mit seinem eisernen 500 m³ großen Behälter vermittelt alles Wissenswerte rund ums Wasser. Der Hamburger Wasserturm auf der Sternschanze ist heute ein Hotel und im Kreuzberger Wasserturm in Berlin treffen sich Kinder und Jugendliche, um miteinander zu musizieren.

Auch viele Brandenburger Wassertürme wurden zwischenzeitlich umgenutzt. Neben den Wohnhochhaustürmen in Fürstenwalde sind beispielsweise die Wassertürme in Nauen, Bad Belzig, Calau, Angermünde, Ladeburg, Joachimsthal, Wandlitz, Wünsdorf, Eichwalde, Hirsch-

781 Siehe Karte III.2, S. 75.
782 Wagenbreth, Wächtler, 1983, S. 18.
783 Wagenbreth, Wächtler, 1983, S. 18.
784 Nathan, 2012, S. 54 ff.; siehe auch Zeichnungen von 1911, Grün, Lewe und Löser, 1923, S. 224 f.

Abb. 246 u. 247 Wasserturm genutzt als Aquarius Wassermuseum. Der gläserne Aufzug fährt durch den Behälter, Mülheim an der Ruhr, Nordrhein-Westfalen 2011.

unter Anleitung im Turmschaft ihre Fähigkeiten beim Klettern unter Beweis stellen.

Wieckhorst beschreibt in seinem Buch „Wassertürme neu genutzt" an Beispielen die massiven Eingriffe in die Substanz und den Verlust der eingebauten Technik beim Um- und Ausbau der Türme.[785] Umnutzungen sind für den Erhalt von Wassertürmen unabdingbar, dass ist unbestritten. Diese Bauwerke sind nicht nur bei der Errichtung, sondern auch im Unterhalt kostenintensiv. Umbaumaßnahmen für die Wohn- und Gewerbenutzung in Türmen mit kleinem Umfang – dadurch mit geringen Nutzflächen in den Ebenen – sind exorbitant teuer im Verhältnis: Kosten zum Nutzen. Der Rückbau geht sogar so weit, dass für die neue Nutzung der gesamte Turmkopf „geopfert" wird, wie beim „unvollendeten" Umbau des Trebbiner Wasserturms.

Ein technisches Denkmal in Brandenburg, das für moderne, ökologische und technische Zwecke umgebaut wurde, ist der ehemalige Wasserturm der Schwellentränkungsanstalt in Zernsdorf. Um den Wasserturm herum entstanden und entstehen Ein- und Mehrfamilienhäuser, ein Seniorenheim und Geschäfte für Waren des täglichen Bedarfs. Im Turm befindet sich jetzt ein Blockheizkraftwerk für dieses neu entstandene Wohngebiet auf einer ehemaligen Industriebrache. Der Behälter musste für die neue Nutzung nicht ausgebaut werden.

In Brandenburg gab es 2018 noch neun Wassertürme, die in Betrieb waren – sozusagen aktive Repräsentanten der Wasserversorgung. Hampe schreibt 1982: „Für sehr geringe Kapazitätserhöhungen kann auch ein Wasserturm hinsichtlich des einmaligen Aufwandes wirtschaftlicher sein. Bei starken täglichen Verbrauchsschwankungen … wird der Wasserturm auch für größere Kapazitätserweiterungen gegenüber einer Wasserwerkserweiterung wirtschaftlicher. Die günstigste Lösung liegt nach wie vor im Versorgungsgebiet." [786] Gründe, die manche Wasserversorger bewegen ihren „alten" Wasserturm noch heute als einen aktiven Bestandteil der Wasserversorgungsanlage zu betreiben. Um die notwendige Betriebssicherheit zu gewährleisten, müssen die gültigen DIN-Normen, DVGW-Merkblätter und weiterführende Vorschriften eingehalten werden. Ein Wasserturm muss die an Ihn gestellten bautechnischen Anforderungen erfüllen. Der Speicherinhalt des Behälters darf nicht durch Verschmutzungen in seiner Trinkwasserqualität beeinträchtigt werden.[787] Bei Türmen mit Dachwerkskonstruktionen aus Stahl, in Verbindung mit fehlender Wärmedämmung, können durch Tauwasserbildung über dem offenen Behälter Keime in das Trinkwasser gelangen. Ebenfalls proble-

felde und Potsdam als Wohnungen, zum Teil mit gewerblicher Nutzung, umgebaut worden. Allerdings bedingte der Umbau fast immer den Ausbau der Technik und des Behälters, mal zum Teil und oft in Gänze.

Die Wassertürme in Königs Wusterhausen, Potsdam und Perleberg beherbergen gastronomische und kulturelle Einrichtungen. Nutzungen als Café und Restaurant sind nicht ungewöhnlich, wie auch das Beispiel der Doppelturmanlage des Bahnturms in Neustadt (Dosse) zeigt. Eine Besonderheit stellt der Kletterturm von Neuruppin dar. Erwachsene, sowie Kinder und Jugendliche können

785   Bei 17 Wassertürmen war nach dem Umbau der Wasserbehälter nicht mehr oder nur noch in Fragmenten vorhanden. In zwei Behältern wurden Einschnitte für Türen oder Fenster vorgenommen. Bei den restlichen 11 Wassertürmen blieb der Behälter im Turm, weitere Beispiele in Deutschland, siehe Wieckhorst, 1996.

786   Hampe, 1982, S. 12.

787   Baur, 1989, S. 88–89.

Abb. 248 (links) Mövenpick Hotel im Wasserturm Sternschanze, Hamburg 2011

Abb. 249 (rechts) Jugend-, Kultur- und Kommunikationszentrum im Wasserturm Kreuzberg, Berlin 2011

matisch sind die Oberflächen der gusseisernen, schmiedeeisernen und betonierten Behälter. Um die geforderte Trinkwasserqualität zu erreichen, sind Beschichtungen oder Auskleidungen nach dem heutigen Stand der Technik notwendig.

Ein Beispiel aus Wilhelmshaven in Niedersachsen. 2006 war der damals fast 100jährige Wasserturm in der Bismarckstraße zwar noch in Betrieb, musste aber auf Grund der hygienischen und baulichen Mängel dringend saniert werden. Der Hängebodenbehälter verfügte über ein Speichervolumen von 2.000 m³. Nach Auffassung des Versorgers konnte mit Hilfe einer ausgefeilten Netzdruckregelung die weitere Nutzung des Wasserturms durchaus von wirtschaftlichem Vorteil sein, bedingt durch die Befüllung des Reservoirs in Schwachlastzeiten. Alle bau- und wassertechnischen Möglichkeiten wurden untersucht und dann Kostenschätzungen erarbeitet. Resultat: Demontage des schmiedeeisernen Behälters und Einbau eines zylindrischen Flachbodenbehälters aus 3 mm starkem Edelstahl, verschweißt, im Durchmesser 16 m und auf Stahlträgern aufgelagert.[788]

Einer von den aktiven, brandenburgischen Wassertürmen ist der städtische Wasserturm in Forst. Das Wasserwerk mit seinen Anlagen wurde 1998–99 entsprechend dem Stand der Technik saniert und umgebaut. Dem Was-

ser wird Eisen und Mangan entzogen, anschließend findet eine Entsäuerung des Wassers statt. Mess- und Regeleinrichtungen steuern die Prozesse im Wasserwerk. Der Füllstand des Behälters wird tagsüber durch die gesteuerte Förderung der Reinwasserpumpenanlage konstant zwischen 90–97% gehalten. Ab 20 Uhr gehen die Pumpen in „Stand by". In den Abend- und Nachtstunden wird die Wasserversorgung durch den Behälter gesichert. Sinkt sein Fassungsvermögen um die Hälfte schalten sich die Pumpen automatisch ein. Dadurch kommt es zu einem ständigen Wasseraustausch im Behälter – ein wichtiges Kriterium für die Wasserqualität.[789]

In Zeiten der Energieeinsparung sollte die Nachhaltigkeit beim Einsatz von Energie bedacht werden. Pumpen brauchen Strom. Strom wird immer teurer, vor allem tagsüber. Wasserspeicher könnten in der Nacht gefüllt werden. Versorgt ein artesischer Brunnen das Versorgungsgebiet mit Wasser, bietet das Wasserreservoir den Vorteil, in der Nacht das ständig anfallende Wasser zu speichern – so wie es auch in Treuenbrietzen möglich wäre.[790] Wassertürme stehen in den Städten und Gemeinden in Brandenburg häufig zentral. Sie könnten wie früher mit Windkraftanlagen gekoppelt werden, um Wasser in den Behälter zu fördern.

„Die Erhaltungschancen und Erhaltungsmöglichkeiten sind jedoch dann ohne die fortbestehende Industrienutzung eher noch schlechter einzuschätzen. …Nur selten wird es allerdings gelingen, die wertvollen Dokumente der Produktionsverfahren und der Fertigungstech-

788 Brugger, Henning, Wischhusen, 2008, S. 32 ff.
789 Informationstafel der Stadtwerke Forst GmbH im Wasserturm Forst.
790 Vgl. Wasserturm Flensburg, Baujahr 1961, Hampe, 1982, Band 2, S. 61, 138.

Abb. 250 (links) Wasserturm Trebbin, Landkreis Teltow-Fläming 2010

Abb. 251 (rechts) Wasserturm Zernsdorf, Landkreis Dahme-Spreewald 2015

nik im Original zu sichern und in situ zu erhalten." [791] Viele ungenutzte Wassertürme wurden schon abgerissen. Zahlreiche Türme sind verfallen und die ehemals vorhandene Ausstattung ist bereits entwendet und zerstört. Neue Nutzungen bedingen zumeist den Ausbau der Wasserreservoire. Deshalb ist eine Bestandsaufnahme der überkommenen Wasserreservoire wichtig. Nur dadurch ist es möglich die letzten „Zeugen" der technischen Entwicklung im Behälterbau der Wasserversorgung zumindest dokumentarisch zu bewahren.[792]

Die Repräsentanten der historischen Wasserbehälter wurden aus den über 200 Wassertürmen und Gebäuden mit Wasserbehältern ausgewählt – mit der Einschränkung, dass nur die Wassertürme mit ihren überkommenen Behältern in die nähere Auswahl kamen, die auch von innen besichtigt werden konnten. Die einzigen Ausnahmen sind der Cottbusser Bahnturm und der städtische Wasserturm in Vetschau. Bei beiden Türmen sind allerdings die Behälter von außen sichtbar.

Die historischen Wasserreservoire als ausgewählte Repräsentanten mussten bestimmte Kriterien, einzeln oder mehrfach, erfüllen[793]:

1. Die Behälterform und Größe sind einzigartig.
2. Die Auflagersituation des Behälters ist typisch oder ungewöhnlich und technisch beachtenswert.
3. Das verwendete Material ist nur selten überkommen.
4. Die Besonderheit des Wasserturms mit seinem Behälter ist in der Geschichte, Architektur und angewendeten Bautechnik begründet.

Einige der noch in Betrieb befindlichen Wassertürme, wie beispielsweise die Türme für die städtische Wasserversorgung in Cottbus mit einem 1.000 m³ fassenden Hängebodenbehälter, in Forst mit dem einzigen Intze II Behälter in Brandenburg und der Uhrenturm des Wittenberger Nähmaschinenwerkes mit seinem einzigartigen Stahlbetonbehälter, sind unter anderem auf Grund ihrer Wasserreservoire als Repräsentanten der technischen Wasserversorgung ausgewählt worden. So auch der Barkhausenbehälter von 1899 im städtischen Wasserturm von Zossen, der wie bereits erwähnt durch seine Bauzeit vor 1900 ein ganz besonderer Vertreter seiner Art ist. Ein weiterer würdiger Repräsentant war der nur zweimal in Brandenburg vorkommende, ungarische Hydroglobus in Langengrassau. Der Wasserturm war 2018 noch in Betrieb und wurde im Juli 2021 abgerissen. Ebenfalls ein seltener Behältertyp ist der geschlossene Barkhausenbehälter, den es nur noch zweimal in Brandenburg gibt. Einer dieser Bahnwassertürme, der Wasserturm vom oberen Güterbahnhof in Falkenberg/Elster, gehört zu den ausgewählten Türmen. Ebenso wie der letzte Klönne von Brandenburg auf dem Cottbusser Bahnhof.

Die Bahnwassertürme von Jamlitz und Müllrose sind die einzigen Wasserstationen mit noch vorhandenen, gusseisernen Flachbodenbehältern in Brandenburg. Hinzu kommt, dass die Behälter auf Fischbauchträgern aufgelagert sind und damit auch ein bautechnisches Auswahlkriterium erfüllen. Der Bahnhof von Jamlitz hat zudem eine besondere, deutsche Geschichte, die mit der Verfolgung und Ermordung jüdischer Menschen im Zweiten Weltkrieg im Zusammenhang steht. Auch die Geschichte der Erbauung des städtischen Wasserturms von Schwarzheide durch französische Kriegsgefangene von 1943 bis 44 war ein Kriterium. Ein Beispiel für die architektonische Repräsentanz ist der Perleberger Wasserturm mit seiner Jugendstilarchitektur.

Wassertürme und ihre Behälter, technisch oder museal genutzt und weitestgehend im originalen Bestand erhalten, wird es im Land Brandenburg in Zukunft immer weniger geben. Es wäre wünschenswert für nachfolgende Generationen, dass zumindest einige Türme mit ihren Repräsentanten „überleben", damit die technische Entwicklung an den historisch typischen, individuellen, bautechnischen, geschichtlich oder architektonisch bedeutsamen Wassertürmen weiterhin nachvollziehbar bleibt.

791   Weidner, 1995, S. 52 ff.
792   Siehe Karte III.5, S. 78.
793   Bezugsrahmen war das Bundesland Brandenburg.

VI. Anhang

VI.1 Abbildungsnachweis (Textteil)

Soweit nicht nachfolgend gelistet stammen alle Abbildungen mit den Angaben des Ortes und der Jahreszahl von der Verfasserin, ebenso die Zeichnungen der Abb. 30, 192 und 208.

6, 7: Rheinische Landesmuseum Trier, Fotograf Herr Th. Zühmer

9: Hagen,1869, Tafel XVIII, Figur 251

10: Antikensammlung der Staatlichen Museen zu Berlin, Fotograf J. Laurentius

23: Antikensammlung der Staatlichen Museen zu Berlin, Inventarnummer P 28, Fotografin Ingrid Geske

44: Deutscher Betonverein, 1906, S. 167

52: Ramelli, 1620, S. 53

54: v. Dyck, 1912, S. 114

55: Deutsches Dokumentationszentrum für Kunstgeschichte – Bildarchiv Marburg

57, 60: Artelt, 1893, Tafel 3, S. 22

62: Ramelli, 1620, S. 29

68: Stadtarchiv Niemegk

71, 77: Firma M. Hempel, Wasser-Versorgungs-Anlagen, k. A.

72: Journal, Nr. 24, 1919, S. 326).

73: Ausstellung BRAWAG GmbH

76: Akademie der Künste, Berlin, Archiv Gustav von Wangenheim.

79, 80, 92, 97, 100, 101, 107, 125, 191, 209: Archiv Deutsche Bahn, Neustrelitz

81: Stadtarchiv Bernau, Akte „Der Wasserturm des städtischen Wasserwerks Basdorfer Straße

89: Dupuit, 1862, Bl 497

91: Journal, 1884, S. 709

93: Zeitschrift des Vereins deutscher Ingenieure, Nr. 2, 1885, Tafel III

94: WAG Schwerin

98: Zeitschrift des Vereins deutscher Ingenieure, Nr. 2, 1886, S. 26

102: v. Röll (Hg.), 1923, S. 19

103: Stahlbau, Heft 11, 1929, S. 131

105, 108: Klönne, 1902, S. 13, 59

106: Leitende Beamte, 1911, S. 493

110, 120: Hempel, Gasfach/Wasserfach/Eisenbau, S. 13, 19

111: Eisenbahnmuseum Falkenberg/Elster

114, 115: Stahlwerke Bochum GmbH, Gutachten KHB 20120713, Prof. Dr.-Ing. J. Meister u. Prof. Dr.-Ing. M. Hagen, Bild 100 u. 107

116, 134, 160, 166, 167, 219, 220: Stadtarchiv Wittenberge, u. a. Akte Nr. 1731/13

117–119, 171: Grohnert, 1927, S. 104, 105, 109, 151

127: Journal, Nr. 6, 1907, S. 106

129–131, 186: Heimatarchiv Eichwalde, Herr Flügge

135: BLHA, Rep. 55, Nr. K 1427A

140: Stadtarchiv Perleberg, Akte WT Perleberg

141: Bauingenieur-Zeitung, 1903, S. 292

142: Der Bauingenieur, Heft 7/8, 1920, S. 201

143, 144: Stadtarchiv Pritzwalk, Akte BPK05394

147, 228: Grün, Lewe, Löser, 1923, S. 219, 223

151: Stadtarchiv Elsterwerda

160: Architekten-Verein, Teil II./III., 1896, S. 453

169: Zeitschrift für Bauwesen, Atlas, 1869, Bl. 10

181, 205: Archiv Deutsche Bahn, Cottbus

189: Stadtarchiv Frankfurt (Oder)

195: Wasserwerk Forst

196: Prinz, 1902, S. 166

214: K. v. Wangenheim

215: Stahlwerke Bochum GmbH, Fotograf: Volker Wiciok

217: BLHA, Rep. 55, Nr. 2358 A

221, 222, 239, 240, 241, 242: Archiv Nähmaschinenwerk

230, 231: BLHA, Rep 27 C, Neuruppin, Nr. 1195

234: BLHA, Akte 31 A, Nr. 2078

235: Spangenberg, 1920, S. 205

243: Kultur und Heimatverein Schwarzheide

244: Wasser- und Abwasserzweckverband Calau (WAC)

245: BLHA, Akte 203 AV BET Nr. 152

VI.2 Literaturverzeichnis

- Actien-Gesellschaft für Monier-Bauten (Hg.), Ausgewählte Monier- und Beton-Bauwerke, Strassen- und Eisenbahnbrücken, Hochbauten, Silos, Futtermauern, Kanäle u.s.w. (Berlin 1894).

- Adler, Hartmut, Der Liebenwerdaer Wasserturm, In: Natur- und Heimatfreunde (Hg.), Heimatkalender für den Kreis Bad Liebenwerda & das Mückenberger Ländchen (1994).

- Agricola-Gesellschaft (Hg.), Georg Agricola, Zwölf Bücher vom Berg- und Hüttenwesen in denen die Ämter, Instrumente, Maschinen und alle Dinge, die zum Berg- und Hüttenwesen gehören, nicht nur aufs deutliche beschrieben, sondern auch durch Abbildungen, die am gehörigen Orte eingefügt sind, unter Angabe der lateinischen und deutschen Bezeichnungen aufs klarste vor Augen gestellt werden. De re metallica libri XII (Düsseldorf 1953).

- Anders, Jette, Schöpfgefäße und Beschwörungsformeln, Ein Badehaus in der Altstadt von Kyritz, In: Archäologische Gesellschaft in Berlin und Brandenburg e. V., Brandenburgisches Landesamt für Denkmalpflege und Archäologisches Landesmuseum, Landesdenkmalamt Berlin (Hg.), Archäologie in Berlin und Brandenburg 2008 (Berlin 2010).

- d' Ambrosio, Antonio, Guzzo, Pier Giovanni, Pompeji, Führer durch die Ausgrabungen (Neapel 2012).

- Architekten-Verein zu Berlin, Vereinigung Berliner Architekten (Hg.), Berlin und seine Bauten, I. Einleitendes – Ingenieurwesen, II. und III. Der Hochbau (Berlin 1896).
- Artelt, Paul, Die Wasserkünste von Sanssouci, Eine geschichtliche Entwicklung von der Zeit Friedrichs des Großen bis zur Gegenwart (Berlin 1893).
- Aschenbeck, Nils, Bauindustrieverband Bremen-Nordniedersachsen e.V. (Hg.), Häuser, Türme und Schiffe gebaut aus Beton, Paul Kossel, Pionier des Betonbaus, 1874–1950 (Delmenhorst, Berlin 2003).
- Atlas zur Zeitschrift für Bauwesen, Jahrgang XLIV, Berlin 1894, URN: urn:ubn:de:kobv:109-opus-90086, URL: http://opus.Kobv.de/zlb/volltexte/2010/90086/
- Baldauf, Siegfried, Wie Ragow zur neuen Feuerspritze kam, In: Heimatverein Königs Wusterhausen 1990 e.V. (Hg.), Heimatkalender 1998, Königs Wusterhausen und Dahmeland (Königs Wusterhausen 1997).
- Barkhausen, Georg, Neue Formen für Flüssigkeitsbehälter, In: Zeitschrift des Vereins deutscher Ingenieure, Band 44, Nr. 47 und 49 (1900).
- Barkhausen, Georg, August Klönne, Nachruf, In: Zeitschrift des Vereines deutscher Ingenieure, Band 58, Nr. 3 (1902).
- von Barsewisch, Bernhard, Torsten Foelsch, Sieben Parks in der Prignitz, Geschichte und Zustand der Gutsparks der Gans Edlen Herren zu Putlitz (Berlin 2004).
- Barth, Matthias, Herrenhäuser und Landsitze in Brandenburg und Berlin, Von der Renaissance bis zum Jugendstil (Würzburg 2008).
- Bärthel, Hilmar, Wasser für Berlin, Die Geschichte der Wasserversorgung, Berliner Wasserbetriebe (Hg.) (Berlin 1997).
- Bauingenieur-Zeitung, Nr. 48–50 (Berlin 1902), Nr. 37 (Berlin 1903).
- Baur, Albert, Historische Entwicklung der Wasserspeicherung, In: Gerhard Merkl, Albert Baur, Bernd Gockel, Walter Mevius, Historische Wassertürme, Beiträge zur Technikgeschichte von Wasserspeicherung und Wasserversorgung (München, Wien 1985).
- Baur, Albert, Die Wasserspeicherung – ein wichtiger Teil der Wassergewinnungs- und Wasserverteilungsanlagen, In: Heinz Moser u.a. (Hg.), Handbuch Wasser, Versorgungs- und Abwassertechnik (Essen 1989).
- Baur, Albert, Wasser in der Barockzeit Ausdruck städtischer Repräsentation und höfischen Glanzes, In: Frontinus-Gesellschaft e.V. (Hg.), Geschichte der Wasserversorgung, Band 6, Wasser im Barock (Mainz am Rhein 2004).
- Bauzeitung, Fachzeitschrift für den komplexen Wohnungsbau, kommunalen Tiefbau, ländliches Bauen, Nr. 41 (Berlin 1987), Nr 6 (Berlin 1988).
- Bayerische Verwaltung der staatlichen Schlösser, Gärten und Seen (Hg.), Nymphenburg, Schloss, Park und Burgen (München 2014).
- Bedeschinski, Christian, Ein-Blicke, Industriekultur im Osten Deutschlands (Berlin 1995).
- Behne, Adolf, Der moderne Zweckbau, mit einem Nachwort zur Neuausgabe von Ulrich Conrads früherer Ausgabe von 1926 (Berlin 1998).
- Bender, Willi, Lexikon der Ziegel, vom Aal-Deckenziegel bis zum Zwischenwandziegel in Wort und Bild (Wiesbaden und Berlin 1995).
- Benoit, Paul, Wabont, Monique, Mittelalterliche Wasserversorgung in Frankreich, 4. Das Brunnenhaus von Maubuisson: Ein Lavatorium als „Wasserturm", In: Frontinus-Gesellschaft e.V. (Hg.), Geschichte der Wasserversorgung, Band 4, Die Wasserversorgung im Mittelalter (Mainz am Rhein 1991).
- Berger, Manfred, Historische Bahnhofsbauten, Sachsens, Preußens, Mecklenburgs, Thüringens (Berlin 1980).
- Berger, Manfred, Historische Bahnhofsbauten IV, Brandenburg, Pommern, Schlesien, Posen, Westpreußen, Ostpreußen (Stuttgart 1996).
- Béringuier, Claus, 130 Jahre Ostbahn Berlin-Küstrin, Die Vorgeschichte einer Eisenbahnstrecke und die kurzgefaßte Darstellung ihrer Entwicklung bis zur Gegenwart, In: Miteilungen Arkanthus (Hg.), Verein für Regionalgeschichte und Denkmalpflege e.V. (5/1997).
- Berliner Städtische Wasserwerke Aktien-Gesellschaft, Werke und Wassertürme (Berlin 1929).
- Berndt, Siegfried, Von Wismars Wasserkünsten, In: Archiv der Hansestadt Wismar (Hg.), Wismarer Beiträge, Schriftenreihe des Archivs der Hansestadt Wismar, Heft 8 (Wismar 1992).
- Beschoren, Arnold, Lungenheilstätte Grabowsee der Landesversicherungsanstalt Brandenburg, Bauwelt Heft 49 (Berlin 1929).
- Betz, Gerhard, Schwellenwerk Kirchseeon, In: Verein für Heimatkunde (Hg.), Kirchseeoner Kalender 1995, www.wasser-ist-leben.org/presse/kk_1995_06.html, 15.02.2014.
- Biffl, Werner, Imhoff, E.h.K.R., Jost, Berhard u.v.a. (Hg.), Handbuch Wasserversorgungs- und Abwassertechnik (Essen 1989).
- Bishop, Dieter, Die Wasserversorgung von Bremen vom Spätmittelalter bis zur Neuzeit, In: Gilbert Wiplinger (Hg.), Historische Wasserleitungen, Gestern – Heute – Morgen, Tagungsband des Internationalen Frontinus-Symposiums, Wien, 19.–23. Oktober 2011 (Leuven 2013).
- Bley, Peter, 125 Jahre Berlin-Dresdener Eisenbahn, Berlin–Zossen–Elsterwerda–Dresden (Düsseldorf 1999).
- Bley, Peter, Königlich Preußische Miliräreisenbahn, 125 Jahre Berlin Zossen–Jüterbog (Düsseldorf 2000).
- Bley, Peter, Berliner Nordbahn, 125 Jahre Eisenbahn Berlin–Neustrelitz–Stralsund (Berlin 2002).

- Bönig, Jürgen, Engels, Timo, Vom Engineer zum Dr. Ing., Der Ingenieurberuf im 19. Jahrhundert, In: Ortwin Pelc, Susanne Grötz (Hg.), Konstrukteur der modernen Stadt, William Lindley in Hamburg und Europa 1808–1900, Hartmut Frank, Ulrich Schwarz (Hg.), Schriftenreihe des Hamburgischen Architekturarchivs (München, Hamburg 2008).
- Borchers, Wilhelm, Otto Intze, Gedächtnisrede, gehalten am 11. Januar 1905 in der Aula der Königl. Technischen Hochschule zu Aachen (Halle 1905), http://www.archiv.rwth-aachen.de/2012/03/02 gedachtnisrede-für-otto-intze-von-wilhelm-borchers/, 12.11.2015.
- Borchert, Heinz, Das Wasserwerk Königs Wusterhausen, In: Heimatkalender 2003, Königs Wusterhausen und Dahmeland (Königs Wusterhausen 2003).
- Boeck, Wilhelm, Kurfürstliche Lustgärten in der Mark, In: Landeshauptmann der Provinz Mark Brandenburg (Hg.), Brandenburgische Jahrbücher, Schriftenreihe für Natur- und Landschaftsschutz, Geschichtsforschung, Archivwesen, Boden- und Denkmalpflege, Volkskunde, Heimatmuseen, 14./15., Die alten Gärten und ländliche Parke in der Mark Brandenburg (Potsdam, Berlin 1939).
- Brandenburgisches Landesamt für Denkmalpflege (Hg.), 7. Denkmaltag im Land Brandenburg, Modernes Bauen zwischen 1918 und 1933, Bauten im Land Brandenburg und ihre Erhaltung, Arbeitsheft Nr.10 (Potsdam 1998).
- Brandenburgisches Landesamt für Denkmalpflege und Archäologisches Landesmuseum (Hg.), Brandenburgische Denkmalpflege, Jahrgang 15, Heft 1 (Berlin 2006).
- Brandenburgisches Landesamt für Denkmalpflege und Archäologisches Landesmuseum, Festschrift zur Übergabe des gemeinsamen Bauwerkes an den Kreis Niederbarnim und an die Gemeinde Neuenhagen: Das neue Rathaus der Gemeinde Neuenhagen bei Berlin mit dem neuen Wasserturm des Kreises Niederbarnim, Nach Entwürfen und unter der Oberleitung des Architekten B.D.A. Baurat Wilhelm Wagner, Charlottenburg 9, erbaut von der Allgemeinen Bau-Aktiengesellschaft, Berlin W 35 in den Jahren 1925–26 (1926).
- Brandenburgisches Landeshauptarchiv, 27 C, Neuruppin, 1195, Rep 8, Lübben, Nr. 8130, Rep 55, Teupitz, Abt. V, Nr. 507/1A, 507/2A, Rep 75, 1.2 Wasserversorgung, 1A Pläne zum Neuwerk, Rep 250, Luckenwalde, Wiesenburg, Nr. 377, Rep 464, WWDOH Nr. 636.
- Brandhorst, Reiner, Gemeinde Eichwalde – Historische Übersicht, In: Heimatkalender 2000, Königs Wusterhausen und Dahmeland (Königs Wusterhausen 2000).
- Brandt, Walter, Vom feurigen Elias und der sanften Elise, Die Privatbahnen und Kleinbahnen der Mark Brandenburg und Berlins (Düsseldorf 1968).
- Broschat, Ernst, Behälterbau, Ein Handbuch für die Berechnung und Ausführung eiserner Flüssigkeits- und Gasbehälter, Teil 1 Konstruktionselemente (Berlin 1926).
- Brückner, Anja, Neustadt an der Dosse, Gestütsanlage und Spiegelberg, In: Brandenburgisches Landesamt für Denkmalpflege (Hg.), Brandenburgische Denkmalpflege, Jahrgang 3, Heft 1 (Berlin 1994).
- Brugger, Manfred, Henning, Volker, Wischhusen, Rolf, Sanierung eines historischen Wasserturms mit modernster Technik, In: DVGW (Hg.), Zeitschrift Energie/Wasser-Praxis, 59. Jahrgang, Januar 2008 (Mannheim 2008).
- Bund für Natur und Heimat (Hg.), Was Steine erzählen, Historische Bauten in Röbel, Beiträge zur Geschichte der Stadt Röbel/Müritz, Heft 3 (Röbel/Müritz 2006).
- Buchinger, Marie-Luise, Denkmaltopographie Bundesrepublik Deutschland, Denkmale in Brandenburg, Stadt Brandenburg an der Havel, Teil 2, Äußere Stadtteile und eingemeindete Orte (Worms 1995).
- Buchinger, Marie-Luise, Cante, Markus, Denkmaltopographie Bundesrepublik Deutschland, Denkmale in Brandenburg, Landkreis Teltow-Fläming, Teil 1, Stadt Jüterbog mit Kloster Zinna und Gemeinde Niedergörsdorf (Worms 2000).
- Buchinger, Marie-Luise, Cante, Markus, Denkmaltopographie Bundesrepublik Deutschland, Denkmale in Brandenburg, Landkreis Potsdam-Mittelmark, Teil 1, Nördliche Zauche, Gemeinden Groß Kreutz, Kloster Lehnin, Michendorf, Schwielowsee und Stadt Werder (Havel), sowie Gollwitz und Wust (Worms 2009).
- Cech, Brigitte, Technik in der Antike (Darmstadt 2010).
- von Chiolich-Löwensberg, Hermann, Anleitung zum Wasserbau, Stau-Anlagen, Cisternen, Brunnen, artesische Brunnen, Wasserleitungen (Stuttgart 1865).
- Cords, Erich, Die technische Entwicklung des Peiner Walzwerkes 1872–1950 (Düsseldorf 1952).
- Crelle, A. L., Ueber die Bewegung des Wassers in Röhren, Anmerkungen des Herausgebers, In: A. L. Crelle (Hg.), Journal für die Baukunst, In zwanglosen Heften, 17. Band, In vier Heften (Berlin 1842).
- Czech, Der Wasserturm auf dem Verschiebebahnhof Berlin-Tempelhof, In: Der Stahlbau, Heft 11, 1929.
- Dahme-Nuthe Wasser-, Abwasserbetriebsgesellschaft mbH, Wassergeschichte(n) zwischen Dahme und Nuthe (Berlin 2014).
- Das Gas- und Wasserfach, 70. Jahrgang, 7. Heft (1927).
- Deininger, Karl, Die Entwicklung des Eisenbeton-Schornsteins in Theorie und Praxis (Stuttgart 1932).
- Denicke, Erhöhung eines Wasserthurms in der Hauptwerkstatt in Potsdam, In: Centralblatt der Bauverwaltung, Nr. 15, 9. April 1898.
- Der Bauingenieur, Heft 9 (Berlin 1921).

- Deutsche Bauzeitung, Nr. 45 (Berlin 1876), Nr. 11–13, 15 (Berlin 1904).
- Deutscher Beton-Verein, Bericht über die IX. Hauptversammlung am 14. und 15 Februar 1906 (Berlin 1906).
- Deutscher Beton-Verein, Wirtschaftsgruppe Bauindustrie, Deutscher Zement-Bund (Hg.), Neues Bauen in Eisenbeton (Berlin 1938).
- Deutsches Museum (Hg.), Carl Eckoldt, Kraftmaschinen I, Muskelkraft, Wasserkraft, Windkraft, Dampfkraft (München 2002).
- Dickmann, Jens-Arne, Pompeji, Archäologie und Geschichte (München 2005).
- Disselhoff, L., Das städtische Wasserwerk zu Remscheid, In: Zeitschrift des Vereines deutscher Ingenieure, Band 29, Nr. 2 (1885).
- Dorst, Klaus, Ich kann mein Werk nicht überschauen, In: Stiftung Preußische Schlösser und Gärten Berlin-Brandenburg (Hg.) Katalog der Ausstellung: Die Römischen Bäder in Bleistift, Feder und Wasserfarbe, Zum Jahr der Graphik – Eine Sammlung stellt sich vor (Potsdam 2009).
- Dupuit, Jules, De la distribution des eaux, In: Raymond Genieys (Hg.) Essais sur les moyens de conduire (Paris 1854).
- Dupuit, Jules, Die Ausführung und Unterhaltung der Wasserleitungen mit besonderer Berücksichtigung der Pariser Wasserwerke, In: Allgemeine Bauzeitung, Österreichische Vierteljahrschrift für den öffentlichen Baudienst (Wien 1862).
- Dürre, G.-Michael, Leiber, Piefke, Hochwasser – Frankfurt (Oder), In: Die Mark Brandenburg, Zeitschrift für die Mark und das Land Brandenburg, Die Garnisonen Frankfurt (Oder), Brandenburg, Fürstenwalde, Jüterbog, Neuruppin, Heft 52 (Berlin 2004).
- DVGW Deutsche Vereinigung des Gas- und Wasserfaches e.V., Elemente die sich bewegen, Mensch und Technik im Gas- und Wasserfach, Die Geschichte des DVGW von 1859 bis 2009, 150 Jahre DVGW Jubiläumsfestschrift 2009 (Bonn 2009).
- von Dyck, Walther, Georg von Reichenbach, In: Deutsches Museum, Lebensbeschreibungen und Urkunden, 1. Band (München 1912).
- Eichel, Hans, Muchow, Heinz, Rodegast, Günter, Chronik der Stadt Wittenberge, In: BVB-Verlagsgesellschaft mbH (Hg.), Wittenberge, Eine Chronik mit Bildern (Nordhorn 2010).
- Enders, Lieselott, Friedrich Beck (Hg.), Veröffentlichungen des Staatsarchivs Potsdam, Historisches Ortslexikon für Brandenburg, Teil I, Prignitz (Weimar 1962); Teil IV, Teltow (Weimar 1976); Teil VI, Barnim (Weimar 1980); Teil VIII, Uckermark (Weimar 1986).
- Ernst, Rainer, „Eines der dankbarsten Werke der Stadt", Die Anfänge der zentralen Wasserversorgung in Finsterwalde, In: Kreismuseum Finsterwalde u.a. (Hg.), Der Speicher, Heft 13 (Zittau 2010).
- Escher G., Neue Wassertürme, Entwürfe und Ausführungen der Firma Gebr. Rank, München, In: Der Bauingenieur, Heft 13 (Berlin 1920).
- Esselborn, Karl, Sonne, Eduard, Elemente des Wasserbaues, Für Studierende höherer Lehranstalten und jüngere Techniker (Leipzig 1904).
- Evenari, Michael, Die Nabatäer im Negev, In: Manfred Lindner (Hg.), Petra und das Königreich der Nabatäer, Lebensraum, Geschichte und Kultur eines arabischen Volkes der Antike (Nürnberg 1970).
- Fahlbusch, Henning, Die Wasserversorgung des antiken Pergamons, In: R. Grüßlinger, V. Kästner, A. Scholl (Hg.), Pergamon, Panorama der antiken Metropole, Ausstellungskatalog (Berlin 2011).
- Fahlbusch, Henning, Elemente griechischer und römischer Wasserversorgungsanlagen, In: Frontinus-Gesellschaft e.V. (Hg.), Die Wasserversorgung antiker Städte (Mainz am Rhein 1987).
- Fahlbusch, Henning, Von der Wasserstelle zum Aquädukt, In: Phillip von Zabern, Antike Welt, Jahrgang 2009, Nr. 2 (Mainz 2009).
- Fehlauer, Jens, Antworten auf die soziale Frage, Die Erweiterungsbauten der Landesklinik bis zum ersten Weltkrieg, In: Landesklinik Eberswalde (Hg.), Gropius in Eberswalde, Der Martin-Gropius-Bau der Landesklinik Eberswalde (Berlin, Brandenburg 2002).
- Festschrift, Reichsbahn Ausbesserungswerk Potsdam 1838–1938.
- Feustel, Jan, Hermannswerder, In: Die Mark Brandenburg, Zeitschrift für die Mark und das Land Brandenburg, Von Wellen umspült, Schlossinsel Köpenick, Werder, Dominsel Brandenburg, Pfaueninsel, Borgisdorf, Hermannswerder, Heft 41 (Berlin 2001).
- Fischer, Manfred, Dortmunder Stahlbaukonstrukteure von den Anfängen bis zum ersten Drittel des 20. Jahrhunderts, In: Manfred Fischer, Christian Kleinschmidt (Hg.), Stahlbau in Dortmund, Unternehmen, Technik und Industriekultur im 19. und 20. Jahrhundert (Essen 2001).
- Fischer, Wolfgang, Selbstmord oder tragischer Unfall?, In: Kulturbund e.V. Wittenberge (Hg.), Prignitzer Heimat, Heft 53 (Wittenberge 2013).
- Flügge, Wolfgang, Die Geschichte des Eichwalder Wasserwerkes, In: Gemeinde Eichwalde (Hg.), 100 Jahre Wasserwerk Eichwalde, Schriftenreihe zur Geschichte der Gemeinde Eichwalde, Heft 7 (Berlin 2012).
- Foerster, Max, Die Eisenkonstruktionen der Ingenieurhochbauten, Die Lehrbücher beim Studium an Technischen Hochschulen und in der Praxis, Ergänzungsband zum Handbuch der Ingenieurwissenschaften (Leipzig 1909).
- Föhl, Axel, Bauten der Industrie und Technik, In: Schriftenreihe des Deutschen Nationalkomitees für Denkmalschutz, Bd. 47 (Bonn 1994).

- Föhl, Axel, Hamm, Manfred, Die Industriegeschichte des Wassers, Transport, Energie, Versorgung (Düsseldorf 1985).
- Fölzer, Ernst, Schupp, Heinrich (Hg.), Wassertürme (Neustrelitz 1923).
- Forchheimer, Philipp, Strzygowski, Josef, Die byzantinischen Wasserbehälter von Konstantinopel, Beiträge zur Geschichte der byzantinischen Baukunst und zur Topographie von Konstantinopel (Wien 1893).
- Forchheimer, Philipp, Ueber eiserne Wasser-, Oel- und Gasbehälterbassins, In: Journal für Gasbeleuchtung und Wasserversorgung, XXIV. Jahresversammlung des Deutschen Vereins von Gas- und Wasserfachmännern in Wiesbaden, Nr. 23 (1884).
- Frank, W., Eisenbetonbau, Kurz gefasztes Lehrbuch unter besonderer Berücksichtigung der Bedürfnisse der Praxis, In: Wittwers technische Hilfsbücher, Band 2 (Stuttgart 1920).
- Franke, Ute, Pakistan, Die Induskultur – vom Hochland in die Schwemmebene, In: Spektrum der Wissenschaft Spezial, Im Bann der Wüste, Das Ringen um Wasser prägte die Hochkulturen des Altertums (Heidelberg 2011).
- Fränkischen Freilandmuseum (Hg.), Informationsblätter des Fränkischen Freilandmuseum Bad Windsheim, Historischer Abriß der Wasserversorgung (Bad Windsheim 1989).
- Frey, Katrin, Ein Dorf auf Kohle, Abschluss der Ausgrabungen in Kausche, Landkreis Spree-Neiße, In: Archäologische Gesellschaft in Berlin und Brandenburg e.V., Brandenburgisches Landesamt für Denkmalpflege und Archäologisches Landesmuseum, Landesdenkmalamt Berlin (Hg.), Archäologie in Berlin und Brandenburg 2001(Stuttgart 2002).
- Friedhofen, Barbara, Eisenguss der Sayner Hütte, In: Freundeskreis Sayner Hütte e.V. (Hg.), Sayner Hütte, Architektur, Eisenguss, Arbeit und Leben (Koblenz 2007).
- Friese, G., Mangel, H., Die Wasserversorgung der Stadt Wesermünde und der neuerbaute Wohnwasserturm, In: Das Gas- und Wasserfach, Nr. 10 (1928).
- Frontinus-Gesellschaft e.V. (Hg.), Sextus Iulius Frontinus, Curator Aquarum, Wasserversorgung im antiken Rom (München, Wien 1989).
- Frühling, A., Wasserversorgung der Städte, In: Franzius, L., Sonne, Ed. (Hg.), Der Wasserbau, In: Handbuch der Ingenieurwissenschaften III. Band, Erste Abteilung. Voruntersuchungen, Wasserversorgung und Entwässerung der Städte, Stauwerke, mit Atlas zum Handbuch des Wasserbaus (Leipzig 1883).
- Funk, Adolf, Irrenanstalten, In: Josef Durm, Hermann Ende, Eduard Schmitt, Heinrich Wagner, (Hg.), Handbuch der Architektur, 4. Teil Entwerfen, Anlage und Errichtung der Gebäude, 5. Halb-Band Gebäude für Heil- und sonstige Wohlfahrts-Anstalten, 2. Heft Verschiedene Heil- und Pflegeanstalten, Versorgungs-, Pflege- und Zufluchtshäuser (Darmstadt 1891).
- Garbrecht, Günther, Wasserversorgungstechnik in römischer Zeit, In: Frontinus-Gesellschaft e.V. (Hg.), Sextus Iulius Frontinus, Wasser für Rom, Die Wasserversorgung durch Aquädukte (Zürich, München 1979).
- Gattermann, Roger, Bahnhof Königs Wusterhausen, In: Heimatkalender 1999, Königs Wusterhausen und Dahmeland (Königs Wusterhausen 1999).
- Gebuhr, Ralf, Vorstädte mit Schanze und Wasserturm, In: Stadt Luckau (Hg.), Menschen, Mächte, Monumente, Ein historischer Rundgang durch Luckau (Luckau 2008).
- Geismeier, Gregor, Von Gutherren und guten Herren – Eduard Arnold und die anderen auf Hirschfelde, In: Die Mark Brandenburg, Zeitschrift für die Mark und das Land Brandenburg, Gebaut nach Gutsherrenart, Märkische Gutsanlagen, Heft 34 (Berlin 1999).
- Gemeinde Panketal im Landkreis Barnim, Naturschutzbund Deutschland e.V. Landesverband Berlin (Hg.), 100 Jahre Hobrechtsfelde, Ein Dorf für das Berliner Wasser (Berlin 2006).
- Gentzen, Udo, Heimatverein Treuenbrietzen e.V. (Hg.), Der Hohenzollernbrunnen in Treuenbrietzen, Festschrift zum 90-jährigen Jubiläum 1913–2003 (Wittenberg 2003).
- Gerlach, Iris, Jemen, Wasser in der Wüste, In: Spektrum der Wissenschaft Spezial, Im Bann der Wüste, Das Ringen um Wasser prägte die Hochkulturen des Altertums (Heidelberg 2011).
- Gerner, Manfred, Handwerkerlexikon, Wörterbuch für das Bauhandwerk (Stuttgart 1984).
- Gerstein, Barbara, „Klönne, August", In: Neue Deutsche Biographie 12 (1979), S. 108 f. [Onlinefassung]; URL: http://www.deutsche-biographie.de/pnd135667453.html.
- Gerth, Helga, Quartier mit prima Ausblick Natur, In einem der Nistkästen am Wasserturm Hohen Neuendorf gibt es Turmfalkennachwuchs, MAZ, Neue Oranienburger Zeitung, 25.06.2010, http://www.maerkischeallgemeine.de/mazarchiv/
- Gieseler, Albert, Ryll, Monika, Wassertürme in Mannheim, ein kunst- und technikgeschichtlicher Führer (Mannheim 1997).
- Goralczyk, Peter, Herrenhaus Mühlberg, In: Dr. Sibylle Badstüber-Gröger (Hg.), Schlösser und Gärten der Mark, Heft Nr. 101 (Berlin 2008).
- Graef, Peter, Finow kommt ans Netz, In: Stadt Eberswalde, Museum in der Adler-Apotheke (Hg.), Barnim Wasser, Zur Geschichte der Wasserversorgung und Stadtentwässerung im Barnimer Land, Katalog zur Sonderausstellung im Rahmen „Horizonte. Kulturland Brandenburg 2007/Fokus Wasser" (Eberswalde 2007)

- Grahn, E., Die Art der Wasserversorgung der Städte des Deutschen Reiches mit mehr als 5000 Einwohnern, Statistische Erhebungen, angeregt durch die Hygiene-Ausstellung 1883 in Berlin (München und Leipzig 1883).
- Grahn, E., Die städtische Wasserversorgung im Deutschen Reiche, sowie in einigen Nachbarländern, Auf Anregung des Deutschen Vereins von Gas- und Wasserfachmännern, Erster Band: Königreich Preußen (München und Leipzig 1898).
- Grahn, E., Staatliche Einrichtungen für Bau und Kontrolle centraler Wasserwerksanlagen in Preußen, In: Journal für Gasbeleuchtung und Wasserversorgung, Nr. 45 (1902).
- Gramlich, Sybille, Küttner, Irmelin, Brandenburgisches Landesamt für Denkmalpflege und Archäologisches Museum (Hg.), Denkmaltopographie Bundesrepublik Deutschland, Denkmale in Brandenburg, Landkreis Elber-Elster, Teil 1, Die Stadt Herzberg/Elster und die Ämter Falkenberg/Uebigau, Herzberg, Schlieben und Schönewalde (Worms 1998).
- Gramlich, Sybille, Brandenburgisches Landesamt für Denkmalpflege und Archäologisches Museum (Hg.), Denkmaltopographie Bundesrepublik Deutschland, Denkmale in Brandenburg, Frankfurt (Oder) (Worms 2002).
- Grewe, Klaus (Hg.), Atlas der römischen Wasserleitungen nach Köln (Köln 1986).
- Grewe, Klaus, Der Wasserversorgungsplan des Klosters Christchurch in Canterburry (12. Jahrhundert), In: Frontinus-Gesellschaft e.V. (Hg.), Geschichte der Wasserversorgung, Band 4, Die Wasserversorgung im Mittelalter (Mainz am Rhein 1991 a).
- Grewe, Klaus, Die Wasserversorgung- und -entsorgung im Mittelalter – ein technikgeschichtlicher Überblick, In: Frontinus-Gesellschaft e.V. (Hg.), Geschichte der Wasserversorgung, Band 4, Die Wasserversorgung im Mittelalter (Mainz am Rhein 1991 b).
- Grohmann, Gottfried, Der Wasserturm auf dem Funkerberg, In: Heimatkalender 2000, Königs Wusterhausen und Dahmeland (Königs Wusterhausen 2000).
- Grohnert, E., Die zentrale Wasserversorgung, von Ortschaften unter besonderer Berücksichtigung neuzeitlicher Einrichtungen (Berlin 1927).
- Groneberg, Frank, Wasserturm wird erneut versteigert, Märkische Oderzeitung, 20.06.2010.
- Gropius, Martin, Die Provinzial Irren-Anstalt zu Neustadt-Eberswalde, In: Landesklinik Eberswalde (Hg.), Gropius in Eberswalde, Der Martin-Gropius-Bau der Landesklinik Eberswalde (Berlin, Brandenburg 2002).
- Gross, Fritz, Stahlbehälter für flüssige und gasförmige Stoffe, Entwurf – Vorschriften – Herstellung, Eine Zusammenstellung nach dem heutigen Stand der Technik (Düsseldorf 1961).
- Grün, Richard, Lewe, W., Löser, B., Flüssigkeitsbehälter, In: F. Emperger (Hg.), Handbuch für den Eisenbetonbau, Flüssigkeitsbehälter, Röhren, Kanäle, Band 5 (Berlin 1923).
- Gunsam, Elisabeth, Die nördliche Hubta-Wasserleitung in Petra, In: Manfred Lindner (Hg.), Petra und das Königreich der Nabatäer, Lebensraum, Geschichte und Kultur eines arabischen Volkes der Antike (Nürnberg 1970).
- Gut, Albert, Das Berliner Wohnhaus, Beiträge zu seiner Geschichte und seiner Entwicklung in der Zeit der landesfürstlichen Bautätigkeit (17. Und 18. Jahrhundert), In: Zeitschrift für Bauwesen (Berlin 1867).
- Gutsche, Edda, Historische Gutsanlagen in Berlin und Umgebung (Berlin, Brandenburg 2011).
- Haase, Günther, Die Wassermühle in Neue Mühle bei Königs Wusterhausen, In: Heimatkalender 2008, Königs Wusterhausen und Dahmeland (Königs Wusterhausen 2008).
- Haegermann, Gustav, Vom Caementum zum Zement, In: Dyckerhoff (Hg.), Vom Caementum zum Spannbeton, Beiträge zur Geschichte des Betons, Band 1 (Wiesbaden, Berlin 1964).
- Hagen, Gotthilf, Handbuch der Wasserbaukunst, Band 1 (Berlin 1869); Band 2 (Berlin 1870).
- Hahn, Peter-Michael, Geschichte Brandenburgs, C.H.Beck Wissen (München 2009).
- Hahn, Volker, Bauen mit armiertem Beton, In: VDI-Gesellschaft Bautechnik (Hg.), Herausragende Ingenieurleistungen in der Bautechnik, Heft 2 (Düsseldorf 1984).
- Haller, Hans W., Handbuch des Schmiedens (München 1971).
- Hampe, Erhard, Flüssigkeitsbehälter, Grundlagen, Band 1 (Berlin 1979), Band 2 (Berlin 1982).
- Hassler, Uta, Kierdorf, Alexander, Denkmale des Industriezeitalters: von der Geschichte des Umgangs mit Industriekultur (Tübingen, Berlin 2000).
- Hauschild, Stephanie, Das Paradies auf Erden, Die Gärten der Zisterzienser (Ostfildern 2007).
- Häußler, Franz, Stadtwerke Augsburg Wasser GmbH (Hg.), Augsburgs Wasserwerk, Ein einzigartiges Technikmuseum (Augsburg 2010).
- Heimatkalender Kreis Herzberg (1961/62).
- Hellenkemper, Hansgerd, Wasserbedarf, Wasserverteilung und Entsorgung der Colonia Claudia Ara Agrippinensium, In: Klaus Grewe (Hg.), Atlas der römischen Wasserleitungen nach Köln (Köln 1986).
- Helmigk, Hans Joachim, Märkische Herrenhäuser aus alter Zeit (Berlin 1929).
- Hempel, M., Firmenbroschüre, Unternehmensgeschäft für Wasserwerks-, Kanalisations- und Gas-Anlagen, Fabrik für Gasbehälter und Gasapparate, Kesselschmiede, Eisenkonstruktions-Werkstätte, Hochbehälter (Berlin 1911).

- Hempel, M., Firmenbroschüre, Gasfach/Wasserfach/Eisenbau, Abteilung: Wasserfach, Wasserbehälter, Ölbehälter, Blech- und Eisenkonstruktionen (Berlin k.A.).
- Hempel, M., Firmenbroschüre, Wasser-Versorgungs-Anlagen (Berlin k. A.).
- Hennig, Richard, Buch berühmter Ingenieure, Große Männer der Technik, ihr Lebensgang und ihr Lebenswerk (Berlin 1929).
- Herfert, Siegfried, Flussbadeanstalten in Oranienburg, In: Stadt Oranienburg (Hg.), Bothzowia Oranienburg, Heimatbuch für die Stadt und Umgebung, Stadt und Wasser, Flüsse, Seen und Kanalbau, Binnenschifffahrt, Wirtschafts- und Erholungsraum, Band 3 (Oranienburg 2010).
- Heuser, Wolfgang, Historischer Rückblick zur Erinnerung an die 200 Jahre alte Kurfürstliche Gußrohr – Wasserleitung in Koblenz, In: Jahresheft der Fachgemeinschaft Guss-Rohrsysteme (FGR) e.V., Heft 29 (Griesheim 1994).
- Hirth, Rainer, Wassertürme – bei der badischen Eisenbahn und in der Architekturdiskussion (Diss. TH Karlsruhe 1998).
- Hoffmann, Albrecht, Zum Stand der städtischen Wasserversorgung in Mitteleuropa vor dem dreißigjährigen Krieg, In: Frontinus-Gesellschaft e.V. (Hg.), Geschichte der Wasserversorgung, Band 5, Die Wasserversorgung in der Renaissancezeit (Mainz am Rhein 2000).
- Höger, Fritz, Das neue Rathaus in Rüstingen, Der Künstler selbst über sein Werk, Bauwelt Heft 48 (Berlin 1929).
- Hübener, Dieter, Königs Wusterhausen, Das Blindenheim, In: Brandenburgisches Landesamt für Denkmalpflege (Hg.), Brandenburgische Denkmalpflege, Jahrgang 4, Heft 2 (Berlin 1995).
- Hübener, Dieter, Brandenburgisches Landesamt für Denkmalpflege und Archäologisches Museum (Hg.), Denkmaltopographie Bundesrepublik Deutschland, Denkmale in Brandenburg, Landkreis Spree-Neiße, Teil 1, Städte Forst (Lausitz) und Guben, Amt Peitz und Gemeinde Schenkendöbern (Worms 2012).
- Hübner, Kristina, Brandenburgs provinziale Anstaltsfürsorge und Fürsorgebauten im 19. und 20. Jahrhundert, ein Überblick, In: Brandenburgisches Landesamt für Denkmalpflege (Hg.), Brandenburgische Denkmalpflege, Jahrgang 4, Heft 2 (Berlin 1995).
- Huberti, Günter, Die erneuerte Bauweise, In: Dyckerhoff (Hg.), Vom Caementum zum Spannbeton, Beiträge zur Geschichte des Betons, Band 1 (Wiesbaden, Berlin 1964).
- Huth, Hans, Der Park von Sanssouci (Berlin 1929).
- Ihde, Christian, Wasserleitungen, Marktbuden und Bohlenwege, Unter dem Altmarkt von Ortrand, Landkreis Oberspreewald-Lausitz, In: Archäologische Gesellschaft in Berlin und Brandenburg e.V., Brandenburgisches Landesamt für Denkmalpflege und Archäologisches Landesmuseum, Landesdenkmalamt Berlin (Hg.), Archäologie in Berlin und Brandenburg 2001(Stuttgart 2002).
- Ihlow, Gerhard, Der Biesenthaler Wasserturm, In: Biesenthaler Anzeiger, Nr. 4/2004.
- Ihlow, Richard, Scholze, Wilfrid, Aus der Heimat, Der Wasserturm Wahrzeichen der Stadt Forst (Forst 1995).
- Institut für Denkmalpflege der DDR (Hg.), Die Bau- und Kunstdenkmale in der DDR (Berlin, München 1978).
- Intze, Otto, Über schmiedeeiserne Wasserreservoire im Vergleich zu gemauerten, In: Zeitschrift des Vereines deutscher Ingenieure, Band 21, Heft 9 (1877).
- Intze, Otto, Über das Wasserwerk der Stadt Düren und über neuere Ausbildungen ausgeführter Wassertürme, Oel und Gasbehälter, In: Zeitschrift des Vereines deutscher Ingenieure, Band 30, Nr. 2 (1886).
- Jahnke, Hermann, August Borsig und die Berliner Eisenindustrie, In: Pestalozzi-Verein der Provinz Brandenburg (Hg.), Die Provinz Brandenburg in Wort und Bild (Berlin 1900).
- Jannaschke, Theo, Zur Wasserversorgung der Stadt Luckau, In: Kreismuseum Luckau u.a. (Hg.), Luckauer Heimatkalender 1992 (Luckau 1991).
- Jannek, Norbert, Von Artillerie bis Zeppelin – Jüterbog, In: Die Mark Brandenburg, Zeitschrift für die Mark und das Land Brandenburg, Die Garnisonen Frankfurt (Oder), Brandenburg, Fürstenwalde, Jüterbog, Neuruppin, Heft 52 (Berlin 2004).
- Jaroschewski, Michael, Der Wasserturm der Bauart A. Klönne des Bahnbetriebswerkes Anhalter Bahnhof (Dokumentation Gotha 2004).
- Johannsen, Otto, Geschichte des Eisens (Düsseldorf 1925).
- Johannsen, Otto, Die geschichtliche Entwicklung der Walzwerkstechnik, In: Johann Puppe, Georg Stauber (Hg.), Verein Deutscher Eisenhüttenleute, Handbuch des Eisenhüttenwesens, Walzwerkwesen, 1. Band (Düsseldorf, Berlin 1929).
- Journal für die Baukunst, Crelle, A. L. (Hg.), 15. Band, Heft 3 (Berlin 1841).
- Journal für Gasbeleuchtung und Wasserversorgung, dann Schillings Journal für Gasbeleuchtung und verwandte Beleuchtungsarten, sowie für Wasserversorgung, dann Journal für Gasbeleuchtung und verwandte Beleuchtungsarten, sowie für Wasserversorgung, Nr. 5 (1870), Nr. 23 (1884), Nr. 1 (1886), Nr. 1 u. 2 (1889), Nr. 3 (1888), Nr. 5 u. 28 (1890), Nr. 38 (1895), Nr. 1, 25 u. 32 (1896), Nr. 3 u. 35 (1898), Nr. 17 (1899), Nr. 47 (1900), Nr. 36, 37 (1901), Nr. 9, 10 u. 36 (1902), Nr. 5, 9, 27 und 35 (1904), Nr. 41 (1906), Nr. 6, 24 u. 38 (1907), Nr. 8 (1909), Nr. 15, 16 u. 39 (1910), Nr. 8 u. 40 (1912), Nr. 23 u. 32 (1913), Nr. 24 (1914), Nr. 8, 24 (1919), Nr. 21 (1928).

- Kasper, Hanns-Heinz, Von der Saigerhütte zum Kupferhammer Grünthal, 1537–1873, Aus der 450-jährigen Geschichte eines metallurgischen Betriebes in Olbernhau-Grünthal (1993).
- Kathert, Andrea, Acht Tonnen Stahl schwebten über der Stadt, Hubschraubereinsatz, Haube des Wasserturms wurde zum Laga-Gelände geflogen, MAZ, Neue Oranienburger Zeitung, 14.04.2008, http://www.maerkischeallgemeine.de/mazarchiv/
- Kinzinger, Martin, Verzeichnis der Projekte William Lindleys in Hamburg und Umgebung 1833–1860, In: Ortwin Pelc, Susanne Grötz (Hg.), Konstrukteur der modernen Stadt, William Lindley in Hamburg und Europa 1808–1900, Hartmut Frank, Ulrich Schwarz (Hg.), Schriftenreihe des Hamburgischen Architekturarchivs (München, Hamburg 2008).
- Klee, Wolfgang, Preußische Eisenbahngeschichte (Stuttgart 1982).
- Kleinert, Christian, Langen, Reiner, Das Zinkwalzwerk Hoesch und die Geschichte der frühen Walztechnik, In: Westfälisches Freilichtmuseum Technischer Kulturdenkmale-Landesmuseum für Technik- und Handwerksgeschichte Hagen, Westfälisches Landesamt für Denkmalpflege Münster (Hg.), Beiträge zur Technik- und Handwerksgeschichte Westfalens, Heft 2 (Hagen 1981).
- Kleinschmidt, Christian, Die Dortmunder Stahlbauindustrie zwischen Mitte des 19. und Mitte des 20. Jahrhunderts, In: Manfred Fischer, Christian Kleinschmidt (Hg.), Stahlbau in Dortmund, Unternehmen, Technik und Industriekultur im 19. und 20. Jahrhundert (Essen 2001).
- Kley, Günter, Berliner Wasserbetriebe (Hg.), Berliner Wassertürme, Historische Fotografien und Zeichnungen, Historische Beiträge Heft 2, (Berlin 1996).
- Klönne, August, Dortmund, Flüssigkeitsbehälter (Düsseldorf 1902).
- Klönne, August, Wassertürme (Broschüre), In: Jochen Weidner, 100 Jahre Crailsheimer Wasserturm, Die Geschichte eines Industriedenkmals (Crailsheim 2012).
- Kluger, Martin, Stadt Augsburg (Hg.), Historische Wasserwirtschaft und Wasserkunst in Augsburg, Kanallandschaft, Wassertürme, Brunnenkunst und Wasserkraft (Augsburg 2013).
- Knopp, Wilhelm, Wassertürme aus Eisenbeton, In: Zeitschrift des Vereines deutscher Ingenieure, Band 64, Nr. 37 (1920)
- Kohlhammer, Katja (Hg.), Bild der Wissenschaft Spezial, Geheimnisvolle Hochkulturen, Wiege der Zivilisation, Städte aus dem Nichts, Rätsel um das verschwundene Königreich, Nr. 1 (Leinfelden-Echterdingen 2014).
- Kosch, Clemens, Wasserbaueinrichtungen in Hochmittelalterlichen Konventanlagen Mitteleuropas, In: Frontinus-Gesellschaft e.V. (Hg.), Geschichte der Wasserversorgung, Band 4, Die Wasserversorgung im Mittelalter (Mainz am Rhein 1991).
- Kottenmeier, E., Der Stahlbehälterbau, Heft 2, 5 u. 7, Beilage zur Zeitschrift „Die Bautechnik" (Berlin 1930).
- Krampe, Horst, 100 Jahre Kleinbahn Neuburxdorf – Mühlenberg (Haida, Dresden 2009).
- Kretschmann, Heinz Werner, „Man muß sich aber darüber klar sein, daß das Schweißen eine Kunst ist,…, In: Manfred Fischer, Christian Kleinschmidt (Hg.), Stahlbau in Dortmund, Unternehmen, Technik und Industriekultur im 19. und 20. Jahrhundert (Essen 2001).
- Kritzler, Jörg, Geschichte der Stadt Wriezen (Bliesdorf 2008).
- Kroll, Frank-Lothar, Stahlkraft der Krone, In: Zeitschrift Spiegel Special Geschichte, Preußen, Der kriegerische Reformstaat, Nr. 3, 2007.
- Kuchenbecker, Arnold, Wasserturm im Messingwerk – Wahrzeichen des Finowtals, In: Stadt Eberswalde, Museum in der Adler-Apotheke (Hg.), Barnim Wasser, Zur Geschichte der Wasserversorgung und Stadtentwässerung im Barnimer Land, Katalog zur Sonderausstellung im Rahmen „Horizonte. Kulturland Brandenburg 2007/Fokus Wasser" (Eberswalde 2007).
- Kunger, Dietrich, Freiwillige Feuerwehr – Löschzug Fürstenberg der Freiwilligen Feuer Eisenhüttenstadt (Hg.), Brandschutz – einst und jetzt – Geschichte der freiwilligen Feuerwehr Fürstenberg/Oder (Eisenhüttenstadt 2000).
- Kunstamt Kreuzberg (Hg.), DESI, Die erste städtische Desinfektionsanstalt, Schrift zur Ausstellung zur Geschichte des Kampfes gegen Infektionskrankheiten in Berlin seit 1886 (Berlin 1987).
- Kunstmuseum Lauchhammer, Ausstellung Kulturland Brandenburg 2014, Preußen Sachsen Brandenburg, Nachbarschaften im Wandel.
- Landesklinik Teupitz (Hg.), Landesklinik Teupitz, Geschichte-Architektur-Perspektiven (Berlin, Brandenburg 2003).
- Lang, Richard (Hg.), Das Brandenburgische Tuberkulosekrankenhaus im Rahmen der Provinzialanstalten zu Treuenbrietzen, Unter besonderer Berücksichtigung der hygienischen Einrichtungen (Berlin 1928).
- Lange, Herbert, Bahnlinie Königs Wusterhausen–Beeskow–Grunow, In: Heimatkalender 1999, Königs Wusterhausen und Dahmeland (Königs Wusterhausen 1999).
- Legler, Rolf, Tempel des Wassers, Brunnen und Brunnenhäuser in den Klöstern Europas (Stuttgart 2005).
- Leitende Beamte der deutschen Verkehrsverwaltungen, Professoren der technischen Hochschulen (Hg.), Das Deutsche Eisenbahnwesen in der Gegenwart, Band 2 (Berlin 1911).
- Lidzbarski, Ryszard, Wassertürme in Tczew, In: Deutsche Internationale Wasserturm Gesellschaft 2002 e.V. (Hg.), Der Wasserturm 2/2014 (Dorsten 2014).

- Lincke, F., Wasserversorgung der Städte, In: L. Franzius, Ed. Sonne (Hg.), Der Wasserbau, In: Handbuch der Ingenieurwissenschaften III. Band, Erste Abteilung. Voruntersuchungen, Wasserversorgung und Entwässerung der Städte, Stauwerke, mit Atlas zum Handbuch des Wasserbaus (Leipzig 1883).
- Lindner, Werner, Bauten der Technik, Ihre Form und Wirkung, Werksanlagen (Berlin 1927).
- Lueger, Otto, Die Wasserversorgung der Städte, In: Schmitt (Hg.), Der Städtische Tiefbau, Band 2 (Stuttgart 1895).
- Lützeler, Heinrich, Bildwörterbuch der Kunst (Pößneck 2000).
- Machel, Wolf-Dietger, Landkreis Teltow-Fläming (Hg.), Die Dahme–Uckroer Eisenbahn, Reminiszenz an eine 125-Jährige, die es nicht mehr gibt, Heimatjahrbuch Teltow-Fläming 2011, 18. Jahrgang (Teltow-Fläming 2011).
- Magirus, Conrad Dietrich, Das Feuerlöschwesen in allen seinen Theilen, nach seiner geschichtlichen Entwicklung von den frühesten Zeiten bis zur Gegenwart, In: Bruno Dommen, Schweizer Feuerwehrmuseum, Basel, Wolfgang Hornung, Verein Deutsches Feuerwehrmuseum (Hg.), Deutsches Museum, München, Forschungsinstitut für die Geschichte der Naturwissenschaften und der Technik, Quellen zur Geschichte der Feuerwehr und Feuerwerkerei, Band 1 (Zürich 1978).
- Mann, Bärbel, Kurort Bad Wilsnack – Vom Wallfahrtsort zum Moorheilbad, In: Die Mark Brandenburg, Zeitschrift für die Mark und das Land Brandenburg, Badeorte und Heilstätten, Beelitz Heilstätten, Bad Freienwalde, Bad Wilsnack, Bad Saarow (Berlin 2013).
- Marschner, Doris, Panke, Renate, Schulze-Fielitz, Anke (Studentinnen der Freien Universität Berlin), Historische Studie Hobrechtsfelde, In: Zepernicker Geschichtsverein „Heimathaus" e.V. (Hg.), Zepernick, Beiträge zur Geschichte der Gemeinde Zepernick, Band 2 (Zepernick 2000).
- Mattner, Ulrich (Hg.), Dampfmaschinen, Motor der Industriellen Revolution (Düsseldorf 1994).
- Mehrtens, Notizen über die Fabrikation des Eisens und der Eisernen Brücken (Berlin 1882).
- Mehrtens, G., Zur Frage der Verwendung des Flusseisens für Bauconstructionen, Centralblatt der Bauverwaltung, Nr. 5, 1888, URN: urn:ubn:de:kobv:109-opus-23004, URL: http://opus.Kobv.de/zlb/volltexte/2008/2300/, Nr. 6, 1888, URN: urn:ubn:de:kobv:109-opus-20784, URL: http://opus.Kobv.de/zlb/volltexte/2008/2078/, Nr. 15, 1891, URN: urn:ubn:de:kobv:109-opus-25363, URL: http://opus.Kobv.de/zlb/volltexte/2008/2536/.
- Mende, Michael, Bauen mit gewalztem Schweisseisen und Stahl: Stangen, Profile, Bleche, Draht, Ferrum, Nachrichten aus der Eisenbibliothek, Walzen: Technik- und Kulturgeschichtliche Aspekte in Geschichte und Gegenwart, Beiträge zur 29. Technikgeschichtlichen Tagung der Eisenbibliothek (Schlatt/Schweiz 2007).
- Meng, Alfred, Geschichte der Hamburger Wasserversorgung (Hamburg 1993).
- Menke, Martin, Industriebahnen in Mühlheim an der Ruhr, Das Ausbesserungswerk Mühlheim (Ruhr)-Speldorf, Werkbahnen im Ruhrgebiet Teil 2 (k. A.).
- Menzel, Walter, Die Brandenburgische Städtebahn (Berlin 1984).
- Merkl, Gerhard, Trinkwasserbehälter, Planung, Bau, Betrieb, Schutz und Instandsetzung (München 2005).
- Merkl, Gerhard, Bautechnische Lösungen, In: Gerhard Merkl, Albert Baur, Bernd Gockel, Walter Mevius, Historische Wassertürme: Beiträge zur Technikgeschichte von Wasserspeicherung und Wasserversorgung (München, Wien 1985).
- Meyer, H., Rinno, Das Schmieden, Die Schmiedewerkzeuge, Schmiedemaschinen und sonstige Einrichtungen. Das Schweißen. Die Konstruktion eines Schmiedestückes, Betriebstaschenbuch (Leipzig 1926).
- Meyer, Lothar, Frankfurts Wassertürme unter besonderer Berücksichtigung des Nuhnenwasserturms (Text unveröffentlicht, 2014).
- Meyer, Lothar, Regling, Horst, Die Oderbruchbahn, Zur Geschichte einer Kleinbahn in der Mark Brandenburg (Berlin 1995).
- Meyer, Lothar, Regling, Horst, Eisenbahnknotenpunkt Frankfurt/Oder, Das Tor zum Osten (Stuttgart 2000).
- Michas, Uwe, Wittenberge – Industriestadt mit Hafen, In: Die Mark Brandenburg, Zeitschrift für die Mark und das Land Brandenburg, Vor Anker in der Mark, Heft 54 (Berlin 2004).
- Moeck-Schlömer, Cornelia, Hamburgs Wasserversorgung im 19. Jahrhundert, In: Ortwin Pelc, Susanne Grötz (Hg.), Konstrukteur der modernen Stadt, William Lindley in Hamburg und Europa 1808–1900, Hartmut Frank, Ulrich Schwarz (Hg.), Schriftenreihe des Hamburgischen Architekturarchivs (München, Hamburg 2008).
- Möller, Matthias, BIS Heinrich Scheven GmbH (Hg.), Festschrift der Firma BIS Heinrich Scheven GmbH, Das historische Archiv der Firma Heinrich Scheven von 1874–1929, Gründerjahre und Aufschwung zu eines der führenden Wasserbauunternehmen in Deutschland im Zeitalter der Industrialisierung, Wasserwerke, Wassertürme, Delphin-Pumpwerke, Emscherbrunnen (Euskirchnen 2010).
- Moser, Heinz (Hg.), Wasser im Blickpunkt, Kongress Wasser Berlin ´93, Internationale Industriemesse für Wasserversorgung und Gewässerschutz (Essen 1993).
- Muchow, Heinz, Wie sich das Ackerbürgerstädtchen Wittenberge zu einer Industriestadt entwickelte, Die wichtige Epoche der Stadtgeschichte vom 19. Jh. bis etwa Mitte des 20. Jh. (2001).

- Mühl, Albert, K.P.E.V. – Die königlich Preußische Eisenbahn-Verwaltung, Die geschichtliche Entwicklung der Verwaltung und Gliederung der Preußischen Staatseisenbahnen von 1850 bis 1914, In: Jahrbuch für Eisenbahngeschichte, Band 13 (Augsburg 1981).
- Müller, Matthias, Chronik der Eisenbahnstrecke Frankfurt/Oder–Müllrose–Grunow/NL–Cottbus, http://eisenbahnfreunde.transnet-ffo.de/Chronik/013html, 17.03.2013.
- Müller, Rudolf, Technische Praxis, Wasserversorgung mittlerer und kleiner Ortschaften, Entwerfung und Ausführung (Wien/Leipzig 1920).
- Müller, Winfried, Vom Schöpfbrunnen zum Wasserwerk, Zwei Jahrtausende Wasserversorgung in Baden-Württemberg (Stuttgart 1981).
- Mutschmann, Johann, Stimmelmayr, Fritz, bearbeitet von Gerhard Brendel u.a., Taschenbuch der Wasserversorgung (Braunschweig, Wiesbaden 2002).
- Nagel, Günter, Kugelköpfe und Backsteingotik, Wassertürme in Brandenburg, Ein kulturhistorischer und touristischer Reiseführer (Bliesdorf 2009).
- Nathan, Carola, Vor dem Abriss bewahrt, Der Wasserturm Mannheim-Seckenheim wurde 100, In: Deutsche Stiftung Denkmalschutz, Monumente 1 (Bonn 2012).
- Naumann, Günter, Deutsche Geschichte, Das alte Reich 962–1806 (Wiesbaden 2007).
- Neumann, F.A. (Hg.), 125 Jahre F.A. Neumann, Eschweiler (Köln 1974).
- Neyses, Adolf, Die römische Ruwerwasserleitung nach Trier im Ablaufgebiet Tarforst-Waldrach, In: Rheinisches Landesmuseum Trier (Hg.), Trierer Zeitschrift für Geschichte und Kunst des Trierer Landes und seiner Nachbargebiete, Jahrgang 38 (Trier 1975).
- Nicolaus, Herbert, Der Hochofen 1 des Eisenhüttenkombinats Ost in Eisenhüttenstadt, In: Brandenburgische Museen für Technik, Arbeit und Verkehr e.V. (Hg.), Technische Denkmäler in Brandenburg (Berlin 2002).
- Niehus, Klaus-Dieter, Lokomotiv-Geschichte eines Grossbetriebes, In: Heimatkalender 1999, Königs Wusterhausen und Dahmeland (Königs Wusterhausen 1999).
- Niemann, Baurath, Die normalspurige Nebenbahn Scheidemühl – Deutsch-Krone, In: Centralblatt der Bauverwaltung 26. Januar 1884, urn:nbn:de:kobv:109-opus-20214, http://opus.kobv.de/zlb/Volltexte /2008/2021/
- Overlack, Victoria, Die Väter der industriellen Innovation zu Beginn der 19. Jahrhunderts, In: Ortwin Pelc, Susanne Grötz (Hg.), Konstrukteur der modernen Stadt, William Lindley in Hamburg und Europa 1808–1900, Hartmut Frank, Ulrich Schwarz (Hg.), Schriftenreihe des Hamburgischen Architekturarchivs (München, Hamburg 2008).

- Papke, Gerhard (Hg.), Band 2, Abschnitt IV, 1 und IV, 2, Militärgeschichte im 19. Jahrhundert, 1814–1890, In: Militärgeschichtliches Forschungsamt, Friedrich Forstmeier, Hans Meier-Welcker (Hg.), Handbuch der Militärgeschichte, 1648–1939 (München 1975).
- Parent, Thomas, Lassotta, Arnold, Bergmeister, Astrid, Landschaftsverband Westphalen-Lippe, Westfälisches Industriemuseum (Hg.), Am Ende einer Zeit, Die Textilstädte Crimmitschau, Plauen, Forst (Essen 1997).
- Paßkönig, Rolf, Geschichte rund um den Wasserturm, In: Amtsblatt für die Stadt Schwarzheide, 12. Jahrgang (Ausgabe 02/2003).
- Petrn, W., Der Beton- und Eisenbetonbau, 1898–1923, Ein Bild technischer Entwicklung, Deutscher Beton-Verein (Hg.), Herausgegeben aus Anlaß seines 25-jährigen Bestehens (Siegkreis 1923).
- von Pettenkofer, Max, Trinkwasser und Typhus, In: Journal für Gasbeleuchtung und Wasserversorgung, Nr. 8 (1889).
- Pfeifer, Holger, Stadtgeschichte Rheinsberg e.V. (Hg), Hohenelse und seine wechselvolle Geschichte (2014).
- Pflüger, Alf, „Barkhausen, Karl Georg", In: Neue Deutsche Biographie 1 (1953), S. 590–591 [Onlinefassung]; URL: http://www.deutsche-biographie.de/pnd116057572.html
- Pohl, Hans-Joachim, Die „Spreewald-Guste", In: Die Mark Brandenburg, Zeitschrift für die Mark und das Land Brandenburg, Auf der Strecke geblieben, Heft 56 (Berlin 2005).
- Prinz, Emil, Eisenhaltiges Grundwasser, In: Journal für Gasbeleuchtung und Wasserversorgung, Nr. 9 und 10 (1902).
- Preuss, Erich, Brandenburg, Mecklenburg-Vorpommern, Archiv deutscher Klein- und Privatbahnen (Berlin 1994).
- Preuss, Erich, Das große Archiv der deutschen Bahnhöfe (München 1996).
- Preuß, Carsten, Wassertürme im Landkreis Teltow-Fläming, In: Brandenburgisches Landesamt für Denkmalpflege und Archäologisches Landesmuseum (Hg.), Denkmale der Technik und Industrie im Land Brandenburg (Petersberg 2008).
- Preuß, Carsten, Preuß, Hiltrud, Landkreis Teltow-Fläming, Untere Bauaufsichts- und Denkmalpflegebehörde (Hg.), Denkmale im Landkreis Teltow-Fläming, Technische Denkmale, Wassertürme (Luckenwalde 2002).
- Preuß, Carsten u. Hiltrud, Die Königliche Militär-Eisenbahn und ihre Empfangsgebäude, In: Brandenburgisches Landesamt für Denkmalpflege (Hg.), Brandenburgische Denkmalpflege, Jahrgang 16, Heft 1 (Berlin 2007).
- Preuß, Carsten u. Hiltrud, Die Guts- und Herrenhäuser im Landkreis Teltow-Fläming (Berlin 2011).

- Prokop, Ines, Vom Eisenbau zum Stahlbau, Tragwerke und ihre Protagonisten in Berlin, 1850–1925 (Berlin 2012).
- Prott, Marie, Früher wurden im Wasserturm Flugzeuge gezählt, MAZ, k. A., 22.05.2002, http://www.maerkischeallgemeine.de/mazarchiv/
- Pühl, Matthias, Die Industrielandschaft im Finowtal, In: Brandenburgische Museen für Technik, Arbeit und Verkehr e.V. (Hg.), Technische Denkmäler in Brandenburg (Berlin 2002).
- Pürschel, Wolfgang, Gewinnung und Speicherung von Trinkwasser, In: Robert von Halász (Hg.), Bauingenieur-Praxis, Heft 93 (Berlin, München 1965).
- Pytlik, Matthias, Megel, Diana, 600 Jahre in Betrieb. Wasserleitungen und Oberflächen aus Holz in der Mittelstraße in Pritzwalk, Lkr. Prignitz, In: Archäologische Gesellschaft in Berlin und Brandenburg e.V., Brandenburgisches Landesamt für Denkmalpflege und Archäologisches Landesmuseum, Landesdenkmalamt Berlin (Hg.), Archäologie in Berlin und Brandenburg 2010 (Stuttgart 2011).
- Quabius, Olaf, Die Rebenbahn Finsterwalde-Luckau (Teil 1), Betrachtungen zu Baugeschichte und Betriebseröffnung, In: Kulturbund e.V. Kreisgeschäftsstelle Finsterwalde (Hg.), Finsterwalder Heimatkalender (1993).
- Quabius, Olaf, Vogel, Steffen, Die Rebenbahn Finsterwalde-Luckau (Teil 2), Die Betriebs- und Verkehrsentwicklung bis 1947, In: Verein der Freunde zur Förderung der Heimatschrift (Hg.), Finsterwalder Heimatkalender (1994).
- Rabenhorst, Ernst-Peter, Chronik der Stadt Treuenbrietzen, Teil 1, 1848–1917 (Berlin 2010).
- Radt, Wolfgang, Pergamon, Geschichte und Bauten einer antiken Metropole (Darmstadt 2011).
- de Ramelli, Augustini, Schatzkammer / Mechanische Künste / des Hoch- und Weitberühmten Capitains / Herrn Augustini de Ramellis, de Masanzana, königlicher Majestät in Frankreich und Polen vornehmen Ingenieurs (Leipzig 1620).
- Rautenberg, Anneliese, Mittelalterliche Brunnen (Dissertation Freiburg i. Br. 1965).
- Rave, Paul Ortwin, Verzeichnis der alten Gärten und ländlichen Parke in der Mark, In: Landeshauptmann der Provinz Mark Brandenburg (Hg.), Brandenburgische Jahrbücher, Schriftenreihe für Natur- und Landschaftsschutz, Geschichtsforschung, Archivwesen, Boden- und Denkmalpflege, Volkskunde, Heimatmuseen, 14./15., Die alten Gärten und ländliche Parke in der Mark Brandenburg (Potsdam, Berlin 1939).
- Reclam, Kleines Wörterbuch der Architektur (Stuttgart 2006).
- Reese, Friedrich, Entwicklung der Wasserversorgung während der letzten 50 Jahre, In: Journal für Gasbeleuchtung und Wasserversorgung, Nr. 31 u. Nr. 33 (1909).
- Regling, Horst, Die Oderbruchbahn, In: Die Mark Brandenburg, Zeitschrift für die Mark und das Land Brandenburg, Auf der Strecke geblieben, Heft 56 (Berlin 2005).
- Regling, Horst, Die Wriezener Bahn (Stuttgart 1998).
- Regling, Dr. Horst, Grusenick, Dieter, Morlok, Erich, Die Berlin-Stettiner Eisenbahn (Stuttgart 1996).
- Ricken, Herbert, Erinnerung an Otto Intze (1843–1904), In: Bautechnik 70, Heft 10 (1993).
- Rödel, Volker (Hg.), Reclams Führer zu den Denkmalen der Industrie und Technik in Deutschland, Band 2, Neue Länder Berlin (Stuttgart 1998).
- Rohowski, Ilona, Eberswalde, Die ehemalige „Provinzial-Irrenheil- und Pflegeanstalt", Ein Krankenhaus nach Plänen des Berliner Architekten Martin Gropius, In: Brandenburgisches Landesamt für Denkmalpflege (Hg.), Brandenburgische Denkmalpflege, Jahrgang 4, Heft 2 (Berlin 1995).
- Rohowski, Ilona, Brandenburgisches Landesamt für Denkmalpflege und Archäologisches Museum (Hg.), Denkmaltopographie Bundesrepublik Deutschland, Denkmale in Brandenburg, Landkreis Barnim, Teil 1, Stadt Eberswalde (Worms 1997).
- Rohowski, Ilona, Vom Verwahren zum Pflegen und Heilen, Die Eberswalder Anstalt als Zeugnis der Medizin- und Architekturgeschichte, In: Landesklinik Eberswalde (Hg.), Gropius in Eberswalde, Der Martin-Gropius-Bau der Landesklinik Eberswalde (Berlin, Brandenburg 2002).
- Rohowski, Ilona, Brandenburgisches Landesamt für Denkmalpflege und Archäologisches Museum (Hg.), Denkmaltopographie Bundesrepublik Deutschland, Denkmale in Brandenburg, Landkreis Märkisch-Oderland, Teil 1, Städte Bad Freienwalde und Wriezen, Dörfer im Niederoderbruch (Worms 2005).
- Röhrer-Ertl, Björn, Brunnenhausmuseum mit historischer Ochsentretanlage Schillingsfürst, In: Schnell, Kunstführer Nr. 2781 (Regensburg 2011).
- Rohrlach, Peter P., Friedrich Beck (Hg.), Veröffentlichungen des Staatsarchivs Potsdam, bzw. Brandenburgisches Landeshauptarchiv Potsdam, Historisches Ortslexikon für Brandenburg, Teil V, Zauch–Belzig (Weimar 1977), Teil X, Jüterbog–Luckenwalde (Weimar 1992).
- von Röll, Freiherr (Hg.), In Verbindung mit zahlreichen Eisenbahnfachmännern, Enzyklopädie des Eisenbahnwesens, Siebenter und Zehnter Band (Berlin, Wien 1915 und 1923).

- Ruckdeschel, Wilhelm, Die Tretrad-Brunnenwinde der Festung Kufstein, In: Frontinus-Gesellschaft e.V. (Hg.), Geschichte der Wasserversorgung, Band 5, Die Wasserversorgung in der Renaissancezeit (Mainz am Rhein 2000).
- Rüdinger, Torsten, Mühlen ohne Mehl, In: Die Mark Brandenburg, Zeitschrift für die Mark und das Land Brandenburg, Mit und ohne Mehl, Mühlen im Handwerk und Gewerbe, Heft 60 (Berlin 2006).
- Ruppiner Kliniken GmbH (Hg.), Und über allem wacht der rote Max, Ein Streifzug durch die Geschichte der Ruppiner Kliniken (Neuruppin 2000).
- Sarter, Adolf, Kittel, Theodor, Die neue deutsche Reichsbahn-Gesellschaft, Ihr Aufbau und ihr Wirken, Auf Grund der Bestimmungen des Reichsbahngesetzes vom 30. August 1924, der Gesellschaftssatzung, des Reichsbahn-Personalgesetzes und aus der geschäftlichen Praxis heraus (Berlin 1924).
- Scheibe, Volker, 100 Jahre Wasserversorgung in Finsterwalde, Chronik der Finsterwalder Wasserversorgung, In: Kreismuseum Finsterwalde u.a. (Hg.), Der Speicher, Heft 13 (Zittau 2010).
- Schliepmann, Hans, Seeling, Heinrich, In: Berliner Architekturwelt, Zeitschrift für Baukunst, Malerei, Plastik und Kunstgewerbe der Gegenwart, Jahrgang XV (Berlin 1913).
- Schilling, Christiane, Das vergessene Tal, In: Deutsche Stiftung Denkmalschutz, Monumente 7/8 (Bonn 2004).
- Schirmer, Kai, Neues von den Biesdorfer Germanen, In: Archäologische Gesellschaft in Berlin und Brandenburg e.V., Brandenburgisches Landesamt für Denkmalpflege und Archäologisches Landesmuseum, Landesdenkmalamt Berlin (Hg.), Archäologie in Berlin und Brandenburg 2001 (Stuttgart 2002).
- Schlichting, J., Die Binnengewässer, In: L. Franzius, Ed. Sonne (Hg.), Der Wasserbau, In: Handbuch der Ingenieurwissenschaften III. Band, Erste Abteilung. Voruntersuchungen, Wasserversorgung und Entwässerung der Städte, Stauwerke, mit Atlas zum Handbuch des Wasserbaus (Leipzig 1883).
- Schmieden, Heinrich (Hg.), Krankenhausbau in neuer Zeit (Kirchhain N.-L. 1930).
- Schmidt, Jens U., Die Fürstenwalder Wassertürme, In: Magazin der Deutschen Internationalen Wasserturm Gesellschaft 2002 e. V., Der Wasserturm, 1/2014 (Dorsten 2014).
- Schmidt, Manfred, Die Wasserleitungen in Uebigau, In: Heimatkalender 2013 für die Region Herzberg (Herzberg (Elster) 2012).
- Schmidt, Roman, Luckenwalde in Stadtansichten (1996).
- Schmitt, Dr. Eduard, Vorträge über Bahnhöfe und Hochbauten auf Locomotiv-Eisenbahnen, Erster Theil, Die Anlage der Bahnhöfe, Mit 174 Holzschnitten und 18 lithographirten Tafeln (Leipzig

1873), Zweiter Theil, Hochbauten für die Zugförderung und Bahnbewachung, Mit 198 Holzschnitten und 28 lithographirten Tafeln (Leipzig 1882).
- Schneider, Hans-Georg, FWA Frankfurter Wasser- und Abwassergesellschaft mbH (Hg.), Die Geschichte des Wasserwerkes Frankfurt (Oder), 1872–1921 (2002), 1922–1952 (2005).
- Schneider, Helmuth, Geschichte der antiken Technik, In: C. H. Beck Wissen in der Beck'schen Reihe (München 2012).
- Schneider, J., Der Wasserturm, In: Neupetershainer Blätter, Nr. 21 (1999).
- Schölzel, Joachim, Beck, Friedrich (Hg.), Veröffentlichungen des Staatsarchivs Potsdam, Historisches Ortslexikon für Brandenburg, Teil IX, Beeskow-Storkow (Weimar 1989).
- Schönberg, H., Werth, Jan, Die technische Entwicklung, In: Bernd Becher, Hilla Becher, Die Architektur der Förder- und Wassertürme (München 1971).
- Schulz, Fritz, Die Heilstätten und das neue Tuberkulosekrankenhaus in Beelitz, Mit einer Einleitung von Dr. Ferdinand Runkel und einem Geleitwort von Regierungs-Medizinalrat Dr. Heinemann-Grüder, Chefarzt des Versorgungs-Krankenhauses Potsdam, In: Heinrich Weigand (Hg.), Von Deutschem Schaffen, Band I (Berlin, Köln 1931).
- Schulz, Manuela, Wünsdorf ehemaliges Stammlager, Wasserturm, Plakat zur Masterarbeit für Denkmalpflege (TU Berlin 2007).
- Schulze, Henrik (Hg.), Chronik der Stadt Jüterbog, Kurzer Abriß, Neue Flämighefte Nr. 2 (Jüterbog 2012).
- Schwandt, Alfred, Von der Feuerwehr-Pflicht zur freiwilligen Feuerwehr, In: Kulturbund e.V. Wittenberge (Hg.), Prignitzer Heimat, Magazin für die Westprignitz, Heft 38 (Wittenberge 2005).
- Schwarz, Ulrike, Metzler, Matthias, Denkmaltopographie Bundesrepublik Deutschland, Denkmale in Brandenburg, Ostprignitz-Ruppin, Teil 2, Gemeinde Fehrbellin, Amt Lindow (Mark) und Stadt Rheinsberg (Worms 2003).
- Schönfelder, Ramona, Wasserwerke, Hochbehälter und Tiefbrunnen, In: Stadt Eberswalde, Museum in der Adler-Apotheke (Hg.), Barnim Wasser, Zur Geschichte der Wasserversorgung und Stadtentwässerung im Barnimer Land, Katalog zur Sonderausstellung im Rahmen „Horizonte. Kulturland Brandenburg 2007/Fokus Wasser" (Eberswalde 2007)
- Seifert, Carsten, Die Industrielandschaft rund um Eberswalde, In: Christian Härtel (Hg.) Landschaftspark Finowtal: ein Industriegebiet im Wandel (Berlin 2002).
- Seyer, Heinz, Arbeitsstelle für Bodendenkmalpflege beim Märkischen Museum Berlin, In: Werner Coblenz, Wissenschaftlicher Beirat für Bodendenkmalpflege beim Ministerium für Hoch- und Fach-

schulwesen (Hg.), Archäologische Denkmale und Funde, 25 Jahre Bodendenkmalpflege in der Deutschen Demokratischen Republik (Berlin 1979).

- Simek, Rudolf, Lexikon der germanischen Mythologie (Stuttgart 1984).
- Slotta, Rainer, Technische Denkmäler in der Bundesrepublik Deutschland, Elektrizitäts-, Gas- und Wasserversorgung, Entsorgung, Teil 2 (Bochum 1977).
- Sonne, Ed., Gewinnung, Reinigung und Aufspeicherung des Wassers, In: L. Franzius, Ed. Sonne (Hg.), Der Wasserbau, In: Handbuch der Ingenieurwissenschaften III. Band, Erste Abteilung. Voruntersuchungen, Wasserversorgung und Entwässerung der Städte, Stauwerke, mit Atlas zum Handbuch des Wasserbaus (Leipzig 1883).
- Spangenberg, Wassertürme aus Eisenbeton, In: Armierter Beton (Berlin 1915).
- Spangenberg, Wassertürme aus Eisenbeton im mitteldeutschen Industriegebiet, In: Der Bauingenieur, Heft 7/8 (Berlin 1920).
- Spieker, Paul, Die königlichen Observatorien für Astrophysik, Meteorologie und Geodäsie auf dem Telegraphenberge bei Potsdam, In: Königl. Technischen Bau-Deputation, Architekten-Vereins von Berlin (Hg.), Zeitschrift für Bauwesen Heft I bis III (Berlin 1879).
- Springorum, Friedrich A., Die Entwicklung metallurgischer Verfahren und Ihrer Betriebstechnik, In: Verein Deutscher Eisenhüttenleute (Hg.), 100 Jahre Verein Deutscher Eisenhüttenleute, 1860–1960 (Düsseldorf 1960).
- Stadtarchiv Oranienburg, Rep. 8, Akte Nr. 499, "Stadt Oranienburg", Elektrizitäts- und Wasserwerk Oranienburg, 15. Geschäftsbericht, Geschäftsjahr 1911 (1912–1921).
- Stadtwerke Lutherstadt Wittenberg GmbH, Flyer: 450 Jahre altes Jungfernröhrwasser Wittenberg, Ein technisches Denkmal aus dem 16. Jahrhundert.
- Stahlwerks-Verband A.-G. Düsseldorf (Hg.), Eisen im Hochbau, Ein Taschenbuch mit Zeichnungen und Angaben über die Verwendung von Eisen im Hochbau (Berlin 1911).
- Stöver, Dirk, Der irreparable Wasserturm in Lippstadt, In: Schriftenreihe des Deutschen Nationalkomitees für Denkmalschutz, Bd. 58 (Bonn 1998).
- Süddeutsche Bauzeitung, Wettbewerbe des Münchener Architekten- und Ingenieurvereins, Nr. 38 (München 1905).
- Teichel, Helge, Die Kuppel glänzt wieder Wasserturmsanierung geht voran / Beton bröckelt vorerst noch weiter, MAZ, Neue Oranienburger Zeitung, 18.06.2004, http://www.maerkischeallgemeine.de/ mazarchiv/
- Tiedemann, Die neuerbaute Wasserversorgungs- und Kanalisationsanlage der Stadt Beelitz, In: Heimatkalender für den Kreis Zauch-Belzig, 6. Jahrgang (Zauch-Belzig 1930).

- Tietz, Jürgen, Denkmal mit Aussicht, Deutsches Architektenblatt, http://www.dabonline.de/2007-10/denkmal-mit-aussicht/print/, vom 27.10.2011.
- Tochtermann, W., Maschinenelemente, Leitfaden zur Berechnung und Konstruktion für Maschinenbauschulen und für die Praxis mittlerer Techniker (Berlin, Göttingen, Heidelberg 1951).
- Toussaint, Fritz, Der Weg des Eisens, Bilder aus dem Werdegang des Eisens vom Erz zum Stahl (Düsseldorf 1935).
- Verein der Ingenieure, Techniker und Wirtschaftler der Region Dahme-Spreewald e.V. (Hg.), Chronik, Pulver, Dampf- und Schwermaschinen, Aus der einhundertjährigen Geschichte des Industriestandortes Wildau bei Berlin (Horb am Neckar 2003).
- Verein Deutscher Eisenhüttenleute Düsseldorf (Hg.), Eisen im Hochbau, Ein Taschenbuch mit Zeichnungen und Angaben über die Verwendung von Eisen im Hochbau (Düsseldorf, Berlin 1928).
- Vinken, Gerhard, Sommerfeld, Die Lungenheilstätte „Waldhaus Charlottenburg" von Heinrich Seeling – Alpenidylle in der Nähe Berlins, In: Brandenburgisches Landesamt für Denkmalpflege (Hg.), Brandenburgische Denkmalpflege, Jahrgang 4, Heft 2 (Berlin 1995).
- Vitruvius Pollio, Marcus, Baukunst, Band 2, Übersetzung v. August Rode, Nachdruck der Ausgabe Leipzig 1796 (Basel 1995).
- Vogt, Heinz-Joachim, Museum für Ur- und Frühgeschichte Potsdam, Forschungsstelle für die Bezirke Potsdam, Frankfurt und Cottbus, In: Werner Coblenz, Wissenschaftlicher Beirat für Bodendenkmalpflege beim Ministerium für Hoch- und Fachschulwesen (Hg.), Archäologische Denkmale und Funde, 25 Jahre Bodendenkmalpflege in der Deutschen Demokratischen Republik (Berlin 1979).
- Wagenbreth, Otfried, Wächtler, Eberhard (Hg.), Technische Denkmale in der Deutschen Demokratischen Republik (Leipzig 1983).
- von Wangenheim, Kristian, Statik eines stählernen Wasserturmkopfes (Bachelor Beuth Hochschule Berlin 2012).
- von Wangenheim, Sabine, Brandenburger Wassertürme als Repräsentanten historischer Behälterformen (masch. Diss. TU Berlin 2018).[794]
- von Wangenheim, Sabine, Zernsdorf Land Brandenburg, Der Wasserturm der Schwellentränkungsanstalt (Master TU Berlin 2008).
- Wayss & Freytag A. G. (Hg.), Festschrift aus Anlass des fünfzigjährigen Bestehens der Wayss & Freytag A. G., 1875–1925 (Stuttgart 1925).

---

[794] Hinterlegt sind Exemplare im Brandenburgischen Landeshauptarchiv, der Universitätsbibliothek der Technischen Universität Berlin, dem Historischen Archiv der Stiftung Deutsches Technikmuseum Berlin und im Brandenburgischen Landesamt für Denkmalpflege und Archäologisches Landesmueum.

- Weber, Dr. Wolfgang, Wassernutzung und Abwassersituation in Luckenwalde im Wandel der Zeiten, Landkreis Teltow-Fläming (Hg.), Heimatjahrbuch Teltow-Fläming 2008, 15. Jahrgang (Teltow-Fläming 2008).
- Weidner, HPC, Erhaltung von Industriekultur im Spannungsfeld zwischen Denkmalschutz und Stadtentwicklung, In: Georg Rosenthal, Hans-Dieter Dyroff (Hg.), Alte Städte formen die Wirtschaft: Stadtentwicklung zwischen Denkmalpflege und ökonomischer Entfaltung, Deutsche UNESCO-Kommission (Bonn 1995).
- Weidner, Jochen, 100 Jahre Crailsheimer Wasserturm, Die Geschichte eines Industriedenkmals (Crailsheim 2012).
- Werth, Jan, Ursachen und technische Voraussetzungen für die Entwicklung der Wasserhochbehälter (Diss. TH Aachen 1969).
- Wieckhorst, Thomas, Wassertürme neugenutzt (Neustadt 1996).
- Wittke, Michael, Ganz still und stumm Immobilie Fürstenberg verkauft seinen Wasserturm auf dem Maiberg/Am 20. März läuft die Angebotsfrist ab, MAZ, Neues Granseer Tageblatt, 19.03.2009, http://www.maerkischeallgemeine.de/cms/ziel/604050/DE/
- Wölcke, Wolfgang, 100 Jahre Niederlausitzer Eisenbahn, In: Luckauer Heimatkalender 1997 (Luckau 1996).
- Woll, Stefan, Berliner Wassertürme, Berliner Kaleidoskop, Schriften zur Berliner Kunst- und Kulturgeschichte, Band 31 (Berlin 1986).
- Wollin, Siegfried, Die Beelitzer Heilstätten, In: Die Mark Brandenburg, Zeitschrift für die Mark und das Land Brandenburg, Badeorte und Heilstätten, Beelitz Heilstätten, Bad Freienwalde, Bad Wilsnack, Bad Saarow (Berlin 2013).
- Zeitschrift des Vereines deutscher Ingenieure, Band 29, Nr. 2 (1885); Band 30, Nr. 2 (1886); Band 44, Nr. 2 (1900); Band 46, Nr. 38 (1902).
- Zeitschrift für Bauwesen, Jahrgang XIII, Berlin 1858, URN: urn:ubn:de:kobv:109-opus-87109, URL: http://opus.Kobv.de/zlb/volltexte/2010/8710/.
- Zeitschrift für Bauwesen, Jahrgang XIX, Heft IV bis VII, Berlin 1869, URN: urn:ubn:de:kobv:109-opus-87881, URL: http://opus.Kobv.de/zlb/volltexte/2010/8788/.
- Zeitschrift für Bauwesen, Jahrgang XLIV, Berlin 1894, URN: urn:ubn:de:kobv:109-opus-89998, URL: http://opus.Kobv.de/zlb/volltexte/2010/8799/.
- Zentralblatt der Bauverwaltung, 29. August 1903, URN: urn:ubn:de:kobv:109-opus-36775, URL: http://opus.Kobv.de/zlb/volltexte/2008/3677/.
- Zentralblatt der Bauverwaltung, Nr. 40 (Berlin 1904).
- Zieke, Hermann, Brückner, Dieter, LWG Lausitzer Wasser GmbH & Co. KG Cottbus (Hg.), Lausitzer Wasser (Berlin 2003).
- Zieke, Hermann, Donner, Helmut, LWG Lausitzer Wasser GmbH & Co. KG Cottbus (Hg.), 100 Jahre Stadtentwässerung Cottbus (Cottbus 1999).

VI.3 Abkürzungen

- Abb.   Abbildung
- AEG   Allgemeine Elektricitäts-Gesellschaft
- AG   Aktiengesellschaft
- BBG   Brandenburgische Boden Gesellschaft für Grundstücksverwaltung und -verwertung mbH
- BLHA   Brandenburgisches Landeshauptarchiv
- BLDAM   Brandenburgisches Landesamt für Denkmalpflege und Archäologisches Landesmuseum
- BF   Bahnhof
- bzw.   beziehungsweise
- DDR   Deutsche Demokratische Republik
- DHHN   Deutsches Haupthöhennetz
- DN   Nennweite, innerer Durchmesser eines Rohres
- DNWAB   Dahme-Nuthe Wasser-, Abwasserbetriebsgesellschaft mbH
- DIN   Deutsche Industrienorm
- DVGW   Deutscher Verein des Gas- und Wasserfaches
- EG   Erdgeschoss
- FDGB   Freier Deutscher Gewerkschaftsbund
- FWA   Frankfurter Wasser- und Abwasser-Gesellschaft mbH
- GmbH   Gesellschaft mit beschränkter Haftung
- GUS   Gemeinschaft Unabhängiger Staaten, ehemals UdSSR (Union der Sozialistischen Sowjetrepubliken)
- Hg   Herausgeber
- k. A.   keine Angabe
- kgl.   königlich
- LPG   Landwirtschaftliche Produktionsgenossenschaft
- Ltg.   Leitung
- LVA   Landesversicherungsanstalt
- LWG   Lausitzer Wasser GmbH & Co. KG.
- m.   mit
- MAZ   Märkische Allgemeine Zeitung
- MAWV   Märkischen Abwasser- und Wasserzweckverbandes
- MOZ   Märkische Oderzeitung
- n. Chr.   nach Christus
- NW   Nennweite
- o.   oder
- o. S.   ohne Seitenangabe
- OFG   Oberfläche Gelände
- OG   Obergeschoss
- OT   Ortsteil
- PGH   Produktionsgenossenschaft des Handwerks (DDR)
- RAW   Reichsbahn-Ausbesserungs-Werk
- RM   Reichsmark
- S.   Seite
- SMB   Staatliche Museen zu Berlin
- SPSG   Stiftung Preußische Schlösser und Gärten
- TAZV Luckau   Trink- und Abwasserzweckverband Luckau
- TKO   Technische Kontrollorganisation
- v. Chr.   vor Christus

- u. a.   unter anderem
- ü NN   über Normal Null
- VEB   Volkseigener Betrieb
- Vgl.   Vergleich, vergleiche
- vmtl.   vermutlich
- v.u.n.o.   von unten nach oben
- WAG   Wasserversorgungs- und Abwasserentsorgungsgesellschaft
- WAV   Wasser- und Abwasserverband
- WAZ   Wasser- und Abwasserzweckverband
- WT   Wasserturm
- WTAZV   Westprignitzer Trinkwasser- und Abwasserzweckverband
- WW   Wasserwerk
- zw.   zwischen
- ZWA   Zweckverband für Wasserversorgung und Abwasserentsorgung

Erläuterungen zum Katalogband

Im folgenden Katalog sind die Wassertürme, Wasserstationen und Gebäude mit Wasserbehältern im Land Brandenburg mit Ihrem Datenblatt abgebildet.

Hinweis

Die beiden Katalogbände der Dissertation, waren für diese Veröffentlichung zu umfangreich. Auf 1.175 Seiten mit 1.881 Abbildungen, 60 Zeichnungen und vielen Plänen aus Archiven wurden alle Wassertürme, bzw. Gebäude mit Wasserbehältern aufgeführt und in drei Kategorien unterschieden.

Kategorie A

Der Kategorie A entsprechen die Wassertürme, Wasserstationen und Gebäude mit Wasserbehältern, die eine bestimmte Grundvoraussetzung erfüllen, bzw. folgende Besonderheiten aufweisen:

- Wasserbehälter müssen noch vorhanden sein
- Behälterform, Fassungsvermögen, Auflagersituation des Behälters und/oder Material des Behälters
- Geschichte, Architektur und/oder Bautechnik

Die Türme der Kategorie A sind darüber hinaus im IV. Kapitel ausführlicher, mit weiteren detaillierten Angaben und Abbildungen beschrieben. Gebäude der Kategorie A wurden besichtigt, innen fotografiert und zum Teil aufgemessen. Diese Bauaufnahmen waren im Durchschnitt auf 3–4 Stunden begrenzt.

Ausnahmen in der Kategorie A stellen der Cottbusser Bahnturm mit seinem Klönnebehälter und der Schornsteinbehälter für die städtische Wasserversorgung von Vetschau dar. Auf Grund des Alleinstellungsmerkmals des Klönnebehälters in Brandenburg wurde der Bahnturm in Cottbus für die Kategorie A ausgewählt.

Der Eigentümer ließ keine Begehung zu und Unterlagen zu diesem Turm wurden nicht gefunden.

Eine Besichtigung des Wasserturms von Vetschau war nicht möglich, aber der Wasser- und Abwasserzweckverband Calau (WAC) stellte Zeichnungen zur Verfügung.

Kategorie B

Die Zuordnung zur dieser Kategorie erfolgte entweder über die Bestandsaufnahme oder über Quellen.

- Gebäude der Kategorie B wurden besichtigt und eine Bauaufnahme, wie bei Kategorie A beschrieben, fand statt.
- Die wichtigsten, technischen Daten, wie die Bauart des Behälters und sein Fassungsvermögen, konnten über Quellen ermittelt werden.

Kategorie C

- Gebäude, die nicht der Kategorie A oder B angehören. Sie wurden nur von außen fotografiert.

Im Katalog sind bei allen Kategorien – neben den bekannten technischen Daten und der architektonischen Kurzbeschreibung – die wichtigsten Daten und Unterlagen aus den jeweiligen Quellen zu finden. Um den Rahmen nicht zu sprengen, wurden nicht alle Archivalien für den Katalog verwendet. Dies trifft vor allem auf die Bauten der Kategorie B zu. Konnten auf den Zeichnungen Angaben über Verfasser, Bauherren o.ä. nicht entziffert werden, erfolgte nachfolgende Bezeichnung: „(?)".

Die Bestandsaufnahme erfolgte im Wesentlichen ab 2010. Türme, die nach ihrer Erfassung abgerissen worden sind, verblieben im Katalog. In der 2018 veröffentlichten Dissertation wurden 222 Wassertürme und Gebäude mit Wasserbehältern katalogisiert. Zwischenzeitlich sind sieben neue Türme dazu gekommen und ein Fachwerkturm musste aus dem Katalog entfernt werden. Das Ingenieurbauwerk wurde als Kühlturm genutzt.

Nummerierung der Wassertürme

Die Nummerierung der Wassertürme ergibt sich aus: Der ersten Nummer – die fortlaufende Nummer im Land Brandenburg und der zweiten Nummer – der fortlaufenden Nummer im Landkreis.

Beispiel:

Landkreis Ostprignitz-Ruppin, Wasserturm in Neuruppin, Fehrbelliner Str. 35–39

A-Nr. 036/03

In diesem Fall handelt es sich um den 36sten Wasserturm im Land Brandenburg und den dritten Turm im Landkreis Ostprignitz-Ruppin.

Dort wo die Berechnung der Größe der Wasserbehälter möglich waren, wurde nach Volumen und Fassungsvermögen unterschieden. Das Fassungsvermögen eines Behälters entspricht hierbei in etwa dem nutzbaren Inhalt eines Behälters, der von der Höhe des Überlaufs und von der Höhe des Stutzens der Ableitung abhängig ist. In der Literatur wird meist nur eine Angabe für die Größe eines Behälters genannt. Die Angabe wurde dann als Fassungsvermögen interpretiert.

Landkreis: Uckermark | Ort: Amalienhof

Behälter: ausgebaut[1]

Kurzbeschreibung Architektur / Bauweise

Historistischer, achteckiger, zweigeschossig anmutender Turm aus rotem Sichtmauerwerk im Kreuzverband mit stark zerstörtem, flach geneigtem Zeltdach und seitlich angebauter, eingeschossiger Wirtschaftsscheune.

Gemauerter Sockel aus einer Rollschicht, im Erdgeschoss zwei, rechteckige Fenster mit scheitrecht gemauertem Sturz und einer Tür mit Rundbogen, über der Tür scheunenartige, rechteckige Öffnung mit scheitrecht gemauertem Sturz, Öffnung mit Holz von innen verschlossen und seitlich links, sowie rechts jeweils zwei weitere, schmale, rechteckige Fensteröffnungen, ebenfalls mit scheitrechten Stürzen, Abschluss des Geschosses mit zahnfriesartiger Rollschicht, rechteckigen, kleinen Mauerwerksvertiefungen und einem auskragenden Gurtgesims aus Formziegeln; nächstes Geschoss – Behältergeschoss – leicht zurückspringend mit vier rhythmisch angeordneten Rundbogenfenstern und darüber acht Rundfenster mit Resten von gotischen Vierpaß-Ornamenten, über dem Hauptgesims aus zahnfriesartiger Rollschicht mit leicht auskragenden Ziegelformsteinen sind kleine, rechteckige Fenster angeordnet; provisorische Dacheindeckung mit Planen.

Sonstiges

Von der ehemalige Gutsanlage sind noch das Gutshaus, das Wirtschaftsgebäude mit Wasserturm und ein Fachwerkgebäude erhalten. Auf Grund stilistischer Gemeinsamkeiten wurden der Wasserturm und das Gutshaus vermutlich zur selben Zeit errichtet. Später wurde das Wirtschaftsgebäude an den Turm angebaut.

Die Gutsanlage – ein Rittergut des Gutsbezirkes Wolfshagen – hieß 1740 noch Amelienhoff und seit 1745 Amalienhof. Das Gut umfasste 1860 um die 687 Morgen Land, hatte drei Wohnhäuser und acht Wirtschaftsgebäude.[3]

1 Mündliche Aussage Anwohner Herr Liesener, Amalienhof.
2 Ehemalige Wetterfahne von 1857, mündliche Aussage Anwohner Herr Liesener, Amalienhof.
3 Enders, 1986, S. 15.

Abb. 1 Ansicht von 2014

Standort / Straße:
N 53.4574, E 13.6789 /
Amalienhof 11
Baujahr: vmtl. 1857[2]
Wasserversorgung:
Land / Gut
Behältervolumen / Nutzinhalt:: k. A.
Denkmalschutz: ja
Entwurf: k. A.
Bauherr: k. A.
Heutige Nutzung: k. A.
Aufnahme vor Ort: 2014

B

Nr.: 002/02

Landkreis: **Uckermark** | Ort: **Angermünde**

Behälter: **Barkhausen, Eisen, genietet**

Abb. 2 Ansicht 2022

Standort / Straße: N 53.0162,
E 13.9974 / Bahnhofsplatz 5
Baujahr: 1901[1]
Wasserversorgung: Stadt
Behältervolumen / Nutzinhalt:
k. A. / 300 m³
Denkmalschutz: ja
Entwurf: Kgl. Hof-Ingenieur
David Grove, Berlin
Bauherr: Stadtverwaltung
Heutige Nutzung: Wohnung,
Büro
Aufnahme vor Ort: 2010 und
2022

Kurzbeschreibung Architektur / Bauweise

Historistischer, runder Turm mit leicht auskragendem Turmkopf, kegelförmigem Dach und Dachlaterne.

Konischer, durch Pfeiler gegliederter Turmschaft aus Sichtmauerwerk mit roten Ziegeln im Binderverband gemauert, den hohen Sockel schließt eine schräg gemauerte Rollschicht ab, Eingangsportal mit zinnenartigem Abschluss und einer Tür mit gemauertem Segmentbogen, Segmentbogenfenster belichten den Turmschaft, die Schaftpfeiler werden durch ein umlaufendes, zweistufiges Hauptgesims gefasst; sanierter, veränderter Turmkopf mit erneuertem Dach.

Sonstiges

1883 erfolgte die Wasserversorgung von damals 6.833 Einwohnern mit 33 öffentlichen und 198 privaten Brunnen.[2]

Neue Pumpentechnik und eine Trafostation für die Mitversorgung des Krankenhauses wurden in den 70er Jahren des 20. Jahrhunderts eingebaut. Eine Umnutzung des Wasserturms – der Bau von Vereinsräumen und drei Wohnungen – wurde im November 2003 bei der Baubehörde beantragt. Im Dezember 2007 wurde eine denkmalrechtliche Genehmigung für den Einbau von Fenstern in den Behälter erteilt.[3]

1   Archiv BLDAM, I-Akte 18-80.
2   Grahn, 1883, S. 19.
3   Archiv BLDAM, I-Akte 18-80.

Landkreis: **Uckermark** | Ort: **Angermünde**

Behälter: **Intze, Eisen, genietet**

Kurzbeschreibung Architektur / Bauweise

historistischer, runder Eisenbahnturm mit einem sichtbaren Intze-Behälter als Turmkopf und einem Kegeldach.

Konischer, dreigeschossiger Turmschaft aus rotem Sichtmauerwerk im Kreuzverband gemauert, türhoher Sockel mit abgetrepptem Gurtgesims und leicht betonten Eingang mit Segmentbogentür in einem lotrecht aufgehenden Mauerwerk, darüber sechs, schmale Rundbogenfenster und ein abschließendes Gurtgesims, oberste Ebene nur mit drei Rundbogenfenstern belichtet, über dem Mauerwerk endet der Schaft mit einer ca. 40 cm hohen Lage Natursteinmauerwerk – Auflager für den Intze-Behälter; auf dem zylindrischen Behältermantel aus drei, übereinanderliegenden Schüssen liegt das Kegeldach direkt auf

Sonstiges

1840 wurde mit dem Bau der Bahnstrecke von Bernau nach Tantow durch die Berlin–Stettiner Eisenbahn begonnen. Der Streckenabschnitt Berlin–Angermünde wurde 1842 fertiggestellt. Die 134,5 km lange Gesamtstrecke von Berlin nach Stettin ging 1843 in Betrieb. Damals dauerte die Fahrt von Berlin nach Stettin viereinhalb Stunden.
Als weitere Verbindungen kamen 1863 Angermünde–Stralsund, sowie 1873 die Nebenstrecken Angermünde–Schwedt/Oder und 1877 die fast 30 km lange Nebenstrecke Angermünde–Freienwalde der Berlin–Stettiner Eisenbahngesellschaft dazu.[3]

1   Rödel, 1998, S. 18.
2   Regling, Grusenick, 1996, S. 60.
3   Berger, 1980, S. 162 f.; Regling, Grusenick, 1996,
      S. 7, 22, 62 f., 83.

Abb. 3 Wasserturm Nr. 003/03 (links) und Nr. 004/04 (rechts), Ansicht von 2010

Standort / Straße: N 53.0164, E 13.9968 / Heinrichstraße
Baujahr: um 1907–08[1]
Wasserversorgung: Eisenbahn
Behältervolumen / Nutzinhalt: : k. A. / 200 m³ [2]
Denkmalschutz: ja
Entwurf: Königliche Eisenbahndirektion
Bauherr: Preußische Staatsbahn
Heutige Nutzung: keine
Aufnahme vor Ort: 2010

Landkreis: Uckermark | Ort: Angermünde

Behälter: Barkhausen, Eisen, genietet

Standort / Straße: N 53.0247,
E 13.9886 / Templiner Straße
Baujahr: um 1907–08[1]
Wasserversorgung:
Eisenbahn
Behältervolumen / Nutzinhalt:
k. A. / 300 m³
Denkmalschutz: ja
Entwurf: Königliche Eisen-
bahndirektion
Bauherr: Preußische Staatsbahn
Heutige Nutzung: keine
Aufnahme vor Ort: 2010

Kurzbeschreibung Architektur / Bauweise

Historistischer, runder Bahnwasserturm mit gering auskragendem Turmkopf und Kegeldach.

Leicht konischer, verputzter Schaft horizontal gegliedert mit mehreren, profilierten, umlaufenden Friesen aus
roten Mauerziegeln, Eingangsportal mit Rundbogentür
und in zwei Ebenen Segmentbogenfenster, unter dem
Hauptgesims aus roten Mauerziegeln mit oberer Rollschicht, sind vier Rundfenster angeordnet; Turmkopf mit
Wellblech verkleidet; bituminöse Dacheindeckung.

Abb. 4 Ansicht von 2010

Sonstiges

1906 begannen umfangreiche Baumaßnahmen an den
Bahnanlagen des Bahnhofs Angermünde. Unter anderem auch die Verlegung des Güterbahnhofs zur Templiner Straße. Die erforderlichen Güterabfertigungsgebäude
wurden 1907 fertiggestellt.[2]

1   Rödel, 1998, S. 18.
2   Regling, Grusenick, 1996, S. 63.

Landkreis: Uckermark | Ort: Fürstenwerder

Behälter: ausgebaut, Barkhausen, Eisen, genietet

Kurzbeschreibung Architektur / Bauweise

Desolater Turm – seit 2015 nur noch Turmschaft erhalten.

Unprofilierter, konischer Schaft aus roten und gelben Ziegeln im Blockverband, Eingang ursprünglich mit Portal und Rundbogentür, wenige, schmale, rechteckige Fenster mit scheitrechtem Bogen und Wasserstandsanzeiger mittig über dem Eingang, Schaft endet mit einem Gesims aus zwei Lagen Rollschicht

Sonstiges

1913 eröffnete die Nebenbahnstrecke von Templin nach Fürstenwerder.[3]

1,2 Informationstafel am Bahnhofsgebäude
3 Zur Strecke von Templin nach Fürstenwerder: http://de.wikipedia.org/wiki/Bahnhof_Templin, 02.10.2015

Abb. 5 (links) Ansicht von 2014

Abb. 6 (rechts) Ansicht von 2015

Standort / Straße: N 53.3880, E 13.5913 / Bahnhofsweg
Baujahr: 1913[1]
Wasserversorgung: Eisenbahn
Behältervolumen / Nutzinhalt: : k. A. / 55 m³ [2]
Denkmalschutz: nein
Entwurf: Eisenbahn-Zentralamt, Berlin
Bauherr: Preußische Staatsbahn
Heutige Nutzung: keine
Aufnahme vor Ort: 2014 und 2015

A

Nr.: 006/06[1]

Landkreis: Uckermark | Ort: Götschendorf

Behälter: Schornsteinbehälter, Stahl, geschweißt

Abb. 7 Schornsteinbehälter mit Heizwerk

Standort / Straße: N 53.0882,
E 13.6626 / Götschendorf 14
Baujahr: vermutlich um 1960[2]
Wasserversorgung:
Industrie / Gewerbe
Behältervolumen / Nutzinhalt
k. A. / ca. 240 m³
Denkmalschutz: nein
Entwurf: k. A.
Bauherr: k. A.
Heutige Nutzung: keine
Aufnahme vor Ort: 2012

Kurzbeschreibung Architektur / Bauweise

65 m hoher, gemauerter Schornstein mit Wasserbehälter
und angebautem Heizhaus.

Rohrleitungen und Aufstiegsleiter verlaufen außen
am Schornstein bis zum ca. 30 m hohem Umgang aus
Stahl; auf umlaufenden Stahlbetonsteinen ist der Kegelboden des Ringbehälters aufgelagert, darüber befindet sich
der zylindrische Mantel des Behälters, über eine Stahlleiter gelangt man auf das Behälterdach mit Schutzgeländer;
über dem Behälter verjüngt sich der Schornstein

Sonstiges

Auf dem ehemaligen Werksgelände des VEB Beton Nord,
Milmersdorf ist heute die Firma Betonwerk GmbH Milmersdorf ansässig.

1   von Wangenheim, 2018, Katalog Band 1, S. 15 ff.
2   Um 1960: Errichtung des Kieswerks für die Produktion von Deckenelementen. Das Projekt Heizhaus wurde 1959 in Verbindung mit dem
    Bau des Schornsteins realisiert, mündliche Auskunft von Herrn Franke,
    Betonwerk Milmersdorf.

Kurzbeschreibung Architektur / Bauweise

Historistischer, quadratischer Turm gekrönt mit Zinnen und quadratischen Eckpfeilern, an zwei Seiten des Turms sind zweigeschossige Wirtschaftsgebäude angebaut.

Turmschaft aus Sichtmauerwerk mit roten Ziegeln im Kreuzverband gemauert, Turmecken durch Lisenen betont, der Abschluss des geschosshohen Sockels wird durch Flächenbänder aus zwei übereinander und versetzt angeordneten Zahnfriesen mit einem dazwischen gelegten Kreuzfries – gestaltet aus Dachziegeln – akzentuiert, in der Sockelebene sind jeweils zwei zweiflügelige Fenster mit Oberlicht und gemauerten Rundbögen angeordnet, auf der Südostseite zwischen den Fenstern eine Eingangstür mit Rundbogen, in der Ebene über dem Sockel sind nochmal zwei zweiflügelige Fenster mit Oberlicht und Rundbogen vorhanden, darüber liegt ein Rundfenster, über einem Rundbogenfries wird der Turmkopf durch schmale, rechteckige, lanzettartige Blindfenster mit Vor- und Rücksprüngen im Mauerwerk gestaltet.

Sonstiges

Greiffenberg ist ein Ortsteil der Stadt Angermünde.

Abb. 8 Ansicht von 2019

1   Aufnahme des Wasserturms in den Katalog nach Promotion, von Wangenheim, 2018.

Standort / Straße: N 53.0905, E 13.9619 / Unterhof 5
Baujahr: k. A.
Wasserversorgung: Land / Gut
Behältervolumen/Nutzinhalt: k. A.
Denkmalschutz: nein
Entwurf: k. A.
Bauherr: k. A.
Heutige Nutzung: k. A.
Aufnahme vor Ort: 2019[1]

B

Landkreis: Uckermark | Ort: Groß Sperrenwalde

Behälter: ausgebaut, Flachboden, kreisförmig

Abb. 9 Ansicht von Norden

Abb. 10 Ansicht von Nordwest

Standort / Straße: N 53.2723,
E 13.7561 / Seestraße 22
Baujahr: 1910[1]
Wasserversorgung: Land / Gut
Behältervolumen/Nutzinhalt:
k.A.
Denkmalschutz: nein
Entwurf: k. A.
Bauherr:
Gerhard Graf v. Arnim[2]
Heutige Nutzung: keine
Aufnahme vor Ort: 2015

Kurzbeschreibung Architektur / Bauweise

Neogotischer, massiver, quadratischer, zweigeschossiger
Turm aus unregelmäßigem Feldsteinmauerwerk;
Südostfassade (gegenüber der Kirchenruine) ohne
Maueröffnungen, Nordwestfassade mit türhoher Spitz-
bogenöffnung und fensterhohen, mit geschmiedeten Git-
tern versehenden Spitzbogenöffnungen in den Nordost
und Südwestfassaden, in der Ebene darüber befinden sich
Rundbogenöffnungen und in der obersten Ebene sind
rechteckige Fenster angeordnet.

Sonstiges

Für den Bau des Wasserturms wurden Feldsteine aus der
daneben stehenden Kirchenruine verwendet.[3]

1–3 Die Mark Brandenburg, 2001, Einband.

Kurzbeschreibung Architektur / Bauweise:

Runder Turm mit konischem Schaft in Sichtmauerwerk aus roten Ziegeln im Blockverband, leicht auskragendem Turmkopf und Kegeldach mit Laterne.

Einlagige Rollschicht umrahmt das Sockelgeschoss mit rundbogiger Portaltür und drei Segmentbogenfenstern, Eingangsportal eingedeckt mit Biberschwänzen, in der Ebene darüber vier Segmentbogenfenster und ein Wasserstandsanzeiger, der mittig über dem Eingang und einem Segmentbogenfenster dieser Ebene liegt und bis zum Ende des Turmschaftes reicht, unter dem Schaftende sind neben dem Wasserstandsanzeiger noch drei, kleine, rechteckige Fenster – versetzt zu den Fenstern der darunterliegenden Ebenen – angeordnet; Turmkopf gegliedert durch acht Putzrahmen (vermutlich Drahtputzwände), oberhalb – in jedem zweiten Rahmen – befinden sich vier nebeneinanderliegende Segmentbogenfenster aus Eisen mit Sprossen; Kegeldach mit bituminöser Eindeckung und nicht ursprünglich verglaster Laterne.

Sonstiges

Die Nebenbahn führte von den Bahnhöfen Fährkrug über Hardenbeck nach Fürstenwerder und wurde durch die Preußische Staatsbahn 1913 in Betrieb genommen.[1]

1   Preuss, 1996, o. S.

Abb. 11 (links) Ansicht von 2010

Abb. 12 (rechts) Detail, Wasserstandsanzeiger

Standort / Straße: N 53.2627, E 13.5425 / Funkenhagener Straße
Baujahr: 1912
Wasserversorgung: Eisenbahn
Behältervolumen/Nutzinhalt: k. A.
Denkmalschutz: nein
Entwurf: Eisenbahn-Zentralamt, Berlin
Bauherr: Preußische Staatsbahn
Heutige Nutzung: Wohnung
Aufnahme vor Ort: 2010

Abb. 13 Detail, Wasserstandsanzeiger

Abb. 14 Ansicht von 2010

Standort / Straße: N 53.1486,
E 14.1013 / Bahnhofstraße
Baujahr: vor 1900
Wasserversorgung: Eisenbahn
Behältervolumen/Nutzinhalt:
k. A.
Denkmalschutz: nein
Entwurf: k. A.
Bauherr: Eisenbahn
Heutige Nutzung: keine
Aufnahme vor Ort: 2010[2]

Kurzbeschreibung Architektur / Bauweise:

Funktionale, rechteckige, dreigeschossige, grob verputzte, gemauerte Wasserstation mit Wasserstandsanzeiger und Flachdach.

Öffnungen im Erdgeschossbereich zugemauert, Eingangssituation nicht mehr nachvollziehbar. 1. Obergeschoss mit rechteckigen Fenstern, größtenteils zur Gleisseite angeordnet. Fenster mit glatt geputzten Faschen umrahmt, darüber das 2. Obergeschoss mit schmalen, horizontalen, glatten Putzspiegeln, sowie ins Mauerwerk vertieften Putzflächen und rechteckigen Fenstern mit Faschen, sowie zwei fledermausartigen, ebenfalls mit Faschen versehenden Fenstern an den beiden, schmaleren Gebäudeseiten, ein glatt verputztes Band schließt die Fassade zum Dachüberstand ab.

Sonstiges

1840 wurde mit der Ausführung des Streckenausbaus der Berlin–Stettiner Eisenbahn von Bernau über Passow nach Tantow begonnen. Die 134,5 km lange Gesamtstrecke von Berlin nach Stettin war 1843 fertiggestellt. Ab 1853 erfolgte über den Bahnhof Passow der Anschluss an die Strecke Stralsund–Greifswald–Prenzlau. Der Bahnhof Passow wurde immer wieder erweitert: 1855, 1865 und 1893–94.[1]

1 Berger, 1980, S. 162 f.; Regling, Grusenick, 1996, S. 7, 22, 62, 70
2 Ehemalige Wasserstation wurde zwischenzeitlich abgerissen, Information: DB Herr Zühlke am 07.08.2019

Behälter: **ausgebaut, Intze I mit mittlerem Durchstieg, Eisen, genietet**

Kurzbeschreibung Architektur / Bauweise

Historistischer, dreigeschossiger, konischer Turmschaft in rotem Sichtmauerwerk im Kreuzverband mit zwölf-eckigem, verputztem Sockelgeschoss.

Über einem vorspringenden, kyklopischen Mauer-werk befindet sich in jeder Einzelfläche des Sockelgeschos-ses ein Spitzbogenfenster, bzw. der stark veränderte Ein-gangsbereich mit einer Mauerwerksöffnung in der Form eines Schulterbogens, von den ehemaligen Säulen rechts und links neben der Eingangstür sind nur noch die Plin-the und Basis erhalten, die Verdachung über dem Sockel verjüngt den Grundriss des Sockels zum kreisrunden Turmschaft, der durch eine Pilasterordnung über zwei Geschosse gegliedert ist, die acht Mauerwerksflächen zwi-schen den Pilastern betonen die rechteckigen Fenster mit Stürzen und Fensterbänken aus Naturstein in zwei Ebe-nen, oberhalb des Turmschafts verbindet ein umlau-fendes, abgetrepptes Spitzbogenfries die Kolossalpilaster, über einem vorkragenden Kranzgesims aus Naturstein befand sich ursprünglich der Turmkopf.

Sonstiges

1883 erfolgte die Wasserversorgung von damals 16.933 Einwohnern mit 20 öffentlichen und 165 privaten Brun-nen. Die Anzahl der öffentlichen Brunnen nahm bis 1898 um 11 auf insgesamt 31 zu.[3]

Die Firma Heinrich Scheven aus Bochum wurde mit den Vorarbeiten, der Planung und Ausführung der zentra-len Wasserversorgungsanlage beauftragt. Bereits ein Jahr später ging die Anlage in Betrieb. Aus sechs Brunnen wurde das – zum Teil artesisch gewonnene – Wasser über einen Sammelbrunnen mit Schöpfpumpen in die Enteisenungs[4] – und darunterliegende Filteranlage gepumpt. Danach läuft das Wasser in die Reinwasserkammern. Das Reinwasser wird mit der Pumpanlage im Maschinenhaus direkt in das Netz gespeist. Nur das überschüssige Wasser wurde in das Wasserreservoir des Wasserturms gedrückt. Kosten: Was-serturm 58.000 Mark; Wasserstandsanzeiger 1.291 Mark; Zuleitungen 22.965 Mark; Wassermesser 14.085 Mark.[5]

Die Turmspitze musste 1936 dem Flugverkehr wei-chen und 1979 wurde der Turmkopf abgetragen.[6]

Abb. 15 Ansicht von 2010

1, 2, 5   Zeitschrift des Vereins deutscher Ingenieure, 1900, S. 33 ff.; siehe auch Möller, 2010, S. 60 ff.

3   Grahn, 1883, S. 18, Grahn, 1898, S. 49

4   Scheven verwendete im Riesler eine 3 m starke Ziegelpackung anstatt einer sonst üblichen Koksschicht.

6   Informationstafel am Turm.

Standort / Straße: N 53.3133, E 13.8659 / Grabowstraße
Baujahr: 1898–99[1]
Wasserversorgung: Stadt
Behältervolumen/Nutzinhalt: k. A. / 400 m³
Denkmalschutz: nein
Entwurf: Heinrich Scheven, Bochum[2]
Bauherr: Stadtverwaltung
Heutige Nutzung: keine
Aufnahme vor Ort: 2010

Landkreis: Uckermark | Ort: Schwedt / Oder

Behälter: ausgebaut, Intze I, Eisen, genietet[1]

Abb. 16 Ansicht von 2010

Kurzbeschreibung Architektur / Bauweise

Historistischer Wasserturm mit Turmschaft, weit auskragendem Turmkopf und Schiefer gedecktem Kegeldach mit Lüftungshaube und vier Satteldachgauben.

Hohes, achteckiges Sockelgeschoss verputzt im Stil eines Quadermauerwerks wird in drei Ebenen durch rechteckige Fenster und Fenster mit Rundbögen gegliedert, über einer zwölfstufigen Freitreppe erhebt sich der portikusartige Eingang überdacht mit einem Tonnengewölbe und darüberliegendem Wappenrelief, oberhalb des Sockelgeschosses bildet ein Gurtgesims und eine Verdachung mit grün glasierten Biberschwänzen in Kronendeckung den Übergang zum runden, konischen, gemauerten Schaft in rotem Sichtmauerwerk aus Bindern, rechteckige versetzt angeordnete Fenster in den ersten beiden Ebenen und acht Fenster mit Rundbögen in der obersten Ebene betonen mit ihren glatten, weiß gestrichenen Stürzen und Sohlbänken den Schaft, ein abgetrepptes Rundbogenfries markiert den Übergang zum vollständig erneuerten, holzverschalten Turmkopf; über der geschweiften Auskragung wird der Turmkopf durch 12 große Rechteckfenster belichtet.

Sonstiges

1883 erfolgte die Wasserversorgung von damals 9.899 Einwohnern mit privaten Brunnen auf fast allen Grundstücken, sowie mit 34 öffentlichen Brunnen.[5]

Die Firma Heinrich Scheven aus Düsseldorf erhielt 1907 den Auftrag für die Planung der zentralen Wasserversorgungsanlage. Das Wasserwerk mit dem Wasserturm lieferte ab 1908 Trinkwasser für die Bevölkerung. Der Wasserturm ging 1965 vom Netz und verfiel. 1993 wurde der Turmkopf mit Behälter demontiert. Im Zuge der Um-, Ausbau- und Sanierungsarbeiten des Ensembles – Wasserturm und Wasserwerk – zu einem Hotel erhielt der Turmschaft einen neuen Turmkopf.[6]

1 4, 6   Müller, 2010, S. 69 f.
5   Grahn 1003, S. 19; Versorgung blieb gleich; Grahn, 1090, S. 19.

Standort / Straße: N 53.0584, E 14.2691 / Helnersdorfer Damm 5
Baujahr 1908[7]
Wasserversorgung: Stadt
Behältervolumen/Nutzinhalt: lt. A. /250 m³ [3]
Denkmalschutz: Ja
Entwurf: Fa. H. Scheven, Düsseldorf[3]
Bauherr: Stadtverwaltung
Heutige Nutzung: keine
Aufnahme vor Ort: 2010

Abb. 17 Ansicht von 2011

Kurzbeschreibung Architektur / Bauweise

Funktionale, rechteckige, zweigeschossige Wasserstation aus Sichtmauerwerk im Kreuzverband gemauert, mit Satteldach und zweiseitig angebautem, rechteckigem Lockschuppen mit zwei Ständen.

Im Erdgeschoss beide Mauerwerksöffnungen zugemauert; Übergang zum Behältergeschoß durch leicht auskragende Rollschicht erkennbar, gleisseitig ein und giebelseitig zwei rechteckige, zugemauerte Fenster mit scheitrechtem Sturz; Holzdach mit bituminöser Eindeckung.

Sonstiges

Die 25 km lange Nebenbahnstrecke von Angermünde nach Schwedt / Oder wurde durch die Angermünde–Schwedter Eisenbahn-Gesellschaft 1873 eröffnet.[2]

1   Rödel, 1998, S. 298
2   Regling, Grusenick, 1996, S. 62 f.; http://de.wikipedia.org/wiki/
     Angermünde-Schwedter_Eisenbahn, 01.10.2015

Standort / Straße: N 53.0639,
E 14.2880 / Schulweg
Baujahr: 1873[1]
Wasserversorgung:
Eisenbahn
Behältervolumen /
Nutzinhalt: k. A.
Denkmalschutz: ja
Entwurf: k. A.
Bauherr:
Angermünde–Schwedter
Eisenbahn-Gesellschaft
Heutige Nutzung: keine
Aufnahme vor Ort: 2011

Standort / Straße: N 53.2680, E 14.3473 / Bahnhofstraße
Baujahr 1912–13[1]
Wasserversorgung: Eisenbahn
Behältervolumen / Nutzinhalt.
k. A. / 50 m³ [3]
Denkmalschutz: nein
Entwurf: Königliche Eisen-bahndirektion Stettin[2]
Bauherr: Preußische Staatsbahn
Heutige Nutzung: keine
Aufnahme vor Ort: 2010/11[7]

Abb. 18 Ansicht von 2010

Abb. 19 (links) Eingangsbereich

Kurzbeschreibung Architektur / Bauweise

Runder Turm mit leicht konischem Schaft aus rotem Sichtmauerwerk im Binderverband, leicht auskragendem Turmkopf und mit Blech eingedecktem Kegeldach.

Schlichter vorgemauerter Eingang mit Satteldach, vier Fenster mit Segmentbogen in der 1. Ebene und darüber versetzt vier kleine, rechteckige Fenster mit scheitrechtem Sturz; darüber mit Wellblech verkleideter Turmkopf ohne Belichtung.

Sonstiges

1840 wurde mit dem Streckenausbau der Berlin–Stettiner Eisenbahn von Bernau über Angermünde–Passow nach Tantow begonnen. Die 134,5 km Gesamtstrecke von Berlin nach Stettin war 1843 fertiggestellt. Damals dauerte die Fahrt von Berlin nach Stettin viereinhalb Stunden. Der Bahnhof wurde 1863 und 1873 – die bis dato eingleisige Strecke wurde zweigleisig – umgebaut und erweitert.[4]

Auch die kleine Nebenbahn von 7 km Länge von Tantow nach Gartz wurde nach Plänen der Königlichen Eisenbahndirektion Stettin gebaut und ab 1913 befahren.[5]

Mit dem Bau und der Lieferung des schmiedeeisernen Wasserbehälters von 50 m³ wurde die Firma M. Hempel beauftragt.[6]

1–3, 6   Journal, 1912, S. 994.
4   Berger, 1980, S. 162 f.; Regling, Grusenick, 1996, S. 7, 22, 62, 73.
5   http://de.wikipedia.org/wiki/Bahnstrecke_Tantow-Gratz, 30.09.2015.
7   Wasserturm wurde zwischenzeitlich abgerissen, Information: DB Herr Zühlke am 07.08.2019.

Landkreis: Uckermark | Ort: Templin

Behälter: Barkhausen, Eisen, genietet

Kurzbeschreibung Architektur / Bauweise

Historistischer, runder, massiver Turm mit konischem Schaft, leicht auskragendem Turmkopf und Kegeldach mit Lüfterhaube, sowie einem eingeschossigen kleinen Anbau mit Walmdach.

Schaft aus Sichtmauerwerk im Binderverband, Eingang mit mansardartiger Verdachung und elipsenförmiger, verputzter Vertiefung über der Tür mit scheitrechtem Sturz, zwei nebeneinanderliegende Fenster mit scheitrechten Stürzen belichten in allen Ebenen den Turmschaft, über dem eingeschossigen Anbau ist der Wasserstandsanzeiger montiert, der über dem gemauerten Gurtgesims mit einem aufliegenden Ring aus Natursteinblöcken – dem Übergang zum Turmkopf – endet; Turmkopf aus Eisenfachwerk mit Drahtputzwänden und acht, rechteckigen Eisenfenstern mit zwei waagerechten Sprossen; Dachkonstruktion aus Eisen mit Holzschalung und bituminöser Eindeckung

Sonstiges

Der erste Teilabschnitt der Nebenbahnstrecke Löwenberg-Prenzlau ging zwischen Löwenberg über Zehdenick nach Templin 1888 in Betrieb. Erst 1899 konnte der restliche Streckenabschnitt befahren werden.[1]

Weitere Strecken: Templin–Fürstenberg 1899; Templin–Fürstenwerder 1913[2]

1 Preuss, 1996, o.S.; http://de.wikipedia.org/wiki/Bahnstrecke_Löwenberg-Prenzlau, 01.10.2015.
2 Preuss, 1996, o. S.

Abb. 20 Ansicht von 2010

Standort / Straße: N 53.1134, E 13.4940 /Hans-Sachs-Straße
Baujahr: k. A.
Wasserversorgung: Eisenbahn
Behältervolumen/Nutzinhalt: k. A. / 110 m³
Denkmalschutz: ja
Entwurf: k. A.
Bauherr: Eisenbahn
Heutige Nutzung: keine
Aufnahme vor Ort: 2010

Landkreis: Uckermark | Ort: Templin

Behälter: k. A.

Abb. 21 Wasserstation Nr. 016/16 (rechts) und Wasserturm Nr. 015/15 (links), Ansicht von 2010

Standort / Straße: N 53.1131,
E 13.4933 / Bahnhofstraße
Baujahr vermutlich um 1888
Wasserversorgung: Eisenbahn
Behältervolumen /
Nutzinhalt: k. A.
Denkmalschutz: ja
Entwurf: k. A.
Bauherr: Eisenbahn
Heutige Nutzung: keine
Aufnahme vor Ort: 2010 und
2014

Kurzbeschreibung Architektur / Bauweise

Historistische, rechteckige, dreigeschossige – ursprünglich dreigeschossige – Wasserstation aus Ziegelmauerwerk mit roten und gelben Ziegeln im Kreuzverband und traufständigem, flachgeneigtem Satteldach zur Gleisseite; mit angebautem ringförmigem Lokschuppen.

Verschiedene Um- und Ausbauphasen sind an der Fassade ablesbar, Gurtgesimse aus Rollschichten, sowie ein abgetrepptes Gesims gliedern die Fassade horizontal, im Erdgeschoss zugemauerte, bzw. mit Blechtafeln verschlossenen Öffnungen, im 1. Obergeschoss befinden sich rechteckige Fenster zur Gleis- und Giebelseite und jeweils eine Bahnhofsuhr, 2. Obergeschoss gegliedert durch Segmentbogenfenster, davon einige Fenster übereinander angeordnet, die Fenster auf der Lokschuppenseite sind zugemauert.

Sonstiges

Siehe Wasserturm Nr. 015/15

Kurzbeschreibung Architektur / Bauweise

Historistischer, runder, konischer Turmschaft aus rotem Sichtmauerwerk im Kreuzverband, ohne Turmkopf und mit – im ehemaligen Eingangsbereich – angebautem, eingeschossigem Gebäude.

Sockelbereich nur durch einlagige Rollschicht abgegrenzt vom aufgehenden Mauerwerk, westlich über dem Sockel zwei, rechteckige Fenster und mittig darüber ein drittes, rechteckiges Fenster belichten den unteren, angestrichenen Sockelschaft, darüber umfassen den oberen Teil des Schaftes aus statischen Gründen mehrere Zugbänder aus Flachstahl, zwischen den Zugbändern noch zwei Ebenen mit versetzt angeordneten Rundbogenfenstern, Abschluss des Schaftes durch ein Kranzgesims über dem sich ehemals der Turmkopf befand.

Sonstiges

Firma Gebrüder Scheven aus Teterow lieferte als Subunternehmer über die Firma Scheven, Düsseldorf an den eigentlichen Auftragnehmer – die Deutschen Wasserwerke Actien-Gesellschaft Berlin – die maschinelle Anlage für das Wasserwerk Templin.[1]

1 Möller, 2010, S. 28, siehe auch Kapitel II.2.4

Abb. 22 Ansicht von 2010

Standort / Straße: N 53.1217, E 13.5164 / Prenzlauer Allee 25 A
Baujahr: k. A.
Wasserversorgung: Stadt
Behältervolumen / Nutzinhalt: k. A.
Denkmalschutz: nein
Entwurf: k. A.
Bauherr: Stadtverwaltung
Heutige Nutzung: k. A.
Aufnahme vor Ort: 2010

Abb. 23 Detail, Wappen

Standort / Straße: N 52.9616,
E 11.9506 / Kähtlingstr.
Baujahr: 1929
Wasserversorgung: Stadt
Behältervolumen/Nutzinhalt:
118 m³ / 107 m³
Denkmalschutz: nein
Entwurf: k.A.
Bauherr: Stadtverwaltung
Heutige Nutzung: keine
Aufnahme vor Ort: 2010 und
2011

Kurzbeschreibung Architektur/Bauweise

Neogotischer, runder, schlanker, hoher Turm mit einem Kegeldach.

Turmschaft aus rotem Sichtmauerwerk, im Kreuzverband gemauert, Schlankheit des Turmes wird durch ein Mittelrisalit betont, übereinander angeordnete, echteckige Fenster mit scheitrechten Stürzen gliedern den Risalit, der mit einem Stufengiebel über die Traufe ragt, Sockel gegliedert durch rechteckige Fenster mit scheitrechten Stürzen und ein im Risalit liegendes Stufenportal mit gotischem Bogen über der Tür – den ein Wappen von Bad Wilsnack schmückt, eine Rollschicht schließt den Sockel ab, wenige Fenster belichten den Turmschaft und nur rückseitig betont ein leicht vorkragender, mittelalterlich anmutender „Abtritterker" als architektonisches Element den Schaft; Gurtgesims aus zwei auskragenden Mauerwerkslagen markiert den Übergang zum Behältergeschoss mit acht, schmalen, rechteckigen Fenstern und einem Kranzgesims mit vier, auskragenden Mauerwerkslagen; schiefergedecktes Dach mit vier Sattelgauben und einer Bekrönung mit Kugel und Wetterfahne mit der Jahreszahl 1929.

Sonstiges

Die erste städtische Moorbadeanstalt eröffnete 1907 und die Ackerbürgerstadt begann sich zum Kurort zu entwickeln. Sanatorien und Genesungsheime wurden errichtet.[1] Am 10.02.1928 wurde der Bau eines Wasserwerkes durch die Stadtverordnetenversammlung beschlossen. Die Vorarbeiten begannen bereits im April und ein Jahr später – im Juli 1929 – war das Wasserwerk durch die Firma Bamag-Meguin A.-G. aus Berlin[2] fertiggestellt.[3] Ein Gutachten über den Bau und die Finanzierung wurde von den Zivilingenieuren E. Prinz und G. Vaupel aus Berlin erstellt.[4]

1   Mann, 2013, S. 27 ff.
2   Archiv Pritzwalk, Der Kampf um die Wasserleitung in Wilsnack, Kurier Nr. 60 vom 7. März 1933.
3, 4 Mitte der 80er Jahre wurde das Dach saniert und in der Kugel befanden sich Unterlagen aus der Errichtungszeit, mündliche Auskunft Herr Seidel, WTAZV.

Abb. 24 Ansicht von 2010

Landkreis: **Prignitz** | Ort: **Meyenburg**

Behälter: **Flachboden, quadratisch, Stahlbeton**

Kurzbeschreibung Architektur/Bauweise

Expressionistischer, quadratischer, siebengeschossiger Hochhauswasserturm aus Sichtmauerwerk im Kreuzverband und traufständigem Satteldach mit Falzziegeln.

Gebäudeecken horizontal durch leicht hervortretende Binder – jede sechste Mauerwerkslage – gegliedert, Fassade dreiseitig je Geschoss mit je zwei zweiflügeligen, rechteckigen, betonumrahmten Fenstern belichtet, auf der dem Gleis abgewandten Seite liegt der Eingangsbereich mit Betonvordach und seitlich je einem Fenster, sowie darüber je Geschoss ein Treppenhausfenster, Fassade gleisseitig auf Höhe des Behältergeschosses der Bahnhof-Schriftzug: Meyenburg und darüber befindet sich der Wasserstandsanzeiger; Übergang zum Satteldach durch Dachüberstand mit Betonplatten stark betont.

Sonstiges

Die Königlich Preußische Staatseisenbahn eröffnete 1887 die 64 km lange Strecke von Neustadt (Dosse) über Blumenthal und Pritzwalk nach Meyenburg bis zur mecklenburgischen Landesgrenze. Ende 1887 konnte die gesamte Bahnstrecke von Güstrow (Mecklenburg-Vorpommern) nach Meyenburg befahren werden.[2] Die Kremmen-Neuruppin-Wittstocker Eisenbahn (KWE) verlängerte 1912 die Strecke von Wittstock nach Meyenburg.[3] Die Zugabfertigung war in den Räumlichkeiten des Turms untergebracht. Außerdem wurden die Räume zu Wohnzwecken und als Büro genutzt.

Abb. 25 (oben) Ansicht von 2010

Abb. 26 (links) Eingangsportal

Standort / Straße: N 53.3104, E 12.2464/Bahnhofstr. 10
Baujahr: k.A.[1]
Wasserversorgung: Eisenbahn
Behältervolumen/Nutzinhalt: 170 m³/158 m³
Denkmalschutz: ja
Entwurf: k.A.
Bauherr: Deutsche Reichsbahn
Heutige Nutzung: keine
Aufnahme vor Ort: 2010 und 2011

1   Nach Einschätzung des BLDAM, Akte 1236: Errichtung des Bauwerks um 1925–35.
2   http://de.wikipedia.org/wiki/Bahnstrecke_Güstrow-Meyenburg, 01.10.2015.
3   Brandt, 1968, S. 11.

A
Nr.: 020/03[1]

Landkreis: Prignitz | Ort: Perleberg

Behälter: Intze I mit mittlerem Durchstieg, Eisen, genietet

Abb. 27 Ansicht von 2010

Kurzbeschreibung Architektur/Bauweise

Wasserturm im Jugendstil mit auskragendem Turmkopf, neuem Kegeldach und einer fragmentarisch erhaltenen Laterne.

Achteckiger, eingeschossiger, Naturstein imitierender, verputzter Sockel mit Jugendstilelementen am Portikus, einer Freitreppe und biforenartigen, gerahmten Fenstern, über dem Sockelgesims ein runder Schaft durch Lisenen vertikal strukturiert – in drei Ebenen im Wechsel hohe, schmale, rechteckige, gerahmte Fenstern mit kunstvoll geschmiedeten Mauerwerksankern, Gurtgesims über den Lisenen markiert den Abschluss des Schaftes; glatt verputzter, durch senkrechte Putzstreifen gegliederter Turmkopf wird durch acht schmale, rechteckige Fenster – die durch Putzfaschen betont werden – belichtet, darüber ein Kranzgesims

Sonstiges

Der Wasserturm steht seit 1977 unter Denkmalschutz und ist seit 1983 nicht mehr in Betrieb.[4] Der 2002 gegründete Verein Culturm nutzt den Turm für kulturelle Veranstaltungen: Ein Wasserturm wandelte sich zum Hörturm.

Standort / Straße: N 53.0715, E 11.8732/Berliner Straße
Baujahr: 1905[2]
Wasserversorgung: Stadt
Behältervolumen/Nutzinhalt: lt.A. / 250 m³
Denkmalschutz: ja
Entwurf: Heinrich Scheven, Düsseldorf[3]
Bauherr: Stadtverwaltung
Heutige Nutzung: Kultur
Aufnahme vor Ort: 2010 und 2011

1 von Wangenheim, 2018, Katalog Band 1, S. 60 ff
2 Planung Wasserturm 1904, Baugenehmigung vom 02.02.1905.
3 Heinrich Scheven plante auch das Wasserwerk von Perleberg, Journal, Nr. 27, 1904, S. 603.
4 BLDAM, Akte 630.

Landkreis: **Prignitz** | Ort: **Perleberg**

Behälter: **Intze I, Eisen, genietet**

Kurzbeschreibung Architektur/Bauweise

Funktionaler, kleiner, gedrungener, kreisrunder Bahnturm mit auskragendem Turmkopf, kegelförmigem Dach und Lüfterlaterne.

Turmschaft leicht konisch, in rotem Sichtmauerwerk aus Bindern, mit einer Eingangstür; Turmkopf mit Blech bzw. Wellblech verkleidet; Dach mit schieferartigen Faserzementplatten gedeckt

Sonstiges

Durch die Wittenberge-Perleberger Eisenbahn (WPE) AG wurde die über 10 km lange Strecke nach Wittenberge finanziert und 1881 eröffnet. Damit war Perleberg über den Knotenpunkt Wittenberge an die Strecke Berlin–Hamburg angeschlossen. Die Prignitzer Eisenbahn fuhr seit 1885 rund 45 km von Perleberg, dem Bahnhof der WPE, über Pritzwalk nach Wittstock (Ergänzung zur Ost- und Westprignitzer Kreiskleinbahn).

An die erste Teilstrecke der Kreiskleinbahn über 17 km von Pritzwalk nach Putlitz wurde nach und nach angebaut, u.a. 1897 die Strecke von Perleberg nach Hoppenrade.[1]

Abb. 28 Ansicht von 2010

1   Brandt, 1968, S. 18 f., 31.
2, 3, 5   Bauzeichnung, Bauschein-Nr. 49/1925 vom 24.06.1927.
4   BLDAM: Wasserturm wurde zwischenzeitlich in die
         Denkmalliste eingetragen

Standort / Straße: N 53.0697, E 11.8476 / Lenzer Str.
Baujahr: ab 1925[2]
Wasserversorgung: Eisenbahn
Behältervolumen/Nutzinhalt: ca. 30 m³ [3]
Denkmalschutz: nein[4]
Entwurf: k.A.
Bauherr: Wittenberge-Perleberger-Eisenbahn[5]
Heutige Nutzung: keine
Aufnahme vor Ort: 2010

C

Nr.: 022/05

Behälter: **k. A.**[1]

Abb. 29 Ansicht von 2019

Standort / Straße: N 53.0697,
E 11.8476 / Lenzer Str. 11
Baujahr vermutlich um 1911
Wasserversorgung. Eisenbahn
Behältervolumen/
Nutzinhalt: k. A.
Denkmalschutz: nein
Entwurf: k. A.
Bauherr: Landkreis Perleberg[3]
Heutige Nutzung: k. A
Aufnahme vor Ort: 2019[4]

Kurzbeschreibung Architektur/Bauweise

Funktionaler, rechteckiger, dreigeschossiger Bahnturm
mit Satteldach und aufgebautem, außenliegendem Schornstein, Turm steht an einem ehemaligen Lockschuppen
und wurde um ein Geschoss aufgestockt.

Turmschaft aus rotem Sichtmauerwerk im Kreuzverband aus Kohlebrandziegeln gemauert, Eingangstür und
Fenster im 1. Obergeschoss mit Segmentbogen, Fenster
im aufgestockten Dachgeschoss mit scheitrechtem Sturz;
Satteldach mit bituminöser Eindeckung; Schornstein an
der Nordostfassade unter Dachüberstand zurückgebaut

Sonstiges

Die Westprignitzer Kreisringbahn fuhr von 1911 bis 1975
von Perleberg uber Karstädt und Klein Berge nach Perleberg, die sogenannte Perleberger Ringbahn.[2]

1   Wasserbehälter wurden für die Versorgung der Loks in oder an Lok
     schuppen häufig positioniert. Aus diesem Grund wird vermutet, dass
     sich auch in diesem Bahnturm ein Reservoir im 1.Obergeschoss befand.
2   http://www.stillgelegt.de/pollo01/pollo01 5.htm., 21.01.2022; www.
     norbert-weise.de/135-Jahre-Eisenbahn-in-perleberg.pdf, 21.01.2022
3   Der Landkreis beauftragte die Prignitzer Eisenbahn AG mit dem
     Betrieb der Strecke, https://de.wikipedia/wiki/Kleinbahnen_der_
     Kreise_West-_und_Ostprignitz
4   Aufnahme des Wasserturms in den Katalog nach Promotion, von Wangenheim, 2018.

Kurzbeschreibung Architektur/Bauweise

Quadratischer, siebengeschossiger, betonsichtiger[2] Hochhauswasserturm mit traufständigem Satteldach, eingedeckt mit Falzziegeln.

Nord- und Ostfassade wird je Geschoss mit drei rechteckigen Fenstern belichtet, Süd- und Westfassade je Geschoss zwei Fenster – außer im Behältergeschoss, hier je Seite fünf schmale, rechteckige Fenster – gleisseitige, gerahmte Eingangstür mit Segmentbogen und einer Treppenanlage, ein Geschoss über der Eingangstür Bahnhof-Schriftzug: Pritzwalk, Wasserstandsanzeiger an der Ostfassade; gemauerter, ursprünglich verputzter Giebel mit Rundbogenfenster

Sonstiges

Die Prignitzer Eisenbahn fuhr seit 1885 von Perleberg über Pritzwalk nach Wittstock.[3] Die Königlich Preußische Staatseisenbahn eröffnete 1887 die 64 km lange Strecke von Neustadt (Dosse) über Blumenthal und Pritzwalk nach Meyenburg bis zur mecklenburgischen Landesgrenze.[4] 1896 eröffnete die Nebenstrecke Pritzwalk-Putlitz, die 1912 nach Suckow verlängert wurde.[5]

Der Wasserturm ging 1994 außer Betrieb und die fünf Wohnungen[6] wurden nicht mehr genutzt.[7]

1, 7   Neben den Lokmotiven erhielten auch die Gärten am Trappenberg Wasser aus dem Reservoir, MAZ v. 27.05.2010.

2   Höchstwahrscheinlich sollte der Turm noch – beispielsweise mit Natursteinplatten – verkleidet werden.

3   Brandt, 1968, S. 19.

4   Berger, 1980, S. 225.

5   Wasserbehälter steht im 6. und 7. OG, Errichtungszeit: um 1935–39, BLDAM, Archiv, Akte Nr. 836.

6   http://de.wikipedia.org/wiki/Bahnstrecke_Pritzwalk-Suckow, 01.10.2015.

Abb. 30 (oben) Ansicht von Nordwest

Abb. 31 (rechts) Detail, Wasserstandsanzeiger

Standort / Straße: N 53.1449, E 12.1833 / Am Wasserturm
Baujahr: k. A.
Wasserversorgung: Eisenbahn[1]
Behältervolumen/Nutzinhalt: k. A.
Denkmalschutz: ja
Entwurf: k. A.
Bauherr: Deutsche Reichsbahn
Heutige Nutzung: keine
Aufnahme vor Ort: 2010

C

Nr.: 024/07

Abb. 32 Ansicht von 2018

Standort / Straße: N 53.1450,
E 12.1786 / Hagenstr. 24
Baujahr: 1908[1]
Wasserversorgung: Eisenbahn
Behältervolumen /
Nutzinhalt: k. A.
Bauherr: Landkreis Kyritz[2]
Denkmalschutz: ja
Entwurf: k. A.
Heutige Nutzung: k. A.
Aufnahme vor Ort: 2019[3]

Kurzbeschreibung Architektur/Bauweise:

Historisierender, wehrhaft wirkender, rechteckiger, dreigeschossiger Bahnturm mit Zeltdach, angebautem, außenliegendem Schornstein, Turm an zwei Seiten von einem ehemaligen, zweiständigen Lockschuppen umbaut.

Konisch verlaufender Sockel des Turmschafts aus kyklopischem Natursteinmauerwerk, mit gotisch anmutendem Entlassungsbogen und einem kleinen, rechteckigen Fenster mit Sprossen, obere Abschluss des Sockelgeschosses durch ein Deutsches Band, verputztes Obergeschoss mit rechteckigem, vierflügeligem Fenster in einer Mauerwerksöffnung mit Segmentbogen, darüber links und rechts versetzt zwei kleine, rechteckige Fenster direkt unter dem Turmkopf angeordnet; leicht überkragender Turmkopf in

Holzfachwerk mit ausgemauerten, verputzten Gefachen und an drei Seiten sind jeweils zwei, rechteckige Fenster eingebaut; Zeltdach mit Ziegeleindeckung.

Sonstiges

Die Schmalspurstrecke der Ostprignitzer Kreisbahn von Pritzwalk nach Lindenberg war seit Anfang 1908 in Betrieb und wurde 1969 stillgelegt.[4]

1, 2, 4   Der Landkreis beauftragte die Prignitzer Eisenbahn AG mit dem Betrieb der Strecke, https://de.wikipedia/wiki/Kleinbahnen_der_Kreise_West-_und_Ostprignitz, 21.01.2022.

3   Aufnahme des Wasserturms in den Katalog nach Promotion, von Wangenheim, 2018.

Kurzbeschreibung Architektur/Bauweise

Expressionistischer, 34 m hoher Turm aus rotem Sichtmauerwerk im Märkischen Verband und mit Flachdach (ursprünglich geplant mit Kegeldach).

Breite Gurtgesimse aus vor- und zurückspringenden Mauerwerkslagen mit kleinen, integrierten Fenstern gliedern die Fassade horizontal, der Sockelbereich wird durch vorspringende, einlagige Mauerwerksbänder zusätzlich betont, die den mit Rundbögen gestalteten Eingangsbereich umfassen, Eingangstür mit rundbogigem Oberlicht, Kranzgesims mit umlaufendem Geländer schließt die Fassade ab

Sonstiges

Die Einwohner von Pritzwalk wurden noch vor 1900 über Pumpbrunnen mit Wasser versorgt.[1] Den Auftrag zur Erarbeitung eines Entwurfs für die Wasserversorgungsanlage hatte das technische Büro für Wasserleitungs- und Kanalisationsbau Dipl. Ing. F. Salbach aus Dresden bereits im September 1918 erhalten. Die hydrologischen Voruntersuchungen für die Wasserversorgungsanlage waren 1927 erfolgt, aber noch 1930 haben die Stadtverordneten auf Grund der ungünstigen Zinslagen keine Anleihe zur Finanzierung aufgenommen.

Der Bauschein Nr. 42 für den Neubau eines Wasserturms wurde erst am 11.06.1934 erteilt. Die Bauleitung übernahm die Arbeitsgemeinschaft der beratenden Ingenieure E. Prinz und Dr.-Ing. H. Weiland. Die Francke-Werke AG, ansässig in Bremen, erhielten am 3.03.1934 – auf Grund ihres Angebots vom 15.02.1934 – den Auftrag für 9.875,– Reichsmark einen Wasserbehälter herzustellen, zu liefern und vor Ort zu montieren. Details des Angebots: Behälter aus Flusseisenblech mit 7.400 mm Durchmesser, 4.550 mm Mantelhöhe des Zylinders, 8.800 mm Durchmesser des Auflagerrings, Mantelbleche 6 bzw. 7 mm, und Bodenbleche 8 bzw. 9 mm stark mit einem Gesamtgewicht von rund 15.800 kg (dazu gehört auch folgendes Zubehör, wie Laufsteg, Leitern, Leitungen und Ventile). Die Montagezeit wurde auf 6 Wochen veranschlagt. Baumeister Walter Dannenberg wurde von der Stadtgemeinde Pritzwalk am 24.05.1934 mit der Ausführung von Erd-, Maurer- und Betonarbeiten am Wasserturm beauftragt. Für das Sichtmauerwerk wurden ca. 65.000 Klinker aus dem Werk Gülitz, der Pritzwalker Dampf Ziegelwerke Carl Stammer, geliefert. Die Firma H. Hempel bekam den Auftrag für die Errichtung der Enteisenungsanlage. Im März 1934 begannen Rohrnetzverlegungsarbeiten und das Richtfest im Wasserwerk fand im November 1934 statt.[2] Mitte der 90er Jahre ging der Wasserturm außer Betrieb.

1   Grahn, 1898, S. 49.
2   Stadtarchiv Pritzwalk, Akten des Magistrats Pritzwalk: Wasserversorgung Vorarbeiten, Band I, Wasserwerksbau. Pritzwalk, Herstellung des Wasserturms, Band I, angelegt 28.05.1934, Wasserwerk und Kanalisation, Band I, 1928–1939; im November 1934 wurden das erste Mal Wassergeld fällig, berechnet auf Grundlage der Grundvermögenssteuer oder mit dem Einbau eines Wasserzählers nach tatsächlichen Verbrauch (bis 100 m³/Monat 0,25 RM und über 100 m³/Monat 0,20 RM).
3   Das angegebene Fassungsvermögen von 160 m3 beruht auf der mündlichen Aussage des WAZ Pritzwalk, 25.10.2011.

Abb. 34 Ansicht von 2010

Abb. 33 Eingang

Standort / Straße: N 53.1412, E 12.1740/Havelberger Str.
Baujahr: 1934
Wasserversorgung: Stadt
Behältervolumen/
Nutzinhalt: 215 m³/160 m³ [3]
Denkmalschutz: ja
Entwurf: Architekt BDA Heiling (Fassade, Details),
Dr. Ing. H. Weiland, Berlin
Bauherr: Stadtverwaltung
Heutige Nutzung: keine
Aufnahme vor Ort: 2010 und 2011

C

Nr.: 026/09

Behälter: vermutlich ausgebaut

Abb. 35 Ansicht von 2014

Srandort / Straße: N 53.1494,
E 12.1695/Perleberger Str.
Baujahr: vor 1914
Wasserversorgung: Kranken-
haus / Sanatorium / Anstalt
Behältervolumen/
Nutzinhalt: k. A.
Denkmalschutz: nein
Entwurf: k.A.
Bauherr: k. A.
Heutige Nutzung: k. A.
Aufnahme vor Ort: 2014

Kurzbeschreibung Architektur/Bauweise

Zweigeschossiges, traufständiges Gebäude im Heimatstil mit Satteldach und vorderem Anbau, sowie einem seitlichen, zweigeschossigen Anbau – ein Verbindungsgang zu weiteren Gebäuden der Krankenhausanlage.

Fassade aus rotem Sichtmauerwerk im Kreuzverband, horizontal durch Gurtgesimse gegliedert, vorderer, dreigeschossiger Anbau an den Mittelrisalit – der rückseitig noch vorhanden ist, Sockel aus Mischmauerwerk: Feldstein und roten Mauerziegeln, Fenster im Hochparterre mit Segmentbogen und im Obergeschoss mit Rundbögen; Dachgeschoss ausgebaut, Dachflächen mit Walmgauben.

Sonstiges

Das Johanniter Krankenhaus wurde Ende 1934 an die Wasserversorgungsanlage der Stadt Pritzwalk angeschlossen.[1]

---

1 Stadtarchiv Pritzwalk, Akten des Magistrats Pritzwalk: Wasserwerk und Kanalisation, Band I, 1928–1939.

Landkreis: **Prignitz** | Ort: **Rühstädt**

Behälter: Flachbodenbehälter mit Schornstein,
kreisförmig, Eisen, genietet

Nr.: **027/10**[1]

Abb. 36 Ansicht von 2011

Standort / Straße: N 52.9184,
F. 11.8678/Am Schloss
Baujahr: k. A.
Wasserversorgung: Land/Gut
Behältervolumen/Nutzinhalt:
5,6 m³ / k. A.
Denkmalschutz: ja
Entwurf: k. A.
Bauherr: k. A.
Heutige Nutzung: keine
Aufnahme vor Ort: 2010 und
2011

Kurzbeschreibung Architektur/Bauweise

Historistischer, kleiner, zierlich anmutender Wasserturm mit auskragendem Turmkopf und Zeltdach, Wasserturm steht in der Nähe des Herrenhauses derer von Jagow.

Turmschaft aus rotem Sichtmauerwerk, im Binderverband, weiß gefugt und ohne Fenster, Eingangsportal mit einem Rundbogen und darüberliegendem, staffelartigem Giebel mit leerem Wappenschild, Rollschicht als umlaufendes Sockelgesims und Abschluss des Turmschaftes; über dem Schaft gestaltet ein auskragendes Rundbogenfries mit Gesims den Übergang zum Turmkopf, in jedem

zweiten Rundbogen des Frieses ist ein Fenster angeordnet; hölzerne Konsolen im Gesims tragen die Fachwerkkonstruktion mit ausgemauerten Gefachen des Turmkopfes, der durch vier rechteckige Fenster mit kleiner Sprossenteilung belichtet wird; Zeltdach mit Faserzementplatten eingedeckt und bekrönt durch ein Storchennest.

Sonstiges

Zur Geschichte des Rühstädter Wasserturms siehe Kapitel IV.1.1.2

1   von Wangenheim, 2018, Katalog
     Band 1, S. 86 ff.

A

Nr.: 028/11[1]

Landkreis: Prignitz | Ort: Wittenberge

Behälter: Uhrenturm: 2 × Flachboden, 1 × elipsenförmig, 1 × rechteckig, Stahlbeton

Treppenhaustürme: 2 × Flachboden, 1 × ausgebaut, 1 × rechteckig, Stahlbeton

Abb. 37 Uhrenturm, linker und rechter Treppenhausturm

Kurzbeschreibung Architektur/Bauweise

Langes, rechteckiges, sechsgeschossiges, durchfenstertes Gebäude mit zwei vorgestellten, siebengeschossigen Treppenhaustürmen und dem neungeschossigen, 50 m hohen Uhrenturm, Stahlbeton-Skelettbauweise mit Flachdächern im Bauhausstil.

Horizontal betonen Fensterbänder die glatten, schmucklosen Fassadenflächen des Gebäudes, Behältergeschoss des Uhrenturms auf allen vier Seiten mit einer Uhr gestaltet, der Durchmesser des Ziffernblatts beträgt 7,4 m.[2]

Sonstiges

Im Uhrenturm wird der elipsenförmige, aus zwei Kammern bestehenden Behälter im 9. Obergeschoss immer noch mit Brauchwasser für Löschzwecke gespeist. Der rechteckige Wasserbehälter im 7. Obergeschoss war bereits vor der Wende (1989) nicht mehr in Betrieb.

Im vorderen Treppenhausturm des Hauptgebäudes von 1922 befindet sich im Dachgeschoss ein rechteckiger Flachbodenbehälter. Der Behälter im mittleren Turm wurde abgebrochen.

1 v.on Wangenheim, 2018, Katalog Band 1, S. 96 ff.
2 Stadtarchiv Wittenberge, Archiv Nähmaschinenwerk.

Abb. 38 (unten) Hydranten auf dem Werksgelände

Standort / Straße: N 52.9910, E 11.7672 / Bad Wilsnacker Str. 48
Baujahr: 1922 (Hauptgebäude), 1928–29 (Uhrenturm)
Wasserversorgung: Industrie
Behältervolumen / Nutzinhalt
• im Produktionsgebaude von 1922: 2 × 77 m³/66 m³
• im Uhrenturm von 1928–29: k.A. / 75 m³ (7.OG), k. A. / 385 m³ (9.OG)
Denkmalschutz: ja
Entwurf Uhrenturm: Dipl.-Ing. Felix Ascher
Bauherr: Singer Nähmaschinenwerke A. G.
Heutige Nutzung: Wasserturm
Aufnahme vor Ort: 2010 und 2011

Landkreis: Prignitz | Ort: Wittenberge

Behälter: 2 × Flachboden, rechteckig, Stahlbeton

Kurzbeschreibung Architektur/Bauweise

Langer, rechteckiger, fünfgeschossiger Eisenbeton-Skelett-bau mit Flachdach und zwei vorgestellten, gleich hohen Treppenhaustürmen, die durch leicht zurückgesetzte, funktionale Türme mit rechteckigem Turmschaft und auskragendem Behältergeschoss aufgestockt wurden.

Fassade des Gebäudes von 1907 aus vorgeblendetem, rotem Sichtmauerwerk, durch Lisenen zwischen den großen, eisernen, stark unterteilten Sprossenfenstern senkrecht gegliedert und waagerecht durch die, an der Fassade sichtbaren, Eisenbetondecken betont – die gleichzeitig die Stürze der rechteckigen Fenster in der Längsfassade bilden; Fassade der Treppenhaustürme mit Segmentbogenfenstern an den Seitenflächen, die Hauptseite durch zwei Lisenen unterteilt, mittig angeordnete, rechteckige Stahlfenstern mit Sprossen und scheitrechten Stürzen, die durch Eisenträger mit darüberliegenden Rollschichten gebildet werden, ein Fenster je Geschoss und treppenlaufartig im Wechsel je Geschoss versetzt; Aufstockungen in Stahlbeton-Skelettbauweise – ausgefacht mit glatt verputztem Mauerwerk, Schaft zweiseitig durch zwei lange, hohe Stahlfenstern mit Sprossen gegliedert; Turmkopf mit wenigen, sehr kleinen, rechteckigen Fenstern belichtet – seitlich je zwei und vorn drei, die sich direkt unter dem leicht überstehenden Flachdach befinden.

Sonstiges

Das langgestrecke Gebäude mit Treppenhäusern wurde 1907 erbaut. Die Aufstockung mit dem Einbau von jeweils einem Flachbodenbehälter aus Stahlbeton über den beiden Treppenhäusern wurde 1935 geplant. Den Auftrag für die Bauausführung erhielt die Firma Paul Thiele A.G. für Hoch- und Tiefbau aus Hamburg. Die baupolizeiliche Prüfung ist auf den 8.10.1935 datiert und die Bewehrungszeichnung des Behälters wurde von der Staatlichen Prüfungsstelle für statische Berechnungen in Berlin am 23.08.1935 geprüft.

Abb. 39 Ansicht von Norden

Standort / Straße: N 52.9904, E 11.7683 / Bad Wilsnacker Str. 48
Baujahr: 1935–36
Wasserversorgung: Industrie
Behältervolumen/Nutzinhalt: 2 × k. A. / 2 × 100 m³
Denkmalschutz: ja

Entwurf: Franz G. Richter, Hamburg
Bauherr: Singer Nähmaschinen A. G.
Heutige Nutzung: keine
Aufnahme vor Ort: 2010/2011

Abb. 40 Ansicht von Südost: links Südturm, rechts Nordturm

südlich gelegene Turm hat an seiner Ost- und Südfassade bis zum 4.OG je Geschoss ein Rundbogenfenster aus der Erbauungszeit, darüber markiert eine auskragende Binderschicht den Übergang zum aufgestocktem Teil des Turmes, der in zwei Ebenen mit Segmentbogenfenstern – auch in der West- und Nordfassade – belichtet wird, der kleinere, nördlich gelegene Turm hat keine auskragende Binderschicht, mehrere Fenster in der Fassade sind zugemauert, in beiden Türmen befinden sich Türen über der Hauptdachfläche.

Sonstiges

Ursprünglich setzte die 1823 gegründete Ölfabrik einen Pferdegöpel zur Förderung des Wassers ein. 1838–39 legte Salomon Herz für eine Wassermühle einen Kanal an. Mit drei oberschlächtigen Wasserrädern wurden bis 1884–85 die Maschinen angetrieben. Später stand ein heute nicht mehr erhaltener Wasserturm mit Kessel- und Maschinenhaus neben dem Speicher D.

Mit der Ölfabrik begann die industrielle Entwicklung von Wittenberge. Das produzierte Rohöl wurde als Leucht- und Schmieröl verwendet und auch zu Speiseöl weiterverarbeitet. Nach dem großen Brand 1856 wurde die vollständig zerstörte Fabrik durch den Wittenberger Bauunternehmer Georg Krause wiederaufgebaut. Von 1857 bis 1859 wurden der große Speicher, das Beamtenwohnhaus und die Fabrikantenvilla errichtet. Weitere Gebäude folgten nach und nach. Salomon Herz finanzierte auch als Aktionär die Eisenbahnlinien, die am Bahnhof Wittenberge hielten: Die Strecken Berlin-Hamburg und Magdeburg-Wittenberge. 1939 wurde aus der S. Herz G.m.b.H. die S. Herz Ölfabriken Aktiengesellschaft Wittenberge.[2] Nach dem 2. Weltkrieg erfolgte die Umbenennung in „VEB Märkische Ölwerke". Die Ölmühle war bis 1991 in Betrieb.[3]

In den historischen Gebäuden haben sich gastronomische Einrichtungen, ein Hotel, ein Indoor Kletterturm und die im Innenhof errichtete Festspielbühne etabliert.

Standort / Straße: N 52.9896, E 11.7590 / Bad Wilsnacker Str. 52

Baujahr: 1934[1]

Wasserversorgung: Industrie

Behältervolumen/Nutzinhalt: 2 × 5,5 m³ / k. A.

Denkmalschutz: ja

Entwurf: k. A.

Bauherr: k. A.

Heutige Nutzung: keine

Aufnahme vor Ort: 2010 und 2011

Kurzbeschreibung Architektur/Bauweise

Historisches, rechteckiges, dreigeschossiges Gebäude mit einem fünf- und sechsgeschossigen Turm an der Ostfassade und Flachdächern, Gebäude durch bauliche Eingriffe im Laufe der Zeit stark verändert.

Fassade aus rotem Sichtmauerwerk im Kreuzverband, an den Langseiten bis in das 1.OG reichende, gemauerte Strebepfeiler mit Wasserschlag und in den Geschossen rechteckige Fensteröffnungen mit scheitrechten Stürzen, in der Südfassade ein Strebepfeiler, daneben je eine Türöffnung mit Rundbogen und über der rechten Tür ein ursprünglich nicht vorhandenes, rechteckiges Fenster; der

1   Speicher vor 1887 errichtet, Aufstockung 1934

2   Muchow, 2001, S. 9, 11 ff.

3   Eichel, Muchow, Rodegast, 2010, S. 75, 94.

Landkreis: Prignitz | Ort: Wittenberge

Behälter: 2 × Flachboden, rechteckig, Stahl, geschweißt

Kurzbeschreibung Architektur/Bauweise

Historische, quadratische, viergeschossige Wasserstation mit Kreuzdach und ein- bis dreigeschossigen Vor- und Anbauten[2], manche erst später errichtet – zum Teil mit Veränderungen an der originalen Bausubstanz; Fassade aus roten Sichtmauerwerk im Kreuzverband mit umlaufenden, dunkel glasierten Zierbändern – teilweise stark abgewittert, über dem geschosshohen Sockel betont eine Pilasterordnung mit Blendbögen die drei Obergeschosse, durch die Pilaster wurde die Fassade in zwei schmale außenliegende und eine breitere Mittelfläche unterteilt, West- und Ostfassade ohne Anbauten, im 1.OG zwischen den Pilastern ein zweiflügeliges Segmentbogenfenster mit Oberlicht, im 2.OG links und rechts ein und in der Mitte zwei Rundbogenfenster, mit einem umlaufenden, glasierten, rombenbildenden Ziermauerwerk im Brüstungsbereich, im 3.OG jeweils zwei schmale, kleine, rechteckige Fensteröffnungen und jeweils drei Fenster mit Rundbögen, darüber unter dem oberen Pilasterabschluß links und rechts je ein kleines und in der Mitte ein großes Rundfenster angeordnet, Südfassade ein vorgebauter, zweiständiger Lokschuppen, nur in der breiten, mittleren Fläche der Fassade keine Fensteröffnungen, dafür ein vorgesetzter Schornstein, der über den Dachfirst ragt, Ostfassade mit zweigeschossigem Anbau für Funktionsräume, über dem 2.OG des Treppenhauses befindet sich ein eingeschossiger, polygonaler Treppenhausanbau, belichtet mit sechs hohen, schmalen, rechteckigen Fenstern, an der Nordostecke ein später angesetzter Schornstein, an dieser Fassadenseite ist ein Rundfenster im 3.OG angeordnet.

Sonstiges

1846 war die Gesamtstrecke von Berlin nach Hamburg fertiggestellt. Nach und nach erschlossen mehrere Zweigstrecken die weitere Umgebung von Wittenberge. Die Königliche Eisenbahn-Hauptwerkstatt wurde 1876 auf dem Bahnhof Wittenberge in Betrieb genommen.[3] Neben der Wasserstation erbaute die Preußische Staatsbahn 1898 einen Wasserturm. 1905 errichtete die Firma August Klönne aus Dortmund einen heute nicht mehr erhaltenen Wasserturm aus Eisenfachwerk mit einem Klönnebehälter auf dem Bahnhof.[4]

Abb. 41 Ansicht von Süden

Standort / Straße: N 52.9971, E 11.7648 / Packhofstr.
Baujahr: 1873[5]
Wasserversorgung: Eisenbahn
Behältervolumen/Nutzinhalt: k. A. / 2 × 60 m³
Denkmalschutz: ja
Entwurf: Königliche Eisenbahndirektion Altona
Bauherr: Magdeburg-Wittenberger Eisenbahn Gesellschaft
Heutige Nutzung: keine
Aufnahme vor Ort: 2010 und 2011

1   von Wangenheim, 2018, Katalog Band 1, S. 130ff.
2   Eine detaillierte Beschreibung der Vor- und Anbauten erfolgt nicht.
3   Berger, 1980, S. 176 f., Muchow, 2001, S. 38 ff.
4   Stadtarchiv Wittenberge, Akte Haupt,, Werkstätte.
5   Die geschweßten Behälter wurde nach 1920 gefertigt.

Landkreis: **Prignitz** | Ort: **Wittenberge**

Behälter: **Hängeboden, Eisen, genietet**

Kurzbeschreibung Architektur/Bauweise

Historistischer, achteckiger, kleiner Turm mit auskragendem, achteckigem Turmkopf und flachem Zeltdach.

Turmschaft aus rotem Sichtmauerwerk im Kreuzverband, über dem Sockel mit Wasserschlaggesims ist in sieben der acht Fassadenflächen je ein spitzbogiges Fenster angeordnet, der nördlich gelegene, portalartige Eingang hat ebenfalls eine spitzbogenförmige Öffnung über der ein angedeuteter, stufenartiger Giebel den Eingang betont, darüber kragt ein Gurtgesims leicht aus, den Abschluss des Turmschaftes bilden zwei aneinandergereihte Segmentbogenöffnungen in den acht Fassadenflächen, ein Wasserstandsanzeiger über dem Eingangsportal ragt bis in die Höhe der Segmentbögen, darüber Eisenkonsolen, die die Last des Turmkopfes aufnehmen und in das Mauerwerk leiten; Turmkopf in Holzfachwerk mit ausgemauerten Gefachen im Läuferverband und ehemaligen Fensteröffnungen, die durch Bleche verschlossen sind.

Sonstiges

Die Erteilung der Baugenehmigung ist auf den 30. Juni 1898 datiert.

Abb. 42 (links) Detail, Wasserstandsanzeiger

Abb. 43 (rechts) Ansicht von 2010

Standort / Straße: N 52.9967, E 11.7646 / Packhofstr.
Baujahr: 1898
Wasserversorgung: Eisenbahn
Behältervolumen/Nutzinhalt: 200 m³ / 180 m³
Denkmalschutz: ja
Entwurf: Königliche Eisenbahndirektion
Bauherr: Preußische Staatsbahn
Heutige Nutzung: keine
Aufnahme vor Ort: 2010 und 2011

Landkreis: **Prignitz** | Ort: **Wittenberge**

Behälter: **Doppelbehälter Intze mit Barkhausen, Eisen, genietet**

Nr.: **033/16**[1]

Kurzbeschreibung Architektur/Bauweise

Historistischer, runder, sich verjüngender, hoher, schlanker Turm mit Aussichtsumgang, auskragendem Turmkopf und kegelförmigem Dach mit Laterne, rechts neben dem Eingang befindet sich eine unterirdische Außentoilette.

Über dem glatten Sockel ist das Erdgeschoss des Turmschaftes durch acht, einen halben Stein zurückspringenden, geschosshohen Flächen mit Segmentbögen gestaltet, in diesen Flächen sind sieben Segmentbogenfenster und eine Eingangstreppe mit einer zweiflügligen Tür und einem darüberliegenden Oberlicht mit Segmentbogen – neuzeitlich vergittert – angeordnet, über dem Gurtgesims mit Rundbogenfries verjüngt sich der Schaft, der in zwei Ebenen durch acht, hohe, schmale Fenster – ebenfalls mit Segmentbögen – belichtet wird, ein umlaufender Gang mit einem neuen, stählernen Geländer, Ziermauerwerk mit Putzspiegeln und ein abschließendes Gesims markieren den ehemaligen Übergang zum Turmkopf; Umhüllung des Turmkopfes zwischenzeitlich demontiert, der äußere Intzebehälter liegt frei – noch mit Resten der Konstruktion des alten, stählernen Umgangs.

Sonstiges

Der Stadtbaumeister Bruns plante die gesamte Wasserversorgungsanlage – auch das Maschinenhaus und Rohrleitungsnetz. Seit 1984 ist der Wasserturm außer Betrieb. 1994 wurden Sanierungsarbeiten am Turm ausgeführt und dabei die Außenhülle des Turmkopfes demontiert. Die Baugenehmigung für die Errichtung einer Mobilfunkanlage wurde am 21.08.2007 erteilt.[2]

Abb. 44 (links) Turmkopf

Abb. 45 (rechts) Ansicht 2010

Standort / Straße: N 53.0027, E 11.7466 / Parkstr.
Baujahr: 1903/04
Wasserversorgung: Stadt
Behältervolumen/Nutzinhalt: k. A. / 500 m³
Denkmalschutz: ja
Entwurf: Friede Everhard Bruns, Stadtbaumeister
Bauherr: Stadtverwaltung
Heutige Nutzung: keine
Aufnahme vor Ort: 2010 und 2011

1   von Wangenheim, 2018, Katalog Band 1, S. 144 ff.
2   Bauakte Stadtarchiv Wittenberge

Landkreis: Ostprignitz-Ruppin | Ort: Blumenthal

Behälter: k. A.

Abb. 16 Ansicht von 2010

Kurzbeschreibung Architektur/Bauweise

Historistischer, achteckiger Eisenbahnturm mit leicht konischem Turmschaft, auskragendem Turmkopf und einem flachen Zeltdach.

Turmschaft aus Sichtmauerwerk im Binderverband gemauert, Ecken pfeilerartig in rotem Sichtmauerwerk, dazwischen Mauerwerksvertiefungen aus gelben Klinkern, die oberhalb durch dreilagige, konsolartige, rote Friese betont werden, Turmschaft nur mit einer Mauerwerksöffnung mit Segmentbogen für die Eingangstür, den Übergang zum Turmkopf gestalten Konsolen und ein Gesims aus tieferliegenden, quadratischen, gelben Mauerwerksflächen im rotem Sichtmauerwerk; Turmkopf nicht mehr bauzeitlich im Bestand, Holzfachwerk ausgefacht mit roten, weiß verfugten Mauerziegeln im Läuferverband, in jeder zweiten der acht Seiten des Turmkopfes sind rechteckige, zweiflügelige Fenster mit waagerechter Sprossung angeordnet.

Sonstiges

Die Königlich Preußische Staatseisenbahn eröffnete 1887 die 64 km lange Nebenstrecke von Neustadt (Dosse) über Blumenthal und Pritzwalk nach Meyenburg bis zur brandenburgischen Landesgrenze.[1]

1 Berger, 1980, S. 225.

Standort / Straße: N 53.0763, E 12.3343/Bahnhofstr. 5 6
Baujahr: k. A.
Wasserversorgung: Eisenbahn
Behältervolumen/
Nutzinhalt: k. A.
Denkmalschutz: ja
Entwurf: k. A.
Bauherr: Eisenbahn
Heutige Nutzung: keine
Aufnahme vor Ort: 2010

Abb. 47 Ansicht von Süden

Kurzbeschreibung Architektur/Bauweise

Sachlicher, fast quadratischer, gerader, hoher Turm mit einem Schornstein und Zeltdach mit Biberschwänzen in Kronendeckung, Turm umgeben von ein- und zweigeschossigen Gebäuden; Turmschaft glatt verputzt mit wenigen rechteckigen Fenstern, der an der Südfassade liegende, rechteckige Schornstein endet in der Mitte des Behältergeschosses, das Behältergeschoss springt jeweils in zwei Ebenen minimal zurück, schmale Streifen aus roten Sichtmauerwerk fassen die rechteckigen, glatten Putzspiegel der beiden Ebenen ein, Ost- und Westfassade mit vier und die Nord- und Südfassade mit drei Putzspiegeln je Ebene, in der oberen Ebene belichtet in Ost- und Westrichtung – in den beiden mittleren Putzspiegeln – je ein rechteckiges Fenster und auf der Nordseite im mittleren Putzspiegel ein Fenster das Geschoss.

Sonstiges

Die Landesversicherungsanstalt beauftragte die Berliner Architekten Hermann Rohde und Arnold Beschoren mit dem Entwurf eines Genesungsheims für Frauen. Das Heim wurde von 1914 bis 1916 errichtet, weitere Ausbauten erfolgten später.[1]

Auf Grund der Raumhöhe betrug die Behälterhöhe vermutlich ca. 2 m. Der Durchmesser des Behälters betrug 3,5 m (Behältervolumen in etwa 19 m^3).

Standort / Straße: N 52.9667, E 12.9613 /
Str. nach Gühlen 10
Baujahr: 1914–16
Wasserversorgung: Krankenhaus / Sanatorium / Anstalt
Behältervolumen/
Nutzinhalt: k. A.
Denkmalschutz: ja
Entwurf: Hermann Rohde, Arnold Beschoren
Bauherr:
Landesversicherungsanstalt
Heutige Nutzung: z. T. für technische Anlagen
Aufnahme vor Ort: 2010 und 2014

---

1   Schwarz, Metzler, 2003, S. 92.

A

Nr.: 036/03¹

Landkreis: Ostprignitz-Ruppin | Ort: Neuruppin

Behälter: Flachboden, rechteckig, Eisen, genietet

Standort / Straße: N 52.9063,
E 12.7985 /
Fehrbelliner Str. 35–39
Baujahr: 1895–96
Wasserversorgung: Kranken-
haus / Sanatorium / Anstalt
Behältervolumen/
Nutzinhalt: 150 m³ / 147 m³
Denkmalschutz: ja
Entwurf: Landesbauinspektor
Franz Peveling
Bauherr: Land Brandenburg
Heutige Nutzung: z. T. für
technische Anlagen
Aufnahme vor Ort: 2010 und
2012

Abb. 48 Ansicht von Süden

Kurzbeschreibung Architektur/Bauweise

Neoromanischer, quadratischer, gerader, hoher, viergeschossiger Turm aus rotem Sichtmauerwerk im Kreuzverband, mit leicht auskragendem Turmkopf und glockenar-
tigem Zeltdach mit Laterne, Turm umbaut vom ein- bis
dreigeschossigen, mehrflügeligen Hauptgebäude;
   Turmschaft ragt dreiseitig aus dem eingeschossigen
Anbau, belichtet an zwei Seiten durch Sprossenfenster
mit Rundbögen, über einem Gurtgesims wird das letzte
Geschoss des Turmschaftes dreiseitig durch je ein Rundbogenfenster und darüberliegendem sehr schmalem,
kleinem, rechteckigem Fenster gegliedert; Übergang zum
Turmkopf durch ein breites Gesims mit Austrittbalkonen
auf jeder Seite des Turms, hinter den Balkonen fasst ein
hoher Rundbogen in der Fläche zwei kleinere Rundbögen
für eine Tür und ein Fenster und eine darüber befindliche
Turmuhr ein, die Flächen dazwischen werden durch Putzspiegel gestaltet, ein Rundbogenfries mit Putzspiegeln in
den Bögen und ein Kranzgesims betonen den oberen Teil
des Turmkopfes; Dach und Laterne mit Biberschwänzen
eingedeckt, Laterne mit Kugel und Wetterfahne.

Sonstiges

Die Landesanstalt Neuruppin wurde durch dem Landesbaurat und Provinzialkonservator Gustav Bluth unter
Mitarbeit von Theodor Goecke geplant. Das Hauptgebäude hatte der Landesbauinspektor Franz Peveling entworfen. Die Zeichnung ist auf den 30.07.1893 datiert.

1   von Wangenheim, 2018, Katalog Band 1, S. 171 ff.

Abb. 49 Detail, Fußboden Eingangsbereich
Hauptgebäude

Landkreis: Ostprignitz-Ruppin | Ort: Neuruppin

Behälter: Hängeboden, Eisen, genietet

Kurzbeschreibung Architektur/Bauweise

Historistischer Wasserturm mit rundem, konischem Turmschaft aus rotem Sichtmauerwerk im Kreuzverband und mit aufgeschraubten Klettersteinen, sowie einem leicht auskragenden, 16eckigen Turmkopf und Kegeldach mit Laterne.

Erdgeschoss wird horizontal durch einen vorgemauerten Sockel und ein breites Gurtgesims betont, drei Rundbogenfester und ein – einem Stadttor nachempfundenen – Eingangsportal mit Rundbogenöffnung akzentuieren das Geschoss, in den nächsten drei Ebenen des Schafts sind jeweils vier Rundbogenfenster in den Ebenen versetzt angeordnet, ein Band aus: Gurtgesims, darüberliegenden, runden Blindfenstern und einem weiteren Gurtgesims schmücken das Schaftende; 16 glatte, gerahmte Putzflächen mit einem breiten, umlaufenden Zinkblechband markieren den Übergang zum Turmkopf, der ebenfalls in 16 glatte, gerahmte, rechteckige Putzflächen unterteilt ist, acht schmale, rechteckige Fenster befinden sich in jeder zweiten Putzfläche, ein breites Putzband bildet den Abschluss des Turmkopfes; Kegeldach mit einer Zinkblecheindeckung mit Stehfalz.

Sonstiges

Die Entwurfszeichnung wurde durch die Polizei-Verwaltung von Neu-Ruppin am 15.04.1896 geprüft. Seit 1994 ist der Wasserturm nicht mehr in Betrieb. 2006 liefen Sanierungsarbeiten und der Umbau des Wasserturms zum Kletterturm.

Abb. 52 Fassade mit Klettersteinen

Abb. 51 Ansicht von 2012

Abb. 50 Eingang

Standort / Straße: N 52.9241, E 12.7963 / Puschkinstr. 5
Baujahr: 1897
Wasserversorgung: Stadt
Behältervolumen/
Nutzinhalt: k.A./300 m³
Denkmalschutz: ja
Entwurf: O. Smreker, Mannheim
Bauherr: Stadtverwaltung
Heutige Nutzung: Sportstätte
Aufnahme vor Ort: 2010 und 2012

Landkreis: Ostprignitz-Ruppin | Ort: Neustadt (Dosse)

Behälter: k. A.

Abb. 53 Ansicht von Osten

Standort / Straße: N 52.8532,
E 12.4492 / Bahnhofstr. 1c
Baujahr: um 1900[1]
Wasserversorgung: Eisenbahn
Bahnfernbahnen /
Nutzinhalt: k. A.
Denkmalschutz: ja
Entwurf: Königliche Eisen-
bahn-Direktion
Bauherr: Preußische Staatsbahn
Heutige Nutzung: Gastronomie
Aufnahme vor Ort: 2010

Kurzbeschreibung Architektur/Bauweise

Sechseckig-gestreckte, dreigeschossige Doppelturmanlage im Heimatstil aus rotem Sichtmauerwerk im Kreuzverband, mit angebautem Treppenhaus, wenig auskragendem Turmkopf und flach geneigtem Dach.

Doppelturm ist an den Nordwest- und Südostseiten langgestreckt, Treppenhaus mit Satteldach mittelrisalitartig vor der Nordwestfassade angeordnet, kleiner Sockel mit Rollschicht umfasst den Turmschaft, der durch zweiflügelige Segmentbogenfenster mit Oberlicht und Sprossen gegliedert ist, an den langgestreckten Nordwest- und Südostseiten befinden sich die Eingangstüren mit Segmentbogen und Oberlicht, Abschluss des Schaftes durch ein Gurtgesims; Turmkopf des Doppelturms unsymmetrisch angelegt, der kleinere Teil in schlichter Fassung als Sichtmauerwerk, die andere, längere Seite in Holzfachwerk – stärker auskragend auf Holzkonsolen – mit Gefachen aus Sichtmauerwerk im Läuferverband und mit Andreaskreuzen geschmückt, rechteckige, vielsprossige Eisenfenster mit scheitrechten Stürzen im Sichtmauerwerk, bzw. im Holzfachwerk belichten den Turmkopf.

Sonstiges

Die Berlin–Hamburger Eisenbahn Gesellschaft baute die Bahnstrecke von Berlin über Nauen–Neustadt (Dosse)–Wittenberge nach Hamburg von 1844 bis 1846. Die Verstaatlichung der Strecke erfolgte 1889.[1]

Zu den Eisenbahnen von untergeordneter Bedeutung nach dem Gesetz zur Erweiterung und Vervollständigung des preußischen Staatseisenbahnnetzes gehört auch die 1887 eröffnete 65 km lange Strecke von Neustadt an der Dosse über Meyenburg bis zur brandenburgischen Landesgrenze.[2]

Der Bahnhof Neustadt (Dosse) war ein sogenannter Übergangsbahnhof mit Zugang zum Staatsbahnhof. Weitere Nebenbahnen: Die Ruppiner Kreisbahn eröffnete 1902 die Strecke von Neustadt über Neuruppin nach Herzberg[3] und die Brandenburgische Städtebahn AG 1904 von Treuenbrietzen über Belzig, Brandenburg, Pritzwalk, Rathenow nach Neustadt.[4]

1   Berger, 1980, S. 176 f.
2   Centralblatt, Nr. 6, 1888, S. 55, Berger, 1980, S. 225.
3   Preuss, 1996, o. S.; http://de.wikipedia.org/wiki/ Bahnstrecke_Neustadt-Herzberg, 01.10.2015.
4   Menzel, 1984, S. 20 ff.

Abb. 54 Ansicht von Nordwest

Landkreis: **Ostprignitz-Ruppin** | Ort: **Neustadt (Dosse)**

Behälter: **Flachboden, kreisförmig, Stahlbeton**

Kurzbeschreibung Architektur/Bauweise

Sachlicher, sechseckiger, schlanker, hoher Stahlbetonturm mit einem leicht ausgestellten Turmkopf und Zeltdach mit Ziegeleindeckung und Wetterfahne, Betonoberfläche mit sichtbarer Anordnung der verwendeten Schalbretter.

Sockelgeschoss – in jeder zweiten der sechs Fassadenflächen – eine Öffnung für zwei rechteckige Fenster und eine Eingangstür, über der Tür ein abstrakter Giebel, Schaft über dem Sockel springt zurück und wird durch zwei Fensterebenen belichtet, die direkt über den Fenstern und der Tür des Sockelgeschosses angeordnet sind; Auskragung des Turmkopfes unten und oben durch breite Gurtgesimse betont, Turmkopf mit sechs hohen Vertiefungen in Form von gleichschenkligen Dreiecken, deren obere Spitze jeweils ein kleines, dreieckiges Stahlfenster enthält, breites Kranzgesims als Fassadenabschluss.

Sonstiges

Das Hengstgestüt als kurmärkisches Hauptgestüt, später Friedrich-Wilhelm-Gestüt, entstand von 1787 bis 1790. Bauinspektor Glasewald errichtete das Wohnhaus mit den seitlichen Anbauten.[2]

Das Gestüt mit Verwaltungs- und Wohnbereichen, Scheunen, Ställen, einer Schmiede, Koppeln, Weiden und Unterständen benötigte ein großflächiges Wasserversorgungssystem.

1 von Wangenheim, 2018, Katalog Band 1, S. 197 ff.
2 Institut, 1978, S. 179 .
3, 4 BLHA, 27 C.

Abb. 55 Ansicht von 2010

Standort / Straße: N 52.8554, E 12.4190/Havelberger Str. 20
Baujahr: 1930[3]
Wasserversorgung: Land/Gut
Behältervolumen /
Nutzinhalt: 68 m³ / 59 m³
Denkmalschutz: ja
Entwurf: Kultur- und Wasserbauamt
Bauherr: Friedrich-Wilhelm-Gestüt[4]
Heutige Nutzung: keine
Aufnahme vor Ort: 2010 und 2012

Landkreis: Ostprignitz-Ruppin | Ort: Neustadt (Dosse)

Behälter: k. A.

Abb. 56 Ansicht

Standort / Straße: N 52.8505,
E 12.4530/Zufahrt Köritzerstr.
Baujahr: 1924[1]
Wasserversorgung: Eisenbahn
Behältervolumen/
Turmhöhe: k. A./k. A. mit[2]
Denkmalschutz: ja
Entwurf: Reichsbahndirektion
Altona[3]
Bauherr: Deutsche Reichsbahn
Heutige Nutzung: keine
Aufnahme vor Ort: 2010

Kurzbeschreibung Architektur/Bauweise:

Expressionistischer, runder, massiver, hoher Bahnwasserturm aus rotem Sichtmauerwerk im Kreuzverband, mit einem zehneckigen Turmkopf und Zeltdach mit pagodenartig wirkender, massiver Laterne.

Hochkant gemauertes Fries aus 24 cm breiten Mauerwerk als Sockelabschluss – bündig mit dem aufgehenden Mauerwerk, im Erdgeschoss kleine, vertiefte Fenster mit scheitrechtem Sturz und ein Stufenportal mit rechteckiger Eingangstür und gemauerter Verdachung, über dem Eingang rahmt ein breites, hochkant gemauertes Fries die Erdgeschosszone, Turmschaft mit einem Fenster in allen vier Ebenen direkt über dem Eingangsportal angeordnet, ansonsten wird der Schaft nur durch wenige – in den Ebenen versetzt angeordneten – Fenstern belichtet, Schaftende wird durch umlaufende kleine quadratische Fenster mit darüberliegenden Natursteinbändern hervorgehoben, kantige Natursteine verbreitern den Schaft und schaffen damit den Übergang vom runden Schaft zum zehneckigen Turmkopf; Ecken des Turmkopfes durch auskragende Mauerziegel akzentuiert, Fassadenflächen mit Rundbogenfenstern in der unteren Ebene und gerahmten, quer liegenden Rechteckfenstern in der oberen Ebene geschmückt, einzige Ausnahme: Ein in nördlicher Richtung liegendes Rundbogenfenster dient vergrößert als Turmuhr[4], oberes Natursteinband als Kranzgesims; in dem zeltförmigen Dach erhebt sich eine gemauerte, zehneckige Laternenebene, in deren Einzelflächen zwei, quadratische Fenster für die Belüftung nebeneinanderliegen, Dächer eingedeckt mit S-Pfannen.

Sonstiges

Siehe Bahnturm Neustadt (Dosse), Nr. 038/05.

1–3 BLDAM, Archiv Akte 13-2676.
4   Turmuhr befindet sich in 23 m Höhe, BLDAM, Archiv Akte 13-2676.

Abb. 57 Eingangsbereich

Landkreis: Ostprignitz-Ruppin | Ort: Rheinsberg

Behälter: 2 × Flachboden, rechteckig, Eisen, genietet

Abb. 58 Ansicht von Nordost

Kurzbeschreibung Architektur/Bauweise

Historistische, überformte, rechteckige, dreigeschossige, grob verputzte Wasserstation mit flachem Walmdach, mehrfach umgebaut und mit eingeschossigem, rechteckigem Lokomotivschuppen, sowie weiteren eingeschossigen Nebengebäuden.

Nordostseite der Fassade gleisseitig freistehend mit linken und rechten Anbauten, Geschosse horizontal durch Gurtgesimse aus rotem Sichtmauerwerk betont, Fensteröffnungen mit verputzten Faschen, im Erdgeschoss eine neuzeitliche Eingangstür aus Stahl mit Fensterausschnitt und rechts daneben ein später eingebautes, rechteckiges Fenster in einer Maueröffnung mit Segmentbogen, 1. Obergeschoss durch vier Rundbogenfenster mit Sprossen belichtet, 2. Obergeschoss gleisseitig und auf der Rückfront (Süd/Westfassade) zwei große, rechteckige, kleinsprossige Eisenfenster; Dach mit bituminöser Eindeckung.

Sonstiges

1899 ging die vom Bahnbauunternehmen Lenz & Co. gebaute Kleinbahnstrecke von Löwenberg nach Rheinsberg in Betrieb, später verlängert zum Flecken Zechlin.[2] 1902 wurde die Bahnstrecke nach Neuruppin eröffnet.[3] Der zweiständige Lokschuppen mit Wasserstation wurde nach 1900 mehrfach umgebaut. Die Einrichtung eines Triebwagenschuppens wurde 1931 geplant und 1936 ein Anbau an diesem Triebwagenschuppen.

---

1   von Wangenheim, 2018, Katalog Band 1, S. 212 ff.

2   Nach Brandt ging die Strecke 1896 in Betrieb, Brandt, 1968, S. 10; nach Schwarz und Metzler erst 1899, Schwarz, Metzler, 2003, S.103; ebenso (1899) der Verein AG Rheinsberger Bahnhof

3   Schwarz, Metzler, 2003, S.103

Standort / Straße: N 53.0934, E 12.8989 / Damaschke Weg
Baujahr: 1898
Wasserversorgung: Eisenbahn
Behältervolumen/Nutzinhalt: 2 × 8 m³ / 2 × 6,9 m³
Denkmalschutz: nein
Entwurf: k. A.
Bauherr: Löwenberg–Lindower Kleinbahn AG
Heutige Nutzung: Lokschuppen und Museum
Aufnahme vor Ort: 2015

Landkreis: Ostprignitz-Ruppin | Ort: Rheinsberg

Behälter: Flachboden

Abb. 59 Ansicht von Osten

Standort / Straße: N 53.1236,
E 12.8822 / Hohenelse 1
Baujahre: 1902–04
Wasserversorgung: Kranken-
haus / Sanatorium / Anstalten
Behältervolumen/
Nutzinhalt: k. A.
Denkmalschutz: ja
Entwurf: Landesbaurat
Theodor Goecke
Bauherr: Landesversicherungs-
anstalt Brandenburg
Heutige Nutzung: Klinik im
ausgebauten Dachraum
Aufnahme vor Ort: 2014

Abb. 60 Detail, Fassadeninschrift

Kurzbeschreibung Architektur/Bauweise

Rechteckiges, dreigeschossiges Verwaltungsgebäude im Heimatstil, mit einem ausgebauten Walmdach und Schleppgauben, Gesamtanlage: Villenarchitektur um die Jahrhundertwende.

Fassade aus rotem Sichtmauerwerk im Kreuzverband reichhaltig gestaltet durch Mittelrisalite, Sprossenfenster mit Rundbögen und scheitrechten Stürzen, Putzspiegel, Holzfachwerk mit verputzten Gefachen, verglaster Loggia und einer Utlucht; mit einem, in westlicher Richtung gelegenen, aus der Dachfläche gezogenen, Turm mit Turmuhr, Rundumblick und Zeltdach mit Kugel und Wetterfahne; Dach mit Biberschwänzen in Kronendeckung.

Sonstiges

Das Verwaltungsgebäude – geplant mit einem rechteckigen Flachbodenbehälter im Dachgeschoss – steht als Hauptgebäude vor den beiden Pflegehäusern. Verbindungsgänge zwischen den Häusern erschließen den Gebäudekomplex. Die Einweihungsfeier fand am 14.07.1904 statt. Bis zu 100 männliche Patienten sollten sich hier nach schweren Operationen erholen, darüber hinaus wurden durch Orthopäden und Ärzte für innere Erkrankungen fachspezifische Therapien angewendet. Das Genesungsheim wurde seit seinem Bestehen vielfach umgenutzt. Beispielsweise während der Zeit des Nationalsozialismus als Sportschule der SA, für die Hitlerjugend als Vorlager für sogenannte Auslandsdeutsche und als Wehrmachtsreservelazarett. Nach dem 2. Weltkrieg konfiszierte die Rote Armee das Lazarett. Später richtete die Sozialversicherung der DDR in dem ehemaligen Genesungsheim eine Heilstätte für Tuberkuloseerkrankungen ein. Heute ist Hohenelse eine Rehabilitationsklinik.[1]

1 Pfeifer, 2014, S. 8 ff.

Behälter: **k. A.**

Kurzbeschreibung Architektur/Bauweise

Dreigeschossiger Bahnturm aus Sichtmauerwerk im Kreuzverband mit expressionistischen Stilelementen, einem quadratischen Turmschaft, achteckigen, auskragenden Turmkopf und flachen Zeltdach, Turm – außer auf der Gleisseite – umgeben von eingeschossigen Anbauten.

Alle Fassaden des Turmschafts haben mittig vorgesetzte Pfeiler, auf dem Pfeiler (Gleisseite) vermutlich eine Zuleitung aus dem Wasserreservoir für die Lokspeisung, links und rechts vom Pfeiler je ein quadratisches Fenster in der untersten Ebene, darüber links und rechts in den nächsten beiden Ebenen jeweils ein rechteckiges Fenster mit zwei, waagerechten Sprossen und einem scheitrechten Sturz; achteckiger Turmkopf direkt auf den Turmschaft aufgelagert, waagerecht markiert ein breiter, verputzter Streifen den unteren Teil des Turmkopfes, die acht Ecken sind mit kreuzweise übereinander gemauerten Mauerziegeln hervorgehoben, in den Fassadenflächen hohe und sehr schmale Fenster mit fünf waagerechten Sprossen, an der Nord/Ostfassade ist der Wasserstandsanzeiger montiert.

Sonstiges

Die Prignitzer Eisenbahn fuhr seit 1885 über rund 45 km von Perleberg über Pritzwalk nach Wittstock.

Das Bahnbauunternehmen Lenz & Co. baute für die Kremmen–Neuruppiner–Wittstocker Eisenbahn (KWE) die 66 km lange Strecke von Berlin nach Neuruppin von 1898 bis 1899. Der bereits in Wittstock vorhandene Bahnhof der Prignitzer Eisenbahn wurde durch die KWE mitgenutzt.[1]

1   Brandt, 1968, S. 11 ff.
2, 3   BLDAM, Archiv Akte 13-1852.

Abb. 61   Ansicht von Nordwest

Standort / Straße: N 53.1601, E 12.4816 / Am Bahnhof
Baujahr: 1952[2]
Wasserversorgung: Eisenbahn
Behältervolumen/
Nutzinhalt: k. A. / 75 m³ [3]
Denkmalschutz: ja
Entwurf: Deutsche Reichsbahn
Bauherr: Deutsche Reichsbahn
Heutige Nutzung: keine
Aufnahme vor Ort: 2010

A

Nr.: 044/01[1]

Landkreis: **Oberhavel** | Ort: **Friedrichsthal**

Behälter:**Flachboden, Ringbehälter mit Schornstein, Stahlbeton**

Standort / Straße: N 52.7866, E 13.2939 / Malzer Weg
Baujahr: um 1927–29[2]
Wasserversorgung: Kranken-haus / Sanatorium / Anstalt
Behältervolumen / Nutzinhalt: 88 m³/85 m³
Denkmalschutz: ja
Entwurf: Arnold Beschoren[3]
Bauherr: Volksheilstätten-verein vom Roten Kreuz[4]
Heutige Nutzung: keine
Aufnahme von Oktr. 2010 und 2013

1   von Wangenheim, Katalog Band 1, S. 233 ff.
2–4 Beschoren, 1929, S. 1 ff.

Kurzbeschreibung Architektur/Bauweise

Expressionistischer, hoher, achteckiger Wasserturm mit weit auskragendem Turmkopf; Wasserturm vermutlich nachträglich um den höheren, gemauerten Schornstein errichtet.

Turmschaft aus rotem – gelb verfugtem – Sichtmau-erwerk im Kreuzverband, die Wandflächen durchdringen einander und betonen die Ecken in der Senkrechten stre-bepfeilerartig, im Erdgeschoss eine rechteckige, schmal gerahmte Eingangsöffnung mit scheitrechtem Sturz, darüber ein Wasserstandsanzeiger, wenige kleine, recht-eckige Fenster belichten den Schaft, acht, liegende, rechte-ckige Fenster mit darüberliegendem Betonring bilden den Abschluss des Schaftes; gemauerter Turmkopf direkt auf dem Turmschaft aufgelagert, über dem unteren Betonbo-den des Turmkopfes rotes Sichtmauerwerk im wilden Ver-band gemauert mit zwei übereinanderliegenden, rechte-ckigen Fensterebenen, darüber bildet ein Betonrahmen mit gereihten, fast quadratischen Fenstern den Abschluss des Turmkopfes; Betondach mit leichtem Dachüberstand bindet den mittig liegenden Schornstein ein.

Sonstiges

Seit 2005 hat der Verein Kids Globe e.V. das Gelände der ehemaligen Lungenheilstätte am Grabowsee übernom-men, um ein internationales Bildungszentrum an diesem Ort zu entwickeln.

Abb. 62 (links) Ansicht von 2010

Abb. 63 (unten) Eingang, darüber Wasserstands-
                anzeiger

196

Behälter: ausgebaut, Hängeboden, Eisen, genietet[1]

Kurzbeschreibung Architektur/Bauweise

Neoromanischer, runder, massiver Turmschaft im Sichtmauerwerk aus roten Bindern und einem Flachdach mit einer neuen, zinkblechverkleideten Laterne, Turmkopf mit Behälter zwischenzeitlich abgerissen.

Über dem hohen Sockel aus Feldsteinen und dem zum Teil stark zerstörten Mauerwerk gliedert sich der Turmschaft in drei Ebenen, der Eingangsbereich ist durch ein rechteckiges Portal betont, in dem eine Eingangstür mit Oberlicht in einer rundbogigen Maueröffnung angeordnet ist, vier, zugemauerte Rundbogenöffnungen belichteten ehemals die unterste Ebene, darüber versetzt angeordnet vier Rundfenster, über denen ein Gurtgesims liegt, in der obersten Ebene gliedern vier Mal zwei, nebeneinanderliegende Rundbogenfenster die Fassade, ehemaliger Übergang vom Schaft zum Turmkopf durch ein Kranzgesims hervorgehoben.

Sonstiges

1898 erfolgte die Wasserversorgung von damals 5.006 Einwohnern mit 11 öffentlichen Brunnen.[2]

2009 wurde die Umnutzung des Wasserturms als Wohnung und damit der Ausbau des Wasserbehälters geplant.[3]

1, 3, 4, 6 BLDAM, Archiv Akte 1478
2   Grahn, 1898, S. 61.
5   Wittke, online 2009.

Abb. 64 (oben) Ansicht von 2022

Abb. 65 (unten) Eingangsportal

Standort / Straße: N 53.1809, E 13.1342 / Preetscher Weg
Baujahr: 1910[4]
Wasserversorgung: Stadt
Behältervolumen/Nutzinhalt: k. A. / 256 m³ [5]
Denkmalschutz: ja
Entwurf: Ingenieur Gustav Oesten, Berlin[6]
Bauherr: Stadtverwaltung
Heutige Nutzung: keine
Aufnahme vor Ort: 2010 und 2022

A

Nr.: 046/03[1]

Abb. 66 Ansicht von 2010

Standort / Straße: N 52.6780, E 13.2774 / Summter Str. 5a
Baujahre: 1912–14
Wasserversorgung: Stadt
Behältervolumen/
Nutzinhalt: k.A / 250 m³
Denkmalschutz: ja
Entwurf: Albert Gottheiner, Waidmannslust
Bauherr: Stadtverwaltung
Heutige Nutzung: Nistplatz für Turmfalken
Aufnahme vor Ort: 2010 und 2011

Abb. 67 Ansicht Wasserwerk

Kurzbeschreibung Architektur/Bauweise

40 m hoher, runder, betonsichtiger Wasserturm mit Jugendstilelementen, einem wenig auskragenden, achteckigen Turmkopf und einem glockenförmigen Zeltdach mit Laterne.

Acht Lisenen mit Blendbögen akzentuieren den runden Turmschaft und nehmen Bezug auf den achteckigen Turmkopf; Turmschaft mit fünf Ebenen, sockelartig umfasst eine Pfeiler-Rotunde – ehemals mit Dach – den Turm, die Erdgeschosszone des Schafts wird durch einen umlaufenden Betonring betont, die Eingangstür mit Segmentbogen wird außen durch eine neue Stahltür verdeckt, über der Sockelebene gliedern in den nächsten drei Ebenen vier schmale, rechteckige Fenster den Schaft, diese Fenster sind in den Ebenen im Wechsel angeordnet, am Ende des Turmschaftes in jeder Fläche der acht Blendbögen belichten Rundbogenfenster den Tropfboden; der Turmkopf liegt auf acht Konsolsteinen, die jugendstilartig wie Blütenkelche geformt sind, Turmkopf schlicht eingerahmt von einem Gurt- und Kranzgesims, in den glatten Fassadenflächen befinden sich jeweils zwei, nebeneinanderliegende, fast quadratische Fenster; erneuertes Dachwerk mit Kupfer eingedeckt.

Sonstiges

Bei der Sanierung des Wasserturms von 2003 bis 2004 wurden folgende Baumaßnahmen durchgeführt: Abbruch der Dachkonstruktion aus Eisenbeton und Erneuerung in Holzbauweise mit einer Dacheindeckung aus Kupfer, sowie die Überarbeitung des Turmkopfes.[4] 2005 wurden zwei Nistkästen für Turmfalken in einer Höhe von 25 m montiert.[5]

1 von Wangenheim, 2018, Katalog Band 1, S. 244 ff.
2 Flachboden mit innerer und äußerer Kammer.
3 Architekt Gottheiner plante auch das dazugehörige Wasserwerk und den 1912 ebenfalls in Eisenbetonbauweise errichteten Wasserturm in Röbel (Mecklenburg-Vorpommern).
4 Teichel, online 2004; BLDAM, Archiv Akte 10-397
5 Forth, online 2010

Landkreis: Oberhavel | Ort: Kremmen

Behälter: Flachboden mit mittlerem Durchstieg, kreisförmig, Eisen, genietet

Nr.: 047/04[1]

Kurzbeschreibung Architektur/Bauweise

Funktionaler Bahnturm[3] mit Turmschaft in Eisenfachwerk, einem Behälter-Turmkopf mit einem Kegeldach aus Eisenblechen, mittig aus dem Dach ragt ein Rauchrohr.

Konisches Eisenfachwerk des Schafts aus vier übereinanderliegenden Rahmen, letzer Rahmen schließt oberhalb mit einem genieteten Eisenträger ab, darüber als Auflager für den Behälter zwei quergelegte, genietete Eisenträger auf denen – das unter dem Behälter befindliche – Doppel-T-Trägerrost aufliegt.

1   von Wangenheim, 2018, Katalog Band 1, S. 255 ff.
2   BLDAM: Die Eintragung in die Denkmalliste ist vorgesehen.
3   Geschichte der Kremmer Bahnstrecke siehe Kapitel IV.1.1.2

Abb. 68 Detail, Wasserstandsanzeiger

Abb. 69 (rechts) Ansicht

Standort / Straße: N 52.7547, E 13.0381/Berliner Chaussee
Baujahr: k. A.
Wasserversorgung: Eisenbahn
Behältervolumen / Nutzinhalt: 44 m³ / 41 m³
Denkmalschutz: nein[2]
Entwurf: k. A.
Bauherr: Preußische Staatsbahn
Heutige Nutzung: keine
Aufnahme vor Ort: 2010 und 2011

Landkreis: Oberhavel | Ort: Mildenberg

Behälter: ausgebaut

Kurzbeschreibung Architektur/Bauweise

Funktionaler Wasserturm mit Turmschaft in Eisenfachwerk mit acht übereinanderliegenden Rahmen und einem auskragenden Auflagerbereich mit Umgang und Geländer, Wasserbehälter zwischenzeitlich demontiert.

Sonstiges

Julian Prerauer erwarb das Gelände in Mildenberg 1891 um Ton zu stechen. Lokomotiven transportierten die hergestellten Ziegel. Die Feldbahn war noch bis 1962 in Betrieb.[3] Der Lockschuppen und das Eisenfachwerk des Wasserturms der Ziegelei stehen noch am Welsergraben.

1, 2 BLDAM, Archiv Akte 10-1335.
3   Informationstafel vor Ort, Thema: Industriearchäologie der Tonstich-
      landschaft; Die Ziegelei Prerauer-Neubau 1897–1920.

Standort / Straße: N 53.0104,
E 13.3162 /
Am Welsengraben 8
Baujahre: 1896–97[1]
Wasserversorgung: Industrie /
Gewerbe
Behältervolumen/
Nutzinhalt: k A.
Denkmalschutz: ja
Entwurf: k. A.
Bauherr: Ziegelei Prerauer-
Neubau[2]
Heutige Nutzung: keine
Aufnahme vor Ort: 2010

Abb. 70 Ansicht von 2010

Kurzbeschreibung Architektur/Bauweise

Runder Bahnturm mit Turmschaft in Sichtmauerwerk aus roten Bindern, mit einem auskragenden Turmkopf und einem Kegeldach.

Über einem gemauerten Sockel mit abschließender Rollschicht befinden sich drei Segmentbogenöffnungen und ein Eingangsportal mit mansardartigem Dreiecksgiebel, in den beiden Ebenen darüber sind vier Segmentbogenfenster mit scheitrechten Stürzen – in den Ebenen versetzt – angeordnet, in der obersten Ebene des Turmschaftes ist links über dem Eingangsportal ein Austritt mit Tür und Leitergang als äußerer Übergang vom Turmschaft zum Turmkopf angebaut, ein schmales Gurtgesims markiert den Übergang zum Turmkopf; sechs hohe, rechteckige, farblich gerahmte Eisenfenster mit kleingliedriger Sprossung belichten den Turmkopf; bituminös eingedecktes Kegeldach mit Resten einer Laterne und Wetterfahne.

Sonstiges

1877 entstand mit Bau der Berliner Nordbahn der Bahnhof Löwenberg. Nach dem Gesetz zur Erweiterung und Vervollständigung des preußischen Staatseisenbahnnetzes wurde ein 32,9 km langer Abzweig nach Templin gebaut – eine Eisenbahn untergeordneter Bedeutung.[1] Der erste Teilabschnitt der Nebenbahnstrecke Löwenberg–Prenzlau ging zwischen Löwenberg über Zehdenick nach Templin 1888 in Betrieb. Erst 1899 konnte der restliche Streckenabschnitt befahren werden.[2]

Die Löwenberg–Lindow–Rheinsberger Eisenbahn eröffnete 1896 die 50 km lange Strecke vom Löwenberger Bahnhof nach Flecken Zechlin (seit 1920 Ruppiner Eisenbahn).[3]

Bis 1905 wurde zwischen Oranienburg und Löwenberg die Strecke Berlin–Stralsund zweigleisig ausgebaut und dann anschließend weiter bis Neustrelitz. Vermutlich wurde spätestens in dieser Zeit der Wasserturm errichtet. 1907 kam noch die private Nebenstrecke Löwenberg–Herzberg–Rheinsberg hinzu. Auf dem Bahnhof Löwenberg war ein kleines Eisenbahnkreuz entstanden.[4]

Abb. 71 Ansicht Gleisseite

Abb. 72 Detail, Wasserstandsanzeiger

1 Centralblatt, Nr. 6, 1888, S. 55; Bley, 2002, S. 12 ff.
2 http://de.wikipedia.org/wiki/Bahnstrecke_Löwenberg-Prenzlau, 01.10.2015; Preuß, 1996, o. S.
3 http://de.wikipedia.org/wiki/Bahnstrecke_Löwenberg-Flecken_Zechlin, 01.10.2015; Brandt, 1968, S. 10.
4 Bley, 2002, S. 41.

Standort / Straße: N 52.8978, E 13.1891 / Mühlenweg
Baujahr: k. A.
Wasserversorgung: Eisenbahn
Behältervolumen / Nutzinhalt: k. A. / 90 m³
Denkmalschutz: nein
Entwurf: k. A.
Bauherr: Preußische Staatsbahn
Heutige Nutzung: keine
Aufnahme vor Ort: 2010

Landkreis: Oberhavel | Ort: Oranienburg

Behälter: 2 × Flachboden, rechteckig, Eisen, genietet[1]

Standort / Straße: N 52.7516,
E 13.2298/Gartenstraße 15 b
Baujahr: 1911
Wasserversorgung:
Industrie / Gewerbe
Behältervolumen/Nutzinhalt:
9 m³ / 8,25 m³ Warmwasser
6,8 m³ / 6 m³ Kaltwasser
Denkmalschutz: nein
Entwurf: k. A.
Bauherr: Gebrüder Tramba
Heutige Nutzung: Gewerbe
Aufnahme vor Ort: 2014

Kurzbeschreibung Architektur/Bauweise

Versachlichter, fünfgeschossiger, hoher, rechteckiger, glatt verputzter Turm, zweiseitig umgeben von einem viergeschossigen Gebäude mit dahinterliegendem, dreigeschossigem Funktionsbau.

Turm durch Ecklisenen an der Nord- und Westfassade betont, im Erdgeschoss ein vorstehender, farblich gefasster, brüstungshoher Sockel, Westfassade mit vertieftem Putzspiegel über zwei Geschosse, im Putzspiegel Eingangstür mit darüberliegendem Segmentbogenfenster, ein Gurtgesims trennt das Erdgeschoss vom 1. Obergeschoss, Gesims ist im Bereich des Putzspiegels – in der Mitte des Segmentbogenfensters – unterbrochen, darüber liegen einflüglige Rundbogenfenster mit fest verglastem Oberlicht als Treppenhausfenster, Nordfassade vom Erdgeschoss bis zum 4. Obergeschoss je ein Segmentbogenfenster, im 5. Obergeschoss (Behältergeschoss) der Nord- und Westfassade liegen über drei schmalen, rechteckigen, leicht vertieften Putzspiegeln drei kleine, schmale Rechteckfenster, ein Kranzgesims zwischen den Ecklisenen als Fassadenabschluss; Mansarddach mit Biberschwänzen in Kronendeckung und Wetterfahne.

Sonstiges

Der Ursprungsbau von 1894 war ein geplanter Lager- und Gährkeller – errichtet von A. Rohmer, Ratsmaurermeister aus Berlin S. W. Das Sudhaus mit den Behältern wurde 1910 geplant. Der Maurermeister W. Dassler aus Oranienburg übernahm die Ausführung der Um- und Ausbauarbeiten zu einer Brauerei. Die Behälter fertigte die in Chemnitz ansässige Maschinenfabrik Germania.

1 Ob die Behälter noch vorhanden sind, ist nicht bekannt.

Abb. 73 (oben) Ansicht

Abb. 74 (unten) „Zeichnung zum Neubau eines Lager- und Gährkellers auf dem Grundstück des Herrn Tramba"

Landkreis: Oberhavel | Ort: Oranienburg

Behälter: ausgebaut, Hängeboden, Eisen, genietet

Kurzbeschreibung Architektur/Bauweise

Historistischer – ursprünglich im Stil eines Burgturms errichteter – massiver, runder Turm aus rotem Sichtmauerwerk im Kreuzverband, mit leicht auskragendem Turmkopf und neuem Kegeldach in Zinkeindeckung mit Stehfalz, sowie an der Fassade verlegten neuen Regenfallrohren.

Über dem Sockel verjüngt sich der Turmschaft, Eingangsportal mit Staffelgiebel und Satteldach mit Biberschwanzeindeckung, unter dem Staffelgiebel eine zweiflügelige Eingangstür mit Segmentbogen – darüber ein angedeuteter gotischer Bogen, über dem Portal ein umlaufendes, breites, geometrisches Zierband aus gelben Ziegeln, das zwei schmale, schießschartenartige Fenster mit Rundbögen einbindet, davon ein Fenster direkt über dem Eingang und das andere Fenster gegenüber auf der Rückseite, in der nächsten Ebene belichten acht schmale, schießschartenartige Fenster den Schaft, unter dem Gurtgesims aus gelben Ziegeln – mit einem anders gestalteten, geometrischen Zierband aus gelben Ziegeln – sind noch vier Rundfenster angeordnet; Übergang zum Turmkopf schließt mit einem Gurtgesims aus gelben Ziegeln ab, Turmkopf mit vier Fensterportalen aus Ziermauerwerk und drei Segmentbogenfenstern, die links und rechts durch zwei dreieckige Pilaster gefasst sind, zwischen den Fensterportalen verläuft ein zweilagiges, gelbes Ziegelband, das von jeweils einem schmalen, schießbogenartigen Spitzbogenfenster unterbrochen wird; Kegeldach mit leichtem Dachüberstand.

Sonstiges

Zivilingenieur Emil Prinz plante und baute von 1896 bis 97 die zentrale Wasserversorgungsanlage für das „Electricitäts- und Wasserwerk Oranienburg". Die Bauausführung erfolgte durch die Firma Ebell & Comp.[1] Aus vier Rohrbrunnen wurde das Wasser gewonnen, über eine Riesler- und Sandfilteranlage gereinigt und im Reinwasserreservoir gespeichert. Zwei Elektromotoren von 12 PS betrieben die doppeltwirkenden Plungerpumpen, die das Wasser 30 m hoch in den 300 m³ fassenden Hängebodenbehälter des Wasserturmes pumpten. Das Versorgungsnetz war als Ringsystem angelegt. Der Wasserturm

Abb. 75 Ansicht 2010

Abb. 76 Eingangsportal

war ein Durchlaufbehälter.[2] Ende 1911 waren bereits 590 Gebäude an die Wasserversorgung angeschlossen, hinzu kamen 120 weitere Anschlüsse in der Kolonie Eden.[3]

1932 wurden die gemauerten Dachaufbauten und der Zinnenkranz zurückgebaut und das Dach – jetzt mit Dachüberstand – erneuert. 2008 wurde das Dachwerk abgerissen und erneuert.[4]

Standort / Straße: N 52.7523, E 13.2575/Heidelberger Str. 37
Baujahr: 1896
Wasserversorgung: Stadt
Behältervolumen / Nutzinhalt: 310 m³ / 301 m³
Denkmalschutz: ja
Entwurf: Zivilingenieur Emil Prinz, Berlin
Bauherr: Stadtverwaltung
Heutige Nutzung: keine
Aufnahme vor Ort: 2010

1   Journal, 1895, S. 38, 607; Journal, 1896, S. 527.
2   Grahn, 1898, S. 47.
3   Stadtarchiv Oranienburg, Rep. 8, Akte Nr. 499, S. 6.
4   Kathert, online 2008.

Landkreis: **Oberhavel** | Ort: **Schwante**

Behälter: **k. A.**

Standort / Straße: N 52.7272,
E 13.0818 / Mühlenweg, Am
Wasserturm
Baujahr: 1903–05[1]
Wasserversorgung:
Land / Gut
Behältervolumen /
Nutzinhalt: k. A.
Denkmalschutz: ja
Entwurf: k. A.
Bauherr: k. A.
Heutige Nutzung:
Wohnen und Gewerbe
Aufnahme vor Ort: 2010

Kurzbeschreibung Architektur/Bauweise

Historistischer, burgturmartiger, kleiner, quadratischer, massiver Wasserturm mit leicht ausgestelltem Turmkopf und Zeltdach.

Ecklisenen in Sichtmauerwerk aus roten Ziegeln im Kreuzverband akzentuieren den massiven Schaft, zusätzlich verstärken im Erdgeschoss Strebepfeiler die Wirkung, in den leicht zurückspringenden, glatten, weiß gestrichenen Putzflächen zwischen den Ecklisenen belichten Fenster den Schaft, abgeschlossen wird der hohe Sockel durch eine Rollschicht, an der Nordfassade liegt über einer dreistufigen Treppe der Eingangsbereich – gerahmt durch ein rotes Ziegelband, an der West- und Ostfassade sind biforenartig Segmentbogenfenster angeordnet – ebenfalls mit rotem Ziegelband gerahmt, an der Südfassade befinden sich zwei nebeneinanderliegende Türen mit Segmentbogen, im 1. Obergeschoss sind nur auf der Ostfassade zwei, biforenartig gereihte Segmentbogenfenster, an den anderen drei Seiten: je zwei sehr schmale, rechteckige Fenster, über dem 1. Obergeschoss werden die Ecklisenen durch ein Schmuckband aus roten Ziegeln verbunden, die darüber befindliche Auskragung des Turmkopfes wird durch rote Ziegel im Wechsel mit weißen Putzspiegeln hervorgehoben; Turmkopf durch Wechsel von ziegelsichtigen und geputzten Flächen stark gegliedert, in den fünf verputzten Flächen zwischen den Lisenen mit Blendbögen ist mittig auf drei Seiten der Fassade je ein schmales, hohes, rechteckiges Fenster angeordnet, nur in der Südfassade sind diese Flächen vollständig durch sogenannte französische Fenster ausgefüllt, eine zinnenartige Attika bildet den Abschluss der Fassade; Zeltdach und Laterne in Schiefer gedeckt, mit einer Wetterfahne.

Sonstiges

Seit dem 16. Jahrhundert war Schwante der Wohnsitz derer von Redern. 1741 bis 1743 entstand die dreiflügelige Schlossanlage. Der Wasserturm, zwei Wirtschaftsgebäude und ein Wohnhaus haben die Zeit überdauert.[1] 1997 wurde der Antrag für die Umnutzung des Wasserturms für Wohnzwecke gestellt.

1, 2 BLHA, Archiv-Akte 10.587

Abb. 77 (oben) Ansicht von Norden

Abb. 78 (unten) Ansicht von Südwest

Landkreis: Oberhavel | Ort: Sommerfeld

Behälter: k. A.

C

Nr.: 053/10

Kurzbeschreibung Architektur/Bauweise

Funktionale, kleine, dreigeschossige, rechteckige, gleisseitig giebelständige Wasserstation aus glatt verputztem Mauerwerk, mit Wasserstandsanzeiger, Satteldach und einer seitlich nachträglich angebauten Treppenanlage.

Erdgeschoss mit rechteckiger Eingangstür auf der Gleisseite, im 1. und 2. Obergeschoss sind rechteckige Fenster über der Eingangstür angeordnet, an der Südwestfassade wurde im 1. Obergeschoss eine weitere rechteckige Eingangstür eingebaut – erschlossen über eine Stahlspindeltreppe mit einer hölzernen Brücke, seitlich darüber befindet sich der Wasserstandsanzeiger; Satteldach mit bituminöser Eindeckung und gemauertem Schornsteinkopf.

Sonstiges

Die Kremmen–Neuruppin–Wittstocker Eisenbahn (KWE) ließ die 66 km lange Strecke von Berlin über Kremmen nach Neuruppin durch das Bahnbauunternehmen Lenz & Co. von 1898 bis 1899 bauen.[1]

1 Brandt, 1968, S. 11.
2 Preuss, 1994, 67 f.
3 BLDAM: Der Wasserturm steht nicht unter Denkmalschutz; Anmerkung von Wangenheim: In die Denkmalliste ist der Bahnhof mit Nebengebäuden eingetragen.

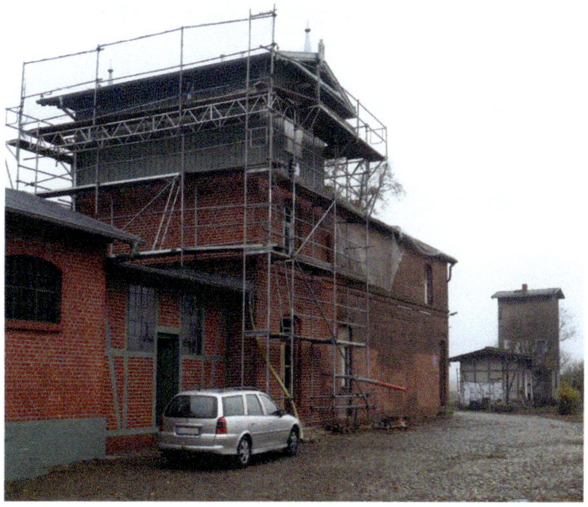

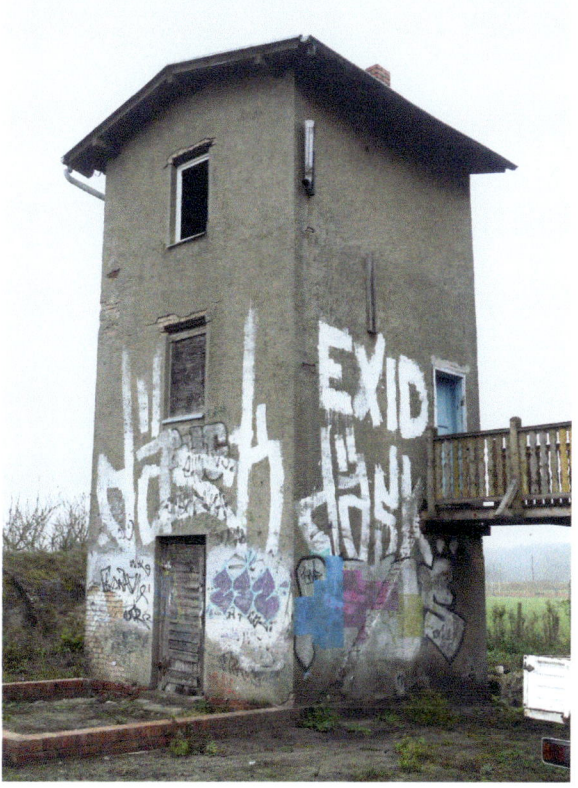

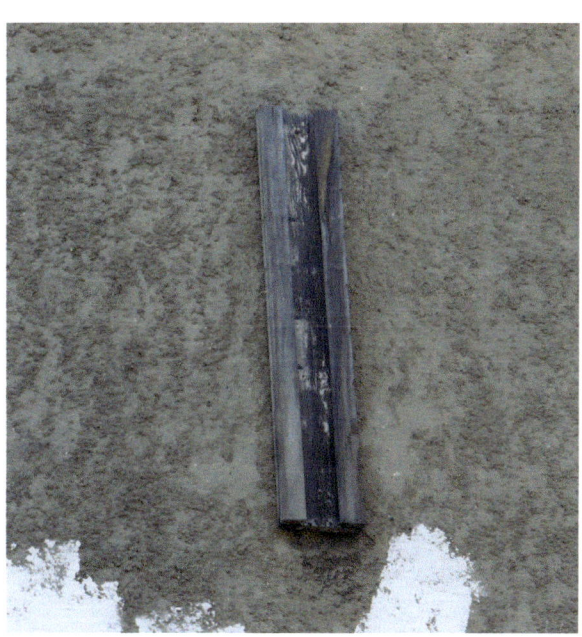

Abb. 79 (links) Detail, Wasserstandsanzeiger

Abb. 80 (oben) Bahnhofgebäude mit Wasserturm (rechts), Ansicht von Südost.

Abb. 81 (unten) Ansicht von Süden

Standort / Straße: N 52.8049, E 13.0207/Bahnhofstraße
Baujahr: um 1901[2]
Wasserversorgung: Eisenbahn
Behältervolumen / Nutzinhalt: k. A.
Denkmalschutz: ja[3]
Entwurf: k. A.
Bauherr: Preußische Staatsbahn
Heutige Nutzung: k. A.
Aufnahme vor Ort: 2014

C

Nr.: 054/11

Behälter: Flachboden, kreisförmig, Eisen

Kurzbeschreibung Architektur/Bauweise

Hoher, schlanker, konischer, achteckiger, verputzter Turm im Heimatschutzstil mit einem holzverkleideten Turmkopf, und einem geschweiften Zeltdach – eingedeckt mit Biberschwänzen in Kronendeckung.

Achteckiges Sockelgeschoss mit vier Rundbogenfenstern und einer Eingangstür vermutlich mit Korbbogen, das umlaufende Pultdach mit Kronendeckung über dem Sockelgeschoss umfasst den sich darüber verjüngenden Turmschaft, über den Rundbogenfenstern des Sockelgeschosses sind in der nächsten Ebene kleine, rechteckige Fenster angeordnet, in den beiden darüberliegenden Ebenen belichten je Ebene – versetzt angeordnet – vier sehr schmale, schießschartenartige Fenster mit Rundbogen den Schaft; den Turmkopf betont eine aufgesetzte, senkrechte Holzverkleidung (Boden-Deckel-Schalung) in zwei Ebenen, die Holzbretter sind an den Enden konkav abgerundet und mit Holznägeln verziert, an vier Seiten sind im Übergang von Turmschaft zum Turmkopf vier, kleine Austritte mit zweiflügeligen Balkontüren und kleinen Pultdächern vorhanden, an den Fassadenseiten zwischen den Austritten befinden sich in der unteren Ebene des Turmkopfes liegend angeordnete, rechteckige Fenster, die obere Ebene der Holzverkleidung ragt über die unteren Ebene.

Sonstiges

In einem Waldareal am Beetzer See entstand die Sommerfelder Lungenheilstätte „Waldhaus Charlottenburg" von 1912 bis 1914 mit voneinander getrennten Bereichen für Männer und Frauen. Eine landschaftlich gestaltere Anlage mit einzelnstehenden, unterschiedlich großen Pavillons im Stil süddeutscher Bauernhausarchitektur, wie: Hauptgebäude für die weiblichen und männlichen Kranken, Beamtenhäusern, Badehaus, Kessel- und Maschinenhaus, Kochküche, Waschküche, Kapelle, Gärtnerei.[2] Seit 1980 ist der Wasserturm nicht mehr in Betrieb.

Standort / Straße: N 52.8152, E 13.0363/Waldhausstr. 1–13
Baujahr: 1912–14
Wasserversorgung: Krankenhaus / Sanatorium / Anstalt
Behältervolumen / Nutzinhalt: k. A.
Denkmalschutz: ja
Entwurf: Heinrich Seeling, Stadtbaurat[1]
Bauherr: Stadt Charlottenburg
Heutige Nutzung: keine
Aufnahme vor Ort: 2010

Abb. 82 (links) Eingangstür

Abb. 83 (rechts) Ansicht von 2010

1   Architekt Seeling (1852–1932) wurde 1908 zum Stadtbaurat von Charlottenburg gewählt und baute dort, neben mehreren Schulen, auch Krankenhäuser, wie das Städtische Krankenhaus für Geburtshilfe und die Erweiterung des Krankenhauses Westend, Schliepmann, 1913, S. 473 ff; Zusammen mit Max Niedenhoff hat Seeling den Wasserturm von Charlottenburg-Westend geplant. In dem 1908–09 errichteten Turm in der Akazienalle wurde von der Firma August Klönne ein Barkhausenbehälter eingebaut. Dieser Behälter musste zwischenzeitlich einer Wohnnutzung weichen, Klee, 1996, Kurzprofile.

2   Vinken, 1995, S. 30 ff.

Kurzbeschreibung Architektur/Bauweise

Hoher, rechteckiger, neungeschossiger Turm aus überwiegend rotem Sichtmauerwerk im Bauhausstil, umgeben von ein- und zweigeschossigen Gebäuden.

Über sieben Geschosse ist mittig an allen Fassadenseiten des Turmschafts ein liegendes, rechteckiges, gerahmtes Fenster mit scheitrechtem Sturz angeordnet, im 8. Obergeschoss befinden sich an jeder Seite zwei liegende, rechteckige, gerahmte Fenster, darüber betont ein Gurtgesims – Ziegel hochkant im Verband gemauert – den Abschluss des Turmschafts; Turmkopf springt allseitig zurück, der Rücksprung ist mit Zinkblech verwahrt, jede Fassadeseite ist nur durch ein liegendes rechteckiges, gerahmtes Fenster belichtet; Attika springt über einer Rollschicht ebenfalls zurück und ist mit Zinkblech verwahrt.

Abb. 85 Ansicht von Südost

Sonstiges

Seit 1893 fuhr die Kremmener Bahn von Schönholz-Reinickendorf über Velten nach Kremmen.

Die Strecke gewann mit der Industrialisierung immer mehr an Bedeutung und wurde weiter ausgebaut.[3] Die Baugenehmigung für die Herstellung eines Triebwagenschuppens mit Werkstatthalle und Wasserturm wurde am 05. März 1927 erteilt.[4] Heute wird das Gebäude von der Firma Stadler genutzt. Die Firma entwickelt und produziert Schienenfahrzeuge.

Abb. 84 Ansicht von Westen

1   Richard Brademan war Leiter der Berliner Bauabteilung der Deutschen Reichsbahn, http://kemmener-bahn.net/weiter-bahnanlagen/Triebwagenhalle, 03.10.2014.

2   BLDAM, Akte 10-841.

3   https://de.wikipedia.org/wiki/Bahnstrecke_Berlin-Schönholz-Kremmen#Geschichte_bis_1945, 16.02.2022.

4   Stadtarchiv Velten, Spezial-Akten des Amtsvorstehers in Velten bei Berlin, Kreis Havelland betreffend: Herstellung eines Triebwagenschuppens mit Werkstatthalle und Wasserturm auf dem Abstellbahnhof an der hiesigen Bötzowstr.

Standort / Straße: N 52.6904, E 13.1632/Bötzower Str. 191a
Baujahre: 1927–28
Wasserversorgung: Eisenbahn / Stadt[2]
Behältervolumen / Nutzinhalt: k. A.
Denkmalschutz: ja
Entwurf: Richard Brademann[1]
Bauherr: Deutsche Reichsbahn
Heutige Nutzung: k. A.
Aufnahme vor Ort: 2010

Landkreis: **Oberhavel** | Ort: **Zehdenick**

Behälter: **ausgebaut**

Abb. 86 (oben) Ansicht von 2010

Kurzbeschreibung Architektur/Bauweise

Ehemaliger Wasserturm aus rotem Sichtmauerwerk im Blockverband, bis zur Erdgeschosszone zurückgebaut.

Schlichtes Eingangsportal mit Jahreszahl über einer rundbogigen Eingangstür, links und rechts daneben Türen mit Segmentbögen, ein ursprüngliches Fenster mit Segmentbogen auf der Rückseite, oberer Abschluss durch ein schmales Zinkblechband.

Sonstiges

Der erste Teilabschnitt der Nebenbahnstrecke Löwenberg–Prenzlau ging zwischen Löwenberg über Zehdenick nach Templin 1888 in Betrieb. Erst 1899 konnte der restliche Streckenabschnitt befahren werden.[1]

1   http://de.wikipedia.org/wiki/Bahnstrecke_Löwenberg-Prenzlau, 01.10.2015; Preuß, 1996, o.S.
2   BLDAM: Löschung in der Denkmalliste zwischenzeitlich erfolgt.

Abb. 87 (unten) Postkarte vom Wasserturm Zehdenick

Standort / Straße: N 52.9799, E 13.3179 / Am Bahnhof
Baujahr: 1915
Wasserversorgung: Eisenbahn
Behältervolumen /
Nutzinhalt: k. A.
Denkmalschutz: ja?
Entwurf: k. A.
Bauherr: Preußische Staatsbahn
Heutige Nutzung: WC-Anlage
Aufnahme vor Ort: 2010

Kurzbeschreibung Architektur/Bauweise

Historistischer, 16 m hoher, schlanker Turm aus Sichtmauerwerk mit roten und gelben Ziegeln und eingeschossigen Vor- und Anbauten.

Lisenen aus roten Ziegeln akzentuieren den Turm in der Vertikalen, horizontal werden die vier Ebenen aus gelben Sichtmauerwerk durch zweilagige Gurtbänder aus roten Ziegeln hervorgehoben, im Erdgeschoss ein leicht vorspringender, verputzter, schmaler Sockel, der auch um den vorgebauten Eingangsbereich mit Satteldach verläuft, Vor- und Anbau durch Eckpilaster aus rotem Sichtmauerwerk betont, dazwischen Mauerwerksflächen aus gelben Ziegeln, Eingangstür mit rundem Oberlicht im Vorbau, in den drei darüberliegenden Ebenen belichten Fenster mit Segmentbögen –umrahmt mit roten Ziegeln – den Turmschaft, die Lisenen werden durch ein Rundbogenfries mit Kranzgesims zusammengeführt, darüber eine Attika aus einem gemauerten Zinnenkranz.

Sonstiges

Der Wasser- und Aussichtsturm der Gärtnerei August Reetz wurde auf der Märkischen Höhe für die Wasserversorgung seiner Obst- und Baumschule errichtet. Für Beobachtungszwecke im ersten Weltkrieg genutzt, ging der Wasserturm in den 60er Jahren des letzten Jahrhunderts außer Betrieb.[1]

1   Unterlagen, Stadtarchiv Zehdenick

Abb. 88 (oben) Ansicht von Osten, 2014

Abb. 89 (unten) Vorbau mit Eingang

Standort / Straße: N 52.9866, E 13.2914 /
Badinger Chaussee 3
Baujahr: 1906
Wasserversorgung: Land/Gut
Behältervolumen /
Nutzinhalt: 2,5 m³ / k.A.
Denkmalschutz: nein
Entwurf:
Maurermeister G. Burisch
Bauherr: August Reetz
Heutige Nutzung: keine
Aufnahme vor Ort: 2010 und 2014

Landkreis: Oberhavel | Ort: Zehdenick

Behälter: Hängeboden, Eisen, genietet

Abb. 90 (oben) Ansicht von Südwest

Abb. 91 (Mitte) Schriftzug am Turmschaft

Abb. 92 (unten) Eingang zwischen Wasserturm (rechts) und Nebengebäude (links)

Standort / Straße: N 52.9640,
E 13.3421 / Parkstr. 56
Baujahr: 1899–1900
Wasserversorgung: Stadt
Behältervolumen /
Nutzinhalt: 155 m³ / 150 m³
Denkmalschutz: ja
Entwurf: Civilingenieur
Friedrich Schmetzer
Bauherr: Deutsche Wasserwerke A. G. Berlin
Heutige Nutzung: Kultur, Büro
Aufnahme vor Ort: 2010/2012

Kurzbeschreibung Architektur/Bauweise

Historistischer, über 44 m hoher, schlanker, runder Wasserturm aus rotem Sichtmauerwerk im Kreuzverband, mit leicht ausgestelltem, achteckigem Turmkopf und Zeltdach, Erschließung über den eingeschossigen Verbindungsgang, der zwischen Wasserturm und dem Nebengebäude errichtet wurde.

Hohes Sockelgeschoss, über dem Gelände ein zweifach zurückspringender Sockel mit verschlossener kreisrunder Öffnung, einzelne und in Dreiergruppen angeordnete Segmentbogenfenster – teilweise zugemauert und verputzt – in zwei Ebenen, bei den Fenstern der oberen Ebene beginnt in Höhe des Segmentbogens ein breites, profiliertes Gurtgesims, das in zinnenartiger Form das Sockelgeschoss abschließt, darüber in drei Ebenen Fenster, in der unteren Ebene einzelne und triforienartig, angeordnete Segmentbogenfenster mit einem darüberliegenden Spitzbogen mit Putzspiegel – Fenster zum Teil zugemauert und verputzt, darüber in zwei Ebenen vier spitzbogige Fenster, zwischen den Ebenen ein umlaufendes Putzband mit Schriftzug, Abschluss des Turmschafts durch ein breites Gurtgesims mit einem darüber befindlichen Rundbogenfries – gestaltet durch wechselnde Ziegel- und geometrische Putzflächen, in den Rundbögen jeweils ein Rundfensterfries und zwischen den Rundbögen Konsolsteine, die den Übergang zum Turmkopf pointieren; achteckiger Turmkopf mit waagerechter und oben abschließender, senkrechter Holzverschalung, unter der senkrechten Schalung je Seite mittig zwei rechteckige Sprossenfenster; kupfergedecktes Zeltdach mit vier Giebelgauben, Dach und Gauben mit Kugeln bekrönt.

Sonstiges

1898 erfolgte die Wasserversorgung von damals 3.453 Einwohnern mit 11 öffentlichen Brunnen und 180 privaten Brunnen.[1] Noch im selben Jahr wurde für die Wasserversorgung von Zehdenick ein Vertrag zwischen der Stadt und der „Deutschen Wasserwerken, Actien-Gesellschaft" aus Berlin für 50 Jahre unterzeichnet.[2] Auf dem Wasserwerksgelände wurde auch der Wasserturm errichtet.

Seit 2005 sollte – nach einem Beschluss der Stadtverordneten von Zehdenick – der ehemalige Wasserturm mit seinen baulichen Anlagen eine neue Nutzung erhalten. Nach umfangreichen Sanierungsarbeiten am Turm und dem Maschinenhaus, sowie den Reinwasserbehältern werden die Gebäude und das Gelände touristisch, kulturell und gastronomisch als Kinder- und Jugendzentrum genutzt.[3]

1–2 Grahn, 1898, S. 50, Journal, Nr. 3, 1898, S. 36.
3 www.zehdenicker-wasserturm.de/Index.php/das projekt 30.11.2012.

Kurzbeschreibung Architektur / Bauweise

Massiver, runder Turm ohne auskragenden Turmkopf und mit steilem Kegeldach – ein Burgturm mit Stilelementen der Wiener Secession, der Wasserturm mit Wetterfahne ist über 44 m hoch.

Turmschaft aus rotem Sichtmauerwerk im Märkischen Verband gemauert, in dem hohen Feldsteinsockel ist ein Portal mit einer Segmentbogentür und einem Sattelgiebel – links und rechts flankiert von viertelkreisförmigen Pultdächern – eingebunden, Portal hat über der Tür ein Schmuckband aus Terrakotten mit floralen Mustern und eine Inschrift mit dem Erbauungsdatum, über dem Sockel markieren bindergroße Rüstlöcher – als umlaufende Bänder in einem gleichmäßigen Abstand (ca. 17 Mauerwerkslagen) – den Schaft bis zum breiten, glatten, weißen Putzspiegelband, das den Übergang zum Behältergeschoss akzentuiert, wenige Fenster sind im Turmschaft eingebaut, nur unter dem Putzspiegelband belichten 10 Segmentbogenfenster den Turmschaft; Turmkopf stark durch vier Frontispize pointiert, diese sind als Staffelgiebel mit viertelkreisförmigen Pultdächern gestaltet und mit floralen Terrakotten geschmückt, die jeweils einen tiefer gelegten, hohen, glatt verputzen Segmentbogen einrahmen, im Putzspiegel des Bogens sind zwei spitzbogige Fenster und darüber ein auf die Spitze gesetztes quadratisches Fenster eingelassen, zwischen den Staffelgiebeln sind – getrennt von floralen Terrakotten – zweimal zwei Fenster mit Spitzbogen angeordnet; Kegeldach mit Schiefer eingedeckt und durch Kugel mit Wetterfahne bekrönt.

Sonstiges

Die Stadt Bernau hat in den Vertrag für die Ausführung des Wasserturms unter „Besondere Bedingungen", Teil A – Erd-, Maurer- und Zimmerarbeiten ausgeführt: Das Mauerwerk – einschließlich dem Granitauflager für den Druckring – ist innerhalb von 8 Wochen fertigzustellen. Anschließend wird der Behälter montiert.[2] 1995 ging der Wasserturm außer Betrieb.[3]

1   von Wangenheim, 2018, Katalog Band 1, S. 307 ff.
2   Stadtarchiv Bernau, Akte der Wasserturm des städtischen Wasserwerks, Band 1.
3, 4 Angaben vom Wasser- und Abwasserverband „Panke/Finow", Stadtwerke Bernau.

Abb. 93 (oben) Ansicht

Abb. 94 (unten) Eingangsportal

Standort / Straße: N 52.6828, N 13.5784 / Oranienburger Str.
Baujahr: 1910
Wasserversorgung: Stadt
Behältervolumen / Nutzinhalt: k. A. / 350 m³ [4]
Denkmalschutz: ja
Entwurf: Zivilingenieur E. Prinz, Berlin
Bauherr: Stadtverwaltung
Heutige Nutzung: keine
Aufnahme vor Ort: 2010, 2011 und 2012

211

A

Nr.: 060/02[1]

Behälter: Intze I mit mittlerem Durchstieg, Stahlbeton

Abb. 95 Ansicht von 2010

Standort / Straße: N 52.7618,
E 13.6509 / Bahnhofstr.
Baujahr: 1922[2]
Wasserversorgung: Stadt
Behältervolumen/Nutzinhalt:
89 m³ / 85 m³
Denkmalschutz: ja
Entwurf: k. A.
Bauherr: Stadtverwaltung
Heutige Nutzung: keine
Aufnahme vor Ort:
2010 und 2014

Kurzbeschreibung Architektur / Bauweise

Im Stil der Neuen Sachlichkeit errichteter, sechseckiger, betonsichtiger Wasserturm mit auskragendem, rundem Turmkopf und flachem Kuppeldach mit einer Laterne bis zu deren Kugelspitze der Turm über 24 m misst[3], statische Konstruktion aus Stahlbeton mit Ausfachungen aus verputztem Mauerwerk.

An den Ecken betonen Wandpfeiler den Turmschaft, die über den runden Turmkopf geführt bis zum Dach die Vertikale des Turms hervorheben, Turmschaft mit sechseckigem, leicht ausgestelltem Sockelgeschoss, dessen Eckpfeiler mit der auskragenden Betondecke die sechs Flächen einrahmen, in jeder zweiten Fläche sind biforenartig, schmal gerahmte, rechteckige Fenster angeordnet, zwischen zwei Flächen mit Fenstern liegt die ebenfalls gerahmte, rechteckige Eingangstür, Rahmen über der Eingangstür stellt – stilistisch vereinfacht – das flache Kuppeldach mit Laterne dar, die Rahmung um die Tür weist noch Reste der ursprünglichen Betonschraffur auf, über dem Sockelgeschoss sind die Schaftflächen ohne Schmuckelemente, in zwei Ebenen belichten je drei schmale, rechteckige, einflügelige Fenster – übereinander im Wechsel angeordnet – den Schaft, darüber wird der Übergang zur obersten Ebene durch die auskragende Decke des Tropfbodens hervorgehoben, in dieser Ebene sind drei, rechteckige, liegend angeordnete, dreiflügelige Fenster eingebaut; über dem Schaft ein gerade auskragender Turmkopf ohne Fenster – nur durch Wandpfeiler vertikal bis über das Dach hinaus betont und horizontal durch herausgezogene Boden- und Deckenplatten gerahmt; mittig erhebt sich aus der flachen Betonkuppel eine Laterne mit Rundbogenöffnungen, Kuppeldach der Laterne mit Blech eingedeckt.

Sonstiges

Der Wasserturm ging 1995 außer Betrieb.[4]

1   von Wangenheim, 2018, Katalog Band 1, S. 321 ff.
2–4 Ihlow, 2004, S. 19 f.

Landkreis: **Barnim** | Ort: **Eberswalde**

Behälter: **2 × Flachboden, kreisförmig, Eisen, genietet**

Nr.: **061/03**[1]

Kurzbeschreibung Architektur / Bauweise

Historistische Doppelturmanlage mit gelbem, rot gebändertem Sichtmauerwerk, beide Türme auf jeweils achteckigem Grundriss ohne auskragendem Turmkopf und mit Zeltdächern.

An den Ecken betonen hohe Strebepfeiler mit Wasserschlag die Vertikale der Turmanlage, im gelben Mauerwerk setzen Bänder aus roten Ziegeln in regelmäßigen Abständen horizontale Akzente und binden auch das rechteckige, schlichte Eingangsportal auf der Nordostseite mit ein, Eingangsportal mit einer Mauerwerksöffnung mit Segmentbogen, unter dem Dachüberstand ist die Fassade ohne Bänderung und auf jeder Fassadenseite durch zwei Fenster mit Segmentbogen gliedert, teilweise sind die ehemaligen Fensteröffnungen zugemauert; Zeltdächer mit bituminöser Eindeckung.

Sonstiges

Die Gebäude der ehemaligen Provinzal-Irrenheil- und Pflegeanstalt nutzt heute die Landesklinik Eberswalde.

Abb. 96 Ansicht von Nordwest

Standort / Straße: N 52.8472, E 13.8268 / Oderberger Str.
Baujahr: 1862–65
Wasserversorgung: Krankenhaus / Sanatorium / Anstalt
Behältervolumen /Nutzinhalt: 94 m³ / 90 m³; 88 m³ / 84 m³
Denkmalschutz: ja
Entwurf: Martin Gropius
Bauherr: Kurmärkische Land-Armen-Verwaltung[2]
Heutige Nutzung: keine
Aufnahme vor Ort: 2010 und 2012

1   von Wangenheim, 2018, Katalog Band 1, S. 332 ff.
2   Zeitschrift für Bauwesen, 1869, S. 147.

Landkreis: **Barnim** | Ort: **Finow**

Behälter: **Flachboden, kreisförmig, Eisenbeton**

Abb. 97 Ansicht von 2010

Standort / Straße: N 52.8473, E 13.7246 / Am Wasserturm
Baujahre: 1917–1918
Wasserversorgung: Industrie / Gewerbe[1]
Behältervolumen / Nutzinhalt: ca. 235 m³ / k.A.
Denkmalschutz: ja
Entwurf: Paul Mebes
Bauherr: Hirsch, Kupfer- und Messigwerke A.-G.
Heutige Nutzung: Aussichtsturm, Museum Messingwerk
Aufnahme vor Ort: 2010

Kurzbeschreibung Architektur / Bauweise

Expressionistischer, schlanker, quadratischer Turm aus überwiegend gelbem Sichtmauerwerk im Kreuzverband, über 46 m hoch, ohne auskragendem Turmkopf, mit Aussichtsumgang, Attika und flachem Dach.

Turmschaft aus vier hohen Eckpfeilern, die sich stufenförmig verjüngen, unter dem Turmkopf enden die Pfeiler in einem Kreuzgratgewölbe und außen sind sie mit gotischen Spitzbögen zusammengeführt, in den Pfeilern sind Treppenhäuser und Versorgungsleitungen integriert, über der später vorgebauten, eingeschossigen Eingangshalle befindet sich im Sockelbereich, zwischen den Pfeilern, ein Gedenkort für die Gefallenen im ersten Weltkrieg, an den beiden nach innen gerichteten Seiten der Pfeiler sind schießschartenartige Rundbogenöffnungen – die die Schächte belichten und belüften – angeordnet; Turmkopf allseitig in zwei Ebenen mit fünf schießschartigen Rundbogenöffnungen gegliedert, darüber ein hohes Segmentbogenfries – das den Übergang zum ausgestellten Aussichtsumgang markiert; Umgang mit zurückspringender Attika, in der allseitig ebenfalls schießschartige Rundbogenöffnungen – je drei – angeordnet sind, Abschluss durch eine zackenartig bekrönte Attika.

Sonstiges

Die Baugenehmigung für den Hindenburgturm wurde am 19.09.1917 erteilt. Der Architekt Paul Mebes inspirierte Kollegen zu ähnlichen Entwürfen, wie der „Skizze zu einem Wasserturm im Havelländischen Luch".[2]

1 Ab 1935 wurde der Wasserturm auch für die städtische Wasserversorgung genutzt, BLHA, Rep 75
2 Ausführliche Angaben zur Geschichte siehe: von Wangenheim, 2018, Katalog Band. 1, S. 348 ff

Landkreis: **Barnim** | Ort: **Finow**

Behälter: **k. A.**

Kurzbeschreibung Architektur / Bauweise

Funktionaler, kleiner, quadratischer Eisenfachwerkturm mit ausgemauerten Gefachen, leicht ausgestelltem Turmkopf und einem giebelständigen[1] Satteldach.

Turmschaft aus Eisenfachwerk in drei Ebenen mit Gefachen aus Sichtmauerwerk, ausgemauert mit roten Mauerziegeln im Läuferverband, über dem Betonfundament sind auf der Gleisseite über einer einfachen Lattentür in der Ebene 1 und 2 mittig Eisenfenster mit Sprossen und Segmentbogen angeordnet, rechts über dem Fenster der Ebene 1 befindet sich ein Wasserstandsanzeiger, der bis über das Fenster der Ebene 2 ragt; die Außenhülle des quadratischen Turmkopfs ist holzverschalt mit waagerecht verlegten Brettern; Satteldach mit Biberschwänzen in Kronendeckung.

Sonstiges

Die Finowfurter Eisenbahn (EFE) fuhr zwischen Eberswalde und Finowfurt seit 1907. Die Strecke war 9 km lang und führte von Eberswalde über Eisenspalterei Finow (Mark)-Messingwerk nach Finowfurt. Die Deutsche Eisenbahn AG in Frankfurt am Main baute die Strecke, aber 1924 wurde sie privatisiert, geringfügig verlängert und an die Eberswalder–Finowfurter Eisenbahn AG übereignet.[2]

1 Giebelständig – hier bezogen auf den Standort zum Gleis.
2 Brandt, 1968, S. 65.

Abb. 98 (oben) Ansicht von 2010

Abb. 99 (links) Detail, Wasserstandsanzeiger

Standort / Straße: N 52.1480, E 13.6587 / Bahnhofstr. 1
Baujahr: 1907
Wasserversorgung: Eisenbahn
Behältervolumen /
Nutzinhalt: k. A
Denkmalschutz: nein
Entwurf: Eisenbahn
Bauherr: Preußische Staatsbahn
Heutige Nutzung: k. A.
Aufnahme vor Ort: 2010

Standort / Straße: N 52.8408,
E 13.7610 / Eberswalder Str.
Baujahr: k. A.
Wasserversorgung:
Industrie / Gewerbe
Behältervolumen /
Nutzinhalt: k. A.
Denkmalschutz: ja
Entwurf: k. A.
Bauherr: k. A.
Heutige Nutzung: keine
Aufnahme vor Ort: 2010

Kurzbeschreibung Architektur / Bauweise

Sachlicher Wasserturm mit quadratischem Turmschaft aus
rotem Sichtmauerwerk, mit einem auskragenden, achteckigen Turmkopf aus Stahlbeton mit ausgemauerten, verputzten Gefachen und einem Zeltdach.

Turmschaft belichtet durch rechteckige Stahlfenster
mit scheitrechten Stürzen, Betongesims markiert den
Übergang zum Turmkopf, darüber quadratisches, verputztes Mauerwerk mit rechteckigen Fenstern auf drei
Seiten und einer außen liegenden Stahltreppe, über die
der Zugang zum Turmkopf erfolgt; auskragender, achteckiger Turmkopf lagert auf wandartigen Stahlbetonkonsolen auf, in jedem zweiten Gefach des Turmkopfes liegen zwei rechteckige Stahlfenster übereinander; Zeltdach
mit leichtem Dachüberstand und eingedeckt mit Biberschwänzen.

Sonstiges

1532 gab es in Eberswalde die erste Papiermühle. Der
eigentliche Vorläufer der späteren Papierfabrik Wolfswinkel entstand aber erst 1728–29 in Heegersmühle – die
Königliche Papiermühle. Durch den Krieg 1760 zerstört,
wurde der jetzige Standort in Wolfswinkel gewählt und
eine neue Papierfabrik errichtet. 1917 – nach dem Erwerb
durch die Berliner Siemens-Schuckert-Werke – wurde
begonnen, die Anlagen zu erweitern. Der größte Erweiterungsbau war die Werkhalle von 1928–29, in der die
damals modernste Spezialmaschine für die Herstellung
von Papier aufgestellt wurde.[1]

Auf dem Sockel eines ehemaligen Schornsteines von
1870 wurde der Wasserturm vermutlich ebenfalls in den
20er Jahren errichtet.[2]

1 Seifert, 2002, S. 33, 40, 44, 89.
2 In der Denkmaltopographie wird erwähnt, dass der Schornstein um
   1922 mit dem Sockel abgebrochen wurde. Rohowski, 1997, S. 300,
   siehe auch der Bauingenieur 1915 in Kapitel II 2 d

Abb. 100 Ansicht von 2010

Behälter: **Schornsteinbehälter, Stahl, geschweißt**

Kurzbeschreibung Architektur / Bauweise

Hoher, gemauerter Schornstein mit einem Schornsteinbehälter aus Stahl.

Rohrleitungen und Aufstiegsleiter verlaufen außen am Schornstein bis zum Umgang aus Stahl; darüber ist der Behälter aufgelagert, Behälterdach mit Schutzgeländer; darüber verjüngt sich der Schornstein.

Sonstiges

Die Baupolizeiliche Prüfung des ersten Schornsteinbehälters ist auf den 26. November 1918 datiert. Dieser Schornsteinbehälter wurde von der Firma C. Elbe aus Cassel – spezialisiert auf Schornsteinbauten – errichtet. Der heutige, geschweißte Schornsteinbehälter ist vermutlich aus späterer Zeit.

Geschichtlich bemerkenswert ist der Stempel des Arbeiter- und Soldatenrats von Heegermühle und Umgebung auf der originalen Bauzeichnung.

1917 bis 1920 erfolgte die Erweiterung der Hirsch Kupfer- und Messingwerke auf Grund der sich steigernden Produktion für den Krieg. Die neue Werksanlage für Verarbeitung von Messing, Kupfer und Bronze wurde von dem Architekten Paul Mebes geplant. Der AEG-Konzern übernahm das einst jüdische Unternehmen während der Zeit des Nationalsozialismus. Nach der Demontage und dem Wiederaufbau entstand an Stelle des „Neuwerks" in den 50ziger Jahren des vorigen Jahrhunderts das VEB Walzwerk Finow.[1]

1   Rohowski, 1997, S. 252, Museum im Wasserturm des Messingwerkes.

Abb. 101 Ansicht von 2010

Standort / Straße: N 52.8474, E 13.7375 / Neuwerkstr.
Baujahr: k. A.
Wasserversorgung:
Industrie / Gewerbe
Behältervolumen /
Nutzinhalt: k. A. / 100 m³
Denkmalschutz: nein
Entwurf: k. A.
Bauherr: k. A.
Heutige Nutzung: k. A.
Aufnahme vor Ort: 2010

Landkreis: Barnim | Ort: Hirschfelde

Behälter: vermutlich ausgebaut

Kurzbeschreibung Architektur / Bauweise

Hoher, quadratischer Wasserturm im historistischen Stil eines Burgturmes mit Zeltdach und eingeschossigem Anbau.

Über dem geschosshohen Natursteinsockel aus Feldsteinen erhebt sich ein gemauerter Turmschaft in mehreren Ebenen, an den Ecken und verteilt in der Fassade vereinzelt Feldsteine – auch behauene Steine, Sockelgeschoss mit einer Rundbogentür, eingefasst mit behauenen Feldsteinen und einem darüberliegenden, schmalen, rechteckigen Fenster, insgesamt allseitig über den Turmschaft verteilt mehrere, versetzt angeordnete, schmale Fenster, die zum Teil zugemauert sind, am Ende des Schafts an allen vier Seiten ist mittig ein rechteckiges Fenster mit scheitrechtem Sturz eingebaut, ein Fries aus scheitrechten Bögen markiert den Abschluss der Fassade; Zeltdach mit vier Sattelgauben.

Sonstiges

Eduard Arnold wurde 1904 Eigentümer des Hirschfelder Guts. Von 1905–06 wurden große Umbauten durchgeführt, vermutlich entstand zu dieser Zeit der Wasserturm.[1]

1   http://www.maerkische-Landsitze.de/lexikon.htm, 09.11.2015; Geismeier, 1999, S. 12 ff..

Abb. 102 (links oben) Ansicht von Süden

Abb. 103 (links unten) Ansicht von Westen

Abb. 104 (oben) Eingangstür

Standort / Straße: N 52.6364, E 13.8002 / Ernst-Thälmann-Str.18 b
Baujahr: k. A.
Wasserversorgung: Land / Gut
Behältervolumen / Nutzinhalt: k. A.
Denkmalschutz: ja
Entwurf: k. A.
Bauherr: k. A.
Heutige Nutzung: Wohnung
Aufnahme vor Ort: 2010

Landkreis: Barnim | Ort: Hobrechtsfelde

Behälter: 3 × Flachboden, rechteckig, Eisen, genietet

Kurzbeschreibung Architektur / Bauweise

Funktionales, sechsgeschossiges, quadratisches, ehemals verputztes Speichergebäude mit halbgeschossig, pagodenartig, erhöhtem Zeltdach, ehemals mit ein- bis zweigeschossigen Anbauten.

Fassade größtenteils gegliedert durch vier, in zweier Gruppen angeordnete, rechteckige Fenster mit darunterliegenden, runden Belüftungsöffnungen – in Höhe der Geschossdecken auf jeder Seite, außer im Bereich der ehemaligen Anbauten, Erdgeschossbereich mit Sockel aus rotem Sichtmauerwerk, stark veränderter Eingangsöffnung und mit Fenstern, die fast alle zugemauert sind, in dem Bereich der darüberliegenden, vier Geschosse befinden sich Reste von der ehemaligen Beleuchtung und Stahlkonstruktionen der Stromzuleitung mit Isolatoren; über dem Dachüberstand steht auf dem unteren Dachteil, über der Westfassade, ein einzelner Schornstein, auf der Nordseite des Gebäudes liegt eine Mansardgaube mit einem Rundfenster und auf der Ostseite eine Walmgaube mit zwei, in zweier Gruppen angeordneten, rechteckigen Fenstern, mittig und zurückgesetzt erhöht sich das Dachgeschoss um ein quadratisches Halbgeschoss – ebenfalls mit zwei, in zweier Gruppen angeordneten, rechteckigen Fenstern und mit einem Zeltdach auf dem mittig eine kleine, vermutlich ehemalige Lüfterhaube thront, Dach mit roten Blechfalzplatten neu gedeckt.

Sonstiges

Ein Berliner Stadtgut mit Kornspeicher. Im obersten Geschoss des Kornspeichers stehen die Wasserreservoire. Die Baugenehmigung wurde am 14.03.1907 erteilt und die Nachtragsbaugenehmigung am 11. August 1908. Den Nachtrag hat Rudolf Bach als Maurer und Zimmermannsmeister unterschrieben.

Abb. 105 Ansicht von Nordost

Standort / Straße: N 52.6648, E 13.4907 / Hobrechtsfelder Dorfstr. 45
Baujahr: 1907–08
Wasserversorgung: Land/Gut
Behältervolumen/Nutzinhalt: 3 × 5,66 m³ / 5,1 m³
Denkmalschutz: ja
Entwurf: (?), Abteilungsarchitekt
Bauherr: Stadtverwaltung Berlin
Heutige Nutzung: keine
Aufnahme vor Ort: 2010/2011

1   von Wangenheim, 2018, Katalog Band 1, S. 361 ff.

Landkreis: **Barnim** | Ort: **Joachimsthal**

Behälter: **ausgebaut, Flachboden mit mittlerem Durchstieg, kreisförmig, Stahlbeton, abgedeckt**

Abb. 106 Ansicht von 2010

Standort / Straße: N 52.9716,
E 13.7536 / Töpferstr. 45
Baujahr: um 1960[1]
Wasserversorgung: Eisenbahn[3]
Behältervolumen/Nutzinhalt:
k. A. / 120 m³ [4]
Denkmalschutz: ja
Entwurf: Hochbau Potsdam[2]
Bauherr: k. A.
Heutige Nutzung:
Wohnung und Büro
Aufnahme vor Ort: 2010

Kurzbeschreibung Architektur / Bauweise

Sachlicher, runder Stahlbetonturm mit Gefachen aus gelben Sichtmauerwerk, auskragendem Turmkopf und einer Aussichtsplattform, die über ein neues, freistehendes Treppenhaus mit Brücke – eine Konstruktion aus Stahl und Glas – erschlossen wird.

Turmschaft wird vertikal durch Betonstützen und Fensterbänder in jedem zweiten Gefach betont, horizontal markieren die aussteifenden Stahlbetonringe die vier Ebenen, Turmschaft mit neuer, umschlingender Außentreppe aus Stahl und modernem Eingangsbereich, Übergang zum Turmkopf durch ein Gurtgesims in Form einer auskragenden Stahlbetonplatte gestaltet; Turmkopf in zwei Ebenen, untere Ebene durch Betonstützen, Mauerwerksflächen und schmale, hohe, rechteckige Fenster – die vertikal durch Lisenen aus Mauerwerk umrahmt sind – gegliedert, ein Gurtgesims aus einem breiten, vorkragenden Stahlbetonring trennt die untere von der oberen, lichtdurchfluteten Ebene mit aneinandergereihten, raumhohen Fenstern, die nur durch Betonstützen unterbrochen werden, darüber ein Kranzgesims aus Stahlbeton und die Umwehrung der Aussichtsplattform.

Sonstiges

1995 ging der Wasserturm außer Betrieb.[5] Von 2005 bis 2006 wurde der Turm für Wohnzwecke und als Büro umgebaut. Bestandteil der Baumaßnahme war die Demontage des Flachbodenbehälters.[6]

1, 2, 4	Angabe Archiv BLDAM, Akte 752.
3	Tietz, online 2007.
5	Schönfelder, 2007, S. 61.
6	Angaben von der Informationstafel vor Ort

Behälter: **Schornsteinbehälter, Stahl, geschweißt**

Kurzbeschreibung Architektur / Bauweise

Konisch gemauerter Schornstein mit Wasserbehälter.

Rohrleitungen und Aufstiegsleiter verlaufen außen am Schornstein bis zum Umgang aus Stahl; darüber ist der kegelförmige Stahlbehälter auf dem Schornstein aufgelagert, eine Stahlleiter führt vom Umgang über den Behältermantel zum Behälterdach mit Schutzgeländer; der Schornstein verjüngt sich über dem Behälter.

Sonstiges

Auf dem Gelände ist die Fa. BPK Biopower Klosterfelde GmbH ansässig.

Abb. 107 (links) Stahlbehälter

Abb. 108 (rechts) Ansicht von 2010

Standort / Straße: N 52.7857, E 13.4853 / Beusterstraße 1
Baujahr: k. A.
Wasserversorgung:
Industrie / Gewerbe
Behältervolumen /
Nutzinhalt: k. A.
Denkmalschutz: nein
Entwurf: k. A.
Bauherr: k. A.
Heutige Nutzung: k. A.
Aufnahme vor Ort: 2010

Abb. 109 (oben)
Ansicht von Südwest

Abb. 110 (unten)
Ansicht von Südost

Kurzbeschreibung Architektur / Bauweise

Gerader, glatt verputzter Turm mit zurückgesetztem Behältergeschoss und flachem Zeltdach, ursprünglich nur an einer Seite, ist der Wasserturm jetzt von einem t-förmigen, zweigeschossigen Gebäude umbaut, aus der Mitte des Gebäudes erhebt sich der viergeschossige Turm.

Achteckiger Turmschaft über dem Gebäude in drei Ebenen, auf jeder Fassadenseite zwei bis drei übereinanderliegende, schmale, rechteckige Fenster mit einer Quersprosse; über dem, mit Blech eingefasstem und durch Stehfalze gegliedertem, Gurtgesims sind die acht Ecken des Behältergeschosses durch abgestufte Lisenen betont, dazwischen belichten acht Fenster mit Sprossen den Turmkopf; über dem breiten Dachüberstand – ebenfalls mit Blech eingefasst – stehen acht, quadratische, brüstungshohe, profilierte Pfeiler (vermutlich nicht ursprünglich).

Standort / Straße: N 52,7039, E 13.5846 / Am Wasserturm
Baujahr: k. A.
Wasserversorgung: Land/Gut
Behältervolumen / Nutzinhalt: k. A.
Denkmalschutz: nein
Entwurf: k. A.
Bauherr: Gemeindeverwaltung
Heutige Nutzung: Wohnung
Aufnahme vor Ort: 2010

Landkreis: **Barnim** | Ort: **Schönewalde**

Behälter: **Hydroglobus, Stahl, geschweißt**

Kurzbeschreibung Architektur / Bauweise

Funktionaler Wasserturm mit einem sehr schmalen, stählernen, aus einzelnen Teilen zusammengeschweißten, begehbaren Schaft und einem – mit Blech verkleideten – kugelförmigen Behälter als Turmkopf.

Sonstiges

Ein weiterer Hydroglobus stand in Langengrassau, Landkreis Dahme-Spreewald. Er wurde 2021 abgerissen.[1]

1   von Wangenheim, 2018, Katalog Band 2, S. 782ff

Abb. 111 Ansicht 2010

Standort / Straße: N 52.6854, E 13.4429 / Hauptstraße
Baujahr: k. A.
Wasserversorgung: Land/Gut
Behältervolumen /
Nutzinhalt: k. A.
Denkmalschutz: nein
Entwurf: Ungarn
Bauherr: Gemeindeverwaltung
Heutige Nutzung: k. A.
Aufnahme vor Ort: 2010

Landkreis: **Barnim** | Ort: **Wandlitz**

Behälter: **vermutlich ausgebaut, Flachboden, rechteckig, Eisen**

Kurzbeschreibung Architektur / Bauweise

Kleiner, quadratischer Wasserturm im Landhausstil, in Eisenfachwerkkonstruktion errichtet und vollständig verkleidet, mit auskragendem Turmkopf und Zeltdach mit Aussichtsplattform.

Turm erhebt sich aus dem Dach eines eingeschossigen Gebäudes; Turmschaft über dem Gebäude leicht geschweift und glatt verputzt; Turmkopf kragt auf sichtbaren Balkenköpfen aus, rechteckige Fenster mit Sprossen belichten den mit Schieferschindeln verkleideten Turmkopf; Zeltdach mit Fledermausgauben, eingedeckt mit Biberschwänzen in Kronendeckung, darüber die stählerne, umlaufende Bewehrung der kleinen Aussichtsplattform.

Sonstiges

Der Wasserturm der Villenkolonie Wandlitzsee war mit einer Besonderheit ausgestattet: Ursprünglich war ein Windrad[1] für die Hebung des Trinkwassers auf der Eisenfachwerkkonstruktion montiert. Das Grundstück gehörte der Eisenbahnbau-Gesellschaft Becker u. Co. G.m.b.H. mit Sitz in Berlin. Diese stellte den Bauantrag am 6. Mai 1908. Die Baugenehmigung wurde am 14. Juli 1908 erteilt.

Am 26. August 1910 wurde ein Nachtrag über den Einbau einer Galerie und andere Einbauten eingereicht.

---

[1] Auf den Wasserturm in Wildau (Landkreis Dahme-Spreewald) war ursprünglich auch ein Windrad vorhanden.

Standort / Straße: N 52.7573, E 13.4856 /
An den Pfühlen 29
Baujahr: 1908–10
Wasserversorgung: Stadt
Behältervolumen /
Nutzinhalt: k. A. / 25 m³
Denkmalschutz: ja
Entwurf: Gesellschaft für
Wasserversorgung und
Abwasserbeseitigung m.b.H.
Bauherr: Eisenbahnbau-
Gesellschaft Becker u. Co.
G.m.b.H., Berlin
Heutige Nutzung: Wohnung
Aufnahme vor Ort: 2010

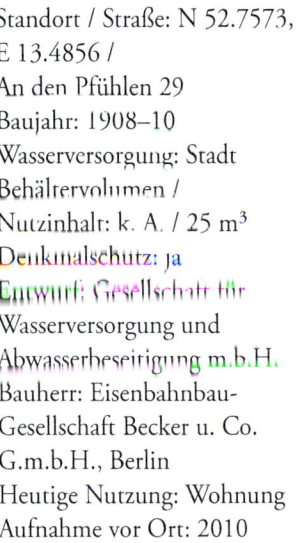

Abb. 112 (oben) Ansicht von 2010

Abb. 113 (unten) Am heiligen Pfuhl, Ausschnitt aus einer historischen Postkarte

Kurzbeschreibung Architektur / Bauweise

Hoher, rechteckiger, gerader, glatt verputzter Turm im Heimatstil mit Mansarddach, zweiseitig von einem Gebäudekomplex mit ausgebauten Mansarddächern umgeben.

Beide Hofseiten freistehend, mit Sockel aus behauenen Feldsteinen, im Erdgeschoss auf der Seite in Richtung Westen ein überdachter Eingangsbereich mit Pultdach und auf der nördlichen Seite zwei rechteckige Fenster mit Oberlicht angeordnet, darüber nur auf der Nordfassade ein großes, rechteckiges Fenster mit Sprossen und in der nächsten Ebene ein weiteres, großes Fenster mit Korbbogen und Sprossen, in Höhe des Behältergeschosses belichten nördlich drei und westlich zwei kleine, rechteckige Fenster den Schaft; Giebelflächen des Mansarddachs sind straßen- und hofseitig mit einer kupfernen Uhr mit goldenen Ziffern und Zeigern, einer Überdachung mit Konsolsteinen und seitlich mit je einem kleinen, rechteckigen Fenster gestaltet, Biberschwänze in Kronendeckung sind neu auf dem Mansarddach verlegt

Sonstiges

Auf dem Vorwerk zur Gutsanlage Hirschfelde wurde durch Eduard Arnold ein Mädchenwaisenhaus errichtet.[1] Heute ist in dem Gebäudekomplex die Jugendbildungsstätte „Kurt Löwenstein" untergebracht. Der Behälter wurde 2014 ausgebaut.[2]

1   Geismeier, 1999, S. 14.
2   Auskunft Verwaltung, Frau Wygasch.

Abb. 114 Ansicht von Westen

Standort / Straße: N 52.6601, E 13.7900 /
Freienwalder Allee 8–10
Baujahre: 1906–07
Wasserversorgung: Land/Gut
Behältervolumen /
Nutzinhalt: k. A.
Denkmalschutz: ja
Entwurf: k. A.
Bauherr: k. A.
Heutige Nutzung: k. A.
Aufnahme vor Ort: 2015

Abb. 115 Ansicht von Westen, Straßenseite

Standort / Straße: N 52.7895, E 14.0364 / Am Bahnhof 1–4
Baujahr: 1904[1]
Wasserversorgung: Eisenbahn
Behältervolumen / Nutzinhalt: k. A.
Denkmalschutz: ja
Entwurf: Königliche Eisenbahn Direktion
Bauherr: Preußische Staatsbahn
Heutige Nutzung: keine
Aufnahme vor Ort: 2010 und 2011

Kurzbeschreibung Architektur / Bauweise

Dreigeschossiger, quadratischer Turm im Heimatstil mit einem Schaft aus Sichtmauerwerk im Kreuzverband, einem Turmkopf aus Holzfachwerk mit verputzten Gefachen und einem Zeltdach, sowie eingeschossigen Anbauten.

Schaft aus gelbem Sichtmauerwerk in dem horizontal durch einlagige, rote Ziegelbänder die Fenster mit ihren scheitrechten Stürzen – ebenfalls aus roten Mauerziegeln – eingefasst sind und dadurch die Geschossigkeit des Gebäudes betont wird, Sockel mit oberer Rollschicht aus rotem Sichtmauerwerk, gleisseitig zwei Eingangstüren mit Segmentbogen und scheitrechtem Sturz, im 1. Obergeschoss ist an allen Seiten ein zweiflügeliges, rechteckiges Fenster mit Sprossen angeordnet, ein zweifaches, versetzt übereinanderliegendes Zahnfries markiert den geraden Übergang zum Turmkopf; an allen vier Seiten des Fachwerk-Turmkopfs belebt mittig auf vier verzierten Holzknaggen ein Erker, der bis in den Dachbereich ragt, die Fassade, zwischen den äußeren Konsolen befindet sich je ein schmales, rechteckiges Fenster, nur mittig im oberen Teil des Erkers belichten je zwei übereinanderliegende, kleine Doppelfenster aus Holz mit Sprossen zusätzlich den Turmkopf; Dach mit Biberschwänzen in Doppeldeckung.

Sonstiges

Die Berlin–Stettiner Eisenbahngesellschaft eröffnete 1867 die Strecke Eberswalde–Freienwalde Wriezen und nahm 1877 die fast 30 km lange Nebenstrecke Angermünde–Freienwalde in Betrieb.[2]

1   Rohowski, 2005, S. 83.
2   Regling, Grusenick, 1996, S. 63, 83.

Behälter: k. A.

Kurzbeschreibung Architektur / Bauweise

Rechteckiger, kleiner, abgestufter Baukörper in Sichtmauerwerk, bedingt durch starken Bewuchs ist es nicht möglich, eine genauere Beschreibung zu verfassen.

Sonstiges

Ehemaliger Sommerwohnsitz von Bertholt Brecht.

Abb. 116 (rechts) Ansicht von Südost

Abb. 117 (unten) Ansicht von Nordost

Standort / Straße: N 52.5679, E 14.0635 /
Bertholt-Brecht-Str. 29/30
Baujahr: k. A.
Wasserversorgung: Land/Gut
Behältervolumen /
Nutzinhalt: k. A.
Denkmalschutz: ja
Entwurf: k. A.
Bauherr: k. A.
Heutige Nutzung: k. A.
Aufnahme vor Ort: 2015

Nr.: 076/03

Abb. 118 Ansicht (Zeichnung: S. Benkwitz)

Standort / Straße: N 52.4909,
E 13.8135 / Berliner Straße
Baujahr: 1894[1]
Wasserversorgung: Land / Gut
Behältervolumen /
Nutzinhalt: k. A.
Denkmalschutz: ja
Entwurf: k. A.
Bauherr: k. A.
Heutige Nutzung: k. A.

Kurzbeschreibung Architektur / Bauweise

Neoromanischer, festungsartiger, fünfgeschossiger, 30 m
hoher[2], quadratischer Turm aus gelbem Sichtmauerwerk
im Kreuzverband, ohne auskragenden Turmkopf, mit zerstörtem Zeltdach und Schornstein.

Vier Strebepfeiler an den Ecken des Sockelgeschosses
pointieren den Festungscharakter des Turms, zwischen den
Strebepfeilern drei Rundbogenfenster und eine gestemmte
Eingangstür mit Füllungen und Rundbogen-Oberlicht,
Sockel durch Gurtgesims aus roten Ziegeln abgeschlossen, im 1. und 2. Obergeschoss ist an allen Fassadenseiten
ein Rundbogenfenster – zum Teil als Blindfenster – angeordnet, der Übergang vom 1. zum 2. Obergeschoss des
Turmschafts ist ebenfalls durch ein Gurtgesims aus roten
Mauerziegeln hervorgehoben, ein breiteres, leicht abgestuftes Gurtgesims markiert den Abschluss des Schafts;
der untere Teil des Turmkopfs ist an allen vier Seiten mit
drei, nebeneinander angeordneten, kleinen Rundbogenfenstern – wiederum zum Teil als Blindfenster ausgebildet – gestaltet, ein dreilagiges, rotes Gurtgesims trennt
den unteren Teil vom oberen, nachträglich aufgestockten
Turmkopf, der ansonsten wie der untere Teil gestaltet ist,
nur zusätzlich gesichert durch runde Maueranker an den
Ecken; Zeltdach mit Resten von verzierten, überstehenden Dachsparrenfüßen.

Sonstiges

Ehemaliges Rittergut Rüdersdorf. Adolph Oppenheim
erwarb das Gut 1865. Ende der 60er Jahre des 19. Jahrhunderts entstand die Parkanlage. Der Wasserturm versorgte neben der Villa Oppenheim auch den Springbrunnen und die Grotte im Park mit dem notwendigen Wasser.
Der Turm wurde 1918 erhöht.[3]

1–3 Archiv des BLDAM, Akte 09-1983.

Kurzbeschreibung Architektur / Bauweise

Neungeschossiger, hoher, quadratischer Turm im Stil der Neuen Sachlichkeit mit zurückgesetztem, vieleckigem, annähernd rundem Turmkopf und einem Kegeldach, Turm dreiseitig – außer Straßenseite – umbaut von Fabrikgebäuden.

Turmschaft aus Kalksandsteinen im Kreuzverband gemauert, leicht vorspringendes Sockelgeschoss mit vorgemauerter, fünfstufiger Treppe und einer Rundbogenöffnung mit zweiflügeliger Eingangstür, links und rechts neben dem Rundbogen zwei schmale Mauerwerkspfeiler, ein abgestuftes Gesims rahmt das Sockelgeschoss horizontal ein, Turmschaft jetzt stark vertikal durch Wandpfeiler an den Ecken auf allen vier Fassadenseiten über sechs Geschosse betont, zwischen den Pfeilern rechteckige Fenster in jedem Geschoss; ein zweigeschossiger Turmkopf aus Holzfachwerk mit zwei Fensterbändern aus rechteckigen Fenstern mit Sprossen schiebt sich über dem siebten Geschoss zwischen die Eckpfeiler, Turmkopf mit senkrecht angeordneten Brettern verschalt – außer die obersten Gefache, diese sind mit Kalksandsteinen im Läuferverband ausgefacht; geschweiftes Kegeldach mit bituminöser Eindeckung.

Abb. 119 (oben) Ansicht von 2010

Abb. 120 (links) Eingang

Standort / Straße: N 52.4971, E 13.8231 /
Berliner Str. / Schwarzer Weg
Baujahr: k. A.
Wasserversorgung:
Industrie / Gewerbe
Behältervolumen /
Nutzinhalt: k. A.
Denkmalschutz: nein
Entwurf: k. A.
Bauherr: k. A.
Heutige Nutzung: k. A.
Aufnahme vor Ort: 2010

Landkreis: Märkisch Oderland | Ort: Küstrin-Kietz

Behälter: 2 × Flachboden, rechteckig, Eisen, genietet

Abb. 121 Ansicht von 2010

Abb. 122 (unten) Eingang

Kurzbeschreibung Architektur / Bauweise

Moderner, viergeschossiger Bahnturm aus Sichtmauerwerk mit rechteckigem Schaft, einem zweiseitig auskragenden Turmkopf auf einer Stahlbetonplatte und einem sehr flachen Zeltdach mit Schornstein.

Turmschaft aus rotem Sichtmauerwerk im Märkischen Verband gemauert, Ecken durch Pfeiler vertikal betont, auf der Straßen- u. Gleisseite befinden sich in allen drei Geschossen je drei rechteckige Fenster mit scheitrechtem Sturz, an den beiden anderen Fassadenseiten sind im Erdgeschoss zwei Türen, bzw. eine Tür und ein Fenster und darüber in den beiden Obergeschossen je zwei rechteckige Fenster angeordnet – alle Öffnungen mit scheitrechten Stürzen, Fenster und Türen zum Teil durch Blechplatten gesichert; Turmkopf über der Stahlbetonplatte aus rotem Sichtmauerwerk im Kreuzverband, belichtet durch fünf rechteckige Fenster mit scheitrechten Stürzen auf der Straßen- und Gleisseite; Betonplatte mit leichtem Dachüberstand, Zeltdach mit bituminöser Eindeckung.

Sonstiges

Küstrin war im 19. Jahrhundert ein Kotenpunkt verschiedener Bahnstrecken, wie von Kreuz nach Frankfurt an der Oder oder von Berlin nach Küstrin. Küstrin-Kietz entstand nach Ende des Zweiten Weltkrieges. Der Wasserturm wurde 1953 geplant und die Prüfung der Bauunterlagen bei der Deutschen Reichsbahn ist datiert auf den 15.12.1953.

Standort / Straße: N 52.5681, E 14.6031 / Rosendamm 38
Baujahr: 1954
Wasserversorgung: Eisenbahn
Behältervolumen / Nutzinhalt: 2 × 25 m³ / 2 × 22 m³
Denkmalschutz: nein
Entwurf: Deutsche Reichsbahn, Berlin
Bauherr: Deutsche Reichsbahn
Heutige Nutzung: keine
Aufnahme vor Ort: 2010

Landkreis: **Märkisch Oderland** | Ort: **Müncheberg**

Behälter: **Flachboden, kreisförmig, Eisenbeton**

Kurzbeschreibung Architektur / Bauweise

23 m hoher[2], sechseckiger Eisenbetonturm im Heimatschutzstil ohne auskragenden Turmkopf und mit einem pagodenartig erhöhten Zeltdach.

Horizontal betontes, vorspringendes, glattverputztes Sockelgeschoss abgedeckt mit Zinkblech, Sockelgeschoss im Bereich der Eingangstür erhöht, darüber markieren an den Ecken weiß abgesetzte Lisenen die Vertikale des Turms, das verputzte Mauerwerk zwischen den Lisenen fast ohne Fenster, nur ein kleines Fenster befindet sich auf der Rückseite im oberen Bereich, einziger Schmuck des Turms ist das, über der Eingangstür angeordnete, aufgemalte Stadtwappen; breite Gurtgesimse aus Eisenbeton rahmen horizontal den flachen Turmkopf, in jeder zweiten Fassadenseite des Kopfes gliedern nebeneinander sechs, quadratische Vertiefungen in der Art von Blindfenstern den ansonsten glatten Putzspiegel zwischen den Ecklisenen; Zeltdach mit geringem Dachüberstand und eingedeckt mit Biberschwänzen in Doppeldeckung, pagodenartige Stufe im Dach senkrecht mit Blech verkleidet, Zeltdach darüber mit Wetterfahne bekrönt.

Sonstiges

Die Stadtverordnetenversammlung stellte 4.000 Mark für die Vorarbeiten der Errichtung einer Wasserversorgungsanlage bereit. Ende 1914 plante die Stadt den Bau der Wasserleitung.[3]

Der Wasserturm gehört zum Wasserwerk Neuhardenberg und versorgt während der Spitzenzeiten und in der Nacht (von 22.00 Uhr bis 5.00 Uhr) Müncheberg, Trebnitz und Jahnsfelde. In dieser Zeit werden die drehzahlgesteuerten Pumpen abgeschaltet.[4]

1, 2, 4   Auskünfte vom Wasserverband Märkische Schweiz.
3   Journal, Nr. 32, 1913, S. 802, Journal, Nr. 24, 1914, S. 579.

Abb. 123 Ansicht von 2012

Standort / Straße: N 52.5078, E 14.1331 / Eberswalder Str.
Baujahr: nach 1914
Wasserversorgung: Stadt
Behältervolumen / Nutzinhalt: k. A. / 250 m³ [1]
Denkmalschutz: ja
Entwurf: k. A.
Bauherr: Stadt
Heutige Nutzung: Wasserturm
Aufnahme vor Ort: 2010 und 2012

Landkreis: **Märkisch Oderland** | Ort: **Müncheberg**

Behälter: **k. A.**

Abb. 124 (oben) Ansicht

Kurzbeschreibung Architektur / Bauweise

Funktionaler, dreigeschossiger, quadratischer Bahnwasserturm mit Zeltdach, dreiseitig umbaut von Gebäuden der Hauptwerkstatt, Eingangsseite in einer Bauflucht mit angrenzenden Gebäudeteilen.

Verputzter Turmschaft mit Eingangstür und kleinem, rechteckigem Fenster auf der linken Seite und einem darüberliegenden, größeren, rechteckigen Fenster; Turmkopf aus Holzfachwerk mit verputzten Gefachen, an der Eingangsseite mittig zwei, schmale, rechteckige Sprossenfenster nebeneinander angeordnet, Zeltdach mit Falzziegeln eingedeckt.

Sonstiges

Ehemalige Hauptwerkstatt der Reichsbahn für die Oderbruchbahn, Kreisbahn Füstenwalde–Beskow, und Müncheberger Kleinbahn.[2]

1909 wurde durch die Stadt Müncheberg eine Kleinbahn betrieben, die zwischen Müncheberg Stadt und der Haltestelle Dahmsdorf-Müncheberg verkehrte.[3] Die Oderbruchbahn Aktiengesellschaft baute von 1910–11 die Bahnstrecke von Müncheberg Stadt nach Hasenfelde.[4]

1, 2   Meyer, Regling, 1995, S. 105.
3   http://de.wikipedia.org/wiki/Müncheberger_Kleinbahn, 01.10.2015.
4   http://de.wikipedia.org/wiki/Bahnstrecke_Müncheberg-Hasenfelde, 01.10.2015.

Abb. 125 (unten) Ansicht mit Anbauten

Standort / Straße: N 52.4988, E 14.1622 / Seelower Str.
Baujahr: 1910[1]
Wasserversorgung: Eisenbahn
Behältervolumen / Nutzinhalt: k. A
Denkmalschutz: nein
Entwurf: Eisenbahnzentralamt Berlin
Bauherr: Preußische Staatsbahn
Heutige Nutzung: k. A.
Aufnahme vor Ort: 2013

Landkreis: **Märkisch Oderland** | Ort: **Neuenhagen**

Behälter: **Flachboden, kreisförmig, Stahlbeton**

Kurzbeschreibung Architektur / Bauweise

Expressionistischer, ca. 42 m hoher, quadratischer Wasserturm mit flachem Zeltdach und sechs Meter breiten, seitlichen Anbauten, Stahlbetonkonstruktion mit vorgeblendeter Fassade aus Sichtmauerwerk (Sommerfelder Klinker[2]).

Vorgesetzter, eingeschossiger, expressionistisch gestalteter, repräsentativer Eingangsbereich mit großer Freitreppe, zwei Eingangstüren mit danebenliegenden, rechteckigen Fenstern, über den Türen drei Wandleuchten; Fassade der beiden Anbauten und des Turms in den drei Geschossen symmetrisch durch drei aneinandergereihte, schmale Fenster mit waagerechten Sprossen horizontal gegliedert, vertikale Betonung durch Ziermauerwerk an den Gebäudeecken, sowie durch die dreieckigen Lisenen, die zwischen den aneinandergereihten Fenstern angeordnet sind, ein expressionistisches Kranzgesims markiert den Fassadenabschluss der seitlichen Anbauten; Turmschaft mit sechs Geschossen erhebt sich über einem hochkant gemauerten Fries, die ersten beiden Geschosse mit aneinandergereihten, etwas kleineren Fenstern belichtet, darüber gliedern nur noch sehr kleine, quadratische Fenster den Turmschaft, mittig in Höhe des 7. Obergeschosses ist eine quadratische, schlichte Uhr angebracht, die durch Sichtmauerwerk gerahmt wird; der leicht zurückgesetzte Turmkopf über einem hochkant gemauerten Fries wird durch drei, schmale, lange, schlitzartige Fenster zwischen den dreieckigen Lisenen belichtet; Dachbereich mit Aussichtsterrasse ist zurückgesetzt zur Fassadenfront, Blech eingedecktes Zeltdach mit brandenburgischer Rathausfahne.

1   von Wangenheim, 2018, Katalog Band 1, S. 407 ff.
2   Archiv BLDAM, Festschrift von 1926, S. 7 ff.
3   Das Gas- und Wasserfach, 1927, S. 152 ff.

Abb. 126 Ansicht von Südost

Standort / Straße: N 52.5265, E 13.6884 / Am Rathaus 1
Baujahr: 1925–26
Wasserversorgung: Stadt
Behältervolumen/Nutzinhalt: k. A. / 1000 m³ [3]
Denkmalschutz: ja
Entwurf: Baurat Wilhelm Wagner, Charlottenburg
Bauherr: Stadt
Heutige Nutzung: Rathaus und Aussichtsturm
Aufnahme vor Ort: 2010/2011

Landkreis: **Märkisch Oderland** | Ort: **Sternebeck**

Behälter: **Hängeboden, Eisen, genietet**

Abb. 127 Ansicht von Südost

Standort / Straße: N 52.6775,
E 13.9933 / Am Bahnhof
Baujahr: vermutlich um 1898
Wasserversorgung: Eisenbahn
Behältervolumen /
Nutzinhalt: k. A. / 25 m³
Denkmalschutz: nein
Entwurf: Königliche Eisen
bahndirektion Stettin
Bauherr: Preußische Staatsbahn
Heutige Nutzung: k. A.
Aufnahme vor Ort: 2010

Kurzbeschreibung Architektur / Bauweise

Achteckiger, dreigeschossiger Bahnturm mit auskragendem Turmkopf und flachem Zeltdach.

Turmschaft aus gelbem Sichtmauerwerk im Kreuzverband, Schaft zweifach durch Mauerwerksrücksprünge horizontal gestaltet, Fassadenecken mit roten Mauerziegeln vertikal betont, Erdgeschoss mit vorspringendem Sockel, der mit einer Rollschicht abschließt, Blindfenster und Fenster mit Segmentbögen im Wechsel, sowie eine Lattentür mit Oberlicht aus Eisen, Sprossen und Segmentbogen gliedern die acht Seiten der Fassade, über einer Rollschicht springt das 1. Obergeschoss leicht zurück, die Fassadenflächen sind durch Mauerwerksvertiefungen mit Rundbögen vertikal gestaltet, in den Mauerwerksvertiefungen im Wechsel entweder ein Segmentbogenfenster mit einem darüberliegenden, runden Fenster (beide mit Sprossen) oder in der gleichen Anordnung Blindfenster, im Obergeschoss ragt ein holzverschalter Kasten – auf zwei verzierten Holzstreben abgestützt – aus der Fassade, dahinter verbirgt sich die Leiter vom Tropfboden zum Umgang im Turmkopf, ein Gurtgesims dient als Abschluss des Obergeschosses und als Auflager für die verzierten Holzstreben; senkrecht, holzverschalter Turmkopf mit acht, hohen, rechteckigen Fenstern mit Sprossen.

Sonstiges

Der erste Streckenabschnitt der Wriezener Bahn von Wriezen nach Königsberg (heute Polen) wurde 1892 fertiggestellt. Die Strecke von Berlin–Lichtenberg über Werneuchen und Sternebeck nach Wriezen ging 1898 in Betrieb.[1] In Dirschau (heute Polen) wurde 1892 ein baugleicher Turm für den Bahnhof geplant.[2] Am Bahnhof Werder (Havel) steht ebenfalls ein solcher Turm – entworfen von der Königlichen Eisenbahndirektion Stettin. Dieser Turm ist allerdings in einem desolaten Zustand (Katalog, Nr. 111/14). Der Wasserturm auf dem ehemaligen Bahnbetriebswerk Wriezen ist auch entsprechend des Standortentwurfs errichtet worden, nur größer in der Dimension (Katalog, Nr. 087/14). Der ehemalige Bahnhof Sternebeck liegt an einer eingleisigen Strecke. Neben dem kleinen Bahnhofsgebäude befindet sich eine Viehrampe und in einiger Entfernung steht der kleine Wasserturm.

1   http://de.wikipedia.org/wiki/Wriezener_Bahn, 30.09.2015.
2   Lidzbarski, 2014, S. 6.

Kurzbeschreibung Architektur / Bauweise

Historistischer, 35 m hoher, massiver, runder Turm im Stil eines Bergfrieds, aus rotem Sichtmauerwerk im Märkischen Verband, mit mansardartigem Zeltdach und Laterne.

Unregelmäßiges Feldsteinmauerwerk im Sockelbereich, Eingangsportal mit Kupfer gedecktem Dach, horizontal gegliedertem Mauerwerk durch einlagig hervortretende Mauerziegel und einem Rundbogen der gotisch überhöht gerahmt ist, neue stählerne Eingangstür mit verändertem Anschlag, Turmschaft mit kleinen Fensteröffnungen, im oberen Bereich – auf Behälterebene – vier Erker mit Rundfenstern, umlaufend sind rechteckige Fenster unter dem Hauptgesims angeordnet, die durch ein oberes, mäanderartiges Putzband eingefasst werden; Dach bituminös mit Schindeln eingedeckt.

Sonstiges

Strausberg erhielt 1232 das Stadtrecht. Um 1500 wurde eine Vormühle (Wassermühle) erwähnt. 1801 wohnten in der Stadt 2.983 Einwohner in 287 Häusern und es gab 32 Braustellen. 1883 erfolgte die Wasserversorgung von damals 6.647 Einwohnern mit 18 öffentlichen und 180 privaten Brunnen (Anzahl erhöhte sich bis 1898 auf 215). 1895 hat sich die Einwohnerzahl mehr als verdoppelt: Auf 7.193 Einwohner. 424 Wohnhäuser standen 1900 im Stadtgebiet.[1] 1904 wurde veröffentlicht, dass die Stadtverwaltung die Errichtung eines Wasserwerks in Erwägung zieht.[2]

An der Errichtung des Wasserturms auf dem Marienberg waren die Baufirmen Liesegang, später dann Firma Schürbel beteiligt.[3]

1   Grahn, 1883, S. 24, Grahn; 1898, S. 49, Enders, 1980, S. 551 ff.
2   Journal, Nr. 5, 1904, S. 107.
3   Informationstafel der Stadt Strausberg vor Ort.

Abb. 128   Ansicht von Nordwest

Abb. 129   Detail, Wappen über dem Portal

Standort / Straße: N 52.5605, E 13.8638 / Berliner Str.
Baujahr: 1910
Wasserversorgung: Stadt
Behältervolumen /
Nutzinhalt: 450 m³ / 443 m³
Denkmalschutz: ja
Entwurf:
Zivilingenieur Emil Prinz
Bauherr: Stadtverwaltung
Heutige Nutzung: keine
Aufnahme vor Ort: 2010 und 2011

Abb. 130 Ansicht von Südwest

Kurzbeschreibung Architektur / Bauweise

Historistischer, kleiner, achteckiger Wasserturm im Stil eines trutzig wirkenden Bergfrieds.

Der Turm steht auf einem rechteckigen Sockel aus Sichtmauerwerk im Märkischen Verband, Sockelgeschoss mit verputzten Strebepfeilern und einer elfstufigen Außentreppe, darüber auf der Eingangsseite in jedem Geschoss eine Tür mit Segmentbogen, neben den Türen befinden sich auf jeder Seite schmale, schießschartenartige Fenster, der weiß verputzte Turm wird horizontal zwischen den Geschossen durch ein farbiges Putzband mit runden Tellerankerplatten betont, jeweils zwei schießschartenartige Fenster an jeder Fassadenseite und in beiden Geschossen belichten den Turm, im obersten Geschoss – dem Behältergeschoss – steht über der Tür der Schriftzug Wasserturm aus Einzelbuchstaben, eine breite Attika aus Sichtmauerwerk mit roten Ziegeln im Kreuzverband und eine zinnenförmig gestaltete Attika schließen die Fassade ab.

Sonstiges

Ferdinand Kindermann gründete 1895 die Villenkolonie Waldsieversdorf. Um 1900 erhielt die Gemeinde eine Wasserversorgungsanlage. Für den späteren Einbau einer Druckerhöhungsanlage unter dem Behältergeschoss war eine Verstärkung der Deckenkonstruktion notwendig. Die dafür erforderliche Baugenehmigung ist auf den 12.03.1954 datiert.[3] In den 90er Jahren des 20. Jahrhunderts wurde der Wasserturm saniert.[4] Die Behälterwände aus Stahlbeton sind 6 cm stark.

1, 2, 4   Ausstellungstafel im Wasserturm.
3   Archiv Seelow, Akte Band 4272.

Standort / Straße: N 52.5422,
E 14.0/38 / Kindermannstr.
Baujahr: um 1900[1]
Wasserversorgung: Land / Gut
Behältervolumen /
Nutzinhalt: k. A. / 22 m³ ⁴
Denkmalschutz: ja
Entwurf: k. A.
Bauherr: Gemeindeverwaltung
Heutige Nutzung:
Wasserturmmuseum
Aufnahme vor Ort: 2010 und
2011

Landkreis: **Märkisch Oderland | Ort: Wriezen**

Behälter: **Hängeboden, Eisen, genietet**

Kurzbeschreibung Architektur / Bauweise

Historistischer, kleiner, achteckiger Bahnturm aus Sichtmauerwerk, mit auskragendem Turmkopf und flachem Zeltdach.

Turmschaft aus gelben Mauerziegeln im Kreuzverband – horizontal durch einlagige, rote Bänder aus Mauerziegeln gegliedert, der vorspringende Sockel im Erdgeschoss wird oberhalb durch eine Rollschicht aus roten Ziegeln eingefasst, drei Segmentbogenfenster und eine neu überdachte Eingangstür mit Segmentbogen belichten das Erdgeschoss, Übergang zum nächsten Geschoss durch ein Gurtgesims, in den beiden Obergeschossen sind über den Mauerwerksöffnungen des Erdgeschosses ebenfalls Segmentbogenfenster angeordnet, ein breiteres – aus roten und gelben Ziegeln gestaltetes – Gurtgesims unter den Stahlkonsolen des Turmkopfes, in diesem Bereich belichten kleine, rechteckige Fenster den Tropfboden und hinter einem auskragenden, verputzten Kasten verbirgt sich die Leiter zum Umgang; Turmkopf ist vermutlich nicht verputzt gewesen, an allen acht Fassadenflächen ist jeweils ein rechteckiges Fenster mit Sprossen angeordnet.

Sonstiges

Die Wriezener Bahn eröffnete 1898 die Strecke von Berlin-Lichtenberg nach Wriezen.[2] Der Bahnhof Wriezen ist ein Durchgangsbahnhof mit einem heute nicht mehr genutzten Bahnbetriebswerk. Ein Wasserturm steht direkt am Bahnhofsgebäude und der zweite Wasserturm (Katalog, Nr. 087/14) steht am ringförmigen Lokschuppen, direkt an der Strecke nach Frankfurt (Oder).

Abb. 131 Ansicht Straßenseite

Standort / Straße: N 52.7152, E 14.1396 / Bahnhofstr. 26
Baujahr: vmtl. um 1892–98[3]
Wasserversorgung: Eisenbahn
Behältervolumen / Nutzinhalt: 27 m³ / 25 m³
Denkmalschutz: ja
Entwurf: Eisenbahnabteilung Brandenburg[4]
Bauherr: Preußische Staatsbahn
Heutige Nutzung: keine
Aufnahme vor Ort: 2010 und 2011

1   von Wangenheim, 2018, Katalog Band 1, S. 429 ff.
2   Rohowski, 2005, S. 198; http://de.wikipedia.org/wiki/ Wriezener_ Bahn, 30.09.2015
3   Ende 1900, siehe Rohowski, 2005, S. 200
4   Regling, 2005, S. 19 ff.

Landkreis: Märkisch Oderland | Ort: Wriezen

Behälter: 2 × Flachboden, rechteckig, Eisen, genietet

Kurzbeschreibung Architektur / Bauweise

Neoklassizistisches, zweigeschossiges Gebäude aus gelbem Sichtmauerwerk im Kreuzverband, mit Satteldach und einem Mittelrisalit, der durch seinen straßenseitigen Dreiecksgiebel die Fassade dominiert.

Linker und rechter Gebäudeflügel: Fassade horizontal durch zweiflügelige Fenster mit Sprossen und einem zweiflügeligen Oberlicht in jeweils neun Fensterachsen gegliedert, im Erdgeschoss sind auf jeder Gebäudeseite mittig Eingangstüren mit Oberlicht und Segmentbogen angeordnet, die horizontale Betonung wird durch die würfelartigen Friese unter den Fenstern noch verstärkt, der Übergang zum Drempel wird durch einen Zierverband im Schachbrettmuster und ein würfelartiges Fries markiert, darüber kleine, rechteckige Fenster, ein Kranzgesims bildet den Abschluss der Fassade, Dach traufseitig; Mittelrisalit: horizontal durch Fenster und farbige Ziegelbänder – auch in den Segmentbögen – betont, Eingangsportal mit Pilastern und einer Segmentbogenöffnung gestaltet, im Portal eine zweiflügelige Tür mit Oberlicht, links und rechts neben dem Eingang sind je zwei Fenster angeordnet, im Obergeschoss drei hohe Fenster mit Sprossen und Segmentbögen; Dreiecksgiebel mit zwei Eck- und einem Firsttürmchen, die durch ein umlaufendes Kranzgesims miteinander verbunden sind, in der Giebelfläche staffelartig angeordnete Mauerwerksvertiefungen mit Rundbögen, in denen sich oberhalb Rosettenfenster befinden; Satteldächer eingedeckt mit Bitumenschindeln.

Abb. 132 Ansicht von Südwest

Sonstiges

Das Gebäude wurde im Laufe seiner Geschichte verschiedenartig genutzt: Heute als Rathaus, davor als Taubstummenanstalt und ursprünglich als Kaserne errichtet. Wriezen war schon lange ein Militärstandort. Seit 1819 war unter dem Befehl des Oberstleutnants von Schoenholz das 3. Bataillon des 8. Landwehrregiments in Wriezen stationiert. Auf Veranlassung des 2. Brandenburgischen Dragoner-Regiments wurde 1822 für das in Wriezen ansässige Schwadron eine Wache und ein Pferdestall gebaut. 1860 wurde das 7. Brandenburgische Infanterieregiment Nr. 60 in Wriezen stationiert. 1879 wurde das Infanterieregiment abkommandiert und die Garnison aufgelöst. Die von der Stadt erworbenen Garnisonsgebäude wurden dem seit 1879 bestehenden „Wilhelm-Augusta-Stift" zur Gründung einer Taubstummenanstalt in der Provinz Brandenburg übergeben. Am 18. Oktober 1880 wurde die Anstalt unter der Trägerschaft des Vaterländischen Frauenvereins eröffnet.[3] Die Taubstummenanstalt war für 120 Kinder geplant. 1891 wohnten 45 Kinder in der Anstalt. Wohnungen in den Anstaltsgebäuden waren für den Direktor, die Lehrer und Bediensteten vorgesehen. Ein Spielplatz, eine Turnhalle und ein Landwirtschaftsbetrieb für die Eigenversorgung gehören ebenso zur Einrichtung.[4] Aus der Taubstummenanstalt wurde 1934 eine Panzerschule des Heeres.[5]

1, 4 Funk, 1891, S. 94.
2 Angabe Nutzung bezieht sich nur auf das Dachgeschoss.
3, 5 Kritzler, 2008, S. 63 ff.

Standort / Straße: N 52.7212, E 14.1343 / Freienwalder Str. 50
Baujahr: 1880[1]
Wasserversorgung: Krankenhaus / Sanatorium / Anstalt
Behältervolumen / Nutzinhalt: 9,1 m³ / 0,4 m³ und 3,3 m³ / 2,9 m³
Denkmalschutz: ja
Entwurf: Mockraushausen Berlin und A. Schulz
Bauherr: Landesbauverwaltung
Heutige Nutzung: keine[2]
Aufnahme vor Ort: 2015

Kurzbeschreibung Architektur / Bauweise

Achteckiger, dreigeschossiger, desolater Bahnturm mit auskragendem Turmkopf und ehemals flachem Zeltdach, zum Teil umbaut von eingeschossigen Gebäuden des Bahnbetriebswerks.

Turmschaft im Kreuzverband gemauert, horizontal durch Rücksprünge in der Fassade betont, Erdgeschoss mit vorspringendem Sockel, Sockel abgeschlossen mit einer Rollschicht, Blindfenster und Fenster mit Segmentbögen im Wechsel gliedern die acht Seiten der Fassade, Fenster zum Teil zugemauert, über einem breiten Gesims springt das 1. Obergeschoss leicht zurück, die Fassadenflächen sind durch Mauerwerksvertiefungen mit Rundbögen vertikal gestaltet, in den Mauerwerksvertiefungen im Wechsel entweder ein Segmentbogenfenster mit einem darüberliegenden, runden Fenster (beide mit Sprossen) oder in der gleichen Anordnung Blindfenster, im Obergeschoss ragt ein holzverschalter Kasten – auf zwei verzierten Holzstreben abgestützt – aus der Fassade, dahinter verbirgt sich die Leiter vom Tropfboden zum Umgang des Turmkopfes, ein Gurtgesims dient als Abschluss des Obergeschosses und als Auflager für die verzierten Holzstreben des Turmkopfs; senkrecht, holzverschalter Turmkopf mit rechteckigen Fenstern mit Sprossen.

Sonstiges

Der Bahnwasserturm auf dem Bahnbetriebswerk wurde nach einem standardisierten Entwurf für einen Wasserturm der Königlichen Eisenbahndirektion Stettin gebaut. Ein kleinerer, ansonsten baugleicher Bahnturm steht in Sternebeck (Katalog, Nr. 082/09).[1]

Der Wasserturm auf dem Güterbahnhof ist der zweite Wasserturm des Bahnhofes Wriezen (Katalog, Nr. 085/12).

---

1   Ein weiterer baugleicher Bahnturm steht am Bahnhof Werder (Havel), Katalog, Nr. 111/14.

Abb. 133 Ansicht von Osten

Standort / Straße: N 52.7089, E 14.1372 / Wiesenstr.
Baujahr: k. A.
Wasserversorgung: Eisenbahn
Behältervolumen / Nutzinhalt: k. A.
Denkmalschutz: ja
Entwurf: Königliche Eisenbahndirektion Stettin
Bauherr: Preußische Staatsbahn
Heutige Nutzung: keine
Aufnahme vor Ort: 2010

C

Nr.: 088/01

Behälter: ausgebaut, k. A.

Standort / Straße: N 52.5406,
E 13.0548 / Wilhelmstr.
Baujahr: 1895[1]
Wasserversorgung: Militär
Behältervolumen /
Nutzinhalt: k. A.
Denkmalschutz: ja
Entwurf: k. A.
Bauherr: Militärverwaltung
Heutige Nutzung: keine
Aufnahme vor Ort: 2010

Kurzbeschreibung Architektur / Bauweise

Wehrhaft wirkender, 31 m hoher[2] runder Turm im Stil des Historismus mit Sichtmauerwerk aus roten Bindern, sanft auskragendem Turmkopf und kegelförmigem, mit Schiefer eingedecktem Dach.

Sockelgeschoss mit Wasserschlaggesims und Satteldach über dem Eingangsportal, Turmschaft mit wenigen Segmentbogenfenstern; runder Turmkopf, gegliedert durch vier – über Natursteinkonsolen auskragenden – Erkern mit jeweils einem Segmentbogenfenster und einem darüberliegenden Rundfenster, zwischen den Risaliten sind Putzflächen mit schießschartenartigen Fenstern angeordnet; Krüppelwalmgauben über den Erkern mit kleinen Giebelgauben gestalten das Turmdach zusätzlich.

Sonstiges

Ehemaliges militärisches Lager Döberitz.[3]

1 Informationstafel am Wasserturm.
2 Prott, online 2004.
3 Eintrag in der Denkmalliste des BLDAM: Wasserturm und Baracke Nr. 34 des Lagers Döberitz

Abb. 134 Ansicht von 2010

240

Behälter: **Doppelbehälter Barkhausen mit Flachboden, Eisen**

Kurzbeschreibung Architektur / Bauweise

Historistischer, 56 m hoher[1], sehr schlanker Turm aus rotem Sichtmauerwerk im Kreuzverband, mit auskragendem Turmkopf und Kegeldach.

Sockelgeschoss mit aneinandergereihten Segmentbogenfenstern und darüberliegenden Putzspiegeln, einer siebenstufigen Treppenanlage, einem Eingangsportal mit zinnenartiger Bekrönung und einem breiten Gurtgesims, darüber Turmschaft mit Segmentbogenfenstern, Rundfenstern und Fenstern mit scheitrechten Stürzen in fünf Ebenen, ein Rundbogenfries mit Putzspiegeln und ein Gurtgesims markieren den Übergang zum Turmkopf; runder, notdürftig mit Blechtafeln verkleideter, im Durchmesser 12 m großer[2] Turmkopf; bituminös eingedecktes Kegeldach mit vier Fledermausgauben – bekrönt von einer Kugel.

Sonstiges

Die Lehrter Bahn von Berlin über Elstal nach Hannover wurde durch die Magdeburg–Halberstädter Eisenbahn Gesellschaft (MHE) ab 1871 betrieben.[3] Die nördlich von Berlin liegende sogenannte Umgehungsbahn wurde in mehreren Teilstrecken für den Verkehr freigegeben – von Nauen über Elstal bis Potsdam 1902.[4] Am 1. Mai 1909, nach drei Jahren Bauzeit ging der Wustermarker Rangierbahnhof in Betrieb. Ein Ringlokschuppen mit Fahrständen wurde 1906 errichtet. Bis 1968 wurde das Brauchwasser aus 35 m Tiefe mit sieben Vakuumpumpen in den Behälter gedrückt. Ab 1968 förderten zwei Unterwasserpumpen aus 65 m Tiefe täglich 1.200–1.500 m³ Wasser.[5]

1, 2   Reclam, 2006, S. 122.
3   http://de.wikipedia.org/wiki/Berlin-Lehrter_Eisenbahn, 01.10.2015.
4   http://de.wikipedia.org/wiki/Umgehungsbahn_(Brandenburg), 01.10.2015.
5   Mündliche Aussagen bei einer Führung des Vereins Historia-Elstal e.V. am 27.07.2014.

Abb. 135 Ansicht von 2014

Standort / Straße: N 52.5463, E 12.9965 / Bahnhofstr.
Baujahr: 1907–08
Wasserversorgung: Eisenbahn
Behältervolumen / Nutzinhalt: k. A. / 400 m³
Denkmalschutz: ja
Entwurf: k. A.
Bauherr: Preußische Staatsbahn
Heutige Nutzung: keine
Aufnahme vor Ort: 2010 und 2014

C

Nr.: 090/03

Kurzbeschreibung Architektur / Bauweise

Historistische, rechteckige, im Kreuzverband gemauerte, viergeschossige Wasserstation mit Satteldach, einem außen nachträglich angemauerten Schornstein und einem eingeschossigen Anbau.

Bis zum Dachgeschoss sind die Gebäudeecken vertikal durch Lisenen betont, 1. Obergeschoss mit Segmentbogenfenstern und Zahnfries, 2. Obergeschoss mit Rundbogenfenstern und darüber an der Gleis- und Rückseite mittig erkerartig vorgeblendetes rotes Sichtmauerwerk, das unter der Traufe endet, Mauerwerk durch drei Fenster mit scheitrechten Stürzen in einem Segmentbogenfeld betont, Gurtgesims trennt das 2. Obergeschoss vom Dachgeschoss[1], verputzte Fassade des Dachgeschosses an den Giebelflächen und Ecken durch ein abgetrepptes, rotes Sichtmauerwerk hervorgehoben.

Sonstiges

Die 239 km lange Strecke der Lehrter Bahn wurde durch die Magdeburg–Halberstädter Eisenbahn Gesellschaft (MHE) ab 1871 betrieben. Von Berlin über die Bahnhöfe Rathenow, Groß Behnitz und Elstal führte die Strecke nach Hannover.[2]

1 Vermutlich wurde die Wasserstation nachträglich erhöht.
2 http://de.wikipedia.org/wiki/Berlin-Lehrter_Eisenbahn, 01.10.2015.
3 BLDAM: aus Denkmalgutachten von Marie-Luise Buchinger, 1993

Standort / Straße: N 52,5864,
E 12.7540 / Bahnhofstr.
Baujahr: um 1900[3]
Wasserversorgung: Eisenbahn
Behältervolumen /
Nutzinhalt: k. A.
Denkmalschutz: ja
Entwurf: k. A.
Bauherr: k. A.
Heutige Nutzung: keine
Aufnahme vor Ort: 2010

Abb. 136 Ansicht von 2010

Landkreis: **Havelland** | Ort: **Ketzin**

Behälter: **k. A.**

Kurzbeschreibung Architektur / Bauweise

Expressionistischer, sechseckiger, hoher schlanker Turm aus rotem Sichtmauerwerk im Kreuzverband, fast ohne Schmuckelemente, in den Ecken durch Strebepfeiler verstärkt.

Expressionistisch gestaltetes Eingangsportal, in sechs Ebenen über dem Eingangsportal gliedern Fenster mit scheitrechten Stürzen jede zweite Fassadenseite des aufgehenden Mauerwerks, Fenster z. T. zugemauert oder mit Blechplatten verschlossen, über der letzten Ebene sind „liegende" Fenster angeordnet, deren Wirkung durch eine darunterliegende Rollschicht verstärkt wurde, eine weitere Rollschicht als oberer Abschluss der Attika.

Sonstiges

Noch 1898 erfolgte die Wasserversorgung von damals 3.514 Einwohnern durch private Brunnen auf fast allen Grundstücken, sowie durch drei öffentliche Brunnen.[1]

1   Grahn, 1898, S. 46.
2   BLDAM: Siehe Denkmaldatenbank

Abb. 137 (oben) Ansicht von 2010

Abb. 138 (links) Eingangsbereich

Standort / Straße: N 52.4781, E 12.8545 / Feldstraße 21a
Baujahr: 1929[2]
Wasserversorgung: Stadt
Behältervolumen / Nutzinhalt: k. A.
Denkmalschutz: ja
Entwurf: k. A.
Bauherr: Stadtverwaltung
Heutige Nutzung: k. A.
Aufnahme vor Ort: 2010

Landkreis: Havelland | Ort: Nauen

Behälter: ausgebaut, Hängeboden, Eisen, genietet[1]

Standort / Straße: N 52.6090,
E 12.8758 / Zum Wasserturm
Baujahr: 1897/–98[2]
Wasserversorgung: Stadt
Behältervolumen /
Nutzinhalt: k. A. / 300 m³ [3]
Denkmalschutz: ja
Entwurf:
Ingenieur Otto Smreker[4]
Bauherr: Stadtverwaltung
Heutige Nutzung: Wohnung
Aufnahme vor Ort: 2010

Kurzbeschreibung Architektur / Bauweise

Historistischer, etwa 38 m hoher, runder Turm mit Sichtmauerwerk aus roten Bindern, einem auskragenden Turmkopf mit Zeltdach und einer kleinen Laterne.

Der im neoromanischen Stil gehaltene Turmschaft ist im Gegensatz zum überformten Turmkopf noch original erhalten, Erdgeschoss mit einem Sockel aus dunklen, fast schwarzen Mauerziegeln – Sockelabschluss durch ein abgestuftes Gesims, portikusartiger Eingang mit einer Rundbogenöffnung, vier Rundbogenfenster im Erdgeschoss, ein schwarzes Ziegelband und ein Gurtgesims trennen das Erdgeschoss von den darüberliegenden Ebenen mit versetzt angeordneten Rundbogenfenstern, den oberen Abschluss des Schaftes bilden ein dunkles Ziegelband, vier Rundfenster und ein Gurtgesims; Turmkopf mit unterer, umlaufender Aussichtsplattform und acht senkrecht angeordneten Fensterbändern.

Sonstiges

1883 erfolgte die Wasserversorgung von damals 7.124 Einwohnern mit 22 öffentlichen und 283 privaten Brunnen.[5] Der Wasserturm war bis 1978 in Betrieb.[6] Die Baugenehmigung für die Sanierung und den Um- und Ausbau des Wasserturms zum Wohngebäude wurde am 21.06.2004 erteilt. Der Hängebodenbehälter wurde fast vollständig demontiert.

1, 3 Werth, 1969, S. 417.
2, 4 Kosten der Anlage 300 TM. 200 Häuser waren 1898 an die Wasserversorgung angeschlossen, Journal, Nr. 35, 1898, S. 570.
5 Grahn, 1883, S. 20.
6 http://www.ag-historische-stadtkerne.de/Aktivitaeten/Denkmal%20des%20Monats2007.php, vom 01.11.2011.

Abb. 139 Ansicht von 2010

Landkreis: Havelland | Ort: Premnitz

Behälter: ausgebaut, Hängeboden, Eisen, genietet

Kurzbeschreibung Architektur / Bauweise

Massiver, runder, hoher Turm mit einem – in Farbe und Material abgesetzten – zwölfeckigen Turmkopf und einem glockenförmigen Zeltdach.

Sockelgeschoss aus Sichtmauerwerk im Kreuzverband mit gelben und roten Mauerziegeln, darüber Turmschaft glatt verputzt, wobei in jeder Ebene vier kleine, schmale, rechteckige Fenster übereinander bis zum Gurtgesims angeordnet sind; Turmkopf springt hinter dem Gurtgesims zurück und ist mit Schiefer verkleidet, vier Uhren zeigen in alle Himmelsrichtungen, dazwischen jeweils zwei rechteckige Fenster; Dach mit Schiefer eingedeckt und mit einer Kugel bekrönt.

Sonstiges

Für die Wasserversorgung der ehemaligen Köln-Rottweiler Pulverfabrik wurden zwei Wassertürme errichtet. Der Wasserturm für Trinkwasser wurde zwischenzeitlich abgerissen.[1] Das Reservoir des überkommenden Wasserturms war mit Brauchwasser gefüllt.

[1] Bauzeichnung von 1939, siehe von Wangenheim, 2018, Katalog Band 1, S. 470

Abb. 140 Eingang

Abb. 141 Ansicht von 2014

Standort / Straße: N 52.5348, E 12.3488 / Am Wasserturm
Baujahr: 1916
Wasserversorgung: Industrie / Gewerbe
Behältervolumen / Nutzinhalt: 642 m³ / 630 m³
Denkmalschutz: nein
Entwurf: Behälter der Fa. August Klönne
Bauherr: Vereinigte Köln-Rottweiler Pulverfabriken, Fabrik Premnitz
Heutige Nutzung: Ausstellung, Veranstaltung
Aufnahme vor Ort: 2010 und 2014

Landkreis: **Havelland** | Ort: **Premnitz**

Behälter: **Kegel, Stahlbeton**

Kurzbeschreibung Architektur / Bauweise

Funktionaler, hoher Stahlbetonturm mit schmalem Turmschaft, einem auskragenden, kegelförmigen, blechverkleideten Turmkopf und einem Kegeldach mit geringer Dachneigung.

Rechteckige Eingangstür, darüber belichten in sechs Ebenen rechteckige Fenster den Turmschaft, in der siebenten Ebene ein Austritt mit schwenkbarem Leitergang für den Aufstieg auf das Turmdach; oberhalb des Turmkopfes ein umlaufendes Stahlgeländer.

Sonstiges

Ein Wasserturm der gleichen Bauart steht in Vetschau, Landkreis Oberspreewald-Lausitz (siehe Katalog Nr. 211/13)

Standort / Straße: N 52.5365, E 12.3577 / Von-Blücher-Str.
Baujahr: k. A.
Wasserversorgung:
Industrie / Gewerbe
Behältervolumen /
Nutzinhalt: k. A.
Denkmalschutz: nein
Entwurf: k. A.
Bauherr: k. A.
Heutige Nutzung: k. A.
Aufnahme vor Ort: 2014

Abb. 142 Ansicht von 2014

Behälter: **ausgebaut, Flachboden, rechteckig, kreisförmig, Eisen**

Kurzbeschreibung Architektur / Bauweise

Historische, quadratisch im Kreuzverband gemauerte, viergeschossige Wasserstation[2] mit Satteldach und einem außen angemauerten Schornstein, traufständig stehende Wasserstation an der Gleisseite.

Die Gebäudeecken sind durch Lisenen vertikal betont, heutiger Eingang vermutlich nicht ursprünglich, Erd- und 1. Obergeschoss mit teilweise zugemauerten Segmentbogenfenstern und einem abschließenden Zahnfries, giebelseitig im 2. Obergeschoss drei nebeneinander angeordnete, zum großen Teil zugemauerte Rundbogenfenster, darüber mittig eine runde Mauerwerksvertiefung, über der sich wiederum drei zugemauerte Rundbogenfenster befinden, Hauptgesims an den Giebelseiten stufenförmig abgetreppt; Satteldach bereits großflächig zerstört.

Sonstiges

1871 ging die 239 km lange Strecke der Lehrter Bahn – betrieben durch die Magdeburg–Halberstädter Eisenbahn Gesellschaft (MHE) – in Betrieb. Seitdem gab es den Bahnhof in Rathenow.[3] Ein Übergangsbahnhof der MHE mit Zugang zum Staatsbahnhof. Die Strecke der Brandenburgischen Städtebahn verlief über Treuenbrietzen, Belzig, Brandenburg, Premnitz, Rathenow nach Neustadt.[4] Eine, von 1900 bis 1901 errichtete Kleinbahnstrecke fuhr bis 1961 von Rathenow über Senzke nach Nauen.[5]

1   Volumenangabe nur vom Behälter aus der Bauzeit von 1881.
2   Fassade stark durch bauliche Eingriffe verändert.
3   http://de.wikipedia.org/wiki/Berlin-Lehrter_Eisenbahn, 01.10.2015.
4   Menzel, 1984, S. 20 ff.
5   Regling, 2005, S. 22 f.; Brandt, 1968, S. 46

Abb. 143 Ansicht von 2014

Standort / Straße: N 52.6004, E 12.3564 / Dunckerplatz
Baujahr: verm. 1871, Aufstockung 1881
Wasserversorgung: Eisenbahn
Behältervolumen / Nutzinhalt: k. A. / 25 m³ [1]
Denkmalschutz: ja
Entwurf: von 1881, Kgl. Eisenbahndirektion, Magdeburg
Bauherr: Preußische Staatsbahn
Heutige Nutzung: keine
Aufnahme vor Ort: 2010 und 2014

Kurzbeschreibung Architektur / Bauweise

Schlichter, funktionaler Turm mit zwölfeckigem, glatt verputztem, konischem Turmschaft und einem unverkleideten Eisenbehälter mit Umgang und Laterne.

Über dem glatt verputzen Sockel springt das ebenfalls glatt verputzte, aufgehende Mauerwerk des Turmschaftes leicht zurück, schmuckloses, glatt verputztes, rechteckiges Eingangsportal mit rechteckiger Stahltür, Schaft mit rechteckigen, schmalen Fenstern in zwei Ebenen, darüber Gurtgesims aus einer Lage unverputzter Binder; schräg auskragender – mit waagerecht verlegten Holzbrettern verkleideter – Übergang zum Turmkopf, darüber ein Umgang mit Eisengeländer, Zugang zur Laterne und Einstieg in den Behälter über einen äußeren Leitergang auf dem geschlossenen Barkhausenbehälter.

Sonstiges

Ein geschlossener Barkhausenbehälter steht noch auf dem oberen Bahnhof in Falkenberg/Elster (Landkreis Elbe-Elster, Katalog, Nr. 215/04), Angaben zu Bahnstrecken siehe Wasserstation Nr. 095/08.

Standort / Straße: N 52.5999, E 12.3538 / Dunckerplatz
Baujahr: 1912–13
Wasserversorgung: Eisenbahn
Behältervolumen / Nutzinhalt: k. A. / 150 m³
Denkmalschutz: ja
Entwurf: Königliche Eisenbahndirektion, Hannover
Bauherr: Preußische Staatsbahn
Heutige Nutzung: keine
Aufnahme vor Ort: 2010

Abb. 144 Ansicht von 2010

Landkreis: Havelland | Ort: Rathenow

Behälter: ausgebaut, Hängeboden, Eisen, genietet

B

Nr.: 097/10

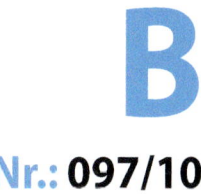

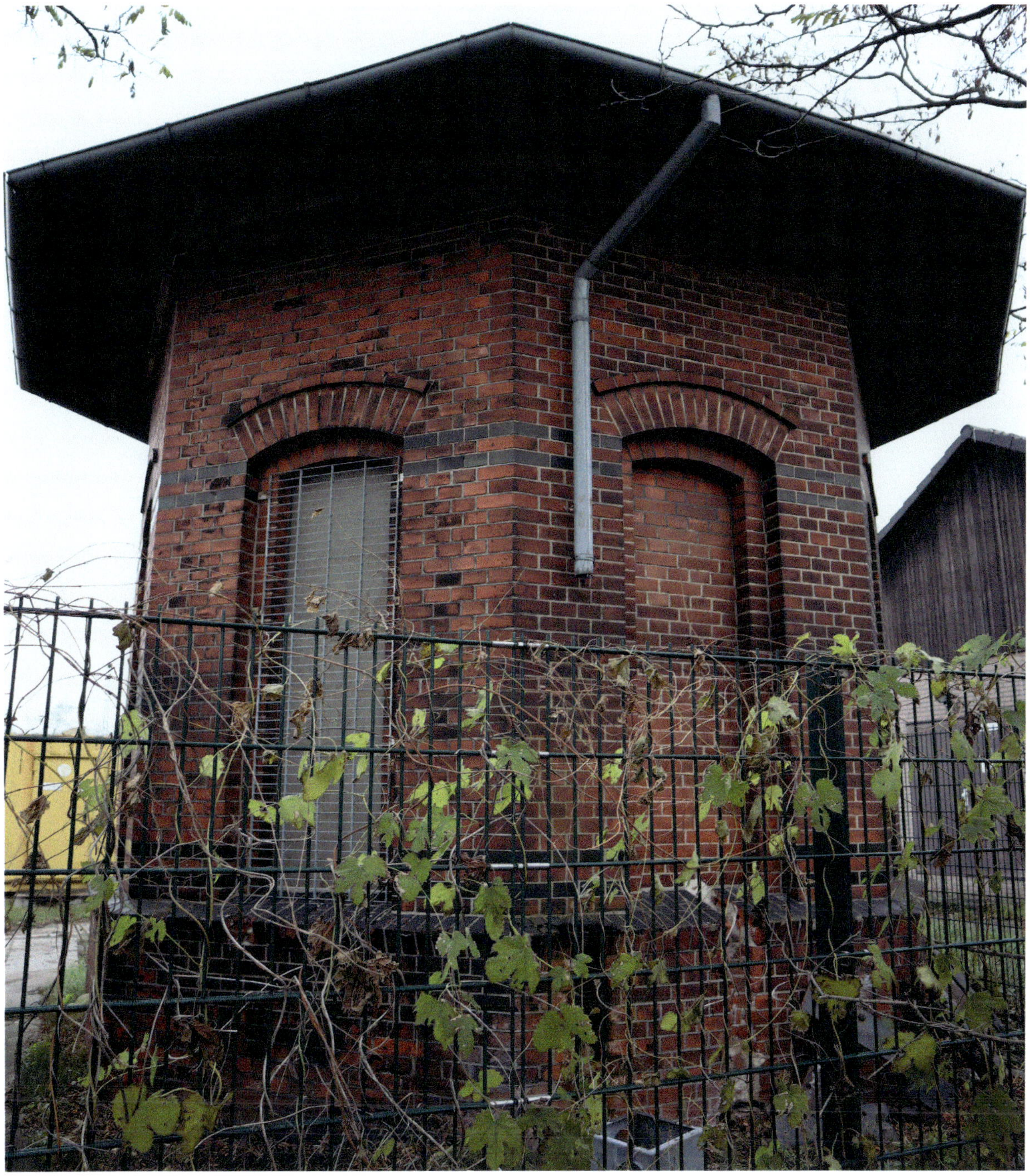

Abb. 145 Ansicht 2022

Standort / Straße: N 52.5995, E 12.3572 / Viertellandsweg
Baujahr: 1903–1904[1]
Wasserversorgung: Militär-Eisenbahn
Behältervolumen / Nutzinhalt: k. A. / 50 m³
Denkmalschutz: nein[2]
Entwurf : Vereinigte Eisenbahnbau- und Betriebs-Gesellschaft
Bauherr: Brandenburgische Städtebahn-Aktiengesellschaft
Heutige Nutzung: k. A.
Aufnahme vor Ort: 2014 u. 2022

Kurzbeschreibung Architektur / Bauweise

Vom Turm mit achteckigem Grundriss ist nur noch das Erdgeschoss in Sichtmauerwerk aus roten Mauerziegeln im Kreuzverband, umlaufenden Zierbändern aus grün glasierten Mauerziegeln und Segmentbogenfenstern erhalten.

1,2 BLDAM: Zwischenzeitlich wurde der Turm in die Denkmalliste eingetragen.

Landkreis: **Potsdam-Mittelmark** | Ort: **Bad Belzig**

Behälter: **ausgebaut**

Kurzbeschreibung Architektur / Bauweise

Historistische, rechteckige, zweigeschossige Wasserstation aus rotem Sichtmauerwerk im Binderverband, mit Wasserstandsanzeiger, Satteldach und Schornstein

Vier Lisenen rahmen die Fassade an den Ecken ein, über dem Natursteinsockel aus behauenen Quadern belichten Fenster mit Segmentbögen, Eingangstüren ebenfalls mit Segmentbögen, zwischen den Geschossen wird die Fassade horizontal durch ein im Mauerverband quadratisch, gestaltetes Fries betont – angeordnet in Brüstungshöhe des Obergeschosses, den Übergang zwischen der Fassade und dem Dach markiert ein konsolartiges Fries an der Traufe und am Giebel.

Sonstiges

Die Wetzlarer Bahn eröffnete 1879 die Teilstrecke Berlin–Belzig–Güsten–Blankenheim (Sachsen-Anhalt) – Teilstrecke der sogenannten Kanonenbahn von Berlin nach Metz[1].[2] Die Strecke der Brandenburgischen Städtebahn führt von Treuenbrietzen auch über Belzig weiter nach Brandenburg, Premnitz, Rathenow und Neustadt.[3]

Abb. 146 (links) Ansicht von 2010

Abb. 147 (rechts) Detail, Wasserstandsanzeiger

Standort / Straße: N 52.1366, E 12.5933 / Am Bahnhof 6
Baujahr: k. A.
Wasserversorgung: Eisenbahn
Behältervolumen /
Nutzinhalt: k. A.
Denkmalschutz: ja
Entwurf: k. A.
Bauherr: Staatsbahn
Heutige Nutzung: Wohnung und Gewerbe
Aufnahme vor Ort: 2010

1   http://wikipedia.org/wiki/Kanonenbahn, 08.04.2013 .
2   Bley, 2002, S. 4; Architekten-Verein, 1896, I. Teil, S. 202.
3   Menzel, 1984, S. 20 ff.

Landkreis: **Potsdam-Mittelmark** | Ort: **Beelitz**

Behälter: **teilweise ausgebaut, Flachboden, rechteckig, Stahlbeton**

B

Kurzbeschreibung Architektur / Bauweise

44 m hoher, rechteckiger, leicht konischer, siebengeschossiger, expressionistischer Turm aus Sichtmauerwerk mit rotbunten Ziegeln im Kreuzverband, Aussichtsterrasse und Walmdach.

Vorgesetzte, eingeschossige Eingangshalle mit einer Freitreppe, dreieckig gemauerten Türstürzen und einem darüberliegenden sehr breiten Zierfries aus mehreren zahnfriesartig übereinander angeordneten Ziegelreihen, die ein Wappen fassen, geschossweise belichten mehrere, rechteckige, unterschiedlich hohe Fenster mit Sprossen und scheitrechten Stürzen den Turmschaft, in Höhe des Behältergeschosses wiederholt sich der Zierfries der Eingangshalle, darüber sind schmucklose Betonwasserspeier an den Turmecken angeordnet; über dem obersten, ca. um einen Meter zurückgesetzten Geschoss mit der Aussichtsterrasse und den dreieckig gemauerten Fensterstürzen, ragt aus dem geschweiftem Walmdach die Kuppel der Sternwarte hervor.

Sonstiges

Mit der Wasserversorgungsanlage wurde von 1926 bis 1928 eine zentrale Abwasser- und Regenwasseranlage gebaut. Das Trinkwasser wurde aus vier, 28–35 m tiefen Rohrbrunnen mit einer Haeberleitung in einen Sammelbrunnen gehoben. Drei elektrisch angetriebene Pumpen mit einer Leistung von 40–70 m³ pro Stunde fördern das Wasser in die Enteisenungsanlage. Für das Rohrleitungsnetz wurden 13.500 lfm Stahlrohr verlegt.[1] Für die Ausführung der Bauarbeiten wurde das Baugeschäft Gustav Schielicke aus Beelitz beauftragt. Die Räumlichkeiten des Wasserturms nutzte das Heimatmuseum des Kreises Zauch-Belzig bis 1945.[2]

Der 1999 gegründete Verein zur Rettung des Beelitzer Wasserturms entwickelte ein neues Nutzungskonzept für den Turm. Für die Umnutzung als Sternwarte wurde der Stahlbetonbehälter teilweise abgerissen.[3]

Abb. 148 Ansicht von 2009

Standort / Straße: N 52.2400, E 12.9646 / Karl-Liebknecht-Straße
Baujahre: 1927/28[4]
Wasserversorgung: Stadt
Behältervolumen / Nutzinhalt: 270 m³ / 200 m³
Denkmalschutz: ja
Entwurf: Architekt Winter[5]
Bauherr: Stadt / Gemeinde
Heutige Nutzung: Sternwarte, Café
Aufnahme vor Ort: 2009

1   Tiedemann, 1930, S. 32 f.
2   Schulz, 1931, S. 56.
3   Informationen vom Verein Sternfreunde e. V.
4, 5 Archiv BLDAM, Akte 14-148.

A

Nr.: 100/03[1]

Abb. 149 Ansicht von Südwest

Standort / Straße: N 52.2604, E 12.9282 /
Straße nach Fichtenwalde
Baujahre: 1898–1902[2]
Wasserversorgung: Kranken-haus / Sanatorium / Anstalt
Behältervolumen /
Nutzinhalt: 210 m³ [3]
Denkmalschutz: Ja
Entwurf: Heino Schmieden /
Julius Boethke[4]
Bauherr: Landesversiche-rungsanstalt Berlin
Heutige Nutzung:
Ausstellung
Aufnahme vor Ort: 2009, 2011 und 2014

Kurzbeschreibung Architektur / Bauweise

Auf einem rechteckigen, zweigeschossigen Turmunterbau aufbauend erhebt sich aus der Umbauung ein achteckiger, dreigeschossiger Turmschaft mit leicht auskragendem Turmkopf und Zeltdach.

Ein Sockel und portikusartiger Eingang aus rotem Sichtmauerwerk mit darüberliegendem, kreisrundem Fenster gestalten den ansonsten verputzten Turmunter-bau, Turmschaft in Sichtmauerwerk aus weiß glasierten Ziegeln im Binderverband und mit Fensterumrahmungen aus rotem Sichtmauerwerk, Ecken des Schaftes sind in der Art von „Kurz- und Langwerk" durch rote Mauerziegel eingefasst, mit wenigen, rechteckigen Fenstern und sie-ben, auf den Kopf gestellten, schlüsselschartenartigen Fen-steröffnungen wird der Schaft belichtet; Konsolen tragen das aufwendig gestaltete Holzfachwerk des Turmkopfes mit Zierstreben und Ziergefachen aus weiß glasierten Zie-geln und gerahmten rechteckigen Sprossenfenstern; vier Zwerchgiebel mit rechteckigen Sprossenfenstern in drei Ebenen betonen zusätzlich das Zeltdach.

Sonstiges

Die LVA baute und erweiterte die Lungenheilstätten von 1898 bis 1930. In der ersten Bauphase wurden das Kessel-und Maschinenhaus mit dem Wasserturm errichtet. Das Baugeschäft Gustav Schielicke aus Beelitz errichtete den Wasserturm, wie auch den Turm in Beelitz.[5] Im Maschi-nenhaus befindet sich eine ständige Ausstellung des Ver-eins Heiz-Kraft-Werk Beelitz Heilstätten e.V.

In der Errichtungszeit des Wasserturms wurden auch die zwei Pumpenhäuser gebaut. In jedem Pumphaus befin-det sich ein 19 m tiefer Brunnenschacht mit einem lich-ten Durchmesser von 2,5 m. Auf der Schachtsohle stand eine Kreiselpumpe (max. Förderleistung: 40 m³/h), die aus einem 24 m tiefen Rohrbrunnen das Wasser förderte.[6]

Die Sanierung der Fassade des Heizhauses hat 5 Milli-onen DM gekostet.[7]

1   von Wangenheim, 2018, Katalog Band 1, S. 495 ff.
2, 6 Ausstellung des Vereins Heiz-Kraft-Werk Beelitz Heilstätten e. V. im Maschinenhaus.
3–5 Schulz, 1931, S. 9 ff.
7   Quelle: Führung Beelitz Heilstätten mit Frau Irene Krause, 29.03.2014.

Sonstiges

Pavillon für Frauen, Ruine.

Abb. 150 Eingangsbereich der Ruine

Abb. 151 Rückseite der Ruine

Standort / Straße: N 52.2630,
E 12.9196
Straße nach Fichtenwalde
Baujahre: 1906–07[1]
Wasserversorgung: Kranken-
haus / Sanatorium / Anstalt
Behältervolumen /
Nutzinhalt: 270 m³ [3]
Denkmalschutz: ja
Entwurf: Landesbaumeister
Fritz Schulz[2]
Bauherr: Landesversiche-
rungsanstalt Berlin
Heutige Nutzung: keine
Aufnahme vor Ort: 2014

1–3 Schulz, 1931, S. 11 ff.

Abb. 152 Ansicht von Süden

Standort / Straße: N 52.2672,
E 12.9247/Paracelsus Ring 6a
Baujahre: 1905–07[1]
Wasserversorgung: Kranken-
haus / Sanatorium / Anstalt
Behältervolumen /
Nutzinhalt: 270 m³ [2]
Denkmalschutz: ja
Entwurf: Landesbaumeister
Fritz Schulz[3]
Bauherr: Landesversiche-
rungsanstalt Berlin
Heutige Nutzung: k. A.
Aufnahme vor Ort: 2014

Kurzbeschreibung Architektur / Bauweise

Im Heimatstil errichteter, mehrgeschossiger Gebäudekomplex mit turmartiger Erhebung, gestaltet mit Sichtmauerwerk, verputzten Fassadenflächen und Fachwerk.

Der quadratische, eingeschossige Turmaufbau ist mit
Dachziegeln verkleidet, auf der Eingangsseite des Gebäudes zwei einflügelige Fenster mit Oberlicht – seitlich flankiert durch gleichgroße Lüftungsöffnungen mit Holz-
lammellen; über dem glockenartigen, geschweiften, mit
Kupfer eingedeckten Dach umfasst ein Holzgeländer
einen Umgang, hinter dem sich eine Laterne mit glockenförmigem Dach erhebt.

Sonstiges

In dem ehemaligen Gebäude der Lungenheilstätte für
Männer ist seit 1998 die Neurologische Rehabilitationsklinik der Kliniken Beelitz untergebracht.[4]

1–3 Schulz, 1931, S. 11 ff.
4 Im ersten Weltkrieg wurde für den sogenannten Heeresbedarf alles ver-
baute Kupfer für Kriegszwecke beschlagnahmt. So auch das Kupfer auf
den Dächern der Beelitzer Heilstätten. Die ursprüngliche Kupferein-
deckung auf dem Turm wurde abgerissen und eine Neueindeckung in
mangelhaftem Zink vorgenommen. Ab 1925 erneuerte die Firma Carl
Bölke aus Beelitz alle betroffenen Dächer, Schulz, 1931, S. 59.

Landkreis: **Potsdam-Mittelmark** | Ort: **Bochow Bruch**

Behälter: **Flachboden, kreisförmig, Eisen, genietet**

Kurzbeschreibung Architektur / Bauweise

Funktionaler, runder, leicht konischer, kleiner Turm.

Mauerwerk aus gelb- und rötlichen Ziegeln ist mit Schlämme überzogen; der unverkleidete, genietete Behälter ist oben offen.

Sonstiges

Der Wasserturm diente zur Bewässerung von Obstplantagen.[4]

Abb. 153 Ansicht von 2010

Standort / Straße: N 52.3972, E 12.8040 / Am Wasserturm
Baujahr: 1924/25[1]
Wasserversorgung: Land/Gut
Behältervolumen /
Nutzinhalt: k. A.
Denkmalschutz: ja
Entwurf: Ausführung Herr Günter[2]
Bauherr: Herr Behrend[3]
Heutige Nutzung: k. A.
Aufnahme vor Ort: 2010

1–3 Archiv BLDAM, Akte 14-497.
4   BLDAM: Der Turm wurde durch ein ca. 300 m nördlich stehendes Pumpenaggregat mit Wasser befüllt. Das Wasser erwärmte sich tagsüber im schmiedeeisernen Behälter und die Plantage wurde abends bewässert, Buchinger, Cante, 2009, Teil 1, S. 56.

Abb. 154 Ansicht von 2010

Standort / Straße: N 52.1885,
E 12.7604 / Am Bahnhof
Baujahr: k. A.
Wasserversorgung: Eisenbahn
Behältervolumen /
Nutzinhalt: k. A.
Denkmalschutz: nein
Entwurf: k. A.
Bauherr: Staatsbahn[1]
Heutige Nutzung: keine
Aufnahme vor Ort: 2010

Kurzbeschreibung Architektur / Bauweise

Rechteckige, viergeschossige Wasserstation mit Satteldach, Wasserstandsanzeiger, Schornstein und einem eingeschossigen Anbau.

Das Sichtmauerwerk aus roten Ziegeln im Kreuzverband der beiden unteren Geschosse trennt ein konsolartiges Gurtgesims von dem verputztem Mauerwerk der darüberliegenden Geschosse, Segmentbogenfenster belichten das Gebäude.

Sonstiges

Die Bahnstrecke Berlin–Blankenheim (Sachsen-Anhalt) ging 1879 in Betrieb.[2]

1   http://wikipedia.org/wiki/Kanonenbahn, 08.04.2013.
2   Architekten-Verein, 1896, I. Teil, S. 202.

Abb. 155 Ansicht von 2019

Kurzbeschreibung Architektur / Bauweise

Historistischer wehrhaft wirkender, rechteckiger, dreigeschossiger Wasserturm; an zwei Seiten von einem ehemaligen Wirtschaftsgebäude umbaut.

Turmschaft an den Ecken durch Lisenen aus Sichtmauerwerk mit Ziegeln eingefasst, zurückspringende Putzflächen zwischen den Lisenen, in zwei Ebenen an beiden Fassadenseiten jeweils zwei einflügelige Fenster mit Sprossen und Segmentbogen, Rollschicht aus Mauerwerk als Fensterbank, Segmentbogen aus Sichtmauerwerk akzentuiert den oberen Abschluss der Fenster; Übergang zum Turmkopf wird durch ein Gesims aus abgetreppten Mauerwerkslagen betont, Turmkopf ist durch Lisenen aus Sichtmauerwerk mit dazwischenliegenden Putzflächen ohne Fenster zurückhaltend gestaltet, ein Zinnenkranz aus roten Ziegeln bildet den oberen Abschluss des Turmkopfes.

Sonstiges

Vom ehemaligen Amtsvorwerk (seit 1852 Rittergut)[1] in Damsdorf, einem Ortsteil von Kloster Lehnin, sind zwei Wohnhäuser, die beiden Wirtschaftgebäude und der Wasserturm überkommen.[2]

1 BLDAM: Buchinger, Cante, 2009, S. 105f.
2, 3 https://lns.gis-bldam-brandenburg.de/hida4web/view?docld=
obj09191125.x, Denkmale in Brandenburg, Stand 09.12.2021.
4 Aufnahme des Wasserturms in den Katalog nach Promotion, von Wangenheim, 2018.

Standort / Straße:
N 52.358520 E 12.748401,
Alte Lindenstr. 6,7
Baujahr: um 1900[3]
Wasserversorgung: Land/Gut
Behältervolumen /
Nutzinhalt: k. A.
Denkmalschutz: ja
Entwurf: k. A.
Bauherr: k. A.
Heutige Nutzung: k. A.
Aufnahme vor Ort: 2019[4]

Abb. 156 Ansicht von Süden

Kurzbeschreibung Architektur / Bauweise

Funktionaler, runder, gedrungener, kleiner Turm mit flachem, kegelförmigem Dach.

Sockelgeschoss aus Sichtmauerwerk mit roten Ziegeln im Kreuzverband, Gesims aus einer Rollschicht bildet den Abschluss des Sockelgeschosses, darüber liegt das Behältergeschoss mit einer vorgesetzten Schale aus verputztem Mauerwerk; auf dem flach, geneigten Dach befindet sich die Einstiegsluke in den Behälter.

Sonstiges

Aus zwei Brunnen wurde das Wasser mit Pumpen gefördert. Die Pumpen wurden durch einen 4 PS starken Deutz-Motor angetrieben. Ein Pferdegöpel war ursprünglich als Antrieb geplant gewesen. Das Rohrleitungsnetz im Dorf war 110 m lang, aus gusseisernen Rohren DN 125 und versorgte 26 Hausanschlüsse. Fünf Hydranten standen der Feuerwehr zur Verfügung. Die Firma Wobbe aus Berlin errichtete den Wasserturm. Das Maschinenhaus baute der Maurermeister Schulze und die Rohre verlegte der Klempnermeister Boy. Beide Firmen waren in Niemegk ansässig. Die Gesamtkosten des Bauvorhabens beliefen sich auf 24.809,81 Mark. Der Wasserturm mit Anbau kostete 6.209,19 Mark.[1]

Standort / Straße: N 52.0204, E 12.6610 / Dorfstraße
Baujahr: 1912
Wasserversorgung: Land / Gut
Behältervolumen / Nutzinhalt: 54 m³ / 50 m³
Denkmalschutz: nein
Entwurf: F. Wobbe, Kgl. Regierungs Baumeister a.D.
Bauherr: Gemeinde Garrey
heutige Nutzung: Ausstellung
Aufnahme vor Ort: 2013

1   Informationstafeln im Turm.

Abb. 157 Ansicht von Nordwest

Kurzbeschreibung Architektur / Bauweise

Neoromanischer, zweigeschossiger, rechteckiger, gemauerter Turm, der eine schlossartige, verwunschene Wirkung im Parkareal entfaltet.

Fassade aus gelben und auch roten, handgeformten Ziegeln im Kreuzverband gemauert, Rundbogenfenster in beiden Geschossen – zum Teil als Blindfenster ausgebildet. Im Erdgeschoss befindet sich eine offene Halle mit einem Kreuzgratgewölbe (darüber, im 1. Obergeschoss stand der Behälter), konsolartige Gurt- und Dachgesimse gliedern die Fassade, die Mauerbekrönung aus Rechteckzinnen und die drei kleinen, rechteckigen Türmchen, sowie der große, als Erker angelegter Eckturm am zweigeschossigen Gebäudeteil, betonen den wehrhaften Charakter des Gebäudes.

Sonstiges

In den Götzerbergen gab es seit der Mitte des 19. Jahrhunderts Ziegeleien. Der Wasserturm steht im Park, der zur Villa des Besitzers der Ziegelei Bossdorf gehörte. Er war Teil der wassertechnischen Anlage, die den Teich und Bachlauf mit Wasser versorgte. Nach dem 2. Weltkrieg wurde das Areal durch die Sowjetische Armee genutzt, dann als Kinderferienlager, FDGB-Schulungsheim und als Bildungszentrum des Vereins zur Förderung der Land- und Forstarbeiter e. V.[2]

1, 2 Ausstellung vor Ort des Landwerks Götzerberge gGmbH; Buchinger, Cante, 2009, S. 211–213..

Standort / Straße: N 52.4436, E 12.7304 / Bergstraße 1
Baujahr: vor 1900
Wasserversorgung: Land/Gut
Behältervolumen / Nutzinhalt: verm. 15 m³
Denkmalschutz: ja
Entwurf: k. A.
Bauherr: Ziegelei Bossdorf[1]
Heutige Nutzung: keine
Aufnahme vor Ort: 2010 und 2016

A

Nr.: 108/11[1]

Behälter: Barkhausen mit mittlerem Durchstieg, Eisen, genietet

Abb. 158 Ansicht von Süden

Standort / Straße: N 52.0701, E 12.6930 / Wittenberger Str.
Baujahr: 1913
Wasserversorgung: Stadt
Behältervolumen / Nutzinhalt: k. A. / 100 m³
Denkmalschutz: Ja
Entwurf: Dr. Ing. Heydt, Darmstadt
Bauherr: Stadt
Heutige Nutzung: keine
Aufnahme vor Ort: 2009 und 2011

Kurzbeschreibung Architektur / Bauweise

Historistischer, achteckiger Turm mit leicht auskragendem Turmkopf, Zeltdach und Lüfterhaube.

Sockelgeschoss aus Sichtmauerwerk mit roten Kohlebrandziegeln, gemauert im Blockverband, mit einer zweiflügeligen, hölzernen Eingangstür mit Oberlicht und zwei rechteckigen, eisernen Sprossenfenstern mit Fensterbänken aus gemauerten Rollschichten, alle drei Mauerwerksöffnungen mit scheitrechten Stürzen, über dem Sockelgeschoss springt der Turmschaft leicht zurück, Schaft durch acht rot gemauerte Ecklisenen vertikal betont, dazwischen abgewitterte, glatte Putzflächen, über der Tür und den Fenstern des Sockelgeschosses belichten jeweils drei übereinanderliegende Fenster mit scheitrechten Stürzen den Schaft; der Übergang zum Turmkopf wird durch die rundbogenartige Auskragung akzentuiert, Turmkopf glatt verputzt und durch kleine, rechteckige Fenster mit Sprossen gegliedert; Zeltdach und darüberliegende Laterne mit roten Ziegeln eingedeckt, Laterne mit Kugelspitze bekrönt.

Sonstiges

Der Wasserturm versorgte die daneben errichtete Badeanstalt mit Wasser. Der Barkhausenbehälter wurde von der Firma August Klönne aus Dortmund geliefert und eingebaut. Im Turm befand sich die Enteisenungsanlage. Die Firma M. Hempel aus Berlin baute die Pumpanlage mit Wasserkessel.[2] Der Wasserturm ging 1999 außer Betrieb.[3] Dem Antrag auf Ausbau der technischen Anlagen im Turm wurde am 09.03.2000 vom Landesdenkmalamt zugestimmt.[4]

1 von Wangenheim, 2018, Katalog Band 1, S. 529 ff.
2 Hempel, 1911, S. 16 ff.
3 MAZ, Fläming Echo, online, 04.09.2010.
4 BLDAM, Archiv Akte 14-792.

Nr.: **109/12**[1]

Kurzbeschreibung Architektur / Bauweise

Historistischer, runder, konischer Turmschaft aus Sichtmauerwerk mit roten und gelben Ziegeln, einem achteckigen, verputzten Turmkopf und einem Zeltdach mit Laterne.

Ein nachträglich vorgesetzter Eingang mit scheitrechtem Türsturz und kleinem, mit Biberschwänzen gedecktem Walmdach wird von einem ca. 1,3 m hohen Sockel des Turmschaftes eingerahmt, Turmschaft mit wenigen, rechteckigen Sprossenfenstern belichtet, über dem Gesims der ersten Fensterebene betonen acht Lisenen aus rotem Sichtmauerwerk die Vertikale mit dazwischen liegenden Flächen aus gelben Ziegeln, Lisenen wurden mit Blendbögen unter dem Turmkopf miteinander verbunden; acht wulstartige, dreistufige Konsolen tragen den Turmkopf, der mit Putzbändern eingefasst und mit zwei Fensterebenen horizontal gegliedert ist; geschweiftes Dach mit vier Sattelgauben und eine Laterne mit Spitze.

Sonstiges

1898 erfolgte die Wasserversorgung von damals 5.061 Einwohnern mit 15 öffentlichen Brunnen und drei Bächen, die die Stadt durchquerten.[6] Die Bauleitung bei der Errichtung des Wasserturms übernahm der Baumeister Hensel aus Treuenbrietzen.[7] Den Behälter baute und lieferte die Firma Klönne aus Dortmund.

Beim Wasserturm von Kirchmöser (Turm Nr. 117/03) wurde diese Sonderform des Barkhausenbehälters ebenfalls eingebaut.

Abb. 159 Ansicht von 2011

Abb. 160
Eingangsbereich, nachträglich angebaut

Standort / Straße: N 52.0982, E 12.8710 / Großstr.
Baujahr: 1910[2]
Wasserversorgung: Stadt
Behältervolumen / Nutzinhalt: 100 m³ [3]
Denkmalschutz: nein[4]
Entwurf: Dr. Ing. Heyd, Darmstadt[5]
Bauherr: Stadtverwaltung
Heutige Nutzung: keine
Aufnahme vor Ort: 2009–2012

1 von Wangenheim, 2018, Katalog Band 1, S. 542 ff.

2, 5 Dr. Ing. Heyd überwachte den Bau des gesamten Wasser- und Abwassersystems. Ernst-Peter Rabenhorst, Chronik der Stadt Treuenbrietzen, S. 221, 229.

3, 7 Seit 1991 ist der Wasserturm nicht mehr in Betrieb. Der Turm wurde von 1992–93 saniert, mündliche Aussagen vom Wasser- und Abwasserzweckverband Nieplitztal mbH (wwn).

4 BLDAM: Zwischenzeitlich wurde der Wasserturm in die Denkmalliste aufgenommen.

6 Grahn, 1898, S. 49 f.

A
Nr.: 110/13[1]

Behälter: 3 × Flachboden, 2 × rechteckig, Eisenbeton und 1 × kreisförmig mit mittlerem Durchstieg, Stahlbeton

Abb. 161 Ansicht aus Nordost, rechteckige Behälter

Kurzbeschreibung Architektur / Bauweise

Zweigeschossiger, verputzter Blockbau im Heimatschutzstil mit linkem und rechtem Seitenflügel, einem Mittelrisalit mit vorgestelltem Eingangsbereich, der durch Arkaden im Erdgeschoss gestaltet ist, rechteckige, gerahmte, vierflügelige Sprossenfenster gliedern die Fassade, Sattelbzw. Mansarddach mit Biberschwänzen eingedeckt und mit unterschiedlichen Gaubenarten: Schlepp-, Giebel-, Fledermaus- und Walmgauben gestaltet.

Die Behälter von 1913 stehen im Bereich des Mittelrisalits, hinter dem Uhrentürmchen, der Behälter von 1927 steht im Turm, der sich über dem Satteldach des linken Seitenflügels erhebt, Turm mit Kupfer verkleidet, darüber eine zurückspringende Lüfterhaube mit geschweiftem Zeltdach und geschmiedeter Wetterfahne mit dem brandenburgischen Adler.

Sonstiges

Die Projektumsetzung der Erweiterung des Krankenhauses von 1926–27 wurde durch Landesoberingenieur Volkstedt, Hochbauabteilung in Berlin, durchgeführt. Den Entwurf planten der Architekt Hecht und Landesbauführer Grothe. Für den technischen Entwurf waren der Landesoberinspektor Tilly und Landesingenieur Wocke verantwortlich. Die Bauleitung übernahm Architekt Meier. Die Firma A. Stapf, Beton- und Eisenbeton aus Berlin, führte die Stahlbetonarbeiten aus und stellte auch den kreisförmigen Flachbodenbehälter her.[5]

Standort / Straße: N 52.0811, E 12.8752 / Johanniterstr. 1
Baujahr:
rechteckig 1915–16,
kreisförmig 1926–27
Wasserversorgung: Krankenhaus / Sanatorium / Anstalt
Behältervolumen /
Nutzinhalt: 2 × k. A. /
2 × 20 m³ ², k. A. / 40 m³ ³
Denkmalschutz: ja
Entwurf: Provinzialkonservator Theodor Goecke[4]
Bauherr: Brandenburgische Provinzialverwaltung
Heutige Nutzung: keine
Aufnahme vor Ort: 2011

Abb. 162 Ansicht von Westen, kreisförmiger Behälter

1   von Wangenheim, 2018, Katalog Band 1, S. 555 ff.
2   Bei Lang widersprüchlich mit 34 m³ und 40 m³ angegeben. Auf Grund der Größe der Behälter werden 40 m³ realistisch sein, Lang (Hg.), 1928, S. 8, 33.
3, 5 Lang (Hg.), 1928, S. 29, 48.
4   Entwürfe im Landesbauamt entstanden zu dieser Zeit unter der Leitung von Theodor Goecke (weiteres Beispiel: Landesirrenanstalt Teupitz, Landkreis Dahme-Spreewald).

Behälter: **vermutlich Hängeboden, Eisen, genietet**

Abb. 163 (links) Detail, Eingangstür

Abb. 164 (rechts) Ansicht, 2009

Kurzbeschreibung Architektur / Bauweise

Stark zerstörter, achteckiger Bahnturm, ohne Ummantelung des Turmkopfes, mit sichtbarem, zylindrischem Eisenbehälter und später errichtetem, eingeschossigem Anbau.

Turmschaft aus gelbem Sichtmauerwerk im Kreuzverband, durch Gesimse – über denen sich das aufgehende Mauerwerk verjüngt – horizontal gegliedert, Erdgeschoss mit Segmentbogenfenstern (zum Teil zugemauert) und einer hölzernen Lattentür mit Oberlicht und Segmentbogen, über einem schrägen Gesims gestalten auf allen acht Fassadenflächen Mauerwerksvertiefungen – oberhalb mit Rundbögen – den Turmschaft, in den Vertiefungen belichten Segmentbogenfenster mit Sprossen den Schaft, darüber jeweils runde Mauerwerksvertiefungen, über dem Rundbogen der Mauerwerksvertiefungen dient ein dreistufiges Gesims als Auflager für die Reste der verzierten, hölzernen Konsolen.

Sonstige

Der Bahnhof Werder (Havel) liegt an der Bahnstrecke Berlin–Magdeburg. Baugleiche von der kgl. Eisenbahndirektion Stettin entworfene Wassertürme stehen auf dem Bahnhof Sternebeck (Turm Nr. 082/09) und auf dem Güterbahnhof Wriezen (Turm Nr. 087/14).

1, 2 BLDAM: Buchinger, Cante, 2009, S. 574–577; der Bahnhof ist mit Empfangsgebäude, Güterabfertigungshalle und Toilettenhaus in die Denkmalliste eingetragen. Der Bahnwasserturm ist nur nicht explizit erwähnt.

Standort / Straße: N 52.3931, E 12.9272 / Am Zernsee 25
Baujahr: nach 1889[1]
Wasserversorgung: Eisenbahn
Behältervolumen / Nutzinhalt: k. A.
Denkmalschutz: nein[2]
Entwurf: Königliche Eisenbahndirektion Stettin
Bauherr: Preußische Staatsbahn
Heutige Nutzung: keine
Aufnahme vor Ort: 2009

Abb. 165 Ansicht von 2013

Standort / Straße: N 52.3448, E 12.9448 / Zelterstr. 2a
Baujahr: Anfang 20. Jh.[2]
Wasserversorgung: Land / Gut
Behältervolumen /
Nutzinhalt: k. A.
Denkmalschutz: ja
Entwurf: k. A.
Bauherr: k. A.
Heutige Nutzung: k. A.
Aufnahme vor Ort: 2013

Kurzbeschreibung Architektur / Bauweise

Historistischer, rechteckiger, gemauerter Wasserturm mit Zeltdach, Lüfterhaube und einem zweigeschossigen, späteren Anbau.

Lebhaftes Sichtmauerwerk aus Kohlebrandziegeln von gelber, grüner, schwarzer und roter Farbgebung, ein zweistufiges, leicht auskragendes Gesims aus einer Läufer- und Binderschicht markiert den Übergang zum Turmkopf; längere Turmkopfseite durch drei nebeneinander angeordnete, fensterartige, tiefer gelegte, glatte Putzspiegel betont – über den Putzspiegeln scheitrechte Stürze, die durch ein Ziegelband eingefasst werden, an der schmaleren Seite des Turmkopfes dieselbe Ausführung nur zwischen den beiden äußeren Putzspiegel ist eine Mauerwerksöffnung vorhanden; Zeltdach mit neuer Kronendeckung aus Biberschwänzen, Lüfterhaube mit Fenstern und glockenförmigem, mit Blech eingedecktem Dach.

Sonstiges

In der Denkmalliste des Landes Brandenburg als Wasserturm mit Gaststätte eingetragen.

1   BLDAM: Petzow ist ein Ortsteil von Werder (Havel).
2   BLDAM: Buchinger, Cante, 2009, S. 431.

Behälter: **Hängeboden mit ellipsenförmiger Kalotte, mittlerem Durchstieg, Eisen, genietet**

Kurzbeschreibung Architektur / Bauweise

Funktionaler, achteckiger Eisen- bzw. Stahlfachwerkturm mit genietetem Behälter ohne Ummantelung und einem Kegeldach mit Laterne.

Turmschaft mit innenliegender Erschließung über eine Leiter und mit sichtbaren Versorgungsleitungen.

Sonstiges

1161 wurde eine Burg erstmalig urkundlich erwähnt. Um 1837 gab es in Wiesenburg 103 Wohnhäuser mit 865 Einwohnern und 1895 über 170 Häuser mit 989 Einwohnern. Nach dem Zweiten Weltkrieg wurden über 700 Hektar auf 153 Menschen aufgeteilt. 1952 gründete sich die erste LPG mit 20 Mitgliedern.[5]

1949 wurde – veranlasst durch die sowjetische Militärkommandantur – der Turm in Jüterbog (Neues Lager) demontiert und in Wiesenburg aufgestellt.

Auf Grund hygienischer Auflagen ging der Wasserturm im Februar 2012 außer Betrieb.[6]

1   von Wangenheim, 2018, Katalog Band 1, S. 565 ff.
2, 4   BLDAM: Siehe Denkmaldatenbank; der Wasserturm ist jetzt in die
     Denkmalliste eingetragen.
3, 6   Angabe WAV – Hoher Fläming.
5   Rohrlach, 1977, S. 465 ff.

Abb. 166 Ansicht von 2009

Standort / Straße: N 52.1192, E 12.4552 / Schlamauer Str.
Baujahr: 1929[2]
Wasserversorgung: Militär / Stadt
Behältervolumen / Nutzinhalt: k. A. / 300 m³ [3]
Denkmalschutz: nein[4]
Entwurf: k. A.
Bauherr: Militär
Heutige Nutzung: keine
Aufnahme vor Ort: 2009 und 2012

Abb. 167 (oben)
Ansicht von 2010

Abb. 168 (rechts oben)
Wasserturm mit zweistän-
digem Lokschuppen

Abb. 169 (rechts unten)
Detail, Eingangstür

Standort / Straße: N 52.2586,
E. 12.2934 / Am Wasserwerk
Baujahr: 1916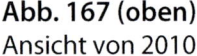
Wasserversorgung: Eisenbahn
Behältervolumen /
Nutzinhalt: k. A.
Denkmalschutz: ja
Entwurf: k. A.
Bauherr: Preußische Staatsbahn
Heutige Nutzung: keine
Aufnahme vor Ort: 2010

Kurzbeschreibung Architektur / Bauweise

Gebäude im Heimatschutzstil, bestehend aus einem viergeschossigen, gerade gemauerten, rechteckigen Wasserturm, einer eingeschossigen Werkstatt und einem
zweiständigen Lokschuppen, alle Gebäudeteile aus Sichtmauerwerk mit roten Ziegeln im Märkischen Verband
und mit Krüppelwalmdächern.

An den freistehenden Seiten des Turmes je Geschoss
ein rechteckiges Fenster mit Oberlicht und scheitrechtem
Sturz, als Hauptgesims ein schachbrettartiges Fries, unter
dem Krüppelwalm sind zwei nebeneinanderliegende,
quadratische Fenster und an den Längsseiten des Turms
jeweils ein größeres, quadratisches Fenster angeordnet,
über den scheitrechten Stürzen der Fenster betont ein
Kranzgesims den Übergang zum Dach, im Dach traufseitig je eine Fledermausgaube, Dachflächen eingedeckt mit
Biberschwänzen in Kronendeckung.

Sonstiges

Die Kleinbahn des Kreises Jerichow begann 1896 ihren
Betrieb und auch der Streckenabschnitt Magdeburger-
forth–Ziesar Ost eröffnete in dem Jahr.[2] Nach der Gründung der Kleinbahn-Aktien-Gesellschaft Ziesar–Groß-
wusterwitz (1901) wurde die Strecke von Großwusteritz
nach Ziesar und später weiter nach Görzke gebaut. Mit
dem Bau der Nebenstrecke von Ziesar nach Güsen (1916)
wurde der Ziesaer Hauptbahnhof errichtet.[3]

1   Archiv BLDAM, Akte 14-1849.
2   http://de.wikipedia.org/wiki/Kleinbahn_des_Kreises_Jerichow_I,
     02.10.2015.
3   http://de.wikipedia.org/wiki/Bahnhof_Ziesar, 01.10.2015.

Stadt: Brandenburg a. d. Havel

Behälter: Flachboden, zwei Kammern, rechteckig, Stahlbeton

Kurzbeschreibung Architektur / Bauweise

Rechteckiger Hochhausturm mit einer Fassade aus rotem Sichtmauerwerk mit Kohlebrandziegeln im Kreuzverband gemauert und einem bituminös eingedeckten Flachdach.

Turm vertikal durch Ecklisenen betont, im Erdgeschoss eine zweiflüglige, hölzerne Eingangstür mit Segmentbogen – umlaufend mit einem Betonrahmen eingefasst –, darüber ein gemauerter Segmentbogen, an den Längsseiten zwischen den Schienen (Nord- und Südfassade) sind je Geschoss vier rechteckige Fenster mit scheitrechten Stürzen in Zweiergruppen zusammengefasst, auf der Ostfassade ist über der Eingangstür je Geschoss ein vierflügliges Fenster zur Belichtung des Treppenhauses angeordnet, Behältergeschoss ist allseitig durch hohe, feingliedrige Stahlbeton-Wandpfeiler auf Konsolen – die zinnenartig über die Dachkante geführt sind – akzentuiert, auf der Nord- und Südseite liegt zwischen diesen Wandpfeilern jeweils ein hohes, rechteckiges Fenster mit Sprossen und scheitrechtem Sturz, nach einer fünflagigen Mauerwerksfläche bildet noch ein kleines, quadratisches Fenster mit Sprossen und einem expressionistisch gestaltetem Sturz den Abschluss des Behältergeschosses.

Sonstiges

Die Berlin–Potsdam–Magdeburger Eisenbahn eröffnete 1846 den Bahnhof Brandenburg.[3] 1904[4] ging die Strecke der Brandenburgischen Städtebahn von Treuenbrietzen über Belzig, Brandenburg, Premnitz, Rathenow nach Neustadt in Betrieb.[5]

1   von Wangenheim, 2018, Katalog Band 1, S. 577 ff.
2   BLDAM: Stefan und Walter Menzel, Jörg Schulze, Die Eisenbahn in Brandenburg an der Havel, Stendal 2017, S. 28.
3, 4 Preuss, 1996, o. S.
5   Menzel, 1984, S. 20 ff.

Abb. 170 (oben) Ansicht von Südwest

Abb. 171 (rechts) Detail, Wasserstandsanzeiger
(zwischen den Fenstern)

Standort / Straße: N 52.4031, E 12.5718/Am Güterbahnhof
Baujahr: 1952[2]
Wasserversorgung: Eisenbahn
Behältervolumen/Nutzinhalt: 2×177 m³ / 2×150 m³
Denkmalschutz: ja
Entwurf: Eisenbahnzentralamt Berlin
Bauherr: Deutsche Reichsbahn
Heutige Nutzung: keine
Aufnahme vor Ort: 2010/2011

Stadt: **Brandenburg a. d. Havel**

Behälter: **ausgebaut**

Abb. 172 (oben) Turm

Kurzbeschreibung Architektur / Bauweise

Rechteckiges, zweigeschossiges Gebäude im Heimatschutzstil, mit stark betontem Mittelrisalit und ausgebautem Mansarddach, Fassade in Sichtmauerwerk aus roten Ziegeln im Kreuzverband, Rundbogenfenster und Fenster mit scheitrechten Stürzen gliedern die Fassade horizontal; über dem barock anmutenden Mittelrisalit erhebt sich – wie ein Dachreiter – ein kleiner, quadratischer Turm in dem ehemals ein Behälter stand, Turm mit Biberschwänzen verkleidet, Flachdach eingerahmt durch eine umlaufende, stählerne, mit Ornamenten verzierte Umwehrung.

Sonstiges

In der ehemaligen, im Pavillonstil erbauten Landesirrenanstalt ist heute die Asklepios Klinik – eine psychiatrisch-neurologische Fachklinik – ansässig.

Abb. 173 (unten) Ansicht von 2013

Standort / Straße: N 52.4225, E 12.4813 /
Anton Saefkow-Allee 2
Baujahr: 1911-1915[1]
Wasserversorgung: Krankenhaus / Sanatorium / Anstalt
Behältervolumen /
Nutzinhalt: k. A.
Denkmalschutz: Ja
Entwurf: Theodor Goecke,
Grothe und Volkstedt[2]
Bauherr: Provinz Brandenburg[3]
Heutige Nutzung: k. A.
Aufnahme vor Ort: 2013

1-3 BLDAM: Buchinger, 1995,
S. 174–179

Abb. 174 Wasserturm und Kraftwerk, Ansicht von Norden

Kurzbeschreibung Architektur / Bauweise

Runder, 65 m hoher Turm im Stil der Neuen Sachlichkeit, aus rotem Sichtmauerwerk im Blockverband, mit minimal auskragendem Turmkopf und einem zurückgesetzten Aussichtsgeschoss mit Flachdach.

Sockel und Eingangsportal aus dunkelrotem Sichtmauerwerk im Binderverband, Portal mit einer zweiflügeligen Kassetten-Holztür, darüber ein scheitrechter Sturz, eine Rollschicht bildet den Sockelabschluss in strenger, sachlicher Form, der konische Turmschaft im Blockverband wird durch sechs Reihen vertikal angeordneter, schmaler, schießschartenartiger Fenster betont, Abschluss des Turmschafts durch ein Gesims von vier auskragenden Mauerwerkslagen; Turmkopf rhythmisch durch Lisenen und hohe, rechteckige Fenster mit Sprossen gegliedert,

darüber ein leicht auskragendes Brüstungsband mit stählerner Umwehrung als Übergang zum zurückspringenden Aussichtsgeschoss, das durch einen Wechsel von Halbsäule und rechteckigem Fenster gestaltet wird.

Sonstiges

Der Wasserturm versorgte das Werk, die Siedlung und die Badeanstalt mit Trinkwasser. Seit 1967 ist der Turm nicht mehr in Betrieb.[2] Im Land Brandenburg steht ein weiterer Behälter der gleichen Bauart noch im Wasserturm von Treuenbrietzen (Landkreis Potsdam-Mittelmark, Turm Nr. 109/12).

1 von Wangenheim, 2018, Katalog Band 1, S. 588 ff.
2 Informationstafel Industrielehrpfad Kirchmöser, Wasserturm.
3 Buchinger, 1995, S. 217.

Standort / Straße: N 52.3930, E 12.4134/Bahntechnikerring
Baujahr: 1915–16[3]
Wasserversorgung: Militär / Stadt
Behältervolumen / Nutzinhalt: k. A. / 750 m³
Denkmalschutz: ja
Entwurf: Kgl. Baurat Reichle
Bauherr: Pulverfabrik
Heutige Nutzung: museal, Industrielehrpfad
Aufnahme vor Ort: 2010 und 2013

Stadt: **Potsdam** | Stadtteil: **Hermannswerder**

Behälter: **Hängeboden, Eisen, genietet**

Standort / Straße: N 52.3860,
E 13.0358 / Hermannswerder
Baujahr: zwischen 1895–96[1]
Wasserversorgung: Kranken-
haus / Sanatorium / Anstalt
Behältervolumen /
Nutzinhalt: 90 m³ / 87 m³
Denkmalschutz: ja
Entwurf: k. A.
Bauherr: Hoffbauerstiftung
Heutige Nutzung: Brauchwas-
ser, Löschwasser und Garten-
bewässung[2]
Aufnahme vor Ort: 2009 und
2012

1, 2 Informationstafeln im Turm.
3 Informationstafeln im Turm; Feustel, 2001, S. 34 ff.

Abb. 175 Ansicht von Süden

Kurzbeschreibung Architektur / Bauweise

Neugotischer, fast 40 m hoher, kreisrunder Turm aus
rotem Sichtmauerwerk, mit Kegeldach und Schornstein,
nachträglich wurde ein eingeschossiger Vorbau aus roten
Kohlebrandziegeln errichtet – der heutige Eingangsbereich des Turms.

Turmschaft mit hohem Sockel im Binderverband
gemauert, ein Zahnfries mit darüberliegendem Wasserschlaggesims aus schwarz glasierten Ziegeln betont das
Sockelgeschoss, das von sieben Fenstern mit Segmentbögen belichtet wird, oberhalb des Sockelgeschosses
schmückt ein umlaufendes, rautenförmig angeordnetes
Zierband aus schwarz glasierten Ziegeln den Turmschaft,
darüber ein Wasserschlaggesims, Schaft ab Gesims im
Binderverband gemauert, über die nächsten drei Ebenen
betonen abgestufte Mauerwerksvertiefungen die Vertikale, in den Vertiefungen oben und unten drei Lanzettfenster und mittig zwei größere Fenster mit Segmentbögen, im Wechsel mit den Mauerwerksvertiefungen sind
in der oberen und unteren Ebene des Schaftes nochmals
drei Lanzettfenster angeordnet; Übergang zum Turmkopf
durch ein Stufengesims, Turmkopf durch Zierbänder mit
schwarz glasierten Ziegeln – diese verlaufen auch um den
Schornstein, ein Spitzbogenfries, Rundbogenfenster mit
Sprossen, ein Zahnfries und ein abschließendes Kranzgesims aufwendig gestaltet; Kegeldach mit Zinkeindeckung;
Schornstein endet über dem Dach des Turms.

Sonstiges

Frau Hoffbauer gründete aus dem Erbe des Teppichhänd-
lers Herrmann Hoffbauer eine Stiftung. 1889 erwarb die
Witwe 40 Hektar auf der Halbinsel Tornow, dem heutigen Hermannswerder. Seit 1891 wurden Waisenhäuser,
ein Krankenhaus, eine Kapelle, eine „höhere Mädchen-
schule" mit Turnhalle, ein Diakonissenhaus, Wirtschaftsgebäude, Stallgebäude und verschiedene technische Einrichtungen für die Versorgung des gesamten Geländes, wie
ein Wasserturm (ursprünglich noch mit zwei Behältern),
Maschinenhaus und eine Enteisenungsanlage errichtet.
Die Einrichtung eröffnete mit dem Jahr 1901 – der Übergabe des Vermögens an die christliche Stiftung. Im I. Weltkrieg wurde im Krankenhaus ein Lazarett eingerichtet. Teile
des Geländes konfiszierte die sowjetische Armee nach dem
II. Weltkrieg für ein militärisches Krankenhaus. Die evan-
gelische Kirche nutzte weiterhin die verbliebenen Teile der
Anlage für kirchliche Seminare und die Ausbildung benach-
teiligter Jugendlicher, sowie Ende der 70er Jahre auch für
die Ausbildung in der Altenpflege. Heute sind die meisten
Gebäude saniert und neue Gebäude sind hinzugekommen.
Ein Schwerpunkt der Hoffbauer Stiftung ist noch immer
die Förderung der Bildung bei Kindern und Jugendlichen:
An den evangelischen Schulen und den weiterführenden
Berufs- und Fachschulen in sozialen Bereichen.[3]

Stadt: Potsdam

Behälter: ausgebaut, Hängeboden, Eisen, genietet

Kurzbeschreibung Architektur / Bauweise

Historistischer, massiver, gedrungener, runder Turm mit Wasserstandsanzeiger, wenig auskragendem Turmkopf und Kegeldach mit Wetterfahne.

Turmschaft zum großem Teil aus gelbem Sichtmauerwerk im Binderverband, horizontal durch drei Zierfriese aus roten Ziegeln betont, zwei Friese sind mit Romben – gefasst durch umlaufende Ziegelbänder – gestaltet, Erdgeschoss mit fünf Fenstern und einer Eingangstür mit Segmentbögen belichtet, darüber sehr schmale, schießschartenartige Fenster in zwei Ebenen bis zum Natursteingesims; Turmkopf aus Eisenfachwerk mit Gefachen aus Sichtmauerwerk, davon das unterste Gefach als Ziergefach mit mittig angeordneten, roten Kreuzen, hohe, rechteckige Eisenfenster mit Sprossen in den mittleren Gefachen; Schiefer eingedecktes Kegeldach mit sechs Sattelgauben – bekrönt mit Kugelspitzen.

Sonstiges

1837 bis 1838 wurde die Eisenbahnstrecke zwischen Berlin und Potsdam von Dr. A. L. Crelle geplant und zum großen Teil ausgeführt. Die Bauzeit betrug 14 Monate. Die einspurige Strecke führte von Berlin über Zehlendorf nach Potsdam – mit einer damaligen Fahrzeit von einer dreiviertel Stunde bei durchschnittlich sieben Meilen pro Stunde. Die Strecke Berlin–Potsdam war Teil eines Plans, der eine Verbindung der Stadt Berlin mit den Städten Magdeburg, Hamburg und Leipzig vorsah.[3]

Die Königliche Eisenbahndirektion Magdeburg hatte in Potsdam eine ihrer Hauptwerkstätten.[4] Der Wasserturm versorgte die Eisenbahn-Hauptwerkstatt, den Bahnhof und die Dienstgebäude mit Wasser. 1897 wurde das Mauerwerk des Turmes um 3 m erhöht. Der Wasserbehälter lag nun 15 m über dem Schienenniveau, dadurch wurde der notwendige Druck für die Wasserversorgung erreicht.

1, 2 Centralblatt der Bauverwaltung, 1898, S. 174.
3 Journal für die Baukunst, 1841, S. 202, 212.
4 Mühl, 1981, S. 26.

Abb. 176 (links) Ansicht von 2011

Abb. 177 (rechts) Eingangsbereich

Standort / Straße: N 52.3911, E. 13.0624 / Friedrich Engels-Str.
Baujahr: zw. 1870 und 1880[1]
Wasserversorgung: Eisenbahn
Behältervolumen / Nutzinhalt: k. A. / 100 m³ [2]
Denkmalschutz: ja
Entwurf: k. A.
Bauherr: Eisenbahn
Heutige Nutzung: Bistro
Aufnahme vor Ort: 2011

Stadt: **Potsdam**

Behälter: **k. A.**

Abb. 178 Ansicht von 2010

Standort / Straße:
Leipziger Straße
Baujahr: k. A.
Wasserversorgung:
Industrie / Gewerbe
Behältervolumen /
Nutzinhalt: k. A.
Denkmalschutz: nein
Entwurf: k. A.
Bauherr: k. A.
Heutige Nutzung: entfällt
Aufnahme vor Ort: 2010

Kurzbeschreibung Architektur / Bauweise

Historistischer, achteckiger, kleiner Turm aus rotem Sichtmauerwerk mit Zierbändern aus gelben Ziegeln.

Turmkopf durch ein Fensterband mit Rundbogenfries
gestaltet.

Sonstiges

Der Turm wurde nach der Aufnahme vor Ort abgebrochen und ist ein Beispiel für den Abriss von Industriearealen und damit auch von Wassertürmen.

Kurzbeschreibung Architektur / Bauweise

Abb. 179 Ansicht von Osten

Quadratischer, dreigeschossiger, im gelben Farbton verputzter Turm in italienischer Landhausarchitektur mit flachem Zeltdach, dreiseitig von ein- und mehrgeschossigen Gebäuden umgeben.

Westfassade mit Sockel aus kyklopischem Natursteinmauerwerk, darüber liegt der über eine Natursteintreppe erreichbare Eingang, Fenster und Eingangstür mit verputzten Rundbögen auf Kämpfergesimsen, darüberliegendes Geschoss vierseitig mit biforenartigen Fenstern gestaltet, Kämpfergesimse unter den Rundbögen betonen horizontal die Fassade, zinnenförmiger Turmkranz als Fassadenabschluss unter dem Dachvorstand.

1   Dorst, 2009, S. 19 ff.; siehe auch Geschichte der Wasserkünste in Sanssouci, Kapitel II.1.
2   Informationstafel vor Ort.

Sonstiges

Das ehemalige Hofgärtnerhaus wurde im Auftrag des Kronprinzen Friedrich Wilhelm IV. gebaut. Die Bauarbeiten begannen 1828, aber nachdem Persius für die Ausführung des Bauvorhabens zuständig war, veränderte er den Entwurf von Schinkel und errichtete die Römischen Bäder bis 1834. Durch die Höhe des Turms – mit dem darin befindlichen Wasserbehälter – war es möglich, dass eine Fontäne von 6 m Höhe im Garten entstehen konnte. Aus dem sogenannten Maschinenteich wurde das Wasser mit Hilfe einer Pumpe in das, von Schinkel entworfene und 1923 abgerissene, Maschinenhaus geleitet und in den Turm des Gärtnerhauses gehoben.[1]

Standort / Straße: N 52.3976, E 13.0281 / Sanssouci
Baujahr: ab 1828, Turm 1830–34[2]
Wasserversorgung: Land/Gut
Behältervolumen / Nutzinhalt: k. A.
Denkmalschutz: ja
Entwurf: Karl Friedrich Schinkel, Ludwig Persius
Bauherr: Kronprinz Friedrich Wilhelm IV.
Heutige Nutzung: keine
Aufnahme vor Ort: 2013

B

Nr.: 122/05

Stadt: Potsdam

Behälter: ausgebaut, Flachboden, rechteckig, Eisen, genietet

Abb. 180 Ansicht von Norden

Standort / Straße: N 52.3808,
E 13.0642 / Telegrafenberg
Baujahr: 1879[1]
Wasserversorgung:
Forschungsstätte / Institut
Behältervolumen /
Nutzinhalt: k. A. / 10 m³
Denkmalschutz: ja
Entwurf:
Architekt Paul Spieker
Bauherr: Preußischer Staat
Heutige Nutzung: k. A.
Aufnahme vor Ort: 2010

1, 2 Spieker, 1895, S. 34 ff.
3 Mündliche Aussage, Herr Lindenhan Potsdam-Institut für Klimafolgenforschung (PIK)

Kurzbeschreibung Architektur / Bauweise

Historistischer, quadratischer, gerader Turm über drei Ebenen, Turm nördlich an ein T-förmiges Gebäude mit drei Kuppeln angebaut.

Fassade aus Sichtmauerwerk im Kreuzverband, der Wechsel des vierlagigen, gelben Mauerwerks mit roten, zweilagigen Ziegelbändern betont die Horizontale, über dem roten Sockel mit Natursteingesims liegt der Eingangsbereich – gestaltet aus einer geschosshohen Mauerwerksvertiefung mit Rundbogen, in der die zweiflügelige Eingangstür mit Segmentbogen und ein darüberliegendes großes Rundfenster angeordnet sind, die Bänderung aus gelben und roten Ziegeln zeichnen den Rundbogen der Mauerwerksvertiefung nach, über einem floralen Bilderfries bildet ein schachbrettartiges Gesims den Übergang zu den nächsten zwei Ebenen, untere Ebene mit einem schmalen, mittig angeordneten, rechteckigen Fenster mit scheitrechtem Sturz, in der oberen Ebene drei kleine Rundfenster mit darüberliegenden, schmalen, rechteckigen Fenstern mit scheitrechten Stürzen, der burgenhafte Charakter des Turms wird durch den akzentuierten Abschluss: Zahnfries, auskragendes, breites Gesims und Zinnenkranz verstärkt.

Sonstiges

Bereits in den 60er Jahren des 19. Jahrhunderts gab es Überlegungen, ein Observatorium für die wissenschaftliche Untersuchung der Sonne zu errichten. Der Telegrafenberg bei Potsdam eignete sich für die Bebauung auf Grund seiner Erhebung von 95 m. Von 1874 bis 1876 dauerte die Planung der Anlage. Das Baubureau leitete der Ingenieur Paul Spieker, sein Stellvertreter war Baurat Junk. Die Wasserversorgung sollte über einen 40 m tiefen Brunnen erfolgen. Dafür wurden ein Brunnen- und Maschinenhaus geplant. Die tägliche Wasserförderung aus dem Brunnen in den Sammelbehälter übernahm eine doppeltwirkende Pumpe mit einer Leistung von 75 m³/Tag bei ca. 40 m Förderhöhe. Aus dem gemauerten Sammelbehälter im Maschinenhaus wurde dann das Wasser mit Hilfe von zwei Pumpen über eine 90 mm im Lichten starke Wasserleitung 35 m hoch in den Wasserbehälter gedrückt. Der eiserne Flachbodenbehälter stand im Wasserturm, am Nordflügel des Hauptgebäudes. Das Sichtmauerwerk wurde mit Siegersdorfer Ziegeln gemauert. Das Dach des Wasserturms ist aus Eisenbeton.[2] Der Behälter wurde vor 1986 – nach dem Einbau einer Druckerhöhungsanlage – ausgebaut.[3]

Stadt: **Potsdam**

Behälter: **zum Teil ausgebaut[1], Intze, Eisen, genietet**

Kurzbeschreibung Architektur / Bauweise

Historistischer, runder Bahnturm mit achteckigem Sockelgeschoss, auskragendem Turmkopf und Zeltdach mit Laterne.

Turmschaft aus rotem Sichtmauerwerk im Kreuzverband, eine Tür- und zwei Fensteröffnungen mit gotischen Bögen im Sockelgeschoss, über einem Gesims der Übergang vom achteckigen Sockel zum runden Turmschaft, der durch drei Reihen von zwei übereinander angeordneten, schießschartenartigen Fenstern belichtet wird, oberhalb des Schafts als Abschluss ein wulstförmiges Gesims; der Übergang zum Turmkopf wird durch eine rillenartige Sandsteinimitation betont, Turmkopf aus Eisenfachwerk mit teilweise bereits abgefallener Dahtputzwand, oberhalb des Kopfes ein umlaufendes Band aus liegenden, rechteckigen Fenstern; Dach und Laterne ehemals mit Biberschwänzen in Kronendeckung eingedeckt.[2]

Sonstiges

Der Wasserturm liegt an der Bahnstrecke von Berlin nach Magdeburg.

1–3 Umnutzung zur Wohnung nach 2009, Beschreibung der Architekten vor dem Umbau.

Abb. 181 (links) Ansicht von Nordwest, 2009

Abb. 182 (rechts) Ansicht von Südwest, 2022

Standort / Straße: N 52.3959, E 13.0092 / Werderscher Damm 6
Baujahr: k. A.
Wasserversorgung: Eisenbahn
Behältervolumen / Nutzinhalt: k. A.
Denkmalschutz: nein
Entwurf: Königliche Eisenbahndirektion
Bauherr: Preußische Staatsbahn
Heutige Nutzung: Wohnen[3]
Aufnahme vor Ort: 2009 und 2022

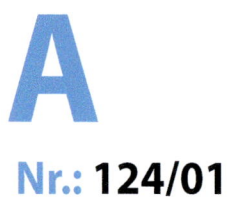

A

Nr.: 124/01

Landkreis: Teltow-Fläming | Ort: Altes Lager

Behälter: ausgebaut, Hängeboden, Eisen

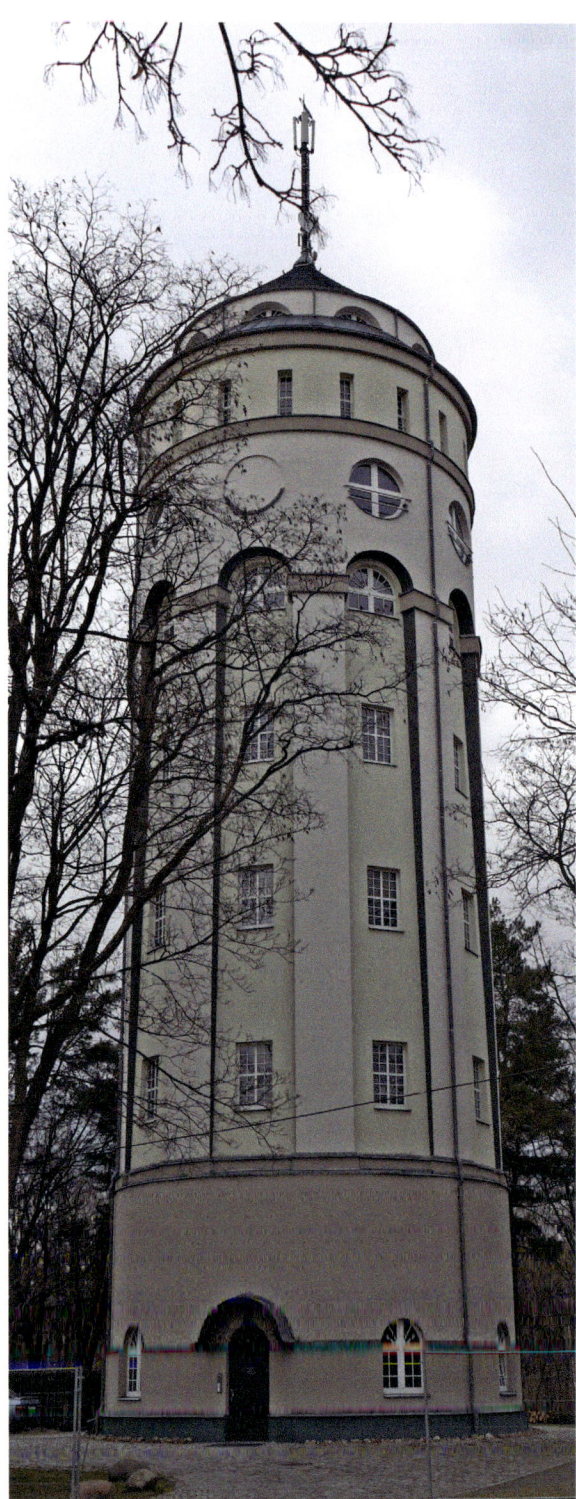

Abb. 183 Ansicht von 2010

Kurzbeschreibung Architektur / Bauweise

Überformter, über 35 m hoher[4], kreisrunder Turm mit sieben Geschossen, Kegeldach und großer Laterne.

Über dem hohen Sockelgeschoss mit Rundbogenfenstern und einer Eingangstür mit Rundbogen betonen acht Lisenen mit dazwischenliegenden, rechteckigen Fenstern mit Sprossen über vier Geschosse vertikal den Turmschaft, die Lisenen werden mit Blendbögen zusammengeführt, die den Übergang vom Turmschaft zum Turmkopf definieren; zweigeschossiger Turmkopf wird durch Rundfenster und darüberliegende, schmale, schießschartenartige Fenster belichtet.

Sonstiges

Französische Kriegsgefangene errichteten bereits während des Deutsch-Französischen Krieges ein Barackenlager – später als „Altes Lager" bezeichnet.[3] Neben den 14 Baracken entstanden auch Pferdeställe, ein Offizierskasino mit Nebengebäuden, sowie ein Post-, mehrere Wohn- und Verwaltungsgebäude.[4]

Der Wasserturm wurde für den Zentralluftschiffhafen gebaut.[5]

1, 4 Vermutlich hat der Luckenwalder Stadtbaurat Bischof den Wasserturm entworfen, Buchinger, Cante, 2000, S. 235 ff.

2 Umbauarbeiten 2001, Fassade stark verändert, Preuß, 2002, S. 16.

3 Jannek, 2004, S. 14, siehe auch Wasserturm Brückenstraße, Turm Nr. 128/05.

5 Kreisarchiv Teltow-Fläming, Akte XII 2804.

Standort / Straße: N 52.0109, E 13.0075 / Treuenbrietzener Str. 59
Baujahr: 1916
Wasserversorgung: Militär
Behältervolumen / Nutzinhalt: 307 m³ / 300 m³
Denkmalschutz: ja
Entwurf: Berlin-Anhaltische-Maschinenbau-A.-G.[1]
Bauherr: Militär
Heutige Nutzung: Wohnen und Gewerbe[2]
Aufnahme vor Ort: 2010

Rechte Seite

- **obere Reihe (v. l. n. r.):**
  Abb. 184 Ansicht von Südost
  Abb. 185 Ansicht von Norden
  Abb. 186 Detail, Wasserstandsanzeiger (rechts)
- **unten:**
  Abb. 187 Kapelle, Ansicht von Nordwest

Kurzbeschreibung Architektur / Bauweise

Aus dem Satteldach des zweigeschossigen Gebäudes erhebt sich ein historischer „Burg"-Turm mit Wasserstandsanzeiger, Turmkopf und glockenförmigem Dach.

Quadratischer Grundriss des Turmes geht über dem Dach in einen achteckigen Grundriss über, Sichtmauerwerk des Turmschaftes aus gelben Ziegeln, an den Ecken mit roten Ziegeln eingefasst, die wenigen Segmentbogenfenster im Turmschaft sind mit roten Ziegeln gerahmt, an den beiden traufseitigen Fassaden des Gebäudes ist oberhalb des Schaftes jeweils ein Balkon angeordnet, rechts – neben dem hofseitigen Balkon – ist an der Fassade ein Wasserstandsanzeiger montiert; über dem konsolartigen Segmentbogenfries ist der achteckige, eingeschossige Turmkopf vollständig aus rotem Klinkern gemauert; glockenförmiges Dach[6] mit Kugel und Wetterfahne bekrönt.

Sonstiges

Dieses Rittergut gab es seit Anfang des 15. Jahrhunderts.[7]

1, 3, 4, 6 Der Bauherr war Architekt. Das Dach wurde 1994 erneuert, ohne Gauben, siehe Preuß, 2011, S. 44 ff.
2, 5, 7 BLDAM, Archiv Akte 83.

Standort / Straße: N 52.3220, E 13.4421 / Dorfstraße 35
Baujahre: 1897[1]–98[2]
Wasserversorgung: Land/Gut
Behältervolumen / Nutzinhalt: 20 m³ [3]
Denkmalschutz: ja
Entwurf: Geheimer Baurat Wilhelm Böckmann[4]
Bauherr: Geheimer Baurat Wilhelm Böckmann[5]
Heutige Nutzung: keine
Aufnahme vor Ort: 2010

Kurzbeschreibung Architektur / Bauweise

Funktionaler, runder, konischer, dreigeschossiger Turmschaft aus rotem Sichtmauerwerk im Kreuzverband, mit auskragendem, sechzehneckigem Turmkopf und Zeltdach mit Laterne.

Turmschaft horizontal durch zwei Gurtgesimse gegliedert, wenige Rundbogenfenster belichten den Schaft, Übergang zum Turmkopf mit Konsolfries gestaltet; Turmkopf aus Eisenfachwerk mit Drahtputzwänden und acht mittig angeordneten, schmalen Fenstern; die Laterne des Daches ziert eine Wetterfahne.

Sonstiges

Der Wasserturm bildet mit dem Wasserwerk eine bauliche und funktionale Einheit. 2002 wurde der Wasserturm mit dem Wasserwerk in die Denkmalliste des Landes Brandenburg aufgenommen.[4]

1 von Wangenheim, 2018, Katalog Band 2, S. 643 ff.
2 Journal, Nr. 41, 1906, S. 903.
3 Mündliche Aussage Mitarbeiter TAZV; BLDAM: In der Denkmaldatenbank wird Otto Littwitz als Entwurfsverfasser aufgeführt.
4 BLDAM, Archiv Akte 2.00-17/305.

Abb. 188 Ansicht von Südost

Standort / Straße: N 51.8670, E 13.4179 / Mehlsdorfer Weg
Baujahr: 1906–07
Wasserversorgung: Stadt
Behältervolumen / Nutzinhalt: k.A. / 250 m³ [2]
Denkmalschutz: ja
Entwurf: Landesbaurat Techow aus Berlin-Steglitz[3]
Bauherr: Stadtverwaltung
Heutige Nutzung: keine
Aufnahme vor Ort: 2010 und 2012

Kurzbeschreibung Architektur / Bauweise

Historistischer, achteckiger, kleiner, zweigeschossiger Turm aus Sichtmauerwerk im Binderverband, mit Wasserstandsanzeiger und Zeltdach.

Fassade vertikal an den Ecken durch Lisenen betont, im Sockelgeschoss zwischen den Lisenen acht Mauerwerksvertiefungen mit Segmentbögen, hölzerne Eingangstür mit Segmentbogen und vierstufiger Treppe, in der Ebene über dem Gurtgesims ist in jedem zweiten Fassadenfeld ein kleines Fenster mit Segmentbogen angeordnet, ein Kranzgesims bildet den Fassadenabschluss unter dem Dachüberstand.

Sonstiges

1897 wurde die bestehende Militärbahn von Berlin zu den Truppenübungsplätzen Zossen und Kummersdorf nach Jüterbog verlängert.[1]

1   Jannek, 2004, S. 17.

Abb. 189 (oben) Ansicht von Südost

Abb. 190 (links) Detail, Wasserstandsanzeiger

Standort / Straße: N 51.9970, E 13.0522 / Bergstr.
Baujahr: um 1897
Wasserversorgung: Eisenbahn
Behältervolumen /
Nutzinhalt: k. A.
Denkmalschutz: ja
Entwurf: k. A.
Bauherr: Eisenbahn
Heutige Nutzung: keine
Aufnahme vor Ort: 2013

Kurzbeschreibung Architektur / Bauweise:

Kompakter, quadratischer Turm in märkischer Backsteingotik errichtet, aus rotem Sichtmauerwerk, mit ausgestelltem Turmkopf und Zeltdach.

Hoher Sockel im Binderverband gemauert, schlichter Eingangsbereich mit scheitrechtem Sturz, demgegenüber – Ostfassade – ein aufwendiger, portalartiger, giebelständiger Anbau mit zwei, zugemauerten Öffnungen mit Segmentbogen und einem darüberliegenden Rundfenster, an der Nord- und Südfassade ist jeweils ein Segmentbogenfenster angeordnet, Sockelabschluss durch ein wasserschlagartiges Gurtgesims, Turmschaft über dem Sockel im Kreuzverband gemauert und mit drei Friesen aus dunkel glasierten Ziegeln in drei Ebenen unterteilt, in den beiden unteren Ebenen des Schafts jeweils ein Segmentbogenfenster, in der obersten Ebene zwei kleine, rechteckige Fenster nebeneinander; Übergang zum Turmkopf durch ein Gurtgesims aus dunklen Ziegeln mit einem Segmentbogen- und Zahnfries akzentuiert, Turmkopf durch geschosshohe Mauerwerksvertiefungen mit gotischen Bögen gestaltet, für die Belichtung und Belüftung ist in den Bögen mittig ein Segmentbogenfenster – flankiert von zwei Blindfenstern ebenfalls mit Segmentbogen – angeordnet, ein Kranzgesims bildet den oberen Abschluss des Turmkopfes; Zeltdach mit vier Giebelgauben – mit Kugel und Wetterfahne bekrönt.

Sonstiges

In der Stadt Jüterbog zog 1832 die 1. Kompanie der 3. Artillerie-Brigade in private Unterkünfte. Der Militärfiskus erwog 1860 Flächen für einen Schießplatz zu erwerben.[1] 1890 wurde die 1867 gegründete Artillerie-Schießschule von Berlin nach Jüterbog verlegt. Die Schießschule der Fußartillerie, ab 1890 in Fuß- und Feldartillerie unterschieden, zog auf ein Gelände – Jüterbog II – auf dem von 1890 bis 1896 Kasernen, Laboratorien und Verwaltungsgebäude errichtet wurden. Zum „Alten Lager" (Turm Nr. 124/01) kam ein weiteres Barackenlager, das sogenannte „Neue Lager" um 1890 dazu. 1896 wurden die verschiedenen militärischen Lager zum „Schießplatz Jüterbog" zusammengefasst, dies betraf das Alte- und Neue Lager, Jüterbog II und den eigentlichen Schießplatz. Eine Feldbahn verband ab 1898 Jüterbog II mit dem Schießplatz und dem Alten Lager. Zusätzlich wurden von 1914 bis 1915 auf dem Fuchsberg weitere Kasernen errichtet.[2]

Abb. 191 Ansicht von Südost

Standort / Straße: N 51.9992,
E 13.0492 / Brückenstr.
Baujahr: 1893
Wasserversorgung: Militär
Behältervolumen /
Nutzinhalt: 50 m³ / 45 m³
Denkmalschutz: ja
Entwurf:
Kgl. Reg. Baumeister Liebenau,
Garnision-Bauinspektor Stahr
Bauherr: Militär
Heutige Nutzung: keine
Aufnahme vor Ort: 2010

1   Schulze, 2012, S. 53 ff.
2   Jannek, 2004, S. 12 ff.

Landkreis: Teltow-Fläming | Ort: Jüterbog

Behälter: Stützboden, kreisförmig, Intze I Boden¹, Eisenbeton

Kurzbeschreibung Architektur / Bauweise

Neoklassizistischer, runder, konischer, ca. 30 m hoher Turm aus rotem Sichtmauerwerk mit Flachdach.

Sockelgeschoss mit Eingangsportal und zugemauerter Rundbogenöffnung, sowie zugemauerten Fensteröffnungen mit scheitrechten Stürzen, Sockelgesims mit Zahnfrieselementen, vertikale Betonung des Turmschaftes durch Pilasterordnung, die durch Rundbögen am Übergang zum Turmkopf zusammengeführt wird, in jeder zweiten Vertiefung zwischen den Pilastern belichten drei Fenster mit scheitrechten Stürzen übereinander den Schaft; ein breites Gurtgesims verziert den unteren Teil des Turmkopfes, darüber – in Bezug zu den Rundbögen der Pilasterordnung – gliedern rechteckige Mauerwerksvertiefungen mit wenigen schmalen, rechteckigen Fenstern den Turmkopf, über dem Kranzgesims bildet umlaufend eine eiserne Umwehrung den sichtbaren, oberen Abschluss des Wasserturms.

Abb. 192 (rechts) Ansicht von 2010

Abb. 193 (links) Eingangsportal

Sonstiges

Die Entwurfsbearbeitung für Jüterbog II erfolgte durch die in Berlin stationierten Königlichen Bauräte Ende, Boeckmann und Zaar, sowie den Königlichen Regierungsbaumeister Liebenau. Desweitern arbeiteten am Entwurf der Garnisons-Inspektor Stahr und der Regierungsbaumeister Krieg aus Jüterbog.² Das Kriegsministerium genehmigte 1901 den Bau eines Wasserwerks mit Wasserturm auf dem Schießplatz, nördlich der Garnison gelegen.³

1 Behälterform nach Exposé der BBG bestimmt, nach Merkel wird diese Behälterform als Stützbodenbehälter mit Kuppelboden beschrieben, Merkel u. a., 1985, S. 139.
2 Stadtarchiv Jüterbog, Unterlage aus der Kugel der Dachbekrönung.
3 Journal, Nr. 36, 1901, S. 680.

Standort / Straße: N 52.0008, E 13.0436 / Bülowstr.
Baujahr: um 1902
Wasserversorgung: Militär
Behältervolumen / Nutzinhalt: k. A.
Denkmalschutz: ja
Entwurf: Militärverwaltung Berlin
Bauherr: Militär
Heutige Nutzung: keine
Aufnahme vor Ort: 2010

Abb. 194 Ansicht von 2010

Standort / Straße: N 52.0006,
E 13.0729 / Fuchsberge
Baujahr: 1913–16
Wasserversorgung: Stadt
Behältervolumen /
Nutzinhalt: 280 m³ / k. A.
Denkmalschutz: ja
Entwurf:
Carl Francke, Bremen[1]
Bauherr: Stadtverwaltung
Heutige Nutzung: keine
Aufnahme vor Ort: 2010 und
2013

1, 6 BLDAM, Archiv Akte 836.
2 Grahn, 1883, S. 24.
3 Carl Franke plante auch den Wasserturm auf dem Friedhof Hermsdorf,
  Baujahr 1908–09, ebenfalls ein Hängebodenbehälter, Klee, 1996, Kurzprofile.
4 Bauamt Jüterbog, Bauarchiv, Akte Nr. 1283.
5 Journal, Nr. 8, 1913, S. 705.

Kurzbeschreibung Architektur / Bauweise

Neogotischer, runder, konischer, hoher Turm aus rotem
Sichtmauerwerk im Binderverband, mit leicht auskragendem Turmkopf und Kegeldach.

Hohes Sockelgeschoss mit sechsstufiger Freitreppe,
eine zweiflügelige, spitzbogige Eingangstür und zwei
Spitzbogenfenster belichten das Sockelgeschoss, das
durch ein breites Gurtgesims mit Zierfries, Putzspiegeln in Form von Blindfenstern mit gotischen Bögen
und einer zinnenförmigen Verdachung aus Ziegelroll-
schichten abgeschlossen wird, Turmschaft über dem
Sockelgeschoss horizontal durch Rüstlöcher aus quadratischen Mauerwerkvertiefungen strukturiert, Schaft
mit je drei Spitzbogenfenstern mit Sprossen über dem
Sockelgeschoss und unter dem Zierfries am Ende des
Turmschaftes belichtet; der Übergang zum Turmkopf
erfolgt durch konsolartige Mauerwerksauskragungen
über denen ein weiterer, umlaufender Zierfries angeordnet ist, Turmkopf in alle vier Richtungen durch gotische
Erker akzentuiert, die Erker sind jeweils durch ein spitzbogiges Biforenfenster mit einem integrierten Rundfenster, darüber ein weiterer Zierfries und als Abschluss
ein Rundfenster im Frontispiz gestaltet, zwischen den
Erkern verläuft unter dem Dach ein breites Fensterband
aus drei, schmalen, rechteckigen Fenstern – oben und
unten eingefasst mit Ziermauerwerk; Kegeldach mit
Schiefer eingedeckt und bekrönt mit Kugel und Wetterfahne.

Sonstiges

Die Wasserversorgung von damals 6.955 Einwohnern
erfolgte 1883 aus 33 öffentlichen Brunnen.[2] Die Stadtverordneten von Jüterbog beauftragten 1907 den Magi-
strat, einen Vertrag mit der Firma Carl Francke[3] aus Bremen abzuschließen. Der Vertrag beinhaltete die Planung
einer Kanalisation und der zentralen Wasserversorgungsanlage. Auf eine Offerte der Berliner Firma M. Hempel
wurde nicht zurückgegriffen.[4]

Erst 1913 wurde der Bau der Wasserleitung und Kanalisation mit der Aufnahme einer Anleihe von 900.000
Mark letztendlich genehmigt.[5] Der Hängebodenbehälter
wurde von der Maschinenfabrik Donnersmarckhütte in
Schlesien hergestellt und geliefert. Seit 1990 ist der Wasserturm außer Betrieb und 1991 wurden alle Leitungen
demontiert.[6]

Landkreis: **Teltow-Fläming** | Ort: **Jüterbog**

Behälter: **Barkhausen, Eisen, genietet**

Kurzbeschreibung Architektur / Bauweise

Historistischer, kleiner, runder Bahnturm mit auskragendem Turmkopf, schiefergedecktem Kegeldach und Wasserstandsanzeiger.

Turmschaft aus rotem Sichtmauerwerk im Binderverband, mit waagerechten Betongesimsen zwischen den Ebenen und gemauerten, scheitrechten Stürzen über den Fensteröffnungen, Sockelebene mit rechteckiger Eingangstür und vielen schießschartenartigen Mauerwerksvertiefungen im Wechsel mit schmalen Fenstern, Turmschaft durch acht schmale, rechteckige Fenster in den Ebenen belichtet; Auskragung des Turmkopfes durch Rillen und steigendem Karnies strukturiert, verputzter Turmkopf aus Eisenfachwerk mit Gefachen aus Mauerwerk – gestaltet durch Putzspiegel mit Segmentbögen im Wechsel mit Lisenen, in jedem zweiten Putzspiegel wurde ein rechteckiges Eisenfenster mit Sprossen angeordnet, darüber ein Gurtgesims, das verbliebene schmale Band zwischen Turmkopf und Dachüberstand wird durch den Wechsel von kleinen Putzfeldern mit Rundbögen und eisernen Rundfenstern mit Sprossen betont.

Sonstiges

Wasserturm auf dem Bahnbetriebswerk der Anhalter Bahn. Ein im ähnlichen Stil entworfener Bahnturm von der Königlichen Eisenbahndirektion Halle steht auf dem Bahnhof Finsterwalde (Turm Nr. 221/10).

1   von Wangenheim, 2018, Katalog Band 2, S. 667 ff.
2   BLDAM: Baujahr 1915–1917, Buchinger, Cante, 2000, S. 198.

Abb. 195 Ansicht von Osten

Standort / Straße: N 52.0060, E 13.0676 / Neuheimer Weg
Baujahr: verm. nach 1900[2]
Wasserversorgung: Eisenbahn
Behältervolumen /
Nutzinhalt: 155 m³ / 145 m³
Denkmalschutz: ja
Entwurf: Kgl. Eisenbahndirektion Halle a. Saale
Bauherr: Eisenbahn
Heutige Nutzung: keine
Aufnahme vor Ort: 2010 und 2011

Kurzbeschreibung Architektur / Bauweise

Neogotischer, fünfgeschossiger, u-förmiger Turm mit zerstörtem Dachwerk, Nordfassade steht in einer Flucht mit dem beidseitig anschließenden, dreigeschossigen Gebäude aus rotem Sichtmauerwerk im Blockverband, Turm diente auch der Erschließung der angrenzenden Gebäude.

Turmfassade durch Fenster mit Segmentbögen und Putzspiegel reichhaltig gegliedert, Putzspiegel mit gotischen Spitzbögen und integrierter Uhr betonen an der Nordfassade das Behältergeschoss, südlich erhebt sich der Turm u-förmig aus dem Dach des dreigeschossigen Gebäudes; Turmkopf kragt konsolartig mit Segmentbogenfries über dem Schaft aus, Turmkopf unten durch ein Gurtgesims, mittig durch Schlüsselscharten und oberhalb mit einem gemauerten Zierfries gestaltet.

Sonstiges

Auf dem Mannschaftsgebäude der III. Abteilung des Lehr-Regiments der Feld-Artillerie-Schießschule wurde der Wasserturm unter der Leitung des Intendantur- und Baurats Roßreuscher durch den Regierungsbaumeister Jacobi 1900 geplant und 1901 unter dem Garnisons-Bau inspektor Haußknecht fertiggestellt.[1]

Standort / Straße: N 51.9995, E 13 0450 / Tauentzienstr.
Baujahr: 1901
Wasserversorgung: Militär
Behältervolumen /
Nutzinhalt: 63 m³ / k. A.
Denkmalschutz: ja
Entwurf:
Regierungs-Baumeister Jacobi
Bauherr: Militär
Heutige Nutzung: keine
Aufnahme vor Ort: 2010

Abb. 196 (links) Ansicht von Norden

Abb. 197 (rechts) Turmkopf, Ansicht von Süden

[1] Die Artillerie-Schießschule gab es seit 1867. Ab 1872 war die Feldartillerie eine eigene Waffengattung – durch die Trennung von Feld- und Fußartillerie. Diese Trennung wurde 1890 auch noch in der Ausbildung der Truppe durch die Einrichtung einer Feld- und Fußartillerie-Schießschule vollzogen. Die waffentechnische Ausbildung dauerte vier Monate. 1912 entstand das Lehrregiment der Feldartillerie-Schießschule, Pape, 1975, S. 171, 175, 180.

Kurzbeschreibung Architektur / Bauweise

37 m hoher[2], runder Turm aus rotem Sichtmauerwerk, mit auskragendem, zwölfeckigem Turmkopf und einem Zeltdach mit zerstörter Laterne; vorstehendes Sockelgeschoss durch Lisenen vertikal und durch ein breites Sockelgesims horizontal gestaltet, zwischen den Lisenen Fenster mit Rundbögen, eine zweiflügelige Eingangstür mit einem rundbogigen Oberlicht und einem darüberliegenden Rundfenster, über dem Sockelgeschoss acht, rechteckige Fenster nebeneinander – gerahmt durch das Sockelgesims und ein schmaleres Gurtgesims, über dem sich der Turm nochmals verjüngt, in drei Ebenen sind in alle vier Richtungen rechteckige Fenster übereinander angeordnet, ein Gurtgesims und sechs ovale Fenster betonen den Übergang zum auskragenden Turmkopf; die zwölf Fassadenflächen des Turmkopfes sind durch ein Gurt- und Kranzgesims eingefasst, in jeder Fläche belichtet ein rechteckiges, vierflügeliges Sprossenfenster den Turmkopf; Zeltdach eingedeckt mit Biberschwänzen in Kronendeckung.

Sonstiges

Der Wasserturm steht auf dem Gelände der ehemaligen Heeresversuchsstelle Kummersdorf.

1 von Wangenheim, 2018, Katalog Band 2, S. 683 ff.
2 DNWAB, 2004, S. 33.

Abb. 198 Ansicht von 2010

Standort / Straße: N 52.0968, E 13.3582 / Am Mellensee
Baujahr: 1913
Wasserversorgung: Militär
Behältervolumen / Nutzinhalt: 100 m³ / 94 m³
Denkmalschutz: ja
Entwurf: k. A.
Bauherr: Militär
Heutige Nutzung: keine
Aufnahme vor Ort: 2010 und 2011

Abb. 199 Ansicht von Nordwest

Standort / Straße: N 52.0968,
E. 13.1703 /
Berliner Str. 64–65
Baujahre: 1905–06
Wasserversorgung:
Industrie / Gewerbe
Behältervolumen /
Nutzinhalt: k. A.
Denkmalschutz: ja
Entwurf:
Stadtbauamt Luckenwalde
Bauherr: Stadtverwaltung
Heutige Nutzung: keine
Aufnahme vor Ort: 2010 und
2013

Kurzbeschreibung Architektur / Bauweise

Verputzter Turm mit Zeltdach, umgeben von eingeschossigen Hallen im Stil märkischer Backsteinarchitektur.

Turm im Erdgeschoss rechteckig, Preußische Kappen zwischen EG und 1. OG, darüber Turm achteckig, Turmschaft über dem Dach der Fabrikhalle vertikal durch rotes Sichtmauerwerk an den Ecken betont, dazwischen glatt verputzte Fassadenflächen, auf der Nordfassade ist ein rechteckiges Fenster angeordnet – gerahmt mit rotem Sichtmauerwerk und Segmentbogen; verzierte Balkenköpfe markieren den Übergang zum Turmkopf, über dem Fenster im Turmschaft befindet sich ein Turmerker mit einem oberen, rechteckigen Fenster,[1] Verkleidung des Turmkopfes und Dacheindeckung sind nicht mehr original.

Sonstiges

Die Stadt beschloss 1904 die Errichtung eines Schlachthofes auf einem 11.000 m² großen Grundstück. Der Bauleiter war Stadtinspektor Heine. Nach einer Bauzeit von 13 Monaten wurde der städtische Schlachthof mit Wasserturm bis August 1906 fertiggestellt.[2] 1964 wurde der Wasserturm auch als „Kühlturm" benutzt.

1 Über dem Erkerfenster war vermutlich eine Hebevorrichtung vorhanden gewesen.
2 Schmidt, 1996, o. S.

Kurzbeschreibung Architektur / Bauweise

Viergeschossiger, rechteckiger Turm aus rotem Sichtmauerwerk im Märkischen Verband, mit Pultdach und Eck-Schornstein, umgeben von ein- und zweigeschossigen Bauteilen des Stadtbades; Gestaltung des Gebäudeensembles mit Architekturelementen vom Expressionismus bis zum Bauhausstil.

Große Freitreppe mit expressionistisch gestaltetem Eingangsbereich, Turm ragt über drei Ebenen aus den umgebenen Gebäuden, südlich gelegene Ecke der Fassade durch übereckgestellte, flachliegende, rechteckige Fenster mit Sprossen und umlaufenden, glatt verputzten Rahmen akzentuiert, in beiden Ebenen darüber belichten kleine, rechteckige Fenster den Turm; Neigung des Pultdachs durch weiß gestrichene, glatt verputzte Fläche hervorgehoben.

Abb. 200 Stadtbad, Ansicht von Südwest

Sonstiges

Mit der Bauausführung des Stadtbades von Luckenwalde wurde die Siemens & Halske Bau Union beauftragt.[2]

1, 2 Preuß, 2008, S. 52.

Abb. 201 (rechts) Ansicht von Südost

Abb. 202 (links) Eingang zum Stadtbad

Standort / Straße: N 52.0840, E. 13.1549 / Rudolf-Breitscheid-Str. 72a
Baujahre: 1927–29[1]
Wasserversorgung: Stadt
Behältervolumen / Nutzinhalt: k. A.
Denkmalschutz: ja
Entwurf: Architekt Hans Hertlein, Siemens
Bauherr: Stadtverwaltung
Heutige Nutzung: k. A.
Aufnahme vor Ort: 2013

Kurzbeschreibung Architektur / Bauweise

Zweigeschossiger, rechteckiger, verputzter Turm, der über dem Mittelrisalit des umgebenen Gebäudes herausragt.

An den Längsseiten der Fassade ziert den unteren Teil des Turmes eine Uhr, darüber ein Umgang mit Geländer, Umgang über vier Türen mit Rundbögen – angeordnet in alle vier Himmelsrichtungen – begehbar, die Türen sind von kleinen, liegenden, rechteckigen Fenstern an den Längsseiten flankiert; Walmdach eingedeckt mit Biberschwänzen in Kronendeckung.

Sonstiges

Ursprünglich als landwirtschaftliche Erziehungsanstalt errichtet, wurden die Gebäude in den 50er Jahren als Jugendwerkhof und bis zur Wende als Zentralinstitut für Lehrer umgenutzt. In dem ehemaligen Wirtschaftsgebäude standen die, Anfang der 90er ausgebauten, Behälter.[3]

Standort / Straße: N 52.3211, E 13.2304 / Struveweg
Baujahre: 1915–17[1]
Wasserversorgung: Land / Gut
Behältervolumen / Nutzinhalt: k. A.
Denkmalschutz: ja
Entwurf: Franz Arnous, Hochbauamt, Abt. Kanalisation[2]
Bauherr: Hochbauamt, Berlin
Heutige Nutzung: keine
Aufnahme vor Ort: 2011 und 2014

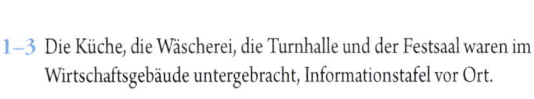

Abb. 203 (ganz oben) Ansicht von Süden

Abb. 204 (oben) Detail, Relief über dem Eingang

Abb. 205 (rechts) Ansicht von Südost

1–3 Die Küche, die Wäscherei, die Turnhalle und der Festsaal waren im Wirtschaftsgebäude untergebracht, Informationstafel vor Ort.

Kurzbeschreibung Architektur / Bauweise

Desolater, funktionaler, sechseckiger, gemauerter und verputzter Turm.

Sonstiges

In den Jahren nach 1880 entstand ein Truppenübungsplatz mit Baracken für ein preußisches Pionier-Korps in der Nähe des Ortes Markendorf. Später, ab 1913, wurde das Rittergut Markendorf auch Militärstandort. Neben dem Offizierskasino im ehemaligen Gutshaus wurde der Wasserturm für die Versorgung der Truppe gebaut. Die preußische Minenwerferschule hatte hier von 1915 bis 1919 ebenfalls ihren Standort und wurde danach nach Jüterbog II verlegt.[1]

Auf Grund des Truppenübungsplatzes des Pionier-Korps wurde 1916 ein Anschlussgleis von Markendorf an die, 1900 in Betrieb genommene, Jüterbog–Luckenwalder-Kreiskleinbahnen verlegt.[2]

1   Jannek, 2004, S. 14 ff.
2   Regling, 2005, S. 28; Brandt, 1968, S. 47.

Abb. 207 (oben) Ansicht von 2010

Abb. 206 Decke unter der Behälterebene

Standort / Straße: N 51.9938, E 13.1810 / Waldsiedlung
Baujahr: um 1900
Wasserversorgung: Militär
Behältervolumen / Nutzinhalt: k. A.
Denkmalschutz: nein
Entwurf: k. A.
Bauherr: Militär
Heutige Nutzung: keine
Aufnahme vor Ort: 2010

Landkreis: Teltow-Fläming | Ort: Rehagen

Behälter: ausgebaut, Flachboden, kreisförmig, Eisen

Kurzbeschreibung Architektur / Bauweise

Turm mit rundem Turmschaft, auskragendem, achteckigem Turmkopf und mansardartigem Dach mit Laterne und Bekrönung, dreiseitig von Gebäuden mit Mansarddach im Heimatstil umgeben.

Turmschaft über zwei Ebenen aus rotem Sichtmauerwerk, Schaft darüber glatt verputzt, auf der Nordwestseite – unter der portikusartigen Überdachung – befindet sich die Eingangstür, daneben belichten zwei nebeneinanderliegende, rechteckige Fenster mit Oberlicht und Sprossen das Erdgeschoss, in der darüberliegenden Ebene sind auf der Nordwest- und Südostseite jeweils zwei rechteckige Fenster mit Oberlicht und Sprossen nebeneinander angeordnet, in der verputzten Ebene gliedern drei schmale, in drei Himmelsrichtungen platzierte Fenster dicht aneinandergereiht die geputzte Fassade; Turmkopf schieferverkleidet, jeweils zwei rechteckigen Fenster mit Oberlicht und Sprossen in den acht Fassadenseiten; Mansarddach mit Biberschwänzen in Kronendeckung und nachträglich eingebauten Dachfenstern.

Sonstiges

Der Wasserturm mit Wärter- und Maschinenhaus liegt an der Feldbahnstrecke Rehagen–Klausdorf–Wünsdorf. 1993 wurden die Gebäude unter Denkmalschutz gestellt.[3] Die Fertigstellung der Baumaßnahme zur Nutzungsänderung des Gebäudeensembles in Wohnen ist 2000 von der unteren Bauaufsichtsbehörde bescheinigt worden.[4]

1, 3 BLDAM, Archiv Akte 1649.
2, 4 Kreisarchiv Teltow-Fläming, Bauakte 96/4/00136/Reh/1/63.

Abb. 208 Ansicht von Nordwest

Standort / Straße: N 52.1642, E 13.3819 / Am Busenberg 9
Baujahr: um 1904[1]
Wasserversorgung: Militär
Behältervolumen / Nutzinhalt: 87 m³ / 85 m³ [2]
Denkmalschutz: ja
Entwurf: k. A.
Bauherr: Militär
Heutige Nutzung: Wohnung
Aufnahme vor Ort: 2010

Behälter: Flachboden, kreisförmig, Stahlbeton

Kurzbeschreibung Architektur / Bauweise

Sachlicher, massiver, hoher, runder Turm aus größtenteils gelbem Sichtmauerwerk, mit Wasserstandsanzeiger und einem geschweiften, glockenartigen Dach.

Sichtmauerwerk aus Kohlebrandziegeln mit strenger vertikaler Gliederung durch – bis zum Behältergeschoss geführten – Mauerwerksvertiefungen, horizontal betont durch sogenannte Rüstlöcher im Sockelgeschoss und im oberen Teil des Behälterbereichs, Sockelbereich mit roten bzw. gelben Ziegeln gestaltet und mit zugemauerten, schießschartenartigen Fensteröffnungen gegliedert, Sockelgesims abgedeckt mit Zinkblech, Eingangstür mit scheitrechtem Sturz portalartig mit Mauerwerk eingefasst, zwischen den Mauerwerksvertiefungen des Turms wenige, übereinander angeordnete, schießschartenartige Öffnungen, der Behälterbereich ist mit sechs Halbkreisfenstern belichtet, darüber ein Kranzgesims; Dach bituminös eingedeckt und mit einer Kugel bekrönt.

Sonstiges

Der Wasserturm stellte für Schöna, Kolpien und Umgebung Trinkwasser bereit.

1   BLDAM, Archiv Akte 2458.
2   Wasserstand wird über eine Schwimmerschaltung geregelt, Behältersohle liegt bei 123,15 m DHHN, Überlauf bei 126,70 m DHHN, Angaben vom Herzberger Wasser- und Abwasserzweckverband, techn. Leiter, Herr Süßmilch.

Abb. 209 (oben) Ansicht von Nordwest

Abb. 210 (unten) Ansicht von Nordwest

Standort / Straße: N 51.8191, E 13.4536 / Dorfstr.
Baujahr: 1926[1]
Wasserversorgung: Land/Gut
Behältervolumen / Nutzinhalt: k. A. / 80 m³
Denkmalschutz: ja
Entwurf: k. A.
Bauherr: Gemeindeverwaltung
Heutige Nutzung: Wasserturm[2]
Aufnahme vor Ort: 2010 und 2013

Landkreis: **Teltow-Fläming** | Ort: **Sperenberg**

Behälter: **2 × Flachboden, rechteckig, 1 × mit zwei Kammern, Eisen, genietet**

Kurzbeschreibung Architektur / Bauweise

Historistischer, dreigeschossiger, quadratischer Turm mit leicht ausgestelltem Turmkopf und Zeltdach, an zwei Seiten sind eingeschossige Gebäude mit Satteldach angebaut – ursprünglich an drei Seiten freistehend.

Turm durch rote Ziegelbänder und Einfassungen im Wechsel mit Putzflächen aufwendig gestaltet, Sockel aus rotem Sichtmauerwerk, darüber Putzflächen mit rechteckigem Fenster, bzw. einer Tür, die mit roten Ziegelfaschen und Segmentbogen eingefasst sind, in Höhe des Segmentbogens verläuft ein deutsches Band, über einem Segmentbogenfenster zusätzlich ein rundes Fenster; Übergang zum Turmkopf mit Rundbogenfries aus roten Ziegeln, Putzspiegel im Wechsel mit schmalen, senkrechten, ein halbsteindicken Mauerwerksstreifen imitieren eine Fachwerkkonstruktion, belichtet sind die vier Fassadenseiten durch mittig angeordnete Fensteröffnungen mit roten Faschen und Segmentbögen aus Ziegeln; Dach auf der Südwestseite mit kleinem, betontem Zwerchgiebel über dem Fenster des Turmkopfes.

Sonstiges

Ehemaliges Wasserwerk mit Wasserturm und Enteisenungsanlage für Sperenberg, mit einer Wohnung für den Maschinisten.

Abb. 211 Ansicht von Südost mit späterem Anbau

Standort / Straße: N 52.1464, E 13.3456 / Puschkinstr.
Baujahre: 1904–06
Wasserversorgung: Militär
Behältervolumen / Nutzinhalt: 23 m³ / 10 m³ [2], 42 m³ / 37 m³
Denkmalschutz: ja
Entwurf: Baurat Schultze, Militär-Bauamt Berlin I [3]
Bauherr: Königlich Preussisches Militär-Bauamt Berlin I
Heutige Nutzung: keine
Aufnahme vor Ort: 2011

1   von Wangenheim, 2018, Katalog Band 2, S. 705 ff.
2   Das Volumen des oberen Behälters wurde nur zur Hälfte genutzt.
3   Baurat Schultze war auch für die Ausführung der Baumaßnahme verantwortlich.

Kurzbeschreibung Architektur / Bauweise

Ncogotischer Turmschaft aus größtenteils gelbem Sichtmauerwerk im Binderverband.

Über dem roten Sockel ein Gesims aus roten Mauerziegeln mit einer Rollschicht, mit roten Ziegeln eingefasstes neogotisches Eingangsportal mit einer spitzbogigen Brettertür, Tür mit Langbändern, darüber im Turmschaft ein spitzbogiges Fenster, oberhalb des Schaftes mit roten Ziegeln eingefasste, zugemauerte Rundfenster, die von zwei Gesimsen eingerahmt sind; über dem aufgehenden Mauerwerk des Tropfbodens fehlt der Turmkopf.

Sonstiges

1898 erfolgte die Wasserversorgung von damals 3.161 Einwohnern mit 19 öffentlichen und 247 privaten Brunnen.[2] Die städtischen Körperschaften beschlossen 1901 den Bau eines Wasserwerks. Firma Hempel aus Berlin sollte beauftragt werden.[3] Hempel führte die Vorarbeiten und Projektierung der Anlage aus und übernahm die Ausführung. Es wurden eine elektrisch betriebene Pumpstation mit Filterrohrbrunnen und mehrere Gebäude, u. a. der Wasserturm, gebaut sowie 5.000 lfdm Rohre verlegt.[4] Das Wasserwerk versorgte 1929 rund 3.700 Einwohner aus Trebbin und 300 Einwohner aus Löwendorf.[5]

Dem beantragten Abbruch des Turmkopfes wurde mit Bescheid vom 29. Juli 2004 durch das Ministerium für Wissenschaft, Forschung und Kultur des Landes Brandenburg stattgegeben.[6]

1 Architektur ähnlich wie bei Bahnwassertürmen, z. B. WT Königliche Eisenbahndirektion Stettin (von Wangenheim, 2028, Katalog Bd. 2, S. 721).
2 Grahn, 1898, S. 49 f.
3 Journal, Nr. 37, 1901, S. 696.
4 Hempel, 1911, S. 16 ff.
5 LHAB, Akte 31 A, Nr. 2634, Beschreibung zum Antrag des WW der Stadt Trebbin vom 23.10.1933.
6 BLDAM, Archiv Akte 1750.

Abb. 212 (oben, links) Ansicht von 2010

Abb. 213 (oben, rechts) Wasserstandsanzeiger

Abb. 214 (rechts) Eingangsportal

Standort / Straße: N 52.2185, E 13.2219 / Bergstr.
Baujahr: 1902
Wasserversorgung: Stadt
Behältervolumen / Nutzinhalt: k. A. / 150 m³
Denkmalschutz: ja
Entwurf: k. A.[1]
Bauherr: Stadt
Heutige Nutzung: keine
Aufnahme vor Ort: 2010

Kurzbeschreibung Architektur / Bauweise

Überformter, runder, hoher Turm mit quadratischem, hohem Sockelgeschoss, Aussichtsumgang, zurückgesetztem Turmkopf, Wasserstandsanzeiger und Zeltdach.

Konischer, mit dunkelroten Klinkern im Binderverband verblendeter Sockel mit bastionsartiger Eckausbildung, alle vier Seiten mit weiß abgesetzten Putzflächen, Mauerwerksrahmungen aus dunkelroten Ziegeln, Mauerwerksöffnungen mit Segmentbogen und weißem Schlussstein betont, darüber ein großes Halbkreisfenster ebenfalls mit weißem Schlussstein, über der mit Blech eingedeckten Verdachung ändert sich der Grundriss in ein Achteck, das wiederum in einen kreisrunden Grundriss übergeht, verputzter Turmschaft in vier Ebenen durch Lisenen vertikal gegliedert, zwischen den acht Lisenen belichten schmale, rechteckige Fenster die beiden unteren Ebenen des Schafts, darüber große Fensteröffnungen mit Rundbögen, ein Gesims fasst die Lisenen horizontal zusammen, liegende rechteckige Fenster bilden den Abschluss des Turmschafts; über dem Schaft kragt ein umlaufendes Aussichtsplateau mit Geländer aus, Turmkopf verputzt mit neuen Öffnungen für Fenster und Tür; Dach mit modernen Dachfenstern.

Sonstiges

Der Wasserturm wurde für die Infanterie-Schießschule Wünsdorf mit drei, 30 m abgeteuften Tiefbrunnen errichtet. Die im Pumpenschacht aufgestellten, drehstrombetriebenen Zentrifugalpumpen förderten das Wasser in den 29 m hoch stehenden Behälter.[4]

1-4 Neben dem Kgl. Kriegsministerium waren die Kgl. Intendantur des Gardekorps und die Königliche Intendantur der militärischen Institute ebenfalls genehmigende Behörden, Journal, Nr 23, 1913, S. 555.

Standort / Straße: N 52.1575, E 13.4818 / Am Baruther Tor
Baujahr: 1913[1]
Wasserversorgung: Militär
Behältervolumen /
Nutzinhalt: k. A. / 200 m³ [2]
Denkmalschutz: ja
Entwurf: Berlin-Anhaltische-Maschinenbau-A.-G.[3]
Bauherr: Militärbauamt
Heutige Nutzung: Wohnung
Aufnahme vor Ort: 2010

Abb. 215 Ansicht von 2010

Landkreis: Teltow-Fläming | Ort: Wünsdorf

Behälter: Hängeboden, Eisen, genietet

Kurzbeschreibung Architektur / Bauweise

Desolater, runder Turm mit hohem Sockelgeschoss, verkleidetem Turmkopf und Kegeldach.

Konisches Sockelgeschoss aus gelbem Sichtmauerwerk, mit einer stählernen, rechteckigen Eingangstür in einer ansonsten zugemauerten Rundbogenöffnung und schießschartenartigen Fenstern, mit einem umlaufenden Schutzdach, der verputzte Turmschaft ist vertikal durch Lisenen gestaltet, die über den Kämpfergesimsen durch Blendbögen miteinander verbunden sind, wenige, schmale, rechteckige Fenster belichten den Schaft; verkleideter Turmkopf ohne Öffnungen.

Sonstiges

Der Wasserturm stellte die Wasserversorgung des Truppenlagers Zossen sicher.[4]

1, 4 Schulz, 2007, Plakat.
2, 3 Journal, Nr. 23, 1913, S. 555.

Abb. 216 Sockel mit Eingang

Abb. 217 Ansicht von 2010

Standort / Straße: N 52.1931, E 13.4663 / Zehrendorfer Str.
Baujahr: 1910[1]
Wasserversorgung: Militär
Behältervolumen / Nutzinhalt: k. A.
Denkmalschutz: ja
Entwurf: Berlin-Anhaltische-Maschinenbau-A.-G.[2]
Bauherr: Militärbauamt[3]
Heutige Nutzung: keine
Aufnahme vor Ort: 2010

Landkreis: **Teltow-Fläming** | Ort: **Zossen**

A

Nr.: 144/21[1]

Behälter: **Hängeboden, Eisen, genietet**

Kurzbeschreibung Architektur / Bauweise

Kleiner, achteckiger, dreigeschossiger Turm mit leicht überstehendem Turmkopf, Zeltdach und kleinem, nachträglich angebautem, hölzernem Vordach, eingedeckt mit Biberschwänzen in Kronendeckung.

Turmschaft aus Sichtmauerwerk mit größtenteils gelben Kohlebrandziegeln im Kreuzverband, Sockelgeschoss mit Kellerabgang und Fenstern mit Segmentbögen, Sockelgesims aus Naturstein, darüber Schaft durch hohe Mauerwerksvertiefungen mit Segmentbögen an allen acht Seiten vertikal betont, im oberen Bereich der Mauerwerksvertiefungen mittig in jedem zweiten Fassadenfeld ein rechteckiges Fenster; Übergang zum holzverschalten Turmkopf mit profilierten Balkenköpfen markiert, Turmkopf mit Boden/Deckelschalung verkleidet und in jedem zweiten Feld mit einem quadratischen Sprossenfenster aus Eisen belichtet; flaches Zeltdach eingedeckt mit bituminösen Schindeln.

Sonstiges

Die Berlin–Dresdener Eisenbahn (BDE) eröffnete den Bahnhof Zossen am 17.06.1875.[3] Die Wasserkräne auf dem Bahnhof sind von 1875. Nach Preuß soll der Wasserturm der BDE neben dem Bahnhofsgebäude 1892 errichtet worden sein.[4] Auf dem Plan vom Bahnhof Zossen von 1876–77 ist der Wasserturm nicht eingezeichnet.[5]

Standort / Straße: N 52.2199,
E 13.4388 / Am Bahnhof
Baujahr: zwischen 1875–1892[2]
Wasserversorgung: Eisenbahn
Behältervolumen /
Nutzinhalt: 109 m³ / 100 m³
Denkmalschutz: ja
Entwurf:
Kgl. Eisenbahndirektion
Bauherr: Preußische Staatsbahn
Heutige Nutzung: keine
Aufnahme vor Ort: 2012

Abb. 218 (oben) Ansicht von Süden

Abb. 219 (rechts) Wasserkran

1   von Wangenheim, 2018, Katalog Band 2, S. 722 ff.
2   Preuß, 2007, S. 68.
3   Bley, 1999, S. 161.
4   Zu dieser Zeit wurde die Strecke zweigleisig ausgebaut. Das Landesdenkmalamt geht ebenfalls vom Baujahr 1892 aus, BLDAM, Archiv Akte 2020.
5   Bley, 2000, S. 13.

Landkreis: Teltow-Fläming | Ort: Zossen

Behälter: Barkhausen, Eisen, genietet

Nr.: 145/22[1]

Kurzbeschreibung Architektur / Bauweise

Historistischer, 23 m hoher[2], runder Turm mit abgesetztem Turmkopf, kuppelartigem Dach und Laterne.

Turmschaft aus rotem Sichtmauerwerk im Kreuzverband, über dem Sockel vertikal durch Lisenen betont, zweiflügelige Eingangstür mit Oberlicht gerahmt von einer Mauerwerksöffnung mit Segmentbogen, darüber ins Mauerwerk eingelassene Tafel mit Inschrift, Fassade zwischen den Lisenen im Wechsel mit drei übereinanderliegenden Segmentbogenfenstern bzw. Blindfenstern mit Segmentbogen gegliedert, am Schaftende sind drei nebeneinanderliegende, schmale, schießschartenartige Mauerwerksvertiefungen angeordnet, darüber verbindet ein breites, abgetrepptes Kranzgesims die Lisenen miteinander; über dem Gesims bildet ein zurückgesetzter Mauerring den Übergang zum verputzten Turmkopf; kleine, rechteckige Fenster belichten den schmucklosen Turmkopf; Dach bituminös eingedeckt.

Sonstiges

Der Wasserturm war bis 1994 aktiv.[3] 2005 wurde der Turm in die Denkmalliste des Landes Brandenburg aufgenommen.[4]

Abb. 222 Detail, Tafel mit Inschrift

Abb. 220 (oben) Ansicht vo 2012

Abb. 221 (links) Eingangsbereich

1   von Wangenheim, 2018, Katalog Band 2, S. 733 ff.
2   DNWAB, 2014, S. 35.
3   Aussage der DNWAB.
4   BLDAM, Archiv Akte 2036.

Standort / Straße: N 52.2171, E 13.4666 / Mittenwalder Str.
Baujahr: 1899
Wasserversorgung: Stadt
Behältervolumen / Nutzinhalt: 205 m³ / 195 m³
Denkmalschutz: ja
Entwurf: David Grove, Kgl. Hof-Ingenieur, Berlin
Bauherr: Helios Electricitäts-Aktiengesellschaft
Heutige Nutzung: keine
Aufnahme vor Ort: 2012

Landkreis: Dahme-Spreewald | Ort: Brand

Behälter: 2 × Flachboden, rechteckig, Eisen, genietet

Standort / Straße: N 52.0290,
E 13.7219 / Am Bahnhof
Baujahr: 1866[1]
Wasserversorgung: Eisenbahn
Behältervolumen / Nutzinhalt:
50 m³ / 44 m³, 35 m³ / 31 m³
Denkmalschutz: Ja
Entwurf: k. A.
Bauherr: k. A.
Heutige Nutzung: keine
Aufnahme vor Ort: 2010 und
2011

Kurzbeschreibung Architektur / Bauweise

Im Grundriss T-förmige, dreigeschossige Wasserstation
aus rotem Sichtmauerwerk im Kreuzverband und mit
trauf- und giebelständigen Satteldächern.

Wasserstation horizontal betont durch Zahnfriese,
vom Erdgeschoss bis in das 1. Obergeschoss sind an
den Gebäudeecken nachträglich Strebepfeiler mit Wasserschlag angemauert worden. Eingangstür mit Rundbogen, 1. Obergeschoss mit Rundbogenfenstern und
Dach- bzw. Behältergeschoss mit rechteckigen Sprossenfenstern belichtet, Giebeldreiecke als ausgemauertes
Fachwerk mit zwei Andreaskreuzen; Dachwerk als Hän-
gewerk konstruiert.

Abb. 223 (oben) Ansicht von Osten

Abb. 224 (links) Detail, ehemaliger
Wasserstandsanzeiger

Sonstiges

Der Bauunternehmer Bethel Henry Strousberg baute für
die Berlin–Görlitzer Eisenbahn-Gesellschaft eine eingleisige Bahnstrecke von Berlin nach Görlitz. 1867 wurde die
Strecke von Königs Wusterhausen über Brand, Lübbenau/
Spreewald, Cottbus, Spremberg nach Görlitz eröffnet.[2]

1   BLDAM: Umbau 1905, siehe Denkmaldatenbank
2   Architekten-Verein, 1896, I. Teil, S. 279.

Kurzbeschreibung Architektur / Bauweise

Hoher Turm aus rotem Sichtmauerwerk, mit zwölf-eckigem Sockelgeschoss, rundem Turmschaft, Treppenerker, auskragendem, zwölfeckigem Turmkopf und geschweiftem Zeltdach.

In jeder Fassadenfläche des Sockelgeschosses befindet sich eine Mauerwerksvertiefung mit Segmentbogen, in der über einer Glattputzfläche mit abschließenden Zahnschnittfries drei kleine Segmentbogenfenster angeordnet sind, Sockelgesims und eine darüberliegende Verdachung mit Biberschwänzen in Kronendeckung verjüngen den Grundriss des Sockels zum kreisrunden Turmschaft, im Kreuzverband gemauerter Schaft mit drei Fensterebenen, über den ersten beiden Ebenen mit je sechs Segmentbogenfenstern führt ein äußerer Umgang um den Schaft, der Zugang zum Turmkopf ist nur möglich vom Tropfboden über den Treppenerker; Turmkopf als Eisenfachwerkkonstruktion mit ausgemauerten Ziergefachen, mit Blechverkleidung der Auskragung des Turmkopfes und zwölf rechteckigen Stahlfenstern; Zeltdach eingedeckt mit Biberschwänzen.

Sonstiges

Einen fast baugleichen Wasserturm errichtete Smreker in Drossen (heute Polen).[2]

1   von Wangenheim, 2018, Katalog Band 2, S. 758 ff.
2   Abbildung des baugleichen Turms bei von Wangenheim, 2018, Katalog Band 2, S. 759.

Abb. 225 Ansicht von 2012

Standort / Straße: N 52.3750, E 13.6332 / Am Wasserturm
Baujahr: 1912
Wasserversorgung: Land/Gut
Behältervolumen /
Nutzinhalt: k. A. / 300 m³
Denkmalschutz: nein
Entwurf:
Dr. Ing. Oskar Smreker
Bauherr: Continentale Wasserwerks-Gesellschaft, Berlin
Heutige Nutzung: Wohnung
Aufnahme vor Ort: 2010, 2011 und 2012

Landkreis: Dahme-Spreewald | Ort: Golßen

Behälter: k. A.

Abb. 226 Ansicht von 2010

Kurzbeschreibung Architektur / Bauweise

Kreiskegelstumpfförmiger, gedrungener Turmschaft mit Treppenerker, auskragendem Turmkopf und desolatem Zeltdach mit Laterne.

Turmschaft aus rotem Sichtmauerwerk im Kreuzverband mit Rollschicht als Sockelgesims, portalartiger Eingangstür mit Segmentbogen und schmalen Fenstern mit scheitrechtem Sturz; über den Fenstern bildet ein Gesims das Auflager für den zehneckigen, mit rechteckigen Fenstern belichteten, holzverkleideten Turmkopf, dessen oberer Abschluss mit Andreaskreuzen gestaltet ist.

Sonstiges

Die 176 km lange Eisenbahnstrecke von Berlin nach Dresden ging 1875 in Betrieb. Die Berlin–Dresdener Eisenbahn (BDE) eröffnete den Bahnhof Golßen am 17.06.1875.[3]

1–3 Bley, 1999, S. 10 ff., S. 162.

Standort / Straße: N 51.9784, E 13.5735 / Am Bahnhof
Baujahr: 1873–75[1]
Wasserversorgung: Eisenbahn
Behältervolumen /
Nutzinhalt: k. A.
Denkmalschutz: nein
Entwurf: k. A.
Bauherr: Berlin–Dresdener Eisenbahn-Gesellschaft[2]
Heutige Nutzung: keine
Aufnahme vor Ort: 2010

Landkreis: Dahme-Spreewald | Ort: Jamlitz

Behälter: 2 × Flachboden, rechteckig, Gusseisen, verbolzt, 2 × Flachboden, rechteckig, Eisen, genietet

A

Nr.: 149/04[1]

Kurzbeschreibung Architektur / Bauweise

Neoromanische, quadratische, ursprünglich zwei-, nach Aufstockung dreigeschossige Wasserstation aus rotem Sichtmauerwerk, mit Satteldach und eingeschossigen Anbauten.[5]

Erdgeschoss, 1. Obergeschoss und Anbauten im Kreuzverband gemauert, Fassade auf der Gleis- und Straßenseite mit jeweils zwei Strebepfeilern vertikal betont, Rollschicht als Sockelabschluss, auf der Nordseite eine Eingangstür mit Segmentbogen und Oberlicht mit Rundbogen, am Ansatz des Rundbogens ein Zierfries, Fries bestehend aus einer leicht auskragenden Läuferschicht und eingemauerten Dachziegeln, Fenster im Erdgeschoss ebenfalls mit Rundbögen, über einem Gurtgesims mit Zahnschnittfries ist das 1. Obergeschoss durch Lisenen und Mauerwerksrücksprünge gegliedert, in den Rücksprüngen belichten links und rechts jeweils ein Rundbogenfenster und in der Mitte zwei Rundbogenfenster nebeneinander das bauzeitliche Behältergeschoss, auf dem Gurtgesims wurde der Ringanker für die Aufstockung betoniert, 2. Obergeschoss aus Sichtmauerwerk im wilden Verband – größtenteils aus Läufern gemauert, je Fassadenseite sind zwei Blindfenster mit Rundbögen angeordnet.

Sonstiges

Seit 1876 besteht die Bahnstrecke von Cottbus über den Bahnhof Lieberose (heute Jamlitz) nach Frankfurt (Oder).[6] Der Bahnhof lag auch an der ersten Teilstrecke der 85 km langen Spreewaldbahn von 1898. Diese Strecke wurde 1983 stillgelegt.[7]

Abb. 227 Ansicht von Norden

1   von Wangenheim, 2018, Katalog Band 2, S. 769 ff.

2, 4, 6 Müller, online 2013, S. 6 ff.

3   BLDAM: Aufstockung der Wasserstation 1898, siehe Denkmaldatenbank

5   Der Anbau auf der Gleisseite ist bis zur Baufuge aus der Erbauungszeit, der straßenseitige Anbau (Spritzenhaus) ist nachträglich errichtet worden.

7   Pohl, 2005, S. 36.

Standort / Straße: N 51.9930, E 14.3708 / Kiefernweg
Baujahr: 1876[2, 3]
Wasserversorgung: Eisenbahn
Behältervolumen / Nutzinhalt:
2 × 8 m³ / 2 × 7 m³ (Gusseisen)
2 × 32 m³ / 2 × 31 m² (Eisen)
Denkmalschutz: ja
Entwurf: k. A.
Bauherr: Cottbus–Großenhainer Eisenbahn-Gesellschaft[4]
Heutige Nutzung: keine
Aufnahme vor Ort: 2010 und 2013

Abb. 228 (links) Ansicht von 2011

Abb. 229 (rechts) Ansicht[5], vermutlich aus der Erbauungszeit

Kurzbeschreibung Architektur / Bauweise

Neogotischer, über 33 m hoher[3] Turm mit Aussichtsplattform und Zeltdach, sowie einem angebauten, runden Treppenturm mit glockenförmigem Dach.

Turmschaft bis Behälterebene achteckig, als Rustika ausgeführter hoher Sockel mit zwei schmalen, rechteckigen Fenstern je Fassadenseite, Erdgeschoss ursprünglich arkadenartig geöffnet, für die Umnutzung zum Café wurden die spitzbogigen Öffnungen durch zurückgesetzte Putzspiegel mit schmalen Spitzbogenfenstern verschlossen, über den sieben Rundfenstern im 1. Obergeschoss kragt der Turmkopf leicht aus, diesen Übergang akzentuiert ein Zierband aus schräggestellten Mauerziegeln, die Achteckigkeit des Turmschaftes wird beim runden Turmkopf über Wandpfeiler bis zum Dachgeschoss betont, über den sieben schmalen Spitzbogenfenstern liegt ein umlaufendes Band, das durch den Wechsel von Fenstern und Blindfenstern mit Segmentbögen gegliedert wird, über dem darüberliegenden Kranzgesims eine Verdachung aus Schiefer, über der sich der Turm verjüngt; Aussichtsgeschoss mit Fachwerkfassade aus Holz; Zeltdach mit Schiefer eingedeckt und mit Kugel bekrönt; Treppenturm mit portalartigem Eingang, belichtet durch versetzt angeordnete, schmale Fenster mit scheitrechten Stürzen, das Kranzgesims über dem Behältergeschoss des Turms verläuft in der gleichen Höhe auch um den Treppenturm, darüber ein achteckiger, verputzter Treppenhauskopf mit sieben, rechteckigen Fenstern und dem Übergang zur Aussichtsplattform.

Sonstiges

Zeitgleich entstanden das Wasserwerk und der Wasserturm für die Versorgung von 4.000 Einwohnern und der Militärbauten auf dem Funkerberg. Die tägliche Förderleistung betrug 1.500 m³. Eine Erweiterung der Anlage erfolgte 1957: Der Bau eines Reinwasserbehälters mit 2.500 m³ Fassungsvermögen.[4]

Standort / Straße: N 52.3025,
E 13.6186 / Funkerberg
Baujahr: 1910–12[1]
Wasserversorgung:
Stadt / Militär
Behältervolumen /
Nutzinhalt: k. A. / 300 m³
Denkmalschutz: ja
Entwurf: Kgl. Bauräte
Reimarus u. Hetzel[2]
Bauherr: Stadtverwaltung
Heutige Nutzung:
Kultur und Gastronomie
Aufnahme vor Ort: 2011

1   Der Turm ging 1965 außer Betrieb, Grohmann, 2000, S. 32.
2, 4 DNWAB, 2014, S. 34.
3   Quelle: Heimatverein Königs Wusterhausen.
5   Borchert, 2003, S. 58 ff.

Kurzbeschreibung Architektur / Bauweise

Gesamtanlage: Villenarchitektur um die Jahrhundertwende.

Neogotischer, viergeschossiger Turm mit Sichtmauerwerk in rotem Binderverband und mit steilem Satteldach, von ein- bis dreigeschossigen Gebäuden umgeben.

Giebelseiten – außer im Dachgeschoss – ohne Fenster, nur durch einen mittig liegenden Wandpfeiler vertikal betont, Traufseiten aufwendig gestaltet: im Erd- und 1. Obergeschoss gliedern abgetreppte Strebepfeiler mit Wasserschlag und über beide Geschosse verlaufende Mauerwerksvertiefungen mit Segmentbogen die Fassade, in der Vertiefung Segmentbogenfenster mit dazwischen angeordneten Putzspiegeln, ein waagerechter, schmaler, weißer, glatter Putzspiegel trennt das 1. vom 2. Obergeschoss, darüber zwei Biforenfenster mit Segmentbögen im gotischen Bogen zusammengeführt; Dachgeschoss an den Giebelseiten durch fünf, zum überwiegenden Teil vertieften, staffelgiebelsartigen Flächen mit Spitzbögen gestaltet: Mittig ein weißer Putzspiegel, daneben links und rechts weiß geputzte Mauerwerksvertiefungen mit sehr schmalen, hohen Fenstern mit Dreipaßbögen, beide äußeren Flächen sind als Blindfenster ausgebildet, Dachgeschoss an den Traufseiten: Ein Schmuckholzfachwerk mit weiß verputzten Gefachen; Satteldach mit schwarzen Biberschwänzen eingedeckt.

Sonstiges

Der Gebäudekomplex wurde 1901 als „Heim für arme deutsche Blinde" eröffnet. Weitere Nutzungen folgten: 1945 Kriegslazarett, 1946–48 Schule des SMAD (Sowjetische Militäradministration in Deutschland), Sitz der Kreisverwaltung und ab 1951 als Blindenschule mit Internat. 1998–99 wurden die Gebäude aufwendig saniert.[1]

1–3 Die Hermann-Schmidt-Stiftung beauftragte Möckel mit der Planung des Haupthauses, von vier Wohnhäusern und einem Maschinenhaus mit Wasserturm, Hübener, 1995, S. 38 ff.; Informationstafel der Blindenschule.

Abb. 230 Ansicht von Südwest

Standort / Straße: N 52.2905, E 13.6166 / Luckenwalder Str. 64
Baujahre: 1899–1901
Wasserversorgung: Krankenhaus / Sanatorium / Anstalt
Behältervolumen / Nutzinhalt: 34 m³ / k. A.
Denkmalschutz: ja
Entwurf: Baurat Gotthilf Ludwig Möckel[2]
Bauherr: Hermann-Schmidt-Stiftung[3]
Heutige Nutzung: keine
Aufnahme vor Ort: 2014

Landkreis: **Dahme-Spreewald** | Ort: **Königs Wusterhausen**

Behälter: **Intze I mit mittlerem Durchstieg, Eisen, genietet**

Abb. 231 Ansicht von 2010

Abb. 232 Ansicht nach 1990[2], vor
der Demontage der Umgänge

Kurzbeschreibung Architektur / Bauweise

Historistischer, runder, massiver Turm mit sichtbarem Behälter und wenig geneigtem Zeltdach.

Turmschaft aus rotem Sichtmauerwerk im Binderverband, hoher Sockel mit Gesims aus schräger Rollschicht, portalartiger Eingang mit giebelständigem Satteldach, Schaft darüber durch schmale Rundbogenfenster belichtet, im oberen Viertel trennt ein Gurtgesims den Schaft mit Sichtmauerwerk vom verputzten, oberen Schaftteil, an dem bis 2003 der eiserne Umgang mit Leiter montiert war; genietetes Mantelblech des Intze-Behälters bildet die Außenhaut des Turmkopfes.[3]

Sonstiges

1867 wurde die Bahnstrecke von Berlin nach Görlitz über Königs Wusterhausen eröffnet.[4] 1864–65 stand das erste Abfertigungsgebäude aus Fachwerk auf dem Bahnhof. Mit der Erhöhung des Verkehrsaufkommens wurde 1892 das zweigeschossige Empfangsgebäude mit den Bahnsteigüberdachungen errichtet.[5] Die Berliner Stadtbahn ging 1882 in Betrieb, damit entwickelte sich auch das sogenannte Vorortstreckennetz, u.a. auf dem Stadtgleis von Grünau nach Königs Wusterhausen.[6] 1898 eröffnete die Strecke von Königs Wusterhausen nach Grunow.[7]

1   BLDAM: Denkmalgutachten S. Gramlich, 2017
2   Quelle: Heimatverein Königs Wusterhausen.
3   Bei vielen Bahnwassertürmen sind die Behälter nicht durch eine Ummantelung verhüllt – kein Problem bei ständiger Wasserentnahme.
4, 6 Architekten-Verein, 1896, I. Teil, S. 209, 279.
5   Gattermann, 1999, S. 9.
7   Lange, 1999, S. 44.

Standort / Straße: N 52.2975,
E 13.6308 / Storkower Str.
Baujahr: 1905[1]
Wasserversorgung: Eisenbahn
Behältervolumen /
Nutzinhalt: k. A.
Denkmalschutz: ja
Entwurf: Königliche Eisenbahndirektion
Bauherr: Preußische Staatsbahn
Heutige Nutzung: keine
Aufnahme vor Ort: 2010 und
2013

Landkreis: Dahme-Spreewald | Ort: Langengrassau

Behälter: abgerissen[2], Hydroglobus, Stahl, geschweißt

Kurzbeschreibung Architektur / Bauweise

Funktionaler Wasserturm mit einem stählernen, dreiteiligen, begehbaren Mast, abgespannt mit sechs Stahlseilen und einem kugelförmigen Behälter als Turmkopf, der mit Blech verkleidet ist.

Sonstiges

Langengrassau gehört zur Gemeinde Heideblick und wurde erstmals als Ort mit dem Namen Grassau 1346 erwähnt.[6] In Brandenburg steht nur noch in Schönwalde im Landkreis Barnim ein Hydroglobus. In Bad Belzig stand von 1968 bis 2000 ein 26 m hoher Hydroglobus. Der Behälter fasste 200 m³ Wasser.[7]

1 von Wangenheim, 2018, Katalog Band 2, S. 789 ff.
2 Der Hydroglobus wurde im Juli 2021 abgerissen, Märkische Wasser Zeitung der DNWAB, 26. Jahrgang Nr. 2/Juli 2021.
3,4 Mit Hilfe von ungarischen Fachleuten errichtet, http//www.heideblick. de/news/index.php?news=59494&typ=1, 29.04.2012.
5 Stand: Bauaufnahme 2012.
6 http://www.heideblick.de/verzeichnis/objekt, 05.11.2015.
7 Mündliche Information Stadtführung Bad Belzig, Frau Richter 29.07.2013

Abb. 233 (oben) Ansicht von 2012

Abb. 234 (links) Fundamentierung und Eingang

Standort / Straße: N 51.8292, E 13.6431 / Waltersdorfer Str.
Baujahr: 1968[3]
Wasserversorgung: Land / Gut
Behältervolumen / Nutzinhalt: k. A. / 100 m³
Denkmalschutz: nein
Entwurf: Ungarn[4]
Bauherr: k. A.
Heutige Nutzung: Wasserturm[5]
Aufnahme vor Ort: 2012

Landkreis: Dahme-Spreewald | Ort: Lübben

Behälter: Hängeboden mit mittlerem Durchstieg, Eisen, genietet

Abb. 235 Ansicht von 2011

Standort / Straße: N 51.9430, E 13.8803 / Virchowstr.
Baujahr: 1914
Wasserversorgung: Stadt
Behältervolumen /
Nutzinhalt: 280 m³ / 275 m³
Denkmalschutz: ja
Entwurf: vermutlich Architekt Georg Wachsning[1]
Bauherr: Stadtverwaltung
Heutige Nutzung: keine
Aufnahme vor Ort: 2011 und 2014

Kurzbeschreibung Architektur / Bauweise

Historistischer, festungsartiger, massiver, ca. 33 m hoher Turm mit einem Kegeldach.

Turmschaft aus rotem Sichtmauerwerk im Kreuzverband, hoher Sockel und eine Eingangstür mit Segmentbogen in einem umrahmten Stufenportal aus scharriertem Naturstein, Sockel und Eingangstür mit Rollschicht aus roten Mauerziegeln abschließend eingefasst, in dieser Ebene noch zwei kleine, schmale Segmentbogenfenster, in den beiden nächsten Ebenen jeweils drei versetzt angeordnete Segmentbogenfenster, zwischen der zweiten und dritten Ebene sind über dem Stufenportal zwei leere Wappenschilder schräg zueinander in die Fassade eingelassen, über der letzten Ebene des Schaftes ein breites Gurtgesims; Turmkopf mit wechselnden, biforenartig angeordneten Blindfenstern mit portalartigem Rahmen rhythmisch gestaltet – kleine, schmale Blindfenster mit Dreipaßbogen und einer Überdachung aus Mönch-Nonne im Wechsel mit ca. doppelt so großen, schmalen Blindfenstern mit Rundbogen und einer flach geneigten Überdachung; Kegeldach mit vier Fledermausgauben und einer Eindeckung aus roten Biberschwänzen.

Sonstiges

Die landespolizeiliche Genehmigung wurde am 15.05. 1914 in Frankfurt/O. erteilt. Ausführende Firma war Carl Francke aus Bremen. Über eine aus fünf Brunnen gespeiste Saugleitung wurde das Wasser in das Maschinenhaus geleitet.[2] Der Turm wurde 1997 stillgelegt.

1   Stadtwerke Lübben, In: Programm zum Tag des offenen Denkmals 2015, S. 15.
2   Plan: Neubau Maschinenhaus vom 30.04.1914, Baugenehmigung Nr. 159/14 vom 26.05.1914, BLHA, Rep 8.

Kurzbeschreibung Architektur / Bauweise

Historistischer, runder Turm mit auskragendem Turmkopf, Wasserstandsanzeiger und Kegeldach mit Laterne.

Turmschaft aus Sichtmauerwerk mit roten Bindern, hoher Sockel mit abschließender Rollschicht, Eingangsportal mit rundbogiger Verdachung, wenige Segmentbogenfenster belichten die beiden Ebenen des Schaftes, Übergang vom Schaft zum Turmkopf betont durch Gurtgesims; Turmkopf aus Stahlfachwerk mit Drahtputzwänden und mit jeweils zwei übereinanderliegenden, schmalen, rechteckigen Eisenfenstern, die in alle vier Himmelsrichtungen weisen; Dach bituminös eingedeckt.

Sonstiges

Die Niederlausitzer Eisenbahn-Gesellschaft baute eine Nebenbahn von Falkenberg über Uckrow Süd und Luckau nach Beeskow. Die gesamte Strecke von 113 km ging 1901 in Betrieb. 1911 kam eine weitere Nebenbahn dazu: Die Rebenbahn von Finsterwalde nach Luckau.[3] Eine Lokomotivstation auf dem Bahnhof gab es seit 1912.[4]

Abb. 236 (oben) Ansicht von 2010

Abb. 237 (rechts) Detail, Wasserstandsanzeiger

Abb. 238 (links) Wasserturm mit Wasserkran

1–3 Wölcke, 1997, S. 66 f.
4 Quabius, Vogel, 1994, S. 26.

Standort / Straße: N 51.8588, E 13.7166 / An der Berste
Baujahr: 1896–97[1]
Wasserversorgung: Eisenbahn
Behältervolumen / Nutzinhalt: k. A.
Denkmalschutz: nein
Entwurf: k. A.
Bauherr: Niederlausitzer Eisenbahn-Gesellschaft[2]
Heutige Nutzung: keine
Aufnahme vor Ort: 2010

Standort / Straße: N 51.8533,
E 13.7003 / Hoher Weg
Baujahr: 1910–11
Wasserversorgung: Stadt
Behältervolumen /
Nutzinhalt: 170 m³ / 150 m³
Denkmalschutz: nein[1]
Entwurf: Carl Francke,
Bremen
Bauherr: Stadtverwaltung[2]
Heutige Nutzung: keine
Aufnahme vor Ort: 2011 und
2014

Abb. 239 Ansicht von 2011

Kurzbeschreibung Architektur / Bauweise

Expressionistischer, achteckiger, ca. 28 m hoher Turm aus rotem Sichtmauerwerk im Kreuzverband und einem Zeltdach.

Profilierte Mauerecken betonen die acht Seiten des aufgehenden Mauerwerks, stilistisch abweichender Portikus mit Biberschwanzeindeckung und sieben rechteckigen Fenstern mit scheitrechten Stürzen im Erdgeschoss, darüber zwei Fensterebenen mit quadratischen Fenstern, ebenfalls mit scheitrechten Stürzen, in der letzten Fensterebene Rundfenster mit Ziermauerwerk eingefasst, darüber ein Kranzgesims; Zeltdach mit Biberschwänzen eingedeckt und mit Kugel bekrönt.

Sonstiges

Die Stadt wurde früher durch Röhrenleitungen – nachweislich noch vor 1670 – mit Quellwasser versorgt.[3] 1898 erfolgte die Wasserversorgung von damals 4.548 Einwohnern mit 15 öffentlichen Brunnen. Sieben öffentliche Brunnen wurden durch eine Gefälleleitung aus Gussrohren mit Wasser gespeist. Es war bereits damals geplant die anliegenden Häuser an diese Leitung anzuschließen.[4] Baubeginn für die Errichtung des Wasserturms war der 20.08.1910. Die ortsansässige Firma Bruns erhielt den Zuschlag für die Bauausführung. Eine Bauabnahme fand am 30.03.1911 statt.[5] Aus drei Rohrbrunnen wurde mit zwei, doppelt wirkenden, durch einen Gasmotor angetriebenen Kolbenpumpen das Wasser über die Filteranlagen in den Wasserturm gefördert. 1926 wurde im Wasserwerk Luckau die Enteisenungsanlage erweitert und ein neue Pumpanlage der Firma Borsig installiert.[6]

1   BLDAM: Der Wasserturm wurde zwischenzeitlich in die
    Denkmalliste aufgenommen
2   Stadt plant die Anlage einer Kanalisation und Wasserleitung,
    Journal, 1906, Nr. 20, S. 452.
3, 5, 6   Jannaschke, 1992, S. 41 ff.
4   Grahn, 1898, S. 64.

Kurzbeschreibung Architektur / Bauweise

Neoromanischer, massiver, hoher Turm mit islamischen Stilelementen, in Sichtmauerwerk aus Kalksandstein, ohne auskragenden Turmkopf und mit Wasserstandsanzeiger.

Eingangsportal mit darüberliegendem, profiliertem, islamisch gestaltetem Bogen, zusammengesetzt aus Dreipaß- und Eselsrückenbogen mit leerem Wappenschild, über dem Eingang ein Rundbogenfenster, darüber in zwei Ebenen nur sehr kleine, rechteckige Fenster, nächste Ebene sechs, genauso schmale, dafür mehr als doppelt so hohe, schießschartenartige Fenster, die beiden letzten Fensterebenen im Turmschaft belichten den dahinterliegenden Tropfboden, in der unteren Reihe sechs Segmentbogenfenster mit darüberliegenden Rundbögen, zwischen den Fenstern jeweils Ziermauerwerk in Kreisform und in der oberen Reihe zwölf Rundbogenfenster, am Schaftende ein Schachbrettfries mit Gurtgesims; die untere Ebene des Turmkopfes mit arkadenartig aneinandergereihten, zwölf Rundbogenfenstern, darüber springt die Aussichtsebene zurück, die durch elf Fenster- und eine Türöffnung mit Rundbögen belichtet wird; Flachdach mit zwei übereinanderliegenden Laternen.

Sonstiges

Seit 1901[1] wird Kalksandstein in Niederlehme hergestellt. Mit der Errichtung des Berliner Kalksandsteinwerks wurden auch der Wasserturm und die Wohnhäuser für Arbeiter und Beamte gebaut. Inspiriert durch den Galataturm – ein Aussichtsturm in Beyoglu, einem Stadtteil von Istanbul – entstand der Niederlehmer Wasserturm mit seinen architektonischen Details.

1–3 Mündliche Informationen, Herr Fischer, Heimatverein Niederlehme.

Abb. 240 (oben, links) Ansicht von 2011

Abb. 241 (oben, rechts) Detail, Wasserstandsanzeiger

Abb. 242 (rechts) Eingangsbereich

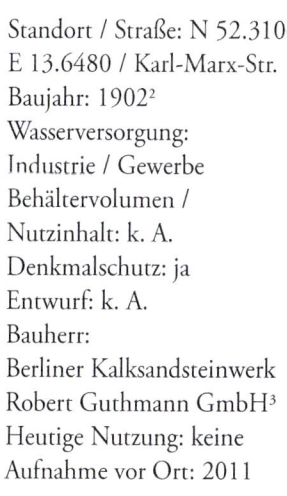

Standort / Straße: N 52.3106, E 13.6480 / Karl-Marx-Str.
Baujahr: 1902[2]
Wasserversorgung: Industrie / Gewerbe
Behältervolumen / Nutzinhalt: k. A.
Denkmalschutz: ja
Entwurf: k. A.
Bauherr: Berliner Kalksandsteinwerk Robert Guthmann GmbH[3]
Heutige Nutzung: keine
Aufnahme vor Ort: 2011

Landkreis: **Dahme-Spreewald** | Ort: **Schenkendorf**

Behälter: **Flachboden, rechteckig, Eisen, genietet**

Abb. 243 Ansicht von 2019

Standort / Straße: N 52.2798,
E 13.5957 /
Rudolf-Mosse-Weg 3A
Baujahr: k. A.
Wasserversorgung: Land / Gut
Behältervolumen /
Nutzinhalt: k. A.
Denkmalschutz: nein
Entwurf: k. A.
Bauherr: k. A.
Heutige Nutzung: keine
Aufnahme vor Ort: 2019[1]

Kurzbeschreibung Architektur / Bauweise

Mehrgeschossiger, ehemals verputzter, quadratischer, ruinöser Turm ohne Dach; Turm seitlich an einem dreigeschossigen Gebäude angebaut.

Gerader Turmschaft mit nachträglich eingebauten, liegend angeordneten, rechteckigen Fenstern, erkennbar sind die ehemaligen Fensteröffnungen mit gemauerten Segmentbögen; genieteter Flachbodenbehälter im Dachgeschoss mit Eisenkonstruktion.

Sonstiges

Schenkendorf gehört zum Ortsteil Schenkendorf-Krummensee – ein Ortsteil von Mittenwalde.

1 Aufnahme des Wasserturms in den Katalog nach Promotion, von Wangenheim, 2018.

Landkreis: **Dahme-Spreewald** | Ort: **Straupitz**

Behälter: **k. A.**

Abb. 244 Ansicht von 2010

Kurzbeschreibung Architektur / Bauweise

Zweigeschossiges Gebäude mit integriertem, quadratischem Turm, Gebäude nördlich an eine Wagenreparaturhalle angebaut.

Aus dem Satteldach des zweigeschossigen Gebäudes erhebt sich mittig der glatt verputzte Turmschaft mit einem Zierfries aus rotem Sichtmauerwerk, Zierfries an allen vier Seiten durch ein mittig positioniertes Rundfenster unterbrochen, Rundfenster ebenfalls mit roten Mauerziegeln eingerahmt; auskragende Balkenköpfe markieren den Übergang zum Fachwerk des Turmkopfes, auf jeder Fassadenseite sind beide, außenliegende Gefache mit geschweiften Andreas-kreuzen geschmückt, alle Gefache ausgemauert und glatt verputzt; geschweiftes Zeltdach mit Biberschwanzkronen-deckung und einer Turmspitze mit Kugel.

Sonstiges

1898 wurde die erste Teilstrecke der 85 km langen Spree-waldbahn eröffnet (stillgelegt 1983). Die Berliner Firma Becker & Co. unterzeichnete den Bau- und Betriebsver-trag im Dezember 1896.[3] Neben dem Bahnhof wurde eine Werkstatt mit zwei Lokomotivständen errichtet.[4]

Standort / Straße: N 51.9173, E 14.1281/Laasower Straße 9 c
Baujahr: 1898[1]
Wasserversorgung: Eisenbahn
Behältervolumen / Nutzinhalt: k. A.
Denkmalschutz: nein
Entwurf: k. A.
Bauherr: Lübben–Cottbusser Kreisbahn[2]
Heutige Nutzung: Wohnung
Aufnahme vor Ort: 2010

1–3 Pohl, 2005, S. 36; Baujahr siehe auch Archiv DB Cottbus (Hilfsblatt Umbewertung v. Gebäuden...).
4 Brandt, 1968, S. 41.

Abb. 245 Ansicht von Westen

Standort / Straße: N 52.1291, E 13.6226 / Buchholzer Str. 23, 24
Baujahr: 1900
Wasserversorgung: Krankenhaus / Sanatorium / Anstalt
Behältervolumen / Nutzinhalt: 232 m³ / 210 m³ (je Kammer 105 m³)
Denkmalschutz: ja
Entwurf: Landesbaurat Theodor Goecke
Bauherr: Brandenburgische Provinzialverwaltung
Heutige Nutzung: keine
Aufnahme vor Ort: 2011

Kurzbeschreibung Architektur / Bauweise

Gesamtanlage: Pavillonbauten im Heimatstil.

Zweigeschossige Gebäude[2] mit Mansarddach umschlie-
ßen den – bis zum 1. Obergeschoss rechteckigen, dann
halbrunden – siebengeschossigen, historistischen Wasserturm mit integriertem Schornstein, leicht auskragendem
Turmkopf, mit überdachter Aussichtsloggia und kuppelartigem Dach.

Turmschaft aus rotem Sichtmauerwerk im Kreuzverband, vom 3. bis zum 5. Obergeschoss befinden sich
rechteckige Fenster mit scheitrechten Stürzen an beiden
Längsseiten, im 6. Obergeschoss an den drei, geraden Seiten ist jeweils zwischen zwei, rechteckigen Fenstern mit
scheitrechten Stürzen eine Uhr angeordnet; Übergang
zum Turmkopf durch ein Gurtgesims markiert, Turmkopf an den Längsseiten jeweils mit drei, schmalen, rechteckigen Fenster übereinander in zwei Ebenen belichtet, an
der runden Seite nur jeweils zwei Fenster übereinander,
gegenüber der runden Seite des Turmkopfes befindet sich
die Loggia, deren abgewalmtes Pultdach von dorischen
Säulen getragen wird; mittig aus dem Pultdach ragt der
Schornstein; Kuppeldach mit Zinkblech eingedeckt und
mit einer Kugel bekrönt.

Sonstiges

Im Maschinenhaus versorgte eine Dampfkesselanlage (vier
Cornwallkessel) die Küche, Wäscherei, Tischlerei und das
Dampfbad. Dampf wurde verwendet, um zu heizen und
um das notwendige Warmwasser zur Verfügung zu stellen.
Aus fünf 80 m tiefen Brunnen wurde das Grundwasser
durch Pumpen, angetrieben von 40 PS starken Dieselmo-
toren, in ein Zwischenreservoir gefördert, bevor es in den
Behälter des 44 m hohen Wasserturms gepumpt wurde.[3]

Im Lageplan der ehemaligen Landesirrenanstalt sind
u.a. die Haupt-(200 DN) und die Stichleitung (250
DN), die zum Wasserturm führen, eingezeichnet. Verantwortlich für die Planung war Otto Littwitz, technisches
Bureau für Projektierung und den Bau von Städtekanali-
sation und Kläranlagen aus Berlin Steglitz.[4]

1–3   Maschinengebäude mit Werkstätten: Klempnerei, Schlosserei,
        Schmiede, Tischlerei, Feinmechaniker. In den Obergeschossen des
        Wasserturms befanden sich: Schneiderei, Buchbinderei, Sattlerei, sowie
        Wohnungen, Landesklinik Teupitz (Hg.), 2003, S. 17 ff.
4   BLHA, Rep 55.

Landkreis: Dahme-Spreewald | Ort: Uckro

Behälter: ausgebaut, vermutlich Flachboden

Kurzbeschreibung Architektur / Bauweise

Rechteckige, dreigeschossige Wasserstation aus Sichtmauerwerk im Binderverband, mit Satteldach, Wasserstandsanzeiger und eingeschossigem Anbau.

Fassade horizontal durch Gesimse betont, wenige Segmentbogenfenster belichten die Wasserstation, Westfassade mit hölzerner Eingangstür mit Segmentbogen und darüberliegendem Wasserstandsanzeiger, unterhalb des Satteldaches verläuft ein Kranzgesims.

Sonstiges

Der Bahnhof Uckro wurde am 17.06.1875 durch die Berlin–Dresdener Eisenbahn (BDE) eröffnet.[3] Die Dahme–Uckroer Eisenbahn-Gesellschaft baute ab Mai 1885 die über 12 km lange Nebenstrecke vom Staatsbahnhof Uckro nach Dahme.[4] 1886 war die Strecke fertiggestellt.[5] Die Niederlausitzer Eisenbahn-Gesellschaft eröffnete 1898 die 49 km lange Strecke von Falkenberg nach Uckro Süd. Uckro Süd war ein Bahnhof der Staatsbahn. Die beiden anderen Bahnhöfe von Uckro wurden durch die Dahme–Uckroer- und die Niederlausitzer Eisenbahn betrieben.[6]

1, 2 Nebenbahnhof: Wasserstation vermutlich zur Zeit der Erbauung der
  Nebenstrecke Uckro–Dahme errichtet.
3, 5 Bley, 1999, S. 53, 162.
4, 6 Brandt, 1968, S. 21, 39.

Abb. 246 (links) Ansicht von Westen

Abb. 247 (rechts) Detail, Wasserstandsanzeiger

Standort / Straße: N 51.8519,
E 13.6093 /
Uckroer Bahnhofstr.
Baujahr: 1885[1]
Wasserversorgung: Eisenbahn
Behältervolumen /
Nutzinhalt: k. A.
Denkmalschutz: nein
Entwurf: k. A.
Bauherr: Dahme–Uckroer
Eisenbahn-Gesellschaft[2]
Heutige Nutzung: keine
Aufnahme vor Ort: 2011

Landkreis: Dahme-Spreewald | Ort: Wildau

Nr.: 162/17

Behälter: Flachboden, rechteckig, Eisen, genietet

Kurzbeschreibung Architektur / Bauweise

Historistischer, wehrhaft wirkender, fast quadratischer, sechsgeschossiger Turm aus rotem Sichtmauerwerk im Kreuzverband mit bituminös eingedecktem Flachdach, Turm straßenseitig umbaut, hofseitig in einer Bauflucht mit beidseitig angebauten, dreigeschossigen Gebäuden.

Hofseitig werden die ersten vier Geschosse des Turmschaftes – entsprechend der Wohnnutzung – durch jeweils drei, rechteckige Fenster mit Eisenbetonsturz belichtet, ab dem 5. Geschoss (Tropfboden) ist die Turmfassade allseitig sichtbar und durch Ziermauerwerk und Putzspiegel gestaltet, wenige rechteckige Fenster und Rundbogenfenster belichten die beiden obersten Geschosse, Fassadenabschluss mit einer zinnenartigen Attika.

Sonstiges

Auf dem Flachdach stand ehemals eine Windkraftanlage, die vermutlich das Wasser – bei entsprechenden Windverhältnissen – in den Behälter befördern konnte.[3]

1 Die Häuser am Wasserturm wurden von der Grunderwerb- und Bau-Gesellschaft „Eigenes Heim" nach 1900 gebaut, Vetter, MAZ 2016, S. 23.
2 Bis zum 4. Obergeschoss Wohnnutzung.
3 Eine Wasserhebung durch Windkraft gab es bei der Eisenbahn bereits 1848. Die Hannoversche Eisenbahn wendete diese Art der Wasserhebung u.a. auf dem Bahnhof Wunstorf an. Entlang der Hannoverschen Bahnstrecke gab es 1864 zwölf windkraftbetriebene Wasserstationen. Nach Schmitt haben sich seit 1859, nach technischen Veränderungen, wie z.B. der selbsttätigen Abschaltung der Wasserförderung, die Windkraftanlagen bewehrt, Schmitt, 1882, S. 227 ff.

Abb. 248 Ansicht von Süden

Standort / Straße: N 52.3187, E 13.6224 / Bergstr. 45
Baujahr: verm. um 1900[1]
Wasserversorgung: Stadt
Behältervolumen /
Nutzinhalt: 93 m³ / /8 m³
Denkmalschutz: nein
Entwurf: k. A.
Bauherr: k. A.
Heutige Nutzung: keine[2]
Aufnahme vor Ort: 2011

Landkreis: Dahme-Spreewald | Ort: Wildau

B

Nr.: 163/18

Behälter: Beide ausgebaut, 1 x Intze I, Eisen, genietet, 1 x Hängeboden mit ellipsenförmiger Kalotte[1] und mittlerem Durchstieg, Eisen, genietet

Kurzbeschreibung Architektur / Bauweise

Quadratischer, gerader Turm mit Zeltdach im Stil der märkischen Backsteingotik aus rotem Sichtmauerwerk im Kreuzverband, an zwei Seiten jeweils ein eingeschossiger Anbau mit Pultdach

Gebäudeecken vertikal durch Pilaster und Strebepfeiler mit Wasserschlag betont, Turm mit fünf Fensterebenen, Fenster mit Segment- oder Spitzbogen – teilweise als Biforenfenster ausgebildet – belichten den Turmschaft, in der obersten Ebene gliedern mittig zwei eiserne, mit vielen Sprossen unterteilte Segmentbogenfenster – flankiert von jeweils zwei Blindfenstern – die Fassadenseiten; zwischen den Pilastern ein Kranzgesims mit Spitzbogenfries als Fassadenabschluss; Zeltdach mit Dachpfannen eingedeckt.

Sonstiges

Die 1852 gegründete Firma „Eisengießerei und Maschinenbau-Anstalt" von L. Schwartzkopff aus Berlin Charlottenburg verlegte mit der zweiten Randwanderung der Industrie um 1900 ihre Fabrikanlagen nach Wildau. 1897 begannen die ersten Baumaßnahmen für eine Lokomotivfabrik auf einem 600.000 m² großen Gelände. Seit 1860 produzierte die Firma neben Pumpen und dampfbetriebenen Kränen, Rammen, Hämmern, u.ä. auch Weichen, Drehscheiben, Wasserstationen und Lokomotiven für die Niederschlesische Bahn, die Ostpreußische Südbahn und die Berlin–Görlitzer Bahn. 1866 kam der Lokomotivbau hinzu. Mit dem Bau der Fabrikanlagen entstanden Wohnungen für Beamte und Arbeiter, ein Kasino, Sport- und Badeanlagen, eine Schule und eine Kirche. Das Wasser wurde aus mehreren Tiefbrunnen über eine Enteisenungsanlage in den Wasserturm mit Hilfe von Pumpen gefördert. Neben den Werksanlagen wurde auch die Stadt Wildau mit Wasser versorgt. 1917 wurde der Wasserturm erhöht, um einen zusätzlichen Behälter einzubauen. Auch bei diesem Bauvorhaben war der planende und ausführende Ingenieur Herr O. Leitholf. Die Firma M. Hempel aus Charlottenburg baute den Behälter mit mittlerem Durchstieg ein.[5] Der Turm wurde nach der Stilllegung, Anfang der 50er Jahre, auf die heutige Höhe abgebrochen. Die Räumlichkeiten wurden dann von der danebenliegenden Schmiede genutzt.[6]

Abb. 249 Ansicht von 2015

1–5 „Der Behälter ist von Barkhausenscher Bauart, seine Stützung erfolgt im Fußring der zylindrischen Mantelfläche, ...", Der Bauingenieur, 1921, S. 234 ff. Auf Grund der Auflagersituation handelt es sich vermutlich um einen Hängebodenbehälter mit einem ellipsenförmigen Bodenblech, gebaut von der Firma Hempel, die vermutlich auch kein Patent für die Herstellung eines Barkhausenbehälters hatte.

6 Verein der Ingenieure, 2003, S. 63

Standort / Straße: N 52.3234, E 13.6333 / Schwartzkopffstr.
Baujahr: um 1900, Erhöhung 1917[2]
Wasserversorgung: Industrie / Gewerbe
Behältervolumen / Nutzinhalt: k. A. / 150 m³ (Intze 1, Aufstockung); k.A. / 300 m³ (Hängeboden)[3]
Denkmalschutz: ja
Entwurf: O. Leitholf, Berlin[4]
Bauherr: Lokomotivfabrik Schwartzkopff
Heutige Nutzung: k. A.
Aufnahme vor Ort: 2011 und 2015

Kurzbeschreibung Architektur / Bauweise

Historistischer Wasserturm mit rundem, konischem, ca. 32 m hohem Turmschaft aus rotem Sichtmauerwerk im Binderverband, mit auskragendem Turmkopf und geschweiftem Kegeldach.

Turmschaft im Stil der märkischen Backsteingotik, Giebeldreieck über portalartigem Eingang, mit Gesimsen aus braun glasierten Ziegeln, über dem Sockelgesims hölzerne Segmentbogenfenster mit Sprossen – zum Teil über den Segmentbögen Putzspiegel mit gotischem Bogen; Kranzgesims mit Rundbogenfries als Übergang zum zweigeschossigen, runden Turmkopf aus genietetem Eisenfachwerk mit Gefachen aus rotem Sichtmauerwerk im Läuferverband und Zierfriesen aus grün und braun glasierten Ziegeln, acht rechteckige Eisenfenster im ersten und acht ovale Eisenfenster in der zweiten Ebene des Turmkopfes, alle Fenster mit Sprossen; Kegeldach mit Zinkblech in Stehfalz[2] eingedeckt, Dach mit vier Giebelgauben und zwei neuen Edelstahlschornsteinrohren.

Sonstiges

1907 übernimmt der Königlich Preußische Staat, Eisenbahnverwaltung, die Schwellentränkungsanstalt von der Rütgerswerke-Aktiengesellschaft.[3] Alle Gebäude – bis auf den Wasserturm – wurden zwischenzeitlich abgerissen. Ein neues Wohngebiet „Wohnen am See" entstand rund um den Wasserturm. 2011–12 erhielt der Turm eine neue Dacheindeckung. Seit 2014 hat das technische Denkmal eine neue technische Funktion: Die eingebaute Heizung versorgt die umliegenden Wohnhäuser mit Wärme.

1 von Wangenheim, 2018, Katalog Band 2, S. 841 ff.
2–3 Zinkblech war ursprünglich gelötet, siehe Masterarbeit, von Wangenheim, MSD 2008, S. 7 ff

Standort / Straße: N 52.2947, E 13.6832 / Wustroweg
Baujahre: 1907–08
Wasserversorgung: Industrie / Gewerbe
Behältervolumen / Nutzinhalt: 102 m³ / 95 m³
Denkmalschutz: Ja
Entwurf: Königliche Eisenbahn Direktion Berlin
Bauherr: Eisenbahnverwaltung
Heutige Nutzung: Heizhaus
Aufnahme vor Ort: 2008–2014

Abb. 250 (oben, links) Detail, Wasserstandsanzeiger

Abb. 251 (oben, rechts) Ansicht von 2014

Abb. 252 (unten, links) Eingangstür, 2008

Abb. 253 (unten rechts) Eingangstür, 2014

Landkreis: Oder-Spree| Ort: Bad Saarow

Behälter: ausgebaut

Kurzbeschreibung Architektur / Bauweise

Neogotischer, runder Turmschaft aus Sichtmauerwerk im Binderverband mit neuem Turmkopf.

Turmschaft in drei Ebenen mit hohem Sockel, Eingangsbereich durch eine Mauerwerksvertiefung mit hohem, gotischem Bogen betont, zweiflügelige Holztür mit Oberlicht und gemauertem Segmentbogen, darüber glatter Putzspiegel mit einem Rundfenster, die Ebene über dem Eingang durch vier, im Mauerwerk angedeutete, Giebel in einem Wechsel mit spitzbogigen Sprossenfenstern gegliedert, über dem Giebel belichten zwei Spitzbogenfenster mit Sprossen und ein darüberliegendes Rundfenster den oberen Teil des Turmschaftes, ein breites Kranzgesims bildet den Abschluss des überkommenden Turms; moderner Turmkopf aus Stahl/Glas mit einem Aussichtsumgang.

Sonstiges

Mit der Planung und dem Bau einer Villenkolonie bei den ehemaligen Gütern Saarow und Pieskow wurden 1908 das Elektrizitäts- und Wasserwerk mit Wasserturm in Betrieb genommen.[4]

1, 4 Informationtafel vor Ort, 2009.
2   BLDAM: Der Entwurfsverfasser war vermutlich Emil Kopp.
3   http://orte.bad-saarow.de/1900-1945, 23.11.2016.

Abb. 254 (links) Ansicht von 2009

Abb. 255 (rechts) Ansicht von 2016

Standort / Straße: N 52.2925, E 14.0583 / Ulmenstr. 12
Baujahr: 1908[1]
Wasserversorgung: Land / Gut
Behältervolumen / Nutzinhalt: k. A.
Denkmalschutz: ja
Entwurf: k. A.[2]
Bauherr: Landesbank A.G.[3]
Heutige Nutzung: Hotel
Aufnahme vor Ort: 2009 und 2016

C

Nr.: 166/02

Abb. 256 Ansicht von Osten

Standort / Straße: N 52.1481,
E 14.6586 / Bahnhofstr.
Baujahr: 1908[1]
Wasserversorgung: Eisenbahn
Behältervolumen /
Nutzinhalt: k. A.
Denkmalschutz: nein
Entwurf: k. A.
Bauherr: Eisenbahn
Heutige Nutzung: k. A.
Aufnahme vor Ort: 2013

Kurzbeschreibung Architektur / Bauweise

Viergeschossiger, quadratischer Wasserturm[2] aus rotem Sichtmauerwerk mit hohem Zeltdach, dreiseitig von einem zweigeschossigen Bahnhofsgebäude mit Mittelrisalit, Wasserstandsanzeiger und Krüppelwalmdach umgeben.

Fassade im Kreuzverband gemauert, die Eingangstür des Turmes mit Segmentbogen und darüberliegenden Putzspiegeln befindet sich rechts, zurückgesetzt neben dem expressionistisch gestalteten Haupteingang des Empfangsgebäudes, schmale Fenster mit scheitrechten Stürzen gliedern die nächsten beiden Ebenen, darüber – in der Behälterebene – erhebt sich der Turm aus dem Krüppelwalmdach des umgebenen Gebäudes, rechteckige Putzspiegel sind oberhalb mit einem Gesims auf drei Fassadenseiten eingefasst, darüber bilden je Seite zwei liegende,

rechteckige Fenster mit Sprossen den Fassadenabschluss; Zeltdach eingedeckt mit Biberschwänzen und mit Kugel bekrönt.

Sonstiges

Der heutige Bahnhof Eisenhüttenstadt war früher der Bahnhof von Fürstenberg. Die Strecke Frankfurt (Oder)–Guben–Bunzlau (heute Polen) der Niederschlesisch-Märkischen Eisenbahn-Gesellschaft wurde am 1. September 1846 eröffnet.[3]

1   Meyer, Regling, 2000, S. 22.
2   Wasserturm war vermutlich ursprünglich nicht in dieser Form umbaut gewesen.
3   Berger, 1996, S. 10.

Landkreis: Oder-Spree| Ort: Eisenhüttenstadt

C

Behälter: 2 Schornsteinbehälter, Stahl, geschweißt

Nr.: **167/03**

Nr.: **168/04**

Kurzbeschreibung Architektur / Bauweise

Funktionaler, konisch gemauerter Schornstein mit Wasserbehälter.

Rohrleitungen und Aufstiegsleiter verlaufen außen am Schornstein bis zum Umgang aus Stahl; darüber ist der zylindrische Stahlbehälter auf dem Schornstein aufgelagert, eine Stahlleiter führt vom Umgang über den Behältermantel zum Behälterdach mit Schutzgeländer; der Schornstein verjüngt sich über dem Behälter.

Sonstiges

1950 wurde in der DDR auf Regierungsebene beschlossen, an der Oder ein Hüttenwerk zu errichten. Der Hochhofen 1 aus Mauerwerk, ohne gesonderte Tragkonstruktion, ist der Einzige überkommene seines Typs in Deutschland. 1951 ging der Hochofen in Betrieb. Er hat einen Durchmesser von 6,5 m und ist über 22 m hoch. Täglich wurden 500 Tonnen Roheisen aus Eisenerzen, Koks und Zuschlagstoffen erzeugt. Zehnmal am Tag floss das Roheisen mit der Schlacke als Roheisenstich aus dem Ofen. Nach dem Aufbau des Roheisenwerkes mit insgesamt sechs Hochöfen wurden auch ein Stahl- und Walzwerk geplant.[2]

Abb. 257 (oben) Hochöfen mit zwei Schornsteinbehältern, Ansicht von Südwest

Abb. 258 (unten) Schornsteinbehälter, Ansicht von Südwest

1   Bild von 1957 mit beiden Schornsteinbehältern, Information: Ausstellung im ehemaligen EKO Werk, 2014.
2   Nicolaus, 2002, S. 78 ff.

Standort / Straße: N 52.1685, E 14.6357 / Straße 26
Denkmalschutz: ja, Hochofen 1

Standort / Straße: N 52.1671, E 14.6371 / Straße 26
Denkmalschutz: nein

Baujahr: vor 1957[1]
Wasserversorgung: Industrie / Gewerbe
Behältervolumen / Nutzinhalt: k. A.
Entwurf: Eisenhüttenkombinat Ost (EKO)
Bauherr: Eisenhüttenkombinat Ost (EKO)
Heutige Nutzung: k. A.
Aufnahme vor Ort: 2010

Kurzbeschreibung Architektur / Bauweise

Expressionistischer, 34 m hoher[4], achteckiger Turm mit auskragendem Turmkopf und flachem Zeltdach.

Fassade durch Stahlbetoneckpfeiler vertikal gegliedert – dazwischen ausgefacht mit rotem Sichtmauerwerk, Gefache im Sockelgeschoss mit expressionistischem Mauerwerk gestaltet, zweiflügelige, hölzerne Kassettentür in abgestufter Leibung und in jedem zweiten Gefach kleine, zum Teil zugemauerte, rechteckige Fenster mit scheitrechtem Sturz, Sockelgesims in Form eines Stahlbetonriegels akzentuiert den Übergang zum Schaft mit Gefachen aus Prüßmauerwerk, wenige, schmale, sehr hohe Fenster belichten den Schaft, Übergang zum Turmkopf durch konsolartige Verbreiterung der Stahlbetonpfeiler – die als Auflager für die Stahlbetonplatte des Turmkopfes dienen – hervorgehoben; Stahlbetonplatte mit teilweise freiliegender Bewehrung, Gefache des Turmkopfes ebenfalls aus Prüßmauerwerk, in jedem Gefach ein rechteckiges Fenster mit Sprossen angeordnet, Zeltdach mit zurückgesetztem, achteckigem Stabgeländer.

Sonstiges

Bereits 1919 beschlossen die Stadtverordneten den Bau einer Wasserleitung und Kanalisation.[5]

1–4 Groneberg, MOZ, 20.06.2010.
5 Journal, 1919, Nr. 8, S. 69.

Abb. 259 Ansicht von 2013

Standort / Straße: N 52,1510, E 14.6732 / Berliner Str.
Baujahr: 1930[1]
Wasserversorgung: Stadt / Industrie[2]
Behältervolumen / Nutzinhalt: k. A. / 350 m³ [3]
Denkmalschutz: ja
Entwurf: k. A.
Bauherr: Stadtverwaltung
Heutige Nutzung: k. A.
Aufnahme vor Ort: 2009 und 2013

Abb. 260 Sockelgeschoss

Landkreis: Oder-Spree| Ort: Fürstenwalde

Behälter: k. A.

Kurzbeschreibung Architektur / Bauweise

Kleiner, runder Bahnturm mit auskragendem Turmkopf, Kegeldach und einem eingeschossigen, späteren Anbau im Bereich der Eingangstür.

Konischer Turmschaft aus rotem Sichtmauerwerk im Binderverband, im Erdgeschoss verjüngt sich der Schaft über zwei Gesimsen aus einer Rollschicht, darüber belichtet in alle vier Himmelsrichtungen je ein Segmentbogenfenster den Schaft, oberer Abschluss mit Gesims aus zwei stufenförmig auskragenden Mauerwerkslagen; Auskragung des Turmkopfes mit waagerechter Holzverschalung zwischen den Eisenbändern, glatt verputzer Turmkopf mit schmalen, kleinen, rechteckigen Fenstern, versetzt in zwei Ebenen angeordnet; mit Zinkblech eingedecktes Kegeldach, bekrönt mit einer kleinen Kugel.

Sonstiges

1911–12 wurde die 96 km lange Kleinbahnstrecke von Fürstenwalde nach Wriezen eröffnet.[1] Die über 41 km lange Strecke der Kleinbahn von Beeskow nach Fürstenwalde ging 1911 in Betrieb. Die Oderbruchbahn mit einer Gesamtstrecke von 121 km ging ebenfalls 1911 in Betrieb.[2]

Mit dem Streckennetz der Berliner Stadtbahn (1882) entwickelte sich auch das sogenannte Vorortstreckennetz, u.a. von Friedrichshagen nach Fürstenwalde.[3]

1   Brandt, 1968, S. 67.
2   Regling, Die Mark, 2005, S. 22 f.
3   Architekten-Verein, 1896, I. Teil, S. 209.

Abb. 261 (oben) Ansicht von 2009

Abb. 262 (links) Detail, Ziegelstempel

Standort / Straße: N 52.3667, E 14.0585 / Am Bahnhof 1c
Baujahr: verm. 1911
Wasserversorgung: Eisenbahn
Behältervolumen / Nutzinhalt: k. A.
Denkmalschutz: nein
Entwurf: k. A.
Bauherr: Eisenbahn
Heutige Nutzung: Gastronomie
Aufnahme vor Ort: 2009

C

Nr.: 171/07

Kurzbeschreibung Architektur / Bauweise

Funktionaler, konisch gemauerter Schornstein mit Wasserbehälter.

Rohrleitungen und Aufstiegsleiter verlaufen außen am Schornstein bis zum Umgang aus Stahl; darüber ist der kegelförmige Stahlbehälter auf dem Schornstein aufgelagert; Behälterdach mit Schutzgeländer; der Schornstein verjüngt sich über dem Behälter.

Standort / Straße: N 52.3776,
E 14.0751 /
Karl-Liebknecht-Str.
Baujahr: k. A.
Wasserversorgung: Industrie /
Gewerbe
Behältervolumen /
Nutzinhalt: k. A.
Denkmalschutz: nein
Entwurf: k. A.
Bauherr: k. A.
Heutige Nutzung: k. A.
Aufnahme vor Ort: 2010

Abb. 263 Ansicht von 2010

Landkreis: Oder-Spree| Ort: Fürstenwalde

Behälter: ausgebaut, Hängeboden, Eisen, genietet

B

Nr.: 172/08

Kurzbeschreibung Architektur / Bauweise

Neoromanischer, runder Turm mit achteckigem Sockelgeschoss, leicht ausgestelltem Turmkopf, zweigeschossigem Erker und hohem Zeltdach, rückseitig angebaute, moderne Stahl-Glas-Konstruktion für die Erschließung des Turms.

Turmschaft aus rotem Sichtmauerwerk im Blockverband, Sockelgeschoss mit burgartigem Stufenportal, im Portal eine Mauerwerksvertiefung mit Rundbogen und darüber ein Stadtwappen, in der Vertiefung eine Eingangstür mit Segmentbogen und ein darüberliegendes Rundfenster, weitere Fenster mit Rundbögen belichten das Sockelgeschoss, über der Verdachung des achteckigen Sockels verjüngt sich der Turmschaft und wird kreisförmig, entsprechend der Wohnnutzung wurden für die Belichtung des Schaftes rechteckige Fenster in vier Ebenen übereinander eingebaut; ein Rundbogenfries – mit Putzspiegeln und kleinen Rundbogenfenstern in jedem dritten Rundbogen – betont den Übergang zum Turmkopf, verputzter Turmkopf mit imitierendem Fachwerk gestaltet, Fenster in zwei Ebenen; ehemaliger Treppenerker verbindet Turmschaft, Turmkopf und Dach miteinander; Dach mit vielen Dachflächenfenstern, mit Blech eingedeckt und mit einer Kugel bekrönt.

Abb. 264 Eingangsportal

Abb. 265 Ansicht von Süden

Sonstiges

1883 erfolgte die Wasserversorgung von damals 10.781 Einwohnern mit 32 öffentlichen und 450 privaten Brunnen. Die Anzahl der öffentlichen Brunnen erhöhte sich bis 1898 auf 60 und die der privaten Brunnen auf 650.[2] Im Dezember 1899 beschlossen die Stadtverordneten auf Grund eines Magistratantrags den Bau einer städtischen Wasserleitung für 500.000 M und die Errichtung einer Kanalisation für 700.000 M.[3] Der Vertrag mit den Entwurfsverfassern wurde am 25. Februar 1903 geschlossen.

Standort / Straße: N 52.3560, E 14.0796 / Lindenstr. 63 f
Baujahr: 1904
Wasserversorgung: Stadt
Behältervolumen /
Nutzinhalt: k. A. / 500 m³ [1]
Denkmalschutz: nein
Entwurf: Börner & Herzberg
Bauherr: Stadtverwaltung
Heutige Nutzung: Wohnen
Aufnahme vor Ort: 2010 und 2014

1   Schmidt, 2014, S. 10.
2   Grahm, 1883, S. 25; Grahm, 1898, S. 61.
3   Journal, 1899, Nr. 3, S. 54

Landkreis: Oder-Spree| Ort: Fürstenwalde

Behälter: ausgebaut, Hängeboden

Kurzbeschreibung Architektur / Bauweise

Achteckiger, hoher Turm aus rotem Sichtmauerwerk im Märkischen Verband, mit neuem, angebautem Erschließungstreppenhaus aus Stahl und Glas.

Fassade stark verändert, vertikale Betonung durch viele zweiflügelige Fenster in 12 Geschossen, Eingangsbereich durch Mauerwerkpfeiler portalartig betont, darüber in allen Geschossen Loggien in die Fassade eingearbeitet, im obersten Viertel des Turmschaftes sind die Ecken expressionistisch durch übereinander angeordnete vor- und rückspringende Mauerwerkslagen betont, ein breites Putzband bildet den Abschluss der Fassade; neuer, zurückgesetzter Dachgeschossaufbau als Stahl-Glas-Konstruktion ausgeführt, dadurch entsteht eine umlaufende Aussichtsterrasse mit stählener, waagerecht betonter Umwehrung.

1   Schmidt, 2014, S. 10.

Abb. 266 Ansicht von Nordwest

Standort / Straße: N 52.3565, E 14.0797 / Turmstr. 1
Baujahr: k. A.
Wasserversorgung: Stadt
Behältervolumen /
Nutzinhalt: k. A. / 1.000 m³ 1
Denkmalschutz: nein
Entwurf: k. A.
Bauherr: Stadtverwaltung
Heutige Nutzung:
Wohnen und Gewerbe
Aufnahme vor Ort: 2010

Kurzbeschreibung Architektur / Bauweise

Historistischer, quadratischer, dreigeschossiger Turm, zweiseitig an ein ehemaliges Stallgebäude angebaut.

Turmschaft an den Ecken durch Lisenen aus Sichtmauerwerk mit roten Ziegeln eingefasst, zurückspringende Putzflächen zwischen den Lisenen, in zwei Ebenen an beiden Fassadenseiten jeweils zwei einflügelige Fenster mit Sprossen, Segmentbogen und betonter Leibung aus rotem Sichtmauerwerk; Übergang zum Turmkopf wird durch ein Gesims aus abgetreppten Mauerwerkslagen betont, Turmkopf ist durch Lisenen aus Sichtmauerwerk mit dazwischenliegenden Putzflächen, Fenstern und Blindfenstern gestaltet, ein Hauptgesims – ebenfalls mit abgetreppen Mauerwerkslagen – schließt den Turmkopf ab, die Lisenen enden über dem Abschlussgesims in kleinen Ecktürmchen.

Sonstiges

Der Landesprovinzialverband wollte nach 1900 in Palmnicken eine Provinzial-Irrenanstalt errichten. Der Landesbaurat Theodor Goecke plante 1915 für diese Provinzial-Anstalt eine Kirche mit einem Wasserbehälter im Kirchturm (siehe Kapitel II.2.3.3).

Die Gebäude der ehemaligen Gutsanlage, u.a. ein Stallgebäude mit Wasserturm,[2] werden von der Europa schule Oberstufenzentrum Oder-Spree genutzt.

1, 2   https://ns.gis-bldam-brandenburg.de/hida4web/
       view?docld=obj09115127.xr
3   Aufnahme des Wasserturms in den Katalog nach Promotion, von Wangenheim, 2018.

Abb. 267 Ansicht von 2019

Standort / Straße: N 52.3861, E 14.0468 / Palmnicken 1
Baujahr: um 1900[1]
Wasserversorgung: Land / Gut
Behältervolumen / Nutzinhalt: k. A.
Denkmalschutz: ja
Entwurf: k. A.
Bauherr: k. A.
Heutige Nutzung: Schule
Aufnahme vor Ort: 2019[3]

Landkreis: Oder-Spree| Ort: Kehrigk

Behälter: ausgebaut

Kurzbeschreibung Architektur / Bauweise

Historistischer, wehrhafter, rechteckiger, hoher Turm im Stil eines Bergfrieds aus Sichtmauerwerk im Kreuzverband und mit steilem Walmdach, an der Südseite eingeschossige Anbauten.

Sehr wenige, schießschartenartige Fenster im Turmschaft durchbrechen das schmucklose Mauerwerk aus kohlegebrannten Maschinenziegeln; Turmkopf auf der Nordseite durch einen – in der Art eines Wehrgangs gestalteten – Erker mit ovalen Fenstern zwischen den gemauerten Konsolen und einem liegenden, rechteckigen, vergitterten Fenster gestaltet, auf der östlichen und westlichen Fassadenseite des Turmkopfes sind große, ovale Fenster angeordnet, an der Südseite befindet sich ebenfalls ein Erker, der auf zwei Natursteinkonsolen aufgelagert ist, Konsolsteine durch einen Segmentbogen verbunden, unter dem ein liegendes, ovales Fenster angeordnet ist, Erker oberhalb mit fünf, schießschartenartigen Fenstern belichtet, links neben dem Erker ragt ein Schornstein über die Traufe; Walmdach mit Schleppdächern über die Erker geführt, Dachfläche mit Kupfer in Stehfalz eingedeckt, Dach bekrönt mit einer Wetterfahne.

Abb. 268 (links)
Ansicht von Nordost

Abb. 269 (rechts)
Turmkopf von Südwest

Standort / Straße: N 52.1614, E 13.9208 / Dorfstraße
Denkmalschutz: nein
Baujahr: 1912[1]
Entwurf: k. A.
Wasserversorgung: Land / Gut
Bauherr: k. A.
Behältervolumen /
Nutzinhalt: k. A.
Heutige Nutzung:
Aussichtsturm
Aufnahme vor Ort: 2009 und 2011

1   Tourismusinformation Storkow

Landkreis: Oder-Spree| Ort: Müllrose

Behälter: ausgebaut

Kurzbeschreibung Architektur / Bauweise

Eklektizistische, zwei- bis viergeschossige Gesamtanlage mit mittig angeordnetem, rechteckigem, verputztem, hohem Turm.

Fassade des Turms bis ins dritte Geschoss allseitig in unterschiedlichen Höhen umbaut, im 1. Obergeschoss mit großem, spitzbogigem Fenster nach Süden geöffnet, darüber zwei Rundbogenfenster nebeneinander – getrennt durch eine neoromanische Säule, im 3. Obergeschoss nach Osten drei Rundbogenfenster, darüber zwei rechteckige Fenster und nach Süden ein hölzerner Balkon mit hohem, schiefergedecktem Dach, durch die Brandwandgiebel auf der Süd- und Nordseite des Turms ist das ebenfalls mit Schiefer eingedeckte Satteldach eingefasst, mittig auf dem Satteldach thront ein Dachreiter mit einem glockenförmigem Dach.

Sonstiges

In der ehemaligen Lungenheilstätte ist heute ein Alten- und Pflegeheim untergebracht.

Abb. 270 (rechts) Ansicht von Südost

Abb. 271 (unten) Ansicht von Süden

Standort / Straße: N 52.2235, E 13.3736 / Am Zeisigberg
Baujahr: 1907
Wasserversorgung: Krankenhaus / Sanatorium / Anstalt
Behältervolumen / Nutzinhalt: k. A.
Denkmalschutz: ja
Entwurf: k. A.
Bauherr: k. A.
Heutige Nutzung: k. A.
Aufnahme vor Ort: 2015

A

Nr.: 177/13[1]

Abb. 272 Ansicht von Südost

Kurzbeschreibung Architektur / Bauweise

Neoromanische, quadratische, zweigeschossige Wasserstation mit Satteldach, an der Südseite ein später angebautes, eingeschossiges Nebengebäude mit Satteldach, sowie an der Nordseite ein kleiner Schuppen.

Fassade durch Friese, Gesimse und Fenster mit Rundbögen aufwendig gestaltet, über dem Sockelgesims betonen horizontal ein Deutsches Band, ein Zierfries in Höhe der Fensterbögen und ein Gurtgesims die Fassade, Eingang auf der Nordfassade – in einer geschosshohen Mauerwerksvertiefung mit Rundbogen befand sich ursprünglich eine Segmentbogentür, in diese Maueröffnung wurde eine kleinere, rechteckige Stahltür eingesetzt, Ost- und Westfassade im Erdgeschoss mit zwei nebeneinander angeordneten, großen Rundbogenfenstern belichtet, Gurtgesims mit Deutschem Band bildet den Übergang zum 1. Obergeschoss – dem Behältergeschoss, Geschoss durch Lisenen vertikal betont, auf der Nord-, Ost- und Westseite zwischen den Lisenen Fenster mit Rundbögen, auf der Südseite gliedern Mauerwerksvertiefungen mit Rundbögen anstatt Fenster die Fassade, auf den Giebelseiten liegt mittig im Giebeldreieck eine mit Mauerziegeln gestaltete, runde Mauerwerksvertiefung – eingefasst durch eingemauerte Dachziegel, ein Kranzgesims bildet den Fassadenabschluss; Satteldach mit Bitumenbahnen eingedeckt.

Sonstiges

Die Cottbus–Großenhainer Eisenbahn Gesellschaft betrieb ab 1876 die Bahnstrecke von Cottbus nach Frankfurt (Oder) über die Bahnhöfe Lieberose (heute Jamlitz) und Müllrose.[3] Der Bahnwasserturm wurde 2005 stillgelegt.[4]

Standort / Straße: N 52.2427, E 14.4344 / Bahnhofstr. 1
Baujahr: 1876[2]
Wasserversorgung: Eisenbahn
Behältervolumen / Nutzinhalt: 2 × 8 m³ / 2 × 7 m³
Denkmalschutz: nein
Entwurf: k. A.
Bauherr: Cottbus–Großenhainer Eisenbahn Gesellschaft
Heutige Nutzung: keine
Aufnahme vor Ort: 2009, 2011 und 2015

1 von Wangenheim. 2018, Katalog Band 2, S. 863 ff.

2 Müller, online 2013, S. 2; Meyer, Regling, 2000, S. 32; DB gibt als Baujahr 1885 an, aus Hilfsblatt zur Vorbereitung der Umbewertung von Gebäuden, baulichen Anlagen und unselbstständigen Gebäudeteilen.

3 http://de.wikipedia.org/wiki/Bahnstrecke_Cottbus-Frankfurt_(Oder), 01.10.2015.

4 DB, Angaben zu einer bestimmten baulichen Anlage.

Stadt: **Frankfurt (Oder)**

B

Behälter: **Hängeboden mit mittlerem Durchstieg, Eisen, genietet[1]**

Nr.: **178/01**

Kurzbeschreibung Architektur / Bauweise

Kasernenanlage mit zentral am Exerzierplatz gelegenem, neogotisch-trutzigem, quadratischem Wasserturm aus gelbem Sichtmauerwerk mit hohem Zeltdach, Turm mittig an zweigeschossiges Exerziergebäude an-, bzw. vorgebaut.

Turm vertikal durch Ecklisenen und apsidenartige, zweigeschossige Anbauten an der West- und Ostfassade betont, ein hohes Eingangsportal mit Spitzbogen und Staffelgiebel akzentuiert die Fassade am Exerzierplatz, in den Apsiden jeweils drei Lanzettfenster, ein Gurtgesims mit Deutschem Band trennt das Sockelgeschoss von der nächsten Ebene, die Apsiden werden über dem Gurtgesims durch jeweils drei Spitzbogenfenster gegliedert, Turmschaft durch Lanzettfenster in zwei Ebenen belichtet, die apsidenartigen Anbauten enden über einem Kranzgesims mit hohen, spitzen Dächern mit kurzem First, in der letzten Fensterebene des Turmschaftes ist jeweils ein rundes Fenster angeordnet, am Schaftende werden die Lisenen durch ein abgestuftes, vorkragendes Spitzbogenfries zusammengeführt, das darüberliegende, breite Mauerwerksband ist auf der Südfassade mit zwei Wappenschildern geschmückt; schiefergedecktes Zeltdach mit Dreiecksgauben – flankiert durch vier ebenfalls schiefergedeckte Ecktürmchen, Dächer mit Kugeln bekrönt und am höchstem Punkt mit einer Wetterfahne.

Sonstiges

Kasernenanlage des Grenadierregiments Prinz Carl von Preußen Nr.12.[5] Von 1820, mit einer kleinen Unterbrechung, war das 2. Brandenburgische Grenadier-Regiment Prinz Carl von Preußen Nr. 12 – erst zum Teil, dann das gesamte Regiment – bis 1914 in Frankfurt (Oder) stationiert.[6] Nach dem zweiten Weltkrieg wurde die Kaserne von der sowjetischen Armee, u.a. als Lazarett für deutsche Kriegsgefangene (bis 1947), genutzt. In den Jahren von 1993 bis 1999 erfolgte der Umbau ehemaliger Kasernengebäude für die universitäre Nutzung der Europa-Universität Viadrina.[7]

1, 3	Archiv BLDAM, Akte 2.00-03/17.
2, 4, 5	Gramlich, 2002, S. 118 f.
6	Dürre, 2004, S. 23.
7	Informationstafel vor Ort, 2013.

Abb. 273 Ansicht von Südost

Standort / Straße: N 52.3483, E 14.5199 / August-Bebel-Str.
Baujahr: 1880[2]
Wasserversorgung: Militär
Behältervolumen / Nutzinhalt: 150 m³ / k.A.[3]
Denkmalschutz: ja
Entwurf: Spitzner[4]
Bauherr: Militär-Bauamt
Heutige Nutzung: keine
Aufnahme vor Ort: 2009 und 2013

A

Nr.: 179/02[1]

Behälter: Hängeboden, Sonderform Kegel, Stahl, genietet

Kurzbeschreibung Architektur / Bauweise

Funktionaler, schmuckloser, runder, gerader Turm aus rotem Sichtmauerwerk im Binderverband, mit flachem Kegeldach und Schornstein.

Turmschaft durch rechteckige Fenster mit einer waagerechten Sprosse und scheitrechten Stürzen in fünf Ebenen gegliedert, im Erdgeschoss sieben Fenster – sonst acht Fenster je Ebene, Eingangstür mit einem schmalen, leicht vorkragenden Betonriegel überdacht und expressionistisch durch versetzt gemauerte Klinker betont, über der letzten Fensterebene ist ein Kranzgesims angeordnet.

Sonstiges

Der Turm wurde für den im Krieg gesprengten Wasserturm, der 1937 geplant und 1938 errichtet wurde, gebaut. Der Behälter wurde 1937 von der Firma Hempel aus Charlottenburg hergestellt. Seit 2010 ist der Wasserturm nicht mehr in Betrieb.[3]

1   von Wangenheim, 2018, Katalog Band 2, S. 878 ff.
2, 3   Informationen der Frankfurter Wasser- und Abwasser-Gesellschaft mbH (FWA).

Standort / Straße: N 52.3322, E 14.4989 / Friedensturm
Baujahr: 1951[2]
Wasserversorgung: Stadt
Behältervolumen /
Nutzinhalt: 350 m³ / 300 m³
Denkmalschutz: nein
Entwurf: VEB (Z) Projektierung Brandenburg
Bauherr: Stadtverwaltung
Heutige Nutzung: Wohnung im Erdgeschoss
Aufnahme vor Ort: 2009, 2013 und 2014

Abb. 274 (oben) Ansicht von Süden

Abb. 275 (rechts) Eingang

Stadt: **Frankfurt (Oder)**

Behälter: **Hängeboden, Sonderform Kegel, Eisen, genietet**

Kurzbeschreibung Architektur / Bauweise

Neoromanischer, über 24 m hoher, quadratischer, konischer Turm mit leicht ausgestelltem Turmkopf und einem geschweiften Zeltdach, ein- bzw. zweigeschossige Gebäude wurden z. T. später angebaut.

Turmschaft aus gelbem Sichtmauerwerk im Binderverband, an allen vier Seiten betonen Mauerwerksvertiefungen mit Rundbogen – eingefasst mit roten Klinkern – den Turmschaft, Rundbögen der Vertiefungen umfassen eine aus roten Klinkern gemauerte Rosette; der Übergang zum Turmkopf aus roten Sichtmauerwerk wird durch ein Gurtgesims und ein Fries mit flachen Bögen markiert, Turmkopf aus rotem Sichtmauerwerk an allen vier Seiten gestaltet mit drei schmalen, hohen Rundbogenfenstern mit waagerechten Sprossen – flankiert von je einem genauso großen, gelb abgesetzten Blindfenster mit Rundbogen, darüber ein Kranzgesims; geschweiftes, notdürftig mit Bitumenschindeln gedecktes Zeltdach mit vier Walmgauben, in den Gauben ist jeweils ein Zifferblatt der ehemaligen Uhr erhalten, Dach mit Wetterfahne und Kugel bekrönt.

Sonstiges

Die Errichtung des städtischen Schlachthofes basiert auf dem preußischen Schlachthofgesetz von 1881. Der damalige Stadtbaurat entwarf die Anlage, die von 1889 bis 1891 durch den Maurermeister Fuhrmann gebaut und 1913 bis 1914 erweitert wurde.[1]

1   Gramlich, 2002, S. 246.
2   Gerundete Maße der Zeichnung entnommen.

Abb. 276 (links) Ansicht von Südwest

Abb. 277 (rechts) Ansicht von Westen

Standort / Straße: N 52.3623, E 14.5430 / Herbert-Jensch-Str. 41
Baujahr: 1891
Wasserversorgung: Industrie / Gewerbe
Behältervolumen / Nutzinhalt: k. A. / ~60 m³ [2]
Denkmalschutz: ja
Entwurf: Schwatlo, Winter, Stadtbauamt
Bauherr: Stadtverwaltung
Heutige Nutzung: k. A.
Aufnahme vor Ort: 2010 und 2014

B

Nr.: 181/04

Behälter: Barkhausen mit mittlerem Durchstieg, Eisen, genietet

Kurzbeschreibung Architektur / Bauweise

Sachlicher, runder, konischer Turmschaft mit Barkhausenbehälter und Blech eingedecktem Kegeldach mit Laterne.

Turmschaft aus Sichtmauerwerk im Blockverband, vertikal durch acht Pilaster betont, hölzerne Eingangstür mit scheitrechtem Sturz, rechteckige, zugemauerte und mit Blechtafeln verschlossene Fensteröffnungen mit scheitrechten Stürzen in drei Ebenen gliedern den Turmschaft, umlaufendes Kranzgesims als Abschluss des Schaftes; darüber ein Barkhausenbehälter ohne Ummantelung, mit vier sichtbaren Blechlagen und zwei Laufschienen der ehemaligen, verschiebbaren Leiterkonstruktion.

Sonstiges

Der Wasserturm steht auf dem Verschiebebahnhof Frankfurt/Oder. Um den von 1910 bis 1917 gebauten Verschiebebahnhof in Frankfurt (Oder) zu nutzen, wurde von Küstrin eine über 28 km lange Hauptstrecke gebaut.[3] Die durch den zweiten Weltkrieg verursachten Schäden am Bahnwasserturm wurden 1945 bis 1950 behoben. Nach 1980 wurde das Brauchwasser im Behälter für Löschzwecke vorgehalten.[4]

1   Meyer, Regling, 2000, S. 39.
2–4 BLDAM, Archiv Akte 2.00-03/326.
3   http://de.wikipedia.org/wiki/Bahnstrecke_Küstrin-Kietz-Frankfurt_(Oder), 01.10.2015, zur Geschichte des Eisenbahnknotenpunkts Frankfurt/Oder, siehe Kapitel, IV.1.2. Frankfurt/Oder

Abb. 278 (links) Eingang

Abb. 279 (rechts) Ansicht von 2011

Standort / Straße: N 52,3545, E 14,5182 / Klingetal 18b
Baujahr: 1916[1]
Wasserversorgung: Eisenbahn
Behältervolumen / Nutzinhalt: k. A. / 350 m³ [2]
Denkmalschutz: ja
Entwurf: k. A.
Bauherr: Preußische Staatsbahn
Heutige Nutzung: keine
Aufnahme vor Ort: 2010 und 2014

Stadt: Frankfurt (Oder)

B

Behälter: ausgebaut, Flachboden, kreisförmig, Eisen, genietet

Nr.: 182/05

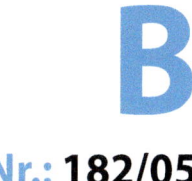

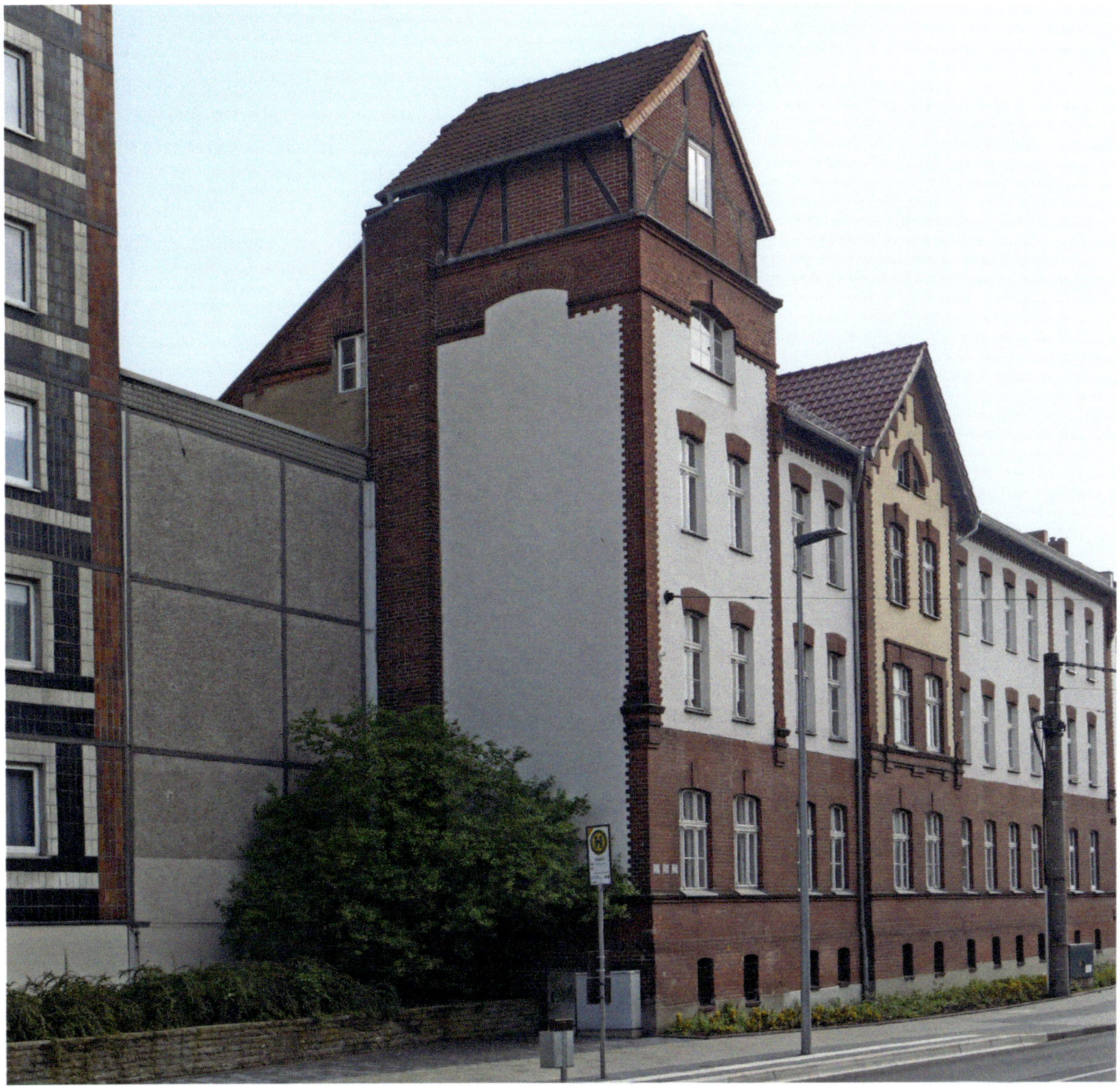

Abb. 280 Ansicht von Norden

Standort / Straße: N 52.3319, E 14.5288 / Leipziger Str. 153
Baujahr: 1897
Wasserversorgung: Stadt
Behältervolumen / Nutzinhalt: k. A. / 12 m³
Denkmalschutz: nein
Entwurf: Zivilingenieur Schmetzer[1]
Bauherr: Baugenossenschaft für kleine Wohnungen zu Frankfurt a. d. Oder
Heutige Nutzung: k. A.
Aufnahme vor Ort: 2013 und 2014

Kurzbeschreibung Architektur / Bauweise

Dreigeschossiges, traufständiges Wohnhaus im Heimatstil mit zwölf Fensterachsen, einem Mittelrisalit mit Zwerchgiebel und einem Satteldach, sowie mit turmartiger Erhebung auf der linken Seite des Gebäudes.

Fassade horizontal gegliedert durch vierflügelige, rechteckige Fenster mit profiliertem Kämpfer und Segmentbogen, rotes Sichtmauerwerk im Erdgeschoss und weiße Putzflächen in den Obergeschossen, Turm durch rote, vertikal verlaufende Mauerwerksstreifen markiert; über dem Dach des Wohnhauses erhebt sich der Turm mit einem giebelständigen, leicht zurückgesetzten Dachgeschoss aus Fachwerk, Gefache aus Sichtmauerwerk, im Giebel ein rechteckiges Fenster; Satteldach mit Falzziegeln eingedeckt.

Sonstiges

Der Wasserbehälter war bis 1936 notwendig, um einen ausreichenden Wasserdruck für die höher gelegenen, mehrgeschossigen Häuser zu erzeugen.[2]

1 Zivilingenieur Friedrich Schmetzer plante die wassertechnische Anlage.
2 Schneider, 2002, S. 48 f.

A
Nr.: **183/06**

Stadt: **Frankfurt (Oder)**

Behälter: **Hängeboden mit mittlerem Durchstieg, Eisen, genietet**

Kurzbeschreibung Architektur / Bauweise

Runder Bahnturm in historistischer Industriearchitektur gestaltet, mit einem kurzen Turmschaft aus Sichtmauerwerk, einem zylindrischen Behälter, Wasserstandsanzeiger und flachen Notdach.

Turmschaft aus rotem Mauerwerk im Binderverband, mit Schmuckbändern aus dunklen Ziegeln horizontal betont, rundes, konisch verlaufendes Sockelgeschoss mit einer Eingangstür und drei Fenstern mit Segmentbögen, eine Sandsteinabdeckung als Sockelgesims, darüber Schaft durch sechs hohe Mauerwerksvertiefungen mit Segmentbögen hervorgehoben, in den Vertiefungen belichten eiserne Segmentbogenfenster mit Sprossen und darüberliegende Rundfenster den Schaft, ein Kranzgesims mit Schmuckband aus dunklen Mauerziegeln, würfelartigem Fries und runder Sandsteinabdeckung akzentuiert den Übergang zum Turmkopf; zylindrischer Behälter ohne Ummantelung und mit äußerem Umgang, am oberen Rand des Behälters sind umlaufend eiserne, verzierte Konsolen angeordnet, die eine leicht auskragende Behälterplattform tragen, oberer Teil des Turmkopfes gegliedert durch den Wechsel von rechteckigen, eisernen Sprossenfenstern und Eisenblechen mit aufliegenden Eisenbändern in der Form von Andreaskreuzen.

Sonstiges

Der Bahnhof von Frankfurt (Oder) entwickelte sich zu einem Verkehrsknotenpunkt der Eisenbahn u. a. durch folgende Strecken: 1842 Berlin–Frankfurt (Oder), 1846 Frankfurt (Oder)–Bunzlau (heute Polen), 1876 Frankfurt (Oder)–Bentschen (heute Polen) und Cottbus–Frankfurt (Oder).[2]

Standort / Straße: N 52.3351, E 14.5465 / Mixdorfer Str.
Baujahr: 1889–90[1]
Wasserversorgung: Eisenbahn
Behältervolumen /
Nutzinhalt: 207 m³ / 200 m³
Denkmalschutz: nein
Entwurf: verm. Königliche Eisenbahn Direktion
Bauherr: Preußische Staatsbahn
Heutige Nutzung: keine
Aufnahme vor Ort: 2009 und 2011

Abb. 281 (oben) Ansicht von 2011

Abb. 282 (rechts) Eingang

1 Schneider, 2002, S. 63; Meyer, Regling, 2000, S. 38.
2 Geschichte des Eisenbahnknotenpunkts Frankfurt/Oder und Quellen, siehe Kapitel IV.1.2., S. 141.

Stadt: **Frankfurt (Oder)**

Behälter: **ausgebaut, Flachboden mit mittlerem Durchstieg, kreisförmig, Eisen, genietet**

B

Kurzbeschreibung Architektur / Bauweise

Historistischer, über 27 m hoher[2], runder Turm aus Sichtmauerwerk, mit Kegeldach und kleiner Aussichtsplattform, neben dem Wasserturm befindet sich ein Hochbehälter mit 1.200 m³ Fassungsvermögen.[3]

Vorspringendes Sockelgeschoss im Kreuzverband gemauert, Eingangstür mit Segmentbogen, eine weitere Eingangstür im Westen, breites, abgestuftes Gesims aus roten Klinkern mit vier Binderlagen über dem Sockelgeschoss, Turmschaft darüber im Binderverband gemauert, mit acht Lisenen vertikal betont und mit Zierbändern aus roten Ziegeln in Rhombenform großflächig gestaltet, in jedem zweiten Fassadenfeld zwischen den Lisenen zwei schmale, hölzerne, fünfflügelige Rundbogenfenster mit Sprossen übereinander angeordnet; Turmkopf unten und oben durch breite, stufenartige, auskragende Gesimse mit roten Klinkern akzentuiert, friesartig aneinandergestellte Doppel-Rundbögen gliedern den Turmkopf, in den Bögen sind die Flächen durch zwei Mauerwerkspfeiler vertikal unterteilt – z. T. in der Mitte ein rechteckiges Fenster; Zinkeindeckung des Kegeldachs in Stehfalz, Aussichtsplattform mit stählerner Umwehrung.

Sonstiges

Schmetzer beschrieb im Journal für Gasbeleuchtung und Wasser, dass 1883 in der Stadt Frankfurt (Oder) 23 Brände mit 100 m³ Wasser gelöscht worden sind – dabei betrug der Maximalverbrauch: 60 m³ Wasser innerhalb von 3 Stunden.[4]

Der Wasserturm in der Mühlenstraße ist der älteste Wasserturm von Frankfurt (Oder). Er diente der Wasserversorgung von Beresinchen. 1978 wurde eine Kuppel für das Planetarium eingebaut. Am Anfang der 90er Jahre erfolgte der Umbau des Daches.[5] Überkommen ist nur noch die Stahlkonstruktion des Dachwerks. Der Wasserturm steht seit 1998 unter Denkmalschutz.[6]

Abb. 283 Ansicht von Osten

1   Foerster, 1909, Tafel 17.
2, 5 Informationstafel vor Ort, 2013.
3   Der Wasserturm belieferte die Hochdruckzone mit Wasser und der Hochbehälter die Niederdruckzone, Schneider, 2002, S. 20.
4   Journal, 1886, S. 22.
6   Archiv BLDAM, Akte 2.00-03/5.

Standort / Straße: N 52.3256, E 14.5493 / Mühlenweg 48
Baujahre: 1872–74
Wasserversorgung: Stadt
Behältervolumen /
Nutzinhalt: k. A. / 400 m³ [1]
Denkmalschutz: ja
Entwurf: Zivilingenieur Friedrich Schmetzer
Bauherr: Stadtverwaltung
Heutige Nutzung: Sternwarte
Aufnahme vor Ort: 2010 und 2013

Stadt: **Frankfurt (Oder)**

Behälter: **zum großen Teil ausgebaut, Hängeboden, Eisen, genietet**

Standort / Straße: N 52.3307,
E 14.5334 /
Robert Havemann Str. 15
Baujahre: 1903–04
Wasserversorgung: Stadt
Behältervolumen /
Nutzinhalt: 103 m³ / 100 m³
Denkmalschutz: ja
Entwurf: Zivilingenieur
Friedrich Schmetzer
Bauherr: Stadtverwaltung
Heutige Nutzung: keine
Aufnahme vor Ort: 2010,
2013 und 2014

Kurzbeschreibung Architektur / Bauweise

Historistischer, über 28 m hoher, runder Turm im Burgenstil, mit leicht auskragendem Turmkopf und geschweiftem Dach mit kuppelartigem Abschluss, neben dem Wasserturm befindet sich ein Hochbehälter mit einem Fassungsvermögen von 1.270 m³.

Turmschaft aus weißem Sichtmauerwerk im Binderverband, Sockel aus Feldsteinen mit einem breiten Gesims aus einer roten Binderschicht, Sockelgeschoss mit Freitreppe und einer rechteckigen Eingangstür mit scheitrechtem Sturz, darüber eine burgenartige Bekrönung mit Segmentbogen aus roten Klinkern, über dem Gesims des Sockelgeschosses verjüngt sich der Turmschaft, zwei rechteckige, vierflügelige, hölzerne Fenster mit Sprossen an der Nord- und Südseite belichten den unteren Teil des Schaftes, direkt darüber – unter dem Turmkopf – sind noch zwei von roten Klinkerflächen umrahmte, hölzerne Rundbogenfenster mit Sprossen angeordnet; Übergang zum Turmkopf durch vier in alle Himmelsrichtungen zeigende Burgerker mit Natursteinkonsolen hervorgehoben, zwischen den Erkern 16 gemauerte, rote Konsolen, die einen roten Schmuckfries tragen, fachwerkartig gestalteter Turmkopf mit roten Konstruktionsgliedern und weißen Putzspiegeln, in den oberen, schmalen, weißen Putzspiegeln befinden sich kleine, rechteckige Fenster; leicht überstehendes Dach, am Rand mit Zink eingefasst.

Sonstiges

Die Fertigstellungsanzeige von Zivilingenieur Schmetzer ist auf den 03.05.1904 datiert. 1931 wurde ein weiteres Hochreservoir neben dem vorhandenen Hochbehälter errichtet. Der Wasserturm steht seit 1996 unter Denkmalschutz.[1]

1   Archiv BLDAM, Akte 200.02/200.

Abb. 284 (oben) Ansicht von Norden

Abb. 285 (unten) Detail Feldsteinmauerwerk der
Freitreppe

Landkreis: Spree-Neiße | Ort: Atterwasch

Behälter: k. A.

Kurzbeschreibung Architektur / Bauweise

Hoher, rechteckiger Turm mit markantem Turmkopf, Aussichtsplattform und schiefergedecktem, pagodenartigem Zeltdach.

Turmschaft aus Sichtmauerwerk im Kreuzverband mit einem hohen, verputzten Sockel, Eingang über eine gemauerte Freitreppe im 1. Obergeschoss, Belichtung des Schaftes durch kleine, eingerahmte, rechteckige, liegende Fenster in drei Ebenen, in der obersten Ebene der Nordfassade ist ein äußerer, holzverkleideter Zugang zum Turmkopf angeordnet; Turmkopf mit Holz verkleidet und in zwei Ebenen unterteilt, eine überdachte Aussichtsplattform auf der Ost-, Süd- und Westfassade und darüber eine Reihung schmaler Fenster unter dem Zeltdach.

Sonstiges

Das Dorf Atterwasch sollte für die Erweiterung des Braunkohletagebaus Jänschwalde abgerissen werden.

Abb. 286 Ansicht von Nordwest

Standort / Straße: N 51.9255, E 14.6460 / Seehof 1
Baujahr: 1906
Wasserversorgung: Land / Gut
Behältervolumen /
Nutzinhalt: k. A.
Denkmalschutz: ja
Entwurf: k. A.
Bauherr: k. A.
Heutige Nutzung: keine
Aufnahme vor Ort: 2014

Kurzbeschreibung Architektur / Bauweise

Historistischer, vier- bzw. achteckiger, fünfgeschossiger Turm aus rotem Sichtmauerwerk mit einlagigen Schmuckbändern aus gelben Klinkern, einem Zeltdach und einem, mittig durch das Dach geführten, Schornstein, umgeben von ein- und zweigeschossiger Bebauung.

Turmschaft mit sichtbaren Kriegseinwirkungen, zweiflügelige Eingangstür mit Segmentbogen, 1. Obergeschoss mit Segmentbogenfenstern belichtet, Übergang vom vier- zum achteckigem Grundriss über dem 1. Obergeschoss, an allen vier Fassadenseiten akzentuieren Mauerwerksvertiefungen mit Segmentbogen über zwei Geschosse den Turm, in den Vertiefungen zwei Segmentbogenfenster übereinander angeordnet, gemauerte Konsolen – früher mit Türmchen geschmückt – und ein Kranzgesims mit kleinen, rechteckigen, verputzten Mauerwerksvertiefungen bilden den Abschluss der Fassade; Zeltdach mit Bitumenschindeln eingedeckt.

Sonstiges

1886 wurde der Bau des städtischen Schlachthofes von der Stadt Forst auf Grund des preußischen Schlachthofgesetzes beschlossen. Das Schlachthofensemble entstand von 1887 bis 1888. Dadurch konnte in Forst sichergestellt werden, dass vor der Schlachtung eine unabhängige, staatliche Fleischbeschau stattfand, um die Gesundheit der Bevölkerung zu gewährleisten.[2]

Im oberen Behälter wurde kaltes Wasser vorgehalten und der untere Behälter diente der Versorgung mit warmem Wasser. Für die Bauleitung war der Stadtbaurat Schultze zuständig, die Bauausführung übernahm der Maurermeister Hammer.

Abb. 287 Ansicht von Norden

Standort / Straße: N 51.7540, E 14.6494 / Gubener Str. 53
Baujahre: 1905/06
Wasserversorgung: Industrie / Gewerbe
Behältervolumen / Nutzinhalt:
k. A. / 26 m³ (oberer Behälter)
k. A. / 13 m³ (unterer Behälter)
Denkmalschutz: ja
Entwurf: Stadtbaurat Schultze[1]
Bauherr: Stadtverwaltung
Heutige Nutzung: keine
Aufnahme vor Ort: 2014

1   Der Ingenieur Lufft aus Forst entwarf die Wasserversorgungsanlage, einschließlich Behälter.
2   Hübener, 2012, S. 95 f.

Landkreis: Spree-Neiße | Ort: Forst

Behälter: Intze II, Eisen, genietet

Kurzbeschreibung Architektur / Bauweise:

Neogotischer, über 70 m hoher, runder Turm aus rotem Sichtmauerwerk im Kreuzverband, mit auskragendem Turmkopf und einem Kegeldach mit Laterne und Wetterfahne.

Hohes Sockelgeschoss waagerecht durch wasserschlagartige Gesimse betont, die mit grünglasierten Klinkern belegt sind, vorspringender Sockel mit Gesims, Fenstern mit Spitzbogen und ein über das Sockelgeschoss ragendes, gotisierendes, reichhaltig gestaltetes Eingangsportal mit Freitreppe, verziertem Dreiecksgiebel mit Deutschem Band, einem zinnenartigen First und einer abgestuften Mauerwerksvertiefung mit gotischem Bogen, darin eine zweiflügelige Eingangstür mit segmentbogenförmigem Oberlicht und einem darüberliegenden Wappenfeld mit dem Stadtwappen von Forst, über dem Sockelgeschoss ziert ein breites Schmuckband aus grün glasierten Klinkern in Rhombenform den Turmschaft, Schmuckband nur durch Lanzettfenster und den Giebel des Eingangsportals unterbrochen, Turmschaft in alle Himmelsrichtungen und in zwei Ebenen akzentuiert durch erkerartigen Brüstungsvorbau mit darüberliegendem, senkrechtem Fensterband aus Segmentbogenfenstern mit Sprossen, Mauerwerksfeld aus rhombenartigem Zierverband und zweiflügeligem Sprossenfenster mit spitzbogigem Oberlicht, Abschluss des Schaftes durch ein breites Gesims mit Spitzbogenfries, darin im Abstand angeordneten Lanzettfenstern und einem Wasserschlag aus grün glasierten Klinkern; Turmkopfauskragung aus geschweiften Eisenträgern – ausgefacht mit Mauerwerk, über einem breiten Gesims aneinandergereihte Biforenfenster mit Dreiecksbögen angeordnet, Lanzettfenster belichten den Turmschaft, dessen oberer Teil durch ein gotisches Band aus Spitzbögen mit Sprossenfenstern gestaltet ist; Kegeldach in Stehfalzeindeckung mit vier Sattelgauben, Zeltdach über der Laterne mit vier kleinen Gauben und Drachenköpfen als Wasserspeier gestaltet, Dach bekrönt mit Kugelspitzen.

Sonstiges

Nach dem ersten Entwurf einer Wasserversorgungsanlage für Forst – erarbeitet von Scheven und nach dem Gutachten des königlichen Baurats Thieme aus Leipzig allerdings verworfen – plante der Ingenieur Prinz die Anlage. Mauermeister Emil Lüdicke errichtete den Turm.³ 1919 wurde die Enteisenungsanlage von der Firma E. Schwiellung,

Abb. 288
Ansicht von 2010

Wasser- und Abwasserreinigung, aus Berlin-Charlottenburg gebaut.⁴ Die Sanierung des Turmkopfes mit Dachwerk erfolgte von 1993 bis 1994.⁵

1 von Wangenheim, 2018, Katalog Band 2, S. 941 ff.
2 Informationstafel am Turm.
3 Ihlow, Scholze, 1995, S. 6 ff.
4 Zieke, Brückner, 2003, S. 66; Broschüre der Firma E. Schwielung, Bauakte, Kreisarchiv Potsdam-Mittelmark.
5 Hübener, 2012, S. 109.

Standort / Straße: N 51.7370, E 14.6401 / Jahnstr. 2
Baujahre: 1902–03
Wasserversorgung: Stadt
Behältervolumen / Nutzinhalt: k. A. / 1.025 m³ ²
Denkmalschutz: ja
Entwurf: Civilingenieur Emil Prinz, Charlottenburg
Bauherr: Stadtverwaltung
Heutige Nutzung: Wasserturm
Aufnahme vor Ort: 2010 und 2011

Kurzbeschreibung Architektur / Bauweise

Kleiner, achteckiger Bahnturm mit wenig auskragendem Turmkopf, Wasserstandsanzeiger und flach geneigtem Zeltdach mit Schornstein.

Turmschaft aus Sichtmauerwerk mit roten Mauerziegeln im Kreuzverband, hölzerne Eingangstür mit gemauertem Segmentbogen, darüber in zwei Ebenen jeweils vier, schmale Eisenfenster mit Sprossen und Segmentbögen, rechts über der Eingangstür ist ein Wasserstandsanzeiger montiert; Turmkopf mit senkrechter Holzlattung verschalt, vier rechteckige Sprossenfenster aus Eisen belichten die Behälterebene; Dach desolat.

Sonstiges

An der Eisenbahnstrecke Cottbus–Sorau (heute Polen) entstand 1872 in Forst ein Bahnhof, seit 1891 gab es eine Bahnstrecke nach Weißwasser. Bedingt durch die starke Entwicklung der Tuchindustrie in Forst wurde 1893 die Forster Stadteisenbahn, eine Schmalspurbahn auf 17,2 km Länge, eröffnet.[3] 1904 nahm die Nebenbahn von Forst (Lausitz) nach Betriebsbahnhof Guben (Süd) ihren Betrieb auf.[4]

Standort / Straße: N 51.7386,
E 14.6385 / Teichstr. 1
Baujahr: 1911[1]
Wasserversorgung: Eisenbahn
Behältervolumen /
Nutzinhalt: k. A.
Denkmalschutz: ja
Entwurf: k. A.
Bauherr: Preußische Staatsbahn
Heutige Nutzung: keine[2]
Aufnahme vor Ort: 2010

Abb. 289 (oben) Ansicht mit Wasserkran

Abb. 290 (rechts) Detail, Wasserstandsanzeiger

1, 2 Inaktiv seit 1987, mündliche Aussage Deutsche Bahn, Cottbus.
3 Regling, 2005, S. 22 f.; Parent, Lassotta, Bergmeister, 1997, S. 17 ff.
4 http://de.wikipedia.org/wiki/Kleinbahn_Freienwalde-Zehden, 30.09.2015; Preuß, 1996, o. S.

Kurzbeschreibung Architektur / Bauweise

Neoromanischer, hoher, runder, gemauerter und geschlämmter Turm mit flachem Dach.

Eingang mit Rundbogen z. T. zugemauert, schmuckloser Turmschaft nur durch jeweils vier, in den vier Ebenen versetzt angeordneten Mauerwerksöffnungen mit Rundbögen (Fenster fehlen) gestaltet; Übergang zur Behälterebene durch ein Gesims markiert, Behälterebene oberhalb und durch acht Mauerwerksöffnungen mit Rundbögen belichtet.

Abb. 291 Ansicht von 2014

Standort / Straße: N 51.6522, E 14.1393 / Am Wasserturm 1
Baujahr: k. A.
Wasserversorgung: Land / Gut
Behältervolumen / Nutzinhalt: k. A.
Denkmalschutz: nein
Entwurf: k. A.
Bauherr: k. A.
Heutige Nutzung: keine
Aufnahme vor Ort: 2014

Landkreis: **Spree-Neiße** | Ort: **Guben**

Behälter: **Flachboden, kreisförmig, Stahlbeton**

Standort / Straße: N 51.9625, E 14.7057 / Bahnhofsberg
Baujahre: 1956–57
Wasserversorgung: Eisenbahn
Behältervolumen / Nutzinhalt: k. A. / 100 m³
Denkmalschutz: ja
Entwurf: k. A.
Bauherr: Deutsche Reichsbahn
Heutige Nutzung: k. A.
Aufnahme vor Ort: 2010

Kurzbeschreibung Architektur / Bauweise

Moderner, sachlicher, ca. 20 Meter hoher, achteckiger, gemauerter und verputzter Turm mit Flachdach.

Stufenartig gestaltete Wandpfeiler an den acht Ecken betonen die Vertikale, viele rechteckige, schmale, z.T. sehr hohe Fenster belichten den Turmschaft, Sockelgeschoss durch Gesims abgesetzt, darüber Fenster in drei Ebenen, ein Ziegelband markiert den Übergang zur letzten, vierten Fensterebene, breites, auskragendes Kranzgesims aus Kohlebrandziegeln bildet den Fassadenabschluss unter der Betonplatte des Flachdaches; Dach mit einem zurückgesetzten, umlaufenden Geländer aus Stahl.

Sonstiges

Die Strecke Frankfurt (Oder)–Guben–Bunzlau (heute Polen) der Niederschlesisch–Märkischen Eisenbahn-Gesellschaft wurde am 1. September 1846 eröffnet. Von 1867 bis 1870 baute die Märkisch–Posener Eisenbahngesellschaft die Strecke Bentschen (heute Polen) nach Guben.[1] Der Streckenabschnitt Cottbus–Guben, von der Halle–Sorau–Gubener Eisenbahn Gesellschaft gebaut, ging 1871 in Betrieb. Die Strecke verläuft von Cottbus über die Bahnhöfe Peitz Ost und Guben Süd nach Guben.[2]

Auf dem Übergangsbahnhof Guben war es möglich drei Bahnstrecken zu nutzen: Die der Niederschlesisch–Märkischen, Märkisch–Posener und Halle–Gubener Eisenbahn-Gesellschaft. Der Wasserturm steht auf diesem Inselbahnhof.[3]

Die Königliche Eisenbahndirektion Berlin hatte in Guben eine Hauptwerkstätte.[4]

1   Berger, 1996, S. 10, 20.
2   http://de.wikipedia.org/wiki/Bahnstrecke_Cottbus-Guben, 01.10.2015; Preuß, 1996, o. S.
3   Ein Übergangsbahnhof mit einem Hauptgebäude wird Inselbahnhof genannt, wenn er von Gleisen und von allen Seiten durch Perrons umschlossen wird, Schmitt, 1873, S. 138 f.
4   Mühl, 1981, S. 25

Abb. 292 Ansicht von 2010

Kurzbeschreibung Architektur / Bauweise

Neoexpressionistischer, fast 30 Meter hoher, achteckiger Turm aus Sichtmauerwerk mit Kohlebrandziegeln, einem Wasserstandsanzeiger und Flachdach.

Stufenartig gestaltete Wandpfeiler an den acht Ecken betonen die Vertikale, viele rechteckige, vierflügelige Fenster mit scheitrechtem Sturz in sechs Ebenen belichten den Turmschaft, Erdgeschoss mit zweiflügeliger, hölzerner Eingangstür mit einer Stahlbetonplatte als Überdachung, darüber Fenster in vier Ebenen, ein Gurtgesims ist unter der obersten Fensterebene angeordnet, breites Kranzgesims aus Beton und Kragkonsolen aus Kohlebrandziegeln über den Eckpfeilern bilden mit dem darüberliegenden, umlaufenden Geländer aus Stahl den oberen Abschluss der Fassade.

Sonstiges[1]

1904 wurde die Nebenbahn von Forst (Lausitz) nach Betriebsbahnhof Guben (Süd) durch die Preußische Staatsbahn eröffnet.[2]

Der Wasserturm steht an der Lokeinsatzstelle Guben. Die Elektroanlage mit Wasserstandsmessung (DDR-Fabrikat Aegir) wurde am 27.05.1953 geprüft und danach eingebaut.

1   Weitere Bahnstrecken, siehe Wasserturm am Bahnhof Guben (Nr. 191/06).
2   http://de.wikipedia.org/wiki/Kleinbahn_Freienwalde-Zehden, 30.09.2015.

Abb. 293 Ansicht von 2010

Standort / Straße: N 51.9740, E 14.6973/Kupferhammerstr.
Baujahre: 1952–53
Wasserversorgung: Eisenbahn
Behältervolumen / Nutzinhalt: 506 m³ / 450 m³
Denkmalschutz: nein
Entwurf: Entwurfsbüro Deutsche Reichsbahn, Gruppe Hochbau
Bauherr: Deutsche Reichsbahn
Heutige Nutzung: keine
Aufnahme vor Ort: 2010 und 2011

Kurzbeschreibung Architektur / Bauweise

Achteckiger, kleiner Bahnturm mit leicht ausgestelltem Turmkopf, Wasserstandsanzeiger und flachem Zeltdach.

Turmschaft aus rotem Sichtmauerwerk im Binderverband, Schaft über dem Sockel vertikal durch Mauerwerksvertiefungen mit flachen Segmentbogen betont, die acht Mauerwerksvertiefungen im Wechsel gliedert mit Eisenfenstern (z. T. zugemauert) oder Blindfenstern, Vertiefung des Eingangsbereiches ist übereinander gestaltet mit einer zweiflügeligen, hölzernen Segmentbogentür, einem vertieften, runden Mauerwerkskranz und einem Wasserschlaggesims aus dunklen Klinkern, darüber ein rhombenförmiger Zierverband aus hellen, roten Klinkern als Brüstungsfeld der beiden oberen, nebeneinander gestellten Segmentbogenblindfenster; auf dem konsolartigen Gesims liegt der Turmkopf aus Holzfachwerk mit Gefachen aus Mauerwerk im Binderverband auf, an jeder Fassadenseite flankieren Andreaskreuze die mittig liegenden, rechteckigen Sprossenfenster, darüber hinaus schmückten ursprünglich unter jedem Fenster geschweifte Andreaskreuze und über jedem zweiten Fenster halbe Sonnen den Turmkopf.

Sonstiges

Die Halle–Sorau–Gubener Eisenbahn-Gesellschaft plante den Bau der Hauptstrecke Halle–Cottbus. Der erste Teilabschnitt von Cottbus über Calau, Finsterwalde und Doberlug-Kirchhain nach Falkenberg ging 1871 und die gesamte Strecke 1872 in Betrieb.[2]

1   Hübener, 2012, S. 311.
2   http://de.wikipedia.org/wiki/Bahnstrecke_Cottbus-Guben, 01.10.2015.

Abb. 294 Ansicht von 2010

Standort / Straße: N 51.0435, N 14.4487 / Alte Bahnhofsstraße 69
Baujahr: 1896–97[1]
Wasserversorgung: Eisenbahn
Behältervolumen / Nutzinhalt: 120 m³ / 100 m³
Denkmalschutz: ja
Entwurf: k. A.
Bauherr: Halle–Sorau–Gubener Eisenbahngesellschaft
Heutige Nutzung: keine
Aufnahme vor Ort: 2010 und 2011

Landkreis: Spree-Neiße | Ort: Spremberg

Behälter: Barkhausen, Eisen, genietet

Kurzbeschreibung Architektur / Bauweise

Historischer, runder Bahnturm mit auskragendem Turmkopf, Wasserstandsanzeiger und Zeltdach mit Laterne.

Konischer Turmschaft aus rotem Sichtmauerwerk im Binderverband, Sockelgeschoss mit Segmentbogenfenstern, auf der Nordostseite ein Eingangsportal mit einer zweiflügeligen Holztür mit Segmentbogen, über dem Sockelgesims auf der Nordost- und Südwestseite ein Segmentbogenfenster mit Sprossen, als Schaftabschluss ein Segmentbogenfries, Fries mit kleinen, eisernen Segmentbogenfenstern mit Sprossen in jedem dritten Bogen; Turmkopf aus Eisenfachwerk mit Gefachen aus roten Mauerziegeln, in jedem zweiten Gefach ein schmales, rechteckiges, eisernes Sprossenfenster mit scheitrechtem Sturz; Zeltdach mit bituminöser Eindeckung.

Sonstiges

Der Bahnwasserturm mit Pumpenhaus ist heute von einer Kleingartenanlage umgeben.

Abb. 295 (oben) Wasserturm mit der Ruine des ehemaligen Pumpenhauses

Abb. 296 (links oben) Detail, Laterne

Abb. 297 (links unten) Sockelgeschoss mit Eingangsportal

Standort / Straße: N 51.5760, E 14.3957 / Grazer Str. 2
Baujahr: 1911[2]
Wasserversorgung: Eisenbahn
Behältervolumen /
Nutzinhalt: 111 m³ / k. A.
Denkmalschutz: ja
Entwurf: k. A.
Bauherr: Preußische Staatsbahn
Heutige Nutzung: keine
Aufnahme vor Ort: 2010 und 2011

1   von Wangenheim, 2018, Katalog Band 2, S. 979 ff.
2   Angabe aus Hilfsblatt zur Vorbereitung der Umbewertung von Gebäuden, baulichen Anlagen u. unselbständigen Gebäuden, Archiv Deutsche Bahn Cottbus.

Standort / Straße: N 51.5656, E 14.3556, Heinrichsfelder Allee 3
Baujahre: 1929–30
Wasserversorgung: Stadt
Behältervolumen /
Nutzinhalt: k. A.
Denkmalschutz: nein
Entwurf: k. A.
Bauherr: Stadtverwaltung
Heutige Nutzung: Wohnen
Aufnahme vor Ort: 2009

Kurzbeschreibung Architektur / Bauweise

Sachlicher, achteckiger, kleiner, verputzter Turm mit einem glockenförmigen Dach

Turmschaft vertikal durch Pfeiler betont, expressionistisch, gemauertes Eingangsportal, neue Fenster zwischen den Pfeilern in vier Geschossen eingebaut; leicht auskragende Betonplatte über den Pfeilern als Abschluss der Fassade; Dach mit Zinkblech eingedeckt und mit einer Kugel bekrönt.

Sonstiges

1883 erfolgte die Wasserversorgung von damals 11.338 Einwohnern mit 22 öffentlichen und 200 bis 250 privaten Brunnen. Die Anzahl der öffentlichen Brunnen erhöhte sich bis 1898 auf 24 und die der privaten Brunnen auf 300.[1]

1910 bewilligte die Stadtverwaltung 15.000 Mark für die Vorarbeiten zum Bau einer Wasserleitung. Ende der 1920er Jahre wurde die Errichtung einer zentralen Wasserversorgung (bisher waren nur Teilwasserwerke vorhanden) geplant. Die hydrologischen Vorarbeiten führte Dr. Ing. Thiem durch. Auf dieser Grundlage konnten ab 1928 die Projektierung des Wasserwerks und Rohrnetzes erfolgen.[2] Das Wasserwerk Spremberg nahm den Betrieb 1930 auf[3], der Wasserturm ging 1967 außer Betrieb.[4]

1   Grahn, 1883, S. 31; Grahn, 1898, S. 66.
2   Journal, 1910, Nr. 39, S. 900; Journal, 1928, S. 506.
3   Zieke, Brückner, 2003, S. 14.
4   BLDAM: Der Wasserturm ging 1967 außer Betrieb.

Abb. 298 Ansicht von 2009

Stadt: **Cottbus**

Behälter: **Flachboden, kreisförmig, Eisen, genietet**

Abb. 299
Ansicht von Süden

Kurzbeschreibung Architektur / Bauweise

Amtshaus im Stil der märkischen Backsteingotik, historischer Turm erhebt sich an der Südwestseite mit hohem Kegeldach.

Sichtmauerwerk aus roten Bindern mit waagerechten Zierlagen aus braun glasierten Mauerziegeln, vorspringender Sockel mit Segmentbogenfenstern und Sockelgesims, darüber belichten den Turm im Hochparterre an der Südwest- und Südostseite jeweils zwei Segmentbogenfenster, im 1. Obergeschoss an der Südostseite drei schmale, rechteckige Sprossenfenster mit scheitrechtem Sturz und an der Südwestseite Blindfenster in der gleichen Größe, im 2. Obergeschoss auf der Südwestseite ein Rundfenster mit Sprossen und an der Südostseite schmückt in fast der gleichen Dimension ein rundes Ziermauerwerk die Fas-

sade, in dieser Höhe verjüngt sich auch das Mauerwerk des Turmschaftes; über einem konsolartigen Gesims ein achteckiger, niedriger, rund wirkender Turmkopf, vier gotisierende Zwerchgiebel im Wechsel mit kleinen, rechteckigen Fenstern mit scheitrechtem Sturz gestalten den Turmkopf; hohes Kegeldach mit Schiefer eingedeckt und von einer Turmspitze mit Kugel und Wetterfahne bekrönt.

Sonstiges

Das Amtshaus steht auf dem Gelände der, von 1898 bis 1899 errichteten, Kanalpumpstation. Bereits ein Jahr vorher begannen die Arbeiten an der Kanalisation in Cottbus. Die Firma Dyckerhoff & Widmann wurde beauftragt, die Sonderbauten und Kanalleitungen herzustellen.[1]

Standort / Straße: N 51.7720, E 14.3501 /
Am Großen Spreewehr 6
Baujahr: 1898
Wasserversorgung: Stadt
Behältervolumen /
Nutzinhalt: 5,5 m³ / 5 m³
Denkmalschutz: nein
Entwurf: verm. Stadtbauamt
Bauherr: Stadtverwaltung
Heutige Nutzung: Gewerbe
Aufnahme vor Ort: 2016

1   Zieke, Donner, 1999, S. 11 ff.

A
Nr.: 197/02[1]

Stadt: Cottbus

Behälter: Hängeboden, Eisen, genietet

Kurzbeschreibung Architektur / Bauweise

Historistischer, 54 m hoher, runder Turm aus rotem Sichtmauerwerk im Kreuzverband, mit Kuppeldach, Laterne und einem Treppentürmchen.

Turmschaft horizontal durch Zierbänder aus dunklen Klinkern im Läuferverband und einem rhombenförmigen Schmuckband geschossweise betont, im Erdgeschoss ein kyklopischer Sockel aus Naturstein, eine sechsstufige Freitreppe mit einem geschmiedeten Geländer und gotisierenden Eingangsportal, Portal mit eisenbeschlagener, zweiflügeliger Eingangstür und spitzbogigem Oberteil, darüber ein Giebel mit drei, gotischen Mauerwerksvertiefungen, neben dem Portal – über einem Gesims – noch sechs Sprossenfenster mit Segmentbögen, darüber in zwei Geschossen vier, bzw. drei Biforenfenster mit Segmentbogen, das rhombenförmige Schmuckband trennt das 2. Obergeschoss vom Tropfboden, der durch sieben, eiserne Rundfenster mit Sprossen belichtet wird; ein konsolartiges Rundbogenfries markiert den Übergang zum Turmkopf, der ebenfalls durch Zierbänder gestaltet und durch sieben schmale, rechteckige Fenster mit scheitrechten Stürzen belichtet wird, ein breites Kranzgesims aus Rundbogen-, Zahn- und Zinnenfries bildet den Fassadenabschluss; auf dem Gesims eine Umwehrung vor der Aussichtsterrasse im Bereich des zurückgesetzten, mit Kupfer eingedecktem Kuppeldaches, aus dem Dach führen vier Türen auf die Terrasse, über der Kuppel eine Laterne mit vier, rechteckigen Sprossenfenstern; das auf einer Natursteinkonsole aufgelagerte Treppentürmchen ragt vom 2. Obergeschoss mit seinem steilen Turmhelm bis über das Kuppeldach des Wasserturms.

1 von Wangenheim, 2018, Katalog Band 2, S. 999 ff.
2 BLDAM, Archiv Akte 918.

Standort / Straße: N 51.7280, E 14.3104 / Saarbrücker Str.
Baujahre: 1896–97
Wasserversorgung: Stadt
Behältervolumen /
Nutzinhalt: k. A. / 1.000 m³
Denkmalschutz: ja
Entwurf:
Stadtbaurat Bachsmann,
Stadtbauinspektor Knauff
Bauherr: Stadtverwaltung[2]
Heutige Nutzung: Wasserturm
Aufnahme vor Ort: 2010,
2013 und 2016

Abb. 300 (oben) Turmkopf

Abb. 301 (unten) Ansicht von Osten

Stadt: Cottbus

Behälter: Klönne mit Intze-Boden, Eisen, genietet

Kurzbeschreibung Architektur / Bauweise

Historistischer, runder, 23 m hoher[2] Bahnturm mit Turmschaft aus Sichtmauerwerk und einem auskragenden Kugelbehälter als Turmkopf mit Laterne.

Kegelstumpfförmiger Turmschaft zum großen Teil im Binderverband gemauert und vertikal durch Lisenen gegliedert, Sockelgeschoss mit sieben Segmentbogenfenstern und einem schlichten Eingangsportal mit Satteldach und einer Tür mit scheitrechtem Sturz, über dem Sockelgesims sind in jeder zweiten Mauerwerksfläche zwischen den Lisenen zwei Segmentbogenfenster übereinander angeordnet, ein abgestuftes Kranzgesims verbindet die Lisenen am Ende des Turmschaftes, der darüberliegende Naturstein bildet das Auflager für den Turmkopf; Turmkopf mit einem umlaufenden Revisionsgang und Leitergängen, Laterne mit Kugel bekrönt.

Sonstiges

1866 bekam Cottbus durch den Anschluss an die Berlin–Görlitzer Eisenbahn einen Bahnhof. Cottbus entwickelte sich zu einem Verkehrsknotenpunkt folgender Strecken: Großenhain–Cottbus 1870, Cottbus–Guben und Falkenberg–Guben 1871, Cottbus–Forst 1872 und noch weiterer Strecken für den Güterverkehr.[3]

Neben der Versorgung der Dampflokomotiven des Bahnbetriebswerkes Cottbus und des Reichsbahnausbesserungswerkes soll der Wasserturm auch Brauchwasser für die Kleingartenanlage der Reichsbahn geliefert haben. Seit 1995 ist der Klönneturm außer Betrieb.[4]

1	von Wangenheim, 2018, Katalog Band 2, S. 1015 ff.
2, 4, 6	BLDAM, Archiv Akte 724.
3	Preuss, 1996, o. S.
5	Rödel, 1998, S.97.

Standort / Straße: N 51.7496, E 14.3219 / Vetschauer Str.
Baujahr: 1914[5]
Wasserversorgung: Eisenbahn
Behältervolumen / Nutzinhalt: 500 m³ [6]
Denkmalschutz: ja
Behälter: Fa. Klönne, Dortmund
Bauherr: Preußische Staatsbahn
Heutige Nutzung: keine
Aufnahme vor Ort: 2010, 2013 und 2015

Abb. 302 (oben) Ansicht von 2016

Abb. 303 (unten) Eingangsportal

B

Nr.: **199/01**

Behälter: **ausgebaut[1], Hängeboden, Eisen, genietet**

Kurzbeschreibung Architektur / Bauweise

Historistischer, achteckiger, überformter Bahnturm aus Sichtmauerwerk im Kreuzverband, mit umgebautem Turmkopf und Zeltdach, sowie einem angebauten, eingeschossigen Eingangsbereich.

Über dem Sockel betonen Mauerwerksvertiefungen mit Segmentbögen die Vertikale des Turmschaftes, in den Vertiefungen jeweils ein vierflügeliges Sprossenfenster mit Segmentbogen im Erdgeschoss, darüber sind die Brüstungsfelder des 1. Obergeschosses mit einem Deutschen Band und Ziegelbändern in Rhombenform geschmückt, über den Brüstungen zwei einflügelige Segmentbogenfenster mit Sprossen; ein auskragendes, schachtbrettartiges Gesims bildet den Übergang vom Turmschaft zum Turmkopf, rechteckige Sprossenfenster mit scheitrechten Stürzen belichten den Turmkopf mit seinen expressionistisch anmutenden Ecken; Zeltdach mit einer achteckigen Aussichtslaterne in Holzfachwerkbauweise, die ausgemauerten Gefache mit Segmentbogenfenstern und Andreaskreuzen im Wechsel gestaltet, Zeltdach der Laterne bekrönt mit Kugel und Wetterfahne.

Sonstiges

Die Halle–Sorau–Gubener Eisenbahn-Gesellschaft plante den Bau der Hauptstrecke Halle–Cottbus. Der erste Teilabschnitt wurde 1871 von Cottbus über Calau, Finsterwalde und Doberlug-Kirchhain nach Falkenberg freigegeben. Bereits 1872 ging die gesamte Strecke in Betrieb.[3]

Der ehemalige Bahnturm wurde von 1993 bis 1998 zur Wohnung umgebaut.

Abb. 304 Ansicht von Südost

Standort / Straße: N 51.7396, E 13.9801 / Am Bahnhof 7a
Baujahr: vor 1911[2]
Wasserversorgung: Eisenbahn
Behältervolumen /
Nutzinhalt: k. A. / 54 m³
Denkmalschutz: nein
Entwurf: k. A.
Bauherr: Eisenbahn
Heutige Nutzung: Wohnung
Aufnahme vor Ort: 2009 und 2014

1 Der zylindrische Mantel wurde demontiert. Die Kugelkalotte ist noch vorhanden.
2 1911 wurde der Wasserturm erstmalig in einer Urkunde erwähnt.
3 Gramlich, Küttner, 1998, S. 87; Bley, 1999, S. 12.

Kurzbeschreibung Architektur / Bauweise

Moderner, sachlicher, 40 m hoher Turm mit achteckigem Turmschaft, rundem Turmkopf und flachem Zeltdach, errichtet in Stahlbetonskelettbauweise, ausgemauert mit Klinkern im Märkischen Verband.

Acht Stahlbetonstützen betonen die Vertikale des Turms, im Erdgeschoss eine einflügelige Stahltür mit Oberlicht und sieben rechteckige Fenster mit scheitrechtem Sturz, den Schaft belichten in den Fassadenfeldern zwischen den Stahlbetonstützen jeweils vier schmale, übereinander angeordnete Fenster mit scheitrechten Stürzen; Turmkopf mit acht kleinen, rechteckigen Fenstern mit scheitrechten Stürzen horizontal durch zwei Betonringe akzentuiert; über dem Turmkopf ein umlaufendes Stahlgeländer.

Sonstiges

Die Niederlausitzer Wasserwerksgesellschaft mbH gründete sich in Senftenberg am 29.02.1912. Seit 1914 wurden die Ortschaften im Industriegebiet der Niederlausitz mit Trinkwasser aus den Wasserwerken Buchwalde und Dolsthaida (heute Lauchhammer-Süd) versorgt.[2]

1   Bis 2016 war der Wasserturm in Betrieb. Dann wurde im Turmschaft eine Druckerhöhungsanlage eingebaut, http://www.stadt-und-werk. de/meldung_24279_Moderne+Technik+im+alten+Wasserturm.
2   Informationen, Wasserverband Lausitz (WAL).

Abb. 305 Ansicht von 2014

Bild 306 Wasserturm mit Nebengebäude von 1914 (NWG, Niederlausitzer Wassergesellschaft)

Standort / Straße: N 51.5047, E 13.7855 / Zum Wasserturm
Baujahr: 1954
Wasserversorgung: Stadt
Behältervolumen / Nutzinhalt: 1100 m³ / 1000 m³
Denkmalschutz: nein
Entwurf: k. A.
Bauherr: Stadtverwaltung
Heutige Nutzung: technische Anlage[1]
Aufnahme vor Ort: 2009 und 2014

B

Nr.: 201/03

Landkreis: Oberspreewald-Lausitz | Ort: Lübbenau

Behälter: 4 × Flachboden, rechteckig

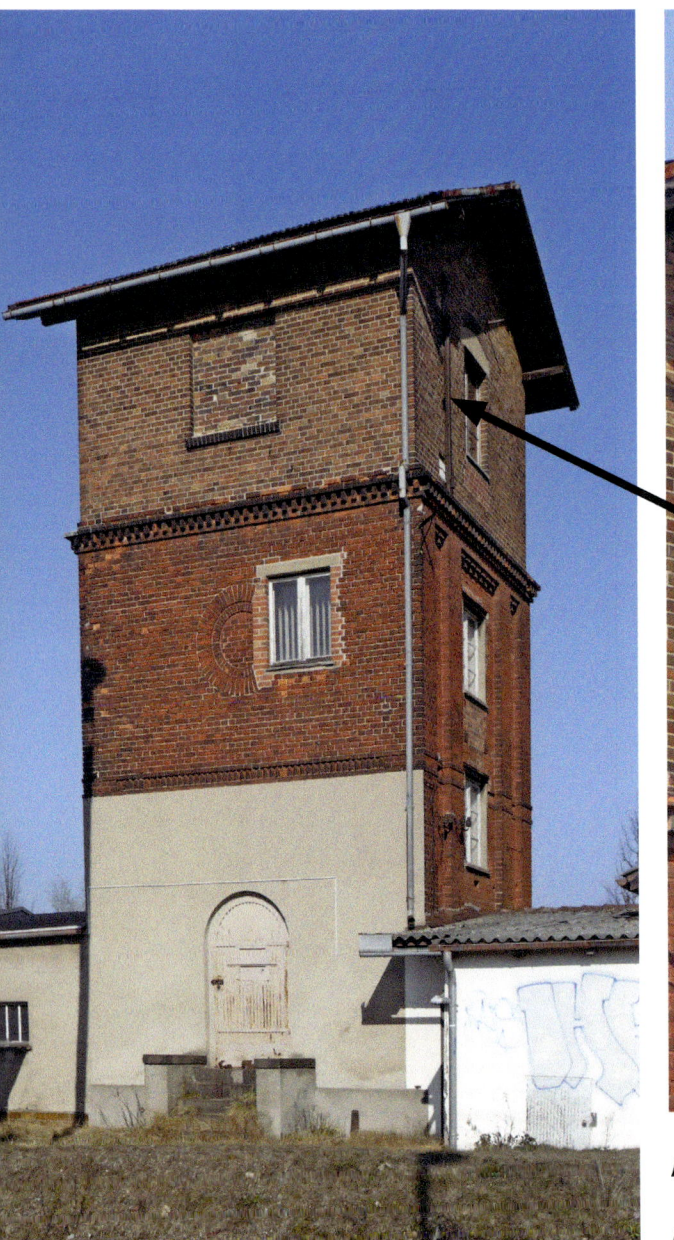

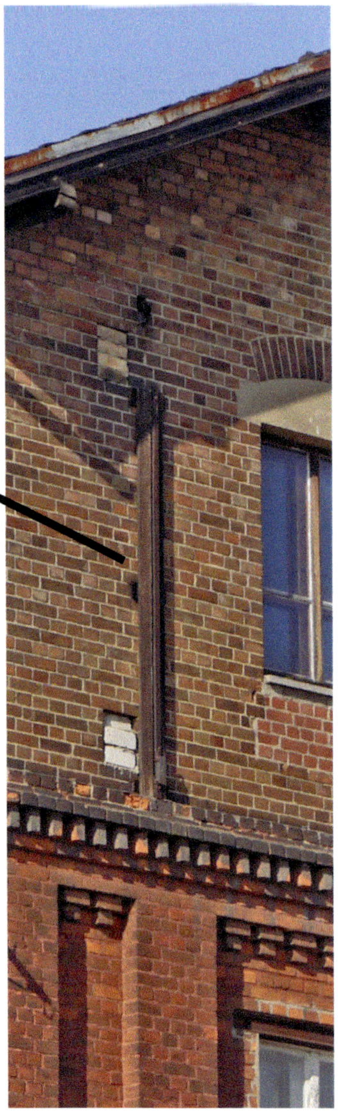

Abb. 307 (links) Ansicht von Süden

Abb. 308 (rechts) Detail, Wasserstandsanzeiger

Kurzbeschreibung Architektur / Bauweise

Überformte, aufgestockte, quadratische, dreigeschossige Wasserstation aus Sichtmauerwerk im Kreuzverband, mit Wasserstandsanzeiger, Satteldach und eingeschossigen Anbauten.

In zum Teil zugemauerten und unsymmetrisch angeordneten Mauerwerksöffnungen sind rechteckige Fenster eingebaut, Fassade horizontal durch Gesimse aus einem Deutschen Band und würfelartigen Fries betont, auf der Südfassade des Erdgeschosses befindet sich eine Freitreppe mit rundbogiger Eingangstür, ein Geschoss darüber sind Reste eines runden Ziegelornaments erkennbar, auf der Ost- und Westfassade betonen unterschiedlich breite Mauerwerksvertiefungen die Fassade bis zum 2. Obergeschoss, auf der Ostfassade ist im 2. Obergeschoss ein Wasserstandsanzeiger montiert.

Sonstiges

Der Bauunternehmer Bethel Henry Strousberg baute für die Berlin–Görlitzer Eisenbahn-Gesellschaft die Bahnstrecke von Berlin nach Görlitz. 1867 wurde die Strecke, die über Königs Wusterhausen, Brand, Lübbenau/Spreewald, Cottbus und Spremberg führt, eröffnet.[3]

Seit 1991 steht die Wasserstation unter Denkmalschutz.[4]

1 Entwurf Aufstockung.
2 Behälter Aufstockung 1890.
3 Architekten-Verein, 1896, I. Teil, S. 279.
4 Archiv BLDAM, Akte 11-438.

Standort / Straße: N 51.8630, E 13.9596 / Bahnhofstr.
Baujahr: Aufstockung 1890
Wasserversorgung: Eisenbahn
Behältervolumen / Nutzinhalt: 2 × 12,8 m³ / 2 × 11,5 m³ [2]
Denkmalschutz: ja
Entwurf: Eisenbahn Direktions-Bezirk Berlin, Kgl. Eisenbahn Betriebsamt Cottbus[1]
Bauherr: Eisenbahn
Heutige Nutzung: k. A.
Aufnahme vor Ort: 2009 und 2016

Abb. 309 (oben) Ansicht von Süden

Abb. 310 (rechts) Detail, Wasserstandsanzeiger

Kurzbeschreibung Architektur / Bauweise

Historistischer, kleiner, runder Bahnturm mit auskragendem Turmkopf, Wasserstandsanzeiger und Kegeldach mit Laterne.

Konischer, zweigeschossiger Turmschaft aus gelbem Sichtmauerwerk im Kreuzverband, Erdgeschoss mit zweifach vorspringendem, hohem Sockel und einer einfachen Lattentür mit Segmentbogen, wenige Segmentbogenfenster belichten den Schaft, oberhalb des Schaftes ein breites Kranzgesims, darüber das geschweifte Eisenfachwerk der Turmkopfauskragung; Turmkopf überformt, originales Eisenfachwerk mit Gefachen aus Prüßmauerwerk, in zwei Ebenen sind schmale Eisenfenster mit waagerechten Sprossen versetzt angeordnet; Kegeldach aus bewehrtem Eisenbeton mit einem mittig durch die Laterne geführtem Ofenrohr.

Sonstiges

Siehe Bahnhof Lübbenau, Turm Nr. 201/03

Standort / Straße: N 51.8613, E 13.9609 / Güterbahnhofstr.
Baujahr: k. A.
Wasserversorgung: Eisenbahn
Behältervolumen /
Nutzinhalt: 137 m³ / 130 m³
Denkmalschutz: ja
Entwurf: k. A.
Bauherr: Eisenbahn
Heutige Nutzung: Kultur
Aufnahme vor Ort: 2009, 2014 und 2015

B

Nr.: 203/05

Standort / Straße: N 51.8644,
E 13.9651 /
Max-Plessner-Str. 19
Baujahre: 1928–29
Wasserversorgung: Stadt
Behältervolumen /
Nutzinhalt: 105 m³ / 100 m³
Denkmalschutz: nein
Entwurf:
Francke Werke Bremen
Bauherr: Stadtverwaltung
Heutige Nutzung: keine
Aufnahme vor Ort: 2009 und
2014

Abb. 311 Wasserturm neben dem Gebäude des chemaligen Elektrizitätswerks – heute ein Wohnhaus

Kurzbeschreibung Architektur / Bauweise

Expressionistischer, fast 33 m hoher, schmaler, achteckiger Turm aus Sichtmauerwerk im Kreuzverband mit einem hohen Zeltdach.

Sichtmauerwerk aus roten und gelben Kohlebrandziegeln, Turm vertikal an den acht Ecken durch versetzt angeordnete Klinker expressionistisch akzentuiert und horizontal durch Gesimse markant in Turmkopf und Turmschaft unterteilt, Erdgeschoss mit Rollschicht als Sockelgesims, hölzerner Eingangstür mit Oberlicht und rechteckigen Sprossenfenstern mit scheitrechten Stürzen, über einem Fries aus einer weiteren Rollschicht wird der Schaft durch acht kleine, rechteckige Sprossenfenster mit scheitrechten Stürzen in zwei Ebenen belichtet; ein breites, leicht auskragendes Gesims markiert den Übergang vom Schaft zum Turmkopf, durch ein schmales Gesims ist der Turmkopf in zwei Ebenen unterteilt, die untere Ebene ist durch hohe Mauerwerksvertiefungen mit einem dreiecksförmigen Sturz gestaltet, oberhalb sind die Vertiefungen durch auf die Spitze gestellte, quadratische Sprossenfenster hervorgehoben, in der oberen Ebene sitzen mittig ebenfalls auf die Spitze gestellte, kleine quadratische Fenster mit Sprossen, zweistufig auskragendes Kranzgesims bildet den Abschluss der Fassade; Zeltdach mit Biberschwänzen eingedeckt und bekrönt mit einer Kugel.

Sonstiges

1898 erfolgte die Wasserversorgung von damals 3.812 Einwohnern mit drei öffentlichen Brunnen.[1] Die Stadtverwaltung plante den Bau eines Wasserwerks mit voranschlagten Kosten in Höhe von ca. 150.000 M.[2] Alle ein- und zweigeschossigen Gebäude neben dem Wasserturm wurden um 1905 für die Stromversorgung der Stadt errichtet. 1926 wurde ein Teil des Gebäudekomplexes als Trafostation genutzt, die anderen Bereiche wurden zu einem Warmwasserbad für die Bevölkerung umgebaut.[3] Heute befindet sich hier der Firmensitz der Quiel GmbH Sondermaschinen Lebensmitteltechnik.

1   Grahn, 1898, S. 64.
2   Journal, 1910, Nr. 47, S. 1079.
3   Informationstafel vor Ort, Arbeitsgemeinschaft „Städte mit historischen Stadtkernen" des Landes Brandenburg.

Landkreis: Oberspreewald-Lausitz | Ort: Neupetershain

Behälter: Intze I mit mittlerem Durchstieg, Eisen, genietet

Kurzbeschreibung Architektur / Bauweise

Sachlicher, funktionaler, über 28 m hoher[3], runder Turm aus Sichtmauerwerk im Kreuzverband, mit hohem, geschweiftem Kegeldach und modernen, eingeschossigen Anbauten.

Turmschaft mit hohem Sockel, Rollschicht als Sockelgesims, verputztes Eingangsportal mit Dreiecksgiebel und zweiflügeliger Holztür, rechteckige Fenster mit Sprossen und scheitrechten Stürzen sind im Wechsel in vier Ebenen angeordnet; ein breites dreistufiges Gesims mit einer Rollschicht aus Soldaten[4] als Abschluss des Schaftes; zwischen Lisenen belichten in zwei Ebenen rechteckige Fenster mit Sprossen und scheitrechtem Sturz den Turmkopf, auf der Nordostseite ein moderner Aussichtsbalkon aus Stahl; ein verputztes, stufenförmig auskragendes Kranzgesims betont den Übergang zum mit Zinkblech eingedecktem Dach in Stehfalz, Dachspitze mit Kugel bekrönt.

Sonstiges

Die ortsansässige Baufirma Max Müller wurde von der Niederlausitzer Wasserwerksgesellschaft m.b.H. mit der Planung und Errichtung des Wasserturms beauftragt.[5]

1–3, 5   Der Architekt Müller war der Sohn des Bauunternehmers, Schneider, 1999, o. S.
4   Soldaten: Mauerziegel mit hochgestellter Läuferseite.

Abb. 312 Ansicht von Nordost

Standort / Straße: N 51.6120, E 14.1641 / Heinrich-Heine-Str. 7
Baujahr: 1926[1]
Wasserversorgung: Land / Gut
Behältervolumen / Nutzinhalt: 106 m³ / 100 m³
Denkmalschutz: nein
Entwurf: Werner Müller[2]
Bauherr: Gemeinde
Heutige Nutzung: Kultur (Bürgertreff)
Aufnahme vor Ort: 2009 und 2014

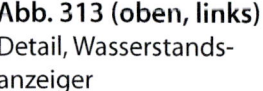

Abb. 313 (oben, links)
Detail, Wasserstands-
anzeiger

Abb. 314 (oben, rechts)
Ansicht von Westen

Standort / Straße: N 51,4536,
E 13.8673 / Güterbahnhofstr,
Baujahr: 1911–1913[1]
Wasserversorgung: Eisenbahn
Behältervolumen /
Nutzinhalt: k. A.
Denkmalschutz: ja
Entwurf: k. A.
Bauherr: Eisenbahn
Heutige Nutzung: k. A.
Aufnahme vor Ort: 2009

Abb. 315 Eingangsportal

Kurzbeschreibung Architektur / Bauweise

Historistischer, kleiner, runder Bahnturm mit auskragendem Turmkopf, geschweiftem Kegeldach und einem
eingeschossigen Anbau.

Turmschaft aus gelbem Sichtmauerwerk im Binderverband, geschosshoher Sockel mit umlaufender Rollschicht, die das Eingangsportal mit bogenförmigem Dach
einbindet, im Portal eine Tür mit scheitrechtem Sturz und
darüber ein gestalteter Rundbogen mit Putzspiegeln, im
Sockelgeschoss belichten zwei Fenster mit Segmentbögen
und darüber jeweils vier Fenster mit Segmentbogen – in
zwei Ebenen übereinander angeordnet – den Turmschaft,
eine Rollschicht und ein Kranzgesims fassen den obersten Teil des Schaftes ein, der durch vier rechteckige Segmentbogenfenster gegliedert ist; über dem Kranzgesims
erhebt sich der auskragende Turmkopf aus Eisenfachwerk – ausgefacht mit gelben Klinkern im Längsverband,
den Turmkopf belichten in jedem zweiten Gefach mittig ein schmales, rechteckiges Eisenfenster mit waagerechter Sprossung und darüber ein kleines Rundfenster mit
Sprossen; Kegeldach mit Schiefer gedeckt und mit einer
Turmspitze aus Zink.

Sonstiges

Die Lausitzer Eisenbahngesellschaft nahm am 1. Juni 1874
die Strecke Kohlfurt (heute Polen) über Ruhland nach Falkenberg in Betrieb. Der Bahnhof Ruhland erhielt noch eine
Zweigstrecke zum Stahlwerk Lauchhammer.[2] Die Zschipkau–Finsterwalder Eisenbahn (ZFE) fuhr von Finsterwalde
über Sallgast und Ruhland nach Zschipkau (heute Schipkau)
und dann weiter nach Senftenberg. 1887 wurde der erste
Teilabschnitt bis Zschipkau für den Verkehr freigegeben.[3]

Der Turmkopf wurde in der gleichen Bauweise mit
rechteckigen und runden Fenstern, wie die Bahntürme in
Jüterbog (Turm Nr. 131/08) und Finsterwalde (Turm Nr.
221/10), geplant und errichtet.

---

1 BLDAM: Angabe aus Denkmaldatenbank
2 Berger, 1996, S. 21.
3 http://de.wikipedia.org/wiki/Schipkau-Finsterwalder_Eisenbahn,
01.10.2015.

Kurzbeschreibung Architektur / Bauweise

Zweigeschossige, rechteckige Wasserstation aus Sichtmauerwerk mit roten Klinkern im Kreuzverband, zerstörtem Satteldach und einem Schornstein, auf der rechten Seite der Wasserstation ein eingeschossiger Anbau und angrenzend ein Lokschuppen mit zwei Ständen.

Fassade vertikal durch Lisenen an den Ecken und horizontal durch ein Zahnfries betont, an der traufseitigen Südostfassade befindet sich die Eingangstür mit Rundbogen und einem Oberlicht mit Sprossen, Tür durch zwei gleichgroße Zier-Rundbögen flankiert, darüber ein später eingebautes, unsymmetrisch angeordnetes, rechteckiges, vierflügeliges Holzfenster mit Kämpfer, darüber eine Zahnfries, über dem mittig ein kleines, schmales Segmentbogenfenster liegt, beidseitig neben dem Fenster schmücken zwei, gleich große Zier-Segmentbögen das Obergeschoss, auf der giebelseitigen Nordwestfassade ist – unter dem Zahnfries – der restliche Teil einer Zier-Rosette im Mauerwerk zu erkennen, über dem Zahnfries belichten zwei Eisenfenster mit Sprossen und Segmentbogen das Obergeschoss, ein breiter Mauerwerksstreifen mit Zierfries als Fassadenabschluss.

Sonstiges

Siehe Turm Nr. 205/07.

Abb. 316 (oben)
Ansicht von Nordost

Abb. 317 (links)
Ansicht von Westen

Standort / Straße: N 51.4542, E 13.8681 / Güterbahnhofstr
Baujahr: k. A.
Wasserversorgung: Eisenbahn
Behältervolumen / Nutzinhalt: k. A.
Denkmalschutz: nein
Entwurf: k. A.
Bauherr: Eisenbahn
Heutige Nutzung: k. A.
Aufnahme vor Ort: 2009

Turm aus rotem Sichtmauerwerk im Kreuzverband, Turmschaft vertikal an den Ecken durch Lisenen und vertiefte, aus gelben Ziegeln gemauerte Fassadenflächen mit Segmentbögen betont, Erdgeschoss mit rotem Sockel, abschließender Rollschicht, einer mit roten Ziegeln eingerahmten Lattentür mit Segmentbogen und einem darüber angeordneten, schmalen, kleinen Fenster mit Segmentbogen, zwischen den beiden Ebenen liegt ein Fassadenfeld aus gelben Ziegeln, das waagerecht durch Friese aus auskragenden, roten Ziegeln eingefasst und mit Bändern aus roten Ziegeln geschmückt ist, in der oberen Ebene belichten zwei schmale, hohe Segmentbogenfenster und mittig darüber ein Rundfenster den Schaft, am Ende des Turmschaftes werden die Ecklisenen durch gerade, rote Mauerwerksflächen zusammengeführt; sechs auskragende Mauerwerkslagen markieren den Übergang zum schmucklosem Turmkopf mit vier kleinen, rechteckigen Fenstern mit scheitrechten Stürzen.

Abb. 318 (oben links) Ansicht von Süden

Abb. 319 (oben rechts) Ansicht von Osten

Standort / Straße: N 51.7606, E 13.9893 / Dorfstraße 13 15
Baujahr: k. A.
Wasserversorgung: Land / Gut
Behältervolumen/Nutzinhalt:
k. A. (Behälter außen)
10 m³ / k. A. (oberer Behälter)
1 m³ / k. A. (unterer Behälter)
Denkmalschutz: ja
Entwurf: k. A.
Bauherr: k. A.
Heutige Nutzung: keine
Aufnahme vor Ort: 2009 und
2014

Kurzbeschreibung Architektur / Bauweise

Historistischer, über 17 m hoher, rechteckiger Turm mit einem desolaten Zeltdach, an der Südwestfassade steht in Höhe des 1. Obergeschosses ein genieteter, stark verrosteter Wasserbehälter, der Behälter steht auf einem Rost aus Doppel-T-Trägern, die auf der einen Seite in die Fassade eingebunden und gegenüber auf zwei Mauerwerkspfeilern aufliegen, Wasserturm an eingeschossige Wirtschaftsgebäude der Gutsanlage angebaut.

Abb. 320 (rechts) Eingangstür

Landkreis: Oberspreewald-Lausitz | Ort: Schwarzheide

Behälter: 2 × Flachbodenbehälter, Stahl[1]

Kurzbeschreibung Architektur / Bauweise

Funktionaler, 36 m hoher[6] Turm mit sechseckigem Turmschaft aus Stahlfachwerk, einem mit Stahlblech verkleideten Turmkopf, einem Blechdach mit umlaufendem Geländer und einer Laterne mit Windhose.

Turmschaft in sieben Ebenen mit einer mittig angeordneten Spindeltreppe, in dessen Spindel die Leitungsstränge verlaufen, beim Schaft aus Stahlfachwerk sind die Gefache der beiden unteren Ebenen aus Sichtmauerwerk, Fensterbänder belichten die Ebenen; schmaler, hoher Turmkopf mit zwei Umgängen auf Stahlkonsolen am Übergang vom Turmschaft zum Turmkopf und über den sechs schmalen, rechteckigen Sprossenfenstern.

Sonstiges

Der Wasserturm steht auf dem Betriebsgelände der BASF Schwarzheide GmbH.

1–6 Nagel, 2009, S. 97 f.

Abb. 321 Ansicht von 2009

Standort / Straße: N 51.4788, E 13.8798 / Engelhorn Str.
Baujahr: 1936[2]
Wasserversorgung:
Industrie / Gewerbe
Behältervolumen /
Nutzinhalt: k. A. / 370 m³ [3]
Denkmalschutz: nein
Entwurf: Gute Hoffnungshütte Oberhausen[4]
Bauherr: Braunkohle-Benzin-AG (BRABAG)[5]
Heutige Nutzung: k. A.
Aufnahme vor Ort: 2009

A
Nr.: 209/11[1]

Abb. 322 Ansicht von Südwest

Standort / Straße: N 51.4777, E 13.8567 / Wasserturmstr. 6
Baujahre: 1943–44
Wasserversorgung: Stadt
Behältervolumen /
Nutzinhalt: 408 m³ / 385 m³
Denkmalschutz: nein[2]
Entwurf: Architekt Otto Schneider, Berlin
Dipl. Ing. Cuno Wasserfurth
Bauherr: Stadtverwaltung
Heutige Nutzung:
Gaststätte im Erdgeschoss
Aufnahme vor Ort: 2009, 2011 und 2012

Kurzbeschreibung Architektur / Bauweise

Konisch verlaufender, rechteckiger, über 36 m hoher, verputzer Turm mit flachem Zeltdach.

Südwestfassade als Schauseite im unteren Teil des Turmes mit Verblendungen aus Muschelkalkplatten und einer Einfassung der beiden Gebäudeecken hervorgehoben, im Gegensatz dazu sind die drei anderen Fassadenseiten schlichter gestaltet, auf der Südostseite liegt der Eingang zur Gaststätte mit einer Tür und einem Fenster – beide mit Muschelkalkplatten gerahmt, über zwei Fenstern auf der Nordostseite des Turms befindet sich der Eingang zum Treppenhaus des Gebäudes, im Erdgeschoss der Südwestfassade ist der wehrhafte Charakter des Turms an den beiden Gebäudeecken durch kleine Strebepfeiler mit Wasserschlaggesims betont, in zwei große Mauerwerksöffnungen mit Segmentbögen sind dreiflügelige Fenster eingebaut, darüber eine hohe Fensterfront, die aus vier, nebeneinander und drei, übereinander angeordneten, schmalen Sprossenfenstern besteht, über den Fenstern wechselt die Fassadenoberfläche vom Naturstein zur reliefartigen Putzfläche, Turmschaft in den Putzflächen von schmalen, kleinen Fenstern in drei bzw. vier Ebenen belichtet, darüber ist an allen vier Fassadenseiten ein weithin sichtbares Zifferblatt mit Zeigern auf der Fassade montiert, über der Uhr bilden fünf bzw. sechs schmale, von Muschelkalkplatten eingefasste Fenster – jeweils flankiert von überlangen Konsolsteinen – den Fassadenabschluss; die Stahlbetonplatte des Daches kragt über die Fassade.

1 von Wangenheim, 2018, Katalog Band 2, S. 1074 ff.
2 BLDAM: Der Wasserturm wurde 2018 in die Denkmalliste eingetragen.

Kurzbeschreibung Architektur / Bauweise

Historistischer – ursprünglich kleiner, nach Aufstockung dreigeschossiger – achteckiger Bahnturm aus Sichtmauerwerk, mit Wasserstandsanzeiger und Zeltdach.

Unterer Bereich des Turmschaftes an allen acht Fassadenseiten durch glatt verputzte Mauerwerksvertiefungen mit stilisiertem, abgetrepptem Schulterbogen betont, eine zweiflügelige, hölzerne Eingangstür mit Segmentbogen auf der Nordfassade, in jedem zweiten Fassadenfeld drei kleine, zum Teil zugemauerte Eisenfenster mit Sprossen und Segmentbogen aus roten Mauerziegeln angeordnet, ein Gesims markiert den Übergang zur Aufstockung, ab dieser Ebene gliedern Mauerwerkvertiefungen in Sichtmauerwerk mit rechteckigen Eisenfenstern die Fassadenseiten, Fenster mit Kämpfer, Sprossen und scheitrechten Stürzen; Gesims aus zwei, stufenartig auskragenden Mauerwerkslagen markiert den Übergang zum Turmkopf, schmuckloser Turmkopf belichtet mit zwei nebeneinanderliegenden, kleinen Eisenfenstern mit Sprossen und scheitrechtem Sturz; Zeltdach eingedeckt mit Biberschwänzen in Kronendeckung.

Sonstiges

Bereits 1870 wurde durch die Cottbus–Großenhainer Eisenbahn-Gesellschaft die gleichnamige Strecke eröffnet.[3] 1874 ging die Strecke von Straßgräbchen-Bernsdorf nach Lübbenau in Betrieb.[4] 1884 eröffnete die Görlitzer Eisenbahngesellschaft die Strecke von Lübbenau nach Kamenz.[5] Die Zschipkau–Finsterwalder Eisenbahn (ZFE) fuhr von Finsterwalde über Sallgast und Ruhland nach Zschipkau (heute Schipkau) und dann weiter nach Senftenberg. Die Strecke Senftenberg–Zschipkau wurde 1905 in Betrieb genommen.[6]

1 BLDAM: Aufstockung 1916
2 BLDAM: Der Wasserturm wurde zwischenzeitlich in die Denkmalliste eingetragen.
3 Preuß, 1996, o. S.; http://de.wikipedia.org/wiki/Bahnstrecke_ Lübbenau-Kamenz, 18.01.2017.
4 Preuß, 1996, o. S.
5 http://de.wikipedia.org/wiki/Bahnstrecke_Großenhain-Cottbus, 18.01.2017.
6 Preuß, 1996, o.S.; http://de.wikipedia.org/wiki/Schipkau-Finsterwalder_Eisenbahn, 01.10.2015.
7 Quelle: Archiv Deutsche Bahn, Cottbus.

Abb. 324 (oben, links) Ansicht von Osten

Abb. 325 (rechts) Detail, Wasserstandsanzeiger

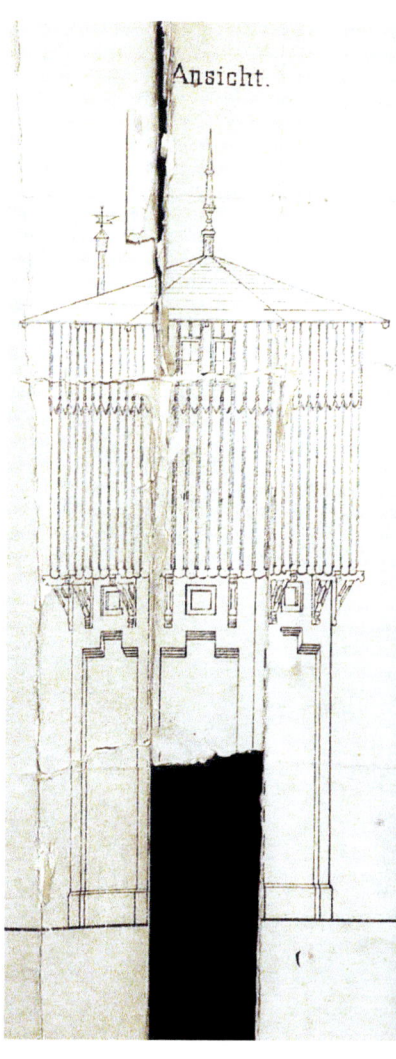

Abb. 323 (oben) Ansicht, Wasserturm Falkenberg/Elster[7]

Standort / Straße: N 51.5275, E 14.0054 / Güterbahnhofstr. 10
Baujahr: 1893[1]
Wasserversorgung: Eisenbahn
Behältervolumen / Nutzinhalt: 230 m³ / 220 m³
Denkmalschutz: nein[2]
Entwurf: k. A.
Bauherr: Eisenbahn
Heutige Nutzung: keine
Aufnahme vor Ort: 2009, 2011

Landkreis: Oberspreewald-Lausitz | Ort: Vetschau

Behälter: Kegel, Stahlbeton

Abb. 326 (oben) Turmkopf

Abb. 327 (links) Ansicht von 2010

Kurzbeschreibung Architektur / Bauweise

Funktionaler, über 35 m hoher Stahlbetonturm mit einem auskragenden, kegelförmigen Turmkopf und einem flachen Kegeldach.

Oberhalb des im Durchmesser 5 m großen Turmschaftes befindet sich eine rechteckige Tür mit Austritt, darüber ein schwenkbarer Leitergang für den Aufstieg auf das Dach; über dem Turmkopf ein umlaufendes Stahlgeländer.

Sonstiges

1898 erfolgte die Wasserversorgung von damals 3.255 Einwohnern mit 12 öffentlichen Brunnen.[4]

Standort / Straße: N 51.7778,
E 14.0791 /
Heinrich-Heine-Str.
Baujahr: 1963
Wasserversorgung: Stadt
Behältervolumen /
Nutzinhalt: k. A. / 1.000 m³
Denkmalschutz: nein
Entwurf: VEB Spezial-
baubetrieb Leipzig[2]
Bauherr: Stadtverwaltung
Heutige Nutzung:
außer Betrieb seit 1993[3]
Aufnahme vor Ort: 2010

1   von Wangenheim, 2018, Katalog Band 2, S. 1092 ff.
2   Ausführende Baufirma.
3   Seit 1995 Mobilfunkstation, Thomas Berger, WAC, 19.08.2019.
4   Grahn, 1898, S. 66.

Kurzbeschreibung Architektur / Bauweise

Kleiner, achteckiger Bahnturm mit Wasserstandsanzeiger, leicht auskragendem Turmkopf und flachem, bituminös eingedecktem Zeltdach, eingeschossige Anbauten auf der Nordseite.

Turmschaft aus glattem, schmucklosem Sichtmauerwerk im Kreuzverband, gemauerter Sockel mit Rollschicht auf Feldsteinmauerwerk, einflügelige, hölzerne Segmentbogentür auf der Westseite, auf der Ostseite eine zweiflügelige Schiebetoranlage aus Holz, darüber belichtet in jeder zweiten Fassadenseite ein schmales Segmentbogenfenster aus Eisen mit waagerechten Sprossen den Schaft und in der obersten Ebene sehr kleine, eiserne Segmentbogenfenster mit einer waagerechten Sprosse – außer auf der Südseite, stattdessen ein holzverkleideter Austritt hinter dem sich der Leitergang zum Umgang des Turmkopfes befindet, über dem Gesims bilden eiserne, genietete Konsolen das Auflager für den auskragenden Turmkopf; Turmkopf holzverschalt in Boden/Deckelschalung und in zwei Ebenen die Bretterenden angespitzt, in jeder zweiten Fassadenseite befinden sich rechteckige, verleistete Fenster mit Zierkonsolen und Brettern für die Sohlbank, bzw. Verdachung.

Sonstiges

Die Halle–Sorau–Gubener Eisenbahn-Gesellschaft plante den Bau der Hauptstrecke Halle–Cottbus. Der erste Teilabschnitt wurde 1871 von Cottbus über Doberlug-Kirchhain nach Falkenberg freigegeben und bereits 1872 ging die gesamte Strecke in Betrieb.[1] 1875 begann die Berlin–Dresdener Eisenbahn (BDE) mit dem Bahnbetrieb auf der 176 km langen Strecke von Berlin über Doberlug-Kirchhain nach Dresden.[2]

Der Bahnturm von Doberlug-Kirchhain ist in gleicher Bauweise – damit höchstwahrscheinlich zur selben Zeit – wie der Bahnturm auf dem Bahnhof Elsterwerda-Biehla (Turm-Nr. 214/03) errichtet worden.

1   Gramlich, Küttner, 1998, S. 87; Bley, 1999, S. 12.
2   Bley, 1999, S. 12, 21, 24, 49, 162.

Abb. 328 (oben, links) Ansicht von Südwest

Abb. 329 (oben, rechts) Detail,
                             Wasserstandsanzeiger

Abb. 330 (rechts) Eingang

Standort / Straße: N 51.6223,
E 13.5650 / Südstraße
Baujahr: k. A.
Wasserversorgung: Eisenbahn
Behältervolumen /
Nutzinhalt: k. A.
Denkmalschutz: nein
Entwurf: k. A.
Bauherr: k. A.
Heutige Nutzung: k. A.
Aufnahme vor Ort: 2009

Abb. 331 Ansicht von 2010

Standort / Straße: N 51.4551, E 13,5181 / Westsraße
Baujahr: 1905–06[1]
Wasserversorgung: Stadt / Reichsbahn
Behältervolumen / Nutzinhalt: k. A. / 250 m³ [2]
Denkmalschutz: ja
Entwurf: k. A.
Bauherr: Stadtverwaltung
Heutige Nutzung: keine
Aufnahme vor Ort: 2010 und 2011

Kurzbeschreibung Architektur / Bauweise

Über 28 m hoher[3], runder Turm mit einer Architektur – teils historistisch, teils vom Jugendstil beeinflusst, mit stark konisch verlaufendem Turmschaft aus rotem Sichtmauerwerk im Binderverband, auskragendem Turmkopf und einer Dachkuppel mit zwiebelartig bekrönter Dachlaterne. Geschosshoher, verputzer Sockel in kyklopischer Mauerwerksstruktur, Eingangsbereich mit einer Freitreppe und einem wuchtigen Eingangsportal, im Portal eine zweiflügelige, hölzerne Kassettentür mit Rundbogen, Übergang zum Sichtmauerwerk des Turmschaftes durch ein breites, verputztes Sockelgesims, im Turmschaft sind Fenster mit Rund- und Segmentbögen in zwei Ebenen im Wechsel angeordnet, Schaftabschluss durch ein breites Gesims, bestehend aus einem Fries mit einer unteren und

oberen gelben Mauerwerkslage und dazwischen ein rotes Mauerwerksband, darüber befindet sich ein verputzter Ring, der von abgetreppten Mauerwerkskonsolen getragen wird; Turmkopf mit Resten des Putzes, acht schmale, rechteckige Fenster mit waagerechten Sprossen belichten den Turmkopf.

Sonstiges

1901 beschloss die Stadtverwaltung den Bau einer Wasserversorgungsanlage. Nach der Verlegung von mehr als 2.300 lfdm Rohrleitung wurde aus zwei Brunnen die Stadt mit Trinkwasser versorgt. Die Deutsche Reichsbahn speiste seit 1912 ihre drei Wasserkräne auf dem Bahnhof ebenfalls mit diesem Wasser. Bis 1948 wurde der Turm für die städtische Wasserversorgung genutzt. 1982 nahm die Reichsbahn den Wasserturm außer Betrieb.[4]

1–4 Wasserturm Elsterwerda, Faltblatt der Stadtverwaltung Elsterwerda, 2007.

Abb. 332 Eingangsportal

Landkreis: Elbe-Elster | Ort: Elsterwerda-Biehla

Behälter: k. A.

Kurzbeschreibung Architektur / Bauweise

Funktionaler, kleiner, achteckiger Bahnturm mit Wasserstandsanzeiger, leicht auskragendem Turmkopf und flachem, bituminös eingedecktem Zeltdach, Reste vom eingeschossigen Anbau auf der Westseite.

Turmschaft aus glattem, schmucklosem Sichtmauerwerk im Kreuzverband, gemauerter Sockel mit Rollschicht auf Feldsteinmauerwerk, einflügelige, hölzerne Segmentbogentür auf der Nordwestseite, auf der Südostseite eine zugemauerte, große Öffnung mit Segmentbogen, in den unteren zwei Ebenen schmale Fenster mit waagerechten Sprossen und flachen Segmentbögen in jeder zweiten Fassadenfläche, darüber in der obersten Ebene des Schaftes sehr kleine Segmentbogenfenster – außer auf der Südseite, stattdessen ein holzverkleideter Austritt hinter dem sich der Leitergang zum Umgang des Turmkopfes befindet, über dem Gesims bilden eiserne, genietete Konsolen das Auflager für den auskragenden Turmkopf; Turmkopf holzverschalt in Boden/Deckelschalung mit vier sehr kleinen, schmalen, rechteckigen Holzfenstern in jedem zweiten Fassadenfeld.

Sonstiges

Von Kohlfurt (heute Polen) durch die Oberlausitz über die Bahnhöfe Ruhland, Elsterwerda-Biehla nach Falkenberg baute die Oberlausitzer Eisenbahn-Gesellschaft eine 148 km lange Bahnstrecke. Sie wurde 1874 in Betrieb genommen.[2] Ein Jahr darauf stand das Bahnhofsgebäude von Elsterwerda (ab 1922 Bahnhof Elsterwerda-Biehla[3]) aus Holz mit einer Fassade aus senkrechter Holzverkleidung – gebaut von dem ortsansässigen Maurermeister Friedrich Jage.[4]

Abb. 333 (oben) Ansicht von Südost

Abb. 334 (rechts) Detail, Wasserstandsanzeiger

1   Angabe aus Hilfsblatt zur Vorbereitung der Umbewertung von Gebäuden, baulichen Anlagen u. unselbstständigen Gebäuden, Archiv Deutsche Bahn Cottbus.
2   http://de.wikipedia.org/wiki/Oberlausitzer_Eisenbahn, 01.10.2015, Preuss, 1996, o. S.
3   Bley, 1999, S. 162.
4   Bahnhof Elsterwerda Strecke Berlin–Dresden, Faltblatt der Stadtverwaltung Elsterwerda, 2008.

Standort / Straße: N 51.4720, E 13.5170 / Ladestraße
Baujahr: 1894[1]
Wasserversorgung: Eisenbahn
Behältervolumen /
Nutzinhalt: k. A.
Denkmalschutz: ja
Entwurf: k. A.
Bauherr: k. A.
Heutige Nutzung: k. A.
Aufnahme vor Ort: 2010

A
Nr.: 215/04[1]

Landkreis: Elbe-Elster | Ort: Falkenberg / Elster

Behälter: Barkhausen, geschlossen, Eisen, genietet

Standort / Straße: N 51.5839,
E 13.2664 /
Am oberen Güterbahnhof
Baujahr: 1902
Wasserversorgung: Eisenbahn
Behältervolumen /
Nutzinhalt: k. A. / 200 m³
Denkmalschutz: ja
Entwurf:
August Klönne (Behälter)
Bauherr: Königliche Eisen-
bahndirektion Halle a. Saale
Heutige Nutzung: keine
Aufnahme vor Ort: 2009 und
2012

Kurzbeschreibung Architektur / Bauweise

Massiver, gedrungener, etwa 22 m hoher, runder Bahn-
turm mit Wasserstandsanzeiger, einem neoromanischen
Turmschaft aus Sichtmauerwerk und einem geschlossenen
Barkhausenbehälter mit Laterne.

Turmschaft im Kreuzverband aus roten Mauerziegeln,
vertikal durch acht Lisenen und horizontal durch Gesimse
betont, über eine Kellertreppe ein portalartiger Zugang
mit giebelförmiger Verdachung und zweiflügeliger, hölzerner Rundbogentür, in allen drei Ebenen gliedern Mauerwerksöffnungen mit Rundbögen zwischen den Lisenen die Fassadenflächen, in den Mauerwerksöffnungen
der unteren und oberen Ebene belichten Holzfenster
mit waagerechten Sprossen den Turmschaft, in der mittleren Ebene sind die Öffnungen zugemauert; der untere
Bereich des Turmkopfes ist mit Schieferplatten[2] verkleidet und darüber befindet sich der genietete, unverhüllte
Barkhausenbehälter, ein eiserner mit Kreisbögen gestalteter Umgang, Leitergänge, ein Wasserstandsanzeiger, die
Einstiegsluke in den Behälter und eine Laterne – bekrönt
mit Kugel und Wetterfahne.

Sonstiges

Der Obere Güterbahnhof mit dem Wasserturm ist in
Privatbesitz und wird als Dampflokmuseum geführt.
In Brandenburg gibt es in Rathenow noch einen Bahn-
turm mit einem geschlossenen Barkhausenbehälter (Turm
Nr. 096/09).

1   von Wangenheim, 2018, Katalog Band 2, S. 1105 ff.
2   Dahinter liegt das originale, genietete Eisenfachwerk.

Abb. 335 (oben) Ansicht von Südost

Abb. 336 (unten) Kellertreppe mit Eingangsportal

366

Abb. 337 Ansicht von 2015

Kurzbeschreibung Architektur / Bauweise

Stark überformte, zweigeschossige, rechteckige, glatt verputzte[2] Wasserstation mit Schornsteinen und Zeltdach sowie eingeschossigen Anbauten an drei Seiten.

Erdgeschoss auf der Süd- und Nordseite – über einem grau verputzten Sockel – mit einer Blechplatte gesichertes Fenster, darüber ein Gesims, auf der Süd- und Nordseite des Obergeschosses ein dreiflügeliges Rundbogenfenster, der Rundflügel mit sonnenstrahlenförmigen Sprossen; Zeltdach bituminös eingedeckt.

Sonstiges

Die Berlin–Anhaltische Eisenbahn-Gesellschaft baute die Streckenabschnitte von Herzberg nach Falkenberg/Elster und von Falkenberg/Elster nach Röderau. Beide Abschnitte gingen am 01.10.1848 in Betrieb.[3]

1   BLDAM (Hg.), 2006, Heft 1, S. 6.
2   Wasserstation war höchstwahrscheinlich steinsichtig und wurde später verputzt.
3   http://bahnstrecken.de/indext.htm?http://www.bahnstrecke.de/ab.htm, 22.01.2017; Preuss, 1996, o. S.

Standort / Straße: N 51.5868, E 13.2456 / Bahnhofstr. 8
Baujahr: 1848[1]
Wasserversorgung: Eisenbahn
Behältervolumen /
Nutzinhalt: k. A.
Denkmalschutz: ja
Entwurf: k. A.
Bauherr: Berlin–Anhaltische Eisenbahn-Gesellschaft
Heutige Nutzung: keine
Aufnahme vor Ort: 2015

Landkreis: Elbe-Elster | Ort: Falkenberg / Elster

Behälter: ausgebaut, Hängeboden, Stahl

Kurzbeschreibung Architektur / Bauweise

Expressionistischer, achteckiger, hoher, schmaler Turm in Sichtmauerwerk mit roten Kohlebrandziegeln im Kreuzverband und einem kegelförmigen, flachen Dach.

Turm vertikal an den acht Ecken durch kreuzweise versetzte Klinker betont, zwei unterschiedlich hohe Mauerwerksvertiefungen auf jeder Fassadenseite unterteilen den Turm architektonisch über mehrere Ebenen in Turmschaft und Turmkopf, die untere Mauerwerksvertiefung beginnt über der Rollschicht des Sockels und endet mit einem abgetreppten Fries, eine rechteckige Eingangstür mit scheitrechtem Sturz und rechteckige, große Stahlfenster mit Sprossen und scheitrechten Stürzen gliedern das Erdgeschoss, im oberen Teil der hohen Mauerwerksvertiefungen ist jeweils ein kleineres, quadratisches Fenster angeordnet, über einem breiten, schmucklosen Mauerwerksband liegt ein umlaufender Zierverband aus hochkant gemauertem, 36 cm starkem Mauerwerk; darüber beginnt die obere Mauerwerksvertiefung mit zwei übereinanderliegenden Stahlfenstern mit Sprossen und scheitrechten Stürzen, ein weiterer Zierverband aus hochkant gemauerten Klinkern akzentuiert attikaartig den Fassadenabschluss.

Standort / Straße: N 51.5802, E 13.2439 /
Liebenwerdaer Str. 19
Baujahre: 1928–29[1]
Wasserversorgung: Land / Gut
Behaltervolumen /
Nutzinhalt: 125 m³ [?]
Denkmalschutz: ja
Entwurf: Ingenieur Rosenquist, Breslau[3]
Bauherr: Gemeindeverwaltung
Heutige Nutzung: keine
Aufnahme vor Ort: 2010

Abb. 338 (oben) Ansicht von 2010

Abb. 339 (rechts) Eingang

1–3 Bauzeichnung, Nagel, 2009, S. 36.

Landkreis: Elbe-Elster | Ort: Falkenberg / Elster

Behälter: Hängeboden, Sonderform Kegel, Stahl, geschweißt[1]

Kurzbeschreibung Architektur / Bauweise

Historistischer, über 15 m hoher Bahnturm mit acht-eckigem Turmschaft aus rotem und gelbem Sichtmau-erwerk im Kreuzverband, sichtbarem, zylindrischem Behälter als Turmkopf, Wasserstandsanzeiger und kup-pelartigem Flachdach, ein eingeschossiger Anbau an der Ostfassade.

Turmschaft vertikal durch rote Mauerwerksecken und dazwischen liegenden, vertieften, gelben Mauerwerks-flächen betont, auf der Südostfassade eine hölzerne Ein-gangstür mit Oberlicht und Segmentbogen, auf der Nord-ost- und Nordwestfassade ist jeweils ein Rundbogenfenster angeordnet, über den Fenstern werden schulterbogenartig und abgetreppt die Lisenen zusammengeführt, der Turm-schaft wird im obersten Teil auf jeder Fassadenseite durch kleine, abgestufte, quadratische Mauerwerksöffnungen bzw. Vertiefungen im Wechsel gegliedert; ein zurückge-setzter, stählerner Auflagerring trägt den Turmkopf mit seinen zylindrischen Mantelflächen aus geschweißten Ble-chen, ein Stahlgeländer bildet den obersten Abschluss des Turmes.

Sonstiges

Neben dem Wasserturm Nr. 1 der Berlin–Anhaltischen Eisenbahn wurden noch zwei, weitere – durch den Krieg zerstörte – Wassertürme (Nr. 2 und neuer Wasserturm) durch die Königliche Eisenbahndirektion Halle (Saale) auf dem Bahnhof Falkenberg errichtet. In der unmittel-baren Umgebung des Wasserturms Nr. 1 – am Standort des ehemaligen Bahnbetriebswerks – hat das Eisenbahn-museum Falkenberg/Elster seinen Standort.

1–3 Durch die Königliche Eisenbahn-Betriebsinspektion wurde 1910 die Erhöhung des Wasserturms geplant. Der ursprüngliche Behälter mit einem Fassungsvermögen von 150 m³ wurde 1962 durch einen neuen Stahlbehälter ersetzt.

Abb. 340 (oben) Ansicht von Südost

Abb. 341 (rechts) Detail, Wasserstandsanzeiger

Standort / Straße: N 51.5889, E 13.2459 / Schwarzer Weg
Baujahr: 1894[2]
Wasserversorgung: Eisenbahn
Behältervolumen / Nutzinhalt: 322 m³ / 300 m³ [3]
Denkmalschutz: nein
Entwurf: Lantzendörffer, Baumeister
Bauherr: Berlin–Anhaltische Eisenbahn
Heutige Nutzung: Museum
Aufnahme vor Ort: 2010 und 2011

Landkreis: Elbe-Elster | Ort: Finsterwalde

Behälter: Hängeboden, Eisen, genietet

Kurzbeschreibung Architektur / Bauweise

Historistischer, über 50 m hoher, achteckiger Turm mit konisch verlaufendem Turmschaft aus rotem Sichtmauerwerk im Kreuzverband, einem gestalterisch abgesetzten, verputzten Turmkopf und einem geschweiften Dach mit Welscher Haube.

Verputztes Sockelgeschoss mit auskragendem Sockelgesims, gegliedert durch einen neoklassizistischen, portikusartigen Eingang mit einer zweiflügeligen Kassettentür und einem rundbogigen Oberlicht mit Sprossen, sowie rundbogigen Blindfenstern, über dem Dreiecksgiebel des Eingangs ist ein Wappenschild in das Mauerwerk eingelassen, darüber unterteilt sich der Turmschaft in drei Fensterebenen mit Rundbogenfenstern, die nach obenhin kleiner werden, in der obersten Fensterebene schmückt eine Uhr mit weißem Ziffernblatt auf der Nordwestfassade den Schaft; ein schmales Putzband markiert den Übergang zum Turmkopf, der in zwei Fensterebenen durch ein Gesims unterteilt ist, in der unteren Ebene sehr kleine, ovale Fenster und in der oberen Ebene bestimmen drei, rechteckige, große Fenster nebeneinander die acht Fassadenseiten; geschweiftes Dach mit markantem Dachkasten und großer Welscher Haube mit ovalen Fenstern, Haube mit Kupfer eingedeckt.

1   450 m³, Angabe der Stadtwerke Finsterwalde GmbH; Vgl. 425 m³ Angabe Journal, Nr. 16, 1910, S. 355.

2   Die Zeichnung vom 11.08.1909 mit Schnitt und Grundrissen ist von Salbach unterzeichnet. Nach Ernst entwarf Salbach zwar einen Wasserturm, dieser Entwurf erhielt aber nicht die Zustimmung der Stadtverwaltung. Der neu beauftragte Entwurf des Berliner Architekten Steinbrucker kam dann zur Ausführung. Salbach berechnete nur die Statik, Ernst, 2010, S. 12 ff. Der Architekt Salbach aus Dresden plante auch den 1882–83 erbauten Wasserturm in Charlottenburg-Westend. Für die Umnutzung zu Wohnzwecken wurde der Hängebodenbehälter ausgebaut.

Standort / Straße: N 51.6339,
E 13.7141 / Am Wasserturm
Baujahre: 1909–10
Wasserversorgung: Stadt
Behältervolumen /
Nutzinhalt: k. A. / 450 m³
Denkmalschutz: ja
Entwurf:
Architekt Steinbrucker, Berlin,
Dipl. Ing. Salbach, Dresden[2]
Bauherr: Stadtverwaltung
Heutige Nutzung: Wasserturm
Aufnahme vor Ort: 2010 und
2013

Abb. 342 (links) Turmkopf, Ansicht von Nordwest

Abb. 343 (Mitte) Ansicht von Nordost

Abb. 344 (rechts) Detail, Stadtwappen

Kurzbeschreibung Architektur / Bauweise

Historistischer, achteckiger Turmschaft aus rotem Sicht-mauerwerk im Kreuzverband, ohne Turmkopf und mit flachem Zeltdach.

Vertikal betonen hohe Mauerwerksvertiefungen mit Segmentbögen alle acht Fassadenseiten, über dem Sockel aus Feldsteinen und rotem Mauerwerk liegt ein breiter Mauerwerksstreifen mit abschließender Rollschicht, auf der Ostseite des Schaftes eine zweiflügelige Holztür mit Segmentbogen und darüberliegender Schmuckrosette aus roten Mauerziegeln, in jeder zweiten Fassadenseite belichten in den Mauerwerksvertiefungen unten Eisenfenster mit Sprossen und Segmentbogen und über einem Zahnfries zwei kleinere, biforenartig angeordnete Segmentbogenfenster aus Eisen und mit Sprossen den Turmschaft, im Wechsel mit den Segmentbogenfenstern sind in den anderen Fassadenseiten Blindfenster mit Segmentbögen angeordnet, über den acht Mauerwerksvertiefungen liegt ein breites, abgetrepptes Kranzgesims mit einem schachbrettartigen Fries; Dach bituminös eingedeckt und mit kleiner Kugelspitze bekrönt.

Sonstiges

Die Halle–Sorau–Gubener Eisenbahn-Gesellschaft plante den Bau der Hauptstrecke Halle–Cottbus. Der erste Teilabschnitt wurde 1871 von Cottbus über Calau, Finsterwalde und Doberlug-Kirchhain nach Falkenberg freigegeben und bereits 1872 ging die gesamte Strecke in Betrieb.[1] Zur Erschließung des Braunkohlereviers wurde 1886 bis 1887 die Strecke Zschipkau–Finsterwalde gebaut. Das Militär nutzte von 1914 bis 1918 die Nebenbahn vor allem für Truppentransporte.[2]

1 Gramlich, Küttner, 1998, S. 87; Bley, 1999, S. 12.
2 Quabius, Vogel, 1994, S. 26.

Abb. 345 Ansicht von 2010

Standort / Straße: N 51.6366, E 13.7085 / Bahnhofstr.
Baujahr: k. A.
Wasserversorgung: Eisenbahn
Behältervolumen /
Nutzinhalt: k. A.
Denkmalschutz: ja
Entwurf: k. A.
Bauherr: k. A.
Heutige Nutzung: k. A.
Aufnahme vor Ort: 2010 und 2014

Landkreis: **Elbe-Elster** | Ort: **Finsterwalde**

Behälter: **Barkhausen, Eisen, genietet**

Abb. 346 (oben) Detail, Wasserstandsanzeiger

Standort / Straße: N 51.6402, E 13.7164 / Zirkusplatz
Baujahr: 1911²
Wasserversorgung: Eisenbahn
Behältervolumen /
Nutzinhalt: 106 m³ / 100 m³
Denkmalschutz: ja
Entwurf: Kgl. Eisenbahndi-
rektion Halle a. d. Saale³
Bauherr: Preußische Staatsbahn
Heutige Nutzung: keine
Aufnahme vor Ort: 2013

Kurzbeschreibung Architektur / Bauweise

Historistischer, kleiner, runder Bahnturm mit Wasserstandsanzeiger, weit auskragendem Turmkopf und geschweiftem, schiefergedecktem, desolatem Kegeldach mit Turmspitze.

Turmschaft aus rotem Sichtmauerwerk im Binderverband, vorstehender Sockel mit schräger Betonabdeckung und einem portalartigen Eingangsbereich mit einer rechteckigen Holztür, Turmschaft in drei Ebenen durch sehr schmale, rechteckige Fenster mit scheitrechten Stürzen belichtet; den Übergang zum verputzten Turmkopf betont ein wulstartiges, glatt verputztes Gesims, Turmkopf aus Eisenfachwerk mit verputztem Mauerwerk durch lebhafte Putzstruktur – waagerechte Putzbänder und senkrechte Putzspiegel mit Rundbögen – gestaltet, zwischen den senkrechten Putzspiegeln belichten in zwei Fensterebenen gerahmte, rechteckige, eiserne Sprossenfenster mit darüberliegenden, runden, eisernen Sprossenfenstern den Turmkopf.

Sonstiges

Ein preußisches Gesetz vom 25. Juni 1904 beinhaltet u.a. die Genehmigung für den Bau und Betrieb der Nebenbahnstrecke Finsterwalde–Luckau. Im April 1910 begannen die Bauarbeiten für die 33 km lange, sogenannte Rebenbahn auf dem Bahnhof Finsterwalde. Auf dem ersten Streckenabschnitt von Finsterwalde nach Crinitz verlegte die Eisenbahnbauabteilung Finsterwalde die Gleise und auf dem 2. Abschnitt (Crinitz–Luckau) übernahm das 2. Eisenbahnregiment mit Standort Berlin die Verlegung. Die Strecke ging 1911 in Betrieb.⁴ Seit 1991 steht der Bahnwasserturm unter Denkmalschutz.⁵ Ein – im ähnlichen Stil entworfener – Bahnturm der Königlichen Eisenbahndirektion Halle steht auf dem Bahnbetriebswerk der Anhalter Bahn in Jüterbog (Turm Nr. 131/08).

1   von Wangenheim, 2018, Katalog Band 2, S. 1146 ff.
2   Reclam, 2006, S. 131.
3, 4 Quabius, 1993, S. 49 f.
5   Archiv BLDAM, Akte 693.

Abb. 347 (oben rechts) Wasserturm neben Ringlokschuppen, Ansicht von Südost

Abb. 348 (links) Eingang, Ansicht von Südwest

Kurzbeschreibung Architektur / Bauweise

Funktionale, kleine, rechteckige, verfallene Wasserstation mit Satteldach, angebaut an einem Lokschuppen, sowie weiteren, schuppenartigen, kleineren Anbauten.

Turm aus rotem Sichtmauerwerk im Kreuzverband, Südfassade mit Eingangstür, Tür mit Oberlicht und Segmentbogen, über einem Gesims belichten ein vierflügeliges Segmentbogenfenster mit einem darüberliegenden, kleineren Segmentbogenfenster das Gebäude.

Sonstiges

Die Hannoversche Staatsbahn bezog ihr Wasser durch eine 3.328 m lange Leitung aus dem Sieberthal. Über das Filterbassin wurde das Wasser in die Behälter des Lokomotivschuppens gehoben. Eine Zweigstelle versorgte auch die Bewohner von Flecken Herzberg mit Wasser.[1]

1841 ging die Strecke Jüterbog–Herzberg der Berlin–Anhaltischen Eisenbahn-Gesellschaft in Betrieb.[2]

Abb. 349 (oben) Wasserturm mit Lokschuppen, Ansicht von Osten

Abb. 350 (links) Ansicht von Süden

1 Schmitt, 1882, S. 214.
2 Bley, 1999, S. 7.

Standort / Straße: N 51.6878, E 13.2378 / Radelandweg 2
Baujahr: k. A.
Wasserversorgung: Eisenbahn
Behältervolumen /
Nutzinhalt: k. A
Denkmalschutz: nein
Entwurf: k. A.
Bauherr: k. A.
Heutige Nutzung: keine
Aufnahme vor Ort: 2015

Landkreis: Elbe-Elster | Ort: Herzberg

Behälter: Flachboden, Ringbehälter, zwei Kammern, Stahlbeton

Kurzbeschreibung Architektur / Bauweise

Moderner, sachlicher, quadratischer Hochhausturm aus Stahlbeton mit Sichtmauerwerk aus Kohlebrandziegeln im Märkischen Verband, mit Flachdach und Sternwarte, sowie ein angebauter, eingeschossiger Eingangsbereich auf der Nordwestseite.

Turm vertikal durch Stahlbetonstützen und horizontal durch eine auskragende Stahlbetondecke akzentuiert, hierbei wird der Übergang zwischen Turmschaft und Turmkopf hervorgehoben, Fassade zwischen und neben den Stahlbetonstützen durch acht Fensterebenen gegliedert, auf der Südwestseite befinden sich im Erdgeschoss zwei Stahltüren; Turmkopf wird durch schmale Lisenen rhythmisiert, zwischen den Lisenen sind oberhalb des Turmkopfes kleine, liegende, rechteckige Fenster und in deren Mitte eine Belüftungsöffnung angeordnet; über der auskragenden Betonplatte befinden sich der Dachausstieg und die Kuppel der Sternwarte.

Sonstiges

Eine Schulsternwarte auf dem Turm gibt es seit 1960.[2] Heute wird die Sternwarte Herzberg/Elster durch die „Herzberger Sternfreunde e.V." betreut.

1, 2 Heimatkalender Kreis Herzberg, 1961/62, S. 41 f.

Standort / Straße: N 51.6878,
E 13.2378 /
Wilhelm-Pieck-Ring 38
Baujahr: 1959[1]
Wasserversorgung: Stadt
Behältervolumen /
Nutzinhalt: 420 m³ / 400 m³
Denkmalschutz: ja
Entwurf: k. A.
Bauherr: Stadtverwaltung
Heutige Nutzung:
Gewerbe, Sternwarte
Aufnahme vor Ort: 2010,
2013 und 2014

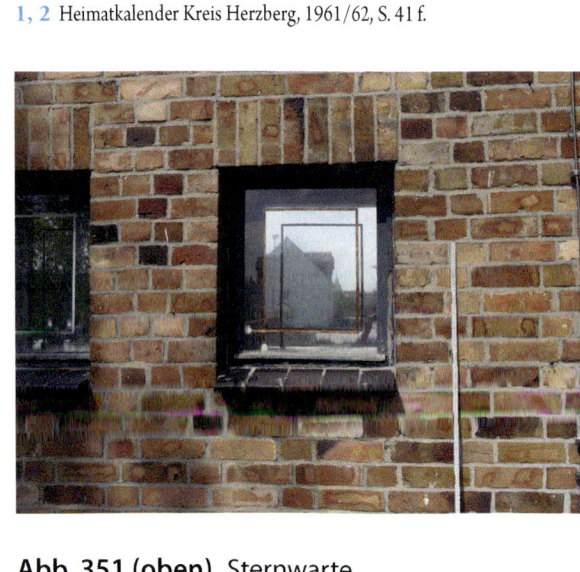

Abb. 351 (oben) Sternwarte

Abb. 352 (links) Ansicht von Südwest

Abb. 353 (rechts) Detail, Fassade

Kurzbeschreibung Architektur / Bauweise

Funktionaler, runder Turm mit konischem Turmschaft, leicht auskragendem Turmkopf und Zeltdach.

Schmuckloser, glatt verputzter Turmschaft mit einer Eingangstür aus Stahl und wenigen, rechteckigen Fenstern, die den Schaft belichten, im Übergang zum Turmkopf ein kleiner, verputzter Vorbau mit Pultdach in dem der Leitergang vom Turmschaft zum Umgang des Turmkopfes untergebracht ist; Holzstreben auf Konsolsteinen tragen den, mit senkrechten Holzbrettern verschalten, Turmkopf ohne Fenster; Zeltdach mit Biberschwänzen eingedeckt und bekrönt mit Kugel.

Sonstiges

Hohenbucko war ein Straßendorf mit Kirche und drei Wassermühlen. 1807 wohnten 150 Menschen im Ort. Eine südlich gelegene Dorferweiterung gab es um 1900.[2] In Vorbereitung für die Wasserversorgungsanlage wurden 1920 bis 1922 die beiden vorhandenen Quellen als Brunnen eingefasst und gusseiserne Rohrleitungen verlegt.[3] Noch bis 1960 wurde das in den Turm geförderte Rohwasser nicht aufbereitet. Die aggressive Kohlensäure im Rohwasser hat zu den starken Korrosionserscheinungen am Behälter geführt.[4]

1, 3 Schmidt, 2012, S. 165; siehe auch Kapitel II.1.3.
2 Gramlich, Küttner, 1998, S. 200.
4 Mündliche Information, Herzberger Wasser- und Abwasserverband, technischer Leiter Herr Süßmilch.

Abb. 354 Ansicht von Südwest

Standort / Straße: N 51.7622, E 13.4744 / Kirchhainer Str. 6
Baujahr: 1921–22[1]
Wasserversorgung: Land / Gut
Behältervolumen / Nutzinhalt: 103 m³ / 100 m³
Denkmalschutz: nein
Entwurf: k. A.
Bauherr: Gemeindeverwaltung
Heutige Nutzung: keine
Aufnahme vor Ort: 2010 und 2013

Landkreis: Elbe-Elster | Ort: Hohenleipisch

Behälter: k. A.

Abb. 355 Ansicht von 2010

Kurzbeschreibung Architektur / Bauweise

Funktionaler, kleiner, massiver, runder Turm ohne auskragenden Turmkopf und mit Flachdach.

Sockelgeschoss aus rotem Sichtmauerwerk im Kreuzverband, massive Sockelpfeiler tragen den darüberliegenden Behälter, zwischen den Pfeilern eine rechteckige Tür und hohe, rechteckige Fenster mit scheitrechten Stürzen, rauh verputzter Turmschaft mit kleinen, rechteckigen Fenstern zur Belichtung und Belüftung, Fenster befinden sich unterhalb der, mit Blech verkleideten, Dachkante.

Standort / Straße: N 51.5036,
E 13.5589 / Berliner Str.
Baujahr: k. A.
Wasserversorgung: Land / Gut
Behältervolumen /
Nutzinhalt: k. A.
Denkmalschutz: nein
Entwurf: k. A.
Bauherr: k. A.
Heutige Nutzung: k. A.
Aufnahme vor Ort: 2010

Kurzbeschreibung Architektur / Bauweise

Historistischer[1], 31 m hoher, fast quadratischer, ursprünglich verputzter Turm mit Flachdach.

Sockelgeschoss mit Rundbogenöffnungen, Öffnungen zugemauert, bzw. verschlossen mit einer rechteckigen Stahltür, über dem Sockelgeschoss springt das aufgehende Mauerwerk zurück, an allen Seiten des Schaftes sind vier schmale, rechteckige Fenster übereinander angeordnet, ein auskragendes Gesims markiert den Übergang zum Turmkopf; Turmkopf allseitig mit drei Rundfenstern belichtet; über dem Dachüberstand liegt die pagodenartig, zurückgesetzte Attika mit Flachdach.

Sonstiges

Für die Zisterzienserinnen gründeten Otto und Bodo von Eilenburg in Mühlberg an der Elbe 1228 ein Kloster. 1559 wurde das Kloster aufgegeben und zum landesfürstlichen Gut umgebaut. Die Eigentümer wechselten und die Gebäude der ehemaligen Klosteranlagen wurden stark überformt. Neben einer landwirtschaftlichen Nutzung durch die LPG wurden die Räumlichkeiten auch als Kindergarten, Bibliothek und Stadtarchiv genutzt.[2] Aus welcher Zeit der frühere, nicht mehr vorhandene Wasserturm stammte ist nicht bekannt. Der jetzige Wasserturm wurde um 1935 errichtet. Mit der Baugenehmigung vom 01.04.1935 wurde der Turm von der Baufirma A. Muschter, Baugeschäft und Dampfsägewerk, aus Mühlberg (Elbe) errichtet.[3]

1   Der Turmkopf hatte in der ursprünglichen Planung von 1934 noch eine neogotische Formsprache in Anlehnung an seinen Standort im Kloster.
2   Goralczyk, 2008, S. 1 ff.
3   Bilder des ursprünglichen Wasserturms und sein Abriss sind im Kalender Mühlberg/Elbe „Ein Blick zurück" von 2010 abgebildet, Kreisarchiv Landkreis Elbe-Elster.

Abb. 356 Ansicht von Süden

Standort / Straße: N 51.4372, E 13.2192 / Güldenstern Str. 3
Baujahr: 1935
Wasserversorgung: Land / Gut
Behältervolumen /
Nutzinhalt: k. A./ 25 m³
Denkmalschutz: ja
Entwurf: Richard Muschter, Baumeister
Bauherr: Artur Winterfeldt
Heutige Nutzung: k. A.
Aufnahme vor Ort: 2010

Landkreis: Elbe-Elster | Ort: Sallgast

Behälter: verm. Flachboden, kreisförmig, Eisen, genietet

Abb. 357 (links) Detail, Wasserstandsanzeiger

Abb. 358 (rechts) Ansicht von 2010

Standort / Straße: N 51.5828,
E 13.8374 / ohne Straße
Baujahr: verm. um 1887
Wasserversorgung: Eisenbahn
Behältervolumen /
Nutzinhalt: k. A.
Denkmalschutz: nein
Entwurf: k. A.
Bauherr: k. A.
Heutige Nutzung: keine
Aufnahme vor Ort: 2010

Kurzbeschreibung Architektur / Bauweise

Überformte, funktionale, zweigeschossige Wasserstation aus gelbem Sichtmauerwerk im Kreuzverband, mit Wasserstandsanzeiger, Satteldach und ein- bzw. zweigeschossigen Anbauten.

Erdgeschoss mit zugemauerten Fensteröffnungen, über einem Gesims auf der Gleisseite im 1. Obergeschoss ein Segmentbogenfenster und rechts daneben ein Wasserstandsanzeiger; das Satteldach ist bituminös eingedeckt.

Sonstiges

Die Zschipkau–Finsterwalder Eisenbahn (ZFE) fuhr von Finsterwalde über Sallgast und Ruhland nach Zschipkau (heute Schipkau) und dann weiter nach Senftenberg. 1887 wurde der erste Teilabschnitt bis Zschipkau für den Verkehr freigegeben.[1]

1   Preuß, 1996, o. S.; http://de.wikipedia.org/wiki/Schipkau-Finster-
walder_Eisenbahn, 01.10.2015.

Kurzbeschreibung Architektur / Bauweise

Historistischer, rechteckiger, dreigeschossiger Bahnturm mit flachgeneigtem Satteldach; Turm steht an einem eingeschossigen Fachwerkgebäude – vermutlich ein ehemaliger Lokschuppen.

Turm aus rotem Sichtmauerwerk im Kreuzverband gemauert, ein Gutgesims aus leicht auskragenden Mauerwerkslagen unter dem zweiflügligen Segmentbogenfenster mit Oberlicht unterteilt die Westfassade; darüber im Behältergeschoss befindet sich ein einflügeliges Segmentbogenfenster, zwei übereinanderliegende, auskragende Mauerwerkslagen bilden als Hauptgesims den umlaufenden Abschluss des Turms; desolates Satteldach mit Blecheindeckung.

Abb. 359 (links) Detail, Umlenkrolle und Wasserstandsanzeiger

Abb. 360 (rechts) Ansicht von 2019

Sonstiges

Die Bahnstrecke Falkenberg–Beeskow führt über Herzberg–Schlieben–Uckow-Süd–Luckau.[4]

1, 2, 4 https//de.wikipedia.org/wiki/Bahnstrecke_Falkenberg-Beeskow, 21.01.2022.

3 Aufnahme des Wasserturms in den Katalog nach Promotion, von Wangenheim, 2018.

Standort / Straße: N 51.7294, E 13.3762 / Am Bahnhof
Baujahr: vermutlich 1898[1]
Wasserversorgung: Eisenbahn
Behältervolumen / Nutzinhalt: k. A.
Denkmalschutz: nein
Entwurf: k. A.
Bauherr: Niederlausitzer Eisenbahn-Gesellschaft[2]
Heutige Nutzung: k. A.
Aufnahme vor Ort: 2019[3]

Abbildungsnachweis (Katalog)

Soweit nicht nachfolgend gelistet, stammen alle Abbildungen von der Verfasserin.

74 Stadtarchiv Oranienburg, Rep. „Stadt Oranienburg", Akte 13807, Februar 1894 – Auszug
87 Stadtarchiv Zehdenick
113 Kreisarchiv Barnim, P. 01.05.346-3